INDUSTRIEKAUFLEUTE
1

Lernfelder 1–5

Autoren:
Hans-Peter von den Bergen
Roland Budde
Peter Engelhardt
Hans-Peter Klein
Sven Labowsky
Gisbert Weleda

unter Mitarbeit der Verlagsredaktion

Dieses Buch wurde erstellt unter Verwendung von Materialien von Wolfgang R. Diemer, Wolfgang Duschek, Markus Fleitmann, Ludger Katt, Wolfgang Metzen, Katrin Rohde, Dieter Schütte, Alfons Steffes-lai, Carsten Zehm, Joachim Zügner.

Wir weisen darauf hin, dass die im Lehrwerk genannten Unternehmen und Geschäftsvorgänge frei erfunden sind. Ähnlichkeiten mit real existierenden Unternehmen lassen keine Rückschlüsse auf diese zu. Dies gilt auch für die im Lehrwerk genannten Kreditinstitute, Bankleitzahlen und Buchungsvorgänge. Ausschließlich zum Zwecke der Authentizität wurden insoweit existierende Kreditinstitute und Bankleitzahlen verwendet.

Sämtliche Personenbezeichnungen in diesem Band (z. B. „Schüler", „Lehrer") gelten selbstverständlich für beide Geschlechter.

Verlagsredaktion:	Bettina Kanke, Peter Sander
Außenredaktion:	Veronika Kühn, Köln; Annegret Wieck, Berlin
Bildredaktion:	Christina Fanselow, Gertha Maly
Gesamtgestaltung und technische Umsetzung:	vitaledesign, Berlin

www.cornelsen.de/cbb

Die Webseiten Dritter, deren Internetadressen in diesem Lehrwerk angegeben sind, wurden vor Drucklegung sorgfältig geprüft. Der Verlag übernimmt keine Gewähr für die Aktualität und den Inhalt dieser Seiten oder solcher, die mit ihnen verlinkt sind. Dieses Werk berücksichtigt die Regeln der reformierten Rechtschreibung und Zeichensetzung. Ausnahmen bilden Originaltexte, bei denen lizenzrechtliche Gründe einer Änderung entgegenstehen.

1. Auflage, 5. Druck 2020

Alle Drucke dieser Auflage sind inhaltlich unverändert
und können im Unterricht nebeneinander verwendet werden.

© 2011 Cornelsen Verlag, Berlin
© 2017 Cornelsen Verlag GmbH, Berlin

Das Werk und seine Teile sind urheberrechtlich geschützt. Jede Nutzung in anderen als den gesetzlich zugelassenen Fällen bedarf der vorherigen schriftlichen Einwilligung des Verlages. Hinweis zu §§ 60a, 60b UrhG: Weder das Werk noch seine Teile dürfen ohne eine solche Einwilligung an Schulen oder in Unterrichts- und Lehrmedien (§ 60b Abs. 3 UrhG) vervielfältigt, insbesondere kopiert oder eingescannt, verbreitet oder in ein Netzwerk eingestellt oder sonst öffentlich zugänglich gemacht oder wiedergegeben werden. Dies gilt auch für Intranets von Schulen.

Druck und Bindung: Livonia Print, Riga

ISBN 978-3-06-450494-3 (Schülerbuch)
ISBN 978-3-06-450171-3 (E-Book)

PEFC zertifiziert
Dieses Produkt stammt aus nachhaltig bewirtschafteten Wäldern und kontrollierten Quellen.
www.pefc.de

Vorwort

Herzlich willkommen zu **INDUSTRIEKAUFLEUTE 1**!

Die Berufsausbildung im dualen System soll die Auszubildenden zum kompetenten Handeln in beruflichen Situationen befähigen. Entsprechend muss auch die Berufsschule den Unterricht an der Berufspraxis ausrichten. Die neue jahrgangsbezogene Reihe „Industriekaufleute" unterstützt diese Zielsetzung durch die Kombination von Schülerbuch und Arbeitsbuch für jedes Ausbildungsjahr:

- Das vorliegende Schülerbuch 1 für das erste Ausbildungsjahr „Industriekaufmann/Industriekauffrau" beinhaltet die ersten fünf Lernfelder des gültigen Rahmenlehrplans sowie Anhänge zum Kaufmännischen Rechnen und zu Lern- und Arbeitsmethoden. Es deckt alle inhaltlichen und methodischen Vorgaben des gültigen Rahmenlehrplans ab. Bei der Schwerpunktsetzung wurden außerdem die Anforderungen der AKA-Abschlussprüfung berücksichtigt. Die einzelnen Kapitel beginnen meist mit einem praxisnahen Beispiel aus einem Industrieunternehmen, in der Regel dem Modellunternehmen Fly Bike Werke GmbH. Die in diesen Einstiegsbeispielen aufgeworfenen handlungsorientierten Fragen werden durch die systematische Darstellung der notwendigen Fachinformationen beantwortet. In regelmäßigen Abständen werden die wesentlichen Inhalte meist grafisch zusammengefasst. Diese Übersichten sowie die zahlreichen Merksätze und Aufgaben helfen, die Inhalte zu behalten und sich auf Prüfungen vorzubereiten.
- In Arbeitsbuch 1 wird zunächst das Modellunternehmen Fly Bike Werke GmbH vorgestellt. Danach werden die wichtigsten Inhalte des Schülerbuchs 1 mithilfe problem- und handlungsorientierter Lernsituationen erschlossen. Aktivierende Arbeitsaufträge am Ende jeder Lernsituation leiten dazu an, das in der Lernsituation geschilderte Problem mithilfe der Fachinformationen im Schülerbuch zu lösen. Arbeitsblätter und zusätzliche Aufgaben im Anschluss an jede Lernsituation helfen, die aktiv erworbenen Kenntnisse und Fähigkeiten zu festigen und so den Lernerfolg zu sichern.

Durch diese Kombination aus handlungsorientierten Lernsituationen im Arbeitsbuch und der entsprechenden Fachsystematik im Schülerbuch wird eine enge Verzahnung theoretischer Inhalte und ihrer praktischen Umsetzung erreicht.

Im vorliegenden Schülerbuch finden Sie auf der hinteren Umschlaginnenseite eine CD-ROM. Sie enthält eine Demoversion des ERP-Systems „Microsoft Dynamics® NAV", mit der Sie im Unterricht und am eigenen Rechner die Arbeit mit einem in der Industrie verbreiteten Unternehmenssteuerungsprogramm einüben können. Umfangreiche Hinweise zur Installation und Bedienung des ERP-Systems erleichtern die Einarbeitung in das Programm; der Datenkranz eines Modellunternehmens aus der Möbelindustrie wird außerdem zur Verfügung gestellt. Die CD enthält darüber hinaus umfangreiche Übungsaufgaben zu den Bereichen Lagerversand-, Beschaffungs- und Produktionsauftrag sowie Finanzbuchhaltung.

Viel Erfolg und Spaß beim Arbeiten mit **INDUSTRIEKAUFLEUTE 1**!

Autoren und Redaktion

ERP-System
ERP = Enterprise Resource Planning: Software zur Unternehmenssteuerung, vgl. **LF 2, Kap. 4.3.**

Inhaltsverzeichnis

Lernfeld 1: In Ausbildung und Beruf orientieren

1		Ausbildung in einem Industrieunternehmen	14
1.1		Was sind Industrieunternehmen?	15
1.2		Aufbau von Industrieunternehmen	16
1.3		Berufliche Tätigkeitsfelder von Industriekaufleuten	16
2		Lernen im dualen System	18
2.1		Ausbildungsordnung	18
2.2		Rahmenlehrplan	19
2.3		Ausbildung und Praxis	20
3		Berufsbildungsgesetz und Ausbildungsvertrag	22
3.1		Rechte und Pflichten vor Beginn der Ausbildung	23
3.2		Rechte und Pflichten von Ausbildenden und Auszubildenden während der Ausbildung	24
4		Schutzgesetze und Verordnungen	25
4.1		Wichtige Regelungen in Gesetzen und Verordnungen	25
4.2		Jugendarbeitsschutzgesetz	26
4.3		Arbeitszeitgesetz (ArbZG)	27
4.4		Arbeitsschutz und Unfallverhütungsbestimmungen	28
4.5		Mutterschutzgesetz	33
5		Mitwirkungs- und Mitbestimmungsrechte	37
5.1		Mitwirkungsrechte des einzelnen Arbeitnehmers	39
5.2		Betriebsversammlung	39
5.3		Betriebsrat	40
5.4		Jugend- und Auszubildendenvertretung	43
5.5		Mitbestimmung im Aufsichtsrat	45
5.5.1		Drittelbeteiligungsgesetz	45
5.5.2		Mitbestimmungsgesetz	46
5.5.3		Montan-Mitbestimmung	47
5.6		Überbetriebliche Institutionen	49
5.6.1		Industrie- und Handelskammer (IHK)	49
5.6.2		Gewerkschaften	51
5.7		Europäische Betriebsräte	53
6		Rechtliche Rahmenbedingungen des Wirtschaftens	57
6.1		Rechtsordnung	57
6.2		Rechtsquellen	60
6.3		Rechtssubjekte	62
6.3.1		Natürliche und juristische Personen	62
6.3.2		Geschäftsfähigkeit und Deliktsfähigkeit	63
6.4		Rechtsobjekte	68
6.5		Rechtsgeschäfte	71
6.6		Überblick über wichtige Rechtsgeschäfte und Vertragsarten	80

Folgende Lernsituationen finden Sie im Arbeitsbuch:

- Merkmale von Industrieunternehmen, berufliche Tätigkeitsfelder in der Industrie — LS 1
- Duales System — LS 2
- Rechte und Pflichten der Vertragspartner — LS 3
- Kündigung des Ausbildungsverhältnisses — LS 4
- Jugendarbeitsschutzgesetz — LS 5
- Aufgaben zu den Lernsituationen 2-5
- Jugend- und Auszubildendenvertretung — LS 6
- Rechts- und Geschäftsfähigkeit — LS 7
- Besitz und Eigentum — LS 8

6.7	Aufbau der Rechtsprechung	83
6.7.1	Gerichtsbarkeiten	83
6.7.2	Arbeitsgerichtsbarkeit	85
7	**Handelsrecht**	90
7.1	Kaufmannseigenschaft	90
7.2	Firma	91
7.3	Handelsregister	93
8	**Rechtsformen von Unternehmen**	95
8.1	Überblick	95
8.2	Einzelunternehmen	96
8.3	OHG und KG – Personengesellschaften im Vergleich	97
8.3.1	Gesellschaft bürgerlichen Rechts (GbR)	97
8.3.2	Offene Handelsgesellschaft (OHG)	97
8.3.3	Kommanditgesellschaft (KG)	99
8.3.4	GmbH & Co. KG	99
8.4	AG und GmbH – Kapitalgesellschaften im Vergleich	100
8.4.1	Aktiengesellschaft (AG)	100
8.4.2	Gesellschaft mit beschränkter Haftung (GmbH)	105
8.4.3	Unternehmergesellschaft – haftungsbeschränkt	107
9	**Vollmachten im Handelsrecht**	109
9.1	Prokura	109
9.2	Handlungsvollmacht	110

LS 9 Handelsregister, Kaufmann, Firma

LS 10 Rechtsformen von Unternehmen

LS 11 Handlungsvollmacht und Prokura

Lernfeld 2: Marktorientierte Geschäftsprozesse eines Industriebetriebs erfassen

1	**Kennzeichen des Industriebetriebs**	114
1.1	Betriebsaufgaben und Betriebstypen	114
1.2	Produktionsmodell	115
1.3	Produktionsfaktoren	115
1.4	Produkte als Leistungsbündel	116
2	**Markt als Auslöser von Geschäftsprozessen**	118
2.1	Wandel der Marktbedingungen	118
2.2	Märkte als Handlungsfeld	119
2.3	Absatzplanung als Ausgangspunkt des betrieblichen Planungssystems	120
2.4	Planungsebenen	121
3	**Zielsystem des Unternehmens**	123
3.1	Unternehmenskultur, -philosophie und -leitbild als Grundlagen der Zielbildung	123
3.2	Ausrichtung des Unternehmens: Shareholder-Value versus Stakeholder-Value	125

LS 12 Betriebliches Planungssystem

LS 13 Unternehmensleitbild

Inhaltsverzeichnis

3.3	Einteilung betrieblicher Ziele	126
3.3.1	Oberziel Existenzsicherung	126
3.3.2	Einzelziele	126
3.3.3	Zielbeziehungen	127
3.4	Controlling	128
3.4.1	Aufgaben des Controllings	128
3.4.2	Regelkreis des Controllings	128
3.4.3	Controllingbereiche und -instrumente	129
3.5	Balanced Scorecard	130
4	**Industrielle Leistungserstellung**	**132**
4.1	Material-, Informations- und Wertefluss	132
4.2	Logistisches System	134
4.3	Betriebliche Informationsverarbeitung – ERP-Systeme	135
4.4	Wertschöpfung	137
4.5	Supply Chain	138
4.6	Betriebliche Infrastruktur	140
5	**Geschäftsprozesse**	**143**
5.1	Definition und Elemente	143
5.2	Arten von Geschäftsprozessen	144
5.2.1	Management-, Kern- und Unterstützungsprozesse	144
5.2.2	Gestaltungsobjekte des Kernprozesses: Kunden, Produkte, Betriebsablauf	145
5.2.3	Detaillierungsgrad: Haupt-, Teil- und Unterprozesse	145
5.3	Prozessorientierung als Gestaltungsprinzip	146
5.4	Prozessmodellierung mithilfe der EPK	147
6	**Betriebliche Organisation**	**151**
6.1	Notwendigkeit betrieblicher Organisation	151
6.2	Organisation, Disposition, Improvisation	152
6.3	Organisationsanlässe	152
6.4	Organisationsprozess: Aufgabenanalyse und -synthese	152
6.5	Aufbauorganisation	153
6.5.1	Stellenbeschreibung	154
6.5.2	Organigramm	155
6.5.3	Prinzipien der Aufgabenverteilung	156
6.5.4	Aufbauorganisatorische Typen	156
6.5.5	Mischformen	157
6.5.6	Strategische Geschäftsfelder (SGF)	157
6.5.7	Leitungstiefe	158
6.5.8	Weisungssysteme	159
6.5.9	Key-Account-Management	162
6.6	Ablauforganisation	163
6.7	Prozessorganisation	166

Folgende Lernsituationen finden Sie im Arbeitsbuch:

Prozessmodellierung — LS 14

Aufbauorganisation — LS 15

Lernfeld 3: Werteströme und Werte erfassen und dokumentieren

1	**Aufgaben und Bereiche des Rechnungswesens**	170
1.1	Dokumentation von Geschäftsprozessen im Rechnungswesen	170
1.2	Rechtliche Grundlagen des Rechnungswesens	172
1.3	Bereiche des Rechnungswesens	174
2	**Inventur, Inventar und Bilanz**	176
2.1	Inventur	176
2.1.1	Planung der Inventur	177
2.1.2	Durchführung der Inventur	177
2.1.3	Kontrolle der Inventur	178
2.1.4	Arten der Inventur	178
2.1.5	Bewertung von Inventurmengen	180
2.2	Inventar	181
2.3	Bilanz	184
3	**Vorgänge auf Bestands- und Erfolgskonten**	188
3.1	Werteveränderungen durch Geschäftsprozesse	189
3.2	Bilanz als Wertebasis für Bestandskonten	191
3.2.1	Buchung auf Bestandskonten	192
3.2.2	Abschluss von Bestandskonten	193
3.2.3	Erstellen von Buchungssätzen	195
3.3	Belege, Grund- und Hauptbuch	197
3.3.1	Belege und Belegkontierung	197
3.3.2	Buchungen im Grund- und Hauptbuch	199
3.4	Vom Eröffnungsbilanzkonto zum Schlussbilanzkonto	200
3.5	Erfolgsvorgänge buchen	203
3.5.1	Auswirkungen von Erfolgsvorgängen auf das Eigenkapital	203
3.5.2	Buchung auf Erfolgskonten	204
3.5.3	Abschluss von Erfolgskonten	206
3.6	Erfassen des Materialverbrauchs	208
3.6.1	Bestandsorientierte Verbrauchsermittlung	209
3.6.2	Aufwandsorientierte Verbrauchsermittlung	212
3.7	Erfolgsbuchungen mit Handelswaren	214
3.8	Bestandsveränderungen und Inventurdifferenzen	216
4	**Organisation der Buchführung**	225
4.1	Der Industriekontenrahmen (IKR)	225
4.2	Der Kontenplan eines Unternehmens	228
4.3	Nebenbücher (Kreditoren- und Debitorenkonten)	230
5	**Umsatzsteuer**	234
5.1	Berechnung der Umsatzsteuer	235
5.2	Ermittlung der Umsatzsteuerschuld	236
5.3	Warenverkehr innerhalb der EU	238
5.4	Buchung der Umsatzsteuer beim Ein- und Verkauf von Waren	239

Folgende Lernsituationen finden Sie im Arbeitsbuch:

- **LS 16** Rechtliche Grundlagen des Rechnungswesens
- **LS 17** Wertermittlung bei der Inventur
- **LS 18** Inventar und Bilanz erstellen und vergleichen
- **LS 19** Die ersten Geschäftsvorfälle der Fly Bike Werke GmbH
- **LS 20** Buchen nach Belegen
- **LS 21** Bilanzen und Bilanzkonten
- **LS 22** Erfolge ermitteln
- **LS 23** Kontenplan
- **LS 24** Nebenbücher
- **LS 25** Das System der Umsatzsteuer

Inhaltsverzeichnis

Folgende Lernsituationen finden Sie im Arbeitsbuch:

5.5	Umsatzsteuer bei Anlagen, weiteren Aufwendungen und Erträgen 241

Werkstoffeinkauf mit Bezugskosten und Nachlässen — **LS 26**

6	**Buchungen bei Beschaffungsprozessen**	244
6.1	Sofortrabatte bei Eingangsrechnungen	245
6.2	Rücksendungen an Lieferanten	245
6.3	Bezugskosten (Anschaffungsnebenkosten)	246
6.4	Nachträgliche Anschaffungspreisminderungen	247
6.4.1	Preisnachlässe nach Mängelrügen	248
6.4.2	Lieferantenboni	249
6.4.3	Lieferantenskonti	250

Verkauf von Erzeugnissen — **LS 27**

7	**Buchungen bei Absatzprozessen**	251
7.1	Sofortrabatte bei Ausgangsrechnungen	252
7.2	Weiterbelastungen von Aufwendungen an den Kunden	253
7.3	Rücksendungen durch Kunden	254
7.4	Nachträgliche Preisnachlässe	254
7.4.1	Preisnachlässe nach Mängelrügen von Kunden	254
7.4.2	Preisnachlässe durch Kundenboni	255
7.4.3	Preisnachlässe durch Kundenskonti	256

Abschreibungen auf Sachanlagen — **LS 28**

8	**Abschreibungen auf Sachanlagen**	259
8.1	Ermittlung der Anschaffungskosten	259
8.2	Ermittlung der planmäßigen Abschreibungsbeträge für Sachanlagen	261
8.2.1	Abschreibungsmethoden	261
8.2.2	Buchung der Abschreibung	266
8.2.3	Außerplanmäßige Abschreibung	268

Geringwertige Wirtschaftsgüter — **LS 29**
Beleggeschäftsgang — **LS 30**

8.2.4	Geringwertige Wirtschaftsgüter (GWG)	270

Lernfeld 4: Wertschöpfungsprozesse analysieren und beurteilen

Wenn man seine Kosten nicht kennt — **LS 31**

1	**Aufgaben und Grundbegriffe der Kosten- und Leistungsrechnung**	276
1.1	Kosten und Leistungen	276
1.2	Aufbau der Kosten- und Leistungsrechnung	277
1.3	Zeitbezug der Kosten- und Leistungsrechnung	278
1.4	Zurechenbarkeit der Kosten auf die Kostenträger	279
1.5	Abhängigkeit der Kosten von der Beschäftigung	280
1.6	Leistungsarten	282
1.7	Kostenarten	283
1.7.1	Grundkosten	283
1.7.2	Kalkulatorische Kosten	284

2	**Abgrenzungsrechnung (Ergebnistabelle)**	291
2.1	Zweck der Abgrenzungsrechnung	291
2.2	Unternehmensbezogene Abgrenzung	294
2.3	Betriebsbezogene Abgrenzung	295
2.4	Auswertung in der Ergebnistabelle	298
3	**Vollkostenrechnung**	301
3.1	Zweck und Vorgehen der Vollkostenrechnung	301
3.2	Kostenstellenrechnung	303
3.2.1	Ziele der Kostenstellenrechnung	303
3.2.2	Grundsätze der Kostenstellenbildung	303
3.2.3	Ermittlung der Verteilungsgrundlagen	305
3.2.4	Durchführung der Kostenstellenrechnung mithilfe des Betriebsabrechnungsbogens (BAB)	305
3.3	Kostenträgerzeitrechnung	312
3.4	Kostenträgerstückrechnung (Kalkulation)	312
3.4.1	Zuschlagskalkulation mit Istkosten	312
3.4.2	Zuschlagskalkulation mit Normalkosten	314
3.4.3	Zuschlagskalkulation mit Maschinenstundensätzen	317
3.4.4	Angebotskalkulation	319
3.4.5	Divisionskalkulationen	322
4	**Deckungsbeitragsrechnung als Teilkostenrechnung**	330
4.1	Deckungsbeitragsrechnung im Einproduktunternehmen	330
4.2	Deckungsbeitragsrechnung im Mehrproduktunternehmen	333
4.3	Preisgestaltung und Preisuntergrenzen	334
4.4	Sortimentsgestaltung im Rahmen der Deckungsbeitragsrechnung	337
4.5	Eigenfertigung oder Fremdbezug	339
4.6	Produktionsprogrammplanung in Engpasssituationen	340
5	**Plankostenrechnung als Controllingaufgabe**	345
5.1	Funktionen des Controllings	346
5.2	Controllinginstrumente	349
5.3	Grundzüge der Plankostenrechnung	350
5.3.1	Plankostenartenrechnung	350
5.3.2	Plankostenstellenrechnung (Budgetierung)	351
5.3.3	Plankostenträgerrechnung	351
5.3.4	Abweichungsanalyse	352
6	**Prozesskostenrechnung**	356

Folgende Lernsituationen finden Sie im Arbeitsbuch:

- **LS 32** Kosten, Leistungen und Betriebsergebnis
- **LS 33** Kostenstellenrechnung – Kostenträgerzeitrechnung
- **LS 34** Kostenträgerstückrechnung – Kalkulation auf Vollkostenbasis
- **LS 35** Deckungsbeitragsrechnung im Einproduktunternehmen
- **LS 36** Deckungsbeitragsrechnung im Mehrproduktunternehmen
- **LS 37** Ziel erreicht?

Lernfeld 5: Leistungserstellungsprozesse planen, steuern und kontrollieren

1	**Merkmale der industriellen Leistungserstellung**	362
1.1	Industrielle Leistungserstellung im Wandel der Zeit	362
1.2	Produktionsbegriff	363
1.3	Ziele der Fertigungswirtschaft	364
1.4	Bedeutung von Dienstleistungen in der industriellen Leistungserstellung	365
2	**Kernprozesse der Leistungserstellung**	368
3	**Produktionsprogrammplanung**	370
3.1	Bestimmung des Produktionsprogramms	370
3.2	Zeitliche und mengenmäßige Abstimmung zwischen Absatz- und Produktionsprogramm	372
4	**Produktentstehungs- und -entwicklungsprozess**	375
4.1	Der Prozess mit seinen Teilprozessen	375
4.2	Forschung und Entwicklung	377
4.3	Rechtsschutz von Erzeugnissen und Fertigungsverfahren	380
4.4	Umweltmanagement und Fertigungswirtschaft	382
5	**Produktionsplanung und -steuerung**	385
5.1	Teilprozesse der Produktionsplanung und -steuerung	385
5.2	Primärbedarf ermitteln	385
5.3	Sekundärbedarf ermitteln	387
5.3.1	Programmorientierte Disposition	387
5.3.2	Verbrauchsgesteuerte Disposition	390
5.4	Termine planen	396
5.4.1	Durchlaufterminierung	396
5.4.2	Vorwärtsterminierung	400
5.4.3	Rückwärtsterminierung	401
5.4.4	Netzplantechnik als Methode der Terminplanung	401
5.5	Kapazitäten planen	406
5.6	Aufträge freigeben	408
5.7	Maschinen belegen	410
5.8	Betriebsdaten erfassen	411
6	**Fertigungsverfahren**	416
6.1	Organisationstypen der Fertigung	417
6.2	Produktionstypen der Fertigung (Fertigungstypen)	421
6.3	Flexibilisierung der Fertigungsstrukturen	424
6.4	Optimale Losgröße	426

Folgende Lernsituationen finden Sie im Arbeitsbuch:

- Produktionsprogrammplanung — LS 38
- Produktentstehungs- und -entwicklungsprozess — LS 39
- Bedarfsplanung — LS 40
- Terminplanung — LS 41
- Kapazitätsplanung — LS 42
- Industrielle Fertigungsverfahren — LS 43

7	Kosten und betriebliche Leistungserstellung	430	**LS 44** Teilkostenrechnung
8	**Rationalisierung**	436	
8.1	Ansatzpunkte für Rationalisierungsmaßnahmen	437	
8.2	Einzelmaßnahmen	437	
8.3	Ganzheitliche Rationalisierungsmaßnahmen	439	
8.3.1	Computer Integrated Manufacturing (CIM)	439	
8.3.2	Produktionslogistik als selbststeuernder Regelkreis (KANBAN-System)	441	
8.4	Moderne Organisationsformen	443	
8.4.1	Lean Management	443	
8.4.2	Total Quality Management (TQM)	444	**LS 45** Qualitätsmanagement
8.5	Sonstige Ansätze	446	
8.6	Nachteilige Auswirkungen der Rationalisierung	446	
8.7	Produktionscontrolling	447	

Kaufmännisches Rechnen

1	**Dreisatz (Schlussrechnung)**	452
2	**Durchschnittsrechnen**	457
3	**Prozentrechnung**	460
4	**Verteilungsrechnen**	468
5	**Währungsrechnen**	475
6	**Zinsrechnen**	481

Methoden

1	**Grundsätzliches zum Thema „Lernen"**	498
2	**Informationen gewinnen und auswerten**	503
3	**Lese- und Schreibtechniken**	506
4	**Lern- und Merktechniken**	508
5	**Kreativitätstechniken**	510
6	**Vortrags- und Präsentationstechniken**	511
7	**Sozialformen**	515
8	**Teamarbeit**	520

Stichwortverzeichnis ... 522

Bildquellenverzeichnis ... 528

1 Ausbildung in einem Industrieunternehmen	14
2 Lernen im dualen System	18
3 Berufsbildungsgesetz und Ausbildungsvertrag	22
4 Schutzgesetze und Verordnungen	25
5 Mitbestimmungs- und Mitwirkungsrechte	37
6 Rechtliche Rahmenbedingungen des Wirtschaftens	57
7 Handelsrecht	90
8 Rechtsformen für Unternehmen	95
9 Vollmachten im Handelsrecht	109

1 In Ausbildung und Beruf orientieren

In Ausbildung und Beruf orientieren

AB → Lernsituation 1

1 Ausbildung in einem Industrieunternehmen

Für den Ausbildungsberuf Industriekaufmann/-kauffrau ist gesetzlich keine bestimmte Schulbildung als Zugangsvoraussetzung vorgeschrieben. In der Praxis werden meist der mittlere Schulabschluss, die Fachhochschulreife oder die allgemeine Hochschulreife vorausgesetzt. Die Anforderungen an die Bewerber und die Einstellungsbedingungen variieren je nach Ausbildungsunternehmen. Deshalb ist es sinnvoll, sich vorab über die in Frage kommenden Ausbildungsbetriebe der verschiedenen Wirtschaftsbranchen, das konkrete Tätigkeitsfeld sowie die Einstellungsbedingungen zu informieren. Durch Praktika, Informationen der Arbeitsagentur, Bewerbungen bei Ausbildungsbetrieben, Einstellungstests und Bewerbungsgespräche können die eigenen Erwartungen an den Ausbildungsberuf Industriekaufmann/-kauffrau mit der betrieblichen Realität verglichen werden. Wichtige Fragen, die zuvor geklärt werden sollten, sind beispielsweise: Welche Inhalte werden während der Ausbildung vermittelt? Entspricht der Ausbildungsbetrieb meinen persönlichen Anforderungen und Interessen? Welche Bedeutung hat die Abschlussprüfung? Welche beruflichen Perspektiven habe ich nach meiner erfolgreich absolvierten Abschlussprüfung?

> Industriekaufleute befassen sich in Unternehmen aller Branchen mit kaufmännisch-betriebswirtschaftlichen Aufgabenbereichen wie Materialwirtschaft, Vertrieb und Marketing, Personal- sowie Finanz- und Rechnungswesen. [...] In den unterschiedlichsten Unternehmen steuern Industriekaufleute betriebswirtschaftliche Abläufe. In der Materialwirtschaft vergleichen sie u. a. Angebote, verhandeln mit Lieferanten und betreuen die Warenannahme und -lagerung. In der Produktionswirtschaft planen, steuern und überwachen sie die Herstellung von Waren oder Dienstleistungen und erstellen Auftragsbegleitpapiere. Kalkulationen und Preislisten zu erarbeiten und mit den Kunden Verkaufsverhandlungen zu führen, gehört im Verkauf zu ihrem Zuständigkeitsbereich. Außerdem erarbeiten sie gezielte Marketingstrategien. Sind sie in den Bereichen Rechnungswesen bzw. Finanzwirtschaft tätig, bearbeiten, buchen und kontrollieren Industriekaufleute die im Geschäftsverkehr anfallenden Vorgänge. Im Personalwesen ermitteln sie den Personalbedarf, wirken bei der Personalbeschaffung bzw. -auswahl mit und planen den Personaleinsatz.
>
> Quelle: Bundesagentur für Arbeit 2011

Aufgabe

1 Beurteilen Sie, inwieweit sich Ihre persönlichen Interessen mit den Anforderungen Ihres Ausbildungsbetriebes decken.

1.1 Was sind Industrieunternehmen?

Industrieunternehmen stellen den größten Teil der materiellen Produkte her, die in einer Volkswirtschaft von Konsumenten und anderen Unternehmen benötigt werden. Sie erbringen Sachleistungen in den unterschiedlichsten Branchen. Industrieunternehmen werden in der Theorie zusammen mit dem Handwerk dem **sekundären Wirtschaftssektor** zugeordnet, also dem Bereich der Volkswirtschaft, der gewonnene Rohstoffe verarbeitet und veredelt. Die Rohstoffe bekommen sie von Unternehmen, die dem **primären Sektor** der Volkswirtschaft zugeordnet werden (z. B. Bergbauunternehmen, Unternehmen der Land- und Forstwirtschaft). Die erstellten Endprodukte (z. B. Kraftfahrzeuge, Möbel) werden von Handelsunternehmen (z. B. Autohandel, Möbelgroßhandel bzw. Möbeleinzelhandel) verkauft, die als Unternehmen des **tertiären Sektors** bezeichnet werden.

Diese Zuordnung der Unternehmen in Primär-, Sekundär- oder Tertiärsektor ist heutzutage in der Praxis nicht mehr eindeutig durchzuführen. So bieten Industrieunternehmen z. B. zunehmend auch Finanzierungsdienste, Beratungsleistungen und Schulungen an. Oder viele Bergbauunternehmen (z. B. Unternehmen der Braunkohleindustrie) bauen Rohstoffe nicht nur ab, sondern verarbeiten und veredeln sie.

Daher bietet es sich an, die Industriebetriebe gemäß dem Produktionsfluss in folgende Gruppen zu gliedern:

- Die **Grundstoffindustrie** befasst sich mit der Gewinnung von Rohmaterialien für die Produktionsgüterindustrie.
- Die **Zulieferindustrie** verarbeitet diese weiter zu Halbfertigteilen und beliefert damit die Investitions- und/oder die Konsumgüterindustrie.
- Die **Investitionsgüterindustrie** fertigt daraus Betriebsmittel, die für die Produktion anderer Güter eingesetzt werden.
- Die **Konsumgüterindustrie** fertigt aus den Halbfertigteilen der Zulieferindustrie Endprodukte für private Verbraucher.

In Abgrenzung vom Handwerk sind Industrieunternehmen dadurch gekennzeichnet, dass sie
- Güter **in großem Umfang** (Massen- statt Einzelfertigung)
- für einen überwiegend anonymen Markt
- ohne Produktionsarbeit des Inhabers,
- dafür mit einem hohen Einsatz von innerbetrieblicher **Arbeitsteilung** und
- unter Einsatz umfangreicher technischer Betriebsausstattung (viele Maschinen, wenig Handarbeit), produzieren,
- eine mindestens **mittlere Betriebsgröße** aufweisen (gemessen z. B. an der Anzahl von Mitarbeitern),

- sich in Zeiten der Globalisierung an **weltweiten Beschaffungs- und Absatzmärkten** orientieren.

Nur Industrieunternehmen können marktfähige Produkte in großer Anzahl erstellen. Ihnen kommt daher gesamtwirtschaftlich (z. B. im Hinblick auf die Versorgung der Kunden mit kostengünstigen Konsum- und Investitionsgütern) eine überragende Bedeutung zu.

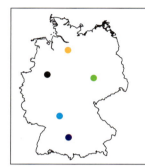

GU Power GmbH
- Hauptniederlassung - Soest
- Niederlassung Nord - Buchholz/Nordheide
- Niederlassung Ost - Dessau
- Niederlassung Mitte - Aschaffenburg
- Niederlassung Süd - Ulm

In den letzten Jahrzehnten lassen sich bezüglich der **Fertigungstiefe** von Industrieunternehmen einschneidende Veränderungen feststellen: Früher führten Industrieunternehmen alle Stufen des industriellen Fertigungsprozesses bis zur Erstellung des Endproduktes aus. Heutzutage ist ein verstärkter Fremdbezug von vorwiegend standardisierten Vor- und Zwischenprodukten mit dem Ziel zu beobachten, die anfallenden Produktionskosten zu senken.

Als **Industriebetrieb** wird im Folgenden die Stätte bezeichnet, in der die Produkte (Sach- und begleitende Dienstleistungen) hergestellt werden (eigentlicher Ort der industriellen Leistungserstellung).

Firma, vgl. Kap. 8.2

Als **Industrieunternehmen** wird die unter einer gemeinsamen Firma betriebene Gesamtheit aller Betriebe verstanden (rechtlich-organisatorische Einheit der Leistungserstellung).

1.2 Aufbau von Industrieunternehmen

In Industrieunternehmen werden verschiedene Abteilungen (z. B. Einkauf, Verkauf, Produktion, Lagerung, Verwaltung) gebildet, die entsprechende Teilaufgaben (Funktionen) übernehmen. Die verschiedenen Tätigkeitsbereiche innerhalb der Abteilungen sind den jeweiligen Mitarbeitern zugeordnet. Zur Veranschaulichung werden sogenannte Organigramme erstellt, die die gesamte Aufgabenstruktur eines Unternehmens widerspiegeln.

Organigramme, vgl. **LF 2, Kap. 6.5.2**

Aufgabengliederung

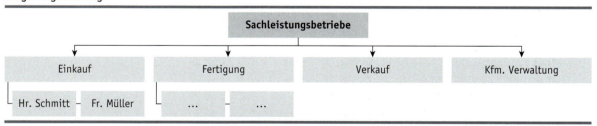

1.3 Berufliche Tätigkeitsfelder von Industriekaufleuten

Die Anforderungen an Industriekaufleute und die Inhalte der einzelnen Arbeitsfelder haben sich den wirtschaftlichen und gesellschaftlichen Entwicklungen der letzten Jahre entsprechend verändert. Heute wird in den einzelnen Arbeitsfeldern der Industriekaufleute **geschäftsprozessorientiertes Handeln** erwartet. Während der gesamten Ausbildung werden deshalb in Verbindung mit den Fachqualifikationen auch arbeitsfeldübergreifende Qualifikationen vermittelt.

Leitbild ist nicht mehr der abwicklungsorientierte Mitarbeiter in klassischen kaufmännischen Funktionsbereichen, sondern der kundenorientierte und mitdenkende Mitarbeiter, der team-, prozess- und projektorientiert an der Erstellung kundengerechter Problemlösungen arbeitet. Um diesen Anforderungen zu entsprechen, benötigen Industriekaufleute eine **breite berufliche Handlungskompetenz**, die **Fachkompetenz** mit **Methoden-** und **Sozialkompetenz** verbindet. Zudem sind Fremdsprachenkenntnisse und der sichere Umgang mit modernen Informations-, Kommunikations- und Medientechniken erforderlich.

Industriekaufleute unterstützen sämtliche Unternehmensprozesse aus betriebswirtschaftlicher Sicht von der Auftragsanbahnung bis zum Kundenservice nach Auftragsrealisierung. Während ihrer Ausbildung werden Industriekaufleute in den unterschiedlichen Abteilungen eines Unternehmens eingesetzt und erhalten somit einen umfassenden Überblick über die kaufmännischen Tätigkeiten.

Industriekaufleute
- verkaufen die Produkte und Dienstleistungen des Unternehmens,
- betreiben Marketingaktivitäten von der Analyse der Marktpotenziale bis zum Kundenservice,
- beraten und betreuen Kunden,
- ermitteln den Bedarf an Produkten und Dienstleistungen,
- kaufen Materialien, Produktionsmittel und Dienstleistungen ein und disponieren diese für die Leistungserstellung oder den Vertrieb,
- bearbeiten Geschäftsvorgänge des Rechnungswesens,
- werten Kennzahlen und Statistiken für die Erfolgskontrolle und zur Steuerung betrieblicher Prozesse aus,
- wenden Instrumente zur Personalbeschaffung und Personalauswahl an,
- planen den Personaleinsatz und bearbeiten Aufgaben der Personalverwaltung,
- planen und organisieren Arbeitsprozesse,
- unterstützen den Prozess der Auftragserledigung, z. B. in der Leistungserstellung und der Logistik,
- bearbeiten betriebswirtschaftliche Themen in allen Funktionen des Betriebs.

Aufgaben

1 Welche Abteilungen gibt es in Ihrem Ausbildungsbetrieb? Informieren Sie sich über die speziellen Aufgaben der einzelnen Abteilungen.
2 Welcher Branche und welcher Gruppe von Industriebetrieben (entsprechend der Stellung im Produktionsfluss) ordnen Sie Ihren Ausbildungsbetrieb zu?
3 Welche besonderen Fähigkeiten und Eigenschaften werden von einem Industriekaufmann bzw. einer Industriekauffrau erwartet?
4 Erläutern Sie anhand eines Beispiels, wie Unternehmen des Primär-, Sekundär- und Tertiärbereichs in der Volkswirtschaft zusammenwirken.
5 Beschaffen Sie sich ein Organigramm Ihres Ausbildungsunternehmens und benennen Sie die Mitarbeiter der Abteilung, in der Sie gegenwärtig ausgebildet werden. Stellen Sie fest, welche Mitarbeiter anderen Mitarbeitern
   a vorgesetzt und
   b untergeben sind.

2 Lernen im dualen System

AB → Lernsituation 2

Berufsbildungsgesetz und weitere rechtlichen Grundlagen der Ausbildung, vgl. **Kap. 3**

Grundlage einer einheitlichen und ordnungsgemäßen Berufsausbildung ist das **Berufsbildungsgesetz (BBiG)**. Es regelt außerdem die berufliche Fortbildung und die berufliche Umschulung. Das BBiG sieht vor, dass Ausbildungsberufe durch Ausbildungsordnungen beschrieben werden müssen (§ 25 BBiG). In der **Verordnung über die Berufsausbildung Industriekaufmann/-kauffrau** werden die Inhalte für den **Lernort Betrieb** aufgeführt. Der **Rahmenlehrplan** ist in dem Exemplar der Verordnung über die Berufsausbildung, das die Auszubildenden vor Beginn der Ausbildung vom Ausbilder zur Verfügung gestellt bekommen, enthalten. Hier sind die Lerninhalte für den **Lernort Berufsschule** aufgeführt. Um schon vorab die Ausbildungsinhalte kennen zu lernen, ist es zweckmäßig, sich die Verordnung über die Berufsausbildung über den Buchhandel, über öffentliche Bibliotheken oder über die Beratungsstellen der Arbeitsämter zu besorgen.

Rahmenlehrplan, vgl. **Kap. 2.2**

2.1 Ausbildungsordnung

Die Ausbildungsordnung legt für den jeweiligen Beruf folgende Inhalte fest:

1. **Die Bezeichnung des Ausbildungsberufs:** Für die Ausbildung im Industriesektor ist der Ausbildungsberuf Industriekaufmann/-kauffrau staatlich anerkannt.
2. **Ausbildungsdauer:** Die Berufsausbildung dauert in der Regel drei Jahre. Verkürzungen am Anfang oder am Ende der Ausbildungszeit sind jedoch möglich. Die Ausbildung endet mit der bestandenen Kaufmannsgehilfenprüfung vor der zuständigen Industrie- und Handelskammer (IHK).
3. **Die Fertigkeiten und Kenntnisse, die Gegenstand der Berufsausbildung sind (Ausbildungsberufsbild):** Im Ausbildungsberufsbild werden bestimmte Kenntnisse und Fertigkeiten festgelegt, die den Auszubildenden im Lernort Betrieb vermittelt werden sollen. Welche Kenntnisse und Fertigkeiten für den Beruf Industriekaufmann/-frau aufgeführt werden, finden Sie auf der nächsten Seite.
4. **Eine Anleitung zur sachlichen und zeitlichen Gliederung der Fertigkeiten und Kenntnisse (Ausbildungsrahmenplan):** Für den Lernort Betrieb bestimmt der Ausbildungsrahmenplan die **sachliche Gliederung** und die zu vermittelnden Fertigkeiten und Kenntnisse. Bei der **zeitlichen Gliederung** werden diese den drei Ausbildungsjahren zugeordnet. Für den Lernort Berufsschule ist der Rahmenlehrplan maßgebend, der neben einer allgemeinen und einer berufsbezogenen Vorbemerkung eine Übersicht über die Lerngebiete sowie die Verteilung der Zeitrichtwerte, der Lernziele und der Lerninhalte der einzelnen Lernabschnitte beinhaltet.
5. **Prüfungen:** Die **Zwischenprüfung** soll in der Mitte des zweiten Ausbildungsjahres stattfinden. Sie wird schriftlich anhand von praxisbezogenen Aufgaben bzw. Fällen durchgeführt und umfasst die Prüfungsbereiche Beschaffung und Bevorratung, Produkte und Dienstleistungen und Kosten und Leistungsrechnung.

Industrie- und Handelskammer (IHK), vgl. **Kap. 5.6.1**

Zwischenprüfung: § 8 Verordnung über die Berufsausbildung zum Industriekaufmann/ zur Industriekauffrau vom 18. Juni 2002

Die **Abschlussprüfung** für die Prüfungsbereiche Geschäftsprozesse, Kaufmännische Steuerung und Kontrolle sowie Wirtschafts- und Sozialkunde findet zu Beginn des letzten Ausbildungsjahres statt. Der Prüfungsbereich Einsatzgebiete folgt am Ende der Ausbildung.

Ausbildungsberufsbild

1 Der Ausbildungsbetrieb	5 Marketing und Absatz
1.1 Stellung, Rechtsform und Struktur	5.1 Auftragsanbahnung und -vorbereitung
1.2 Berufsbildung	5.2 Auftragsbearbeitung
1.3 Sicherheit und Gesundheitsschutz bei der Arbeit	5.3 Auftragsnachbereitung und Service
1.4 Umweltschutz	6 Beschaffung und Bevorratung
2 Geschäftsprozesse und Märkte	6.1 Bedarfsermittlung und Disposition
2.1 Märkte, Kunden, Produkte und Dienstleistungen	6.2 Bestelldurchführung
2.2 Geschäftsprozesse und organisatorische Strukturen	6.3 Vorratshaltung und Beständeverwaltung
3 Information, Kommunikation, Arbeitsorganisation	7 Personal
3.1 Informationsbeschaffung und -verarbeitung	7.1 Rahmenbedingungen, Personalplanung
3.2 Informations- und Kommunikationssysteme	7.2 Personaldienstleistungen
3.3 Planen und Organisieren	7.3 Personalentwicklung
3.4 Teamarbeit, Kommunikation und Präsentation	8 Leistungserstellung
3.5 Anwendung einer Fremdsprache (bei Fachaufgaben)	8.1 Produkte und Dienstleistungen
	8.2 Prozessunterstützung
4 Integrative Unternehmensprozesse	9 Leistungsabrechnung
4.1 Logistik	9.1 Buchhaltungsvorgänge
4.2 Qualität und Innovation	9.2 Kosten- und Leistungsrechnung
4.3 Finanzierung	9.3 Erfolgsrechnung und Abschluss
4.4 Controlling	10 Fachaufgaben im Einsatzgebiet

§ 4 Verordnung über die Berufsausbildung zum Industriekaufmann/zur Industriekauffrau vom 18. Juni 2002 (Ausbildungsordnung)

§ 9 Verordnung über die Berufsausbildung zum Industriekaufmann/zur Industriekauffrau vom 18. Juni 2002

§ 9 Abschlussprüfung
(1) Die Abschlussprüfung erstreckt sich auf die [...] Fertigkeiten und Kenntnisse sowie auf den im Berufsschulunterricht entsprechend dem Rahmenlehrplan vermittelten Lehrstoff, soweit er für die Berufsausbildung wesentlich ist.
(2) Die Abschlussprüfung besteht aus vier Prüfungsbereichen. Die Prüfung in den Bereichen Geschäftsprozesse, kaufmännische Steuerung und Kontrolle sowie Wirtschafts- und Sozialkunde ist schriftlich durchzuführen. Der Prüfungsbereich Einsatzgebiet besteht aus einer Präsentation und einem Fachgespräch.

In der **Präsentation** soll eine selbstständig durchgeführte Fachaufgabe erläutert und dargestellt werden. Im Fachgespräch wird auf die dargestellte Fachaufgabe eingegangen.

2.2 Rahmenlehrplan

Der Rahmenlehrplan wird durch die Ständige Konferenz der Kultusminister und -senatoren der Länder (KMK) beschlossen. Die Länder übernehmen ihn oder setzen diesen in eigene Lehrpläne um.

1 In Ausbildung und Beruf orientieren

Quelle: Rahmenlehrplan für den Ausbildungsberuf Industriekaufmann/Industriekauffrau, Beschluss der Kultusministerkonferenz vom 14. Juni 2002

Beispiel: Gegenstand der Berufsausbildung im **Lernort Betrieb** ist im ersten Ausbildungsjahr z. B. „Beschaffung und Bevorratung" (vgl. Ausbildungsberufsbild Nr. 6, S. 19). Hierzu gehören Kenntnisse und Fertigkeiten über „Bedarfsermittlung und Disposition" (vgl. Nr. 6.1). Im Einzelnen sollen hier folgende Inhalte vermittelt werden:
- Bedarf an Produktionsmitteln und Dienstleistungen ermitteln
- Dispositionsverfahren anwenden
- Bestellmengen und Bestelltermine ermitteln.

Im **Lernort Berufsschule** soll, ebenfalls im ersten Ausbildungsjahr, das Lernfeld 5 „Leistungserstellungsprozesse planen, steuern und kontrollieren" behandelt werden. In diesem Lernfeld sind u. a. folgende **Lernziele** zu erreichen:

Quelle: Rahmenlehrplan für den Ausbildungsberuf Industriekaufmann/Industriekauffrau, Beschluss der Kultusministerkonferenz vom 14. Juni 2002

Im Rahmen der Materialdisposition ermitteln sie für einen Kundenauftrag auf Basis vorgegebener Stücklisten bzw. Leistungsmerkmale nach Pflichtenheft den Bedarf. Für fremdbezogene Teile oder Leistungen erstellen sie Bestellvorschläge unter Berücksichtigung der Wiederbeschaffungszeiten und Verbrauchsschätzungen.

Für eigengefertigte Teile analysieren sie aufgrund technischer Vorgaben die Struktur eines Erzeugnisses und erstellen Stücklisten und Arbeitspläne. Sie disponieren daraus abgeleitete Fertigungsaufträge, nehmen in Abstimmung mit vorhandenen Kapazitäten und gegebenen Prioritäten eine Einlastung der Fertigungsaufträge vor und beschreiben die Möglichkeiten der Auftragsverfolgung und der Auftragskontrolle.

An diesem Beispiel über den Aufbau der Ausbildungsordnung zeigt sich deutlich die Struktur der dualen Berufsausbildung. Zeitlich **parallel zur fachpraktischen Ausbildung** durch den Ausbildungsbetrieb erfolgt die Vermittlung der **theoretischen Fachkenntnisse** durch die Berufsschule. Diese Reihenfolge kann auch anders verlaufen. Zum Beispiel wird mit dem Rechnungswesen in der Berufsschule bereits im ersten Ausbildungsjahr begonnen. Im Ausbildungsbetrieb hingegen wird der Auszubildende sinnvollerweise frühestens ab dem dritten Ausbildungsjahr in Tätigkeiten im Rahmen der „Leistungsabrechnung" (vgl. Ausbildungsberufsbild Nr. 9) eingeführt, die er dann in der Praxis anwenden und berufsspezifisch vertiefen kann.

2.3 Ausbildung und Praxis

Die Ausbildung in Berufsschule und Betrieb ist darauf ausgerichtet, den Auszubildenden eine umfassende berufliche **Handlungskompetenz** zu vermitteln, die sich aus den folgenden Qualifikationen zusammensetzt:

Handlungskompetenz: selbstständiger Umgang mit Aufgaben und Problemen unter Einbeziehung von Partnern und unter Berücksichtigung von ökologischen und ökonomischen Faktoren zum Erreichen einer Lösung

- **Fachkompetenz** (die Fähigkeit und Fertigkeit, Aufgabenstellungen ergebnisorientiert, selbstständig und fachlich richtig zu bearbeiten)
- **Methodenkompetenz** (die Fähigkeit, sich unbekannte Sachverhalte anzueignen und sie kritisch zu beurteilen sowie sich hierzu sinnvoller Arbeitstechniken zu bedienen)
- **Sozialkompetenz** (die Fähigkeit und Bereitschaft, sich mit anderen Menschen verantwortungsbewusst und kooperativ auseinanderzusetzen und zu verständigen)
- **ökologische Kompetenz** (die Einsicht in die komplexen Zusammenhänge von Ökonomie und Ökologie und die Bereitschaft, sich umweltgerecht zu verhalten und entsprechende Entscheidungen zu treffen)

Ziel ist es, die beiden Lernorte Berufsschule und Betrieb in der Berufsausbildung so zu koordinieren, dass der Auszubildende vor allem fächerübergreifende Qualifikationen erwerben kann. Denn gerade diese ermöglichen es ihm auch in der Zukunft, die immer komplexeren gesellschaftlichen und technischen Zusammenhänge und Anforderungen verstehen und erfüllen zu können.

ÜBERSICHT: Ausbildung

Ausbildungsbetrieb: fachpraktische Ausbildung	Ausbildungsordnung (gem. § 5 BBiG): Lerninhalte für den Lernort Betrieb: – Bezeichnung des Ausbildungsberufes – Ausbildungsdauer – Ausbildungsberufsbild (Fertigkeiten und Kenntnisse der Berufsausbildung) – Ausbildungsrahmenplan (Umsetzung im betrieblichen Ausbildungsplan) – Prüfungen
Berufsschule: Vermittlung theoretischer Fachkenntnisse	Rahmenlehrplan: Lerninhalte für den Lernort Berufsschule: – Gliederung nach Ausbildungsjahren und Lernfeldern – Lernzielformulierungen = Qualifikationen und Kompetenzen, die am Ende der Ausbildung zu erreichen sind

Die Lerninhalte der Ausbildungsordnung und des Rahmenlehrplans sind aufeinander abgestimmt.

Zu den Ausbildungszielen zählt die Vermittlung umfassender beruflicher Handlungskompetenz, d. h.
– Fachkompetenz,
– Methodenkompetenz,
– Sozialkompetenz,
– ökologische Kompetenz.

Aufgaben

1 Vergleichen Sie anhand eines selbst gewählten Beispiels aus der Ausbildungsordnung „Industriekaufmann/Industriekauffrau" die zeitliche Gliederung aus dem Ausbildungsrahmenplan (Lernort Betrieb) mit der zeitlichen Gliederung aus dem Rahmenlehrplan (Lernort Schule).

2 Welche Anforderungen stellen Ihres Erachtens Fachkompetenz, Methodenkompetenz, Sozialkompetenz und ökologische Kompetenz an Sie? Verfügen Sie bereits über diese Kompetenzen?

3 Nehmen Sie zu folgender Aussage Stellung und begründen Sie Ihre Position: „Nur die Verbindung von Berufsschule und Ausbildungsbetrieb ermöglicht eine fundierte und erfolgreiche Ausbildung".

4 Warum ist es sinnvoll, anhand von Geschäftsprozessen zu lernen, die typisch in der industriellen Praxis sind?

3 Berufsbildungsgesetz und Ausbildungsvertrag

AB → Lernsituation 3, 4

§ 10 Abs. 1 BBiG „Wer andere Personen zur Berufsausbildung einstellt (Ausbildende), hat mit den Auszubildenden einen Berufsausbildungsvertrag zu schließen."

In § 11 schreibt das Berufsbildungsgesetz vor, **„den wesentlichen Inhalt des Vertrags schriftlich niederzulegen"**. Als wesentlicher Inhalt gelten folgende Angaben:

§ 11 Berufsbildungsgesetz	Kommentar
1. Art, sachliche und zeitliche Gliederung sowie Ziel der Berufsausbildung, insbesondere die Berufstätigkeit, für die ausgebildet werden soll	
2. Beginn und Dauer der Berufsausbildung	Vor Beginn des Ausbildungsverhältnisses muss der Ausbildende die Eintragung in das Verzeichnis der Berufsausbildungsverhältnisse beantragen. Das Berufsausbildungsverhältnis soll nicht mehr als drei Jahre und nicht weniger als zwei Jahre dauern. Das Ausbildungsverhältnis endet mit Bestehen der Abschlussprüfung, auch vor Beendigung der Ausbildungszeit (Ende der Berufsausbildung: vgl. § 21 BBiG).
3. Ausbildungsmaßnahmen außerhalb der Ausbildungsstätte	z. B. Seminare, andere Betriebsstätten, Zweigstellen
4. Dauer der regelmäßigen täglichen Ausbildungszeit	richtet sich nach tariflichen und gesetzlichen Bestimmungen
5. Dauer der Probezeit	Die Probezeit darf maximal vier Monate betragen. Während der Probezeit kann das Ausbildungsverhältnis ohne Einhaltung einer Kündigungsfrist und ohne Angabe von Gründen gekündigt werden (Kündigung in der Probezeit: vgl. § 22 BBiG).
6. Zahlung und Höhe der Vergütung	richtet sich nach tariflichen und gesetzlichen Bestimmungen
7. Dauer des Urlaubs	richtet sich nach tariflichen und gesetzlichen Bestimmungen
8. Voraussetzungen, unter denen der Berufsausbildungsvertrag beendet werden kann	Nach der Probezeit kann das Ausbildungsverhältnis nur beendet werden – durch Auflösungsvertrag im gegenseitigen Einverständnis, – durch Kündigung aus einem wichtigen Grund ohne Einhaltung einer Frist (innerhalb von zwei Wochen, nachdem der wichtige Grund bekannt ist), – durch Kündigung von Seiten des Auszubildenden mit einer Kündigungsfrist von vier Wochen (wenn der Auszubildende die Berufsausbildung aufgeben oder sich für eine andere Berufstätigkeit ausbilden lassen will. Gründe für die Kündigung: vgl. § 22 BBiG).
9. ein in allgemeiner Form gehaltener Hinweis auf die Tarifverträge, Betriebs- oder Dienstvereinbarungen, die auf das Berufsausbildungsverhältnis anzuwenden sind	

Hat der Auszubildende das 18. Lebensjahr noch nicht vollendet, benötigt er außerdem die Zustimmung des gesetzlichen Vertreters (in der Regel der Eltern).

Grundsätzlich muss auch die persönliche und fachliche Eignung des Ausbilders gegeben und der Ausbildungsbetrieb nach Art und Einrichtung für die Berufsausbildung geeignet sein.

Die Berechtigung zum Einstellen und Ausbilden ist in den §§ 27–33 BBiG geregelt.

3.1 Rechte und Pflichten vor Beginn der Ausbildung

Nach Abschluss des Berufsausbildungsvertrags, also noch vor Beginn der eigentlichen Ausbildung, muss der Ausbildende unverzüglich die Eintragung in das **Verzeichnis der Berufsausbildungsverhältnisse** bei der Industrie- und Handelskammer beantragen. Die Bestätigung der zuständigen Kammer, die auf dem Ausbildungsvertrag vermerkt wird, gibt den Auszubildenden die Sicherheit, dass die Ausbildung in einem anerkannten Ausbildungsberuf ordnungsgemäß begonnen werden kann.

Industrie- und Handelskammer (IHK), vgl. Kap. 5.6.1

Das Bundesministerium für Bildung und Forschung (BMBF) stellt Informationsmaterial für Auszubildende kostenlos zum Download bereit.
www.bmbf.de/publikationen
– Bildung
– Ausbildung und Beruf

Außerdem wird vor Beginn der Ausbildung für jeden Auszubildenden eine **Personalakte** angelegt, in der die persönlichen Daten aufgenommen werden. Im Laufe der Ausbildung wird diese Personalakte weitergeführt und um einige Angaben ergänzt, wie z. B. die erste Beurteilung vor Abschluss der Probezeit, das Zwischenprüfungsergebnis, Ausbildungsmaßnahmen außerhalb der Ausbildungsstätte und Seminare.

Der ausbildende Betrieb muss die Auszubildenden vor Beginn der Ausbildung in der **zuständigen Berufsschule** anmelden. Außerdem dürfen Auszubildende, die noch nicht volljährig sind, nur beschäftigt werden, wenn sie innerhalb der letzten 14 Monate von einem Arzt ihrer Wahl auf ihre **Berufstauglichkeit** untersucht worden sind und dem Ausbildenden die Bescheinigung des Arztes vorliegt.

Spätestens zum Beginn der Ausbildung sollten dem Ausbildenden Geburtsdatum und steuerliche Identifikationsnummer und der **Nachweis der Krankenversicherung** übergeben werden, damit die Angaben in der Personalakte vermerkt werden können und der Ausbildungsbetrieb die entsprechenden Anmeldungen (Krankenkasse, Finanzamt) durchführen kann. Erst dann steht dem Beginn der Ausbildung nichts mehr im Wege.

ÜBERSICHT: Rechte und Pflichten vor Ausbildungsbeginn	
wichtige Regelungen des BBiG	§ 10 Berufsausbildungsvertrag ist erforderlich § 11 wesentlicher Inhalt ist schriftlich festzulegen §§ 27–33 Eignung des Ausbildenden und des Ausbildungsbetriebs
Aus dem Vertrag ergeben sich Rechte und Pflichten …	… für den Ausbildenden: – Eintragung des Ausbildungsverhältnisses bei der IHK nach Vertragsabschluss – Anlegen einer Personalakte – Anmeldung in der Berufsschule – Anmeldung bei Krankenkasse und Finanzamt
	… für den Auszubildenden: – Mitteilung von steuerlicher Identifikationsnummer und Geburtsdatum – Nachweis der Krankenversicherung

3.2 Rechte und Pflichten von Ausbildenden und Auszubildenden während der Ausbildung

Der Ausbildende verpflichtet sich:	Der Auszubildende verpflichtet sich:
– dafür zu sorgen, dass dem Auszubildenden die Fertigkeiten und Kenntnisse vermittelt werden, die zum Erreichen des Ausbildungsziels nach der Ausbildungsordnung erforderlich sind;	– sich zu bemühen, die Fertigkeiten und Kenntnisse zu erwerben, um das Ausbildungsziel zu erreichen und die ihm im Rahmen seiner Berufsausbildung übertragenen Aufgaben sorgfältig auszuführen;
– den Auszubildenden rechtzeitig zu den angesetzten Zwischen- und Abschlussprüfungen anzumelden und für die Teilnahme freizustellen;	– am Berufsschulunterricht und an Prüfungen sowie an Ausbildungsmaßnahmen außerhalb der Ausbildungsstätte teilzunehmen;
– dem Auszubildenden vor Beginn der Ausbildung die Ausbildungsordnung kostenlos auszuhändigen;	– den Weisungen zu folgen, die ihm im Rahmen der Berufsausbildung erteilt werden;
– zur kostenlosen Bereitstellung der Ausbildungsmittel, z. B. Werkzeuge, Werkstoffe, Fachliteratur;	– die für die Ausbildungsstätte geltende Ordnung zu beachten;
– dem Auszubildenden nur Verrichtungen zu übertragen, die dem Ausbildungszweck dienen und seinen körperlichen Kräften angemessen sind;	– Werkzeug, Maschinen und sonstige Einrichtungen pfleglich zu behandeln (dazu gehören auch Verrichtungen, die mit der Sauberkeit des eigenen Arbeitsplatzes zusammenhängen);
– den Auszubildenden zum Besuch der Berufsschule anzuhalten und dafür freizustellen;	– zum Stillschweigen über Betriebs- und Geschäftsgeheimnisse;
– selbst auszubilden oder einen Ausbilder damit zu beauftragen;	– ein vorgeschriebenes Berichtsheft ordnungsgemäß zu führen und regelmäßig vorzulegen;
– Berichtshefte kostenlos auszuhändigen und die ordnungsgemäße Führung zu überwachen;	– bei Fernbleiben von der betrieblichen Ausbildung, vom Berufsschulunterricht oder von sonstigen Ausbildungsveranstaltungen dem Ausbildenden unter Angabe von Gründen unverzüglich Nachricht zu geben.
– dafür zu sorgen, dass der Auszubildende charakterlich gefördert sowie sittlich und körperlich nicht gefährdet wird;	
– dem Auszubildenden bei Beendigung des Ausbildungsverhältnisses ein Zeugnis auszustellen.	

Zuhilfenahme des Gesetzestextes (BBiG)

Aufgaben

1 Bei welchen der folgenden Fälle werden die Bestimmungen des Berufsausbildungsvertrags nicht eingehalten? Erläutern Sie Ihre Entscheidung.
   a Der Ausbildende ist mit einem 18-Jährigen übereingekommen, ein Ausbildungsverhältnis ab dem 1. September zu schließen. Am 1. Oktober hat der Ausbildende trotz Aufnahme des Ausbildungsverhältnisses durch den Auszubildenden den Vertrag nicht schriftlich niedergelegt.
   b Während der Probezeit kündigt ein Auszubildender ohne Vorankündigung und Angaben von Gründen.
   c Die Auszubildende einigt sich mit dem Ausbildenden auf eine Probezeit von einem Monat. Dies wird schriftlich festgehalten.

4 Schutzgesetze und Verordnungen

Verschiedene Rechtsgrundlagen sind für das Berufsausbildungsverhältnis maßgebend. Die rechtlichen Vorschriften der Berufsbildung sollen in beiden Lernorten (Betrieb und Berufsschule) im ersten Ausbildungsjahr vermittelt werden.

AB → Lernsituation 5, Aufgaben zu den Lernsituationen 2–5

4.1 Wichtige Regelungen in Gesetzen und Verordnungen

Im Einzelnen gelten folgende Rechtsgrundlagen:
- Grundgesetz
- Berufsbildungsgesetz
- Berufsbildungsförderungsgesetz
- Gewerbeordnung
- Ausbilder-Eignungsverordnung
- Jugendarbeitsschutzgesetz
- Arbeitszeitgesetz
- Unfallverhütungsbestimmungen
- Mutterschutzgesetz

Im Folgenden werden die Gesetze und Verordnungen erläutert, die in unmittelbarem Zusammenhang zur Ausbildung stehen:

Berufsbildungsgesetz (BBiG)

Das Berufsbildungsgesetz enthält Regelungen, die die Berufsausbildung direkt betreffen, so z. B.
- die Begründung, den Inhalt, Beginn und die Beendigung des Berufsausbildungsverhältnisses,
- Regelungen zur persönlichen und fachlichen Eignung der Ausbilder, zur Überwachung der Berufsausbildung und zu den Prüfungen,
- besondere Vorschriften für einzelne Wirtschafts- und Berufszweige.

BBiG, vgl. **Kap. 3**

Berufsbildungsförderungsgesetz (BerBiFG)

Das Berufsbildungsförderungsgesetz ist die gesetzliche Grundlage zur Förderung der Berufsbildung. Aufgrund einer Berufsausbildungsplanung sollen die Grundlagen geschaffen werden, die den technischen, wirtschaftlichen und gesellschaftlichen Anforderungen der beruflichen Bildung entsprechen.

Zur Durchführung der Aufgaben der Berufsbildung erteilt der zuständige Bundesminister Weisungen an das Bundesinstitut für Berufsbildung. So wirkt das Bundesinstitut für Berufsbildung mit bei der Vorbereitung
- der Ausbildungsordnungen und sonstigen Rechtsverordnungen,
- des Berufsbildungsberichts,
- der Berufsbildungsstatistik.

Ausbildungsordnung und Rahmenlehrplan, vgl. **Kap. 2.1** und **2.2**

Gewerbeordnung (GewO)

Die Gewerbeordnung regelt unter anderem Fragen über die Gestaltung des Arbeitsvertrags und der Betriebssicherheit sowie die staatliche Aufsicht durch die Gewerbeaufsichtsämter. Diese wird zumeist den ordentlichen Polizeibehörden oder von den Landesregierungen zu ernennenden Beamten übertragen, wobei die Gewerbeaufsichtsämter und die Berufsgenossenschaft eng zusammenarbeiten.

Arbeitsschutz und Unfallverhütungsbestimmungen, vgl. **Kap. 4.4**

AEVO (Ausbilder-Eignungsverordnung)

Ausbilder-Eignungsverordnung
Ausbildende in der gewerblichen Wirtschaft (auch Landwirtschaft, öffentlicher Dienst, Hauswirtschaft, Beamte des Bundes), die selbst ausbilden, müssen über die fachliche Eignung hinaus den Erwerb berufs- und arbeitspädagogischer Kenntnisse nachweisen. Dies geschieht für die Ausbilder in einer schriftlichen und mündlichen Prüfung vor einem Prüfungsausschuss.

4.2 Jugendarbeitsschutzgesetz

> **Beispiel:** **Dirk:** „Mit meinem Ausbildungsplatz habe ich richtig Glück gehabt. Das Klima im Betrieb ist toll und mein Ausbilder ist total locker. Eigentlich arbeite ich schon voll mit; am Samstag mache ich Überstunden, da gibt es extra Geld."
> **Nurcan:** „Samstagsarbeit und Überstunden – ich glaube, das dürfen Azubis doch gar nicht."
> **Dirk:** „Warum denn nicht, wenn ich doch einverstanden bin; meine Eltern meinen auch, das könnte nichts schaden. Und das zusätzliche Geld kann ich gut für den Führerschein gebrauchen."

Der Gesetzgeber geht davon aus, dass Jugendliche weniger widerstandsfähig sind als erwachsene Menschen, da ihre körperliche, geistige und seelische Entwicklung noch nicht abgeschlossen ist. Das Jugendarbeitsschutzgesetz gilt für alle Beschäftigten unter 18 Jahre (§ 1). Einige Bestimmungen gelten aber auch für berufsschulpflichtige Auszubildende, die 18 Jahre und älter sind.

Die Schutzbestimmungen des Jugendarbeitsschutzgesetzes gelten u. a. für folgende Bereiche:

Arbeitszeit (§ 8), Tägliche Freizeit (§ 13), Nachtruhe (§ 14) und Fünf-Tage-Woche (§ 15)
- nicht mehr als 8 Stunden täglich, nicht mehr als 40 Stunden wöchentlich, Ausnahme: 8 $\frac{1}{2}$ Stunden täglich, aber höchstens 40 Stunden wöchentlich
- Grundsätzlich gilt die Fünf-Tage-Woche, bei Samstags-, Sonntags- oder Feiertagsarbeit ein Ausgleich in der Woche.
- Weitere Anpassungen sind durch Tarifverträge möglich.
- Beschäftigung grundsätzlich nur von 6 bis 20 Uhr (Ausnahmen: z. B. im Gaststättengewerbe, in mehrschichtigen Betrieben, in der Landwirtschaft, in Bäckereien und Konditoreien)
- Zwischen Feierabend und Arbeitsbeginn am nächsten Tag müssen mindestens zwölf Stunden ununterbrochene Freizeit liegen.

Ruhepausen (§ 11)
- Arbeitsunterbrechung von 15 Minuten gilt als Ruhepause
- mindestens 30 Minuten bei 4 $\frac{1}{2}$ bis 6 Arbeitsstunden
- mindestens 60 Minuten bei mehr als 6 Arbeitsstunden
- erste Pause spätestens nach 4 $\frac{1}{2}$ Arbeitsstunden

Urlaub (§ 19)
Wenn der Jugendliche zu Beginn des Kalenderjahres
- noch nicht 16 Jahre alt ist: 30 Werktage
- 16 Jahre alt ist: 27 Werktage
- 17 Jahre alt ist: 25 Werktage

4 Schutzgesetze und Verordnungen

Berufsschule (§ 9), Prüfungen (§ 10)
- Jugendliche müssen für den Berufsschulunterricht freigestellt werden.
- keine Beschäftigung vor einem vor 9 Uhr beginnenden Unterricht
- keine Beschäftigung an einem Berufsschultag mit mehr als 5 Unterrichtsstunden (45 Minuten), einmal in der Woche
- Anrechnung des Berufsschultags mit 8 Stunden auf die Arbeitszeit
- Freistellung für die Teilnahme an Prüfungen und Ausbildungsmaßnahmen
- Freistellung am Arbeitstag unmittelbar vor der schriftlichen Abschlussprüfung
- Anrechnung der Prüfungszeit auf die Arbeitszeit (bei schriftlicher Abschlussprüfung 8 Stunden)
- kein Entgeltausfall aufgrund des Berufsschulbesuchs bzw. Teilnahme an Prüfungen und Ausbildungsmaßnahmen

Beschäftigungsverbote und -beschränkungen (§§ 22, 23, 24)
- für gefährliche Arbeiten, z. B. Arbeiten, die die Leistungsfähigkeit übersteigen und mit Unfallgefahren verbunden sind (z. B. Akkordarbeit), und Arbeiten, bei denen die Jugendlichen großer Hitze, Kälte, Nässe, gesundheitsschädlichem Lärm, gefährlichen Strahlen und gefährlichen Arbeitsstoffen ausgesetzt sind
- Ausnahmen davon bestehen nur, wenn die Ausbildung dies erfordert.

4.3 Arbeitszeitgesetz (ArbZG)

Nach § 3 des Arbeitszeitgesetzes soll die regelmäßige Arbeitszeit an Werktagen 8 Stunden nicht überschreiten. Daraus resultiert eine wöchentlich zulässige Höchstarbeitszeit von (6 x 8 =) 48 Stunden.

Aufgrund des so genannten Günstigkeitsprinzips besteht aber keine Verpflichtung, die gesetzlich höchstzulässige Arbeitszeit auch auszunutzen. Sie legt nur den Rahmen fest, innerhalb dessen sich die privatrechtlich vereinbarte Arbeitsleistung zu bewegen hat. Als Arbeitszeit gilt die Zeit von Beginn bis Ende der Beschäftigung ohne Pausen. Bei einer täglichen Arbeitszeit von mehr als 6 Stunden ist mindestens eine 30-minütige Pause vorgeschrieben (§ 4 ArbZG). Zwischen Ende und Beginn der Arbeitszeit muss eine Ruhezeit von 11 Stunden liegen (§ 5 ArbZG). Bei gleitender Arbeitszeit und Schichtarbeit muss ebenfalls die durchschnittliche Wochenarbeitszeit erreicht werden. Die **Arbeitsruhe an Sonn- und Feiertagen** ist geschützt. Es gibt aber auch technisch begründete Ausnahmeregelungen, die u. a. in der Gewerbeordnung zu finden sind. Weitere spezielle Arbeitszeitregelungen sind im Jugendarbeitsschutzgesetz und Mutterschutzgesetz vorgeschrieben.

> Eine Überschreitung der Höchstarbeitszeit muss vom Arbeitgeber beim Arbeitsamt gemeldet und vom Arbeitsamt genehmigt werden. Diese Mehrarbeit darf nicht verwechselt werden mit Überstunden, d. h. Arbeitsstunden, die über der tariflichen Arbeitszeit liegen.

> Das Günstigkeitsprinzip im Arbeitsrecht ermöglicht es, in Arbeitsverträgen dann von der ranghöheren Regelung (hier: ArbZG) abzuweichen, wenn diese für den Arbeitnehmer vorteilhafter ist.

Jugendarbeitsschutzgesetz, vgl. Kap. 4.2

Mutterschutzgesetz, vgl. Kap. 4.5

ÜBERSICHT: Wichtige Gesetzestexte und Verordnungen für Auszubildende	
verschiedene Rechtsgrundlagen des Ausbildungsverhältnisses	– Berufsbildungsgesetz (BBiG) – Berufsbildungsförderungsgesetz (BerBiFG) – Gewerbeordnung (GewO) – Ausbilder-Eignungsverordnung (AEVO)
Jugendarbeitsschutzgesetz	– gilt insbesondere für Auszubildende unter 18 Jahren – regelt Arbeitszeit, Ruhepausen, Urlaub, Beschäftigungsverbote, Freistellung für Berufsschulbesuch und Prüfungen
Arbeitszeitgesetz	– regelt zulässige Höchstarbeitszeit, Pausen, Ruhezeit, Arbeitsruhe an Sonn- und Feiertagen

Aufgaben

1. Welche Rechtsgrundlagen sind für das Berufsausbildungsverhältnis maßgebend?
2. Nennen Sie Vorschriften des Jugendarbeitsschutzgesetzes, die für Sie persönlich von Bedeutung sind.
3. Nurcan ist 17 Jahre, Erika ist 18 Jahre und Franz ist 19 Jahre alt. Alle sind Auszubildende im zweiten Ausbildungsjahr als Industriekauffrau/-kaufmann. Beurteilen Sie, ob die folgenden Aussagen richtig sind.
    a Nurcan muss 25 Arbeitstage Urlaub erhalten.
    b Erika unterliegt nicht mehr den Bestimmungen des Jugendarbeitsschutzgesetzes.
    c Franz hat dienstags sechs Stunden Berufsschulunterricht. Er ist an diesem Tag von der Arbeit freizustellen.
    d Erika darf auch samstags beschäftigt werden, wenn der gültige Tarifvertrag dies zulässt.
    e Nurcan soll heute bis 21 Uhr arbeiten.
    f Für Erika beginnt die Berufsschule um 9.30 Uhr. Der Ausbildende kann verlangen, dass sie bis 9.10 Uhr im Betrieb arbeitet, da der Weg bis zur Berufsschule nur 15 Minuten beträgt.
    g Die einzige Pause im Betrieb für alle drei Auszubildenden ist die Mittagspause von 45 Minuten Dauer.
    h Die Auszubildenden haben an einem Montag ihre schriftliche Abschlussprüfung. Sie sind am vorausgehenden Freitag von der Arbeit freizustellen.
4. Falls Ihr Unternehmen tarifgebunden ist: Welche tarifliche Arbeitszeit ist in dem für Sie gültigen Tarifvertrag vorgeschrieben? Sind Ausnahmen möglich?
5. Diskutieren Sie über Ausgleichsregelungen bei längerer Arbeitszeit.
6. Informieren Sie sich, bei welchen Berufsgruppen – aus technischen Gründen – zeitliche Ausnahmeregelungen bestehen.

4.4 Arbeitsschutz und Unfallverhütungsbestimmungen

Der überbetriebliche Arbeitsschutz ist in Deutschland zweigleisig organisiert: Die Kontrolle der Einhaltung von Arbeitsschutz- und Unfallverhütungsvorschriften nehmen vorrangig die Aufsichtsbehörden der staatlichen Gewerbeaufsicht wahr. Ihre Arbeit wird durch die Berufsgenossenschaften bzw. die Unfallversicherungsträger der öffentlichen Hand ergänzt. Dabei überschneiden sich die Aufgaben und Zuständigkeiten nicht unerheblich. Der **Staat** verabschiedet Gesetze und Verordnungen zum Arbeitsschutz, während die **gewerblichen Berufsgenossenschaften** Unfallverhütungsvorschriften erlassen.

Der **Staat** hat den verfassungsrechtlichen Auftrag, dafür zu sorgen, dass Leben und Gesundheit der Bürger geschützt werden (Artikel 2 Abs. 2 Grundgesetz). Dieses Grundrecht des Einzelnen bedeutet für die Gesetzgebung, Verwaltung und Rechtsprechung die Verpflichtung, die Arbeitnehmer gegen vermeintliche Gefahren der Arbeitswelt (Verletzungen, Erkrankungen, vorzeitige Arbeitsunfähigkeit) zu schützen.

Grundlage für den Arbeitsschutz ist das Arbeitsschutzgesetz (ArbSchG), das in § 1 die Zielsetzung des Gesetzes folgendermaßen festlegt:

§ 1 ArbSchG:
Dieses Gesetz dient dazu, Sicherheit und Gesundheitsschutz der Beschäftigten bei der Arbeit durch Maßnahmen des Arbeitsschutzes zu sichern und zu verbessern […]

§ 1 ArbSchG

Laut § 2 sind Maßnahmen des Arbeitsschutzes im Sinne des Gesetzes Maßnahmen zur Verhütung von Unfällen bei der Arbeit und arbeitsbedingten Gesundheitsgefahren einschließlich Maßnahmen der menschengerechten Gestaltung der Arbeit.

§ 2 ArbSchG

Des Weiteren legt das Arbeitsschutzgesetz
- die Pflichten des Arbeitgebers,
- die allgemeinen Grundsätze zum Arbeitsschutz,
- die Pflichten des Arbeitnehmers,
- die Maßnahmen der ersten Hilfe und
- die Überwachung des Arbeitsschutzes durch die zuständigen (Landes-)Behörden in Zusammenarbeit mit den Trägern der gesetzlichen Unfallversicherung fest.

Die Sachgebiete der **staatlichen Vorschriften und Unfallverhütungsbestimmungen** umfassen:
1. Arbeitsstätten einschließlich Betriebshygiene
2. Werkzeuge, Geräte, Maschinen, technische Anlagen und Fahrzeuge
3. Gefährliche Stoffe
4. Persönliche Schutzausrüstungen
5. Arbeitsschutzorganisation im Betrieb

Diesem Auftrag kommt der Staat durch zahlreiche Rechtsvorschriften nach, z. B. durch:
- das Gesetz über technische Arbeitsmittel und Verbraucherprodukte (GPSG). Das Gesetz verpflichtet alle Hersteller, Importeure und Händler zur Lieferung von ungefährlichen Geräten. Für die Überwachung und Beglaubigung der Sicherheitsanforderungen wurden Prüfstellen und -zeichen geschaffen, die ihrerseits von der Gewerbeaufsicht kontrolliert werden (TÜV-Zeichen, VDE, GS-Zeichen = „Geprüfte Sicherheit").

- das Gesetz über Betriebsräte, Sicherheitsingenieure und andere Fachkräfte für Arbeitssicherheit vom 12. Dezember 1973 (ASiG)
- das Arbeitszeitgesetz (ArbZG). Es regelt die höchstzulässige Arbeitszeit, Pausen, Überstunden u. Ä.

Arbeitszeitgesetz, vgl. **Kap. 4.3**

- die Arbeitsstättenverordnung vom 20. März 1975. Sie bestimmt in vielen Einzelvorschriften, nach welchen Gesichtspunkten die Fabriken und Werkstätten, die Büros und Verwaltungen, die Lager und Läden gestaltet werden müssen, um den Arbeitnehmern einen menschengerechten und menschenwürdigen Arbeitsplatz zu bieten (z. B. Pausenräume).
- die Verordnung über gefährliche Stoffe vom 26. August 1986 (Gefahrenstoffverordnung (GefStoffV). Sie soll den Arbeitnehmer vor Gesundheitsgefahren am Arbeitsplatz schützen. Sie enthält Vorschriften für die Verpackung und Kennzeichnung von giftigen, ätzenden und schädliche Reize erzeugenden Arbeitsstoffen. Sie verpflichtet den Arbeitgeber, seine Mitarbeiter durch entsprechende hygienische und technische Maßnahmen vor gesundheitlichen Schäden zu schützen.
- das Mutterschutzgesetz
- das Heimarbeitsgesetz
- das Jugendarbeitsschutzgesetz (Gesetz zum Schutz der arbeitenden Jugend)

Mutterschutzgesetz, vgl. **Kap. 4.5**

Jugendarbeitsschutzgesetz, vgl. **Kap. 4.2**

Hinzu kommen die Unfallverhütungsvorschriften der Berufsgenossenschaften. Daneben bestehen weitere **Richtlinien und Empfehlungen**, u.a.:

- Liste der Werte maximaler Arbeitsplatz-Konzentrationen gesundheitsschädigender Stoffe, so genannte MAK-Werte
- Richtlinien des Vereins Deutscher Ingenieure (VDI)
- Merkblätter der Vereinigung der Technischen Überwachungsvereine (TÜV)
- Normen des Deutschen Instituts für Normung (DIN)
- Empfehlung der Internationalen Arbeitsorganisation (ILO)
- Ergonomische Prüfliste für den Arbeitsschutz

Obwohl die **Unfallverhütungsvorschriften der Berufsgenossenschaften** auf den ersten Blick als einige unter vielen rechtlichen Regelungen und vergleichbaren Verordnungen erscheinen, nehmen die Berufsgenossenschaften eine zentrale und bedeutende Rolle im staatlichen Regel- und Vorsorgesystem zur Unfallverhütung und -sicherung ein.

So sind die Berufsgenossenschaften (gewerbliche, landwirtschaftliche) bzw. Unfallversicherungsträger der öffentlichen Hand zum einen die **Träger der gesetzlichen Unfallversicherung** in Selbstverwaltung (Selbstverwaltungskörperschaft des öffentlichen Rechts) und übernehmen zum anderen die Federführung bei der Bearbeitung und Erstellung von Unfallverhütungsvorschriften, die in Fachausschüssen erarbeitet werden, in denen u.a. auch die Gewerbeaufsicht mitarbeitet.

Die Berufsgenossenschaften haben den Auftrag, mit allen geeigneten Mitteln dafür zu sorgen,
- Unfälle zu verhüten
- vor Gesundheitsgefahren am Arbeitsplatz zu schützen
- den Verletzten gesundheitlich wiederherzustellen (medizinische Rehabilitation; Ziel: möglichst Wiedererlangung der Erwerbsfähigkeit)
- ihn beruflich wieder einzugliedern (berufliche Rehabilitation; Ziel: Wiedereingliederung in das Arbeits- und Berufsleben durch das Vermitteln geeigneter Tätigkeiten und die Gewährung von Berufshilfen für eine notwendige Umschulung)
- ihn und seine Familie durch Geldleistungen sozial abzusichern (Zahlung von Verletztengeld, -rente, Überbrückungshilfe, Sterbegeld, Witwen- und Waisenrente)

Hierarchien der Regelung für Arbeitsschutz und Unfallverhütung	
Gesetze	z.B. Reichsversicherungsordnung, Sozialgesetzbuch
Verordnungen	z.B. Unfallverhütungsvorschriften
Allgemeine Verwaltungsvorschriften	z.B. Durchführungsanweisungen zu Unfallverhütungsvorschriften
allgemein anerkannte Regeln der Technik und gesicherte arbeitswissenschaftliche Erkenntnisse	z.B. – DIN-Normen – VDE-Bestimmungen – Richtlinien u.a.

4 Schutzgesetze und Verordnungen

Jedes Unternehmen ist aufgrund gesetzlicher Vorgaben **Pflichtmitglied der** für seinen Gewerbezweig **zuständigen Berufsgenossenschaft**. Sie ist jeweils für die Betriebe einer bestimmten Branche zuständig, unabhängig davon, in welchem Bundesland der Betrieb seinen Sitz hat.

Die **Beiträge zur Unfallversicherung** sind vom Unternehmen an die jeweiligen Unfallversicherungsträger zu leisten, wobei jeder versichert ist, der in einem Arbeits-, Dienst- oder Ausbildungsverhältnis steht, unabhängig von Alter, Geschlecht, Familienstand und Nationalität. Auch Schulkinder, Studenten und Kindergartenkinder sind versichert.

Kommt es zu einem **Arbeitsunfall** – das kann auch auf dem Weg vom Wohnort zur oder von der Arbeitsstelle sein –, setzt das umfangreiche **Leistungsprogramm** der Berufsgenossenschaften ein.

Arbeitsunfälle können unterschiedliche Ursachen haben:

Als Unfallursachen lassen sich unterscheiden:	
technische Unfallursachen	z. B. fehlende Schutzvorrichtungen, sicherheitswidrige Zustände durch Verschleiß, falsch konstruierte oder mangelhaft erstellte Arbeitsmaschinen, elektrische Anlagen oder Arbeitsschutzmittel
physische Unfallursachen	z. B. Seh- und Hörstörungen, Ermüdungserscheinungen
psychische Unfallursachen	z. B. persönliche Trägheit, übergroße Nervosität, Bequemlichkeit oder Gereiztheit und Unaufmerksamkeit durch einen vorangegangenen Streit mit dem Kollegen oder Vorgesetzten
soziale Unfallursachen	z. B. sicherheitswidrige Verhaltensweisen (Angeberei, „Mutproben") sowie mangelhafte Aufsicht

Das Schaubild gibt die Entwicklung der Zahl der jährlichen Arbeitsunfälle sowie die aufgetretenen Formen wieder:

Im Rahmen der Unfallverhütung haben die Berufsgenossenschaften
- Unfallverhütungsvorschriften zu erlassen, die ein unfallsicheres Arbeiten ermöglichen. Die Unfallverhütungsvorschriften (UVV) sind für den Betrieb verbindliche Rechtsnormen. Sie halten die Mindestanforderungen für die Sicherheit am Arbeitsplatz fest.

- die Betriebe in allen Fragen der Unfallverhütung und Vorbeugung von Berufserkrankungen zu beraten. So ermöglicht z. B. das Geräte- und Produktsicherheitsgesetz eine vorgreifende Unfallverhütung. Es schreibt die Beachtung der Sicherheit von technischen Arbeitsmitteln schon bei ihrer Herstellung vor.
- durch technische Aufsichtsbeamte darauf zu achten, dass die Unfallverhütungsvorschriften eingehalten werden (technische Unfallverhütung) und die Betriebe in allen Fragen der Arbeitssicherheit beraten werden.
- für die Unfallverhütung zu werben (psychologische Unfallverhütung).
- Arbeitnehmer durch den technischen Aufsichtsdienst in Fragen der Unfallverhütung zu schulen (z. B. vor allem die Sicherheitsbeauftragten in den Betrieben).

Betriebsrat, vgl. Kap. 5.3

Eine besondere **Mitwirkungspflicht** bei der Bekämpfung von Unfall- und Gesundheitsgefahren im Betrieb kommt den **Betriebsräten** zu. Laut § 89 Betriebsverfassungsgesetz hat der Betriebsrat im Arbeitsschutz und in der Unfallverhütung einen Überwachungs- und Gestaltungsauftrag, einen Unterstützungsauftrag gegenüber den Behörden sowie ein Informations- und Beteiligungsrecht. Sein **Mitbestimmungsrecht** kann der Betriebsrat nach § 87 Betriebsverfassungsgesetz u. a. im Rahmen der Regelungen über die Verhütung von Arbeitsunfällen und Berufskrankheiten wahrnehmen.

[1] entsprechend der Zahl der Versicherten
[2] entsprechend der Zahl der Versicherten
[3] in allen Unternehmen mit über 20 Versicherten

Auf der betrieblichen Ebene sind neben dem Betriebsrat auch Betriebsärzte[1], Fachkräfte für Arbeitssicherheit[2], Sicherheitsbeauftragte[3], die jeweiligen Vorgesetzten der Mitarbeiter in den einzelnen Abteilungen und die Mitarbeiter selbst mit Aufgaben im betrieblichen Arbeitsschutz betraut. Diese reichen von Beratungs- und Unterstützungsleistungen im Arbeitsschutz bis zur Aufdeckung von Mängeln und deren Beseitigung.

ÜBERSICHT: Zuständigkeiten im Arbeitsschutz

Staatliche Gewerbeaufsicht		Berufsgenossenschaften	
Erlass staatlicher Vorschriften (Gesetze und Verordnungen)	z. B. - Arbeitsschutzgesetz (ArbSchG) - Gesetz über technische Arbeitsmittel und Verbraucherprodukte (GPSG) - Arbeitssicherheitsgesetz (ASiG) - Arbeitsstättenverordnung - Gefahrenstoffverordnung (GefStoffV)	Unfallverhütung/Schutz vor Gesundheitsgefahren am Arbeitsplatz	- federführend beim Erstellen von UVV - Beratung von Betrieben - Schulung
		Leistungen bei Arbeitsunfällen	- medizinische Rehabilitation - berufliche Rehabilitation - soziale Absicherung
		- Pflichtmitgliedschaft von Unternehmen in der für ihre Branche zuständigen BG - Unternehmen leistet Beiträge zur Unfallversicherung an die jeweiligen Unfallversicherungsträger	

Aufgaben

1 Wer erstellt und überwacht die Unfallverhütungsvorschriften?
2 Welche Ursachen führen zu Arbeitsunfällen?
3 Welche Aufgaben haben die Gewerbeaufsichtsämter, welche die Berufsgenossenschaften?

4.5 Mutterschutzgesetz

Das Mutterschutzgesetz gilt für alle Frauen, die in einem Arbeits- oder Ausbildungsverhältnis stehen, auch für Teilzeitbeschäftigte, Haushaltshilfen und Heimarbeiterinnen. Weder die Staatsangehörigkeit noch der Familienstand spielen eine Rolle. Entscheidend ist, dass die Frau ihren Arbeitsplatz in Deutschland hat. Hausfrauen und Selbstständige fallen nicht unter die Vorschriften des Mutterschutzgesetzes. Für Beamtinnen gelten besondere Regelungen, die im Beamtenrecht festgelegt sind.

Art. 6 Abs. 4 Grundgesetz: Jede Mutter hat Anspruch auf den Schutz und die Fürsorge der Gemeinschaft.

Vom Arbeitgeber wird eine angemessene Gestaltung des Arbeitsplatzes zum Schutz von Leben und Gesundheit der werdenden Mutter verlangt. Bei sitzender Tätigkeit steht der Schwangeren das Recht auf Arbeitsunterbrechungen zu. Bei vorwiegender Arbeit im Stehen ist der Arbeitgeber verpflichtet, eine Sitzgelegenheit zum Ausruhen bereitzustellen. Die Schwangere hat Anspruch auf Freistellung zur Durchführung der notwendigen ärztlichen Untersuchungen. Der Arbeitgeber darf werdende Mütter und Stillende nicht mit Arbeiten beschäftigen, die ihre Gesundheit oder die ihres Kindes gefährden könnten. Die Mutter hat im ersten Jahr nach der Geburt ihres Kindes einen gesetzlichen Anspruch, zum Stillen freigestellt zu werden.

Auszug aus dem Mutterschutzgesetz, vgl. S. 34

Sechs Wochen vor der Entbindung bis acht Wochen danach darf der Arbeitgeber eine Frau nicht beschäftigen. Bei Mehrlingsgeburten oder Frühgeburten dauert diese Schutzfrist sogar bis mindestens zwölf Wochen nach der Geburt. Vor der Geburt ist aber eine Beschäftigung mit Zustimmung der Mutter zulässig.

Eine Frage nach bestehender Schwangerschaft ist im Einstellungsgespräch unzulässig (Urteil des Bundesarbeitsgerichts von 2003).

Information des Arbeitgebers

Sobald eine werdende Mutter Gewissheit über ihre Schwangerschaft und den Entbindungstermin hat, muss sie ihren Arbeitgeber unterrichten, damit dieser die gesetzlichen Pflichten erfüllen kann. Verlangt der Arbeitgeber einen Nachweis des Arztes, muss er selbst die Kosten für die Bescheinigung übernehmen. Der Arbeitgeber ist verpflichtet, der zuständigen Aufsichtsbehörde die Schwangerschaft mitzuteilen. An diese Behörde, die die Einhaltung der Mutterschutzvorschriften kontrolliert, können sich Frauen mit allen Fragen bezüglich der Schutzvorschriften wenden.

Kündigung des Arbeitsverhältnisses

Die werdende Mutter genießt **Kündigungsschutz**. Während der Schwangerschaft und in den ersten vier Monaten nach der Entbindung ist eine Kündigung durch den Arbeitgeber unzulässig, wenn ihm die Schwangerschaft oder Entbindung bekannt war oder ihm innerhalb von zwei Wochen nach Zugang der Kündigung mitgeteilt wurde.

Eine Kündigung während dieser Schutzfrist ist nur in wenigen Fällen erlaubt und darf nur mit Zustimmung der zuständigen Aufsichtsbehörde erfolgen. Bei einer zulässigen Kündigung des Arbeitsverhältnisses erhalten Frauen während der Schutzfristen Mutterschaftsgeld. Wird einer Frau unzulässig gekündigt, sollte sie der Kündigung schriftlich widersprechen und sich an die zuständige Aufsichtsbehörde wenden. Der Arbeitgeber muss ihr in diesem Fall das Arbeitsentgelt auch dann weiterzahlen, wenn er sie nicht beschäftigt. Jede Mutter kann sich frei entscheiden, ob sie ihre Beschäftigung nach der Geburt des Kindes aufgeben will. Sie hat das Recht, ihr Arbeitsverhältnis während der Schwangerschaft und während der Schutzfrist nach der Entbindung ohne Einhaltung einer Frist zum Ende der Schutzfrist zu kündigen.

Nachfolgend einige wichtige Auszüge aus dem Mutterschutzgesetz:

§ 3 Beschäftigungsverbote für werdende Mütter
(1) Werdende Mütter dürfen nicht beschäftigt werden, soweit nach ärztlichem Zeugnis Leben oder Gesundheit von Mutter oder Kind bei Fortdauer der Beschäftigung gefährdet sind.

§ 4 Weitere Beschäftigungsverbote
(1) Werdende Mütter dürfen nicht mit schweren körperlichen Arbeiten und nicht mit Arbeiten beschäftigt werden, bei denen sie schädlichen Einwirkungen von gesundheitsgefährdenden Stoffen oder Strahlen, von Staub, Gasen oder Dämpfen, von Hitze, Kälte oder Nässe, von Erschütterungen oder Lärm ausgesetzt sind.
(2) Werdende Mütter dürfen insbesondere nicht beschäftigt werden
1. mit Arbeiten, bei denen regelmäßig Lasten von mehr als 5 kg Gewicht oder gelegentlich Lasten von mehr als 10 kg Gewicht ohne mechanische Hilfsmittel von Hand gehoben, bewegt oder befördert werden. Sollen größere Lasten mit mechanischen Hilfsmitteln von Hand gehoben, bewegt oder befördert werden, so darf die körperliche Beanspruchung der werdenden Mutter nicht größer sein
als bei Arbeiten nach Satz 1;
2. nach Ablauf des fünften Monats der Schwangerschaft mit Arbeiten, bei denen sie ständig stehen müssen, soweit diese Beschäftigung täglich vier Stunden überschreitet;
3. mit Arbeiten, bei denen sie sich häufig erheblich strecken oder beugen oder bei denen sie dauernd hocken oder sich gebückt halten müssen;
4. mit der Bedienung von Geräten und Maschinen aller Art mit hoher Fußbeanspruchung, insbesondere von solchen mit Fußantrieb;
5. mit dem Schälen von Holz;
6. mit Arbeiten, bei denen Berufserkrankungen im Sinne der Vorschriften über Ausdehnung der Unfallversicherung auf Berufskrankheiten entstehen können, sofern werdende Mütter infolge ihrer Schwangerschaft bei diesen Arbeiten in besonderem Maße der Gefahr einer Berufserkrankung ausgesetzt sind;
7. nach Ablauf des dritten Monats der Schwangerschaft auf Beförderungsmitteln;
8. mit Arbeiten, bei denen sie erhöhten Unfallgefahren, insbesondere der Gefahr auszugleiten, zu fallen oder abzustürzen, ausgesetzt sind.
(3) Die Beschäftigung von werdenden Müttern mit 1. Akkordarbeit und sonstigen Arbeiten, bei denen durch ein gesteigertes Arbeitstempo ein höheres Entgelt erzielt werden kann;
2. Fließarbeit mit vorgeschriebenem Arbeitstempo ist verboten. [...]

§ 8 Mehrarbeit, Nacht- und Sonntagsarbeit
(1) Werdende und stillende Mütter dürfen nicht mit Mehrarbeit, nicht in der Nacht zwischen 20 und 6 Uhr und nicht an Sonn- und Feiertagen beschäftigt werden.

§ 9 Kündigungsverbot
(1) Die Kündigung gegenüber einer Frau während der Schwangerschaft und bis zum Ablauf von vier Monaten nach der Entbindung ist unzulässig, wenn dem Arbeitgeber zur Zeit der Kündigung die Schwangerschaft oder Entbindung bekannt war oder innerhalb zweier Wochen nach Zugang der Kündigung mitgeteilt wird. [...]

Staatliche Leistungen, die die Eltern beanspruchen können:

Das **Mutterschaftsgeld** stellt sicher, dass die Arbeitnehmerin durch die Mutterschaft keine finanziellen Nachteile erleidet. Die gesetzlich oder freiwillig krankenversicherte Arbeitnehmerin hat in der Regel Anspruch auf ein Mutterschaftsgeld während der Schutzfrist vor und nach der Entbindung. Es beträgt maximal 13 € pro Kalendertag. Das Mutterschaftsgeld wird von der Krankenkasse gezahlt. Da durch das Mutterschaftsgeld der bisherige Verdienst vielfach nicht abgedeckt ist, muss der Arbeitgeber im Allgemeinen während der gesetzlichen Schutzfrist einen Zuschuss zum Mutterschaftsgeld zahlen. Die Höhe dieses Zuschusses bestimmt sich aus der Differenz zwischen dem um die gesetzlichen Abzüge verminderten durchschnittlichen kalendertäglichen Arbeitsentgelt und dem Mutterschaftsgeld in Höhe von 13 €. Dies gilt auch, wenn das Mutterschaftsgeld auf insgesamt 210 € monatlich begrenzt ist, z. B. bei nicht in der gesetzlichen Krankenversicherung versicherten Frauen.

Kindergeld: Wer Kinder hat und in Deutschland wohnt, hat Anspruch auf Kindergeld, unabhängig vom Einkommen. In jedem Fall wird das Kindergeld bis zur Vollendung des 18. Lebensjahres gezahlt, in bestimmten Fällen auch bis zur Vollendung des 25. Lebensjahres, z. B. während einer Schul- oder Berufsausbildung. Das Kindergeld für das erste und zweite Kind beträgt jeweils 204 €, für das dritte Kind 210 € und für das vierte und jedes weitere Kind 235 € im Monat (Stand: 2020).

Elternzeit und Elterngeld: Eltern in einem Arbeitsverhältnis haben einen rechtlichen Anspruch, während der ersten drei Lebensjahre ihres Kindes entweder die Arbeitszeit für die Kinderbetreuung zu reduzieren oder sich ganz für die Kinderversorgung beurlauben zu lassen. Diese Zeit wird als **Elternzeit** bezeichnet. Während der Elternzeit bleibt das Arbeitsverhältnis bestehen, es besteht außerdem Kündigungsschutz. Dieser Schutz tritt mit der Anmeldung der Elternzeit ein. Acht Wochen nach der Geburt endet aber die Lohnfortzahlungspflicht des Arbeitgebers, sodass bei Inanspruchnahme der Elternzeit das Arbeitseinkommen sich verringert oder ganz entfällt.

> Das Bundesministerium für Familie, Senioren, Frauen und Jugend stellt ausführliche Informationen zur Verfügung: **www.bmfsfj.de** → Elterngeld, Elterngeld Plus und Elternzeit

Ziel des **Elterngeldes** ist es daher, Einkommensverluste der Eltern wegen Reduzierung der Arbeitszeit oder unbezahlter Beurlaubung (siehe Elternzeit) für die Betreuung der Neugeborenen zumindest teilweise auszugleichen. Beantragt ein Elternteil die Elternzeit, so wird das Elterngeld für zwölf Monate gewährt. Beantragt auch der zweite Elternteil die Elternzeit, werden zwei zusätzliche Monate Elterngeld gewährt. Voraussetzungen: Die Kinder werden im eigenen Haushalt betreut und es erfolgt eine Reduzierung der Arbeitszeit auf unter 30 Wochenstunden.

Bei unbezahlter Beurlaubung beträgt die Höhe des Elterngeldes zwischen 65 und 67 % des letzten Netto-Monatseinkommens (bei Reduzierung der Arbeitszeit zwischen 65 und 67 % des ausfallenden Nettoentgelts), jedoch mindestens 300,00 € und höchstens 1.800,00 €.

Für Kinder, die nach dem 1. Juli 2015 zur Welt gekommen sind, wird wahlweise anstelle des „normalen" Elterngeldes das **Elterngeld plus** gewährt. Dabei wird die Leistungszeit auf 24 bzw. 28 Monate verdoppelt, das Elterngeld aber halbiert. Eine echte Leistungsverbesserung stellen hingegen die sog. **Partnerschaftsbonusmonate** dar. Hier erhalten **beide** Eltern jeweils zusätzlich vier Monate Elterngeld, wenn sie **gleichzeitig** ihre Arbeitszeit auf 25 bis 30 Stunden reduzieren. So sind dann insgesamt bis zu 36 Elterngeldzahlungen möglich.

> Das gezahlte Elterngeld reduziert jedoch andere familienbezogene Sozialleistungen wie Arbeitslosengeld II, Sozialhilfe oder Wohngeld, da es als Einkommen gilt.

Elterngeld

für Mütter oder Väter
- die ihr Kind selbst betreuen und
- nicht mehr als 30 Wochenstunden erwerbstätig sind

Höhe des Elterngeldes
- 65-67 % des wegfallenden Nettoeinkommens (bei Einkommen ab 1000 Euro; darunter auf bis zu 100 % ansteigend)
  – monatlich mindestens 300*, höchstens 1800 Euro
- Laufzeit: 14 Monate (bei Beteiligung beider Partner und für Alleinerziehende) oder: doppelte Laufzeit mit dem halben Monatsbetrag
- Geschwisterbonus, wenn mehrere kleine Kinder vorhanden sind

*aber: Anrechnung auf ALG II

© Bergmoser + Höller Verlag AG

Elternzeit

für Mütter oder Väter
- die ihr Kind selbst betreuen und als Arbeitnehmer/innen beschäftigt sind

Dauer der Elternzeit
- nach Wunsch der Eltern – auch gemeinsam – bis zum dritten Geburtstag des Kindes
- Stimmt der Arbeitgeber zu, können davon bis zu 12 Monate in spätere Zeiten bis zum achten Geburtstag des Kindes (z.B. das erste Schuljahr) verlegt werden
- Während der Elternzeit ist Teilzeitarbeit (bis zu 30 Wochenstunden) möglich

---

ÜBERSICHT: Rechtliche Ansprüche bei Schwangerschaft

- Das Mutterschutzgesetz gilt für alle Frauen, die in einem Arbeitsverhältnis stehen und schwanger sind.
- Der Arbeitgeber muss unverzüglich von einer Schwangerschaft unterrichtet werden, um seine Pflichten gem. Mutterschutzgesetz erfüllen zu können.
- Das Gewerbeaufsichtsamt wird vom Arbeitgeber informiert und kontrolliert die Einhaltung der Mutterschutzvorschriften im Betrieb.

Schutzmaßnahmen am Arbeitsplatz während Schwangerschaft und Stillzeit	– angemessene Arbeitsplatzgestaltung – keine gesundheitsgefährdenden Tätigkeiten – keine Mehr-, Nacht- und Sonntagsarbeit – Freistellung für ärztliche Untersuchungen und Stillen
Beschäftigungsverbot	– sechs Wochen vor Entbindung bis acht Wochen danach
Kündigungsschutz	– während der Schwangerschaft und der ersten vier Monate nach Entbindung bzw. Elternzeit
Mütter bzw. beide Elternteile haben Anspruch auf	– Mutterschaftsgeld – Elterngeld – Elternzeit – Kindergeld

Aufgaben

1. Warum werden per Gesetz schwangere Frauen besonders geschützt?
2. Nennen Sie die Schutzfristen für werdende Mütter.
3. Erklären Sie, aus welchem Grund das Bundesarbeitsgericht die Frage nach der Schwangerschaft im Bewerbungsverfahren für unzulässig erklärt hat.

5 Mitwirkungs- und Mitbestimmungsrechte

Beispiel: Bettina ist Auszubildende in einem Industrieunternehmen, das Bremssysteme für Fahrräder herstellt. Die Arbeitnehmer des Unternehmens haben einen Betriebsrat gewählt. Im 3. Ausbildungsjahr soll sie kurz vor Pfingsten Überstunden machen und nach Geschäftsschluss noch Lieferscheine zusammen mit dem Lagerleiter fertigstellen. Ihr passt das nicht, denn sie hat schon Pläne für ihre Freizeit. Sie geht zum Vertriebsleiter und beschwert sich.

Bettina: Ich sehe nicht ein, dass ich Überstunden machen muss. Ich habe eine Verabredung gleich nach der Arbeit. Bisher war es sowieso nicht üblich, dass wir Auszubildenden Überstunden machen mussten!

Vertriebsleiter: Wir machen alle Überstunden heute, um vor den Pfingsttagen noch unsere Kunden beliefern zu können. Wenn die Ware erst morgen rausgeht, wird sie nicht mehr rechtzeitig ankommen und wir würden mit Sicherheit einige unserer Großkunden verlieren. Was das bedeuten würde, ist dir doch wohl klar!

Bettina: Mag schon alles sein, aber für eine Ausbildungsvergütung mache ich keine Überstunden! Nach mehr als zwei Ausbildungsjahren müsste ich eigentlich zumindest den Lohn einer Hilfskraft bekommen, mit Überstundenzuschlag.

Vertriebsleiter: Du bekommst, was dir zusteht. Die Überstunden sind von dir jetzt gleich, hier und heute zu machen, ansonsten riskierst du deine Kündigung. Also, nun leg schon los, der Lagerleiter will schließlich auch mal Feierabend haben.

Der Fall von Bettina ist typisch für viele **Interessenkonflikte**, die alltäglich **am Arbeitsplatz** entstehen. Ähnliche Konflikte können entstehen um
- die Festlegung von Beginn und Ende der täglichen Arbeitszeit
- die Pausenregelung
- Kündigungen
- Versetzungen im Betrieb
- Anweisungen von Vorgesetzten bei der täglichen Arbeit

Beide Seiten, Arbeitnehmer und Arbeitgeber, verfolgen eigene Interessen, die auch berechtigt sein können. In manchen Situationen können diese Interessen miteinander in Konflikt geraten. Dieser Konflikt muss dann im Konsens der Beteiligten geregelt werden.

Im 19. Jahrhundert, in der Frühphase der Industrialisierung, wäre es bei dem letzten Satz des Vertriebsleiters geblieben. Das Unternehmen hätte Bettina gekündigt, sobald sie sich den Anweisungen ihres Vorgesetzten widersetzt hätte. Ersatz hätte es auf dem Arbeitsmarkt leicht gefunden. Bettina hingegen wäre das Risiko eingegangen, auf dem Arbeitsmarkt keine bessere Stelle zu finden. Diese Konfliktregelung allein durch den Markt führt in der Regel zu Nachteilen für den – wirtschaftlich schwächeren – Arbeitnehmer.

Kennzeichen der Industrialisierung: Deutliche Zunahme der gewerblichen Güterproduktion (sekundärer Sektor) auf Kosten des Agrarbereichs (primärer Sektor)

Aus diesem Grund unterliegen **Arbeitsmarkt** und **Arbeitsbedingungen** in der sozialen Marktwirtschaft heutzutage bestimmten **Formen der Regulierung**. So gibt es
- Gesetze der demokratisch gewählten Parlamente, die das Arbeitsrecht betreffen
- Tarifverhandlungen zwischen Gewerkschaften und Arbeitgebern
- Urteile der Arbeitsgerichte im Falle von Rechtsstreitigkeiten

*Soziale Marktwirtschaft als realtypische Wirtschaftsordnung, vgl. **LF9, Band 3***

In Ausbildung und Beruf orientieren

Direktionsrecht = Weisungsrecht des Arbeitgebers, das in erster Linie die jeweils konkret zu erbringende Arbeit und die Art und Weise ihrer Erledigung festlegt. Hierzu gehört auch die konkrete Ordnung im Betrieb, die grundsätzlich einseitig vom Arbeitgeber festgelegt wird, soweit dem nicht das Mitbestimmungsrecht eines etwa vorhandenen Betriebsrates entgegensteht.

Im Rahmen dieser Gesetze und Tarifverträge bleibt dem **Arbeitgeber** zur Wahrung von Unternehmensinteressen die Weisungsbefugnis gegenüber dem Arbeitnehmer, das so genannte Direktionsrecht. Als Ausgleich benötigen die **Arbeitnehmer** eine Möglichkeit, ihre Interessen gegenüber dem Arbeitgeber zu vertreten und gegebenenfalls durchzusetzen: Sie müssen an den betrieblichen Entscheidungen **mitwirken und mitbestimmen** können.

Mitwirkungs- und Mitbestimmungsrechte finden sich auf unterschiedlichen Ebenen:
1. auf der Ebene des einzelnen Arbeitnehmers
2. auf der Ebene der Betriebsversammlung, wo sich der einzelne Arbeitnehmer in Auseinandersetzung mit seinen Kollegen und dem Betriebsrat für seine Belange einsetzen kann
3. durch die Jugend- und Auszubildendenvertretung
4. durch den Betriebsrat (und die Sprecherausschüsse für leitende Angestellte)
5. im Aufsichtsrat bei Kapitalgesellschaften

Dies ist nur ein kleiner Ausschnitt aus der Arbeit eines Betriebsrats und der Jugend- und Auszubildendenvertretung. Auf diese Organe der betrieblichen Mitbestimmung wird ausführlich in den folgenden Kapiteln eingegangen.

Bettina hat letztlich die verlangten Überstunden gearbeitet, aber unter Vorbehalt. Gleichzeitig wandte sie sich an die Jugend- und Auszubildendenvertretung (JAV), die die Interessen der jugendlichen Auszubildenden beim Betriebsrat vertritt. Bettinas Gespräch mit der JAV hatte folgendes Ergebnis:

An die Mitglieder des Betriebsrates
Einladung zur Sitzung des Betriebsrates
Tag: Dienstag, 21. Mai 20XX
Zeit: 09:00 Uhr
Ort: Büro des Betriebsrates
Tagesordnung:
1. Sicherheitsmaßnahmen beim Fahren von Gabelstaplern
2. Pausenregelung des Büropersonals an neuen Bildschirmgeräten
3. Kündigungen und personelle Umbesetzungen
4. Antrag der JAV betr. Überstunden für Azubis
5. Vorbereitung der Betriebsversammlung im 3. Quartal
6. Verschiedenes

gez. V. Szirmay
Betriebsratsvorsitzende

Aufgaben

1. Warum lehnt Bettina die Überstunden ab?
2. Wie begründet der Vertriebsleiter die Überstunden?
3. Hier ist ein Interessenkonflikt entstanden, der gelöst werden muss. Überlegen Sie die Vor- und Nachteile folgender Möglichkeiten der Konfliktlösung:
    a. Die Entscheidung über Überstunden ist allein Sache des einzelnen Arbeitnehmers. Eine Verweigerung darf keine negativen Konsequenzen für den Arbeitnehmer haben.
    b. Der Arbeitgeber allein entscheidet, wann, wie viele und von wem Überstunden gemacht werden.
4. Wie würden Sie sich im Falle von Bettina verhalten? Überlegen Sie dabei die Vor- und Nachteile.

5.1 Mitwirkungsrechte des einzelnen Arbeitnehmers

Das **Betriebsverfassungsgesetz** (§§ 81–85) gibt dem einzelnen Arbeitnehmer eigene Rechte auf Unterrichtung, Anhörung, Erörterung und Beschwerde, in Angelegenheiten, die ihn und seinen Arbeitsplatz unmittelbar betreffen. Diese Rechte sind arbeitsvertraglicher Natur und stehen auch Arbeitnehmern in Betrieben ohne Betriebsrat zu.

Die Informations-, Mitwirkungs- und Beschwerderechte des Arbeitnehmers
Der Arbeitgeber hat den Arbeitnehmer über dessen Aufgaben und Verantwortung sowie über die Art der Tätigkeit und über ihre Einordnung in den Arbeitsablauf des Betriebs zu unterrichten (z. B. mündlich durch den Meister, Abteilungsleiter oder schriftlich durch Aushändigung einer Arbeitsplatz- oder Stellenbeschreibung).

- Vor Aufnahme der Beschäftigung, aber auch bei jeder Einweisung in einen neuen Arbeitsplatz ist der Arbeitnehmer auf die von der Arbeit ausgehenden **Unfall- und Gesundheitsgefahren** sowie über die Maßnahmen und Einrichtungen zur Abwendung dieser Gefahren zu unterrichten.
- Er kann im Rahmen seiner Informationsrechte Einsicht in die über ihn geführte **Personalakte** nehmen (§ 83 BetrVG). Dieses Recht kann der Arbeitnehmer nur selbst ausüben, auf Wunsch in Begleitung eines Betriebsratsmitglieds.
- In betrieblichen Angelegenheiten, die seine Person betreffen, hat der Arbeitnehmer das Recht, **selbst initiativ** zu werden. Er kann die Anhörung durch seinen Vorgesetzten verlangen.
- Soweit der Arbeitnehmer durch Maßnahmen des Arbeitgebers betroffen wird, kann er auch **Vorschläge** für die Gestaltung des Arbeitsplatzes und des Arbeitsablaufes machen (§ 82 Abs. 1 BetrVG).
- Glaubt der Arbeitnehmer, dass seine Vorschläge nicht berücksichtigt werden, kann er von seinem **Beschwerderecht** (§ 84 BetrVG) Gebrauch machen.

Arbeitsschutz und Unfallverhütungsbestimmungen, vgl. **Kap. 4.4**

Das Beschwerderecht kann auch in Anspruch genommen werden, wenn der Arbeitnehmer untertariflich entlohnt oder von Sonderzahlungen ausgeschlossen wird, er stets mit der schwersten Arbeit beschäftigt oder stets schärfer gerügt wird als andere Arbeitnehmer oder wenn Arbeitskollegen ihn belästigen. Laut § 85 BetrVG kann der Arbeitnehmer, auch wenn er sich zuvor schon selbst beim Arbeitgeber beschwert hat, beim Betriebsrat Beschwerde einlegen.

5.2 Betriebsversammlung

Die Betriebsversammlung besteht aus allen Arbeitnehmern des Betriebs und muss **mindestens einmal vierteljährlich** während der Arbeitszeit einberufen werden (§ 43 BetrVG). Sie wird vom Vorsitzenden des Betriebsrats geleitet und ist nicht öffentlich, d. h., teilnahmeberechtigt sind – mit einigen Ausnahmen – **nur Betriebsangehörige**. Beauftragte der im Betrieb vertretenen Gewerkschaften können als beratende Teilnehmer hinzugezogen werden. Der **Arbeitgeber** ist auf jeden Fall einzuladen. Einmal im Jahr muss er in der Betriebsversammlung u. a. über das Personal- und Sozialwesen sowie über die wirtschaftliche Lage und Entwicklung des Betriebs berichten. Einzelne Arbeitnehmer oder Gruppen können auf der Betriebsversammlung Vorschläge oder Anregungen an den Betriebsrat einreichen, ihm Anträge unterbreiten und zu den Tätigkeiten und Beschlüssen des Betriebsrats Stellung nehmen. Über Beschlüsse können alle anwesenden Arbeitnehmer abstimmen.

5.3 Betriebsrat

Das Recht der Belegschaft, eine Interessenvertretung zu wählen, ist in § 1 des Betriebsverfassungsgesetzes (BetrVG) niedergelegt:

> **§ 1 Errichtung von Betriebsräten**
> (1) In Betrieben mit in der Regel mindestens fünf ständigen wahlberechtigten Arbeitnehmern, von denen drei wählbar sind, werden Betriebsräte gewählt. Dies gilt auch für gemeinsame Betriebe mehrerer Unternehmen.

Nach § 7 BetrVG besitzen alle im Betrieb beschäftigten Arbeitnehmer das Wahlrecht:

> **§ 7 Wahlberechtigung**
> Wahlberechtigt sind alle Arbeitnehmer des Betriebs, die das 18. Lebensjahr vollendet haben. Werden Arbeitnehmer eines anderen Arbeitgebers zur Arbeitsleistung überlassen, so sind diese wahlberechtigt, wenn sie länger als drei Monate im Betrieb eingesetzt werden.

Wählbar dagegen sind nur solche Arbeitnehmer, die seit mindestens 6 Monaten dem Betrieb rechtlich angehören (also keine Leiharbeiter). Leiharbeiter können aber zum Betriebsrat ihres Entsendeunternehmens gewählt werden.

Existiert in einem Betrieb, in dem es laut Betriebsverfassungsgesetz einen Betriebsrat geben könnte, kein Betriebsrat, sind folgende Schritte zur Wahl notwendig:
- Einladung zu einer Betriebsversammlung durch drei Arbeitnehmer des Betriebs oder eine im Betrieb vertretene Gewerkschaft
- Wahl eines Wahlvorstands auf dieser Betriebsversammlung
- Ausschreiben der Wahl und Entgegennahme von Kandidatenvorschlägen
- Durchführung der Wahl und Auszählung
- Einladung der gewählten Betriebsratsmitglieder durch den Wahlvorstand

Die Reform des Betriebsverfassungsgesetzes 2001 führte ein vereinfachtes Wahlverfahren für Kleinbetriebe mit bis zu 50 Arbeitnehmern ein. Seitdem stehen außerdem die ersten drei Arbeitnehmer, die in der Einladung aufgeführt sind, unter Kündigungsschutz.

Der Betriebsrat wird alle vier Jahre gewählt (§ 21 BetrVG). Seine Stellung (§ 2 BetrVG), die Regeln der Zusammenarbeit mit dem Arbeitgeber (§ 74 BetrVG) und seine Aufgaben (§ 80 BetrVG) sind im Betriebsverfassungsgesetz festgelegt.

Ziel der Tätigkeit des Betriebsrats ist es, negative Folgen für die Belegschaft abzuwenden, die durch unternehmerische Entscheidungen entstehen können. Um seine Aufgaben zu erledigen, hat der Betriebsrat folgende Rechte gegenüber dem Arbeitgeber:
- Informations-, Anhörungs- und Beratungsrechte
- Widerspruchsrecht
- Mitbestimmungsrecht
- Recht auf Unterrichtung in wirtschaftlichen Angelegenheiten

Die Zahl der Betriebsratsmitglieder richtet sich nach der Zahl der Arbeitnehmer des Betriebs (§ 9 BetrVG). Eine bestimmte Anzahl der Betriebsratsmitglieder ist von ihrer Tätigkeit freizustellen, allerdings erst in Betrieben mit über 200 Beschäftigten.

§§ 2, 74 und 80 BetrVG: vgl. Auszug aus dem Betriebsverfassungsgesetz, S. 42/43

Allgemeine Aufgaben: Zur Erledigung seiner Aufgaben ist der Betriebsrat nach § 80 Abs. 2 BetrVG rechtzeitig und umfassend zu informieren. Er kann auch notwendige Unterlagen anfordern, die der Arbeitgeber zur Verfügung stellen muss.

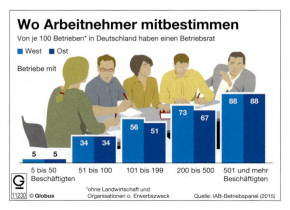

Informations-, Anhörungs- und Beratungsrechte

Diese Mitwirkungsrechte erstrecken sich zum Beispiel auf die Planung von Neu-, Um- und Erweiterungsbauten oder von neuen Arbeitsverfahren und technischen Anlagen, aber auch allgemein auf solche Angelegenheiten wie Verkauf oder Stilllegung eines Betriebs. Ziel ist es, frühzeitig negative Konsequenzen der getroffenen unternehmerischen Entscheidungen auf die Arbeitnehmer beurteilen zu können. Der Arbeitgeber hat sich vor der Entscheidung mit dem Betriebsrat zu beraten oder die Stellungnahme des Betriebsrats zu seinen Entscheidungen anzuhören. In beiden Fällen kann er gegen den Willen des Betriebsrats entscheiden.

§ 90 BetrVG Unterrichtungs- und Beratungsrechte

Widerspruchsrecht

Bei bestimmten betrieblichen Entscheidungen kann der Betriebsrat Widerspruch einlegen. Er kann dann die Entscheidung des Arbeitgebers (z. B. bei einer Kündigung) zwar nicht blockieren, eine Einigung zwischen Arbeitgeber und Betriebsrat muss aber über das Arbeitsgericht gesucht werden. Bei Kündigung gilt zusätzlich, dass diese dann unwirksam ist, wenn der Betriebsrat vor dieser nicht angehört worden ist.

z. B. § 92 BetrVG Personalplanung

Mitbestimmungsrecht

In Angelegenheiten, in denen der Betriebsrat ein Mitbestimmungsrecht hat, entscheiden Arbeitgeber und Betriebsrat gemeinsam. Dem Betriebsrat steht ein Vetorecht zu. Er kann also Entscheidungen des Arbeitgebers zunächst blockieren. Können sich der Arbeitgeber und der Betriebsrat nicht einigen, so wird die Angelegenheit einer **Einigungsstelle** (§ 76 BetrVG) vorgelegt, die dann für beide Seiten verbindlich entscheidet.

z. B. § 102 BetrVG Mitbestimmung bei Kündigungen

> **§ 76 BetrVG Einigungsstelle**
> (2) Die Einigungsstelle besteht aus einer gleichen Anzahl von Beisitzern, die vom Arbeitgeber und Betriebsrat bestellt werden, und einem unparteiischen Vorsitzenden, auf dessen Person sich beide Seiten einigen müssen. Kommt eine Einigung über die Person des Vorsitzenden nicht zu Stande, so bestellt ihn das Arbeitsgericht. Dieses entscheidet auch, wenn keine Einigung über die Zahl der Beisitzer erzielt wird.

Ein Mitbestimmungsrecht hat der Betriebsrat u. a. bei der Festlegung einer Betriebsordnung, bei Unfallschutz, Urlaubsplanung sowie Fragen der Berufsbildung. Auch bei der Regelung der Arbeitszeiten, der Überstunden oder bei der Einführung von Kurzarbeit stehen dem Betriebsrat Mitbestimmungsrechte zu. Die entsprechenden Verhandlungsergebnisse werden in **Betriebsvereinbarungen** festgehalten. Sie gelten für alle Arbeitnehmer eines Betriebs. Betriebsvereinbarungen müssen in schriftlicher Form ausliegen.

Unterrichtung des Wirtschaftsausschusses in wirtschaftlichen Angelegenheiten

Der Betriebsrat und die Arbeitnehmer sind auf Informationen über wirtschaftliche Angelegenheiten des Unternehmens angewiesen, denn viele Entscheidungen der Unternehmensleitung betreffen auch die Arbeitnehmer.

Um sicherzustellen, dass die Arbeitnehmer über bestimmte Themen unterrichtet werden, wird ein sogenannter **Wirtschaftsausschuss** in Unternehmen mit mehr als 100 Arbeitnehmern gebildet. Der Wirtschaftsausschuss berät wirtschaftliche Angelegenheiten mit dem Unternehmer und unterrichtet den Betriebsrat (§ 106 BetrVG).

Seit der Reform des BetrVG werden auch Fragen des betrieblichen Umweltschutzes im Wirtschaftsausschuss thematisiert. Darüber hinaus erhält auch der Betriebsrat Mitwirkungsrechte beim betrieblichen Umweltschutz (§ 89 BetrVG).

Beispiele solcher wirtschaftlicher Angelegenheiten sind:
- die wirtschaftliche und finanzielle Lage des Unternehmens
- Produktions-, Investitions- und Rationalisierungsvorhaben
- die Stilllegung oder Verlegung von Betrieben oder Betriebsteilen
- der Zusammenschluss von Betrieben

Der Wirtschaftsausschuss hat keine Mitbestimmungsrechte in unternehmerischen Entscheidungen.

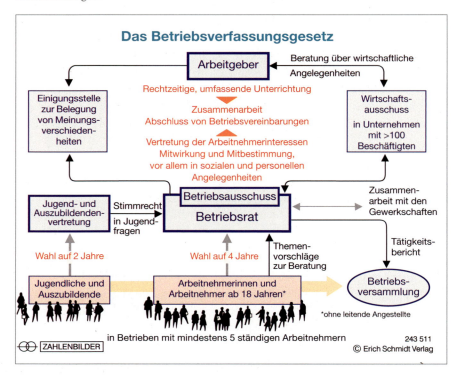

Auszug aus dem Betriebsverfassungsgesetz

§ 2 Abs. 1

Arbeitgeber und Betriebsrat arbeiten unter Beachtung der geltenden Tarifverträge vertrauensvoll und im Zusammenwirken mit den im Betrieb vertretenen Gewerkschaften und Arbeitgebervereinigungen zum Wohl der Arbeitnehmer und des Betriebs zusammen.

§ 74 Abs. 1 und 2

Arbeitgeber und Betriebsrat sollen mindestens einmal im Monat zu einer Besprechung zusammentreten. Sie haben über strittige Fragen mit dem ernsten Willen zur Einigung zu verhandeln und Vorschläge für die Beilegung von Meinungsverschiedenheiten zu machen. Maßnahmen des Arbeitskampfes zwischen Arbeitgeber und Betriebsrat sind unzulässig; Arbeitskämpfe tariffähiger Parteien werden hierdurch nicht berührt. Arbeitgeber und Betriebsrat haben Betätigungen zu unterlassen, durch die der Arbeitsablauf oder der Frieden des Betriebs beeinträchtigt werden. Sie haben jede parteipolitische Betätigung im Betrieb zu unterlassen; die Behandlung von Angelegenheiten tarifpolitischer, sozialpolitischer und wirtschaftlicher Art, die den Betrieb oder seine Arbeitnehmer unmittelbar betreffen, wird hierdurch nicht berührt.

§ 80 Abs. 1
Der Betriebsrat hat folgende allgemeine Aufgaben:
1. darüber zu wachen, dass die zu Gunsten der Arbeitnehmer geltenden Gesetze, Verordnungen, Unfallverhütungsvorschriften, Tarifverträge und Betriebsvereinbarungen durchgeführt werden;
2. Maßnahmen, die dem Betrieb und der Belegschaft dienen, beim Arbeitgeber zu beantragen;
3. Anregungen von Arbeitnehmern und der Jugend- und Auszubildendenvertretung entgegenzunehmen und, falls sie berechtigt erscheinen, durch Verhandlungen mit dem Arbeitgeber auf eine Erledigung hinzuwirken; er hat die betreffenden Arbeitnehmer über den Stand und das Ergebnis der Verhandlungen zu unterrichten;
4. die Eingliederung Schwerbehinderter und sonstiger besonders schutzbedürftiger Personen zu fördern;
5. die Wahl einer Jugend- und Auszubildendenvertretung vorzubereiten und durchzuführen und mit dieser zur Förderung der Belange der in § 60 Abs. 1 genannten Arbeitnehmer eng zusammenzuarbeiten; er kann von der Jugend- und Auszubildendenvertretung Vorschläge und Stellungnahmen anfordern;
6. die Beschäftigung älterer Arbeitnehmer im Betrieb zu fördern;
7. die Eingliederung ausländischer Arbeitnehmer im Betrieb und das Verständnis zwischen ihnen und den deutschen Arbeitnehmern zu fördern.

5.4 Jugend- und Auszubildendenvertretung

AB → Lernsituation 6

Durch seine Zusammensetzung ist der Betriebsrat nicht immer geeignet, auch die Probleme und Wünsche der jugendlichen Arbeitnehmer und Auszubildenden entsprechend zu vertreten. Dieser Mangel wird durch die Jugend- und Auszubildendenvertretung weitgehend ausgeglichen.

Jugendliche Arbeitnehmer unter 18 Jahren und Auszubildende unter 25 Jahren (dazu zählen auch Praktikanten, Anlernlinge und Umschüler) können in den Betrieben, die einen Betriebsrat haben und mindestens fünf jugendliche Arbeitnehmer und Auszubildende beschäftigen, eine Jugend- und Auszubildendenvertretung wählen (§ 60 BetrVG). Gewählt werden kann in geheimer und unmittelbarer Wahl, wer noch nicht 25 Jahre alt ist. Die Anzahl der zu wählenden Jugend- und Auszubildendenvertreter ist nach der Anzahl der beschäftigten jugendlichen Arbeitnehmer und Auszubildenden gestaffelt.

ÜBERSICHT: Mitwirkungs- und Mitbestimmungsrechte im Betrieb

Rechte des einzelnen Arbeitnehmers (§§ 81–85 BetrVG)	Informationsrecht	z. B. Einsicht in die eigene Personalakte (§ 83 BetrVG)
	Mitwirkungsrecht	z. B. Vorschlagsrecht bez. Arbeitsplatz-/Arbeitsablaufgestaltung (§ 82 (1) BetrVG)
	Beschwerderecht	Direkt beim Arbeitgeber oder über den Betriebsrat (§§ 84, 85 BetrVG)
Betriebsversammlung		– teilnahmeberechtigt sind alle Betriebsangehörigen (Arbeitnehmer und Arbeitgeber) – Arbeitgeber berichten jährlich über Personal- und Sozialwesen, wirtschaftliche Lage und Entwicklung des Unternehmens – Arbeitnehmer können Vorschläge machen, Anträge an den Betriebsrat stellen und zur Tätigkeit des Betriebsrats Stellung nehmen
Betriebsrat (BR)	Wahl	– alle vier Jahre – wahlberechtigt: alle volljährigen Arbeitnehmer – wählbar: alle Wahlberechtigten mit mindestens sechs Monaten Betriebszugehörigkeit
	Größe	– richtet sich nach Zahl der Arbeitnehmer (§ 9 BetrVG)
	Rechte und Aufgaben	– Informations-, Anhörungs- und Beratungsrecht (Mitwirkungsrechte) – Widerspruchsrecht – Mitbestimmungsrecht – Unterrichtung in wirtschaftlichen Angelegenheiten
Jugend- und Auszubildendenversammlung (JAV)	Wahl	– alle zwei Jahre – wählbar in Betrieben mit mindestens fünf jugendlichen Arbeitnehmern und Auszubildenden unter 25 Jahren (§ 60 BetrVG)
	Größe	1–13 Mitglieder; je nach Anzahl der jugendlichen Arbeitnehmer
	Rechte und Aufgaben	– Interessenvertretung der jugendlichen Arbeitnehmer und Auszubildenden beim BR – Weiterleitung entsprechender Belange an den BR

Aufgaben

1 Stellen Sie die Schwerpunkte der Betriebsratsarbeit in Ihrem Betrieb fest, indem Sie
   – sich einige Tagesordnungen von Betriebsratssitzungen zeigen lassen,
   – ein Betriebsratsmitglied interviewen oder in die Klasse einladen.
2 Welche Rechte hat der Betriebsrat gegenüber dem Arbeitgeber in den folgenden Konfliktsituationen? Erörtern Sie die Rechtslage mithilfe der jeweils genannten Paragrafen des Betriebsverfassungsgesetzes.
   a Hans W. (50 Jahre) wird aus betriebsbedingten Gründen gekündigt (ordentliche Kündigung). (§§ 82, 84 und 102 Abs. 4)
   b Um einen direkten Anschluss an das Schienennetz der Deutschen Bahn zu haben, wird eine moderne einstöckige Lagerhalle in eine 28 km entfernte Ortschaft verlegt. (§§ 90, 102, 106, 111, 112, 112 a, 113)
   c Jutta K. (10 Jahre im Betrieb) wird von ihrem bisherigen Arbeitsplatz auf einen anderen Arbeitsplatz versetzt und in der Lohngruppe heruntergestuft. (§§ 81–85, 87, 95, 99–102)
   d Christoph B. (Auszubildender) weigert sich, Sicherheitshinweise von Kollegen in der Registratur zu beachten. (§§ 81, 82 und 87)

5.5 Mitbestimmung im Aufsichtsrat

Bei **Kapitalgesellschaften** ab einer bestimmten Anzahl von Mitarbeitern sind die Arbeitnehmer auch im Aufsichtsrat vertreten. Dieses Recht wird durch die folgenden Gesetze bestimmt:

- **Drittelbeteiligungsgesetz** von 2004: Dies gilt für Kapitalgesellschaften mit Belegschaften von 501 bis 2 000 Mitarbeitern.
- **Mitbestimmungsgesetz von 1976**: Dies gilt für Kapitalgesellschaften mit mehr als 2 000 Mitarbeitern.
- **Montan-Mitbestimmungsgesetz von 1951**: Dies gilt für Kapitalgesellschaften im Bergbau sowie in der Eisen- und Stahlindustrie mit mehr als 1 000 Mitarbeitern.

Bei Kapitalgesellschaften übernimmt der Aufsichtsrat im Wesentlichen die Aufgabe der Überwachung der Unternehmensleitung (des Vorstandes bei der AG oder der Geschäftsführung bei der GmbH).

In einer Aktiengesellschaft beispielsweise leitet der Vorstand die AG in eigener Verantwortung und weisungsunabhängig. Seine Entscheidungen haben weit reichende Konsequenzen für die wirtschaftliche Entwicklung des Unternehmens und damit natürlich auch für die Sicherung der Arbeitsplätze der Belegschaft. Hierzu zählen Beschlüsse hinsichtlich Produktions- und Investitionsprogramm, Preise, Vergrößerung oder Verkleinerung eines Unternehmens.

Diese Entscheidungen werden von den Mitbestimmungsrechten des Betriebsrats auf betrieblicher Ebene nicht erfasst. Deshalb ist hier die Erweiterung der Mitbestimmung auf der Ebene der Aufsichtsräte für die Arbeitnehmer von großer Bedeutung.

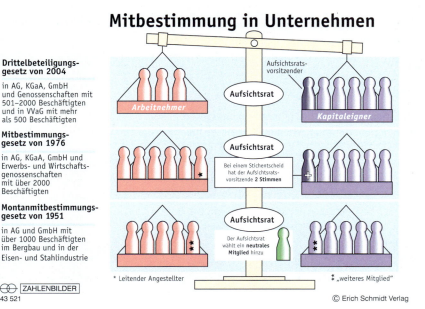

5.5.1 Drittelbeteiligungsgesetz

Die Mitbestimmung nach dem Drittelbeteiligungsgesetz gilt für Kapitalgesellschaften außerhalb des Montanbereichs. Das Verhältnis von Arbeitgeber- zu Arbeitnehmervertretern im Aufsichtsrat beträgt hier 2:1 (Drittelparität).

Hierbei werden die Arbeitgebervertreter von der Hauptversammlung gewählt, die Arbeitnehmervertreter werden von den Arbeitnehmern bestimmt, z. B. auf der Betriebsversammlung. Folglich behalten die Arbeitgeber (Kapitaleigner) aufgrund ihrer zahlenmäßigen Überlegenheit die Majorität bei den Entscheidungen.

Beteiligung nach dem Drittelbeteiligungsgesetz
Modell für einen Aufsichtsrat aus 9 Mitgliedern*

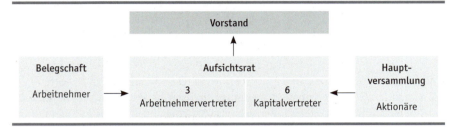

5.5.2 Mitbestimmungsgesetz

Parität bedeutet Gleichgewichtigkeit. Entsprechend bedeutet „paritätische" Mitbestimmung eine Gleichverteilung der Stimmen von Arbeitgebern und Arbeitnehmern im Aufsichtsrat.

Im Unterschied zum Drittelbeteiligungsgesetz wird nach diesem Gesetz von 1976 der Aufsichtsrat in Kapitalgesellschaften mit über 2 000 Beschäftigten, die nicht der Montanindustrie angehören, **paritätisch** besetzt, d. h. zu gleichen Teilen von Arbeitnehmervertretern und Arbeitgebervertretern.

In Pattsituationen, die sich bei Abstimmungen im Aufsichtsrat ergeben können, hat der Aufsichtsratsvorsitzende eine zusätzliche Stimme. In aller Regel kommt er aus den Reihen der Kapitaleigner (Aktionäre). Im Ergebnis können also die Interessen der Kapitaleigner im Abstimmungsprozess durchgesetzt werden.

Das Besondere am Mitbestimmungsgesetz ist, dass auf der Ebene des Vorstands ein weiteres Mitglied bestellt werden muss. Dieser **Arbeitsdirektor** ist für Personal- und Sozialfragen des Unternehmens zuständig. Allerdings kann er – und das ist nachteilig für die Arbeitnehmerseite – auch gegen die Stimmen der Arbeitnehmervertreter im Aufsichtsrat gewählt werden.

Mitbestimmung nach dem Mitbestimmungsgesetz
Modell für ein Unternehmen mit mehr als 20 000 Arbeitnehmern

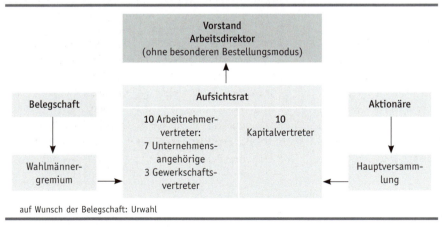

5.5.3 Montan-Mitbestimmung

Das Montan-Mitbestimmungsgesetz von 1951 mit seiner Ergänzung von 1956 schreibt für Unternehmen der Montanindustrie (also Bergbau, Eisen- und Stahlindustrie) mit über 1 000 Beschäftigten einen besonders zusammengesetzten Aufsichtsrat vor.

Die Aufsichtsräte der montanindustriellen Unternehmen sind nach diesem Gesetz paritätisch von Anteilseignern (Aktionären) und Arbeitnehmervertretern zu besetzen. In der Regel besteht der Aufsichtsrat aus elf Mitgliedern, und zwar aus vier Vertretern der Anteilseigner und einem „weiteren" Mitglied, vier Arbeitnehmervertretern und einem „weiteren" Mitglied und einer elften, vom Gesetz ebenfalls „weiteres" Mitglied genannten Person. Diese elfte Person – auch **neutrales Mitglied** genannt – soll verhindern, dass es bei Abstimmungen im Aufsichtsrat zum Patt (Stimmengleichheit) kommt.

Die vier Arbeitnehmervertreter setzen sich wie folgt zusammen: Zwei Arbeitnehmervertreter, ein Angestellter und ein Arbeiter des Unternehmens werden auf Vorschlag des Betriebsrats gewählt. Die beiden anderen, meist externe Arbeitnehmervertreter, werden von der Spitzenorganisation der Gewerkschaft nach

Beratung mit der im Unternehmen vertretenen Gewerkschaft und dem Betriebsrat vorgeschlagen und gewählt.

Von den fünf Arbeitnehmervertretern im Aufsichtsrat benennt die Gewerkschaft also drei Mitglieder. Von diesen muss einer ein „weiteres" Mitglied sein, d. h. jemand, der nicht Vertreter der Gewerkschaft sein und kein wesentliches wirtschaftliches Interesse am Unternehmen haben darf. Der Betriebsrat benennt mit Zustimmung der Gewerkschaft zwei Mitglieder. Die Arbeitnehmer selbst wählen also den Aufsichtsrat nicht, sie können nur indirekt über ihre Interessenvertreter, die Gewerkschaften und den Betriebsrat, die Auswahl der Aufsichtsratsmitglieder mit entscheiden. Die Hauptversammlung wählt zehn Mitglieder des Aufsichtsrats, wobei sie an die Vorschläge der Gewerkschaft und des Betriebsrats gebunden ist. Auf das elfte Mitglied des Aufsichtsrats müssen sich die zehn Aufsichtsratsmitglieder einigen. Dabei werden mindestens je drei Stimmen von Arbeitnehmer- und Arbeitgebervertretern benötigt. Die Aufsichtsratsmitglieder schlagen das elfte Mitglied des Aufsichtsrats vor, es wird ebenfalls durch die Hauptversammlung als neutrales Mitglied gewählt. Mehrheitsentscheidungen im Aufsichtsrat sind also möglich.

Eine **Besonderheit** der Montan-Mitbestimmung besteht darin, dass neben der Beteiligung der Arbeitnehmer im Aufsichtsrat auch eine **Beteiligung im Vorstand** vorgesehen ist. Das Montan-Mitbestimmungsgesetz sieht einen Arbeitsdirektor als gleichberechtigtes Mitglied zwingend vor. Er darf nicht gegen die Stimmen der Arbeitnehmervertreter im Aufsichtsrat bestellt bzw. abberufen werden. Zu seinen Aufgaben zählen insbesondere die Sozial- und Personalangelegenheiten, wie z. B. Einstellungen, Versetzungen oder Lohnfragen. Darüber hinaus ist er wie alle anderen Vorstandsmitglieder für alle wirtschaftlichen Belange des Unternehmens zuständig.

**Mitbestimmung nach dem Montan-Mitbestimmungsgesetz:
Modell für ein Unternehmen mit 11-köpfigem Aufsichtsrat**

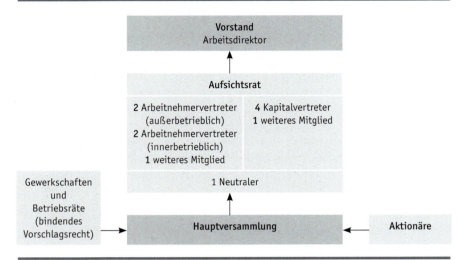

Pro und Kontra zur Montan-Mitbestimmung	
– Nicht nur der Unternehmer trägt das Risiko, sondern auch der Arbeitnehmer riskiert, z. B. beim Konkurs, den Verlust seines Arbeitsplatzes.	– Der Kapitalgeber trägt das Risiko des Verlustes, daher muss er auch allein entscheiden können.
– Gleichwertigkeit von Arbeit und Kapital	– Ohne Kapital keine Arbeitsplätze
– Kontrolle wirtschaftlicher Macht und ihres Missbrauchs	– Mitbestimmung ist eine Aushöhlung des Eigentumsrechts
– Die Mitbestimmung in der Montanindustrie hat in der Praxis zu keinerlei Kapitalabbau geführt.	– Die Kapitalgeber werden weiteres Kapital verweigern, wenn sie nicht allein über die Verwendung entscheiden dürfen.

Aufgaben

1 Was bedeutet paritätische Mitbestimmung?

2 Beurteilen Sie, ob die Mitbestimmung im Aufsichtsrat nach dem Mitbestimmungsgesetz von 1976 echt paritätisch ist.

3 Welche Funktion hat der Aufsichtsrat in einem Unternehmen gegenüber der Unternehmensleitung? Welche Bedeutung kommt dabei der Arbeitnehmervertretung zu?

4 Erläutern Sie den Unterschied zwischen dem Montan-Mitbestimmungsgesetz und dem Drittelbeteiligungsgesetz.

5 Diskutieren Sie die Pro- und Kontra-Argumente zur Montan-Mitbestimmung und sammeln Sie weitere Argumente.

ÜBERSICHT: Mitbestimmung im Aufsichtsrat

- In Kapitalgesellschaften ab einer bestimmten Anzahl von Mitarbeitern sind die Arbeitnehmer zusätzlich im Aufsichtsrat vertreten.
- Die Mitbestimmung im Aufsichtsrat ist in folgenden Gesetzen geregelt:

Gesetz	Drittelbeteiligungsgesetz 2004	MitbestG 1976	Montan-MitbestG 1951
gilt für	alle Kapitalgesellschaften zwischen 501 und 2 000 Arbeitnehmern	alle Kapitalgesellschaften über 2 000 AN	alle Kapitalgesellschaften im Bergbau bzw. in der Eisen-/Stahlindustrie
Zusammensetzung des Aufsichtsrats	Drittelparität (Verhältnis Arbeitgeber : AN = 2:1)	– paritätisch besetzt – ferner: Arbeitsdirektor als Vorstandsmitglied	– paritätisch besetzt + neutrales Mitglied („elfter Mann") – ferner: Beteiligung der AN im Vorstand durch Arbeitsdirektor

5.6 Überbetriebliche Institutionen

5.6.1 Industrie- und Handelskammer (IHK)

Als berufsbezogene Organisationen überwachen die Kammern (z. B. Industrie- und Handelskammer, Handwerkskammer, Rechtsanwaltskammer, Landwirtschaftskammer) u. a. die Berufsausbildung im jeweiligen Beruf. Sie nehmen beispielsweise die Abschlussprüfungen ab. Alle Gewerbebetriebe sind in der Industrie- und Handelskammer Pflichtmitglieder.

Die zuständige Industrie- und Handelskammer überwacht die Durchführung der Berufsausbildung.

Die Industrie- und Handelskammer überwacht als zuständige Stelle gemäß §§ 71 und 76 BBiG die Durchführung der Berufsausbildung und Umschulung und fördert diese durch Beratung der Ausbildenden und Auszubildenden. Zu diesem Zweck bestellt sie **Ausbildungsberater**, die bei der Durchführung ihrer Aufgaben an die gesetzlichen Bestimmungen, insbesondere an die Bestimmungen des Berufsbildungsgesetzes, und an die geltenden Vorschriften gebunden sind.

Die Ausbildungsberater der Industrie- und Handelskammer sind berechtigt und verpflichtet, die notwendigen Auskünfte für die Überwachung zu verlangen, entsprechende Unterlagen einzusehen und die Ausbildungsstätten zu besichtigen. Bei Besichtigungen und Aussprachen haben sie auf die Beteiligung des Betriebsrates hinzuwirken.

Dem Ausbildungsberater obliegt im Rahmen seiner Tätigkeit insbesondere
- die Beratung der an der Ausbildung Beteiligten in Fragen der beruflichen Bildung,
- die Feststellung und Überwachung der persönlichen und fachlichen Eignung der Auszubildenden und Ausbilder sowie der Eignung der Ausbildungsstätte,
- die Überwachung der Berufsausbildung dahingehend, dass sie in einer durch ihren Zweck gebotenen Form planmäßig, zeitlich und sachlich gegliedert durchgeführt wird.

1 In Ausbildung und Beruf orientieren

Im Einzelnen ergeben sich daraus folgende Aufgaben:

> **1. Beratung der Auszubildenden und Ausbilder**
> 1.1 Beratung über die Voraussetzungen der Berufsausbildung, z. B. über
> - Ausbildungsmöglichkeiten (Ausbildungsberufe – Ausbildungsordnung)
> - Ausbildungsvertrag und Ausbildungspflichten
> - Art und Einrichtung der Ausbildungsstätte
> - Bestellung von Ausbildern, Erstellung des betrieblichen Ausbildungsplanes
>
> 1.2 Beratung über die Durchführung der Berufsausbildung, z. B. über
> - pädagogische Fragen der Ausbildung
> - methodisches Unterweisen und Lehren
> - Einsatz von Lehr- und Lernmitteln
> - Auswahl und Ausstattung von Ausbildungsplätzen
> - sachliche Gliederung und zeitlicher Ablauf der Ausbildung
> - verkürzte Ausbildungszeiten
> - Zusammenarbeit mit den an der Ausbildung Beteiligten, insbesondere mit den Erziehungsberechtigten und Berufsschulen
>
> **2. Beratung der Auszubildenden**, z. B. über
> - Fragen aus dem Ausbildungsvertrag
> - Rechte und Pflichten aus dem Ausbildungsverhältnis
> - Verkürzung oder Verlängerung der Ausbildungszeit
> - Berufsschulbesuch und Teilnahme an außerbetrieblichen Ausbildungsmaßnahmen
> - Zulassung, Anforderungen und Ablauf bei Zwischen- und Abschlussprüfungen
> - Aus- und Weiterbildungseinrichtungen, Aufstiegs-, Fortbildungs- und Förderungsmöglichkeiten
>
> **3. Feststellung der Eignung der Ausbildungsstätte**, z. B.
> - Art der Einrichtung
> - angemessenes Verhältnis der Anzahl der Auszubildenden zur Zahl der Ausbildungsplätze oder zur Zahl der beschäftigten Fachkräfte
> - persönliche und fachliche Eignung des Ausbildenden bzw. der Ausbilder
>
> **4. Überwachung der Durchführung der Berufsausbildung**, z. B. ob und in welchem Umfang
> - die Ausbildungsordnung und die sachliche und zeitliche Gliederung (betrieblicher Ausbildungsplan) eingehalten werden
> - das Verbot der Beschäftigung mit ausbildungsfremden Arbeiten beachtet wird
> - zum Besuch der Berufsschule und von überbetrieblichen Ausbildungsmaßnahmen die Freistellung erfolgt
> - Ausbildungsmittel kostenlos zur Verfügung gestellt werden
> - die einschlägigen gesetzlichen Vorschriften angewendet werden
> - Ausbilder bestellt und eingesetzt sind
> - Vorgaben gemäß § 22 Abs. 2 BBiG eingehalten werden
>
> Quelle: IHK Berlin, Richtlinien für die Tätigkeit der Ausbildungsberater v. 15. Februar 1992

Der Ausbildungsberater erfüllt seine Aufgaben der Beratung und Überwachung durch den Besuch der Ausbildungsstätten, durch Beteiligung an Sprechstunden und Sprechtagen und Durchführung von Informationsveranstaltungen sowie Einzel- und Gruppenberatungen für Ausbildende, Ausbilder und Auszubildende.

5.6.2 Gewerkschaften

Für die Arbeitnehmer sind ausreichende Entlohnung, sichere Arbeitsplätze und kurze Arbeitszeiten von entscheidender Bedeutung für ihre Lebenssituation und für ihre persönliche Entwicklung. Die Arbeitgeber hingegen verfolgen das betriebswirtschaftliche Ziel der (langfristigen) Gewinnmaximierung – erwerbswirtschaftliche Unternehmen vorausgesetzt. Für sie ist die Reduzierung der Kosten daher auch aus Gründen der Konkurrenzfähigkeit unabdingbar. Diese gegensätzlichen Interessen müssen im Arbeitsprozess zur Deckung gebracht werden.

Arbeitgeber und Arbeitnehmer einigen sich in einer individuell ausgehandelten **einzelvertraglichen Regelung** (Arbeitsvertrag) auf bestimmte Arbeitsbedingungen. Problematisch an dieser rechtlichen Beziehung sind die ungleichen wirtschaftlichen Positionen von Arbeitgeber und Arbeitnehmer. Arbeitgeber konnten in Deutschland bis zum Ende des 19. Jahrhundert fast willkürlich Arbeitsbedingungen durchsetzen. Deshalb hatten schon in dieser Zeit Arbeitnehmer versucht, sich zu Gewerkschaften zusammenzuschließen und gemeinsame Forderungen durchzusetzen. Das war der Beginn **kollektiv-vertraglicher Regelungen**. Zwischen den Gewerkschaften und den Arbeitgeberverbänden bzw. Arbeitgebern werden sogenannte **Tarifverträge** abgeschlossen, in denen für eine Vielzahl von Arbeitnehmern Mindestarbeitsbedingungen festgelegt werden.

Tarifverträge werden auf der Grundlage der **Tarifautonomie** vereinbart. In unserer Wirtschaftsordnung hat sie sich als wirksames Mittel gezeigt, um die bestehenden Interessenkonflikte unter Berücksichtigung der Erfordernisse des Marktes und gesamtgesellschaftlicher Belange auszutragen. Tarifautonomie ist das Recht der Sozialpartner (Gewerkschaften, Arbeitgeberverbände) auf eigenverantwortliches Aushandeln der Arbeitsbedingungen ohne Einflussnahme des Staates.

Das Grundgesetz erkennt das Recht auf die Bildung von Gewerkschaften und die Tarifautonomie in Artikel 9 Abs. 3 des Grundgesetzes an:

> Das Recht, zur Wahrung und Förderung der Arbeits- und Wirtschaftsbedingungen Vereinigungen zu bilden, ist für jedermann und für alle Berufe gewährleistet. Abreden, die dieses Recht einschränken oder zu behindern suchen, sind nichtig, hierauf gerichtete Maßnahmen sind rechtswidrig. [...]

Weitere Einzelheiten dazu werden im **Tarifvertragsgesetz** (TVG) geregelt. In § 1 Abs. 1 des TVG heißt es:

> Der Tarifvertrag regelt die Rechte und Pflichten der Tarifparteien und enthält Rechtsnormen, die den Inhalt, den Abschluss und die Beendigung von Arbeitsverhältnissen sowie betriebliche und betriebsverfassungsrechtliche Fragen ordnen können.

Tarifparteien sind Gewerkschaften, einzelne Arbeitgeber sowie Arbeitgeberverbände (§ 2 Abs. 1 TGV).

17,5 % (2006) der Arbeitnehmer sind in Gewerkschaften organisiert, während etwa 80 % der Arbeitgeber in Arbeitgeberverbänden organisiert sind. Die von den Gewerkschaften tarifvertraglich vereinbarten Mindestarbeitsbedingungen gelten in der Praxis allerdings nicht nur für Gewerkschaftsmitglieder, sondern über eine erweiterte Tarifbindung auch für viele Arbeitnehmer, die nicht Mitglied der Gewerkschaft sind.

In Ausbildung und Beruf orientieren

Die Gewerkschaften des Deutschen Gewerkschaftsbundes (DGB) sind parteipolitisch ungebunden. Sie sind **Branchengewerkschaften**, das heißt, sie organisieren alle Arbeitnehmer eines Unternehmens bzw. einer Branche unabhängig von

- dem ausgeübten Beruf (ob Dreher, Elektriker oder kaufmännischer Angestellter),
- dem Qualifikationsstatus (ob Hilfsarbeiter, Facharbeiter oder Ingenieur),
- der Art des Arbeitsverhältnisses (ob Arbeiter, Angestellter oder Beamter).

Darin unterscheidet sich der DGB vom Deutschen Beamtenbund sowie von den meisten Gewerkschaften in Großbritannien, die **Berufsgewerkschaften** geblieben sind.

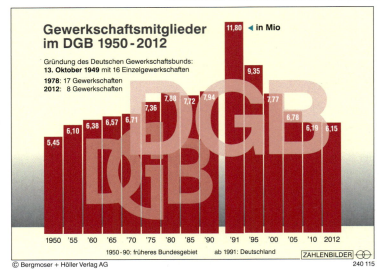

Die Gewerkschaften haben die Aufgabe, die Interessen der abhängig Beschäftigten zu schützen. Dies erreichen sie z. B. durch Lohn- und Gehaltserhöhungen, Verbesserung der Arbeitsbedingungen und Rechtsschutz.

www.igmetall.de

www.bdi-online.de

www.verdi.de

Auf der Arbeitnehmerseite werden die Interessen der Beschäftigten in Industrieunternehmen von Gewerkschaften wie z. B. der IG Metall vertreten, die Mitglied des DGB ist. Die Arbeitgeberseite in der Industrie hat sich in verschiedenen Branchenverbänden organisiert, die zum Teil Mitglieder des Bundesverbands der Deutschen Industrie (BDI) als Spitzenverband sind. Für den Dienstleistungssektor ist unter dem Dach des DGB im März 2001 die Vereinte Dienstleistungsgewerkschaft (ver.di) als Zusammenschluss aus fünf Gewerkschaften gegründet worden.

ÜBERSICHT: Überbetriebliche Institutionen	
IHK:	
Zuständigkeiten laut BBiG	– Überwachen die Berufsausbildung – nehmen Abschlussprüfungen ab
Aufgaben der IHK-Ausbildungsberater	– Beratung der Auszubildenden und Ausbilder in Fragen der beruflichen Bildung – Feststellung der Eignung der Ausbildungsstätte – Überwachung der Durchführung der Berufsausbildung nach planmäßigen, zeitlichen und sachlichen Kriterien
Gewerkschaften:	
Grundlagen gewerkschaftlicher Tätigkeit in Deutschland	– GG Art. 9 Abs. 3: Recht auf Bildung von Vereinigungen zur Wahrung und Förderung der Arbeits- und Wirtschaftsbedingungen – kollektivvertragliche Regelungen der Sozialpartner nach dem Prinzip der Tarifautonomie – Tarifvertragsgesetz (TVG)
Gewerkschaftliche Organisationsprinzipien	Industriegewerkschaften = vertreten alle AN eines Unternehmens bzw. einer Branche unabhängig von Beruf, Qualifikation, Art des Arbeitsverhältnisses; Bsp.: DGB Berufsgewerkschaften = vertreten AN-Interessen eines bestimmten Berufszweiges; Bsp.: Deutscher Beamtenbund

Aufgaben

1. Finden Sie heraus, welcher Arbeitgeberverband bzw. welche Arbeitgebervertretung für Ihren Ausbildungsbereich Verhandlungspartner ist.
2. Warum ist Tarifautonomie für die Funktionsfähigkeit eines marktwirtschaftlichen Systems notwendig?
3. Begründen Sie, warum der Organisationsgrad der Arbeitnehmer in den Gewerkschaften in den letzten Jahren zurückgegangen ist.

5.7 Europäische Betriebsräte

Die Einrichtung des Europäischen Binnenmarkts ist für die Mitbestimmung in Deutschland nicht unbedeutend. Da die Gewerkschaften in den Mitgliedstaaten der EU unterschiedlich stark sind und die Mitbestimmungsmodelle von denen der Bundesrepublik abweichen können, wäre Folgendes denkbar:

Ein deutsches Unternehmen verlagert seinen Sitz in ein Nachbarland der EU; die in Deutschland verbleibenden Betriebe sind Niederlassungen dieses Unternehmens. Die betriebliche Mitbestimmung in den einzelnen deutschen Betrieben bleibt bestehen; allerdings entfallen ohne weitere Vereinbarung die weiteren Formen der Mitbestimmung durch den Wirtschaftsausschuss, den Gesamtbetriebsrat und den Konzernbetriebsrat. Auch die Montan- und Unternehmensmitbestimmung gilt in den ausländischen Unternehmen nicht mehr.

EU,
vgl. **LF 9, Band 2**

> **Und so könnten die Folgen sein:**
> General Motors (GM) wird vorgeworfen, in der Frage der Maschinenlaufzeiten die Beschäftigten gegeneinander auszuspielen: Maschinenlaufzeiten im Standort Zaragoza (Spanien) 120 Std., in Kaiserslautern 112 Std., in Antwerpen (Belgien) 110 Std. Die 110 Std. Maschinenlaufzeit in Antwerpen [...] sind nur unter dem Druck der Standortverlagerung zu Stande gekommen. Als auch Kaiserslautern als Investitionsstandort vernachlässigt wurde, gab die Interessenvertretung dem Druck nach: Maschinenlaufzeit jetzt 139,5 Std.; die Standorte Rüsselsheim und Bochum haben nachgezogen.
> Quelle: Europäische Betriebsräte, Hans-Böckler-Stiftung

Um eine „harmonische Entwicklung" der Wirtschaft europaweit zu sichern, fordern die Gewerkschaften eine europäische Mitbestimmung. Ohne eine solche Regelung befürchten die Arbeitgeber **Wettbewerbsvorteile** für Unternehmen ohne Mitbestimmung und die Gewerkschaften befürchten ein **„social dumping"**, d. h. ein Abwandern von Unternehmen in Länder mit kostengünstigeren Mitbestimmungsregelungen. Aber eine Mitbestimmungsregelung, die in allen EU-Staaten zugleich gelten soll, ist äußerst schwierig, denn die bestehenden Formen der Mitbestimmung in den einzelnen Mitgliedstaaten sind höchst unterschiedlich und teils unvereinbar. Aufgrund eines Vorschlages der EU-Kommission wurde daher das Gesetz über Europäische Betriebsräte (EBRG) verabschiedet. In gemeinschaftsweit operierenden Unternehmen oder Unternehmensgruppen mit mindestens 1000 Beschäftigten sind **europäische Betriebsräte (EBR)** zu bilden. Von diesen Beschäftigten müssen mindestens 150 Arbeitnehmer in mindestens zwei Mitgliedstaaten beschäftigt sein (§ 3 EBRG). Diese Europäischen Betriebsräte nehmen ausschließlich Informations- und Beratungsfunktionen wahr. Echte Mitbestimmungsrechte besitzen Europäische Betriebsräte nicht.

Den genauen Umfang, die Zusammensetzung, Zuständigkeiten und Arbeitsweisen der EBR werden zwischen der Unternehmensleitung und einem von den Arbeitnehmern gewählten besonderen Verhandlungsgremium schriftlich vereinbart. Jeder Mitgliedstaat bestimmt, wie die Arbeitnehmer ihre Vertreter in dieses Gremium wählen. Demnach könnten sich die Formen und die Zuständigkeiten dieser EBR von Unternehmen zu Unternehmen stark voneinander unterscheiden.

Es gibt bereits jetzt eine Reihe von Unternehmen, die Vereinbarungen über Europäische Betriebsräte getroffen haben, so zum Beispiel die Vereinbarung über eine europäische Branchenkommission mit Vertretern von Arbeitnehmern und Arbeitgebern bei Thomson Grand Public (vertreten in fünf Ländern einschließlich Deutschlands). Ein anderes Beispiel finden wir beim Europäischen Volkswagen-Konzern, bei dem es einen Europäischen Volkswagen-Konzernbetriebsrat gibt.

Ein weiterer wichtiger Schritt für die Harmonisierung der Mitbestimmung (im weiteren Sinne) in Europa wurde im Zuge der Einführung der ersten europaweiten Gesellschaftsform, der **Europäischen Aktiengesellschaft**, unternommen. Die Europa-AG (abgekürzt SE = Societas Europaea) ist eine neue Rechtsform für Unternehmen, die in verschiedenen EU-Mitgliedstaaten tätig sind.

> **Verhandlungen über SE-Umwandlung**
> **Die geplante Umwandlung des Maschinenbau- und Nutzfahrzeugkonzerns MAN in eine europäische Aktiengesellschaft, eine SE, rückt näher. Betriebsräte und Management treffen sich voraussichtlich Mitte Oktober zu ersten Gesprächen.**
> München - Als Termin sei der 16. Oktober angepeilt, sagte der neue Vorsitzende des Konzernbetriebsrats, Jürgen Dorn, der Nachrichtenagentur dpa. Von Arbeitnehmerseite sollen insgesamt 26 Vertreter aus 18 Ländern, in denen der Konzern aktiv ist, an den Gesprächen teilnehmen. Sieben davon kommen aus Deutschland.
> Bei den Verhandlungen soll es um die Frage gehen, wie die Mitbestimmung im Konzern künftig geregelt wird. Allzu viel Zeit bleibt dafür nicht. Bis zur nächsten Hauptversammlung am 3. April nächsten Jahres müssen sich beide Seiten einigen und den Aktionären eine Lösung zur Abstimmung vorlegen.
> Zentraler Punkt der Gespräche dürfte sein, wie viele Mitglieder der Aufsichtsrat künftig hat. Davon hängt auch wiederum die Zahl der Arbeitnehmervertreter ab. Bislang hat das MAN-Aufsichtsgremium 20 Mitglieder, die Hälfte davon stellt die Arbeitnehmerseite. MAN ist tendenziell daran gelegen, die Zahl eher gering zu halten, um die Abläufe im Aufsichtsrat zu vereinfachen.
> Ein Sprecher des Unternehmens sagte auf Anfrage lediglich, der Konzern sei bemüht, „die Sache einfacher zu machen und nicht komplexer als vorher". Genauere Angaben wollte er allerdings nicht machen […].
> Quelle: manager magazin, 01.09.2008

Nachdem die Frage der Mitbestimmung jahrelang die Einführung der Europa-AG behindert hatte, einigten sich schließlich auf dem EU-Gipfel in Nizza 2000 die Arbeits- und Sozialminister der EU-Mitgliedstaaten auf eine „Richtlinie über die Beteiligung der Arbeitnehmer in der Europäischen Aktiengesellschaft".

Danach gilt für den Fall einer Fusion zweier europäischer Unternehmen zu einer Europäischen Aktiengesellschaft, dass die Mitbestimmungsregeln zwischen den Organen der beteiligten Gesellschaften durch ein besonderes Verhandlungsgremium ausgehandelt werden müssen, ähnlich wie bei der Festlegung der Kompetenzen der EBR. Falls keine Einigung zwischen den Arbeitgebern und Arbeitnehmern der beteiligten Unternehmen erzielt werden kann, gilt die so genannte **Auffangregelung**. Diese besagt, dass die Mitbestimmungsregeln derjenigen Gesellschaft übernommen werden, deren Beschäftigte mindestens 25 % der Belegschaft des zukünftigen Unternehmens ausmachen.

Fusion, vgl. **LF 9, Band 2**

Europa im Vergleich

In Sachen Mitbestimmung ist Europa nicht geeint. Einige Beispiele:

Niederlande: Ab 35 Mitarbeitern können Arbeitnehmer so genannte Unternehmensräte wählen. Der Unternehmer muss regelmäßig Rechenschaft ablegen, etwa über Personalplanung und Bildungsmaßnahmen. Eine ähnliche Regelung gibt es in Dänemark.

Österreich: Die Rechte der Betriebsräte ähneln denen in Deutschland. Schon jenseits einer Firmengröße von 150 Mitarbeitern […] müssen Betriebsräte freigestellt werden.

Frankreich: Hier hängen die Mitwirkungsmöglichkeiten von der Größe des Betriebs ab. Die Personalvertreter haben wenig Macht. Ihr wichtigstes Recht ist, über betriebliche Maßnahmen unterrichtet zu werden. Halten die Betriebsräte geplante Maßnahmen für schädlich, können sie rechtliche Schritte einleiten.

Großbritannien: Arbeitnehmervertreter haben kaum Mitspracherechte. Gewerkschaftliche Vertrauensleute sind eher eine Beschwerdeinstanz.

Quelle: Der Tagesspiegel online, 15. Februar 2001

In Ausbildung und Beruf orientieren

ÜBERSICHT: Mitbestimmung im Europäischen Binnenmarkt	
Harmonisierungsbedarf	– unterschiedliche Mitbestimmungs-Modelle in Europa – drohende Wettbewerbsnachteile / Standortnachteile („Sozial-Dumping")
Europäische Betriebsräte (EBR)	– Bildung von EBR in „gemeinschaftsweit" tätigen Unternehmen mit mindestens 1 000 AN – EBR grundsätzlich mit Informations- und Beratungsfunktionen – Besonderes Verhandlungsgremium verhandelt im jeweiligen Einzelfall über Zusammensetzung und Kompetenzen des EBR.
Mitbestimmungsregeln bei grenzüberschreitendem Zusammenschluss zur Europäischen Aktiengesellschaft	– Besonderes Verhandlungsgremium handelt zwischen Arbeitgebern und den beteiligten Unternehmen die Mitbestimmungsregeln aus. – Auffangregelung = Europäische Aktiengesellschaft muss Mitbestimmungsregeln übernehmen, wenn mindestens 25 % der AN bisher derartige Rechte hatten. – Übernahme der Mitbestimmungs-Richtlinien in nationales Recht erfolgt auf freiwilliger Basis.

Mitbestimmung im weiteren Sinne = Unterrichtung, Anhörung

Aufgaben

1 Wie versuchte der Vorschlag der EU-Kommission den unterschiedlichen Formen der Mitbestimmung in den EU-Ländern gerecht zu werden?

2 Wie soll nach grenzüberschreitenden Fusionen die Mitbestimmung in der Europäischen Aktiengesellschaft aussehen?

3 Recherchieren Sie, in welchen europaweit tätigen Industrieunternehmen ein Europäischer Betriebsrat gebildet wurde. Beschreiben Sie die Aufgaben, die diese Betriebsräte wahrgenommen haben!

4 Diskutieren Sie, ob europaweite Mitbestimmungsregelungen eher zu Wettbewerbsvorteilen oder Wettbewerbsnachteilen der Unternehmen führen!

5 Welche Überlegungen werden Ihres Erachtens in Unternehmen angestellt, bevor eine Europäische Aktiengesellschaft (SE) gegründet wird?

6 Rechtliche Rahmenbedingungen des Wirtschaftens

6.1 Rechtsordnung

Beispiel: Weil Herr Ast die Vorfahrtsregeln nicht beachtet hat, kommt es zu einem Zusammenstoß mit dem Wagen von Herrn Brandt. Herr Brandt wird dabei schwer verletzt, sein Auto erleidet einen Totalschaden. Bei Herrn Ast wird durch die Polizei eine Alkoholprobe vorgenommen. Beide Autos werden abgeschleppt; dies wird den Besitzern zunächst getrennt in Rechnung gestellt. Gegen Herrn Ast wird nach einer Woche ein erstes Ermittlungsverfahren wegen Trunkenheit am Steuer eingeleitet; des Weiteren erstattet Herr Brandt sechs Wochen später, nach Beendigung seines Krankenhausaufenthaltes, Strafanzeige wegen schwerer Körperverletzung und fordert neben Schadensersatz und Schmerzensgeld auch noch die Erstattung der Abschleppgebühren. Herr Brandt, der sich bei dem Unfall auf dem Weg zur Arbeit befand, reicht bei seinem Arbeitgeber den Antrag auf Lohnfortzahlung ein. Dieser braucht nach Gesetz jedoch nur sechs Wochen zu zahlen. Danach wendet sich Herr Brandt an seine Krankenkasse und an die Rentenversicherung zwecks weiterer Lohnfortzahlung. Da Herr Brandt nach seinem sechswöchigen Krankenhausaufenthalt zunächst einmal noch weitere zwölf Wochen dienstunfähig geschrieben wird und danach eine achtwöchige Rehabilitationsmaßnahme antreten will, kündigt sein Arbeitgeber ihm das Arbeitsverhältnis. Herr Brandt hält diese Kündigung für nicht gerechtfertigt und will vor Gericht seine Weiterbeschäftigung einklagen. Er erkundigt sich jedoch gleichzeitig bei der Agentur für Arbeit nach den Modalitäten zum Antrag auf Arbeitslosengeld und über die Vermittlung in ein neues Arbeitsverhältnis.

Überlegen Sie, welche rechtlichen Regelungen in den einzelnen Situationen gelten und welche Gerichte für die Klärung der auftretenden Konflikte zuständig sind!

Die **Rechtsordnung** stellt die Basis für das menschliche Zusammenleben dar. Über die Rechtsordnung können die vielfältigen Konflikte, die sowohl im Privat- als auch im öffentlichen bzw. Wirtschaftsleben auftreten können, gelöst werden. Die Rechtsordnung stellt allgemein verbindliche Regelungen und Bindungen auf und umfasst alle geltenden Rechtsnormen wie Gesetze, Verordnungen, Verwaltungsakte und Entscheidungen der obersten Gerichte.

> **Rechtsordnung** = Gesamtheit aller in einem Rechtsstaat gültigen Rechtsregeln

Die Rechtsordnung der Bundesrepublik Deutschland umfasst zwei große Bereiche: das öffentliche Recht und das Privatrecht.

Das **öffentliche Recht** regelt die Rechtsbeziehungen zwischen Hoheitsträgern oder einem Hoheitsträger, wie z. B. dem Staat, und den Bürgern (Privatrechtssubjekten.) Es wird größtenteils durch die Auferlegung von Ge- und Verboten und durch gerichtliche Verfolgung bei Verstößen gegen diese vom Grundsatz der Über- und Unterordnung beherrscht. Öffentliches Recht ist größtenteils zwingendes Recht, d. h., es kann nicht abgeändert werden (z. B. durch Verträge). Man kann sich nicht darüber hinwegsetzen. Öffentliches Recht wird über Verwaltungsakte umgesetzt.

Das öffentliche Recht umfasst u. a.
- Teile des Arbeitsrechts (Arbeitsschutz, Unfallschutz, Kündigungsschutz),
- Finanzrecht (Haushaltsordnungen der Länder),
- Gewerberecht (Gewerbeordnung, Handwerksordnung),
- Kirchenrecht,
- Prozessrecht (Straf- und Zivilprozessordnung),
- Sozialrecht (Sozialgesetzbuch, BAföG, RVO),
- Staats- und Verfassungsrecht (Grundgesetz, Länderverfassungen),
- Steuerrecht (Abgabenordnung, Einkommensteuergesetz, Körperschaftsteuergesetz, Umsatzsteuergesetz usw.),
- Strafrecht (Strafgesetzbuch),
- Verwaltungsrecht (Beamtenrecht, Schulrecht, Kommunalrecht).

Das **Privatrecht** (Zivilrecht) dagegen regelt die Rechtsbeziehungen der Bürger (Privatrechtssubjekte) untereinander und wird vom Grundsatz der Gleichordnung der Beteiligten bestimmt. Das Privatrecht enthält grundsätzliche Regeln, die abgeändert werden können (z. B. durch Verträge). Somit eröffnet das Privatrecht Handlungsspielräume. Im Mittelpunkt des Privatrechts stehen der Abschluss und die Erfüllung von Verträgen sowie die Schadensersatzansprüche, die durch unrechtmäßiges Handeln entstanden sind. Das Privatrecht umfasst:

Bürgerliches Gesetzbuch (BGB)

Bürgerliches Recht (Vorschriften des Bürgerlichen Gesetzbuches – BGB)
Erstes Buch: Allg. Teil (§§ 1–240 BGB)
1. Abschnitt. Personen (§§ 1–89)
2. Abschnitt. Sachen und Tiere (§§ 90–103)
3. Abschnitt. Rechtsgeschäfte (§§ 104–185)
4. Abschnitt. Fristen, Termine (§§ 186–193)
5. Abschnitt. Verjährung (§§ 194–225) […]
Zweites Buch: Schuldrecht (§§ 241– 853)
1. Abschnitt. Inhalt der Schuldverhältnisse (§§ 241–304)
2. Abschnitt. Gestaltung rechtsgeschäftlicher Schuldverhältnisse durch Allgemeine Geschäftsbedingungen (§§ 305–310)
3. Abschnitt. Schuldverhältnisse aus Verträgen (§§ 311–361)
3. Abschnitt. Erlöschen der Schuldverhältnisse (§§ 362–397) […]
8. Abschnitt. Einzelne Schuldverhältnisse (§§ 433–853)
Drittes Buch: Sachenrecht (§§ 854–1 296)
1. Abschnitt. Besitz (§§ 854– 872)
2. Abschnitt. Allgemeine Vorschriften über Rechte an Grundstücken (§§ 873–902)
3. Abschnitt. Eigentum (§§ 903–1 017) […]
Viertes Buch: Familienrecht (§§ 1 297–1 921)
Fünftes Buch: Erbrecht (§§ 1 922–2 385)

Handelsgesetzbuch (HGB)

Handelsrecht (Vorschriften des Handelsgesetzbuches – HGB)
Erstes Buch: Handelsstand (§§ 1–104)
1. Abschnitt. Kaufleute (§§ 1–7)
2. Abschnitt. Handelsregister (§§ 8–16)
3. Abschnitt. Handelsfirma (§§ 17–37a)
4. Abschnitt. §§ 48–47b (aufgehoben)

5. Abschnitt. Prokura und Handlungsvollmacht (§§ 48–58)
6. Abschnitt. Handlungsgehilfen und Handlungslehrlinge (§§ 59–83)
7. Abschnitt. Handelsvertreter (§§ 84–92 c)
8. Abschnitt. Handelsmakler (§§ 93–104) [...]

Zweites Buch: Handelsgesellschaften und stille Gesellschaft (§§ 105–236)
1. Abschnitt. OHG (§§105–160)
2. Abschnitt. KG (§§161–229)

Drittes Buch: Handelsbücher (§§ 238-342 a)
1. Abschnitt. Vorschriften für alle Kaufleute (§§ 238–263)
2. Abschnitt. Ergänzende Vorschriften für Kapitalgesellschaften (§§ 264–335 b) [...]

Viertes Buch: Handelsgeschäfte (§§ 343-475 h)
1. Abschnitt. Allgemeine Vorschriften (§§ 343–372)
2. Abschnitt. Handelskauf (§§ 373–382)
3. Abschnitt. Kommissionsgeschäft (§§ 383–406) [...]

ÜBERSICHT: Öffentliches Recht/Privatrecht

Die Rechtsordnung ist die Gesamtheit aller in einem Rechtsstaat gültigen Rechtsnormen. In Deutschland werden zwei große Bereiche unterschieden:

Öffentliches Recht	Privatrecht
Über-/Unterordnungsprinzip (Beziehungen staatlicher Stellen untereinander; Beziehungen Staat – Bürger) – Völkerrecht – Verfassungsrecht – Verwaltungsrecht – Strafrecht – Steuerrecht – Verkehrsrecht usw.	Gleichordnungsprinzip (Beziehungen der Bürger untereinander) – Bürgerliches Recht (BGB) – Handelsrecht (HGB) – Gesellschaftsrecht (z. B. Aktien-, GmbH-Gesetz) – Arbeitsrecht – Urheberrecht und gewerblicher Rechtsschutz (Patentgesetz, Warenzeichengesetz u. a.) – Wertpapierhandels-, Scheck-, Wechselgesetz usw.

Aufgaben

1 Ordnen Sie die folgenden Vorgänge dem öffentlichen oder dem privaten Recht zu und nennen Sie die jeweils in Frage kommenden gesetzlichen Grundlagen:
   a Claudia wird bei illegalem Drogenbesitz gefasst und zu einer Jugendstrafe verurteilt.
   b Herr Schneider schließt einen Leasingvertrag für ein Auto ab.
   c Acht Arbeitskollegen gründen einen Kegelverein.
   d Klaus unterschreibt einen Ausbildungsvertrag zum Bürokaufmann.
   e Frau König erhält vom Finanzamt eine Aufforderung, ihre Einkommensteuerschuld in Höhe von 7.500 € zu begleichen.
   f Die Bundesrepublik Deutschland schließt mit Burkina Faso einen Vertrag über verstärkte Entwicklungshilfe ab.
2 Wodurch unterscheiden sich öffentliches und privates Recht generell?

6.2 Rechtsquellen

Beispiel: Olaf, der zurzeit eine sechswöchige Ausbildungsphase im Büro des technischen Kundendienstes eines EDV-Herstellers absolviert, nimmt die Reklamation eines langjährigen Kunden entgegen. Der Kunde hatte eine Rechnung über eine Telefondiagnose erhalten, die in den letzten neun Jahren seit Kauf der EDV-Anlage immer als Kulanzleistung unentgeltlich durchgeführt worden war. Olaf teilt dem Kunden mit, er müsse dieses anhand der Allgemeinen Geschäftsbedingungen prüfen und wolle dann zurückrufen. In den Allgemeinen Geschäftsbedingungen steht tatsächlich, dass auch Ferndiagnosen zu den branchenüblichen Tarifen berechnet würden. Olaf teilt dieses dem Kunden bei seinem Rückruf mit. Der Kunde wertet dieses jedoch als Vertrauensbruch der langjährigen Geschäftsbeziehungen.

Muss Ihrer Meinung nach die Telefondiagnose bezahlt werden oder nicht?

Die Rechtsordnung der Bundesrepublik Deutschland basiert auf verschiedenen Rechtsquellen wie

- schriftlichen Regelungen (Verfassungen, Gesetze, Rechtsverordnungen und Satzungen) und
- dem ungeschriebenen Gewohnheitsrecht (als allgemein durchgesetzte Rechtsbildung durch die Rechtsprechung oder die tatsächlich herrschende, allgemein anerkannte Praxis zwischen den Vertragsparteien).

Die wichtigsten **schriftlichen Rechtsquellen** sind im Einzelnen:
- das **Grundgesetz** der Bundesrepublik Deutschland vom 23. Mai 1949 und die Landesverfassungen der einzelnen Bundesländer
- die von den Parlamenten (Legislative: Bundestag und Bundesrat, Landtage) in einem förmlichen Gesetzgebungsverfahren verabschiedeten **Gesetze**
- das **BGB** vom 18. August 1896, als wichtigste Rechtsquelle des Bürgerlichen Rechts, sowie das **HGB** vom 10. Mai 1897
- **Rechtsverordnungen** von dazu ermächtigten Regierungs- und Verwaltungsorganen (Exekutive: Bundesregierung, Regierungen der Bundesländer), die weitere Einzelheiten der Gesetze regeln. Sie stehen rangmäßig unter den Gesetzen. Rechtsverordnungen kommen nicht durch ein förmliches Gesetzgebungsverfahren zu Stande.
- **Satzungen**, die von Körperschaften, Anstalten und Stiftungen des öffentlichen Rechts aufgrund ihrer Autonomie als Rechtsvorschriften erlassen werden und Aufgaben und Angelegenheiten der örtlichen Gemeinschaft regeln

Neben die schriftlich festgelegten Rechtsquellen tritt als ungeschriebenes Recht das **Gewohnheitsrecht**. Gewohnheitsrechte sind in der Praxis über einen längeren Zeitraum angewandte Regeln, die als rechtsverbindlich anerkannt wurden. Sie finden vor allem dort Anwendung, wo bisher entsprechende gesetzliche Regelungen fehlen, um so Gesetzeslücken auszugleichen. Vielfach hat sich das Gewohnheitsrecht auch über die Auslegung schriftlich festgelegter Regelungen durch die „ständige Rechtsprechung" der Gerichte entwickelt. Es setzt die notwendige Rechtsüberzeugung, eine gleichmäßig dauernde Übung und ein stillschweigendes Einverständnis voraus.

Als **objektives Recht** bezeichnet man die Summe aller Rechtsnormen (Gesetzestexte, Gewohnheitsrecht, Handelsbräuche, ständige Rechtsprechung), die Konflikte lösen sollen und für jedermann gelten. Objektives Recht legt allgemeine Rechtsregeln fest und bildet den Rahmen für das subjektive Recht, in dem das einzelne Rechtssubjekt innerhalb des objektiven Rechts seine Interessen individuell ausgestalten kann.

Als **subjektives Recht** bezeichnet man die individuellen Ansprüche eines Rechtssubjekts. Unter einem Anspruch (§ 194 BGB) versteht man dabei die Möglichkeit, von einem anderen ein Tun oder Unterlassen zu verlangen. Subjektive Rechte können als Schuld- oder Sachenrechte ausgestaltet sein:

- Schuldrechte (oder relative Forderungsrechte) sind Ansprüche, die Rechtssubjekte gegenüber bestimmten anderen Rechtssubjekten haben, z. B. die Forderung auf Erfüllung eines Kauf- oder Mietvertrages,
- Sachenrechte (oder absolute Forderungsrechte) sind Ansprüche, die Rechtssubjekte gegenüber allen anderen Rechtssubjekten aus der Beziehung zu einer Sache haben (Eigentums- und Besitzrechte an Sachen, Urheber- und Patentrechte).

Schuldrechte = relative Rechte

Sachenrechte = absolute Rechte

Unter **materiellem Recht** versteht man Rechtsnormen, die die Grundlage für die Formulierung von Ansprüchen sind. Das **formelle Recht** dagegen umfasst die Rechtssätze, die die Anwendung des materiellen Rechts und seine Durchsetzung regeln, wie z. B. das Verfahrensrecht.

ÜBERSICHT: Rechtsquellen	
schriftliche Regelungen	Gesetze, Verfassungen, Verordnungen, Satzungen
Gewohnheitsrecht	Recht, das sich ohne schriftliche Festlegung über einen langen Zeitraum ergeben hat
objektive Rechte	gegenüber jedermann geltende Rechte
subjektive Rechte	gelten nur zwischen bestimmten Personen
materielles Recht	Rechtsnormen als Begründung für Ansprüche
formelles Recht	Anwendung der Rechtsnormen in der Rechtsprechung

Aufgaben

1 Warum hat man neben dem Bürgerlichen Gesetzbuch (BGB) noch für die Kaufleute speziell das Handelsgesetzbuch geschaffen?

2 Schildern Sie aus Ihrem Ausbildungsbetrieb rechtliche Vorgänge, die auf Gewohnheitsrecht basieren.

3 Suchen Sie Beispiele zu subjektivem und objektivem Recht.

4 Um welche Rechtsquelle handelt es sich in den folgenden Fällen?
  a Der Bundestag beschließt eine Erhöhung der Mineralölsteuer.
  b Der Hessische Landtag führt eine Verpackungssteuer ein.
  c In einer kleinen Gemeinde in Bayern dürfen die Einwohner seit Jahren einen Privatweg des Bürgermeisters benutzen.
  d Der Gemeinderat verabschiedet das „bessere Müllkonzept".
  e Das Finanzamt der Stadt München erkennt ab sofort Arbeitszimmer nicht mehr als Werbungskosten an.

6.3 Rechtssubjekte

AB → Lernsituation 7

> **Beispiel:** Silke, 17-jährige Auszubildende im zweiten Ausbildungsjahr zur Einzelhandelskauffrau in einem Süßwarengeschäft, hat an zwei sechsjährige Kinder, die ihr sagten, sie wollten ihren Geburtstag feiern und dieses mit ihrem eigenen Taschengeld bezahlen, Süßwaren im Wert von 35,00 € verkauft. Am Spätnachmittag kommen die Mütter der beiden Kinder mit den Süßigkeiten in das Geschäft und verlangen das gesamte Geld zurück, obwohl die Kinder bereits Süßigkeiten im Wert von 12,00 € verzehrt hatten. Der Chef von Silke gibt widerwillig das Geld an die Mütter heraus, fordert aber die 12,00 € von Silke zurück. Gleichzeitig sagt er zu Silke, dass sie unverantwortlich gehandelt habe und das erste Lehrjahr wohl bei ihr keinen Erfolg gebracht hätte. Silke ist über diese Äußerung ihres Chefs so empört, dass sie gegen den Willen ihrer Eltern die Ausbildung bei ihrem jetzigen ausbildenden Betrieb nicht mehr fortsetzen möchte.
>
> Hat Silke einen Fehler gemacht und darf sie gegen den Willen ihrer Eltern das Ausbildungsverhältnis kündigen?

6.3.1 Natürliche und juristische Personen

Rechtssubjekte handeln im Rahmen unserer Rechtsordnung, indem sie Rechte und Pflichten gegenüber anderen Rechtssubjekten begründen. Sie schließen z. B. Kaufverträge ab, die rechtliche Verpflichtungen nach sich ziehen, u. a. die Verpflichtung des Käufers, den vereinbarten Kaufpreis fristgerecht zu bezahlen.

Rechtsfähigkeit = Fähigkeit, Träger von Rechten und Pflichten zu sein

Natürliche Personen sind alle Menschen, unabhängig von Alter und geistiger oder körperlicher Leistungsfähigkeit. Die Rechtsfähigkeit eines Menschen beginnt nach § 1 BGB mit der Vollendung der Geburt und endet mit dem Tod.

Juristische Personen sind dagegen keine natürlichen Rechtssubjekte. Juristische Personen sind in besonderer Form organisierte Personenvereinigungen (z. B. Vereine, Anstalten, Körperschaften) oder Vermögensmassen (Stiftungen), denen bei Erfüllung bestimmter Auflagen ebenfalls die Fähigkeit verliehen wird, Träger von Rechten und Pflichten zu sein.

Juristische Personen des Privatrechts erlangen die Rechtsfähigkeit durch Gründung und Eintragung in ein öffentliches Register (Vereins-, Handels- oder Genossenschaftsregister). Sie verlieren sie durch Auflösung oder durch Löschung aus diesem Register. Juristische Personen des öffentlichen Rechts erlangen ihre Rechtsfähigkeit durch Gesetz oder Verwaltungsakt (staatliche Verleihung) und verlieren diese durch Beschluss der jeweils zuständigen Behörde. Öffentlich-rechtliche Körperschaften sind Verbände aus einer Vielzahl von Mitgliedern. Anstalten dienen einem bestimmten Verwaltungszweck und haben Benutzer. Stiftungen des öffentlichen Rechts dagegen sind Zusammenfassungen von Vermögen und haben Nutznießer. Juristische Personen werden im Rechtsverkehr durch ihre Organe (z. B. Vorstand) vertreten.

Die wichtigsten juristischen Personen sind Vereine:

> **§ 21 BGB Nichtwirtschaftlicher Verein**
> Ein Verein, dessen Zweck nicht auf einen wirtschaftlichen Geschäftsbetrieb gerichtet ist, erlangt Rechtsfähigkeit durch Eintragung in das Vereinsregister des zuständigen Amtsgerichtes.

§ 21 BGB

> **§ 22 BGB Wirtschaftlicher Verein**
> Ein Verein, dessen Zweck auf einen wirtschaftlichen Geschäftsbetrieb gerichtet ist, erlangt [...] Rechtsfähigkeit durch staatliche Verleihung. Die Verleihung steht dem Bundesstaate zu, in dessen Gebiet der Verein seinen Sitz hat.

§ 22 BGB

6.3.2 Geschäftsfähigkeit und Deliktsfähigkeit

Neben der Rechtsfähigkeit spielen auch die Begriffe Geschäfts- und Deliktsfähigkeit im Rahmen des Privatrechts eine wichtige Rolle. **Geschäftsfähigkeit** ist die Fähigkeit, Rechtsgeschäfte selbstständig durch die Abgabe oder den Empfang rechtsgültiger Willenserklärungen abzuschließen. **Deliktsfähigkeit** dagegen ist die Fähigkeit, für unerlaubte Handlungen Verantwortung zu tragen, d. h. Schadensersatz zu leisten.

Deliktsfähigkeit ist ein Begriff des bürgerlichen Rechts. Der entsprechende Gegenbegriff aus dem Strafgesetz ist die Strafmündigkeit.

Kinder, Jugendliche und bestimmte andere Personengruppen sollen vor den Rechtsfolgen unüberlegt abgeschlossener Rechtsgeschäfte oder auch unbewusst begangener Delikte geschützt werden. Deshalb sind die Geschäfts- und Deliktsfähigkeit u.a. vom Alter abhängig. Die Geschäftsfähigkeit wird in den §§ 104–113 geregelt.

> **§ 104 BGB Geschäftsunfähigkeit**
> Geschäftsunfähig ist:
> 1. wer nicht das siebente Lebensjahr vollendet hat;
> 2. wer sich in einem die freie Willensbestimmung ausschließenden Zustand krankhafter Störung der Geistestätigkeit befindet, sofern nicht der Zustand seiner Natur nach ein vorübergehender ist.

§ 104 BGB

Eine Willenserklärung ist eine Erklärung einer Person, einen bestimmten Rechtserfolg zu erzielen. Die Willenserklärungen Geschäftsunfähiger sind nach § 105 BGB nichtig, d. h. von vornherein unwirksam. Ebenfalls nichtig sind Willenserklärungen, die im Zustand der Bewusstlosigkeit o. Ä. abgegeben werden.

Willenserklärung, vgl. Kap. 6.5

Für Geschäftsunfähige handelt der gesetzliche Vertreter. Ein Rechtsgeschäft mit einem Geschäftsunfähigen kommt jedoch zustande, wenn der Geschäftsunfähige als Bote auftritt und die Nachricht eines Geschäftsfähigen überbringt.

> **§ 106 BGB Beschränkte Geschäftsfähigkeit Minderjähriger**
> Ein Minderjähriger, der das siebente Lebensjahr vollendet hat, ist nach Maßgabe der §§ 107 bis 113 in der Geschäftsfähigkeit beschränkt.

§ 106 BGB

§§ 107, 108 BGB

Von beschränkt Geschäftsfähigen abgeschlossene Rechtsgeschäfte erhalten nur dann Gültigkeit, wenn die gesetzlichen Vertreter ihre Einwilligung oder ihre Genehmigung erteilen. Erfolgt dies nicht, kommt das Rechtsgeschäft nicht zu Stande, der Vertrag wird unwirksam. Bis zur Genehmigung oder Ablehnung der Genehmigung ist das Rechtsgeschäft „schwebend unwirksam".

Einwilligung = vor dem Rechtsgeschäft
Genehmigung = nach dem Rechtsgeschäft

Beispiel: Ein 14-Jähriger kauft sich einen CD-Player. Die Eltern sind damit einverstanden. Eine 16-jährige Schülerin, die älter aussieht, kauft ein teures Armband. Die Eltern sind damit nicht einverstanden, sodass der Juwelier es zurücknehmen muss.

In bestimmten **Ausnahmefällen**, die im Gesetz genau festgelegt sind, kann ein beschränkt Geschäftsfähiger wie ein voll Geschäftsfähiger handeln:

§ 107 BGB

§ 107 BGB Einwilligung des gesetzlichen Vertreters
Der Minderjährige bedarf zu einer Willenserklärung, durch die er nicht lediglich einen rechtlichen Vorteil erlangt, der Einwilligung seines gesetzlichen Vertreters.

Beispiel: Ein achtjähriges Kind erbt 50.000 €, dieses bringt dem Kind lediglich einen rechtlichen Vorteil. Dagegen beinhaltet die Erbschaft eines belasteten Grundstückes später Verpflichtungen, wie z. B. die Tilgung des Kredits.

§ 110 BGB

Hinweis: Ratenzahlungen sind durch § 110 BGB nicht gedeckt.

§ 110 BGB Bewirken der Leistung mit eigenen Mitteln
Ein von dem Minderjährigen ohne Zustimmung des gesetzlichen Vertreters geschlossener Vertrag gilt als von Anfang an wirksam, wenn der Minderjährige die vertragsmäßige Leistung mit Mitteln bewirkt, die ihm zu diesem Zwecke oder zu freier Verfügung von dem Vertreter oder mit dessen Zustimmung von einem Dritten überlassen worden sind.

Beispiel: Der zwölfjährige Sebastian kauft sich von seinen Ersparnissen einen Fußball. Die neunjährige Lena erhält mit Zustimmung der Eltern zu ihrer Erstkommunion von ihren Großeltern 1.000 € und kauft sich davon ein Mountainbike.

§ 112 BGB

§ 112 BGB Selbstständiger Betrieb eines Erwerbsgeschäftes
(1) Ermächtigt der gesetzliche Vertreter mit Genehmigung des Familiengerichtes den Minderjährigen zum selbstständigen Betrieb eines Erwerbsgeschäftes, so ist der Minderjährige für solche Rechtsgeschäfte unbeschränkt geschäftsfähig, welche der Geschäftsbetrieb mit sich bringt. Ausgenommen sind solche Rechtsgeschäfte, zu denen der Vertreter die Genehmigung des Familiengerichtes bedarf.
(2) Die Ermächtigung kann von dem Vertreter nur mit Genehmigung des Familiengerichtes zurückgenommen werden.

Beispiel: Ein Minderjähriger betreibt nach Ermächtigung durch seinen gesetzlichen Vertreter und mit Genehmigung des Familiengerichtes ein Lebensmittelgeschäft und kann so z. B. den Einkauf der notwendigen Waren selbst tätigen.

§ 113 BGB

Ausbildungsverhältnisse fallen nicht unter § 113 BGB.

§ 113 BGB Dienst- oder Arbeitsverhältnis
(1) Ermächtigt der gesetzliche Vertreter den Minderjährigen, in Dienst oder in Arbeit zu treten, so ist der Minderjährige für solche Rechtsgeschäfte unbeschränkt geschäftsfähig, welche die Eingehung oder Aufhebung eines Dienst- oder Arbeitsverhältnisses der gestatteten Art oder die Erfüllung der sich aus einem solchen Verhältnis ergebenden Verpflichtungen betreffen. Ausgenommen sind Verträge, zu denen der Vertreter der Genehmigung des Familiengerichtes bedarf. […]
(4) Die für einen einzelnen Fall erteilte Ermächtigung gilt im Zweifel als allgemeine Ermächtigung zur Eingehung von Verhältnissen derselben Art.

Beispiel: Ein 17-jähriger Angestellter im Großhandel kann eigenmächtig Waren verkaufen.

§ 56 HGB Angestellte in Laden oder Warenlager
Wer in einem Laden oder in einem öffentlichen Warenlager angestellt ist, gilt als ermächtigt zu Verkäufen und Empfangnahmen, die in einem derartigen Laden oder Warenlager gewöhnlich geschehen.

§ 56 HGB

Unbeschränkte Geschäftsfähigkeit besitzen alle natürlichen Personen über 18 Jahre, sofern sie nicht unter Betreuung stehen. Mit Erlangen der unbeschränkten (oder auch vollen) Geschäftsfähigkeit erwerben Rechtssubjekte die Fähigkeit, sich in vollem Umfang rechtsgeschäftlich zu verpflichten oder Rechte zu erwerben.

Deliktsfähigkeit
Die Deliktsfähigkeit, d. h. die Fähigkeit, für unerlaubte Handlungen verantwortlich und schadensersatzpflichtig gemacht zu werden, wird in den §§ 823 ff. BGB geregelt.

Beispiel: Ein dreijähriges Kind spielt mit Streichhölzern, die es zufällig gefunden hat, und verursacht einen Großbrand. Wer muss in diesem Fall für den Schaden aufkommen? Was versteht man in diesem Zusammenhang unter der Aufsichtspflicht?

§ 823 BGB Schadensersatzpflicht
(1) Wer vorsätzlich oder fahrlässig das Leben, den Körper, die Gesundheit, die Freiheit, das Eigentum oder ein sonstiges Recht eines anderen widerrechtlich verletzt, ist dem anderen zum Ersatze des daraus entstehenden Schadens verpflichtet.
(2) Die gleiche Verantwortung trifft denjenigen, welcher gegen ein den Schutz eines anderen bezweckendes Gesetz verstößt. Ist nach dem Inhalte des Gesetzes ein Verstoß gegen dieses auch ohne Verschulden möglich, so tritt die Ersatzpflicht nur im Falle des Verschuldens ein.

§ 823 BGB

§ 827 BGB Ausschluss und Minderung der Verantwortlichkeit
Wer im Zustande der Bewusstlosigkeit oder in einem die freie Willensbildung ausschließenden Zustande krankhafter Störung der Geistestätigkeit einem anderen Schaden zufügt, ist für den Schaden nicht verantwortlich. Hat er sich durch geistige Getränke oder ähnliche Mittel in einen vorübergehenden Zustand dieser Art versetzt, so ist er für einen Schaden, den er in diesem Zustand widerrechtlich verursacht, in gleicher Weise verantwortlich, wie wenn ihm Fahrlässigkeit zur Last fiele; die Verantwortlichkeit tritt nicht ein, wenn er ohne Verschulden in den Zustand geraten ist.

§ 827 BGB

§ 828 BGB Minderjährige
(1) Wer nicht das siebente Lebensjahr vollendet hat, ist für einen Schaden, den er einem anderen zufügt, nicht verantwortlich.
(2) Wer das siebente, aber nicht das zehnte Lebensjahr vollendet hat, ist für den Schaden, den er bei einem Unfall mit einem Kraftfahrzeug, einer Schienenbahn oder einer Schwebebahn einem anderen zufügt, nicht verantwortlich. Dies gilt nicht, wenn er die Verletzung vorsätzlich herbeigeführt hat.
(3) Wer das 18. Lebensjahr noch nicht vollendet hat, ist, sofern seine Verantwortlichkeit nicht nach Absatz 1 oder 2 ausgeschlossen ist, für den Schaden, den er einem anderen zufügt, nicht verantwortlich, wenn er bei der Begehung der schädigenden Handlung nicht die zur Erkenntnis der Verantwortlichkeit erforderliche Einsicht hat.

§ 828 BGB

§ 832 BGB

§ 832 Haftung des Aufsichtspflichtigen
(1) Wer kraft Gesetzes zur Führung der Aufsicht über eine Person verpflichtet ist, die wegen Minderjährigkeit oder wegen ihres geistigen oder körperlichen Zustandes der Beaufsichtigung bedarf, ist zum Ersatze des Schadens verpflichtet, den diese Person einem Dritten widerrechtlich zufügt. Die Ersatzpflicht tritt nicht ein, wenn er seiner Aufsichtspflicht genügt oder wenn der Schaden auch bei gehöriger Aufsichtspflicht entstanden sein würde.
(2) Die gleiche Verantwortlichkeit trifft denjenigen, welcher die Führung der Aufsicht durch Vertrag übernimmt.

Rechte und Pflichten in Abhängigkeit vom Alter	
0	Rechtsfähigkeit, Geburt
6	Schulpflicht nach den Landesschulgesetzen; Kinobesuch bis 20 Uhr
7	beschränkte Geschäftsfähigkeit; bedingte Deliktsfähigkeit
12	Zustimmung beim Religionswechsel; Kinobesuch bis 22 Uhr
13	Leichte und geeignete Arbeiten sind stundenweise erlaubt.
14	bedingte Strafmündigkeit als Jugendlicher; Religionsmündigkeit (selbstständige Entscheidung über Religionszugehörigkeit)
15	Ende des Beschäftigungsverbots; bedingte Beschäftigung von Jugendlichen
16	beschränkte Testierfähigkeit (Fähigkeit, ein Testament aufzusetzen); Ehefähigkeit; Möglichkeit zum Erwerb der Fahrerlaubnis Kl. A1; Ausweispflicht; Ende des bedingten Gaststättenverbots; Ende des Verbots des öffentlichen Tabakgenusses; Wahlrecht für die Jugend- und Auszubildendenvertretung im Betrieb; Kinobesuch bis 24 Uhr
18	Volljährigkeit; volle Geschäfts- und Testierfähigkeit; Ehemündigkeit; Beginn der Wehrpflicht/Zivildienstpflicht; Strafmündigkeit als Heranwachsender; volle zivilrechtliche Deliktsfähigkeit; aktives und passives Wahlrecht zum Bundestag und zu den Länderparlamenten sowie zum Betriebsrat bzw. Personalrat; Möglichkeit zum Erwerb des Führerscheins Kl. B, BE, C, CE, C1, C1E, A (beschränkt); Ende der Berufsschulpflicht
21	volle Strafmündigkeit
24	Möglichkeit des Erwerbs der Ausbildereignung
25	Berufung zum Schöffen oder als ehrenamtlicher Richter beim Arbeits- oder Sozialgericht; Adoptionsfähigkeit; Führerschein Kl. A (unbeschränkt)
27	Ernennung als Beamter auf Lebenszeit möglich
40	Mindestalter für das Amt des Bundespräsidenten
45	Ende der Wehrpflicht in Friedenszeiten
60	vorzeitiges Altersruhegeld für Frauen, Schwerbehinderte, Berufs- und Erwerbsunfähige; Ende der Wehrpflicht für Offiziere und Unteroffiziere und alle im Verteidigungsfall
63	vorzeitiges Altersruhegeld
65	Regelaltersgrenze in der Rentenversicherung

ÜBERSICHT: Rechtsfähigkeit

Wer ist rechtsfähig?

alle Menschen von Geburt bis zum Tod (natürliche Personen)	juristische Personen des privaten Rechts; z. B. Stiftung Warentest, Ruhrkohle Aktiengesellschaft (AG)	juristische Personen des öffentlichen Rechts; z. B. Körperschaften: Bund, Land, Gemeinde Anstalten: Bundesanstalt für Arbeit, Fernseh- und Rundfunkanstalt

ÜBERSICHT: Geschäftsfähigkeit

Wer ist geschäftsfähig?
Alle natürlichen Personen, abhängig vom Lebensalter

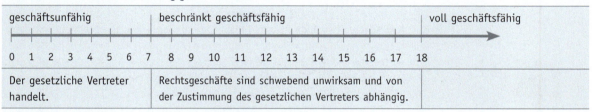

geschäftsunfähig	beschränkt geschäftsfähig	voll geschäftsfähig
Der gesetzliche Vertreter handelt.	Rechtsgeschäfte sind schwebend unwirksam und von der Zustimmung des gesetzlichen Vertreters abhängig.	

Ausnahmen der beschränkten Geschäftsfähigkeit gelten,
- wenn der Minderjährige nur rechtliche Vorteile erlangt,
- wenn Verpflichtungen vom Taschengeld bezahlt werden können,
- wenn Verpflichtungen im Rahmen des selbstständigen Betriebs eines Erwerbsgeschäftes mit Ermächtigung der gesetzlichen Vertreter und des Familiengerichts eingegangen werden,
- wenn im Rahmen des mit der Zustimmung der Erziehungsberechtigten aufgenommenen Berufs Willenserklärungen abgegeben werden.

Aufgaben

1. In welchem Maße sind die folgenden Rechtssubjekte rechts- bzw. geschäftsfähig?
   a ein Hund
   b ein Kegelklub
   c ein siebzehnjähriger Auszubildender
   d ein Drogensüchtiger
   e eine Gesellschaft mit beschränkter Haftung
2. Bilden Sie Beispiele zu den unterschiedlichen Ausnahmen der beschränkten Geschäftsfähigkeit.
3. Erkundigen Sie sich nach den Rechten und Pflichten als Auszubildende vor und nach Vollendung der Volljährigkeit.
4. Geben Sie an, ob es sich um natürliche oder juristische Personen des öffentlichen oder des privaten Rechts handelt:
   a Kegelklub
   b Siemens AG
   c Ärztekammer Westfalen-Lippe
   d Rentenversicherung Bund
   e Mitteldeutscher Rundfunk
   f Evangelische Kirche Hessen/Nassau
   g AOK

5 Erarbeiten Sie die unterschiedlichen Stufen der Deliktsfähigkeit anhand der im Text aufgeführten Gesetzesauszüge.
6 Ein Zehnjähriger kauft sich von seinem Taschengeld eine CD. Ist der Kaufvertrag rechtswirksam?
7 Dürfen minderjährige Auszubildende selbstständig verkaufen? Begründen Sie dieses anhand des Gesetzes.
8 Wie entstehen juristische Personen des privaten und öffentlichen Rechts?

6.4 Rechtsobjekte

Beispiel: Klaus und Martin, Auszubildende zum Industriekaufmann, absolvieren eine vierwöchige Ausbildungsphase im Lager. Das Unternehmen befindet sich seit geraumer Zeit in extremen Liquiditätsschwierigkeiten. Aufgrund dessen hat man mit einigen der Hauptlieferanten Verträge geschlossen, nach denen größere Lieferungen auch in Raten gezahlt werden können. Aus einer dieser noch nicht vollständig bezahlten Lieferungen heraus veranlasst Klaus eine Lieferung an einen Kunden, der bereits seine Bestellung aufgegeben hatte. Als Martin dies dem zuständigen Verkäufer mitteilt, sagt dieser, er hätte die Lieferung nicht veranlassen dürfen, da die Ware noch nicht vollständig bezahlt sei. Martin dagegen meint, dass die Ware, die im Lager eingegangen sei, auch weiterverkauft werden dürfe.
Wer hat Recht?

Rechtsobjekte:
– Sachen
– Rechte

Gegenstand von Rechtshandlungen sind **Rechtsobjekte**, welche man in körperliche (Sachen) und nicht körperliche Gegenstände (Rechte) unterteilen kann. Rechtssubjekte können im Rahmen der bestehenden Rechtsordnung über Rechtsobjekte verfügen.

Sachen (§ 90 BGB) lassen sich nach verschiedenen Kriterien in **bewegliche** (Mobilien, die nicht Grundstücke oder Bestandteile von Grundstücken sind) und **unbewegliche** (Immobilien) Sachen unterteilen. Weiter kann man die beweglichen Sachen in vertretbare und nicht vertretbare Sachen einteilen. **Vertretbare Sachen** sind bewegliche Sachen, die nach Zahl, Maß oder Gewicht bestimmt werden können (§ 91 BGB). Alle Gegenstände, die aufgrund ihrer Einmaligkeit schwer wieder beschafft und deshalb nur nach ihrem Wert ersetzt werden können, zählen zu den **nicht vertretbaren Sachen**. Bewegliche Sachen lassen sich weiter in **verbrauchbare** und **nicht verbrauchbare Sachen** einteilen. Darüber hinaus kann man Sachen danach einteilen, ob sie **wesentliche** Bestandteile einer Sache, wesentliche Bestandteile eines Grundstücks oder eines Gebäudes, **unwesentliche Bestandteile**, Scheinbestandteile oder Zubehör sind. Diese Begriffe werden in den §§ 93-103 BGB geklärt.

Früchte und Nutzungen werden ebenso als Rechtsobjekte bezeichnet. Auch verschiedene **Rechte**, wie z. B. Forderungen, Hypotheken, Urheber- oder Eigentumsrechte können Gegenstand von Rechtsgeschäften sein. **Schuldrechtliche** Ansprüche (relative Rechte) beinhalten die Rechte auf etwas, was durch Verträge gesichert wird, und haben nur Gültigkeit zwischen bestimmten Rechtssubjekten. **Sachenrechtliche** Ansprüche (absolute Rechte) beinhalten die Rechte an etwas, z. B. Eigentumsrechte, und wirken gegen alle anderen Rechtssubjekte. Im Sachenrecht des BGB wird unterschieden, ob jemand die rechtliche (Eigentum) oder nur die tatsächliche Herrschaft (Besitz) über eine Sache ausübt.

§ 903 BGB Befugnisse des Eigentümers
Der Eigentümer einer Sache kann, soweit nicht das Gesetz oder Rechte Dritter entgegenstehen, mit der Sache nach Belieben verfahren und andere von jeder Einwirkung ausschließen.

§ 854 BGB Erwerb des Besitzes
(1) Der Besitz einer Sache wird durch die Erlangung der tatsächlichen Gewalt über die Sache erworben.
(2) Die Einigung des bisherigen Besitzers und des Erwerbers genügt zum Erwerbe, wenn der Erwerber in der Lage ist, die Gewalt über die Sache auszuüben.

Das Eigentum an beweglichen Sachen wird durch Übertragung verschafft, d.h. durch Einigung über den Eigentumsübergang und Übergabe der Sache.

§ 929 BGB Einigung und Übergabe
Zur Übertragung des Eigentums einer beweglichen Sache ist erforderlich, dass der Eigentümer die Sache dem Erwerber übergibt und beide darüber einig sind, dass das Eigentum übergehen soll. Ist der Erwerber im Besitz der Sache, so genügt die Einigung über den Übergang des Eigentums.

In bestimmten Fällen kann das Eigentum an einer Sache auch von einem Nichteigentümer erworben werden, jedoch nur dann, wenn der Erwerber gutgläubig war. Der gute Glaube schützt dann nicht, wenn die Sache dem Eigentümer gestohlen wurde oder sonst wie abhanden gekommen ist.

§ 932 BGB Gutgläubiger Erwerb vom Nichtberechtigten
(1) Durch eine nach § 929 erfolgte Veräußerung wird der Erwerber auch dann Eigentümer, wenn die Sache nicht dem Veräußerer gehört, es sei denn, dass er zu der Zeit, zu der er nach diesen Vorschriften das Eigentum erwerben würde, nicht in gutem Glauben ist.
(2) Der Erwerber ist nicht in gutem Glauben, wenn ihm bekannt oder infolge grober Fahrlässigkeit unbekannt ist, dass die Sache nicht dem Veräußerer gehört.

§ 935 BGB Kein gutgläubiger Erwerb von abhanden gekommenen Sachen
(1) Der Erwerb des Eigentums aufgrund der §§ 932 bis 934 tritt nicht ein, wenn die Sache dem Eigentümer gestohlen worden, verloren gegangen oder sonst abhanden gekommen war. Das Gleiche gilt, falls der Eigentümer nur mittelbarer Besitzer war, dann, wenn die Sache dem Besitzer abhanden gekommen ist.
(2) Diese Vorschriften finden keine Anwendung auf Geld oder Inhaberpapiere sowie auf Sachen, die im Wege öffentlicher Versteigerung veräußert werden.

Das Eigentum an unbeweglichen Sachen wird durch Einigung zwischen Veräußerer und Erwerber (Auflassung lt. § 925 BGB) und anschließender Eintragung in das Grundbuch übertragen (§ 873 BGB). Nach § 873 Abs. 2 BGB müssen die Erklärungen notariell beurkundet werden.

Es können folgende **Eigentums- und Besitzverhältnisse** zu einer Sache bestehen:
- Wenn ein Eigentümer die tatsächliche Gewalt über eine Sache hat, ist er **unmittelbarer Besitzer** (§ 854 BGB).
- Wenn ein Eigentümer die Sache für einen bestimmten Zeitraum weggibt (verleiht oder vermietet), ist er nur noch **mittelbarer Besitzer** und der Vertragspartner wird unmittelbarer Besitzer (§ 868 BGB).

Der rechtmäßige Besitzer kann sich gegen jeden, der ihm den Besitz gegen seinen Willen entziehen will, aufgrund seines Selbsthilferechtes mit Gewalt erwehren (§ 859 BGB). Der Eigentümer kann nach § 985 BGB von dem Besitzer die Herausgabe der Sache verlangen.

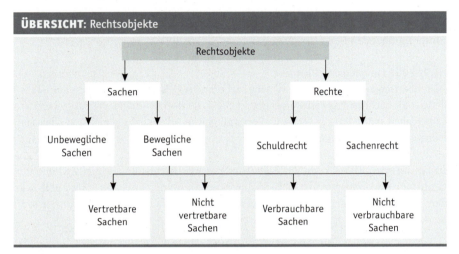

ÜBERSICHT: Rechtsobjekte

Aufgaben

1 Erläutern Sie an einem Beispiel aus Ihrem Ausbildungsbetrieb, wie das Eigentum an beweglichen Gütern übertragen wird.

2 Unterscheiden Sie Eigentum und Besitz aus juristischer Sicht.

3 Ordnen Sie die Begriffe Eigentümer, unmittelbarer Besitzer, mittelbarer Besitzer, fehlerhafter Besitzer, Besitzdiener den folgenden Sachverhalten zu:
   a Karin wohnt in einer Wohngemeinschaft zur Untermiete.
   b Der Sachbearbeiter des Einkaufs darf mit dem Firmenwagen des Prokuristen fahren.
   c Zwei zehnjährige Jungen finden eine Geldbörse und bringen sie nicht zum Fundbüro.
   d Peter verleiht sein Fahrrad an Andreas.
   e Der Hausmeister wohnt zur Miete in dem Zwölffamilienhaus des Unternehmers.

4 Geben Sie jeweils drei Beispiele für vertretbare und nicht vertretbare Sachen an.

6.5 Rechtsgeschäfte

Beispiel: Claudia, Auszubildende in einer Druckerei, ist zur Zeit in der Auftragsabwicklungsabteilung beschäftigt. Sie erhält die Aufgabe, verschiedene Kunden anzuschreiben und deren Aufträge unter Mitteilung des voraussichtlichen Liefertermins zu bestätigen. Der Einzelhändler Klaus Debner aus Düsseldorf hatte zehn Wirtschaftslexika zu einem Preis von 39,80 € bestellt. Claudia verschreibt sich bei ihrer Auftragsbestätigung und trägt nur einen Preis von 29,80 € ein. Der Einzelhändler freut sich über den Nachlass und kürzt nach erfolgter Lieferung die ausgestellte Rechnung über 398,00 € um 100,00 €. Die Buchhaltung teilt dieses dann später dem Leiter der Auftragsabwicklung mit, der Claudia dafür verantwortlich macht und von ihr die 100,00 € einfordern will.

Was kann Claudia tun, um aus dieser Situation herauszukommen?

Die Rechtsbeziehungen zwischen Rechtssubjekten untereinander sowie zwischen Rechtssubjekten und Rechtsobjekten werden als **Rechtsgeschäfte** bezeichnet. Rechtsgeschäfte enthalten eine oder mehrere Willenserklärungen und zielen auf die bewusste Herbeiführung von Rechtswirkungen ab. Dabei unterteilt man die Willenserklärung in zwei Elemente: Das Erklärungsbewusstsein stellt die innere, subjektive Seite dar, die eigentliche Erklärung die äußere, objektive Seite. Eine Willenserklärung muss dabei nicht mündlich oder schriftlich geäußert werden, sondern kann auch stillschweigend (konkludent) erfolgen und sich aus den Umständen ergeben.

Willenserklärung = Äußerung des Geschäftswillens

Neben ausdrücklichen und stillschweigenden Willenserklärungen kann man noch empfangsbedürftige und nicht empfangsbedürftige Willenserklärungen unterscheiden. **Nicht empfangsbedürftige Willenserklärungen** werden mit Abgabe der Erklärung wirksam (z. B. Testamente). **Empfangsbedürftige Willenserklärungen** (z. B. Kündigungen) werden mit ihrem Zugang wirksam, unter Anwesenden sofort und unter Abwesenden nach § 130 BGB, sobald die Willenserklärung in den gewöhnlichen Empfangsbereich des Erklärungsgegners mit Möglichkeit der Kenntnisnahme gelangt, wenn nicht vorher oder gleichzeitig ein Widerruf zugeht (z. B. Kündigungen). Der Zugang der Willenserklärung ist die Voraussetzung für die Wirksamkeit der abgegebenen Willenserklärung. Die Beweislast für den Zugang einer Willenserklärung liegt beim Absender, sodass eine Willenserklärung unter Zeugen, per Einschreiben usw. abgegeben werden sollte.

Wie eine Willenserklärung zu interpretieren ist, wird in § 133 BGB geregelt:

§ 133 BGB

> **§ 133 BGB Auslegung einer Willenserklärung**
> Bei der Auslegung einer Willenserklärung ist der wirkliche Wille zu erforschen und nicht an dem buchstäblichen Sinne des Ausdrucks zu haften.

Nach der **Anzahl der notwendigen Willenserklärungen** unterscheidet man ein-, zwei- und mehrseitige Rechtsgeschäfte. Einseitige Rechtsgeschäfte liegen vor, wenn bereits die Willenserklärung eines Rechtssubjekts genügt, um eine bestimmte Rechtswirkung herbeizuführen. Zwei- oder mehrseitige Rechtsgeschäfte (Verträge) kommen durch zwei oder mehr miteinander übereinstimmende Willenserklärungen zustande. Diese lassen sich noch weiter in einseitig und zwei- bzw. mehrseitig verpflichtende Rechtsgeschäfte unterteilen. Bei einseitig verpflichtenden Rechtsgeschäften (z. B. Schenkungsvertrag) verpflichtet sich nur ein Vertragspartner zu einer Leistung, bei den zwei- bzw. mehrseitig verpflichtenden Rechtsgeschäften verpflichten sich alle Vertragspartner (z. B. Kaufvertrag).

Rechtsgeschäfte unterscheidet man weiterhin in (kausale) **Verpflichtungsgeschäfte** und (abstrakte) Verfügungsgeschäfte. Verpflichtungsgeschäfte begründen Schuldverhältnisse und werden im schuldrechtlichen Teil des BGB geregelt. Verfügungsgeschäfte verändern bereits vorhandene Rechte an Rechtsgegenständen und gehören zum Sachenrecht. Verfügungsgeschäfte führen unmittelbare Rechtsänderungen herbei. **Verfügungsgeschäfte** können auch ohne rechtswirksame Verpflichtungsgeschäfte vorgenommen werden.

> **Die durch Willenserklärungen erzeugten Rechtsgeschäfte lassen sich unterteilen, u. a. in:**
> - einseitige/zweiseitige bzw. mehrseitige verpflichtende Rechtsgeschäfte
> - (kausale) Verpflichtungsgeschäfte/(abstrakte) Verfügungsgeschäfte
> - formbedürftige/nicht formbedürftige Rechtsgeschäfte
> - entgeltliche/unentgeltliche Rechtsgeschäfte
> - rechtswirksame/nicht rechtswirksame Rechtsgeschäfte

Die Rechtsgrundlagen bei Handelsgeschäften unterscheiden sich von denen bei bürgerlichen Geschäften.

Nach den **anzuwendenden Rechtsvorschriften** unterscheidet man bürgerliche Rechtsgeschäfte und Handelsgeschäfte. Für bürgerliche Rechtsgeschäfte zwischen Nichtkaufleuten, die man noch weiter in schuld-, sachen-, familien- und erbrechtliche Rechtsgeschäfte unterteilen kann, gelten die Vorschriften des BGB. Für Handelsgeschäfte zwischen zwei Kaufleuten (zweiseitige Handelsgeschäfte) oder zwischen einem Kaufmann und einem Nichtkaufmann (Verbrauchsgüterkauf) finden in erster Linie die Regelungen des HGB Anwendung, ergänzend aber auch die des BGB.

§ 343 HGB

§ 343 HGB Begriff der Handelsgeschäfte
(1) Handelsgeschäfte sind alle Geschäfte eines Kaufmanns, die zum Betriebe seines Handelsgewerbes gehören.

§ 344 HGB

§ 344 HGB Vermutung für das Handelsgeschäft
(1) Die von einem Kaufmann vorgenommenen Rechtsgeschäfte gelten im Zweifel als zum Betriebe seines Handelsgewerbes gehörig.

Verschiedene Vorschriften, wie die Schriftform bei einem Schuldanerkenntnis oder einer Bürgschaft, der gesetzliche Zinssatz bei Zahlungsverzug, die Herabsetzungsmöglichkeiten bei Vertragsstrafen und die anzuwendenden Sorgfaltspflichten, werden im BGB und im HGB unterschiedlich geregelt.

Freiheiten beim Vertragsabschluss bezüglich:
– Abschluss
– Inhalt
– Form

Da die Vorschriften des BGB und des HGB weitgehend nachgiebiges Recht sind, herrscht im Rechtsverkehr in hohem Maße **Vertragsfreiheit**, d. h., die Vertragspartner können grundsätzlich ihre Verträge nach ihrem Willen gestalten. Der Grundsatz der Vertragsfreiheit beinhaltet die Abschluss-, die Inhalts- und die Formfreiheit.

Die **Abschlussfreiheit** stellt es jedem frei, einen Vertrag einzugehen oder nicht. Eine Ausnahme bildet der so genannte **Kontrahierungszwang**, durch den z. B. die örtlichen Wasser- und Energieversorgungsunternehmen verpflichtet werden, Leistungen zu erbringen, um die Versorgung der Bevölkerung zu sichern. Die **Inhaltsfreiheit** besagt, dass die Parteien den Inhalt der Verträge und die damit verbundenen Verpflichtungen in der Regel frei aushandeln können. Nach dem Grundsatz der **Formfreiheit** sind Willenserklärungen zur Herbeiführung von Rechtsgeschäften im Allgemeinen an keine besondere Form gebunden.

Für einige Rechtsgeschäfte gelten bestimmte **Formvorschriften**:
- die **Textform** (§ 126 b BGB)
- die **Schriftform**, bei der die eigenhändige Unterschrift erforderlich ist (§ 126 BGB)
- die **elektronische Form**, die die Schriftform unter bestimmten Voraussetzungen ersetzt (§ 126 a BGB)
- die **öffentliche Beglaubigung** (§ 129 BGB), bei der die Echtheit der Unterschrift von einem Notar oder einer zuständigen Behörde beglaubigt wird,
- die **notarielle Beurkundung** (§ 128 BGB), die eine vom Notar abgefasste öffentliche Urkunde darstellt, in der er die Rechtmäßigkeit des Inhalts des Rechtsgeschäfts bestätigt

bestimmte Formvorschriften für bestimmte Rechtsgeschäfte

Beispielsweise müssen das Schuldversprechen und die Schuldanerkenntnis, Privattestamente und Abzahlungsgeschäfte in der Schriftform abgefasst werden. Nach § 766 BGB muss die Bürgschaftserklärung eines Nichtkaufmanns schriftlich sein, die eines Vollkaufmanns kann dagegen auch mündlich abgegeben werden.

Öffentlich beglaubigt werden müssen z. B. Anmeldungen zum Handelsregister nach § 12 HGB und zum Grundbuch. Notariell beurkundet werden müssen Grundstückskaufverträge (§ 873 BGB), Erbverträge (§ 2 276 BGB), Schenkungsversprechen (§ 518 BGB) und Eheverträge sowie Beschlüsse der Hauptversammlung einer AG (§ 181 AktG).

Die Formvorschriften haben dabei verschiedene Funktionen wie Schutz, Warnung oder Beweis zu erfüllen. Wird die Form – obwohl vom Gesetz verlangt – nicht eingehalten, so ist das Rechtsgeschäft nichtig (§ 125 BGB).

ÜBERSICHT: Verschiedene Arten von Rechtsgeschäften		
einseitig	empfangsbedürftig	– Kündigung – Mahnung
	nicht empfangsbedürftig	– Testament
zweiseitig	– Kaufvertrag – Dienstvertrag – Sparvertrag – Leihvertrag – Werkvertrag – Darlehensvertrag	
bürgerliche Rechtsgeschäfte	zwischen Nichtkaufleuten (BGB)	
zweiseitige Handelsgeschäfte	zwischen Kaufleuten (HGB)	

Aufgaben

1. Charakterisieren Sie die folgenden Rechtsgeschäfte:
   a Ein Mieter kündigt seine Wohnung.
   b Herr Möller kauft sich zwei Gebrauchtwagen, einen von einem Vertragshändler, einen anderen von einer Privatperson.
   c Herr Schneider legt Widerspruch gegen einen Bußgeldbescheid ein.
   d Ein Großhandel verkauft an ein Einzelhandelsgeschäft Waren unter Eigentumsvorbehalt.
   e Frau Meyer mietet zwei Wohnungen, eine zur Betreibung ihrer Werbeagentur, die andere für ihren persönlichen Gebrauch.
2. Aus welchem Grund hat der Gesetzgeber für verschiedene Rechtsgeschäfte Formvorschriften erlassen?
3. Welche Formvorschriften sind für folgende Rechtsgeschäfte vorgeschrieben?
   a Kaufvertrag über ein Auto
   b Kaufvertrag über eine Eigentumswohnung
   c Vermietung einer Eigentumswohnung
   d Verpachtung eines Grundstückes
   e Bürgschaftserklärung eines Kaufmannes
   f Bürgschaftserklärung einer Privatperson
   g Aufsetzen eines Testaments einer Privatperson
   Suchen Sie die jeweiligen rechtlichen Grundlagen.
4. Welches der folgenden Rechtsgeschäfte ist einseitig?
   a Kauf
   b Testament
   c Schenkung
   d Miete

Weitere Grenzen der Vertragsfreiheit

Vertragsfreiheit gilt nicht unbeschränkt!

Trotz weitestgehender Vertragsfreiheit kann nicht jedes beliebige Rechtsgeschäft abgeschlossen werden. Aufgrund gesetzlicher Vorschriften sind bestimmte Geschäfte von vornherein unwirksam, d. h. nichtig, oder es besteht die Möglichkeit, Rechtsgeschäfte bei Vorliegen bestimmter Tatbestände anzufechten, d. h. deren Gültigkeit rückwirkend zu vernichten.

Nichtige Geschäfte sind von vornherein ungültig.

Nichtige Geschäfte verstoßen gegen die Interessen der Allgemeinheit. Dabei ist nach § 139 BGB auch bei einer Teilnichtigkeit des Rechtsgeschäftes das ganze Rechtsgeschäft nichtig, wenn nicht anzunehmen ist, dass es auch ohne den nichtigen Teil vorgenommen sein würde. Im Einzelnen können folgende Nichtigkeitsgründe unterschieden werden:

a) Verstöße gegen Formvorschriften

§ 125 BGB

> **§ 125 BGB Nichtigkeit wegen Formmangels**
> Ein Rechtsgeschäft, welches der durch Gesetz vorgeschriebenen Form ermangelt, ist nichtig. Der Mangel an der durch Rechtsgeschäft bestimmten Form hat im Zweifel gleichfalls Nichtigkeit zur Folge.

 Beispiel: Kaufvertrag über ein Grundstück oder eine Eigentumswohnung ohne notarielle Beurkundung

b) Gesetzesverstöße

§ 134 BGB Gesetzliches Verbot
Ein Rechtsgeschäft, das gegen ein gesetzliches Verbot verstößt, ist nichtig, wenn sich aus dem Gesetz nicht ein anderes ergibt.

§ 134 BGB

Beispiel: Kaufvertrag über 10 g Heroin

c) Verstöße gegen die guten Sitten

§ 138 BGB Sittenwidriges Rechtsgeschäft; Wucher
(1) Ein Rechtsgeschäft, das gegen die guten Sitten verstößt, ist nichtig.
(2) Nichtig ist insbesondere ein Rechtsgeschäft, durch das jemand unter Ausbeutung der Zwangslage, der Unerfahrenheit, des Mangels an Urteilsvermögen oder der erheblichen Willensschwäche eines anderen sich oder einem Dritten für eine Leistung Vermögensvorteile versprechen oder gewähren lässt, die in einem auffälligen Missverhältnis zu der Leistung stehen.

§ 138 BGB

Beispiel: Ein Kreditinstitut verlangt Wucherzinsen, d. h., Leistung steht zur Gegenleistung in einem Missverhältnis.

d) Kenntnis des geheimen Vorbehalts

§ 116 BGB Geheimer Vorbehalt
Eine Willenserklärung ist nicht deshalb nichtig, weil sich der Erklärende insgeheim vorbehält, das Erklärte nicht zu wollen. Die Erklärung ist nichtig, wenn sie einem anderen gegenüber abzugeben ist und dieser den Vorbehalt kennt.

§ 116 BGB

Beispiel: Anke möchte, dass ein Kollege ihren Pkw repariert. Deshalb verspricht sie ihm, seine alten Schallplatten zu kaufen, denkt aber insgeheim nicht daran. In dieser Situation gilt: Der Kaufvertrag ist gültig, wenn der Kollege den geheimen Vorbehalt nicht kennt, nichtig, wenn er ihn kennt.

Den geheimen Vorbehalt bezeichnet man auch als „bösen Scherz".

e) Scherzerklärung

§ 118 BGB Mangel der Ernstlichkeit
Eine nicht ernstlich gemeinte Willenserklärung, die in der Erwartung abgegeben wird, der Mangel an Ernstlichkeit werde nicht verkannt, ist nichtig.

§ 118 BGB

Beispiel: Auf einer Party verkauft ein Gast sein Auto gegen fünf Kästen Bier. Der Erklärende ist jedoch nach § 122 BGB schadensersatzpflichtig, wenn der andere auf die Gültigkeit der Erklärung vertraut.

f) Scheingeschäft

§ 117 BGB Scheingeschäft
(1) Wird eine Willenserklärung, die einem anderen gegenüber abzugeben ist, mit dessen Einverständnis nur zum Schein abgegeben, so ist sie nichtig.
(2) Wird durch ein Scheingeschäft ein anderes Rechtsgeschäft verdeckt, so finden die für das verdeckte Rechtsgeschäft geltenden Vorschriften Anwendung.

§ 117 BGB

Beispiel: A verkauft aufgrund eines schriftlichen Kaufvertrages an B sein Grundstück mit Haus zum Preis von 500.000 €. Um Steuern und Gebühren zu sparen, nennen sie beim Notar übereinstimmend die Kaufsumme von 200.000 €. B überweist A daraufhin nur 200.000 € und bedankt sich für das gute Geschäft. Hierbei fallen der Wille und die Erklärung auseinander.

g) Geschäfte mit Geschäftsunfähigen nach § 105 BGB

§ 105 BGB

§ 105 BGB Nichtigkeit der Willenserklärung
(1) Die Willenserklärung eines Geschäftsunfähigen ist nichtig.
(2) Nichtig ist auch eine Willenserklärung, die im Zustande der Bewusstlosigkeit oder vorübergehender Störung der Geistestätigkeit abgegeben wird.

 Beispiel: Eine Sechsjährige kauft sich eine Puppe.
Ein Betrunkener verkauft seine Uhr.

h) Geschäfte mit beschränkt Geschäftsfähigen, die nach Aufforderung zur Genehmigung nicht nach § 108 BGB innerhalb von zwei Wochen genehmigt werden

§ 108 BGB

§ 108 BGB Vertragsschluss ohne Einwilligung
(1) Schließt der Minderjährige einen Vertrag ohne die erforderliche Einwilligung des gesetzlichen Vertreters, so hängt die Wirksamkeit des Vertrags von der Genehmigung des Vertreters ab.
(2) Fordert der andere Teil den Vertreter zur Erklärung über die Genehmigung auf, so kann die Erklärung nur ihm gegenüber erfolgen; eine vor der Aufforderung dem Minderjährigen gegenüber erklärte Genehmigung oder Verweigerung der Genehmigung wird unwirksam. Die Genehmigung kann nur bis zum Ablaufe von zwei Wochen nach dem Empfange der Aufforderung erklärt werden; wird sie nicht erklärt, so gilt sie als verweigert.
(3) Ist der Minderjährige unbeschränkt geschäftsfähig geworden, so tritt seine Genehmigung an die Stelle der Genehmigung des Vertreters.

Beispiel: Die 16-jährige Mona kauft bei einem Händler ein gebrauchtes Mofa und vereinbart Ratenzahlung. Die Eltern fordern den Händler auf, das Mofa zurückzunehmen.

Anfechtbare Rechtsgeschäfte haben so lange Gültigkeit, bis sie angefochten werden. Mit der Anfechtung werden die Rechtsgeschäfte rückwirkend nichtig. Der Anfechtung geht dabei die Auslegung der Willenserklärung voraus. Anfechtbare Geschäfte verstoßen gegen die Interessen Einzelner. **Anfechtungsgründe** sind Irrtum, arglistige Täuschung und widerrechtliche Drohung.

Irrtum:
Bei einem Irrtum fallen der eigentliche Wille und die Erklärung unbewusst auseinander. Man unterscheidet dabei:

Alt. = Alternative

- **Inhaltsirrtum** (§ 119 (1) 1. Alt. BGB) „Man weiß, was man sagt, aber nicht, was man damit sagt."
- **Erklärungsirrtum** (§ 119 (1) 2. Alt., § 120 BGB) „Man weiß nicht, was man sagt"
- **Eigenschaftsirrtum** (§ 119 (2) BGB) Beachtlicher Irrtum über verkehrswesentliche Eigenschaften

§ 119 BGB Anfechtbarkeit wegen Irrtums
(1) Wer bei der Abgabe einer Willenserklärung über deren Inhalt im Irrtum war oder eine Erklärung dieses Inhalts überhaupt nicht abgeben wollte, kann die Erklärung anfechten, wenn anzunehmen ist, dass er sie bei Kenntnis der Sachlage und bei verständiger Würdigung des Falles nicht abgegeben haben würde.
(2) Als Irrtum über den Inhalt der Erklärung gilt auch der Irrtum über solche Eigenschaften der Person oder der Sache, die im Verkehr als wesentlich angesehen werden.

§ 119 BGB

§ 120 BGB Anfechtbarkeit wegen falscher Übermittlung
Eine Willenserklärung, welche durch die zur Übermittlung verwendete Person oder Anstalt unrichtig übermittelt worden ist, kann unter der gleichen Voraussetzung angefochten werden wie nach § 119 eine irrtümlich abgegebene Willenserklärung.

§ 120 BGB

Beispiel: Die Sekretärin schreibt im Angebot statt 21,00 € 12,00 € (Erklärungsirrtum); ein Bote richtet etwas falsch aus oder es trifft ein verstümmeltes Telegramm ein (Übermittlungsirrtum); Verkauf eines Originalgemäldes durch einen Kunsthändler in der Annahme, es sei eine Kopie, oder Kauf eines Patentes, das nicht verwertbar ist (Inhaltsirrtum).

Rechtlich unerheblich ist der **Motivirrtum**, d. h. die Veranlassung zur Abgabe einer Erklärung.

Ein Motivirrtum berechtigt nicht zur Anfechtung.

Beispiel: Die Eltern kaufen der Tochter ein Kleid in der Hoffnung, ihr damit eine Freude zu bereiten. Dieses stellt sich jedoch als Fehlschluss heraus. Kauf von Aktien, die dann jedoch, anstatt zu steigen, sehr stark fallen.

Bei einem Irrtum fallen Wille und Erklärung auseinander. Das Gesetz kommt in diesem Falle dem Irrenden durch die Möglichkeit der Anfechtung entgegen. Gleichzeitig soll aber auch der Vertragspartner, der auf die Gültigkeit der abgegebenen Erklärung vertraut hat, geschützt werden. Der Erklärende ist deshalb nach § 122 BGB zum Ersatz des Vertrauensschadens verpflichtet. Der andere ist so zu stellen, wie er gestanden hätte, wenn er sich erst gar nicht auf das Geschäft eingelassen hätte (negatives Interesse). Dieses gilt aber nicht, wenn der Anfechtungsgegner die Anfechtbarkeit kennt oder hätte kennen müssen. Beim Erfüllungs- oder positiven Interesse ist der Vertragspartner so zu stellen, als wenn das Geschäft erfüllt worden wäre.

Eine Erklärung wegen Irrtums kann nach § 119 BGB nur dann angefochten werden, wenn die Erklärung bei Kenntnis der Sachlage und bei verständiger Würdigung des Falles nicht abgegeben worden wäre. Ein Irrtum über einen nebensächlichen Punkt berechtigt nicht zur Anfechtung. Die Anfechtung wegen Irrtums muss unverzüglich, d. h. ohne schuldhaftes Zögern, erfolgen (§ 121 BGB). Die Anfechtung ist gegenüber dem Anfechtungsgegner zu erklären (§ 143 BGB) und hat die Wirkung, dass das angefochtene Rechtsgeschäft als von Anfang an nichtig anzusehen ist (§ 142 BGB). Das Anfechtungsrecht verjährt nach zehn Jahren.

Arglistige Täuschung und widerrechtliche Drohung
Eine arglistige Täuschung kann in einem Tun oder Unterlassen bestehen, z. B. durch die Vorspiegelung falscher Tatsachen, die Entstellung wahrer Tatsachen oder die Verweigerung wahrer Tatsachen bei Auskunftspflicht. Bei einer widerrechtlichen Drohung gibt der Vertragspartner seine Willenserklärung unter Druck ab.

§ 123 BGB

> **§ 123 BGB Anfechtbarkeit wegen Täuschung oder Drohung**
> (1) Wer zur Abgabe einer Willenserklärung durch arglistige Täuschung oder widerrechtlich durch Drohung bestimmt worden ist, kann die Erklärung anfechten.
> (2) Hat ein Dritter die Täuschung verübt, so ist eine Erklärung, die einem anderen gegenüber abzugeben war, nur dann anfechtbar, wenn dieser die Täuschung kannte oder kennen musste. Soweit ein anderer als derjenige, welchem gegenüber die Erklärung abzugeben war, aus der Erklärung unmittelbar ein Recht erworben hat, ist die Erklärung ihm gegenüber anfechtbar, wenn er die Täuschung kannte oder kennen musste.

Beispiel: Der Verkäufer eines Unfallwagens verneint trotz zweimaligen Nachfragens den Unfallschaden; bei einem Wohnungsverkauf droht der Käufer damit, ohne Preisreduzierung die ihm bekannte Vorstrafe des Verkäufers zu veröffentlichen.

Bei der Anfechtung wegen arglistiger Täuschung oder rechtswidriger Drohung setzt § 124 BGB eine Jahresfrist ab Kenntnis der Täuschung bzw. Wegfall der Zwangslage. Die Verjährungsfrist bei diesen Anfechtungsgründen beträgt ebenfalls zehn Jahre. Bei Anfechtung wegen arglistiger Täuschung und widerrechtlicher Drohung muss der widerrechtlich Handelnde nach § 823 BGB evtl. Schadenersatz leisten.

ÜBERSICHT: Nichtige und anfechtbare Rechtsgeschäfte

Rechtsgeschäfte sind nichtig:		Rechtsgeschäfte sind anfechtbar:	
– Formverstoß	Verlangt ein Rechtsgeschäft eine bestimmte Form, z. B. notarielle Beglaubigung, die nicht eingehalten wird, so ist es nichtig.	– Irrtum	Inhaltsirrtum (man weiß, was man sagt, aber nicht, was man damit sagt), Erklärungsirrtum (man weiß nicht, was man sagt) und Eigenschaftsirrtum (beachtlicher Irrtum über verkehrswesentliche Eigenschaften) führen zur Nichtigkeit der Willenserklärung, Motivirrtum (Beweggrund zur Abgabe der Erklärung) dagegen nicht!
– Gesetzesverstoß	Verstößt ein Rechtsgeschäft gegen ein Gesetz, z. B. Rauschgifthandel, dann ist es nichtig.		
– Verstoß gegen die guten Sitten	Sittenwidrig ist ein Rechtsgeschäft, durch das ein anderer in Zwangslage erheblich benachteiligt wird, z. B. Wucherzinsen.		
– Geheimer Vorbehalt	Jemand gibt eine Willenserklärung gegenüber einem anderen ab, behält sich aber insgeheim vor, sie nicht einzuhalten. Weiß der andere dies, ist das Rechtsgeschäft nichtig.		
– Scheingeschäfte	Wird eine Willenserklärung, die einem anderen gegenüber abzugeben ist, mit dessen Einverständnis nur zum Schein abgegeben, so ist sie nichtig.	– Arglistige Täuschung	Gibt jemand eine Willenserklärung ab, weil er durch Vorspiegelung falscher Tatsachen dazu gebracht wurde, ist die Willenserklärung anfechtbar.
– Scherzgeschäfte	Im Scherz abgegebene Willenserklärungen sind nichtig, wenn sie vom Partner als solche erkannt und aufgenommen werden.	– Widerrechtliche Drohung	Gleiches gilt, wenn jemand zur Abgabe einer Willenserklärung gezwungen wurde.
– Geschäftsunfähigkeit	Willenserklärungen von Kindern, die das siebenten Lebensjahr noch nicht vollendet haben, Willenserklärung im Zustand der Bewusstlosigkeit oder der (auch vorübergehenden) Störung der Geistestätigkeit sowie Willenserklärungen von beschränkt Geschäftsfähigen ohne die Zustimmung der gesetzlichen Vertreter sind nichtig.		

Aufgaben

1 Beurteilen Sie die Wirksamkeit folgender Verträge und begründen Sie Ihre Antwort jeweils mit den gesetzlichen Grundlagen.
   a Herr Schneider ist stark verschuldet und erhält von einer Privatbank einen letzten Kredit mit 25 % Zinsen p. a.
   b Eine eigentlich zu 29,00 € kalkulierte Ware wird aufgrund eines Schreibfehlers zu 26,00 € angeboten.
   c Die sechsjährige Sophie kauft von ihrem Taschengeld eine Musikkassette.
   d Herr Meister verkauft zwei Jagdgewehre, für welche er keinen Jagdschein besitzt.
   e Die siebzehnjährige Heike kündigt gegen den Willen ihrer Eltern ihre Ausbildungsstelle als Friseurin.
   f Der betrunkene Horst unterschreibt einen Kaufvertrag über ein stark überteuertes Auto.
   g Um die Kosten für den Notar zu sparen, schließen zwei Geschäftsleute einen Kaufvertrag über ein Grundstück mündlich ab.
   h Die sechzehnjährige Martina, die 430 € in ihrer Ausbildung verdient, kauft sich einen Videorekorder zu 800 €.
   i Ein PC wird ohne schriftlichen Kaufvertrag verkauft. Nach drei Monaten stellt sich heraus, dass die Kapazität des Rechners zu gering ist.
   j Ein Motorrad wird mit der Zusicherung verkauft, es sei unfallfrei. Bei einer Inspektion in der Werkstatt stellt sich jedoch das Gegenteil heraus.

2 Finden Sie Beispiele für Sachverhalte, die Ihrer Meinung nach gegen die guten Sitten verstoßen.

3 Bilden Sie Beispiele, um die verschiedenen Arten von Irrtümern, die bei Abschlüssen von Verträgen auftreten können, zu unterscheiden.

4 Innerhalb welcher Frist muss ein Vertrag angefochten werden?

5 Erläutern Sie, unter welchen Voraussetzungen Rechtsgeschäfte nichtig sind. Geben Sie Beispiele für die in der Übersicht aufgeführten nichtigen Rechtsgeschäfte an.

6.6 Überblick über wichtige Rechtsgeschäfte und Vertragsarten

Beispiel: In der Köhler GmbH & Co. KG ist eine neue Mitarbeiterin für Sachbearbeitungsaufgaben im Einkauf eingestellt worden. Das Personalwesen sendet ihr daher zunächst einmal den Arbeitsvertrag in zweifacher Ausfertigung zu. Da die neue Mitarbeiterin bereits in vier Wochen anfangen soll, die räumlichen Kapazitäten im bisherigen Einkauf aber begrenzt sind, soll sie bis zur Umstrukturierung in einem angemieteten Büro in einer gegenüberliegenden Spedition untergebracht werden. Die EDV-Anlage für sie soll über einen Großhandel angeschafft werden. Die Büromöbel sollen wie bisher von einer Schreinerei maßgefertigt werden, mit der schon lange Geschäftsverbindungen bestehen. Das Holz dafür wird jedoch wie üblich von einem mit dem Geschäftsführer der Köhler GmbH & Co. KG befreundeten Holzimporteur aus Hamburg geliefert.

Fassen Sie die verschiedenen Vertragsarten, die in diesem Sachverhalt geschildert werden, zusammen.

Bei der Vielfalt der Verträge des Privat- und Wirtschaftslebens ist allen gemeinsam, dass sie durch Willenserklärungen (Auftrag und Annahme) zu Stande kommen. Die Rechte des einen Vertragspartners sind dabei jedes Mal die Pflichten des anderen und umgekehrt. In jedem Falle müssen zu einem Vertragsabschluss die Willenserklärungen inhaltlich übereinstimmen. Mit dem Vertragsabschluss (Verpflichtungsgeschäft) verpflichten sich die Vertragspartner, den Vertrag zu erfüllen (Erfüllungsgeschäft).

In der Übersicht auf Seite 81 wird ein Überblick über die wichtigsten Vertragsarten jeweils mit der Art des Vertrages, dem Vertragsinhalt, den Vertragspartnern sowie den gesetzlichen Grundlagen gegeben.

Weitere Vertragsarten sind:
- Maklervertrag (§§ 652 ff. BGB, §§ 93ff. HGB)
- Reisevertrag (§ 651a–m BGB)
- Frachtvertrag (§§ 407–452 HGB)
- Speditionsvertrag (§§ 453–466 HGB)
- Lagervertrag (§§ 467–475 HGB)
- Kommissionsvertrag (§§ 383–406 HGB)
- Darlehensvertrag (§§ 488–498 BGB)

ÜBERSICHT: Vertragsarten

Art des Vertrags	Vertragsinhalt	Vertragspartner	gesetzliche Grundlagen
Kaufvertrag	Veräußerung von Sachen oder Rechten gegen Entgelt	Verkäufer – Käufer	§§ 433–480 BGB, §§ 373–382 HGB
Schenkungsvertrag	unentgeltliche Veräußerung von Sachen oder Rechten	Schenker – Beschenkter	§§ 516–534 BGB
Mietvertrag	entgeltliche Überlassung einer Sache oder eines Rechtes	Mieter – Vermieter	§§ 535–580 BGB
Pachtvertrag	entgeltliche Überlassung von Sachen oder Rechten zum Gebrauch und Genuss der Früchte gegen einen vereinbarten Pachtzins	Verpächter – Pächter	§§ 581–597 BGB
Leihvertrag	unentgeltliche Überlassung von Sachen zum Gebrauch	Verleiher – Leiher	§§ 598–606 BGB
Berufsausbildungsvertrag	vergütete Ausbildung für eine Berufstätigkeit	Auszubildender – Ausbildender	Berufsbildungsgesetz; §§ 3 ff. BBiG
Dienstvertrag	Leistung von Diensten gegen Entgelt	Dienstberechtigter – Dienstverpflichteter	§§ 611–630 BGB, Arbeitsgesetze
Arbeitsvertrag (Ausprägung des Dienstvertrages)	Leistung von Diensten als Arbeitnehmer	Arbeitgeber – Arbeitnehmer	§§ 611–630 BGB, §§ 59 ff. HGB, Arbeitsgesetze
Werkvertrag	Herstellen eines Werkes, Veränderung einer Sache, Herbeiführen eines bestätigten Erfolges gegen vereinbarte Vergütung	Unternehmer – Besteller	§§ 631–651 BGB
Gesellschaftsvertrag	Regelung der Zusammenarbeit von Personen zur gemeinsamen Erfüllung eines gemeinsamen Zwecks	Gesellschafter	§§ 705–740 BGB, § 16 AktG, § 2 GmbHG, § 109 HGB, § 6 GenG
Auftragsvertrag	unentgeltliche Besorgung eines Geschäftes für einen anderen	Auftraggeber – Beauftragter	§§ 662–674 BGB
Geschäftsbesorgungsvertrag	Dienst- oder Werkvertrag, der Geschäftsbesorgung zum Gegenstand hat	Auftraggeber – Beauftragter	§§ 675 ff. BGB
Versicherungsvertrag	Ersatz eines Vermögensschadens (Schadensversicherung) bzw. Zahlung eines vereinbarten Kapitals oder einer Rente nach Eintritt des Versicherungsfalls bei vorheriger Prämienzahlung	Versicherer – Versicherungsnehmer	§ 1 VVG (Versicherungsvertragsgesetz)
Verwahrungsvertrag	Aufbewahrung einer Sache gegen Vergütung	Verwahrer – Hinterleger	§§ 688 ff. BGB
Bürgschaftsvertrag	Verpflichtung des Bürgen gegenüber dem Gläubiger zur Erfüllung der Verbindlichkeiten des Dritten	Bürge – Gläubiger eines Dritten	§§ 765 ff. BGB
Erbvertrag	Regelung über Nachlassaufteilung	Erblasser – Erben	§§ 2274 ff. BGB

Aufgaben

1 Grenzen Sie mithilfe des Gesetzestextes den Werk- und den Werklieferungsvertrag voneinander ab.

2 Um welche Art von Verträgen handelt es sich jeweils?
  a Klaus verleiht seine Stereoanlage gegen Entgelt. *Mietvertrag*
  b Herr Ebert lässt sein Haus von einem Maler porträtieren. *Werkvertrag*
  c Dieter lässt sein Auto in der Kfz-Werkstatt reparieren. *Werkvertrag*
  d Frau Brose lässt sich ein Kleid von einem Textildesigner maßschneidern. *Werkvertrag*
  e Herr Kröger überlässt seine Gaststätte Herrn Tewes zur Nutzung gegen eine monatliche Gebühr von 1.200 €. *Pachtvertrag*
  f Frau Krüger leiht ihrer Nachbarin zehn Eier. *Sach Darlehenvertrag*

3 Vergleichen Sie Ihren Berufsausbildungsvertrag mit denen Ihrer Mitschüler. Welche Bestandteile sind gleich, wo gibt es Unterschiede? Worauf sind die Unterschiede bei einzelnen Vertragsbestandteilen zurückzuführen?

4 In welcher Beziehung sind für Ihren Ausbildungsbetrieb Leasingverträge von Bedeutung? Informieren Sie sich über die verschiedenen Arten von Leasingverträgen.

5 Suchen Sie zu den einzelnen Vertragsarten Beispiele aus Ihrer Ausbildungspraxis.

6 Bestimmen Sie für die einzelnen Fälle, ob es sich um einen Dienst-, Kauf-, Miet-, Pacht-, Werklieferungs- oder Werkvertrag handelt:
  a Einstellung der Bremsen in einer Pkw-Werkstatt *Werk*
  b Überlassung einer Imbissbude zur Nutzung gegen Entgelt *Pacht*
  c Anfertigung eines Anzuges durch einen Schneider, wobei der Stoff vom Kunden geliefert wurde *Werkliefer.*
  d Veräußerung von Patenten gegen Entgelt *Kauf*
  e Überlassung eines Computers zur Nutzung gegen Entgelt *Miet*

7 Stellen Sie für folgende Rechtsgeschäfte jeweils Rechte und Pflichten der Vertragspartner gegenüber:
  – Mietvertrag,
  – Pachtvertrag,
  – Ausbildungsvertrag.

8 Was ist der Unterschied zwischen einem Miet- und einem Pachtvertrag?

9 Was versteht man unter einer Bürgschaft? Warum sind die Vorschriften für Bürgschaften unter Kaufleuten anders als unter Nichtkaufleuten?

6.7 Aufbau der Rechtsprechung

6.7.1 Gerichtsbarkeiten

Rechtsgeschäftliche Beziehungen verlaufen nicht immer einwandfrei, sondern es kann zu Rechtsstreitigkeiten kommen, die geklärt werden müssen. Die Rechtsprechung liegt dabei, wie im Grundgesetz geregelt, bei unabhängigen Gerichten, die das materielle Recht anzuwenden haben. Die Rechtspflege der Bundesrepublik Deutschland ist auf folgende Gerichtszweige aufgeteilt:

Ordentliche Gerichtsbarkeit

a) **Amtsgerichte**: Sie sind die unterste Instanz der ordentlichen Gerichtsbarkeit. Ihnen steht ein Einzelrichter vor, der in Zivilsachen alleine entscheidet, bei Strafsachen entweder auch alleine oder unter Beisitzung eines so genannten Schöffengerichtes aus zwei Personen.

b) **Landgerichte**: Sie sind mit einem Präsidenten, vorsitzenden Richtern und weiteren Richtern besetzt. In Zivilsachen entscheiden Zivilkammern mit drei Berufsrichtern und in Strafsachen Strafkammern.

c) **Oberlandesgerichte** (Kammergerichte in Berlin) haben einen Präsidenten, vorsitzende Richter und weitere Richter. Je nach Zuständigkeit werden Zivil- oder Strafsenate angerufen.

d) Der **Bundesgerichtshof (BGH)** mit Sitz in Karlsruhe ist der oberste Gerichtshof für die ordentliche Gerichtsbarkeit. Der BGH ist mit einem Präsidenten, vorsitzenden Richtern und weiteren Richtern besetzt. Die Mitglieder werden vom Bundesjustizminister berufen und vom Bundespräsidenten ernannt. Die ordentlichen Gerichte behandeln alle Streitigkeiten, die nicht besonderen Gerichten zugewiesen sind, sowie Strafsachen und Angelegenheiten der (nicht streitigen) freiwilligen Gerichtsbarkeit.

Die **freiwillige Gerichtsbarkeit** befasst sich, ohne Vorliegen eines Rechtsstreits, mit der Begründung, Veränderung oder Aufhebung von Rechtsverhältnissen. Dieses wird im Gerichtsverfassungsgesetz geregelt. Die ordentlichen Gerichtsbarkeiten sind für Zivil- und Strafsachen zuständig. Zivilprozesse klären private Ansprüche, Strafprozesse dagegen verfolgen Straftaten. Natürliche oder juristische Personen sind Kläger in Zivilprozessen, die mit einer Klärung des Sachverhaltes enden; der Staatsanwalt ist Kläger in Strafprozessen, die zu einer Bestrafung oder einem Freispruch führen; Zivilprozesse werden nach der Zivilprozessordnung, Strafprozesse nach der Strafprozessordnung abgewickelt.

Die **besonderen Gerichtsbarkeiten** der Bundesrepublik Deutschland werden ebenfalls im Grundgesetz geregelt:

a) Die allgemeine Verwaltungsgerichtsbarkeit mit den Verwaltungs- und Oberverwaltungsgerichten der Länder und dem Bundesverwaltungsgericht in Berlin. **Verwaltungsgerichte** behandeln Klagen gegen Verwaltungsakte, gegen sämtliche Behörden und Verwaltungen, außer den Sozialversicherungen.

b) Die Arbeitsgerichtsbarkeit mit den Arbeitsgerichten und den Landesarbeitsgerichten sowie dem Bundesarbeitsgericht in Erfurt. Vor **Arbeitsgerichten** werden Auseinandersetzungen aus privatrechtlichen Arbeitsverhältnissen zwischen Arbeitgebern und Arbeitnehmern sowie zwischen Tarifvertragsparteien ausgetragen.

Arbeitsgerichtsbarkeit, vgl. **Kap. 6.7.2**

c) Die Sozialgerichtsbarkeit mit den Sozialgerichten und Landessozialgerichten sowie dem Bundessozialgericht in Kassel. **Sozialgerichte** entscheiden über Streitigkeiten zwischen Versicherten und Versicherungsträgern im Bereich der Sozialversicherungen.

d) Die Finanzgerichtsbarkeit mit den **Finanzgerichten** der Länder und dem Bundesfinanzhof in München. Diese sind für steuerrechtliche Streitigkeiten zuständig. So kann man z. B. zuerst beim Finanzamt Einspruch gegen seinen Steuerbescheid einlegen, nach Zurückweisung der Beschwerde wird eine Klage beim Finanzgericht erhoben.

Die einzelnen Gerichtsbarkeiten sind in Art. 95 GG geregelt.

Das **Bundesverfassungsgericht** in Karlsruhe überprüft auf Antrag, ob Bundes- oder Landesgesetze mit dem Grundgesetz vereinbar sind. Bei Verfassungsbeschwerden, wenn ein einzelner Bürger gegen eine anscheinend verfassungswidrige Behandlung durch eine Behörde oder ein Gericht klagt, ist ebenfalls das Bundesverfassungsgericht zuständig.

Bei zivilen Rechtsstreitigkeiten ist zu prüfen, welches Gericht in erster Instanz zuständig ist. Dieses bestimmt sich nach der sachlichen und örtlichen **Zuständigkeit**. Die örtliche Zuständigkeit der Zivilgerichte wird in der Zivilprozessordnung als Gerichtsstand geregelt. Der Gerichtsstand kann ein gesetzlicher oder vertraglich vereinbarter, ein allgemeiner für alle Streitigkeiten oder ein besonderer für bestimmte Streitsachen, ein ausschließlicher oder ein vom Kläger frei wählbarer sein.

Zuständigkeiten der Gerichte		
I. Der Richter des Amtsgerichtes als Einzelrichter (§§ 23, 23 a, 23 b GVG, §§ 689, 764 ZPO) für:	II. Die Kammer für Handelssachen des Landgerichts (§ 95 GVG) für:	III. Die Zivilkammer des Landgerichts (§ 71 GVG) für:
1. Streitigkeiten bis zu 5.000 € Streitwert 2. ohne Rücksicht auf den Streitwert für Wohnraum-Mietstreitigkeiten, Streit zwischen Reisenden und Wirten, aus Beförderungsverträgen 3. Ehe- und Güterrechtssachen, Kindschaftssachen, Ansprüche aus gesetzlicher Unterhaltspflicht 4. Mahnverfahren, Aufgebotsverfahren, Zwangsvollstreckungssachen	Handelssachen mit mehr als 5.000 € Streitwert, d. h. Klagen 1. gegen einen Kaufmann aus beiderseitigen Handelsgeschäften 2. aus Wechseln u. ä. Urkunden 3. aufgrund des Scheckgesetzes 4. aus handelsrechtl. Gesellschaftsverträgen, Firmen und Musterrecht 5. wegen unlauteren Wettbewerbs mit Ausnahme der Ansprüche aus § 13 a UWG, soweit kein beiderseitiges Handelsgeschäft 6. wegen börsenmäßiger Ansprüche	alle bürgerlichen Rechtsstreitigkeiten, die nicht den Amtsgerichten zugewiesen sind

Grundsätzlich unterscheidet man drei Instanzen: Ausgangsinstanz, Berufungsinstanz und Revisionsinstanz.

Bei der **Berufung** werden die tatsächlichen und juristischen Tatbestände des Ausgangsverfahrens (erste Instanz) noch einmal überprüft, d.h. der Sachverhalt wird noch einmal komplett neu aufgerollt. Berufungsverfahren finden gegen Urteile der ersten Instanz statt.

Die **Revision** gegen die Berufungsurteile geht von den von der Vorinstanz festgestellten Tatsachen aus und überprüft, ob das Gesetz richtig angewendet und das Verfahren vorschriftsmäßig durchgeführt wurde. Die Revision überprüft den Verlauf des Prozesses, d. h., das vorangegangene Urteil wird auf rechtliche Fehler geprüft.

Das Rechtsmittel der Beschwerde gibt es in gesetzlich besonders geregelten Fällen. Sie werden an das nächsthöhere Gericht weitergeleitet.

6.7.2 Arbeitsgerichtsbarkeit

Die Arbeitsgerichte befassen sich nur mit Streitigkeiten, die sich aus Arbeitsverhältnissen ergeben. Will jemand das Arbeitsgericht anrufen, muss er also Arbeitnehmer oder Arbeitgeber sein oder zumindest gewesen sein. Im Einzelnen legt das **Arbeitsgerichtsgesetz** vom 3. September 1953 (in der Fassung vom 2. Juli 1979) fest, welche Klagen vom Arbeitsgericht behandelt werden können. Danach muss es sich um Rechtsstreitigkeiten zwischen Arbeitnehmern (bzw. Gewerkschaften) und Arbeitgebern handeln, wie z. B.

- aus dem Arbeitsverhältnis (bzw. Ausbildungsverhältnis): Streit um Lohn und Gehalt oder Urlaub,
- über das Bestehen eines Arbeitsverhältnisses: Streit um die Wirksamkeit einer Kündigung in der Kündigungsschutzklage,
- aus Verhandlungen über die Eingehung eines Arbeitsverhältnisses: Streit um die Gültigkeit eines Vorvertrages,
- aus den Folgen eines Arbeitsverhältnisses: Streit unter Arbeitskollegen am Arbeitsplatz mit Maschinenbeschädigung und Körperverletzung,
- aus unerlaubten Handlungen, soweit diese mit einem Arbeitsverhältnis im Zusammenhang stehen: Schadenersatzklage wegen einer Maschine, die ein Arbeiter grob fahrlässig beschädigt hat,
- aus einem Tarifvertrag: Streit um die Gültigkeit von Abmachungen,
- aus dem Betriebsverfassungsgesetz: Streit um seine Auslegung.

Die höchste Anzahl der Klagen vor den Arbeitsgerichten nehmen mit großem Abstand Rechtsstreitigkeiten um Kündigungen und um Arbeitsentgelte ein. Weitere Gründe können die Herausgabe von Arbeitspapieren oder die Zeugniserstellung oder -berichtigung sein.

Im Hinblick auf die Gerichte in der Bundesrepublik Deutschland (Strafgerichte, Zivilgerichte, Verfassungsgerichte, Verwaltungsgerichte, Finanzgerichte, Sozialgerichte) nimmt die Arbeitsgerichtsbarkeit in unserer Rechtsordnung eine Sonderstellung ein. In den Ländern ist sie ressortmäßig den Arbeitsministerien zugeordnet. Für das Bundesarbeitsgericht ist das Bundesministerium für Arbeit und Soziales zuständig. Damit ist die Arbeitsgerichtsbarkeit eine **Sondergerichtsbarkeit** außerhalb der allgemeinen Justizverwaltung.

Seit dem 1. Mai 2000 finden auch die Bestimmungen des Arbeitsgerichtsbeschleunigungsgesetzes Anwendung, vgl. **S. 85**

In den Ländern Mecklenburg-Vorpommern, Rheinland-Pfalz, Sachsen, Sachsen-Anhalt und Thüringen sind die Justizministerien zuständig

Bei den Arbeitsgerichten – jeweils für einen bestimmten Arbeitsgerichtsbezirk zuständig – und den Landesarbeitsgerichten bestehen Kammern. Sie sind mit einem Vorsitzenden als **Berufsrichter** und zwei ehrenamtlichen Richtern (Laienrichter) als Beisitzer besetzt. Die **Laienrichter** kommen aus den Kreisen der Arbeitnehmer und Arbeitgeber. Sie werden auf Vorschlag der Gewerkschaften bzw. der Arbeitgeberverbände auf vier Jahre durch die Oberste Arbeitsbehörde eines Landes bzw. für das Bundesarbeitsgericht durch den Bundesarbeitsminister in ihr Amt berufen und Arbeitsrichter genannt.

Beim **Bundesarbeitsgericht** in Erfurt spricht man nicht von Kammern, sondern von Senaten. Ein Senat ist immer mit einem Vorsitzenden als Senatspräsidenten, zwei Bundesrichtern und je einem ehrenamtlichen Richter (Laienrichter) von Arbeitnehmer- und Arbeitgeberseite als Beisitzer besetzt.

Entbrennt beispielsweise ein Streit um die Tariffähigkeit einer Arbeitgebervereinigung, so wird das Arbeitsgericht von Amts wegen aufgrund eines Antrags tätig und führt einen Beschluss herbei. Diesen Vorgang nennt man entsprechend **Beschlussverfahren**. Bei ihm gilt das Amtsprinzip, d. h., das Gericht hat von Amts wegen den Sachverhalt zu erforschen. Dieses Verfahren ist kostenfrei.

Erhebt aber eine private Partei Klage, so muss das Gericht ein Urteil fällen. Daher spricht man bei diesem Verfahren von **Urteilsverfahren**. Bei diesem Verfahren gilt der Verhandlungsgrundsatz, d. h., das Verfahren wird von den Parteien und nicht etwa von Amts wegen betrieben. Im Laufe des Verfahrens ist der Richter an das gebunden, was die Parteien vortragen. Er kann keine eigenen Nachforschungen betreiben. Die Kosten des Verfahrens hat der Unterlegene zu zahlen.

1. Instanz: Verhandlung vor dem Arbeitsgericht
Will ein Arbeitnehmer einen Prozess vor dem **Arbeitsgericht** selbst führen, kann er den Prozess in zwei Formen einleiten:
- Er verfasst eine Klageschrift und reicht sie dem Arbeitsgericht ein.
- Er gibt seine Klage der Rechtsantragstelle des Arbeitsgerichts zu Protokoll.

Arbeitsgerichtsbarkeit

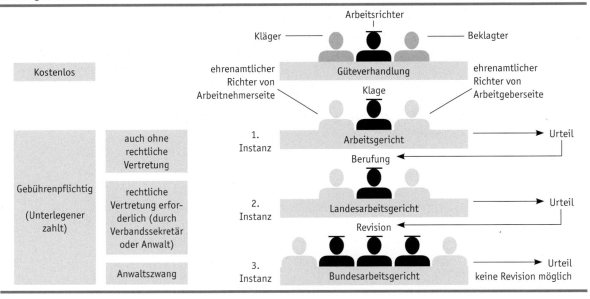

Unter bestimmten Umständen kann sich ein Arbeitnehmer auch durch einen Rechtsanwalt oder einen rechtskundigen Vertreter der Gewerkschaft – einen so genannten Rechtsschutzsekretär – vertreten lassen. Als Rechtsschutzsekretär kommen auch Vertreter von Arbeitgeberverbänden in Betracht. Geht jemand mit einem Rechtsanwalt zu Gericht, so muss er diesen – egal, wie der Prozess ausgeht – selbst bezahlen. Mit anderen Worten: Auch wenn er den Prozess verliert, braucht er nicht – wie es sonst üblich ist – die Prozesskosten für den Gegner zu bezahlen. Daran ist schon zu erkennen, dass das Verfahren beim Arbeitsgericht nach Möglichkeit mit niedrigen Kosten zum Ziel führen soll. Ein weiterer Vorteil arbeitsgerichtlicher Verfahren sind die kurzen Fristen der Ladung, des Einspruchs usw.

Bevor es aber zu einer Entscheidung kommt, wird immer eine **Güteverhandlung** – zwei Wochen nach Klageerhebung – angesetzt. In dieser Güteverhandlung, die der Vorsitzende allein durchführt, wird der Fall eingehend besprochen und der Versuch einer gütlichen Einigung unternommen. Gelingt ein Vergleich, ein Verzicht auf die Forderung oder ein Anerkenntnis der Schuld, kann das Verfahren eingestellt werden. In diesem Fall haben die Prozessbeteiligten keine Kosten zu bezahlen.

Kommt es aber zu keinem Vergleich oder Kompromiss zwischen dem Kläger und dem Beklagten, so wird eine „streitige" **Verhandlung** angesetzt. Auszubildende können solche Streitfälle vor den Ausschuss für Lehrlingsstreitigkeiten bei der zuständigen Kammer bringen. Dies hat den Vorteil, dass Arbeitnehmer- und Arbeitgebervertreter dabei sind und dass man vor dem Gang zum Arbeitsgericht den Streit im Einvernehmen lösen kann. Dies ersetzt das Güteverfahren beim Arbeitsgericht.

Kommt jedoch keine Lösung zu Stande, kann der Auszubildende, wie oben beschrieben, den Prozess durch eine der zwei Einreichungsformen vor dem örtlichen Arbeitsgericht selbst einleiten.

2. Instanz: Verhandlung vor dem **Landesarbeitsgericht**
Wird nach eingehender Beratung die Klage eines Arbeitnehmers abgewiesen, so kann er innerhalb von zwei Wochen nach Urteilszustellung in die **Berufung** gehen. Allerdings muss der Streitwert über 600 € liegen, das Arbeitsgericht muss eine Berufung wegen der grundsätzlichen Bedeutung des Falles zugelassen haben oder es muss um das Bestehen bzw. Nichtbestehen eines Arbeitsverhältnisses gehen. Diese Voraussetzungen müssen seit Inkrafttreten des Gesetzes zur Vereinfachung und Beschleunigung des arbeitsgerichtlichen Verfahrens vom 1. Mai 2000 gegeben sein. Bei der Berufung werden alle Tatsachen, die der Arbeitnehmer und der beklagte Arbeitgeber vorbringen, nochmals festgestellt, geprüft und rechtlich gewürdigt. Bei der Berufungsverhandlung in der zweiten Instanz, also dem Landesarbeitsgericht, muss sich der Arbeitnehmer durch einen Rechtsanwalt oder einen rechtskundigen Gewerkschaftsvertreter vertreten lassen.

Arbeitsgerichtsbeschleunigungsgesetz vom 1. Mai 2000

3. Instanz: Verhandlung vor dem Bundesarbeitsgericht

Sollte jemand auch in der zweiten Instanz nicht Recht bekommen, aber immer noch von seinem Recht überzeugt sein, so kann er unter bestimmten Voraussetzungen als dritte Instanz das **Bundesarbeitsgericht** in Erfurt anrufen. Das Bundesarbeitsgericht behandelt nur Streitfälle von grundlegender und besonderer Bedeutung, die noch nicht entschieden sind, bzw. Fälle, in denen die unteren Instanzen zu abweichenden Rechtsauffassungen gekommen sind. Es ist **Revisionsinstanz**, d.h., es stellt nicht noch einmal die Tatsachen fest, sondern überprüft die korrekte Anwendung der gesetzlichen Bestimmungen auf die vorliegenden Tatsachen. Wird z. B. in letzter Instanz ein Prozess erfolgreich abgeschlossen, so ist mit diesem Urteil des Bundesarbeitsgerichts gleichzeitig eine Lücke des Gesetzestextes durch Richterrecht ausgefüllt worden. Bei ähnlichen Fällen – in anderen Gerichtsverfahren – wird das Urteil wie eine gesetzliche Bestimmung selbst in die Überlegungen einbezogen werden. Eine „**Rechtsfortbildung**" hat stattgefunden, ohne dass ein neues Gesetz erlassen worden ist.

Vier Jahre dauert es durchschnittlich, bis alle drei Instanzen der Arbeitsgerichtsbarkeit entschieden haben, ob eine Kündigung z. B. berechtigt war oder nicht. Allerdings werden die weitaus meisten Verfahren in erster Instanz entschieden, wozu insbesondere die Güteverhandlung beiträgt. Im Jahre 1998 dauerten 19,4 % aller Urteilsverfahren unter einem Monat, 36,8 % zwischen einem und drei Monaten, 19 % zwischen drei und sechs, 19,2 % zwischen sechs und zwölf sowie 5,6 % über zwölf Monate.

Aufgaben

1 Entscheiden Sie, vor welchen Gerichten (Amtsgericht, Landgericht, Arbeitsgericht, Sozialgericht, Finanzgericht, Verwaltungsgericht) die jeweiligen Streitigkeiten ausgetragen werden.
   a Klage auf Fortzahlung der Leistungen aus der Arbeitslosenversicherung
   b Auseinandersetzung über die Rechtmäßigkeit eines kommunalen Gebührenbescheides
   c Antrag auf Erlass eines Mahnbescheides über 10.000 €
   d Beantragung des Insolvenzverfahrens durch das Unternehmen
   e Klage wegen mangelnder Gleichbehandlung in der Entlohnung aufgrund des Geschlechts

2 In welchen Fällen ist das Arbeitsgericht zuständig? Begründen Sie.
   a Günter und Max geraten bei der Arbeit mit dem Gabelstapler aneinander. Max schiebt Günter den Gabelstapler derart heftig gegen seine Fersen, dass ein Knöchel angebrochen ist. Günter will Schadenersatz geltend machen.
   b Jan hat von seinem Chef ein Darlehen zur Finanzierung eines Wagens bekommen. Nach einem Totalschaden stellt er die Tilgung des Darlehens ein.
   c Andreas ist aus der Kirche ausgetreten, damit er Steuern spart. Seine Frau ist nicht berufstätig, aber streng katholisch. Nun wird Andreas vom Finanzamt aufgefordert, für seine Frau Kirchensteuer zu zahlen. Andreas „geht an die Decke" und legt Einspruch ein, aber ohne Erfolg. Jetzt will er klagen.

3 Warum wirken Arbeitgeber und Arbeitnehmer als Arbeitsrichter bei der Rechtsprechung mit?

6 Rechtliche Rahmenbedingungen des Wirtschaftens

ÜBERSICHT: Die verschiedenen Gerichtsbarkeiten

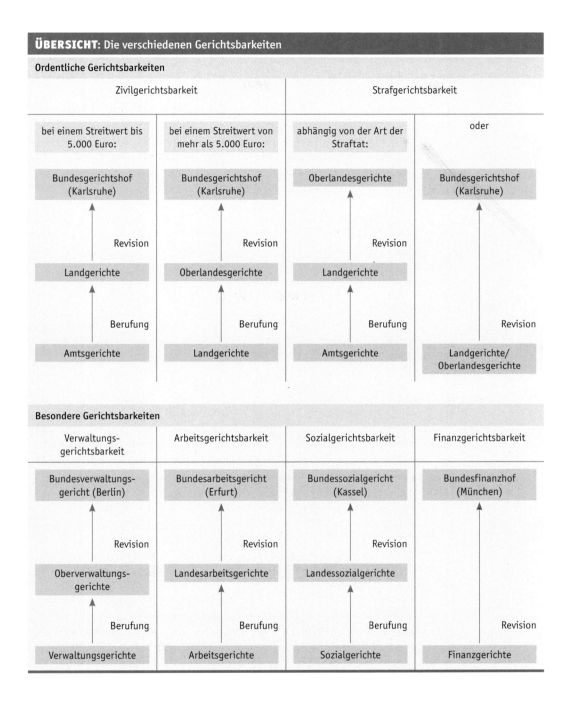

AB → Lernsituation 9

7 Handelsrecht

Unter welchen Voraussetzungen ein Unternehmen gegründet werden darf oder muss, wie dies geschieht, wer Kaufmann ist und welche Rechte und Pflichten der Kaufmann gegenüber Dritten hat – dies und noch einiges mehr legt das Handelsgesetzbuch, kurz HGB, fest. Bevor jemand ein Unternehmen gründen will, hat er sich also zunächst kundig zu machen, auf welche Bestimmungen er im Handelsleben achten muss; als Nächstes sollte er sich überlegen, welche Rechtsform für sein Unternehmen die geeignete ist. Im ersten Buch des Handelsgesetzbuches (mit dem Titel Handelsstand) wird festgelegt, wer Kaufmann ist.

7.1 Kaufmannseigenschaft

Erstes Buch. Handelsstand
Erster Abschnitt. Kaufleute

§ 1 HGB **§ 1 Istkaufmann** *OHG KG*
(1) Kaufmann im Sinne dieses Gesetzbuchs ist, wer ein Handelsgewerbe betreibt.
(2) Handelsgewerbe ist jeder Gewerbebetrieb, es sei denn, dass das Unternehmen nach Art oder Umfang einen in kaufmännischer Weise eingerichteten Geschäftsbetrieb nicht erfordert.

§ 2 HGB **§ 2 Kannkaufmann**
Ein gewerbliches Unternehmen, dessen Gewerbebetrieb nicht schon nach § 1 Abs. 2 Handelsgewerbe ist, gilt als Handelsgewerbe im Sinne dieses Gesetzbuchs, wenn die Firma des Unternehmens in das Handelsregister eingetragen ist. Der Unternehmer ist berechtigt, aber nicht verpflichtet, die Eintragung nach den für die Eintragung kaufmännischer Firmen geltenden Vorschriften herbeizuführen. Ist die Eintragung erfolgt, so findet eine Löschung der Firma auch auf Antrag des Unternehmens statt, sofern nicht die Voraussetzung des § 1 Abs. 2 eingetreten ist.

§ 3 HGB **§ 3 Land- und Forstwirtschaft; Kannkaufmann**
(1) Auf den Betrieb der Land- und Forstwirtschaft finden die Vorschriften des § 1 keine Anwendung.
(2) Für ein land- oder forstwirtschaftliches Unternehmen, das nach Art und Umfang einen in kaufmännischer Weise eingerichteten Geschäftsbetrieb erfordert, gilt § 2 mit der Maßgabe, dass nach Eintragung in das Handelsregister eine Löschung der Firma nur nach den allgemeinen Vorschriften stattfindet, welche für die Löschung kaufmännischer Firmen gelten.
(3) Ist mit dem Betrieb der Land- oder Forstwirtschaft ein Unternehmen verbunden, das nur ein Nebengewerbe des land- oder forstwirtschaftlichen Unternehmens darstellt, so finden auf das im Nebengewerbe betriebene Unternehmen die Vorschriften der Absätze 1 und 2 entsprechende Anwendung.

§ 4 (aufgehoben)

§ 5 HGB **§ 5 Kaufmann kraft Eintragung**
Ist eine Firma im Handelsregister eingetragen, so kann gegenüber demjenigen, welcher sich auf die Eintragung beruft, nicht geltend gemacht werden, dass das unter der Firma betriebene Gewerbe kein Handelsgewerbe sei.

§ 6 Handelsgesellschaften; Formkaufmann

(1) Die in betreff der Kaufleute gegebenen Vorschriften finden auch auf die Handelsgesellschaften Anwendung.

(2) Die Rechte und Pflichten eines Vereins, dem das Gesetz ohne Rücksicht auf den Gegenstand des Unternehmens die Eigenschaft eines Kaufmanns beilegt, bleiben unberührt, auch wenn die Voraussetzungen des § 1 Abs. 2 nicht vorliegen.

§ 6 HGB

Kaufmann nach dem HGB		
Istkaufmann	Kannkaufmann	Formkaufmann
Kaufmann kraft kaufmännisch eingerichteten Geschäftsbetriebs	Kaufmann kraft Eintragung ins Handelsregister Eintragung ist freiwillig	Kaufmann kraft Rechtsform zum Beispiel: AG, GmbH, eG

7.2 Firma

Dritter Abschnitt. Handelsfirma

§ 17 Begriff
(1) Die Firma eines Kaufmanns ist der Name, unter dem er seine Geschäfte betreibt und die Unterschrift abgibt.
(2) Ein Kaufmann kann unter seiner Firma klagen und verklagt werden.

§ 17 HGB

Die Wahl des Firmennamens hängt von der Rechtsform ab, wobei folgende Arten unterschieden werden:
- **Personenfirma**, bestehend aus einem oder mehreren Personennamen,
- **Sachfirma**, abgeleitet vom Unternehmensgegenstand,
- **Fantasiefirma**, häufig von Markennamen abgeleitete werbewirksame Bezeichnung,
- **gemischte Firma**, die sowohl Personennamen als auch den Unternehmensgegenstand enthält.

Eine **Firma** besteht aus dem sogenannten **Firmenkern**, der die vom Gesetzgeber vorgeschriebenen Bestandteile wie Personen-, Sach- oder Fantasienamen enthält. Zusätzlich können **Firmenzusätze** verwendet werden. Der **Rechtsformzusatz** ist gesetzlich vorgeschrieben (z. B. e. K oder GmbH). Weitere Zusätze können in Form von Personen-, Sach- oder Fantasiebezeichnungen gewählt werden (z. B. Bauunternehmung Hans Klein, Inh. Paul Groß e. K.).

§ 18 Firma des Kaufmanns
(1) Die Firma muss zur Kennzeichnung des Kaufmanns geeignet sein und Unterscheidungskraft besitzen.
(2) Die Firma darf keine Angaben enthalten, die geeignet sind, über geschäftliche Verhältnisse, die für die angesprochenen Verkehrskreise wesentlich sind, irrezuführen. Im Verfahren vor dem Registergericht wird die Eignung der Irreführung nur berücksichtigt, wenn sie ersichtlich ist.

Die Firma ist an bestimmte Grundsätze gebunden. Dazu gehören:

Firmenklarheit/Kennzeichnungsfähigkeit und **Unterscheidungskraft** (§ 18 I HGB). Kennzeichnungsfähigkeit bedeutet, dass die Firma eine „Namensfunktion" haben muss (z. B. hat „@@@@@" diese Funktion nicht). Unterscheidungskraft bedeutet, dass sich die Firma deutlich von anderen abgrenzen lassen muss (z. B. ist dies bei der Firma „Bauunternehmung" nicht der Fall). Bei der Eintragung ins Handelsregister wird dies geprüft. Dieser Grundsatz bedeutet eine Sicherheit für die Geschäftspartner, da er hilft, Verwechslungen zwischen den Firmen zu vermeiden.

Rechtsformen von Unternehmen, vgl. Kap. 8

Seit 1998 gilt für alle Unternehmensformen (Rechtsformen), dass eine Namens-, Sach-, Misch- oder Fantasiefirma gewählt werden darf, für die im Hinblick auf den Firmenzusatz jedoch eindeutige Regelungen existieren:

Firmenwahrheit (§ 18 II HGB): Dieser Grundsatz bedeutet, dass der Firmenname nicht irreführend sein darf. Er muss den tatsächlichen Verhältnissen entsprechen. Dieser Grundsatz schützt die Geschäftspartner, wenn die Firma z. B. über die Größe des Unternehmens hinweg täuschen würde (z. B. darf sich eine kleine Bäckerei nicht „Brot-Factory" nennen).

Firmenöffentlichkeit (§§ 29, 27 a, 125 a HGB): Die Eintragung ins Handelsregister muss erfolgen, damit die Öffentlichkeit über die Gründung der Firma informiert wird. Die Firmenangaben müssen auf den Geschäftsbriefen stehen.

Firmenausschließlichkeit = Firmenunterscheidbarkeit (§ 30 I HGB): Die Firma muss sich deutlich von bereits bestehenden Firmen am selben Ort unterscheiden.

Rechtsformzusatz (§ 19 HGB): Die Nennung der Rechtsform als Zusatz des Firmennamens ist gesetzlich vorgeschrieben.

Firmenbeständigkeit (§§ 21, 22, 23 HGB): Dieser Grundsatz besagt, dass beim Wechsel des Inhabers der Name der Firma weitergeführt werden darf. Hierbei muss jedoch im Zweifel die Firmenwahrheit beachtet werden, da sich durch einen Inhaberwechsel auch die Rechtsform ändern kann und der Rechtsformzusatz zwingend ist. Wenn z. B. ein Vater seine Tochter als Teilhaberin in die Firma aufnehmen möchte und sich dadurch die Firma von einem Einzelunternehmen in eine OHG ändert, muss der Zusatz OHG aufgenommen werden. Beispiel: Aus der Firma Elektro Erich Karl e. Kfm. könnte dann Elektro Karl OHG werden. Allerdings kann die Firma nicht ohne das Handelsgeschäft, für das sie geführt wird, veräußert werden.

Firmeneinheit: Ein Kaufmann darf für sein Handelsgeschäft nur eine Firma führen.

7.3 Handelsregister

Da Kaufleute in ihren rechtlich relevanten Handlungen zum Teil (strengeren) Vorschriften unterliegen, die für Nichtkaufleute nicht gelten, ist es wichtig, dass jeder weiß, ob er es mit einem Kaufmann zu tun hat. Deshalb werden Unternehmen bei Gründung in das **Handelsregister** eingetragen. Auch wichtige Veränderungen (z. B. der Rechtsform, der haftenden und der handelnden Personen) werden im Handelsregister veröffentlicht. Das Handelsregister ist ein Verzeichnis aller Unternehmen und wird beim Amtsgericht geführt. Die Eintragungen dienen der Information und dem Schutz der Öffentlichkeit. Jeder Bürger hat das Recht, das Register einzusehen.

§ 10 Bekanntmachung der Eintragungen
Das Gericht macht die Eintragungen in das Handelsregister in dem von der Landesjustizverwaltung bestimmten elektronischen Informations- und Kommunikationssystem in der zeitlichen Folge ihrer Eintragung nach Tagen geordnet bekannt; […]

§ 12 Anmeldungen zur Eintragung und Einreichungen
(1) Anmeldungen zur Eintragung in das Handelsregister sind elektronisch in öffentlich beglaubigter Form einzureichen. Die gleiche Form ist für eine Vollmacht zur Anmeldung erforderlich. Rechtsnachfolger eines Beteiligten haben die Rechtsnachfolge soweit tunlich durch öffentliche Urkunden nachzuweisen.
(2) Dokumente sind elektronisch einzureichen. Ist eine Urschrift oder eine einfache Abschrift einzureichen oder ist für das Dokument die Schriftform bestimmt, genügt die Übermittlung einer elektronischen Aufzeichnung; ist ein notariell beurkundetes Dokument oder eine öffentlich beglaubigte Abschrift einzureichen, so ist ein mit einem einfachen elektronischen Zeugnis (§ 39 a des Beurkundungsgesetzes) versehenes Dokument zu übermitteln.

§ 29 Anmeldung der Firma
Jeder Kaufmann ist verpflichtet, seine Firma und die inländische Geschäftsanschrift seiner Handelsniederlassung bei dem Gericht, in dessen Bezirk sich die Niederlassung befindet, zur Eintragung in das Handelsregister anzumelden; […]

§ 30 Unterscheidbarkeit
(1) Jede neue Firma muss sich von allen an demselben Ort oder in derselben Gemeinde bereits bestehenden und in das Handelsregister oder in das Genossenschaftsregister eingetragenen Firmen deutlich unterscheiden […]

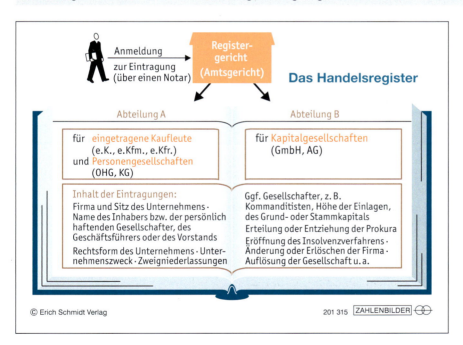

Die Eintragungen erfolgen auf Anmeldung des Kaufmanns mit öffentlicher Beglaubigung oder von Amts wegen (z. B. bei Eröffnung eines Insolvenzverfahrens). Das Gericht muss die Eintragungen online veröffentlichen.

Die Eintragung hat häufig nur eine **rechtsbezeugende (deklaratorische) Wirkung**, d. h., die ins Register aufgenommenen Tatsachen waren bereits vor dem Eintrag rechtsgültig und werden nun öffentlich bekannt gemacht. Dies ist z. B. beim Eintrag eines Istkaufmanns der Fall. Entsteht die Kaufmannseigenschaft jedoch – wie beim Kannkaufmann – erst durch den Registereintrag, hat dieser **rechtsbegründende (konstitutive) Wirkung**.

Das Handelsregister genießt **öffentlichen Glauben**. Das Vertrauen auf seinen Inhalt ist geschützt. Solange eine Tatsache, die ins Register eingetragen werden müsste, noch nicht eingetragen ist, kann sie einem Dritten gegenüber nicht geltend gemacht werden.

ÜBERSICHT: Handelsrecht

Kaufmann nach HGB §§ 1–3, 6	– Istkaufmann – Kannkaufmann – Formkaufmann
Firma des Kaufmanns, §§ 17, 18 HGB (= Name, unter dem der Kaufmann seine Geschäfte betreibt)	– Personenfirma – Sachfirma – Fantasiefirma – gemischte Firma
Firmengrundsätze	– Firmenklarheit – Firmenwahrheit – Firmenöffentlichkeit – Firmenausschließlichkeit – Rechtsformzusatz – Firmenbeständigkeit – Firmeneinheit
Handelsregister	– öffentliches Register zur Unterrichtung und zum Schutz der Öffentlichkeit – wird von den Amtsgerichten geführt – verzeichnet Kaufleute unter ihrer Firma sowie deren Niederlassungsort – macht bestimmte Rechtstatbestände offenkundig

Aufgaben

1 Frau Seifert ist kaufmännische Angestellte in einem mittelständischen Unternehmen. Ist sie Kaufmann im Sinne des HGB? *nein*

2 Was versteht man unter dem Begriff „Firma"? *ist Name d. Unternehmen*

Wita-Gruppe-GmbH
HRB 23555

3 Welche Kaufmannseigenschaft setzt die Rechtsform Ihres Ausbildungsbetriebs voraus? *Formkaufmann*

4 Erläutern Sie, warum Kaufleute im Handelsregister eingetragen sein müssen.

5 Erläutern Sie, um welche Kaufmannseigenschaften es sich in den folgenden Beispielen handelt:
   a Molkerei X. Franzerl (Familienbetrieb) *Kannkaufmann*
   b FX Marketinggesellschaft mbH *Formkaufmann*
   c Tischlerei Norbert Schwarz (ein Geselle) *Kannkaufmann*
   d Pharma AG (800 Mitarbeiter) *Formkaufmann*
   e Buchgroßhandel Werner KG (20 Beschäftigte) *Istkaufmann*

6 Erläutern Sie, warum die Firma des Unternehmens besonders wichtig für den Fortbestand eines Unternehmens ist. *Der Name ist eine Marke dient Präsent zu sein, Aufmerksam machen.*

8 Rechtsformen von Unternehmen

AB → Lernsituation 10

8.1 Überblick

Die Wahl der Rechtsform beeinflusst entscheidend eine ganze Reihe betriebswirtschaftlicher Kernfragen, beispielsweise die
- Kapitalbeschaffung,
- Haftung,
- Geschäftsführung,
- Gewinn- und Verlustverteilung,
- steuerliche Behandlung.

Abgesehen von der Möglichkeit der Umgründung trifft der Unternehmer mit der Wahl der Rechtsform betriebswirtschaftliche Entscheidungen für einen längeren Zeitraum.

Umgründung = Wechsel der Rechtsform durch Auflösung des bisherigen Unternehmens

Zunächst wird unterschieden zwischen den privatrechtlichen Unternehmen und den öffentlichen Unternehmen.

Unterschied Privatrecht/ Öffentliches Recht, vgl. Kap. 6.1

Bei den öffentlichen Unternehmen liegen die Eigentumsrechte in der Hand öffentlicher Körperschaften (Bund, Land, Gemeinde). In nicht privatrechtlicher Form existieren öffentliche Unternehmen als Körperschaften bzw. Anstalten. Sie können jedoch auch in privatrechtlicher Form existieren, z. B. als Kapitalgesellschaften. Sind zum Teil privatrechtliche und zum Teil öffentliche Körperschaften beteiligt, spricht man von gemischtwirtschaftlichen Unternehmen (z. B. kommunale Verkehrs- und Versorgungsunternehmungen, Wohnungsbaugesellschaften).

Die privatwirtschaftlichen Unternehmen werden unterteilt in die **gemeinwirtschaftlichen** Unternehmen (Genossenschaften) und die **erwerbswirtschaftlichen** Unternehmen. Beim gemeinwirtschaftlichen Prinzip wird das Ziel der volkswirtschaftlichen Bedarfsdeckung verfolgt. Erwerbswirtschaften betreiben langfristige Gewinnmaximierung.

Bei den erwerbswirtschaftlichen Unternehmen unterscheidet man **Einzelunternehmen** und **Gesellschaftsunternehmen**.

Die Gesellschaftsunternehmen wiederum gliedern sich in die **Personengesellschaften**, die **Kapitalgesellschaften** und die **besonderen Gesellschaftsformen** (beispielsweise Versicherungsvereine auf Gegenseitigkeit). Hinsichtlich der Personengesellschaften gibt es eine Aufteilung in **Handelsgesellschaften** (OHG, KG) und **unvollkommene Gesellschaften** (BGB-Gesellschaft, stille Gesellschaft). Auch bei den Kapitalgesellschaften werden Handelsgesellschaften (AG, KGaA, GmbH) und unvollkommene Gesellschaften (Bergrechtliche Gewerkschaft, Reederei, Bohrgesellschaft) unterschieden.

In Ausbildung und Beruf orientieren

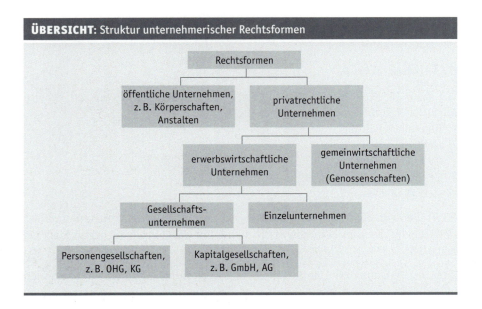

ÜBERSICHT: Struktur unternehmerischer Rechtsformen

8.2 Einzelunternehmen

Beispiel: Der angestellte Meister Erich Karl ist in einem Elektroinstallationsbetrieb beschäftigt und will sich selbstständig machen. Ein wesentlicher Grund dafür ist, dass er endlich sein „eigener Herr" sein will. Er rechnet zunächst mit Aufträgen von Privatkunden, also mit Arbeiten wie der Installation von elektrischen Leitungen bzw. Anlagen und Reparaturen. Da er durch seine Arbeit bereits bekannt ist, geht er davon aus, dass er einen Gesellen einstellen muss, um alle Aufträge erledigen zu können. Die Verwaltungsarbeit wird seine Frau übernehmen; ein kleines Büro kann er im Haus einrichten, die Garage ist für den Anfang groß genug, um alle notwendigen Werkzeuge lagern zu können. Der Kapitalbedarf zur Gründung des Betriebs ist nicht sehr hoch, da er die meisten Werkzeuge bereits besitzt und ein gebrauchter Transporter als Dienstfahrzeug schon vorhanden ist. Einen Namen für sein Unternehmen hat er auch schon: „Elektro Erich Karl".

Was muss Herr Karl bei der Gründung eines Einzelunternehmens beachten?

Erich Karl hat sich für die Gründung eines Einzelunternehmens entschieden, denn er will vor allem endlich Entscheidungen alleine treffen. Beim Einzelunternehmen steht die Persönlichkeit des Unternehmers im Vordergrund. Er prägt durch seine Initiative und das Maß seiner Verantwortung Aufbau und Entwicklung seines Unternehmens und ist im Rahmen der bestehenden Wirtschafts- und Rechtsordnung frei in seinen Entschlüssen.

Erich Karl hat sich dazu entschlossen, seine Firma ins Handelsregister eintragen zu lassen. Sein Ziel ist es, dadurch schnell weitere Aufträge zu bekommen und innerhalb der nächsten Jahre weitere Mitarbeiter einstellen zu können. Für die Gründung eines Einzelunternehmens existiert keine Vorschrift über die Höhe des Kapitals. Der Inhaber des Unternehmens haftet unbeschränkt für sein Unternehmen, d. h. mit seinem Geschäfts- und Privatvermögen. Dafür steht ihm auch der volle Gewinn zu.

Firmierung des Einzelunternehmens, § 19 Abs. 1 HGB

Beim Namen kann es sich um eine Personen-, Sach-, Fantasie- oder gemischte Firma handeln, jeweils mit dem Zusatz „eingetragener Kaufmann" (§ 19 Abs. 1 HGB).

Vorteile des Einzelunternehmens sind:
- große unternehmerische Freiheit,
- relativ geringer Kapitalaufwand.

Nachteile des Einzelunternehmens sind:
- große Abhängigkeit der erzielten Erträge von der Arbeitskraft und der Arbeitsleistung des Unternehmers und seiner ggf. mitarbeitenden Familienmitglieder,
- beschränkte Kapitalkraft und Kreditbasis.

8.3 OHG und KG – Personengesellschaften im Vergleich

Beispiel: Erich Karl hat mit seinen Erwartungen Recht behalten. Sein Betrieb läuft glänzend. Neben den Aufträgen von Privatkunden erhält er das Angebot, die Elektroinstallationen für ein Geschäftszentrum vorzunehmen. Dafür ist eine Aufstockung des Personals notwendig; außerdem reicht sein Wohnhaus nicht mehr für die Büro- und Lagerräume aus. Er benötigt einen größeren Fuhrpark und erheblich mehr Maschinen und Werkzeuge. Dies kann Herr Karl mit seinen bisherigen Möglichkeiten nicht realisieren. Vor allem deshalb, weil keine Bank bereit ist, den dafür notwendigen Kredit zu gewähren. Außerdem kann sich seine Frau nicht mehr um die kaufmännische Verwaltung des Betriebs kümmern. Anna Moser, eine ehemalige Kollegin aus der Meisterschule, wäre bereit, die kaufmännische Verwaltung des Betriebs zu übernehmen. Sie möchte jedoch Teilhaberin werden, was Herrn Karl recht wäre, zumal sie über Kapital verfügt, das sie in die Firma einbringen möchte.

Welche Unternehmensform bietet sich an?

8.3.1 Gesellschaft bürgerlichen Rechts (GbR)

Die Grundform der Personengesellschaft ist die Gesellschaft bürgerlichen Rechts (GbR). Die GbR muss aus mindestens zwei Gesellschaftern bestehen, die einen Gesellschaftervertrag schließen können – auch formlos. Darin verpflichten sie sich gegenseitig, die Erreichung eines gemeinsamen Zieles zu fördern. Ziel kann z. B. ein gemeinsamer Geschäftsbetrieb – mit Ausnahme eines Handelsgewerbes – sein, d. h., die Gesellschafter einer GbR dürfen keine Kaufleute im Sinne des HGB sein. Daher erklärt sich auch der Name der Gesellschaft: Für sie gelten nur die Vorschriften des Bürgerlichen Gesetzbuches (BGB).

Freiberufler, z. B. Ärzte oder Architekten, können sich zu einer GbR zusammenschließen.

8.3.2 Offene Handelsgesellschaft (OHG)

Die Offene Handelsgesellschaft (OHG) betreibt ein Handelsgewerbe unter gemeinschaftlicher Firma, wobei die Gesellschafter den Gläubigern unmittelbar, unbeschränkt und solidarisch mit ihrem vollen Vermögen (auch dem Privatvermögen) haften. Die wichtigsten rechtlichen Vorschriften sind in den §§ 105 ff. HGB geregelt.

rechtliche Vorschriften zur OHG, §§ 105 ff. HGB

Firma: Die OHG setzt eine gemeinschaftliche Firma voraus, unter der sie Rechte und Eigentum erwerben, Verbindlichkeiten eingehen, vor Gericht klagen und verklagt werden kann. Unter der Firma ist sie im Handelsregister einzutragen, wobei die Firma gemäß § 19 Abs. 1 HGB einen Zusatz enthalten muss, aus dem das Vorhandensein der offenen Handelsgesellschaft erkennbar ist (z. B. Karl OHG).

Firmierung der OHG, § 19 Abs. 1 Ziffer 2 HGB

Rechtsverhältnisse der Gesellschafter untereinander: Grundsätzlich gilt bei der OHG Einzelgeschäftsführung, d. h., jeder Gesellschafter ist zur Geschäftsführung berechtigt und verpflichtet. Ausgenommen hiervon sind „ungewöhnliche Geschäfte" wie Änderung des Gesellschaftsvertrags, Grundstückskäufe und -verkäufe, Gesellschaftsauflösung usw., bei denen ein Beschluss aller Gesellschafter notwendig ist. Lediglich im Innenverhältnis können die Rechtsverhältnisse der Gesellschafter untereinander – wie Beschlussfassung, Geschäftsführung usw. – frei vereinbart werden.

> OHG-Geschäftsführung: alle Gesellschafter einzeln; Vereinbarungen im Innenverhältnis sind für Dritte uninteressant.

Vertretung im Außenverhältnis: Prinzipiell gilt der Grundsatz der Alleinvertretung der Gesellschaft gegenüber Dritten (z. B. Lieferanten), das heißt, jeder Gesellschafter hat für sich allein Vertretungsmacht. Im Gesellschaftsvertrag kann jedoch eine abweichende Regelung getroffen werden (Beschränkung der Vertretung, Gesamtvertretung). Sie muss im Handelsregister eingetragen werden.

> OHG-Vertretung nach außen: Alleinvertretung aller Gesellschafter; Beschränkungen müssen im Handelsregister eingetragen sein.

Gewinn- und Verlustverteilung: Die Einlagen der Gesellschafter werden zunächst mit 4 % verzinst; reicht der Jahresgewinn hierzu nicht aus, mit einem niedrigeren Prozentsatz.

Übersteigt der Gewinn die 4-Prozent-Marke, wird der Rest nach Köpfen verteilt; Gleiches gilt bei Verlust. Im Gesellschaftsvertrag kann von diesen gesetzlichen Bestimmungen abgewichen werden.

Gesellschaftsauflösung: Sie erfolgt, wenn die im Gesetz aufgeführten Auflösungsgründe vorliegen bzw. im Gesellschaftsvertrag festgelegte Situationen hierzu eintreten. Eine Auflösung erfolgt beispielsweise durch Gesellschafterbeschluss, Kündigung oder Tod eines Gesellschafters.

Wenn im Gesellschaftsvertrag keine Weiterführung vorgesehen wurde, geschieht die Auflösung durch Gerichtsentscheid aufgrund der Klage eines Gesellschafters aus wichtigem Grund, beispielsweise bei grober Pflichtverletzung eines anderen Gesellschafters, bei Auflösung wegen Eröffnung des Insolvenzverfahrens über das Gesellschaftsvermögen oder bei Zwangsvollstreckung durch den Privatgläubiger eines Gesellschafters.

Wie das Einzelunternehmen vereinigt auch die OHG in sich alle Merkmale persönlichen Unternehmertums wie Selbstständigkeit, Unübertragbarkeit und Unvererbbarkeit der Gesellschaftsrechte bei unbeschränkter Haftung. Ihre Bildung ist meistens durch wachsenden Kapitalbedarf bedingt. Da die Solidarhaftung der Gesellschafter den Gläubigern erhöhte Sicherheit bietet, ist der Fremdkapitalzugang der OHG in der Regel problemlos. Ein weiterer Grund für die Gründung einer OHG ist der Zusammenschluss von Personen mit sich ergänzenden Kenntnissen und Fähigkeiten. Auch die Fortsetzung einer Einzelunternehmung durch eine Erbengemeinschaft („Familiengesellschaft"), wenn der Einzelunternehmer beispielsweise aus Altersgründen die Verantwortung auf mehrere Schultern zu verteilen gedenkt, führt oft zur OHG-Gründung. Der volle Einsatz aller Gesellschafter, deren Kreditwürdigkeit sowie die große Anpassungsfähigkeit hinsichtlich der Vertragsgestaltung im Innenverhältnis haben die OHG zu einer recht krisenfesten Rechtsform werden lassen.

Zwar ist das Risiko aus Sicht des einzelnen Gesellschafters relativ groß, da er – selbst nach einem etwaigen Ausscheiden aus der Gesellschaft – für fünf Jahre für alle bis zu seinem Ausscheiden entstandenen Schulden auch mit seinem Privatvermögen für die Verbindlichkeiten der Gesellschaft haftet, die Anzahl der Insolvenzverfahren ist gegenüber den Kapitalgesellschaften jedoch erheblich geringer.

8.3.3 Kommanditgesellschaft (KG)

Auch die Kommanditgesellschaft (KG) ist eine Gesellschaft zum Betrieb eines Handelsgewerbes unter gemeinschaftlicher Firma. Im Gegensatz zur OHG ist die Haftung hier teilweise unbeschränkt (Komplementäre), teilweise beschränkt (Kommanditisten). Die wichtigsten rechtlichen Bestimmungen sind in den §§ 161 ff. HGB geregelt:

rechtliche Vorschriften zur KG, §§ 161 ff. HGB

Die Firma muss gemäß § 19 Abs. 1 HGB die Bezeichnung „Kommanditgesellschaft" oder eine allgemein verständliche Abkürzung dieser Bezeichnung enthalten (z. B. Karl KG).

Firmierung einer KG, § 19 Abs. 3 HGB

Rechtsverhältnisse der Gesellschafter untereinander: Die Geschäftsführung der KG obliegt allein den Komplementären. Es ist jedoch möglich, den Kommanditisten im Gesellschaftsvertrag ein Mitspracherecht bei der Geschäftsführung einzuräumen. Dies wird häufig dann praktiziert, wenn ein Gläubiger in die Gesellschaft eintritt und seine Forderungen in Kommanditanteile umwandelt.

Vertretung im Außenverhältnis: Sie ist allein den Komplementären vorbehalten. Ein Kommanditist kann jedoch beispielsweise als Prokurist an einer Gesamtvertretung beteiligt sein. Bezogen auf die Komplementäre herrscht Einzelvertretung wie bei der OHG.

Prokura, vgl. Kap. 9.1

Gewinn- und Verlustverteilung: Sie ähnelt derjenigen bei der OHG. Allen Gesellschaftern werden vom Gewinn 4 % ihres Kapitalanteils gutgeschrieben. Der Rest wird nicht nach Köpfen wie bei der OHG, sondern im „angemessenen Verhältnis" verteilt. Gleiches gilt für die Verlustbeteiligung. Um in der Realität Streitigkeiten über das, was „angemessen" ist, zu vermeiden, wird man sinnvollerweise in den Gesellschaftsvertrag eine exakte Gewinn- und Verlustregelung aufnehmen.

Gesellschaftsauflösung: Sie erfolgt wie bei der OHG. Eine andere Regelung gilt lediglich beim Tod eines Kommanditisten: Dieser ist kein Auflösungsgrund; die Erben rücken in seine Rechtsstellung ein.

OHG und KG – auch als quasi-juristische Personen bezeichnet – erlangen ihre Rechtsfähigkeit bereits mit Aufnahme der Geschäftsfähigkeit. Sie können ab diesem Zeitpunkt z. B. vertragliche Beziehungen eingehen, klagen oder verklagt werden. Sie sind dazu verpflichtet, sich im Handelsregister eintragen zu lassen.

Wegen der beschränkten Haftung auf die Höhe ihrer Einlage ist die Kapitalbeschaffung durch Aufnahme neuer Kommanditisten, die von der Geschäftsführung ausgeschlossen sind und nur geringe Kontrollrechte haben, meistens problemlos.

Andererseits ist das Verhältnis zwischen Geschäftsführung und Kommanditisten eine schwierige Angelegenheit: Wie die Praxis zeigt, kommt es häufig vor, dass die Kommanditisten aufgrund des Umfangs ihrer Kapitalbeteiligung großen, ggf. sogar beherrschenden Einfluss auf die Geschäftsführung ausüben. Der Ausgestaltung und Abfassung des Gesellschaftsvertrages kommt daher hier besondere Bedeutung zu.

Personelle, juristische und wirtschaftliche Struktur der KG ermöglichen es, die Produktionsfaktoren Arbeit und Kapital so miteinander zu kombinieren, dass der Einfluss der Kapitalgeber begrenzt bleibt, sodass in der KG gewissermaßen die Vorteile von Kapitalgesellschaft und Personengesellschaft zum Tragen kommen.

Produktionsfaktoren, vgl. LF 2, Kap. 1.3

8.3.4 GmbH & Co. KG

Der Komplementär einer KG kann auch eine juristische Person, z. B. eine GmbH, sein. Die Rechtsform ist dann die GmbH & Co. KG. Bei dieser Rechtsform ist eine Vermischung zweier Grundtypen erfolgt. Wichtig ist, dass es sich dabei insgesamt um eine Personengesellschaft und nicht um eine Kapitalgesellschaft handelt, in der aber wegen der GmbH als Komplementär keine natürliche Person unbeschränkt haftet.

Übersicht Rechtsformen, S. 108

Aufgaben

1. Welche Bestimmungen in Bezug auf den Namen einer Firma existieren bei den vorgestellten Unternehmensformen?
2. Wer haftet bei der Offenen Handelsgesellschaft, wer bei der Kommanditgesellschaft und in welchem Umfang?
3. Erstellen Sie eine Liste der Anforderungen, die Erich Karl und Anna Moser an ihr Unternehmen haben. Prüfen Sie, welche der beiden Rechtsformen für sie geeigneter ist.
4. Erläutern Sie, was Herr Karl und Frau Moser tun müssen, um das von Ihnen als geeignet ausgewählte Unternehmen zu gründen.
5. Erstellen Sie eine Liste mit den Vor- und Nachteilen der OHG und der KG.

8.4 AG und GmbH – Kapitalgesellschaften im Vergleich

Beispiel: Vor seiner Selbstständigkeit war Christoph Busse bei einem Signal- und Schaltanlagen-Unternehmen beschäftigt. Er ist Betriebswirt und Diplom-Ingenieur und möchte sich ebenfalls im Signal- und Schaltanlagenbau selbstständig machen. Er hat bereits gute Kontakte zur Deutschen Bahn und erwartet ebenfalls Aufträge von Städten und Gemeinden. Er will zudem als Zulieferer für einen größeren Elektrokonzern tätig werden. Die Aufträge, die er erwartet, bewegen sich in der Größenordnung von 5.000 bis 50.000 € und mehr. Für solch ein Unternehmen benötigt er Personal, Geräte, Maschinen und entsprechende Geschäfts- und Produktionsräume; der Kapitalbedarf dieses Industrieunternehmens ist, verglichen mit dem des Handwerksunternehmens von Herrn Karl und Frau Moser, sehr viel höher. Bei der Höhe der Aufträge möchte der Unternehmensgründer für sich das Risiko der Haftung beschränken; außerdem braucht er weitere Kapitalgeber, da er selbst nur 25.000 € Startkapital aufbringen kann. Er lässt sich bei der Industrie- und Handelskammer seiner Stadt bei seiner Unternehmensgründung beraten.

Welche Möglichkeiten hat Herr Busse?

Bei Kapitalgesellschaften handelt es sich um juristische Personen mit eigener Rechtspersönlichkeit – als solche sind sie alleiniger Rechtsträger ihres Vermögens und ihrer Schulden, unabhängig von Veränderungen seitens der Gesellschafter. Im Gegensatz zu den Personengesellschaften, wo Eigenkapitalgeber (Gesellschafter) und Unternehmensverantwortliche normalerweise identisch sind, liegen Kapitaleigentum und Unternehmensführung bei Kapitalgesellschaften grundsätzlich nicht in einer Hand. In der Regel beschränkt sich der Einfluss der Gesellschafter auf ihr Stimmrecht in der Gesellschafterversammlung und ihr Risiko auf den Verlust der geleisteten Kapitaleinlage.

8.4.1 Aktiengesellschaft (AG)

Ein Höchstmaß an Anonymität gewährt die Aktiengesellschaft, deren Entstehung auf das 19. Jahrhundert zurückgeht, als die Gründung großer Eisenbahn-, Schifffahrts- und Versicherungsgesellschaften so viel Kapital erforderte, dass es von einzelnen Unternehmern und Personengesellschaften nicht mehr aufgebracht werden konnte. In Anlehnung an die Vergabe von Teilhaberpapieren bei den alten überseeischen Handelskompanien gründete man die moderne Aktiengesellschaft, die Teilhaberpapiere über Banken an ein breites Publikum verkaufte. Aktiengesellschaften mit weit mehr als 100 000 Gesellschaftern sind durchaus möglich.

Gründung und Kapitalbeschaffung: Zur Gründung einer AG ist mindestens eine Person notwendig, die einen Gesellschaftsvertrag aufstellt, der von einem Notar beurkundet werden muss. Diese Satzung beinhaltet Firma, Sitz und Gegenstand des Unternehmens, die Höhe des Grundkapitals (mindestens 50.000 €), die Zusammensetzung des Aufsichtsrats und des Vorstands.

Das **Grundkapital** ist die Summe der Nennbeträge aller Aktien, zu deren Aufbringung sich die Aktionäre verpflichtet haben. Der Mindestnennbetrag einer Aktie beträgt 1 €, höhere Aktienbeträge müssen auf volle Euro lauten (§ 8 AktG).

Es gibt verschiedene Formen der **Gründung einer Aktiengesellschaft**. Bei einer Einheitsgründung, der überwiegenden Form, ist das Zeitgeschehen in etwa wie folgt:
- Feststellung einer notariell oder gerichtlich beurkundeten Satzung
- Übernahme der Aktien durch die Gründer (auch dieser Vorgang ist notariell oder gerichtlich zu beurkunden)
- Schaffung der Organe des Unternehmens: die Gründer bestellen den Aufsichtsrat, dieser bestellt den ersten Vorstand
- Teileinzahlung des Grundkapitals, Volleinzahlung bei Inhaberaktien
- Erstellung eines Gründungsberichts, Vornahme einer Gründungsprüfung
- Anmeldung zur Eintragung in das Handelsregister beim Amtsgericht des Sitzes der Gesellschaft unter Hinzufügung sämtlicher Urkunden durch alle Gründer, Aufsichtsrats- und Vorstandsmitglieder, wobei nachzuweisen ist, dass die notwendigen Einzahlungen erfolgt sind

Erst der **Eintrag ins Handelsregister** verleiht der AG ihre Rechtsfähigkeit (§ 6 HGB).

> Die Einzelheiten vom Gründungsvorgang bis zur Eintragung in das Handelsregister sind im Aktiengesetz (AktG) geregelt.

Name der Fima: Die Firma der AG kann eine Personen-, Sach-, Fantasie- oder gemischte Firma sein und muss die Bezeichnung „Aktiengesellschaft" enthalten. Beispiel: Mainzer Spielwarenfabrik AG.

Aktienarten: Fester Anteil des Grundkapitals einer AG ist die Aktie, ein Wertpapier, das nicht unter dem Nennwert ausgegeben werden darf, sondern normalerweise mit einem Aufgeld (Agio) verkauft wird, das der gesetzlichen Rücklage zugeführt wird. In Deutschland werden heute in der Regel Stückaktien ausgegeben, bei denen die Aktionäre mit dem gleichen prozentualen Anteil am Grundkapital der AG beteiligt sind. Neben den Stückaktien gibt es in Deutschland auch Nennwertaktien, die einen in Euro angegebenen Betrag der Beteiligung am Grundkapital verbriefen.

Stammaktien und Vorzugsaktien: Die bei uns übliche Stückaktie wird in die Aktiengattungen Stammaktien und Vorzugsaktien unterteilt. Unter Stammaktien versteht man Aktien, die ihrem Besitzer eine Beteiligung am Gewinn der Aktiengesellschaft in Form einer Dividende ermöglichen und das Recht einräumen, in der Hauptversammlung (Gesellschafterversammlung) sein Stimmrecht wahrzunehmen. Vorzugsaktien gewähren gegenüber der Stammaktie gewisse Vorrechte, beispielsweise:
- festen Ertrag im Hinblick auf eine nach oben begrenzte Vorzugsdividende, meistens auch verbunden mit einer Bevorzugung bei der Verteilung des Liquidationserlöses
- veränderlicher Ertrag – Gewährung einer Überdividende (zusätzlicher Anteil am Reingewinn)
- stimmrechtlose Vorzugsaktien mit geldlichen Vorteilen
- Mehrstimmrechtsaktien (in Deutschland nicht erlaubt)

Inhaber- und Namensaktien: Eine Unterteilung ganz anderer Art ist die Unterscheidung in Inhaberaktien und Namensaktien. Inhaberaktien, die Normalform, ermöglichen durch Einigung und Übergabe eine einfache Übertragung der Aktienrechte, verbunden mit dem Nachteil, dass Aufsichtsrat und Vorstand nicht erkennen können, ob und wie sich Mehrheitsverhältnisse in den Hauptversammlungen bilden und ändern. Die Inhaber von Namensaktien sind dagegen im Aktienbuch vermerkt – bei einer Übertragung ist der Name des Erwerbers einzutragen. Bedarf die Übertragung von Namensaktien laut Satzung der Zustimmung der Gesellschaft, spricht man von gebundenen oder vinkulierten Namensaktien.

Belegschaftsaktien werden den Arbeitnehmern einer AG entweder im Rahmen einer Umwandlung von Rücklagen in Nennkapital (Kapitalerhöhung) oder durch ein Angebot eigener Aktien zum Vorzugskurs zugänglich. So hat beispielsweise die Hoechst AG einmal jedem Belegschaftsmitglied durch das Angebot eigener Aktien zum Vorzugskurs einmalig einen Vorteil von 500 DM (= 255,65 €) zukommen lassen.

Organe der AG: Die AG besteht aus **Vorstand** (leitendes Organ), **Aufsichtsrat** (überwachendes Organ) und **Hauptversammlung** (beschließendes Organ).

Die Hauptversammlung wahrt die Interessen der Aktionäre und beschließt in den Fällen, die im Aktiengesetz oder der Satzung der Hauptversammlung vorbehalten sind.

Hierzu gehören u. a.:
- Wahl und Abberufung der Aufsichtsratsmitglieder, soweit sie nicht aufgrund anderer Gesetze und Vorschriften in den Aufsichtsrat entsandt worden sind,
- die Verwendung des Bilanzgewinns,
- die Entlastung von Vorstand und Aufsichtsrat,
- die Wahl des Abschlussprüfers sowie des Prüfers für Sonderprüfungen,
- Satzungsänderungen und alle Grundfragen der AG wie Kapitalerhöhungen bzw. -herabsetzungen, Fusionen, Auflösung der Gesellschaft.

Eine **ordentliche Hauptversammlung** ist regelmäßig einmal im Jahr vom Vorstand einzuberufen. Stehen außergewöhnliche Situationen wie beispielsweise Kapitalveränderungen oder Fusionen an, wird eine **außerordentliche Hauptversammlung** einberufen. Deren Einberufung können auch der Aufsichtsrat sowie Aktionäre schriftlich unter Angabe der Gründe und des Zwecks

bewirken, wenn ihre Anteile zusammen mindestens 20 Prozent des Grundkapitals ausmachen. Im Normalfall gilt für Beschlüsse der Hauptversammlung einfache **Stimmenmehrheit**; Beschlüsse von besonderer Tragweite (Kapitalbeschaffung, -herabsetzung, Satzungsänderungen usw.) bedürfen einer **qualifizierten Mehrheit** von 75 % des bei der Beschlussfassung vertretenen Grundkapitals.

Fusion, vgl. **LF 9, Band 2**

Ein **Aktionär** muss sein Stimmrecht nicht selbst ausüben, sondern kann sich hierbei durch einen Bevollmächtigten vertreten lassen. Da die Aktien überwiegend in Banken deponiert sind, vertreten diese durch Ausübung des Depotstimmrechts den Aktionär. Die Vollmacht darf nur einem bestimmten Kreditinstitut und nur für die Dauer von 15 Monaten erteilt werden. Hat der Aktionär dem Kreditinstitut keine ausdrücklichen Weisungen für die Ausübung des Stimmrechts erteilt, hat die Bank das Stimmrecht entsprechend ihren eigenen, den Aktionären mitgeteilten Vorschlägen auszuüben. Zwar sind durch Gesetz die Aktionäre von der Geschäftsführung ausgeschlossen, Großaktionäre können in der Realität jedoch durchaus entscheidenden Einfluss auf die Geschäftsführung nehmen, zumal ein Aktionär gleichzeitig auch Vorstandsmitglied oder Aufsichtsratsmitglied werden kann.

Der **Aufsichtsrat einer AG** wird von der Hauptversammlung auf vier Jahre gewählt. Wählbar sind nur natürliche Personen, die weder Vorstandsmitglied noch leitende Angestellte der AG sind. Das Drittelbeteiligungsgesetz sieht z. B. vor, dass zwei Drittel des Aufsichtsrates aus Arbeitgebervertretern und ein Drittel aus Arbeitnehmervertretern bestehen muss. Die Arbeitnehmervertreter werden von der Gesamtheit der Arbeitnehmer entsprechend der Wahlordnung für Betriebsräte ermittelt. Der Aufsichtsrat besteht aus drei Mitgliedern, wenn die Satzung nicht eine höhere durch drei teilbare Zahl vorsieht.

Der Aufsichtsrat wählt aus seiner Mitte einen Vorsitzenden sowie mindestens einen Stellvertreter und kann zur Vorbereitung schwieriger Verhandlungen und Beschlüsse einen oder mehrere Ausschüsse berufen, beispielsweise einen Investitionsausschuss. Seine **Hauptaufgabe** besteht jedoch in der Bestellung, Abberufung und Überwachung des Vorstandes. Er hat daher Einsicht in die Bücher und Geschäftsunterlagen und erhält vom Vorstand mindestens vierteljährlich Berichte über Umsatz, Geschäftslage, beabsichtigte Geschäftspolitik und weitere grundsätzliche Fragen der Unternehmensführung. Jahresabschluss, Gewinnverteilungsvorschlag und Geschäftsbericht sind zu prüfen; der Hauptversammlung ist darüber zu berichten.

Neben der Kontrollfunktion hat der Aufsichtsrat Beratungsfunktion und auch eine gewisse Repräsentationsfunktion im Hinblick auf die Pflege alter Geschäftsbeziehungen sowie die Knüpfung neuer Kontakte zu Kunden, Banken und Lieferanten. Industrie, Banken und Handel haben daher oft ihre besten Leute gegenseitig in die Aufsichtsräte entsandt. Nach dem Aktiengesetz darf eine natürliche Person in höchstens zehn Aufsichtsräten sitzen. Überkreuzverflechtungen, d. h. die Entsendung von gesetzlichen Vertretern anderer Kapitalgesellschaften in den Aufsichtsrat einer AG, wenn bereits ein Vorstandsmitglied dieser AG im Aufsichtsrat der anderen Gesellschaft ist, sowie die Zugehörigkeit eines Vorstandsmitglieds einer Tochtergesellschaft zum Aufsichtsrat der Muttergesellschaft sind verboten.

Der **Vorstand einer AG** wird vom Aufsichtsrat auf die Dauer von höchstens 5 Jahren bestellt. Eine wiederholte Bestellung ist möglich. Der Vorstand besteht aus einer oder mehreren Personen, die keine Aktionäre zu sein brauchen und nicht dem Aufsichtsrat angehören dürfen. Dem Vorstand obliegt die Geschäftsführung, in der er an keinerlei Weisungen des Aufsichtsrats oder der Hauptversammlung gebunden ist, er leitet das Unternehmen in eigener Verantwortung. Bei mehreren Vorstandsmitgliedern besteht grundsätzlich Gesamtgeschäftsführungs- und Gesamtvertretungsbefugnis. Für ihre Tätigkeit können die Vorstandsmitglieder neben ihrem Gehalt einen Teil des Jahresgewinns (Tantieme) beanspruchen.

Rechnungslegung der AG: Der Vorstand hat in den drei ersten Monaten des Geschäftsjahres nach einem vorgegebenen Schema den **Jahresabschluss** des Vorjahres zu erstellen und den Abschlussprüfern vorzulegen.

Rechnungslegung der AG

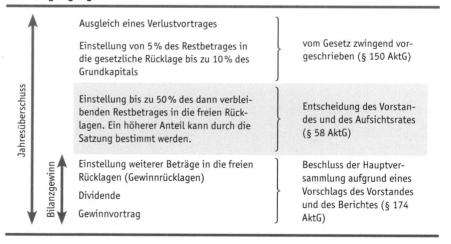

GuV = Gewinn- und Verlustrechnung

Nach deren Prüfung gelangt der Abschluss zum Aufsichtsrat, der binnen eines Monats dazu Stellung nehmen muss. Bei Billigung gilt er als festgestellt. Innerhalb der ersten acht Monate des Geschäftsjahres ist die Hauptversammlung zur Entgegennahme des festgestellten Jahresabschlusses und zur Beschlussfassung über die Verwendung des Gewinns vom Vorstand einzuberufen. Neben der Bilanz und der GuV, deren Gliederung und Bewertung dem Aktiengesetz zu entsprechen hat, gehört zur ordnungsgemäßen Rechnungslegung einer AG auch das Aufstellen eines **Geschäftsberichts**, bestehend aus einem allgemeinen Teil (Geschäftsverlauf und Lage der Gesellschaft) und einem speziellen Teil, in dem der Jahresabschluss erläutert und Abweichungen zum Vorjahr begründet werden. Die Feststellung des Jahresabschlusses beinhaltet gleichzeitig die Gewinnfeststellung. Die Hauptversammlung beschließt daher nur noch über die Verwendung des bereits festgestellten und damit vorgegebenen **Bilanzgewinns**.

Die **Gewinnverwendung** sieht wie folgt aus: Der zwanzigste Teil des ggf. um einen Verlustvortrag aus dem Vorjahr verminderten Jahresabschlusses ist so lange der **gesetzlichen Rücklage** zuzuführen, bis diese 10 % des Grundkapitals beträgt. Vorstand und Aufsichtsrat können, sofern die Satzung nichts anderes vorsieht, die Hälfte des noch verbliebenen Jahresüberschusses einer **freien Rücklage** zuführen. Weitere Beträge können von der Hauptversammlung in ihrem Beschluss über den Bilanzgewinn in die freie Rücklage eingestellt werden.

8.4.2 Gesellschaft mit beschränkter Haftung (GmbH)

Die GmbH ist eine Rechtsform, die Elemente der OHG mit Elementen der AG vereinbart. Kleinen und mittleren Unternehmen soll eine Haftungsbeschränkung ermöglicht werden, ohne die teure Form der AG wählen zu müssen. Die GmbH ist eine Gesellschaft mit eigener Rechtspersönlichkeit, deren Gesellschafter sich mit Einlagen an dem in Stammeinlagen zerlegten Stammkapital beteiligt haben, ohne persönlich für die Verbindlichkeiten der Gesellschaft zu haften. Da sich die Gläubiger nur an das Gesellschaftsvermögen, nicht aber an die Gesellschafter halten können, haftet eigentlich niemand unbeschränkt. Denn die Gesellschaft haftet beschränkt, und die Gesellschafter haften überhaupt nicht, abgesehen davon, dass sie ggf. noch fehlende Einzahlungen auf ihre Stammeinlagen zu erbringen haben. Im Gesellschaftsvertrag kann darüber hinaus eine beschränkte oder unbeschränkte Nachschusspflicht festgelegt werden.

Der **Gesellschaftsvertrag** bedarf der notariellen Form und ist von sämtlichen Gesellschaftern zu unterzeichnen. Er muss Firma und Sitz der Gesellschaft, den Gegenstand des Unternehmens, den Betrag des Stammkapitals und den Betrag der von jedem Gesellschafter auf das Stammkapital zu leistenden Einlage enthalten.

Die **Firma** kann einen Personen-, Sach-, Fantasie- oder gemischten Firmennamen mit dem Zusatz „Gesellschaft mit beschränkter Haftung" haben. Beispiel: Fritz Müller Computer-Vertrieb GmbH; Gesellschaft für Systemberatung, Software-Entwicklung und Textverarbeitung mit beschränkter Haftung.

Gründung und Kapitalbeschaffung: Das Mindeststammkapital einer GmbH beträgt 25.000 €. Diese Summe kann als Bar- oder Sacheinlage eingebracht werden. Die Gründung durch Sacheinlagen erfordert wie bei der AG einen Sachgründungsbericht. Der Nennbetrag jedes Geschäftsanteils muss auf volle Euro lauten. Gesellschaften mit beschränkter Haftung können auch durch eine Person errichtet werden. Auch juristische Personen können Gesellschafter sein. Die Namen der jeweiligen Gesellschafter und ihre Geschäftsanteile sind aus der zum Handelsregister einzureichenden Liste der Gesellschafter ersichtlich (§ 40 GmbHG), die von jedermann eingesehen werden kann (§ 9 HGB).

Organe der GmbH:
- Gesellschafterversammlung
- der/die Geschäftsführer
- Aufsichtsrat (>500 Arbeitnehmer verpflichtend, sonst freiwillig)

In Ausbildung und Beruf orientieren

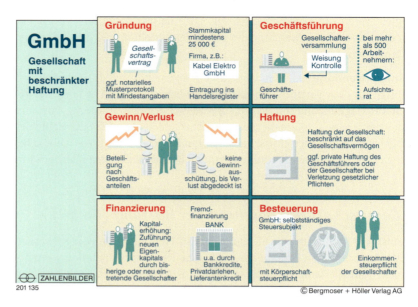

Das wichtigste Organ der GmbH ist die **Gesellschafterversammlung,** deren Zuständigkeit diejenige der Hauptversammlung einer AG bei weitem übertrifft. Nach § 46 GmbHG unterliegen der Bestimmung der Gesellschafter:
- die Feststellung der Jahresbilanz, die Verteilung des Reingewinns,
- die Einforderung von Einzahlungen auf die Geschäftsanteile,
- die Rückzahlung von Nachschüssen,
- die Teilung sowie die Einziehung von Geschäftsanteilen,
- die Bestellung und die Abberufung von Geschäftsführern sowie deren Entlastung,
- die Maßregeln zur Prüfung und Überwachung der Geschäftsführung,
- die Bestellung von Prokuristen und Handlungsbevollmächtigten zum gesamten Geschäftsbetrieb,
- die Geltendmachung von Ersatzansprüchen, welche der Gesellschaft aus der Gründung oder Geschäftsführung gegen Geschäftsführer oder Gesellschafter zustehen, sowie die Vertretung der Gesellschaft in Prozessen, welche sie gegen die Geschäftsführer zu führen hat.

Die Beschlussfassung in der Gesellschafterversammlung erfolgt nach der Mehrheit der abgegebenen Stimmen, wobei sich die Anzahl der Stimmen des Einzelnen nach dem Geschäftsanteil richtet. Soll ein Gesellschafter entlastet oder von einer Verbindlichkeit befreit werden, hat er selbst kein Stimmrecht und darf ein solches auch nicht für andere ausüben. Eine Gesellschafterversammlung ist durch den oder die Geschäftsführer einzuberufen, in der Regel mindestens eine Woche vor dem Termin, wobei der Zweck der Versammlung angekündigt werden soll.

Der oder die **Geschäftsführer** einer GmbH entsprechen dem Vorstand einer AG. Ihre Bestellung erfolgt durch den Gesellschaftsvertrag oder einen Beschluss der Gesellschafter. Geschäftsführer sind meist mehrere oder alle Gesellschafter; es können jedoch auch Nichtgesellschafter berufen werden. Die Geschäftsführer sind verpflichtet, für die ordnungsgemäße Buchführung der Gesellschaft zu sorgen, und müssen in den ersten drei Monaten des Geschäftsjahres die Bilanz für das Vorjahr sowie eine Gewinn- und Verlustrechnung aufstellen. Durch den Gesellschaftsvertrag kann diese Frist auf sechs Monate verlängert werden. Die Geschäftsführer haben in Angelegenheiten der Gesellschaft die Sorgfalt eines ordentlichen Kaufmannes anzuwenden.

Vollmachten im Handelsrecht, vgl. Kap. 9

Verletzen sie diese Pflichten, haften sie der Gesellschaft gegenüber solidarisch für den entstandenen Schaden.

Ein **Aufsichtsrat** ist nach dem GmbH-Gesetz kein notwendiges Organ. Sieht die Satzung jedoch einen vor, so gelten nach § 52 GmbHG auch für die GmbH die Vorschriften für den Aufsichtsrat einer AG, soweit im Gesellschaftsvertrag nichts anderes bestimmt ist.

Für eine AG, KGaA, GmbH, bergrechtliche Gewerkschaft oder eine Erwerbs- und Wirtschaftsgenossenschaft mit mehr als 2 000 beschäftigten Arbeitnehmern ist das Gesetz über die Mitbestimmung der Arbeitnehmer (MitbestG) zu berücksichtigen, vgl. Kap. 5.5.2.

Vorteile der GmbH gegenüber der AG:
- niedrigere Gründungs- und Verwaltungskosten
- weniger Gründungskapital
- weitgehendes Mitverwaltungsrecht der Gesellschafter

Nachteile:
- geringere Kapital- und Kreditbasis
- schwierigere Übertragbarkeit der Geschäftsanteile (erfordert notarielle Beurkundung)
- Möglichkeit der Einführung einer Nachschusspflicht

8.4.3 Unternehmergesellschaft (haftungsbeschränkt)

Eine Alternative zur GmbH ist die Unternehmergesellschaft (haftungsbeschränkt; § 5 a GmbHG). Für ihre Gründung bestehen erleichterte Voraussetzungen. So beträgt das Stammkapital mindestens einen Euro. Im Gegensatz zur klassischen GmbH ist das Mindeststammkapital in bar zu erbringen. Ein Eintrag ins Handelsregister ist erforderlich. Vorteil ist, dass die UG innerhalb einer kürzeren Frist gegründet werden kann. Allerdings verlangt das Gesetz, dass Gewinne der Gesellschaft nicht in voller Höhe ausgeschüttet werden dürfen. 25 % des realisierten Gewinns sind in eine gesetzliche Rücklage einzustellen, bis das Mindeststammkapital von 25.000 Euro erreicht worden ist.

Personengesellschaft, z.B. OHG	Kapitalgesellschaft, z. B. AG
gemeinschaftliches Vermögen der Gesellschafter	verselbstständigtes Vermögen der Gesellschafter
keine eigene Rechtspersönlichkeit	eigene Rechtspersönlichkeit
Gesellschaftsvertrag grundsätzlich formlos	Satzung bedarf der Beurkundung durch einen Notar
Existenz grundsätzlich vom Bestand der Gesellschafter abhängig	Existenz der Unternehmung grundsätzlich vom Gesellschafterbestand unabhängig
Haftung umfasst auch das Privatvermögen	Haftung ist grundsätzlich auf das Gesellschaftsvermögen beschränkt
Geschäftsführung und Vertretung durch Gesellschafter (Eigentümerunternehmen)	Geschäftsführung und Vertretung durch Leitungsorgane (Managerunternehmen)

Aufgaben

1 Welche Unternehmensform würden Sie Herrn Busse vorschlagen?

2 Auf welchem Weg können sich AG und GmbH zusätzliches Kapital beschaffen?

3 Bei welcher Unternehmensform hätte Herr Busse mehr unternehmerische Freiheiten?

4 Erläutern Sie die Unterschiede zwischen Personen- und Kapitalgesellschaften.

Übersicht Rechtsformen, vgl. S. 108

Diese Aufgaben beziehen sich auf das Beispiel von Seite 100.

ÜBERSICHT: Rechtsformen

	Einzelunternehmen	Personengesellschaften		Kapitalgesellschaften	
		OHG	KG	AG	GmbH
Inhaber	Unternehmer	Gesellschafter	Kommanditist, Komplementär	Aktionäre	Gesellschafter
Firma*	muss Bezeichnung „eingetragener Kaufmann" enthalten (oder Abkürzung)	muss Bezeichnung „Offene Handelsgesellschaft" bzw. „OHG" enthalten	muss Bezeichnung „Kommanditgesellschaft" bzw. „KG" enthalten	muss Bezeichnung „Aktiengesellschaft" bzw. „AG" enthalten	muss Bezeichnung „Gesellschaft mit beschränkter Haftung" bzw. „GmbH" enthalten
Geschäftsführung	Inhaber	jeder Gesellschafter	nur Vollhafter (Komplementär)	Vorstand	Geschäftsführer
Überwachendes Organ	–	–	–	Aufsichtsrat	Aufsichtsrat (bei mehr als 500 Arbeitnehmern oder freiwilliger AR)
beschließendes Organ	–	–	–	Hauptversammlung	Gesellschafterversammlung
Haftung und Haftungssumme	Inhaber haftet unbeschränkt	jeder Gesellschafter haftet unbeschränkt, unmittelbar und solidarisch	Vollhafter wie bei OHG, Teilhafter nur mit Einlage	AG als juristische Person mit ihrem Gesellschaftsvermögen	GmbH als juristische Person mit ihrem Gesellschaftsvermögen (evtl. Nachschüsse durch Gesellschafter)
Registereintragung	Handelsregister	Handelsregister	Handelsregister	Handelsregister	Handelsregister

*Grundsätzlich ist eine Personen-, Sach-, Fantasie- oder gemischte Firma möglich.

9 Vollmachten im Handelsrecht

→ Lernsituation 11

Welche Vollmachten besitzen Mitarbeiter gegenüber Dritten? Ist z. B. ein Personalsachbearbeiter, der die Zahlungen an die Mitarbeiter durchführt, auch dazu berechtigt, die Zahlungsanweisungen an die Hausbank zu veranlassen? Die wichtigsten Vollmachten im Handelsrecht sind **Prokura** und **Handlungsvollmacht**. Prokuristen und Handlungsbevollmächtigte sind Stellvertreter eines Kaufmanns. Rechtsgeschäfte, die von Prokuristen oder Handlungsbevollmächtigten im Rahmen ihrer Vertretungsmacht vorgenommen werden, wirken unmittelbar für und gegen den Kaufmann.

§§ 164 ff. BGB

9.1 Prokura

Erteilung
Prokura kann nur vom Inhaber des Handelsgeschäfts oder seinem gesetzlichen Vertreter und nur mittels ausdrücklicher Erklärung erteilt werden.

Erteilung der Prokura, § 48 HGB

Umfang
Der Prokurist ist zu allen Arten von gerichtlichen und außergerichtlichen Geschäften und Rechtshandlungen ermächtigt, die der Betrieb eines Handelsgewerbes mit sich bringt. Darunter fallen zum Beispiel:
- Einstellung von Personal und Erteilen von Handlungsvollmachten
- Aufnahme und Einräumung von Krediten
- Schenkungen machen und fremde Verbindlichkeiten übernehmen
- Schließung und Eröffnung von Zweigniederlassungen
- Erwerb von Unternehmen und Beteiligungen
- Eingehung von Wechselverbindlichkeiten
- Kauf von Grundstücken

Umfang der Prokura, §§ 49 f. HGB

Grundsätzlich nicht ermächtigt ist der Prokurist zu den so genannten Grundlagengeschäften, also Geschäften, die den Bereich des Handelsgewerbes als solches betreffen. Der Prokurist kann demnach **nicht**
- das Handelsgeschäft einstellen oder veräußern,
- die Firma ändern,
- neue Gesellschafter aufnehmen,
- Insolvenz beantragen,
- Anmeldungen zum Handelsregister vornehmen,
- das Inventar und die Bilanz unterzeichnen,
- Grundstücke belasten oder veräußern (außer mit Sondervollmacht).

Arten
1. **Einzelprokura:** Berechtigung, die Vertretung alleine auszuüben.
2. **Filialprokura:** Beschränkung der Prokura auf einen Filialbetrieb.
3. **Gesamtprokura:** Unter der Gesamtprokura versteht man eine Prokura, die mehreren Personen gemeinschaftlich erteilt wird, d. h., die Prokura kann durch die Prokuristen nur gemeinsam ausgeübt werden.

Filialprokura, § 50 Abs. 3 HGB
Gesamtprokura, § 48 Abs. 2 HGB

Zeichnung

Zeichnung, § 51 HGB

Der Prokurist zeichnet üblicherweise mit „ppa" vor seinem handgeschriebenen Namen, beides unter (oder über) der Firma (dem Firmenstempel) des Handelsgeschäftes. Dies ist jedoch nur eine Ordnungsvorschrift, ihre Verletzung macht die Unterschrift eines Prokuristen nicht unwirksam. Die Prokura kann vertraglich eingeschränkt werden. Zum Schutz von Dritten ist eine Beschränkung des Umfanges der Prokura dem **Dritten gegenüber** jedoch **unwirksam**. Wenn z. B. einem Prokuristen ausdrücklich die Vergabe von Krediten untersagt wird, der Prokurist aber dennoch einen Kredit an einen Kunden vergibt, so haftet der Prokurist gegenüber dem Kaufmann, der Kunde hat aber einen rechtmäßigen Anspruch auf den Kredit (es sei denn, ihm war die Einschränkung der Prokura bekannt).

9.2 Handlungsvollmacht

Erteilung

Handlungsvollmacht, § 54 HGB

Handlungsvollmacht kann von jedem Kaufmann erteilt werden. Die Erteilung bedarf keiner besonderen Form und kann auch durch schlüssiges Verhalten (z. B. Duldung) erfolgen. Die Handlungsvollmacht wird nicht ins Handelsregister eingetragen.

Umfang

Der Umfang ist u. a. abhängig von der Art der Handlungsvollmacht bzw. von der Festlegung durch den Kaufmann. Bei der **allgemeinen Handlungsvollmacht** ergeben sich gegenüber der Prokura folgende Unterschiede: Die Handlungsvollmacht erstreckt sich auf alle Rechtsgeschäfte und Rechtshandlungen, die der Betrieb eines derartigen Handelsgewerbes gewöhnlich mit sich bringt. Der Handlungsbevollmächtigte ist somit nur zu gewöhnlichen (alltäglichen), branchenüblichen Geschäften ermächtigt, nicht wie der Prokurist zu Geschäften, die in irgendeinem Handelsgewerbe vorkommen können. Z. B. darf ein Handlungsbevollmächtigter eines Papiergroßhandels keine Aktien kaufen, auch wenn ein großer Gewinn zu erwarten ist.

Folgende Rechtsgeschäfte bzw. Rechtshandlungen können von einem Handlungsbevollmächtigten nur mit besonderer Ermächtigung des Kaufmanns durchgeführt werden:
- Veräußerung und Belastung von Grundstücken
- Eingehung von Wechselverbindlichkeiten
- Aufnahme von Darlehen
- Prozessführung

Arten

1. **Einzel- oder Spezialhandlungsvollmacht:** Der Spezialbevollmächtigte ist zu einzelnen, konkret bestimmten Geschäften bevollmächtigt.

   Beispiel: Bevollmächtigung zum Kauf eines neuen Lkws

2. **Arthandlungsvollmacht:** Sie ermächtigt zur Vornahme von Geschäften einer bestimmten Art (Gattung).

   Beispiele: Bankkassierer, Einkäufer, Abteilungsleiter

3. **Allgemeine Handlungsvollmacht:** Sie erstreckt sich auf den gesamten Betrieb dieses Handelsgewerbes.

9 Vollmachten im Handelsrecht

Zeichnung

Der Handlungsbevollmächtigte unterschreibt üblicherweise mit
- i. A. (im Auftrag) = Einzel- oder Arthandlungsvollmacht,
- i. V. oder „in Vollmacht" oder „per" = allgemeine Handlungsvollmacht.

ÜBERSICHT: Vollmachten im Handelsrecht

	Prokura §§ 48 ff. HGB:	Handlungsvollmacht §§ 54 f. HGB:
Erteilung	– § 48 (1) HGB: persönliche, ausdrückliche Erklärung des Inhabers des Handelsgeschäfts oder dessen gesetzlichen Vertreters – Eintragung ins HR	– von jedem Kaufmann, bedarf keiner besonderen Form, auch durch konkludentes Handeln – keine Eintragung ins HR
Umfang	§§ 49, 50 HGB: alle gerichtlichen und außergerichtlichen Geschäfte und Rechtshandlungen	alle gewöhnlichen (= alltäglichen, branchenüblichen) Geschäfte
	ausgenommen: Grundlagengeschäfte (die das Handelsgeschäft als solches betreffen)	ausgenommen: – Grundstücke belasten oder veräußern – Wechselverbindlichkeiten eingehen – Darlehen aufnehmen – Prozessführung
	Vertragliche Einschränkungen sind gegenüber Dritten unwirksam!	
Arten	– Einzelprokura – Filialprokura – Gesamtprokura	– allgemeine Handlungsvollmacht – Einzel-/Spezialhandelsvollmacht – Arthandlungsvollmacht
Zeichnung	§ 51 HGB „ppa." + Unterschrift	„i. A.", „i. V.", „per" + Unterschrift

Aufgaben

Die Solutions GmbH hat sich auf die Beratung mittelständischer Industrieunternehmen spezialisiert. Für Frau Martini ist Einzelprokura im Handelsregister eingetragen, Herrn Beyer wurde allgemeine Handlungsvollmacht erteilt. Während eines Urlaubs des Geschäftsführers bietet sich ein kleines Bürogebäude samt Grundstück günstig zum Kauf an.

1. Wer von den beiden darf hierfür ein Darlehen aufnehmen, den Kaufvertrag abschließen und nach Erwerb das geänderte Inventar unterzeichnen?
2. Mit Frau Martini wurde vereinbart, sie dürfe keine Grundstücke erwerben. Ist diese Einschränkung überhaupt zulässig? Hätte sie das Grundstück dennoch erworben, wäre die Solutions GmbH an den Kaufvertrag gebunden?
3. Herrn Beyer wird Gesamtprokura gemeinsam mit Frau Martini erteilt.
   a Könnte er den Grundstückskaufvertrag abschließen?
   b Nennen Sie drei weitere Rechtshandlungen, die die beiden nach dem Gesetz vornehmen können.
4. Überlegen Sie, welche Voraussetzungen ein Mitarbeiter wohl erfüllen muss, um zum Prokuristen ernannt zu werden.
5. Interpretieren Sie die folgende Aussage:
   „Der Prokurist eines Unternehmens ist dem Unternehmer/Geschäftsführer in allen geschäftlichen Angelegenheiten gleichgestellt".

1 Kennzeichen des Industriebetriebs 114
2 Markt als Auslöser von Geschäftsprozessen............ 118
3 Zielsystem des Unternehmens 123
4 Industrielle Leistungserstellung 132
5 Geschäftsprozesse................................... 143
6 Betriebliche Organisation............................. 151

2 Marktorientierte Geschäftsprozesse eines Industriebetriebs erfassen

1 Kennzeichen des Industriebetriebs

1.1 Betriebsaufgaben und Betriebstypen

Definition Betrieb, vgl. LF 1, Kap. 1.2

Die Grundaufgabe eines **Industriebetriebs** liegt in der Materialgewinnung, -veredelung und -verarbeitung. Dieses Merkmal teilt er sich mit Landwirtschaft und Handwerk. Im Unterschied zu diesen Betrieben zeichnen sich Industriebetriebe aber durch folgende Kennzeichen aus:
- **weltweite,** überwiegend **anonyme** Beschaffungs- und Absatzmärkte
- hohes Maß an innerbetrieblicher **Arbeitsteilung**
- keine Produktionsarbeit des Inhabers
- umfangreiche technische Betriebsausstattung (wenig Handarbeit)
- mindestens **mittlere Betriebsgröße**

Grundstoff-, Zuliefer-, Investitions- und Konsumgüterindustrie, vgl. LF 1, Kap. 1.2

Nach dem **Produktionsfluss** können Industriebetriebe der Grundstoff-, der Zuliefer-, der Investitionsgüter- oder der Konsumgüterindustrie zugeordnet werden.

Produktionsfaktoren, vgl. Kap. 1.3

Eine andere Typisierung von Industriebetrieben erfolgt nach dem **vorwiegend eingesetzten Produktionsfaktor**; danach unterscheidet man
- materialintensive Betriebe,
- arbeitsintensive Betriebe,
- anlagenintensive Betriebe,
- energieintensive Betriebe.

Bei **materialintensiven** Betrieben stellen Roh-, Hilfs- und Betriebsstoffe sowie bezogene Halbfertigteile den größten Kostenfaktor dar; dies ist z. B. in der Schmuckindustrie (z. B. Goldverarbeitung) der Fall.

Betriebe mit mittlerer Betriebsgröße haben laut EU-Klassifikation 50 bis 249 Beschäftigte und mehr als 10 bis 50 Mio. € Umsatz.

Häufiger jedoch ist **menschliche Arbeit** der größte Kostenfaktor. Solche **arbeitsintensiven** Betriebe findet man im Maschinenbau, der Luftfahrt- oder der optischen Industrie.

Dort, wo menschliche Arbeit durch maschinelle Anlagen ersetzt wurde, entwickeln sich Finanzierung und Unterhalt der zahlreichen Betriebsmittel zum bedeutendsten Kostenfaktor. Solche **anlagenintensiven Betriebe** werden auch als **Schwerindustrie** bezeichnet; Beispiele sind die Zement- und die Stahlindustrie oder der Automobilbau.

Mit dem Einsatz mechanisierter Betriebsmittel steigt in der Regel auch der **Energiebedarf**; wird er – wie z. B. bei Aluminiumwerken – zum wichtigsten Kostenfaktor, spricht man von einem **energieintensiven** Betrieb.

Funktionen von Industrieunternehmen, vgl. LF 1, Kap. 1.4

Allen Industrieunternehmen gemeinsam sind die typischen **Funktionen**:
- **Beschaffung** von Material, Personal, Betriebsmitteln und Kapital
- **Produktion**
- **Absatz** der betrieblichen Erzeugnisse
- **Entwicklung** neuer Produkte
- **Rechnungswesen** zur Erfolgsermittlung der Betriebstätigkeit

Im Rahmen der vielfach vollzogenen Auslagerung von Betriebsfunktionen (Outsourcing) oder der globalen Bündelung von Forschungs- und Produktionstätigkeiten ist es heutzutage zunehmend untypisch, dass jeder Betrieb/Standort noch alle Funktionen vereint. Meistens ist dies nur noch am sogenannten Stammsitz (Gründungswerk) des Unternehmens vorzufinden.

1.2 Produktionsmodell

In seiner einfachsten Darstellungsweise kann die betriebliche Produktion als Input-Output-Modell beschrieben werden:

alles, was für die Produktion benötigt wird	**Input** ⬇	– technisches Wissen und Leitung – Hilfs- und Betriebsstoffe – Maschinen und Werkzeuge – Personal
was bei der Produktion geschieht	Zusammenwirken (Kombination)	Beispiel: **Mensch** legt **Rohmaterial** in **Maschine** ein und Maschine formt Endprodukt.
alles, was vom Betrieb erzeugt wird	**Output** ⬇	– Sachgüter – Dienstleistungen – Rechte (z. B. Patent)

Input ist alles, was für die Produktion verwendet wird (sogenannte **Produktionsfaktoren**). Der **Output** besteht nicht nur aus dinglichen Gütern, sondern der typische Industriebetrieb bietet auch eine Reihe anderer Leistungen und Rechte an, z. B. die Reparatur defekter Erzeugnisse, Produktschulungen, Finanzierungshilfen oder Lizenzen.

Gerade unter den heutigen Marktbedingungen wird es zunehmend schwieriger, über die technische Leistungsfähigkeit oder den Preis um die Käufergunst zu werben. Deshalb wird der Wettbewerb immer häufiger über großzügige Serviceangebote ausgetragen.

! „Produktion" findet deshalb nicht allein in der Werkshalle, sondern auch im Forschungslabor, im Seminarraum oder an der Beratungstheke statt.

1.3 Produktionsfaktoren

Der Begriff „Produktionsfaktor" umfasst alle an der Erzeugung des Produktes (des materiellen Guts, der Dienstleistung oder des Rechts) beteiligten Elemente:

Produktionsfaktor	dispositive Arbeit	Betriebsmittel	Werkstoffe	objektbezogene Arbeit
Beschreibung	planende, leitende und kontrollierende Tätigkeiten	alle betrieblichen Produktionseinrichtungen	alle Verbrauchsmaterialien	ausführende Tätigkeiten
Mögliche Erscheinungsform	– Designer/in – Produktionsleiter/in – Buchhalter/in	– Betriebsgrundstück – Werkshalle – Maschine – Werkzeuge	– Halbfertigteile – Roh-, Hilfs- und Betriebsstoffe – Energie (z. B. Strom, Gas)	– Bandarbeiter – Reinigungskraft

Beispiel: In einer Textilfabrik wird eine Jeans genäht:

dispositive Arbeit	⟶ z. B. Schnittmuster des Designers
Betriebsmittel	⟶ z. B. Nähmaschine, Schere
Werkstoffe	⟶ z. B. Jeansstoff, Faden, Nieten
objektbezogene Arbeit	⟶ z. B. Näherin

Diese in der Betriebswirtschaft gebräuchliche Einteilung weicht nur auf den ersten Blick gravierend von den volkswirtschaftlichen Produktionsfaktoren Boden, Arbeit und Kapital ab. Die volkswirtschaftliche Einteilung entstammt der vorindustriellen Zeit, in der die landwirtschaftliche Erzeugung mit Acker (= Boden), Bauern (= Arbeit) und Pflug (= Kapital) der vorherrschende Produktionstyp war. Mit aufkommender Industrialisierung wich das Bearbeitungsobjekt „Boden" dem Bearbeitungsobjekt „Werkstoff", das „Kapital" als Ausdruck des Vorhandenseins von Produktionsmitteln, die von Menschen hergestellt wurden, findet sich im Begriff der „Betriebsmittel" wieder.

betriebswirtschaftliche Produktionsfaktoren		volkswirtschaftliche Produktionsfaktoren
Werkstoffe	≙	Boden
dispositive und objektbezogene Arbeit	≙	Arbeit
Betriebsmittel	≙	Kapital

Betriebsmittel und Werkstoffe unterscheidet man danach, ob sie nach der Produktion noch unverändert vorhanden sind: Betriebsmittel sind unverändert vorhanden, Werkstoffe nicht.

Dagegen ist die Unterscheidung von dispositiver und ausführender Arbeit oft deutlich schwieriger. Dispositive Arbeit kommt im Gegensatz zur objektbezogenen Tätigkeit nicht mit dem Produkt in Berührung. In fast allen Berufsbildern sind jedoch beide Elemente vorhanden. Die in Deutschland übliche Facharbeiterausbildung genießt gerade deshalb international ein hohes Ansehen, weil sie die Mitarbeiter in die Lage versetzt, Arbeitsprozesse in hoher Selbstständigkeit und Eigenverantwortung zu bewältigen. Das heißt, der typische Facharbeiter vereint dispositive **und** objektbezogene Arbeit.

1.4 Produkte als Leistungsbündel

Der betriebliche Output besteht aus Sachgütern, Dienstleistungen und Rechten:

Betriebliche Leistung	Sachgut	Dienstleistung	Rechte
Beschreibung	dingliches Produkt (materielles Gut)	Hilfestellung bei Produkterwerb und Produktnutzung	Nutzungsanspruch
mögliche Erscheinungsformen	Pkw, Jeans, Fernseher	Beratung, Finanzierung, Schulung	Patent, Marke

Der Verbraucher betrachtet diese verschiedenen Leistungen nicht isoliert, sondern sieht sie als Leistungsbündel; die Qualität des Bündels bestimmt die Attraktivität des betrieblichen Angebots.

Beispiel: Leistungsbündel eines LED-TVs:

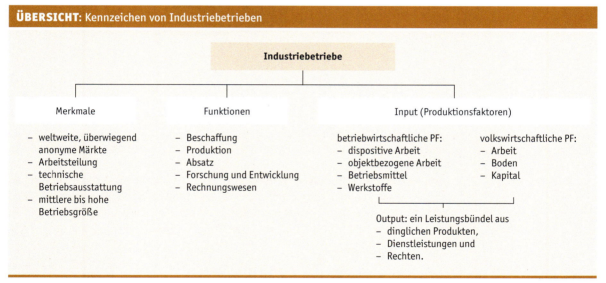

Aufgaben

1. Definieren Sie die folgenden Begriffe:
   - Grundstoffindustrie
   - Investitionsgüterindustrie
   - Konsumgüterindustrie
2. Welcher Produktionsfaktor ist in Ihrem Ausbildungsbetrieb am wichtigsten? Ordnen Sie Ihren Betrieb dem entsprechenden Betriebstyp zu.
3. Beschreiben Sie das Leistungsbündel Ihres Ausbildungsbetriebs.

2 Markt als Auslöser von Geschäftsprozessen

Beispiel: Ein älterer Verkaufsmitarbeiter der Fly Bike Werke GmbH beklagt sich darüber, dass das Verkaufssortiment der Fly Bike Werke GmbH in immer kürzeren Abständen umgestellt werde und er allmählich den Überblick über all die Modelle, Varianten und Sonderanfertigungen verliere, die täglich das Werk verließen. Ständig werde er mit Sonderwünschen konfrontiert:

2.1 Wandel der Marktbedingungen

Bis in die 60er-Jahre des 20. Jahrhunderts hinein galten die beschränkte Produktionskapazität sowie die stockende Material- und Arbeitskräfteversorgung als größte Engpässe bei der betrieblichen Expansion. Die Zerstörungen und Entbehrungen des Zweiten Weltkriegs setzten einen immensen Nachholbedarf frei, die Konflikte des folgenden „Kalten Krieges" machten den Zugang zu Rohstoffquellen zum politischen Interessenspiel und der seinerzeit noch geringe Grad an Automatisierung erforderte massenhaft zusätzliche Produktionskräfte.

Quelle: Ernst Hürlimann

Erst gegen Ende der 60er-Jahre waren in Deutschland Marktsättigungstendenzen zu erkennen; statt Materialbeschaffung und Kapazitätsausbau wurde die Gewinnung von Kunden durch attraktive Produkte und Konditionen allmählich zum erstrangigen Ziel betrieblichen Handelns.

Verkaufssituation 1955	Verkaufssituation heute
Mangel an Material, Maschinen und Arbeitskräften	Mangel an Kunden
Nachfrageüberhang: Anbieter kann Verkaufsbedingungen diktieren (Verkäufermarkt)	Angebotsüberhang: starke Verhandlungsposition der Kunden (überwiegend Käufermarkt)
Wettbewerb über Qualität und Lieferbereitschaft	Wettbewerb über Preis, Image und bedarfsgerechtes Angebot
Einheitsprodukte	hohe Produktvielfalt (Produktdifferenzierung)
vorwiegend regionale Konkurrenz	internationale Konkurrenz
hohe Kundenbindung (Kundentreue)	Kundenbindung muss durch umfangreiche Maßnahmen aufrechterhalten werden.

Das heute erforderliche marktbezogene Denken sowie alle daraus resultierenden Maßnahmen zur Gewinnung und Bindung neuer Abnehmer werden unter dem Begriff „Marketing" zusammengefasst.

Marketing, vgl. **LF 10**, Band 3

2.2 Märkte als Handlungsfeld

Die bedarfsgerechte Bedienung des Absatzmarktes steht im Mittelpunkt der betrieblichen Anstrengungen. Sie ist allerdings nicht die einzige Anforderung, die von außen auf den Betrieb wirkt und bei der Gestaltung betrieblicher Abläufe berücksichtigt werden muss.

Das Industrieunternehmen tritt auf dem Markt nicht nur als Anbieter von Produkten und Dienstleistungen auf, sondern ist immer auch zugleich Nachfrager der für die Erzeugung betrieblicher Produkte und Dienstleistungen notwendigen Materialien und Betriebsmittel, Mitarbeiter und Finanzmittel.

Marktbeziehungen eines Industriebetriebs

Auslöser für die Neugestaltung von Geschäftsprozessen können deshalb auch Anforderungen vonseiten der Beschaffungsmärkte sein, z. B.

Wunsch der Arbeitnehmer nach besseren Arbeitsbedingungen →	Gestaltung abwechslungsreicherer Stellenaufgaben
Forderung der Kreditgeber nach höherer Kreditwürdigkeit →	umfangreiche Rationalisierungsmaßnahmen zur Steigerung der Ertragskraft
eingetretener Rohstoffengpass →	materialsparende Neukonstruktion von Produkten

Öffentlichkeitsarbeit, Absatzwerbung, vgl. LF 10, Band 3

Personalmanagement, vgl. LF 7, Band 2

Allerdings ist der Einfluss von Marktbedingungen und betrieblichen Handlungen nicht einseitig zu verstehen. Das Unternehmen reagiert einerseits auf gegebene Situationen, versucht aber andererseits auch, das Marktumfeld in seinem Sinne zu gestalten. Typische Beispiele für diese „marktgestaltende" Arbeit finden sich in der Öffentlichkeitsarbeit, in der Absatzwerbung oder beim Personalmarketing.

AB → Lernsituation 12

2.3 Absatzplanung als Ausgangspunkt des betrieblichen Planungssystems

Wie in den vorherigen Abschnitten beschrieben, ist der Absatz betrieblicher Erzeugnisse trotz aller unternehmerischen Anstrengungen begrenzt. Daher liegt es nahe, die betriebliche Planung an den „Möglichkeiten" dieses Engpassfaktors auszurichten. Betriebswirtschaftlich wäre es nachteilig, Erzeugnisse herzustellen, die nicht verkauft werden können. Denn dann würde der Verkaufserlös fehlen, obwohl Produktion und Lagerhaltung bereits hohe Kosten verursacht hätten. Auch würde es nichts nützen, zunächst die Anschaffung von Maschinen zu planen, ohne sicher zu sein, dass man sie durch entsprechende Produktionszahlen auch auslasten kann.

Betrieblicher Planungsprozess

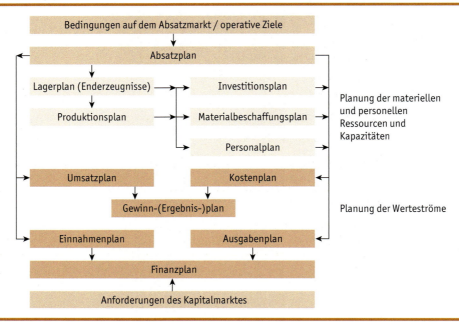

Erläuterungen zu den betrieblichen Plänen:
- Der **Absatzplan** enthält die voraussichtliche Art und Menge der absetzbaren Produkte. Um die Absatzmöglichkeiten einzuschätzen, kann der Betrieb Marktforschung betreiben und/oder sich an Vergangenheitswerten orientieren.
- Nicht jedes verkaufte Erzeugnis muss aus der Produktion stammen, weswegen der **Lagerplan** Art und Menge der beabsichtigten Vorräte festschreibt.
- Soll aus dem Lagerbestand verkauft werden, kann der **Produktionsplan** entsprechend reduziert werden. Einige Produkte werden auch komplett fremdbezogen (Handelsware) und tauchen so zwar im Absatzplan, nicht aber im Produktionsplan auf. Für die Art und Menge der im Produktionsplan aufgeführten Produkte müssen die entsprechenden Einsatzgüter (Produktionsfaktoren) bereitgestellt werden. *(Produktionsfaktoren, vgl. Kap. 1.3)*
- Dementsprechend werden das für die Herstellung benötigte Material im **Materialbeschaffungsplan**,
- die benötigten Mitarbeiter im **Personalplan** und
- die erforderlichen Werkzeuge und Betriebsmittel im **Investitionsplan** erfasst.
- Sowohl diese Investitionen als auch der laufende Geschäftsbetrieb erfordern erhebliche Geldmittel. Art, Umfang und Zeitpunkt der Zahlungen werden im **Ausgabenplan** festgehalten.
- Nicht jede Ausgabe stellt einen Kostenfaktor dar, der **Kostenplan** hat seine eigene Wertstellung. So verliert der Betrieb durch den Kauf einer Maschine zwar Geld, wird aber nicht ärmer, weil er gleichzeitig wertvolle Ausstattung erhält. *(Aktivtausch, vgl. LF 3, Kap. 3.1)*
- Ähnliches gilt für das Verhältnis von **Einnahmenplan** und **Umsatzplan**. Hier kann beispielsweise durch die Selbsterstellung einer Anlage für den Eigenbedarf eine Leistung erzielt werden, die ohne Einnahme bleibt.
- Der **Gewinnplan** schließlich weist den absehbaren Gewinn oder Verlust des Betriebs aus,
- während der **Finanzplan** die voraussichtlichen Einnahmen und Ausgaben zusammenfasst und den eintretenden Zahlungsmittelüberschuss oder ein mögliches -defizit ermittelt.

2.4 Planungsebenen

Das betriebliche Planungssystem unterscheidet sich nicht allein nach dem Planungsgegenstand, sondern auch nach dem **Planungshorizont**:

	Strategische Planung	Taktische Planung	Operative Planung
Zeithorizont	langfristig (> 5 Jahre)	mittelfristig (1–5 Jahre)	kurzfristig (< 1 Jahr)
Verantwortung	oberste Leitungsebene	mittlere Leitungsebene	untere Leitungsebene
Planungsbereich	Gesamtunternehmen	einzelne Unternehmensbereiche	Abteilungen und Arbeitsgruppen
Inhalt	allg. Zielsetzungen	Maßnahmenkataloge	Handlungsvorgaben
Beispiel	Erreichen der Marktführerschaft	Einführung einer Produktinnovation	Gestaltung einer Werbemaßnahme

Grundsätzlich gilt: Je grundlegender die Bedeutung des Plans für die Zukunft des Unternehmens ist, desto höher ist die Entscheidungsebene, die ihn verabschiedet, und desto langfristiger muss er angelegt werden. Grundsätzliche Entscheidungen wie z. B. die Ausdehnung des Absatzgebietes auf andere Kontinente oder die Entwicklung neuer Produktgruppen erfordern bis zu ihrer Umsetzung beträchtliche Investitionen und organisatorische Umstellungen und sind schon von daher nur langfristig zu realisieren. Das hat auch den Effekt, dass strategische Planungsfehler ungleich schwieriger wieder ausgeglichen werden können und deshalb den Unternehmenserfolg nachhaltig gefährden.

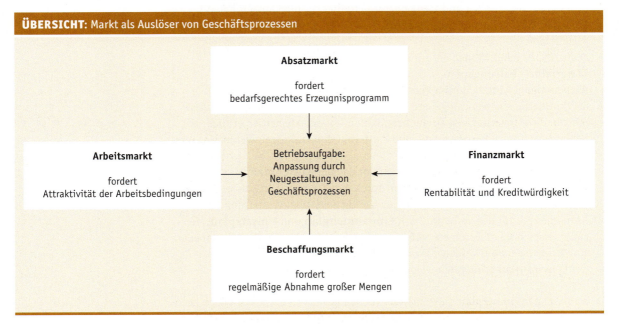

ÜBERSICHT: Markt als Auslöser von Geschäftsprozessen

Aufgaben

1 Formulieren Sie Anforderungen, die an die Fly Bike Werke GmbH gestellt werden von
   a den Fahrradbesitzern,
   b den Händlern,
   c den Lieferanten,
   d den Kapitalgebern.

2 Welche Informationen entnehmen Sie
   a dem Absatzplan,
   b dem Investitionsplan,
   c dem Finanzplan?

3 Finden Sie jeweils zwei eigene Beispiele für strategische, taktische und operative Planungsgegenstände.

3 Zielsystem des Unternehmens

AB → Lernsituation 13

 Beispiel: Bei der letzten Betriebsversammlung der Fly Bike Werke GmbH hat die Geschäftsleitung u. a. die wirtschaftlichen Ziele für das neue Geschäftsjahr vorgestellt:

	Aktuelles Jahr	Planjahr
Eigenkapital	0,3 Mio. €	0,3 Mio. €
Umsatz	6,90 Mio.	7,70 Mio.
Gesamtaufwand	6,72 Mio.	6,98 Mio.
davon Personalaufwand	2,83 Mio.	2,70 Mio.
Beschäftigtenzahl	38	35
Eigenkapitalrendite	60 %	240 %

Der Betriebsrat ist empört und beklagt sich darüber, dass nun auch bei der Fly Bike Werke GmbH trotz günstiger Wirtschaftslage „auf Kosten der Beschäftigten rigoros gespart" werde. Der Geschäftsführer Herr Peters entgegnet: „Ein wesentliches Ziel der Geschäftspolitik muss es sein, unser Unternehmen insbesondere für Eigenkapitalgeber interessanter zu machen." Er setzt hinzu: „Es kommt nun darauf an, den Shareholder-Value zu steigern!"

3.1 Unternehmenskultur, -philosophie und -leitbild als Grundlagen der Zielbildung

Jedes Unternehmen gleicht einem Organismus. Täglich werden zwischen den Beschäftigten unzählige Botschaften ausgetauscht und viele verschiedene Verhaltensweisen sind zu beobachten. Dabei entwickelt das Unternehmen im Laufe der Zeit eigene ungeschriebene Standards und Gesetzmäßigkeiten, z.B. für Führungsstile, Arbeitsweisen, Kommunikationsformen oder typische „Hauskleidung".

Diese rein traditionellen Normen machen die **Unternehmenskultur** aus, sie äußern sich gelegentlich in Formulierungen wie „Bei uns wird keiner entlassen" oder „Führungskräfte kommen immer aus dem eigenen Haus". Basieren diese Aussagen jedoch nicht allein auf dem gemeinsamen subjektiven Empfinden der Beschäftigten, sondern werden sie (ggf. unter Mitarbeiterbeteiligung in einem Prozess der Erkenntnisfindung und des Interessenausgleiches) von der Geschäftsleitung als Prinzipien unternehmerischen Handelns formuliert, so reifen sie je nach Verbindlichkeit zur **Unternehmensphilosophie** oder zum **Unternehmensleitbild**.

Vorteile eines Unternehmensleitbildes:
- Das „Wir"-Gefühl der Mitarbeiter wird gestärkt, ihre Identifikation mit dem Unternehmen gefördert. Damit steigen Arbeitsmotivation und Leistung, während die Fluktuationsquote sinkt.
- Durch einheitliche Entscheidungsgrundsätze wird die Führung des Unternehmens vereinfacht, das Setzen verbindlicher Prioritäten vermeidet langwierige Interessenkonflikte.

- Durch das Leitbild und die damit einhergehende Selbstverpflichtung werden die Handlungen des Unternehmens in der Öffentlichkeit besser legitimiert, das Unternehmen erzeugt so Sympathien, seine Produkte gewinnen an Attraktivität.
- Das Leitbild fördert die Unterscheidbarkeit der Anbieter auf Massenmärkten.
- Ein gut formuliertes und verbreitetes Leitbild kann die Rekrutierung neuer Mitarbeiter wesentlich erleichtern, es kann auch ideell weniger geeignete Stellensuchende von einer Bewerbung abhalten.
- Die Kenntnis der Entscheidungsgrundlagen macht das Unternehmen bei Lieferanten und Kunden berechenbarer, ein Leitbild ist deshalb auch ein Instrument zur Vertrauensbildung.

Der größte **Nachteil** ist, dass das Leitbild in unvorhergesehenen Situationen das Feld möglicher Entscheidungen und Maßnahmen stark einengen kann.

Quelle: http://www.heidelbergcement.com/global/de/company/home.htm, Stand: 14.04.2011

Beispiel aus der Industrie: Leitbild eines internationalen Industrieunternehmens aus der Grundstoffindustrie (hier Zementindustrie)

Unser Unternehmensleitbild

In der Corporate Mission werden unsere Unternehmenskultur und unsere Werte beschrieben.

- Wir bauen auf die drei Pfeiler einer nachhaltigen Entwicklung: Ökonomie, Ökologie und gesellschaftliche Verantwortung.
- Unser wirtschaftliches Ziel ist eine kontinuierliche Steigerung der Ergebnisse durch Kostenführerschaft und langfristiges, am Ergebnis orientiertes Wachstum.
- Wir streben eine langfristige, von Verlässlichkeit und Integrität geprägte Kundenbeziehung an.
- Unser Erfolg basiert auf kompetenten, engagierten Mitarbeitern und einer exzellenten Führungsmannschaft.
- Klimaschutz und Ressourcenschonung sind unsere vorrangigen Ziele im Umweltschutz.
- Unsere Informationspolitik ist transparent, wahrheitsgetreu und verantwortungsbewusst.
- Aktive und offene Kommunikation prägt unseren Umgang miteinander.

Ein Leitbild besteht in der Regel aus drei Elementen:

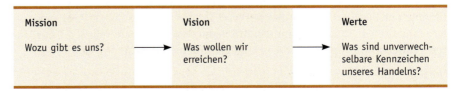

Mission	Vision	Werte
Wozu gibt es uns?	Was wollen wir erreichen?	Was sind unverwechselbare Kennzeichen unseres Handelns?

Insbesondere dem Aspekt eines einheitlichen, unverwechselbaren Auftritts des Unternehmens in der Öffentlichkeit widmet sich das Konzept der „**Corporate Identity**". Ziel ist es, bei allen Mitarbeitern und Außenstehenden, insbesondere aber bei den Konsumenten, ein klares Bild des Unternehmens zu verankern. Dies kann nur gelingen, wenn sich alle Unternehmensaktivitäten aus dem Blickwinkel des Kunden harmonisch zusammenfügen.

Im Einzelnen wird das Erscheinungsbild von folgenden Faktoren geprägt:

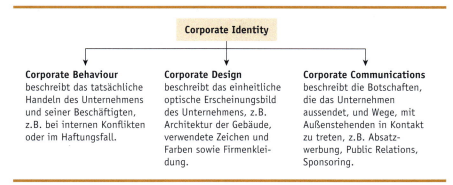

Corporate Behaviour beschreibt das tatsächliche Handeln des Unternehmens und seiner Beschäftigten, z.B. bei internen Konflikten oder im Haftungsfall.

Corporate Design beschreibt das einheitliche optische Erscheinungsbild des Unternehmens, z.B. Architektur der Gebäude, verwendete Zeichen und Farben sowie Firmenkleidung.

Corporate Communications beschreibt die Botschaften, die das Unternehmen aussendet, und Wege, mit Außenstehenden in Kontakt zu treten, z.B. Absatzwerbung, Public Relations, Sponsoring.

Im Zusammenhang mit dem „Corporate Behaviour" wird vielfach auch der Begriff „**Corporate Governance**" erwähnt. Dieser spielt insbesondere für die Vertrauensbildung der Anleger in internationalen börsenorientierten Unternehmen eine wichtige Rolle. Dahinter steht eine Selbstverpflichtung des Managements, die gültigen Handels- und Steuergesetze des jeweiligen Wirtschaftsraums genauestens zu beachten und die Standards verantwortungsvoller, nachhaltiger und transparenter Unternehmensführung nicht zu verletzen (z.B. Verzicht auf Bestechung zur Erlangung von Aufträgen). Damit sollen insbesondere die Aktionäre vor einem unerwarteten Wertverlust ihrer Anteile durch schwebende Verfahren, staatliche Sanktionen (z.B. Bußgelder) oder Imageschädigung geschützt werden.

3.2 Ausrichtung des Unternehmens: Shareholder-Value versus Stakeholder-Value

Die im Unternehmensleitbild formulierten Grundsätze der Unternehmensführung lassen zumeist die strategische Ausrichtung des Unternehmens erkennen. Im Kern muss die oberste Unternehmensleitung die Frage beantworten, ob den Interessen der Eigentümer (bzw. Eigenkapitalgeber) bei der Zielsetzung absolute Priorität gegenüber anderen beteiligten Gruppen eingeräumt wird oder ob die Interessen des gesamten Betriebsumfeldes (Eigentümer/Eigenkapitalgeber, Mitarbeiter, Anwohner, Lieferanten, Kunden, staatliches Gemeinwesen usw.) in die Zielsetzungen eingehen.

	Stakeholder-Ansatz	Shareholder-Ansatz
Unternehmenszweck	Das Unternehmen soll die Ansprüche aller Interessengruppen umsetzen.	Das Unternehmen soll das Vermögen der Eigentümer mehren.
Erfolgsmaßstab	Maximierung der Beiträge aller Beteiligten zur Unternehmensentwicklung	Maximierung des Gewinns
Erfolgsbeurteilung	schwierig, da auf subjektiven Nutzeneinschätzungen basierend	einfach, da auf Wertzahlen basierend

Quelle: abgewandelt nach Hungenberg: Strategisches Management im Unternehmen, 2006, S. 30

> **!** Der **Shareholder-Value** ist der Marktwert (möglicher Verkaufspreis) des Unternehmens abzüglich des aufgenommenen Fremdkapitals.

Eine dauerhaft verbesserte Gewinnsituation erhöht deshalb den Wert der Unternehmensanteile. Aber vor allem macht sie das Unternehmen für potenzielle Aufkäufer oder Beteiligungen interessanter und damit wertvoller.

Gegen die strenge Ausrichtung am Shareholder-Value spricht jedoch, dass eine streng wertorientierte Zielsetzung früher oder später zu ernsthaften Konflikten mit den anderen Interessengruppen führt, z. B. zu Anwohnerprotesten bei hohen Lärmemissionen, zu Streiks bei Lohnsenkungen oder zu staatlichen Auflagen bei einer Neuansiedlung. Zunehmende Widerstände können das unternehmerische Handeln lähmen und damit letztlich auch die hoch gesteckten Ertragsziele zunichtemachen.

3.3 Einteilung betrieblicher Ziele

3.3.1 Oberziel Existenzsicherung

Die meisten Ziele lassen sich direkt oder indirekt aus dem Unternehmensleitbild ableiten. Dort wird jedoch das oberste Ziel, die **Existenzsicherung** des Unternehmens, meist nicht klar formuliert. So wie der Mensch selbst im Zweifelsfalle das eigene Überleben über alle anderen Interessen stellen muss, weil andere Interessen ohne eigenes Überleben allesamt nicht erfüllt werden können, so muss auch das Unternehmen als Organismus im Zweifelsfalle dem Gesichtspunkt der wirtschaftlichen Betriebsführung die oberste Priorität einräumen.

3.3.2 Einzelziele

Häufig wird folgende Einteilung des betrieblichen Zielsystems vorgenommen:

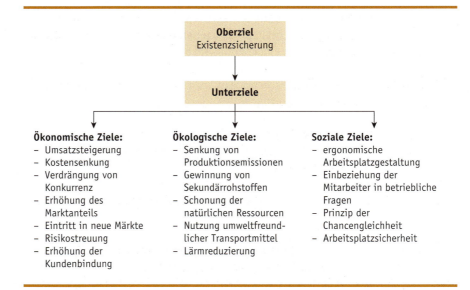

Großunternehmen können zudem durch Beratung von Entscheidungsträgern (Lobbyismus) versuchen, **politische Ziele** zu verwirklichen, z. B. den Ausschluss ausländischer Konkurrenz oder die Wiederzulassung einer zuvor verbotenen Substanz.

Festzuhalten bleibt jedoch, dass auch soziale und ökologische Ziele die Existenz des Unternehmens nicht gefährden dürfen und deshalb in der Praxis auch mit einer Hoffnung auf eine positive ökonomische Wirkung verbunden werden.

Unternehmensziele können auch nach den Kriterien Zielobjekt (Formal- vs. Sachziele) oder Planungshorizont (strategisch, taktisch, operativ) unterschieden werden:

Formal- und Sachziele	– Formalziele sind (meist in Geldeinheiten ausgedrückte) übergeordnete Ziele des gesamten Geschäftsbetriebs, z. B. Gewinnerhöhung auf 1.000.000 €. – Sachziele sind bereichs- oder produktbezogene Einzelziele, um die übergeordneten Formalziele zu erreichen. Sie werden oft als physische Zustandsbeschreibung formuliert, z. B. Kapazitätserhöhung auf 500 Produkte/Tag.
strategische, taktische und operative Ziele	– Strategische Ziele werden von der obersten Leitung formuliert und sind langfristig, z. B. Eintritt in einen ganz neuen Markt. – Taktische Ziele werden vom mittleren Management formuliert und gelten mittelfristig, z. B. Einführung eines Nachfolgeproduktes. – Operative Ziele gelten kurzfristig, z. B. Gewinnung eines neuen Händlers.

strategische, taktische und operative Ziele, vgl. **Kap. 2**

3.3.3 Zielbeziehungen

Bei der Formulierung von Zielsetzungen treten oftmals **Zielkonkurrenzen** zutage, die Verfolgung eines bestimmten Zieles wirkt sich also nachteilig auf die Realisierungschance eines anderen aus.

konkurrierende Ziele

> **Beispiel:** Die Ziele „Umsatzsteigerung" und „Kostensenkung" sind gegenläufig, weil eine Umsatzsteigerung meist auf Mehrproduktionen basiert, was wiederum höhere Kosten verursacht.

Zielharmonien haben hingegen den angenehmen Effekt, dass die Verfolgung des einen Zieles das andere mit begünstigt.

harmonierende Ziele

> **Beispiel:** Die Ziele „Erhöhung des Marktanteils" und „Erhöhung der Kundenbindung" passen zusammen, weil auch Wiederholungskäufe den Umsatzanteil des Unternehmens am Gesamtmarkt steigern.

Noch interessanter sind sogenannte **Zielsynergien**, hier verstärken sich die Ziele gegenseitig.

synergetische Ziele

> **Beispiel:** Die Ziele „Verjüngung der betrieblichen Altersstruktur" und „Kostensenkung" könnten synergetisch wirken, weil z.B. jüngere Arbeitskräfte aufgrund ihrer geringeren Betriebserfahrung geringere Gehaltsansprüche stellen können bzw. ein geringes Gehaltsniveau ältere Arbeitskräfte mit Unterhaltspflichten vom Eintritt abhält.

3.4 Controlling

Kaum ein Begriff wird so unterschiedlich übersetzt wie der des Controllings (to control = steuern, führen, beherrschen). Ursprünglich diente das Controlling zur Überwachung der Finanzmittelverwendung und war im Rechnungswesen angesiedelt.

Im Laufe der Zeit übernahm das Controlling immer mehr Aufgaben, sodass man es aktuell als **datenbasierte Unternehmenssteuerung** beschreiben kann. Die Kernaufgabe des Controllings besteht demnach darin, dem Unternehmensmanagement alle relevanten Informationen zu liefern, um daraus sachlich richtige Entscheidungen ableiten zu können.

Dies ist deshalb so bedeutend, weil eine fehlende oder lückenhafte Informationsbasis die Hauptursache für Entscheidungsfehler der Geschäftsführung ist.

3.4.1 Aufgaben des Controllings

Das Controlling hat folgende Aufgaben:
- Beratung bei der Festlegung von Planzielen
- Informationsversorgung der Planungsträger/Entscheider
- Beaufsichtigung und Abstimmung der betrieblichen Teilplanprozesse
- laufende Überwachung aller Betriebsparameter und Umwelteinflüsse
- Kontrolle der Planerfüllung
- Gesamtberichterstattung nach innen und außen (Reporting)
- bei Planabweichungen Entwicklung und Vorschlag von Alternativmaßnahmen

Das **Verhältnis von Controlling und Rechnungswesen** ist sehr eng. Das Rechnungswesen interessiert sich zuerst für die bilanzielle Auswirkung von Geschäftsvorgängen. Das Controlling hingegen schaut auf die Leistungsfähigkeit aller betrieblichen Bereiche, auch derjenigen, die keine Marktleistungen erbringen (z. B. Lager). Dabei bedient es sich teilweise der im Rechnungswesen bereits vorliegenden Daten. Betriebsorganisatorisch ist das Controlling als klassische Stabsfunktion angelegt oder mit dem Rechnungswesen zu einer Betriebsabteilung zusammengefasst.

3.4.2 Regelkreis des Controllings

Man spricht hier auch von einem kybernetischen Prozess.

Im Idealfall ist der Controllingprozess als ein sich selbst steuernder Regelkreis angelegt, der den einmal gegebenen Anfangsimpuls (die Zielvorgabe) so lange in Schleifen abarbeitet, bis alle Ziele erfüllt sind.

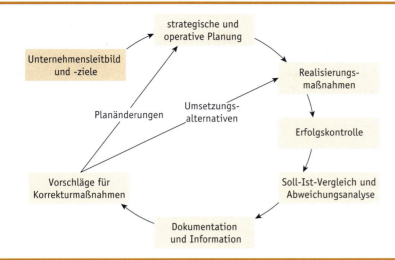

3.4.3 Controllingbereiche und -instrumente

Die Erhebung entscheidungsrelevanter Daten erfolgt in allen Unternehmensfunktionen. Dementsprechend unterscheidet man folgende Controllingbereiche:

Controllingbereiche	Beispiele für entscheidungsrelevante Kennzahlen
Beschaffungscontrolling	durchschnittliche Beschaffungsdauer, Lagerreichweite
Produktionscontrolling	Kapazitätsauslastung, Durchlaufzeit
Absatz-/Marketingcontrolling	Marktanteil, Umsatz
Personalcontrolling	Fluktuationsquote, geleistete Arbeitszeit
Finanzcontrolling	Liquidität, Kapitalbindungsdauer
Investitionscontrolling	Kapitalwert, Amortisationsdauer
Erfolgscontrolling	Betriebsergebnis, Kapitalrendite

Beschaffung, Lagerkennzahlen, vgl. **LF 6**, Band 2

Produktionskennzahlen, vgl. **LF 5**

Marketingkennzahlen, vgl. **LF 10**, Band 3
Personalkennzahlen, vgl. **LF 7**, Band 2
Finanz- und Investitionskennzahlen, vgl. **LF 11**, Band 3

Erfolgskennzahlen, vgl. **LF 4**

Das Controlling ermittelt jedoch nicht nur möglichst aussagefähige Kennziffern, sondern besitzt daneben auch ein reichhaltiges Instrumentarium, um den Entscheidungsprozess selbst zu objektivieren. Häufig angewendete Verfahren sind beispielsweise:

Entscheidungsprozess	Instrumente
Produktplanung	Wertanalyse, Target Costing, Break-Even-Analyse, Benchmarking, Produktlebenszyklus
Programmplanung	Portfolioanalyse, Deckungsbeitragsrechnung, Nutzwertanalyse, Investitionsrechnungen
Wettbewerbsstrategie	Szenariotechnik, SWOT-Analyse, Produktmarkträume (Positionierungsanalyse)

Die wichtigsten dieser Instrumente lernen Sie näher in **LF 4**, **LF 6** (Band 2), **LF 10** und **LF 11** (Band 3) kennen.

3.5 Balanced Scorecard

Die Balanced Scorecard wendet sich gegen das konventionelle Controlling, das von Leistungs- und Ertragsdaten dominiert wird. Ausgehend vom Stakeholder-Ansatz, werden regelmäßig aus den unterschiedlichsten Perspektiven Kennzahlen erhoben (aus Sicht der Kunden und Mitarbeiter sowie mit Blick auf Finanzen und Prozessabläufe).

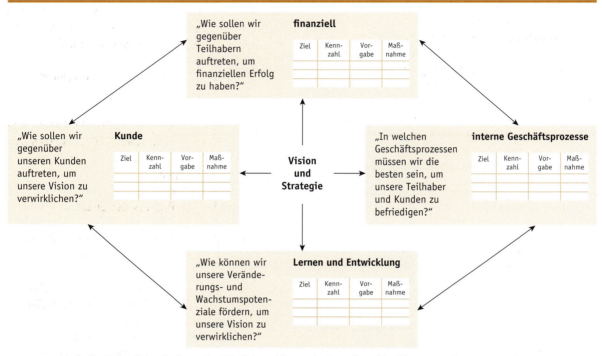

Quelle: Kaplan, Robert S.; Norton, David P.: Balanced Scorecard – Strategien erfolgreich umsetzen, Stuttgart 1997, S. 9

Damit wird der Blick der Geschäftsleitung „ausgewogen" auf alle Erfolgsfaktoren des betrieblichen Handelns gelenkt.

ÜBERSICHT: Unternehmenskultur

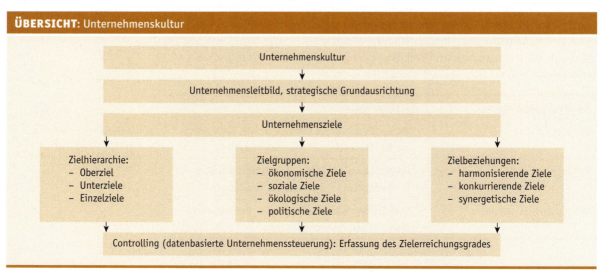

Aufgaben

1 Im nachstehenden Text werden die sozialen Ziele des Schokoladenherstellers Alfred Ritter GmbH & Co. KG genannt.

Mitarbeiterinnen und Mitarbeiter
Qualifizierte und engagierte Mitarbeiterinnen und Mitarbeiter haben den Erfolg des Unternehmens ermöglicht. Wir sind überzeugt, dass sie auch die Zukunft erfolgreich mitgestalten werden. Vorgesetzte bei Ritter Sport sind dazu angehalten, systematisch auf die Stärken ihrer Mitarbeiterinnen und Mitarbeiter einzugehen und ihre Qualifizierung zu unterstützen. Wir nehmen auf die Belange älterer und behinderter Mitarbeiterinnen und Mitarbeiter Rücksicht. Wir legen Wert auf die gerechte Entgeltgestaltung. Dazu setzen wir möglichst objektive Bewertungsverfahren ein. Mitarbeiterinnen bezahlen wir für gleiche Arbeit und gleiche Leistung dasselbe Entgelt wie ihren männlichen Kollegen.

Chancengleichheit
Wir wollen in unserem Unternehmen die Chancengleichheit für Frauen und Männer verwirklichen. Deshalb berücksichtigen wir die besonderen Belastungen durch Beruf und Familie. Wir wollen – wo immer möglich – den Bedürfnissen der Mitarbeiterinnen und Mitarbeiter mit dem Angebot von flexibler Arbeitszeitgestaltung entsprechen. Wir erleichtern Mitarbeiterinnen und Mitarbeitern den Wiedereintritt in unser Unternehmen, indem wir Möglichkeiten zu einer Teilzeitbeschäftigung oder zur Weiterbildung auch während der Elternzeit vorsehen.

Kunstförderung
Die Kunst besitzt die Fähigkeit, unsere Fantasie anzuregen. Deshalb sehen wir als Unternehmen die Förderung junger Künstlerinnen und Künstler als Investition in die Zukunft an. Durch entsprechende Kommunikation wird die Bekanntheit und Aktualität der Marke Ritter Sport unterstrichen.

Quelle: www.ritter-sport.de/#/de_DE/company/mission/, Stand: 15.02.2011

  a Erläutern Sie mit Bezug auf den Text, was unter den sozialen Zielen eines Unternehmens zu verstehen ist.
  b Warum setzt sich ein Unternehmen soziale Ziele?

2 Beurteilen Sie, ob die jeweiligen Zielpaare harmonisieren, konkurrieren, sich gegenseitig verstärken (synergetische Wirkung) oder keinerlei Zusammenhang aufweisen:
  a Umsatzwachstum und Kostensenkung
  b Kundenzufriedenheit und Kostensenkung
  c Erhöhung des Marktanteils und Chancengleichheit
  d Umsatzwachstum und Arbeitsplatzsicherheit
  e Gewinnung von Sekundärrohstoffen und Kostensenkung
  f Mitarbeiterqualifizierung und abwechslungsreiche Arbeitsplatzgestaltung

3 Sortieren Sie die folgenden Arbeiten im Controllingkreislauf. Ausgangspunkt: Das Unternehmen verkündet das Ziel eines Umsatzwachstums von 10 % im nächsten Geschäftsjahr.
Ereignisse (unsortiert):
  a Es wird festgestellt, dass das Umsatzwachstum nur bei 7 % lag.
  b Es wird festgelegt, durch umfangreiche Werbemaßnahmen die gewünschte Umsatzsteigerung herbeizuführen.
  c Eine Analyse ergibt, dass durch die schlechte Konjunkturentwicklung das ursprüngliche Ziel nicht zu erreichen war/ist.
  d Es wird eine Werbekampagne durchgeführt.
  e Nach einem Jahr werden die Umsatzzahlen ermittelt.
  f Die Planvorgabe für das nächste Jahr wird reduziert.
  g Die ausführende Ebene wird informiert.
  h Die ausführende Ebene dringt darauf, die Planvorgaben an die neue Situation anzupassen.

4 Wie wird der Begriff „Wert" verstanden
  a im Shareholder-Value-Ansatz,
  b im Leitbild der Heidelbergcement auf S. 124?

4 Industrielle Leistungserstellung

Beispiel: Die Fly Bike Werke GmbH hat von der Insolvenz ihres Hauptzulieferers von Kettenschaltungen erfahren. Nun wird heftig diskutiert, ob man auf einen anderen Zulieferer ausweichen soll oder die Produktion der Kettenschaltungen – evtl. durch Übernahme des insolventen Lieferanten – selbst übernimmt. Grundsätzlich prallen in der Geschäftsleitung zwei Meinungen aufeinander:

> Wir können das oft sogar besser!

> Es lohnt sich nicht, alles selber zu machen!

[Handschriftliche Notiz: Make-or-Buy Entscheidung zwischen Eigen- oder Fremdfertigung (-bezug)]

Insbesondere die Integration neuer Produktionsaufgaben ist eine sehr anspruchsvolle technisch-organisatorische Leistung. Denn das Zusammenwirken aller im Betrieb anfallenden

- Materialflüsse,
- Informationsflüsse und
- Werteflüsse

muss immer wieder sinnvoll abgestimmt werden. Selbst wenn dies störungsfrei gelingt, ist immer kritisch zu überprüfen, ob die zur Verfügung stehenden (knappen) Investitionsmittel auch wirklich in diesem Bereich am rentabelsten eingesetzt werden können oder nicht besser in andere Produkte oder Produktionsstufen fließen sollten. Um dies zu verdeutlichen, werden im Folgenden der innerbetriebliche Wertefluss und die Wertschöpfungskette eingehender betrachtet.

4.1 Material-, Informations- und Wertefluss

> ! Der **Materialfluss** umfasst alle Werkstoffe und Arbeitsleistungen, die im Rahmen des Produktionsprozesses in verkaufsfähige Erzeugnisse umgewandelt werden.

Hierzu werden Materialien und Energie von den Beschaffungsmärkten sowie Mitarbeiter vom Arbeitsmarkt bezogen. Das Material wird zunächst eingelagert und anschließend verschiedenen Bearbeitungsschritten unterzogen (die immer wieder durch Zwischenlagerung unterbrochen werden). Das fertige Produkt wird an den Kunden ausgeliefert.

4 Industrielle Leistungserstellung

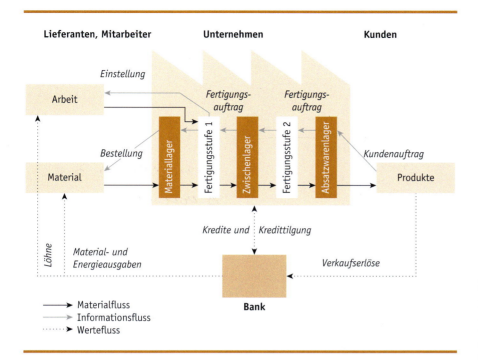

Im Gegensatz zu Arbeitern und Material müssen die Betriebsmittel (Gebäude, Maschinen) nicht für jede Produktion wieder neu „eingekauft" werden. Sie sind also Konstanten und werden deshalb hier nicht abgebildet.

Damit der **Materialfluss** in Gang kommt, muss die jeweilige Bedarfsstelle das Material (und die damit verbundene Arbeitsleistung) anfordern:
- Der Kunde drückt seinen Lieferwunsch durch den **Kundenauftrag** an das Unternehmen aus.
- Unterschreitet das Absatzwarenlager nach der Auslieferung einen bestimmten Mindestbestand, wird aufgrund eines **Fertigungsauftrags** nachproduziert (im Falle mehrerer Fertigungsstufen ergehen so auch mehrere Fertigungsaufträge).
- Das für die Produktion benötigte Material wird dem Materiallager entnommen und muss schließlich per **Bestellung** wiederbeschafft werden.

Die den Materialfluss auslösenden Anweisungen (der **Informationsfluss**) verlaufen also in der dem Materialfluss entgegengesetzten Richtung.

Dies gilt auch für die Zahlungsströme und Kontenbewegungen (als **Wertefluss**), da jedem Zulieferer und Mitarbeiter als Vergütung eine entsprechende Geldleistung aus dem Betrieb zufließt.

Aus finanzwirtschaftlicher Sicht dabei zu beachten: Grundsätzlich sollten die Verkaufserlöse der fertigen Erzeugnisse dazu ausreichen, alle in Zusammenhang mit dem Einkauf und der Herstellung entstehenden Kosten zu tragen (und zusätzlich einen Gewinn zu erzielen). Allerdings fallen die Ausgaben weitaus früher an als die Einnahmen. Deshalb ist es oft erforderlich, Materialbezüge und Löhne durch einen Bankkredit zwischenzufinanzieren. Dabei sind die **Kreditzinsen** nicht nur von der Kredithöhe, sondern auch stark von der Laufzeit abhängig.

Eine kurze Umlaufzeit des Materials vom Eingang bis zur Auslieferung des Endprodukts (und damit dem Eingang der Kundenforderung) ist also ein wichtiger ökonomischer Erfolgsfaktor.

4.2 Logistisches System

Der Begriff der „Logistik" stammt aus dem Militärwesen. Logistik bedeutete ursprünglich die „Sicherung einer geregelten Nachschubversorgung" für die (kämpfende) Truppe. Auf industriespezifische Sachverhalte umgestellt, ist es Aufgabe der Logistik, eine störungsfreie Material- und Produktversorgung aller Betriebsteile und Abnehmer zu gewährleisten.

> **!** Die **Logistik** trägt dafür Sorge, dass
> - das richtige Material/Produkt
> - in der richtigen Menge
> - zum richtigen Zeitpunkt
> - am richtigen Ort
> zur Verfügung steht.

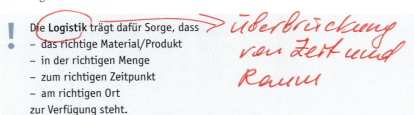

→ Überbrückung von Zeit und Raum

Im Rahmen eines mehrstufigen Leistungserstellungsprozesses ist die Güterversorgung an verschiedenen Stationen notwendig. In Abhängigkeit von diesen Abwicklungsstadien unterscheiden sich auch die **Logistikarten**:

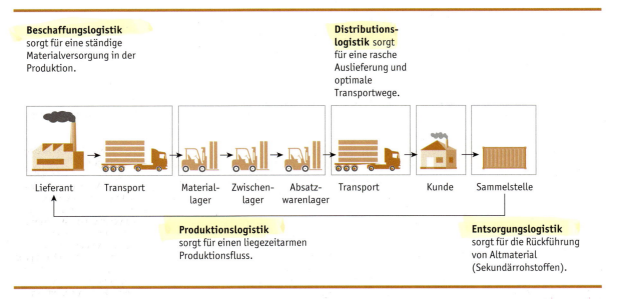

Beschaffungslogistik sorgt für eine ständige Materialversorgung in der Produktion.

Distributionslogistik sorgt für eine rasche Auslieferung und optimale Transportwege.

Produktionslogistik sorgt für einen liegezeitarmen Produktionsfluss.

Entsorgungslogistik sorgt für die Rückführung von Altmaterial (Sekundärrohstoffen).

Bei der Warenbehandlung lassen sich folgende **Logistikfunktionen** erkennen:
- Transport
- Lagerung
- Kommissionierung (Zusammenstellen von Einzelmaterialien zu Sendungen)
- Verpackung
- Entsorgung

Da der betriebliche Materialfluss nur durch entsprechende Steuerungsinformationen in Gang gesetzt wird, erstreckt sich die logistische Gestaltung gleichzeitig auf die Anpassung der **Informationsflüsse**. Hierbei ist festzulegen,
- welche Stelle eine Materialbewegung auslöst und
- welche Teilinformationen eine Materialanforderung enthalten muss, damit der Materialfluss auch der gewünschten Versorgung entspricht.

Je nach zeitlichem Zusammenhang zwischen Material- und Informationsfluss unterscheidet man:

vorauslaufende Informationsflüsse	Informationsfluss liegt zeitlich weit vor dem Materialfluss	z. B. Bedarfsplanung, Rahmenverträge
begleitende Informationsflüsse	Informationsfluss liegt unmittelbar vor dem Materialfluss	z. B. Rechnungsdaten, Reklamation *Lieferschein*
nachfolgende Informationsflüsse	Informationsfluss liegt nach dem Materialfluss	z. B. Fertigungsauftrag, Lieferabruf *Einlastung (Freigeben)*

Handschriftliche Ergänzungen: vor / ist / später

Bei der Auftragsabwicklung kann auch die Richtung der Informationsflüsse unterschiedlich gestaltet werden, daraus entwickeln sich dann klassische oder moderne Produktionssteuerungskonzepte wie das **Bring**-(Push-) oder das **Hol**-(Pull-)Prinzip.

> Beim modernen **Hol-Prinzip** informiert die jeweils nachgelagerte Arbeitsstation die vorhergehende darüber, dass sie infolge eines Produktionsvorganges das Zwischenlager geleert hat und dies nun wieder aufgefüllt werden muss.
>
> Beim klassischen **Bring-Prinzip** hingegen informiert die vorhergehende Arbeitsstation die jeweils nachfolgende, dass der Arbeitsschritt fertiggestellt ist und das Zwischenprodukt nun weitergegeben werden kann.

4.3 Betriebliche Informationsverarbeitung – ERP-Systeme

Für die Abwicklung betrieblicher Routineaufgaben werden in fast allen Industriebetrieben sogenannte ERP-Systeme eingesetzt. Ein ERP-System besteht aus verschiedenen Anwendungsmodulen wie „Auftragsabwicklung/Versand", „Beschaffung", „Personalverwaltung" u. a., die eine einheitliche Benutzeroberfläche besitzen und an eine gemeinsame Datenbank angeschlossen sind.

ERP
Enterprise Resource Planning

Die in diesen Schülerband eingeklebte CD enthält
– eine Demoversion des ERP-Systems Microsoft® Dynamics NAV® (vormals Navision®),
– Hinweise zur Installation und Bedienung des ERP-Systems,
– umfangreiche Übungsaufgaben zu den Bereichen Lagerversandauftrag (Lieferung aus Lager), Beschaffungsauftrag (Lieferung nach Beschaffung), Produktionsauftrag (Lieferung nach Produktion) und Buchungen in der Finanzbuchhaltung.

Handschriftliche Notizen: Module / SAP / Unternehmens Resourcen Plannungssystem

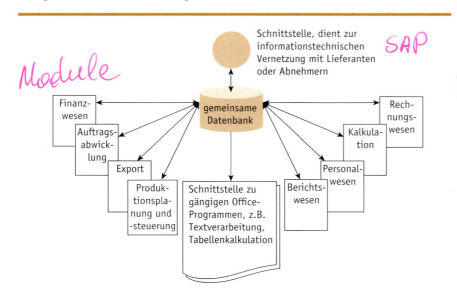

Der **Hauptvorteil** des ERP-Systems gegenüber den früher verbreiteten Einzelprogrammen besteht darin, dass im Rahmen früherer Arbeitsgänge bereits eingegebene oder errechnete Daten allen folgenden Bearbeitungsstellen zur Verfügung stehen und Routineaufgaben automatisiert durchgeführt werden können.

Beispiel: Schon bei der Auftragserfassung wird vom System eine Materialreservierung im Lager durchgeführt (siehe Screenshots). Mit dem Erstellen der Rechnung geht auch bereits eine Erlösbuchung einher.

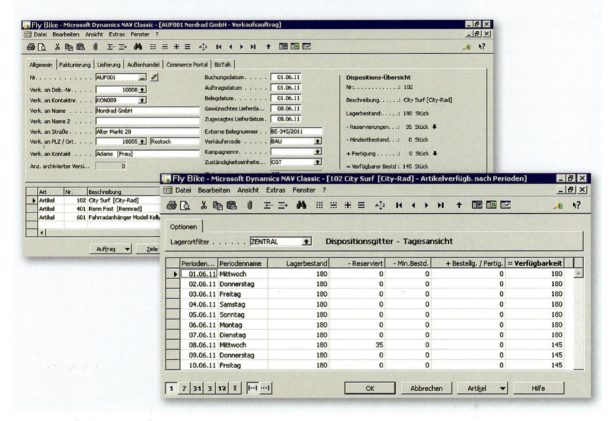

Weitere **Vorteile** einer ERP-Software sind:
- Alle Bereichsplanungen können simultan vorgenommen werden, da das System alle Abhängigkeiten berücksichtigt.
- Jedem Entscheider und Bearbeiter steht die aktuellste Datenbasis zur Verfügung.
- Doppelarbeiten sind (fast) ausgeschlossen.
- Die Mitarbeiter werden bei Routineaufgaben entlastet.
- Die Bearbeitung beschleunigt sich.
- Durch fortlaufende Eingabemasken und Fehlermeldungen werden Bearbeitungsfehler (z. B. das Vergessen eines Bearbeitungsschrittes, unplausible Dateneingabe) seltener.

Dem gegenüber steht der **Nachteil** eines normierten und damit bei Sondersituationen evtl. nicht anpassungsfähigen Bearbeitungsprozesses.

ERP-Systeme verknüpfen zunehmend nicht nur Betriebsfunktionen, sondern ganze Unternehmen miteinander. Dies ist beispielsweise zwischen Konzernmutter und -töchtern oder auch im Rahmen des Supply-Chain-Managements zwischen den Unternehmen einer festen Lieferkette der Fall.

Supply Chain, vgl. **Kap. 4.5**

Lieferkette

4.4 Wertschöpfung

Der Wert einer Ware oder Dienstleistung wird von dem Nutzen bestimmt, den sich der potenzielle Käufer davon verspricht. Beginnend mit dem Ausgangsmaterial, steigt der Wert des Erzeugnisses mit jedem Verarbeitungsschritt, der es näher an den gewünschten Endzustand führt. So hat z. B. ein teilmontiertes Fahrrad schon einen höheren Wert als die losen Bauteile, aus denen es besteht. Aber auch das schon fertiggestellte Produkt kann noch eine weitere Wertsteigerung erfahren, indem es mit Serviceleistungen ausgestattet wird (z. B. Garantie), die den Nutzen des Gerätes für seinen Käufer weiter erhöhen.

Beispiel: Wertschöpfungsprozess am Beispiel eines Sonnenkollektors

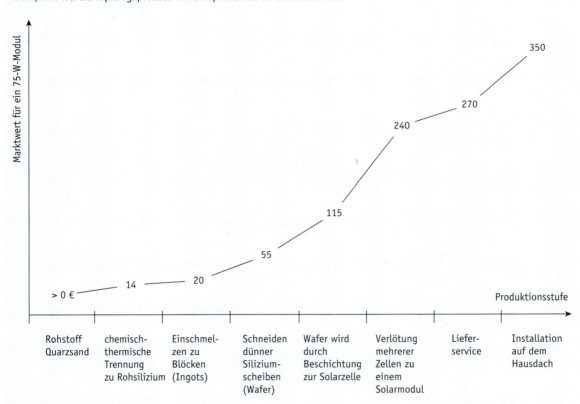

Hier führen alle Fertigungsschritte zu einer Wertsteigerung des Erzeugnisses.

> ! Als **Wertschöpfung** bezeichnet man die Wertdifferenz zwischen dem Eingangszustand und dem Ausgangzustand.

Beispiel: Die Wertschöpfung im Beispiel beträgt für das Schneiden der Wafer 35,00 € (55,00–20,00 €), die Wertschöpfung des Lieferservices beträgt 30,00 € (270,00–240,00 €).

In der Praxis existieren aber auch viele Arbeitsschritte, die keine Wertschöpfung auslösen, da sie dem Kunden keinen höheren Nutzen bringen.

Beispiele für wertschöpfende Tätigkeiten	Beispiele für wertneutrale Tätigkeiten
– Rohstoffgewinnung (Abbau)	– Lieferantensuche
– Materialtransport	– Personalverwaltung
– Materialverarbeitung und -veredelung	– Buchführung
– Forschung und Entwicklung	– EDV-Betrieb
– Marketing und Vertrieb	– Reinigung und Entsorgung
– Beratung	– Betriebsführung und -organisation
– Liefer- und Einbauservice	– Terminüberwachung
– Finanzierungshilfen für den Kunden	– Kapitalbeschaffung

Eine der wichtigsten unternehmerischen Entscheidungen besteht nun darin, festzulegen, welche Fertigungsstufen im eigenen Unternehmen vollzogen und welche an Lieferanten oder Abnehmer abgegeben werden. Dies ist auf der einen Seite von der Wettbewerbsstärke möglicher Konkurrenten abhängig und auf der anderen Seite von der Überlegung, welche Stufen eine besonders hohe Wertschöpfung versprechen.

Beispiel: Im obigen Beispiel könnte eine plausible unternehmerische Entscheidung darin bestehen, sich in Zukunft ganz auf die letzten vier oder fünf Stufen zu konzentrieren, weil diese 80 % der gesamten Wertschöpfung ausmachen.

4.5 Supply Chain = Lieferkette

[Randnotiz: umfasst alle Aktivitäten, bei denen Rohstoffe in Fertigerzeugnisse umgewandelt und an die Kunden übergeben werden.]

In Kapitel 4.4 wurde aufgezeigt, dass es nicht immer betriebswirtschaftlich sinnvoll ist und auch die Investitionsmöglichkeiten vieler Unternehmen überfordern würde, alle Produktionsstufen von der Urerzeugung über die Weiterverarbeitung bis zum Service selbst abzudecken. In der Praxis ist deshalb der Erzeugungsprozess auf mehrere hochspezialisierte Unternehmen aufgeteilt, die miteinander in Lieferanten-Abnehmer-Beziehung stehen.

Beispiel: Fahrradproduktion

Bergwerk → Eisenhütte → Stahlwerk → Fahrradfabrik → Händler

Zunächst einmal scheint es betriebswirtschaftlich sinnvoll, dass sich die einzelnen Unternehmen einer Produktionsstufe miteinander im **Wettbewerb** befinden, d. h., die Fahrradfabrik kauft jeweils bei dem Stahlwerk ein, das den jeweils günstigsten Preis bietet, das Stahlwerk liefert im Zweifelsfalle an den Abnehmer, der gerade den lukrativsten Auftrag erteilt.

Dies führt allerdings dazu, dass sich die Beteiligten an der Prozesskette jedes Mal neu formieren und in der Zusammenarbeit aufeinander einstellen müssen. Es ist naheliegend, dass in dieser ständig wechselnden Konstellation Verständnisprobleme, unklare Ansprechpartner, inkompatible Informationssysteme, unvereinbare Prioritäten u. v. m. zum ernsten **Kooperationsproblem** werden und die Fehlerhäufigkeit (auch im Sinne zeitlicher Verzögerungen) deutlich steigt.

> **!** Für einen Kunden ist es gleichgültig, welches Glied der Lieferkette für etwaige Qualitätsmängel oder eine zeitliche Verzögerung verantwortlich ist.

Er wird seinen unmittelbaren Vertragspartner (meist den Händler), für die unbefriedigende Vertragserfüllung verantwortlich machen. Das Ergebnis kann sein, dass der Kunde in Zukunft einen anderen Verkäufer wählt. Von so einem Kundenverlust sind alle Beteiligten der Supply Chain betroffen, weil Verkäufer ohne Kunden keine Lieferanten benötigen.

Deshalb sind inzwischen viele – auch international operierende – Unternehmen dazu übergegangen, den Kreis möglicher Lieferanten deutlich zu reduzieren. So entwickelt sich ein **System fester Lieferbeziehungen**, das über die gesamte Prozesskette reicht. Innerhalb der so verbundenen Unternehmen tritt eine vertrauensvolle Zusammenarbeit an die Stelle des Konkurrenzdenkens, der Wettbewerb findet dadurch nicht mehr innerhalb einer Wertschöpfungskette, sondern zwischen verschiedenen Supply Chains statt.

Die Vorstellung, das Supply-Chain-Management würde durch einen gemeinsamen Prozessleiter geführt, ist aber falsch. SCM beruht vielmehr auf
- Zusammenarbeit bereits bei Forschung und Entwicklung, um eine für alle Beteiligten qualitativ und kostenmäßig günstige Produktgestaltung zu realisieren,
- Kapazitätsanpassungen aller beteiligten Unternehmen,
- Kopplung der betrieblichen Informationssysteme über ERP-Schnittstellen, um den Datenaustausch zu beschleunigen. So können Qualitätsprobleme oder Terminverzögerungen evtl. durch das Folgeglied aufgefangen werden (z. B. kann der nächste Zwischenproduzent schon eine Sonderschicht beim Betriebsrat beantragen, wenn der Lieferant eine Terminverzögerung meldet),
- einheitlichen Qualitätsstandards und
- evtl. einem gemeinsamen Dienstleistern für die gesamte außerbetriebliche Logistik.

Hinsichtlich der **informationstechnischen Vernetzung** ist es optimal, die gesamte Betriebsdatenerfassung (z. B. aktuelle Produktionsmenge, Ausschussquote) der einzelnen Betriebe für die gesamte Lieferkette verfügbar zu machen. Dadurch kann der Abnehmer das Problem gleichzeitig mit dem Produzenten erkennen und besonders frühzeitig darauf reagieren. Die Verwendung der gleichen ERP-Software kann die Informationsgeschwindigkeit und -aussagefähigkeit deutlich stärken.

Ein gut ausgebautes Netzwerk macht folgende **Vorteile** des Supply-Chain-Managements möglich:
- reduzierte Sicherheitsbestände und damit geringere Lagerkosten
- reduzierte Lieferzeiten für den Endabnehmer
- reduzierter Aufwand für Qualitätssicherung
- Vermeidung von Leerständen und Kapazitätsengpässen [*Leerkosten*]
- beschleunigte und umfassendere Störungsreaktion
- Vermeidung unnötiger Transportbewegungen zwischen den Unternehmen
- Erhöhung der Kundenzufriedenheit beim Endabnehmer und damit Existenzsicherung aller Kooperationspartner

4.6 Betriebliche Infrastruktur

Um die Betriebsfunktionen effizient und bedarfsgerecht auszuüben, bedarf es vielerlei technisch-baulicher Hilfsmittel:

Technisch-bauliche Hilfsmittel	Beispiele
Gebäude	Verwaltungsgebäude, Ausstellungshallen, Lagerhallen, Werkshallen, Testzentrum
Produktionseinrichtungen	Produktionsmaschinen, Prüfgeräte, Kühlaggregate, Verpackungsmaschinen, Werkbänke
Lager- und Fördereinrichtungen	Hochregale, Gabelstapler, Förderbänder, Silos, Lkw, Rohrleitungen, Aufzüge
Geschäftsausstattung	EDV, Rohrpost, Schreibtische, Ablagen und Register, Kopierer, Geschäftswagen
Energieversorgung	Stromleitungen, Sicherungen, Verteiler, Steckdosen, Stromzähler
Sozialeinrichtungen	Kantineneinrichtung, Betriebsarzt, Pausenecke, Toilette
Kommunikationseinrichtungen	Telefonanlagen, Faxgeräte, EDV, Betriebshandys
Entsorgungseinrichtungen	Wertstofftonnen, Klärbecken, Verbrennungsofen, Abscheider, Werksdeponie

Die EDV kann zur Bearbeitung oder zur Kommunikation eingesetzt werden.

facility (engl.) Einrichtung, Anlage

Die Betreuung dieser Einrichtungen obliegt dem **Facility Management** (ggf. mit Ausnahme des Aufgabengebietes der Sicherheits-, Umweltschutz- oder Abfallbeauftragten). Da in den meisten Unternehmen die Liegenschaftskosten – nach den Personalkosten – den zweitgrößten Kostenblock darstellen, muss das Facility Management nicht nur die Betriebsbereitschaft dieser Einrichtungen aufrechterhalten, sondern auch deren Nutzen kritisch hinterfragen.

Dies kann zur Folge haben, dass nicht betriebsnotwendige Einrichtungen wie Raucherecke, Partykeller oder Mitarbeiterparkplätze aufgelöst und andere verkleinert oder ausgegliedert werden. So ist beispielsweise das Outsourcing der Kantine durch Verpachtung an einen externen Betreiber eine weitverbreitete Praxis. Auch wurde der eigene Fuhrpark vieler Industrieunternehmen mittlerweile aufgelöst und die Aufgabe einem Logistikdienstleister (Spediteur) übertragen.

4 Industrielle Leistungserstellung

ÜBERSICHT: Logistischer Prozess

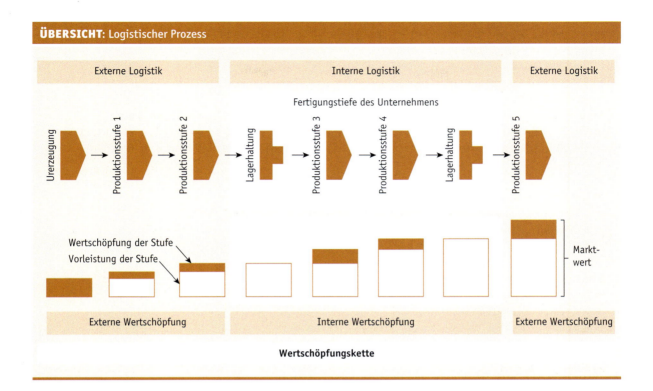

Aufgaben

1 Nennen Sie die fehlenden Elemente des Material-, Informations- und Werteflusses im Unternehmen (**a – e**).

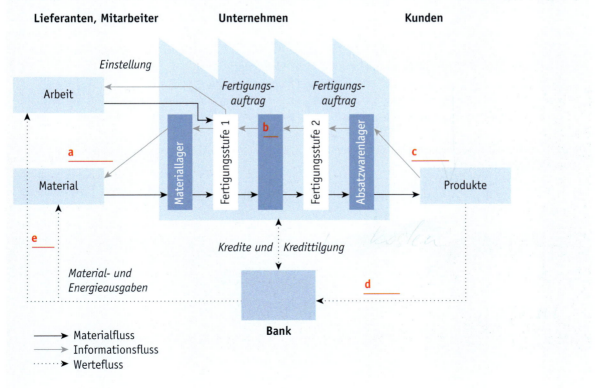

2 Beurteilen Sie bei den folgenden betrieblichen Handlungen, ob durch sie eine Wertschöpfung eintritt, und begründen Sie diese Meinung:
  a Ein Fly-Bike-Fahrrad erhält mit einem Standlicht eine zusätzliche Funktion.
  b Ein Fly-Bike-Fahrrad wird ab sofort in jeder RAL-Wunschfarbe ausgeliefert.
  c Für Fly-Bike-Räder gibt es eine kostenlose Finanzierung.
  d Ab sofort werden ausgediente Fly-Bike-Räder zwecks Entsorgung kostenlos zurückgenommen.
  e Die Fly Bike Werke GmbH führt das Just-in-time-System ein.
  f Fly-Bike-Räder werden nun aus einer superleichten, aber nicht sehr stabilen Magnesiumlegierung hergestellt.
  g Die Fly Bike Werke GmbH engagiert einen beliebten Sportler als Werbeträger.
  h Die Fly Bike Werke GmbH tauscht die Geschäftsführung aus.
  i Für Fly-Bike-Räder wird die Garantiezeit verdoppelt.
  j Für Fly-Bike-Räder gibt es eine allgemeine Preissenkung um 5 %.

3 Bilden Sie aus den Voraussetzungen des Supply-Chain-Managements eine Pyramide, d.h., entscheiden und begründen Sie, welche Voraussetzung die wichtigste, welche die zweitwichtigste usw. ist. Denken Sie daran, dass der „tragende Teil" in einer Pyramide unten sitzt.

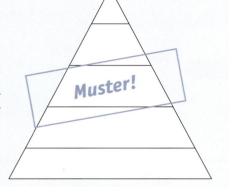

4 Ein Produkt wird von der Urerzeugung bis zum Handel in sechs Stufen bearbeitet. Zu den einzelnen Stufen gibt es folgende Informationen:

Stufe	1	2	3	4	5	6
Wert nach Bearbeitung in €	10,00	18,00	30,00	33,00	40,00	45,00
Kosten dieser Bearbeitungsstufe in €	8,00	7,00	8,00	3,00	3,00	4,00

  a Berechnen Sie zunächst die Wertschöpfung auf jeder Produktionsstufe.
  b Berechnen Sie, welcher Gewinn auf den einzelnen Produktionsstufen erzielt wird.
  c Ein Unternehmen überlegt, welche dieser Produktionsstufe es selbst ausführt und welche es an Lieferanten oder Abnehmer auslagern soll. Wie würden Sie hier entscheiden? Begründen Sie Ihre Meinung.

5 Welche **technisch-baulichen Hilfsmittel** können Sie auf dem Foto auf S. 140 erkennen? Welche Hilfsmittel sind nicht abgebildet?

5 Geschäftsprozesse

Beispiel: Ein langjähriger Kunde, die Zweiradhandelsgesellschaft mbH in Berlin, bestellt 170 Trekkingräder *Light* bei der Fly Bike Werke GmbH in Oldenburg. Eine Mitarbeiterin im Vertrieb überprüft zunächst den eingegangenen Auftrag im Hinblick auf seine Machbarkeit. Danach erfolgen Auftragsbestätigung und Erfassung. Durch Auflistung der benötigten Einzelteile und Baugruppen und unter Berücksichtigung der vorhandenen Materialbestände wird anschließend der Bestellbedarf ermittelt. Schließlich wird u.a. das benötigte Stahlrohr bei einem Lieferanten, der Stahlwerk Tissen AG in Düsseldorf, bestellt.

Mit dieser Situationsschilderung ist der erste Teil eines unternehmensübergreifenden Geschäftsprozesses dargestellt: vom Kunden über das herstellende Unternehmen bis zum Lieferanten.

5.1 Definition und Elemente

> Ein **Geschäftsprozess** ist eine Abfolge zusammenhängender Tätigkeiten, die durchgeführt werden, um ein zuvor bestimmtes geschäftliches Ziel zu erreichen. Die Abfolge wird regelmäßig (zumindest wiederholt) ausgeführt und reicht meist über bestimmte Stellenaufgaben, oft über Abteilungsgrenzen und manchmal auch über das eigene Unternehmen hinaus.

Ein Geschäftsprozess besteht aus verschiedenen **Elementen**:
- **Startereignis:** der prozessauslösende Impuls, z. B. Eingang eines Kundenauftrags
- **Input/Ressourcen:** die für die Abwicklung des Geschäftsprozesses notwendigen Materialien, Arbeitsleistungen und Informationen, Geld- und Betriebsmittel
- **Funktionen:** die zur Leistungserbringung notwendigen Einzeltätigkeiten (Arbeitsgänge)
- **Zwischenereignisse:** die im Laufe des Geschäftsprozesses abgeschlossenen Teilprozesse, z. B. Prüfung der Kreditwürdigkeit beim Kundenauftrag
- **Durchlaufzeit:** der Zeitbedarf von Beginn bis Ende des Geschäftsprozesses
- **zuständiger Betriebsteil:** der jeweilige Verantwortungsträger für den (Teil-)prozess
- **Ziel- oder Endereignis:** der prozessbeendende Zustand, z. B. vollständige Bezahlung unserer Ausgangsrechnung durch den Kunden

angelehnt an: Vahs, D.:, Organisation – Einführung in die Organisationstheorie und -praxis, 5. Auflage, Schaeffer-Poeschel Verlag, Stuttgart 2005, S. 214

5.2 Arten von Geschäftsprozessen

5.2.1 Management-, Kern- und Unterstützungsprozesse

Managementprozesse steuern Ziel und Zusammenwirken der Kern- und Unterstützungsprozesse und überwachen deren Effektivität.

Kernprozesse stellen die sogenannte **Marktleistung des Unternehmens** dar, die vom Kunden über die Produktpreise entlohnt wird. Das sind alle Tätigkeiten, die den Kundennutzen beim Produkterwerb unmittelbar steigern. Dies bewirkt eine Akzeptanz höherer Absatzpreise (und damit eine Wertschöpfung).

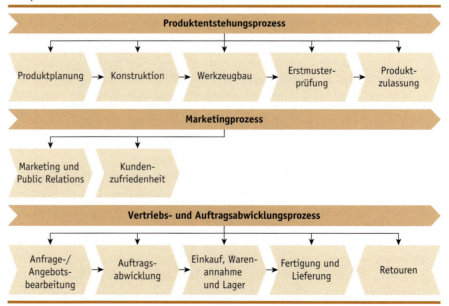

Unterstützungsprozesse stellen Hilfen und Mittel bereit, um Kernprozesse durchführen zu können.

nach: de.wikipedia.org/wiki/Geschäftsprozessmodellierung

5.2.2 Gestaltungsobjekte des Kernprozesses: Kunden, Produkte, Betriebsablauf

Die besonders erfolgsrelevanten Kernprozesse stehen im Mittelpunkt des betrieblichen Gestaltungsinteresses. Sie werden deshalb oftmals eingehender analysiert und können weiter nach dem Objekt unterteilt werden, das durch sie gestaltet wird.

Die einheitliche Lenkung aller betrieblichen Bemühungen zu den jeweiligen Objekten ergibt dann den aufgeführten Management-Typen.

5.2.3 Detaillierungsgrad: Haupt-, Teil- und Unterprozesse

Eine weitere wichtige Einteilung betrifft den Detaillierungsgrad von Geschäftsprozessen:

Hauptprozess	ein besonders umfangreicher und entsprechend wenig detaillierter Prozess; Hauptprozesse ergeben eine **Grobgliederung** des Betriebsgeschehens
Teilprozess	ein detaillierter beschriebener Teil eines Hauptprozesses; Teilprozesse ergeben eine **Feingliederung** des Betriebsgeschehens
Unter-/Subprozess	eine nochmalige unterteilende Beschreibung, die zu einer **Feinstgliederung** führt
Aktivität	ein einzelner **Arbeitsschritt** innerhalb eines Teilprozesses

angelehnt an: Thonemann, U.:
Operations Management –
Konzepte, Methoden und
Anwendungen,
München 2005, S. 150

Detaillierungsniveaus von Prozessen

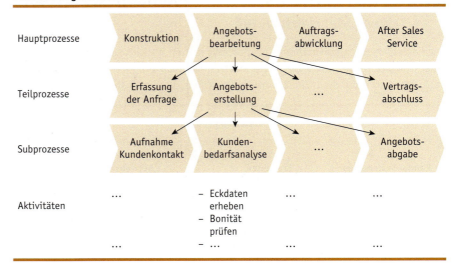

Letztlich entscheidet jeder Betrieb für sich, bis zu welchem Detaillierungsgrad er von Haupt-, Sub- oder Teilprozessen spricht. Aus Gründen der Übersichtlichkeit wird der Betriebsablauf meist in fünf bis acht Hauptprozesse gespalten, die wiederum in eine ähnliche Anzahl von Teil- und Subprozessen übergehen.

Es gibt aber auch die Ansicht, dass alle geschäftlichen Prozesse untrennbar verknüpft sind und dass jede Unterteilung deshalb rein willkürlich ist. Bestenfalls ließen sich folgende drei Basisprozesse trennen:
- Produktentwicklung/Produktentstehung
- Auftragsakquisition und -abwicklung und
- Logistik

5.3 Prozessorientierung als Gestaltungsprinzip

Im Kern beinhaltet eine vollständige Prozessorientierung **zwei Aspekte**:
- Der erste Aspekt ist eine perfekt **abgestimmte Arbeitsreihung** von der Bestellannahme bis zur Auslieferung, um die Kundenwünsche in Bezug auf Technik und Qualität bestmöglich zu erfüllen. Eine gut organisierte Arbeitsreihung macht die Arbeitsfortschritte transparent, vermeidet Wartezeiten zwischen den Arbeitsgängen sowie Doppelarbeiten und führt dazu, dass Verzögerungen und Bearbeitungsfehler frühzeitig erkannt werden. Letztlich sollen auch nicht wertschöpfende (also für den Kundennutzen unerhebliche) Vorgänge so weit wie möglich optimiert, zum Teil auch eingestellt werden.
- Der zweite Aspekt ist die eindeutige **Zuordnung von Verantwortungsträgern** für den gesamten Geschäftsprozess. Sie bewirkt einen klar gerichteten Informationsfluss, beschleunigte Entscheidungen durch verringerten Koordinationsaufwand, eine Verbesserung der Kundenbeziehungen durch feste Ansprechpartner im Unternehmen und klare Schnittstellen (Übergänge) zu vor- und nachgelagerten Verantwortungsbereichen.

Die Durchsetzung einer prozessorientierten Denk- und Arbeitsweise kann durchaus als kulturelle Neuausrichtung des Unternehmens verstanden werden. Nicht mehr der einzelne Arbeitsbereich (und damit die möglichst reibungslose Ausführung der einzelnen Funktion) steht im Mittelpunkt der gestalterischen Aufgabe, sondern die **Optimierung des Nutzeneffektes betrieblicher Handlungen für den Kunden**.

kulturelle Neuausrichtung

Sie kann erreicht werden durch:
- Weglassen von nicht wertschöpfenden Arbeitsgängen (z. B. Nachkontrolle einer Rechnungsprüfung)
- Hinzufügen weiterer wertschöpfender Arbeitsgänge (z. B. Oberflächenveredelung)
- Zusammenfassen von Handlungen zwecks Bildung eines erweiterten Tätigkeits- und Verantwortungsbereichs und Reduzierung von Verantwortungsübergängen (Schnittstellen)
- paralleles Durchführen voneinander unabhängiger Tätigkeiten im Prozessablauf, um Vorgänge zu beschleunigen
- Verändern der Reihenfolge

Die Gestaltung der Geschäftsprozesse nennt man auch **Prozessmodellierung**.

5.4 Prozessmodellierung mithilfe der EPK

AB → Lernsituation 14

Beispiel: In der Fly Bike Werke GmbH soll der Arbeitsablauf „Bearbeitung von Eingangsrechnungen" neu strukturiert werden. Darum wird eine Ist-Aufnahme vom bisherigen Ablauf des Geschäftsprozesses erstellt:
- Eingangsrechnungen (ER) treffen in der Poststelle ein.
- Dort werden sie mit einem Eingangsvermerk versehen und an den zuständigen Sachbearbeiter der Rechnungskontrolle weitergeleitet.
- Die Rechnungen treffen in der Rechnungskontrolle ein.
- Dort wird ihre sachliche Richtigkeit geprüft und sie werden an die Buchhaltung weitergeleitet.
- Die Rechnungen treffen in der Buchhaltung ein.
- Dort werden die Rechnungen gebucht und abgelegt.

Da in der effizienten Gestaltung von industriellen Geschäftsprozessen wesentliches Kostensenkungspotenzial steckt, will man sie in ihrer Komplexität mit allen Verbindungen und Rückkopplungen so gut wie möglich erfassbar machen. Hierfür hat sich die Modellierungssprache der **ereignisgesteuerten Prozesskette (EPK)** bewährt.

Die EPK ging 1991/1992 aus einem Kooperationsprojekt zwischen der Universität des Saarlandes und der SAP AG hervor.

Elemente der EPK

Beispiel: Das Geschäftsprozessmodell für den Arbeitsablauf „Bearbeitung von Eingangsrechnungen (ER)".

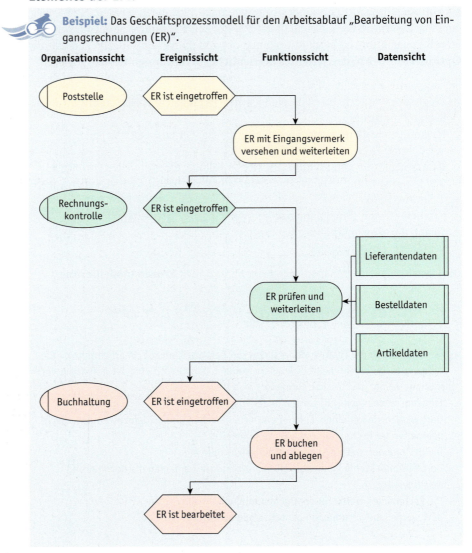

Ein als EPK dargestellter Prozess ist die Zusammenfassung mehrerer Funktionen. Er beginnt mit einem Start- und endet mit einem Zielereignis. In einer EPK werden die folgenden **Elemente** mit ihren jeweiligen **Symbolen** verwendet:

Elemente	Beschreibung	Bemerkung
Ereignis	Ein **Ereignis** beschreibt das Eintreten eines konkreten betrieblichen Zustandes. Ein Ereignis ist passiv und kann deshalb kein anderes Ereignis auslösen.	Jeder Geschäftsprozess beginnt mit einem Auslöseereignis und endet mit einem Endereignis. (Beispiel: „Auftrag eingegangen")
Funktion	Die **Funktion** ist eine Aktivität, die von einem Ereignis ausgelöst wird und einen Zustand herstellt, der dem gewünschten Zielereignis immer näher rückt.	Funktionen verbrauchen Ressourcen und Zeit. (Beispiel: „Auftrag prüfen")
Organisationseinheit	Die **Organisationseinheit** gibt an, welche Person (bzw. welcher Personenkreis) eine bestimmte Funktion ausführt.	Die Organisationseinheit kann nur mit Funktionen verbunden werden.
Informationsobjekt	Mit dem **Informationsobjekt** werden die für die Durchführung der Funktion benötigten Daten angegeben. Es gibt aber auch an, welche Datenänderungen durch den Geschäftsprozess selbst eintreten, z. B. Bestandserhöhung im Absatzlager durch Fertigstellung eines Fertigungsloses.	Das Informationsobjekt kann nur mit Funktionen verbunden werden.
Dokumente	**schriftliche Dokumente**, die durch das Unternehmen „wandern" bzw. in den Betrieb gelangen oder nach außen gesendet werden	
∧ ∨ XOR	Die drei logischen **Verknüpfungsoperatoren** (Konnektoren) ermöglichen es, Verzweigungen zwischen Ereignissen und Funktionen bzw. umgekehrt einzufügen. Sie beschreiben die logische Verknüpfung von Ereignissen und Funktionen: ∧ = AND (und); ∨ = OR (oder/und); XOR = exklusives Oder (entweder – oder)	– Beim Typ „XOR" wird immer nur einer der alternativen Arbeitswege gewählt. – Beim Typ „OR" können einer oder alle Arbeitswege gewählt werden. – Beim Typ „AND" müssen immer alle Arbeitswege durchlaufen werden.
Prozessschnittstelle	Die **Prozessschnittstelle** (oder der Prozesswegweiser) ermöglicht es, einzelne Geschäftsprozesse miteinander zu verbinden.	
↓ Funktionsfluss	Der **Funktionsfluss** (oder Kontrollfluss) gibt die Durchlaufrichtung der EPK an. Er kann mittels der Operatoren aufgespalten werden.	In eine Funktion kann nur ein Kontrollfluss eingehen bzw. aus einer Funktion nur ein Kontrollfluss ausgehen.

Die **Vorteile** der Prozessdarstellung mithilfe der EPK sind:
- Symbole sind frei anzuordnen, sodass die Platzverhältnisse auf der Darstellungsfläche gut genutzt werden können.
- Prozessbrüche, unnötige Prozesswiederholungen und Datenverluste sind durch den Fachmann leicht zu erkennen.
- Schnelle Darstellung auch komplexer Zusammenhänge durch spezielle Software-Tools möglich.
- Die EPK-Darstellung ist mittels zahlreicher Programme leicht in andere Ablaufdiagramme, Organisationsanweisungen oder Stellenbeschreibungen umwandelbar.

- Wenn man Bearbeitungszeiten für einzelne Tätigkeiten (Funktionen) hinzufügt, kann sie auch für die Planung von Durchlaufzeiten und Terminen verwendet werden.

Schwer abzubilden sind jedoch prozessbegleitende Funktionen, deren Ablaufstruktur sich nicht deutlich nach außen sichtbar in einer Handlung zeigt, wie z. B. laufende Arbeitsüberwachung oder rein kreative Tätigkeiten.

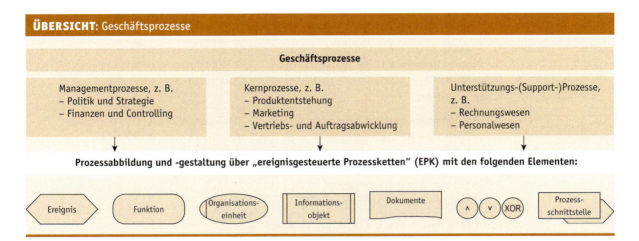

Aufgaben

1 Ordnen Sie folgende Tätigkeiten den Prozesstypen *Kern-*, *Unterstützungs-* und *Managementprozess* zu:
   - a Buchhaltung
   - b Investitionsplanung
   - c Service
   - d Lagerhaltung (Verkaufslager)
   - e Personalbeschaffung
   - f Konstruktion
   - g Qualitätskontrolle
   - h Erstellung Unternehmensleitbild
   - i Kapitalbeschaffung
   - j Produktion
   - k innerbetriebliche Datenverarbeitung

2 Im Rahmen der Beschaffung neuer Auszubildender fallen folgende Teilprozesse an: Einstellungstest – Zeitungsanzeige schalten – Aussortieren ungeeigneter Bewerbungen – Bewerbungen sammeln – Vorstellungsgespräch – Ausbildungsvertrag gestalten und unterschreiben – Endauswahl.
   - a Bringen Sie die Teilprozesse in die richtige Reihenfolge.
   - b Teilen Sie jeden Teilprozess in zwei bis vier Subprozesse auf.

3 Für die Überwachung der Zahlungseingänge bei Ausgangsrechnungen in der Fly Bike Werke GmbH ist eine „ereignisgesteuerte Prozesskette" zu entwerfen. Die folgenden Teilaufgaben sind bei diesem Entwurf zu berücksichtigen:
   - Die Prozesskette „Überwachung von Zahlungseingängen" wird durch die im Rechnungswesen erstellten und gebuchten Rechnungen (Rechnungen an Kunden) ausgelöst.
   - Bei der Überwachung der Zahlungseingänge wird darauf geachtet, ob die Kunden die offenen Forderungen innerhalb der vereinbarten Zahlungsfristen begleichen.
   - Trifft die Kundenzahlung innerhalb der vereinbarten Fristen ein, so wird der Zahlungseingang gebucht.
   - Trifft die Zahlung nicht innerhalb der vereinbarten Frist ein, so wird das außergerichtliche Mahnverfahren eingeleitet.

   Orientieren Sie sich bei Ihrem EPK-Entwurf an der Abbildung auf S. 148 und den Symbolen auf S. 149.

6 Betriebliche Organisation

Beispiel: Lars Baumann, seit zwölf Jahren als Verkaufssachbearbeiter bei der Fly Bike Werke GmbH beschäftigt, ist stinksauer. Er kommt gerade aus einem Gespräch mit dem Abteilungsleiter Vertrieb, der ihm vorgehalten hat, durch die schleppende Auftragsbearbeitung seien mittlerweile große Terminrückstände aufgetreten. „Was soll ich denn machen? Die Revisionsleitung hat mich angewiesen, zusätzlich zur Auftragsbearbeitung noch mal alle Aufträge der letzten fünf Jahre neu zu erfassen. Beides geht halt nicht gleichzeitig." „Das ist doch nur eine Ausrede", habe sein Chef geantwortet.

Herrn Baumanns Stellenbeschreibung und ein Ausschnitt aus dem Organigramm machen die Situation deutlich:

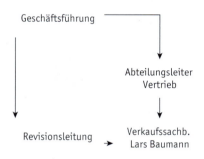

Lars Baumann hat also tatsächlich zwei direkte Vorgesetzte. Das führt offensichtlich in diesem Fall zu Problemen, ist also „schlecht organisiert". Das folgende Kapitel beleuchtet die Möglichkeiten und Grenzen der organisatorischen Gestaltung.

6.1 Notwendigkeit betrieblicher Organisation

In vorindustrieller Zeit (also bis ca. 1850) wurde das wirtschaftliche Geschehen durch Kleinbetriebe wie Bauernhöfe und Werkstätten geprägt, in denen der Inhaber alle wesentlichen Aufgaben selbst wahrnahm.

Seitdem sind die Betriebe ständig gewachsen, ein typischer Industriebetrieb verfügt heute trotz vielfacher Rationalisierungsanstrengungen meist über Hunderte, oft über Tausende von Arbeitern und Angestellten. Immer dann, wenn die Arbeitsaufgabe nicht mehr durch eine Person erfüllt werden kann, ist ein System von Regelungen notwendig, um die Tätigkeiten aller Mitarbeiter koordiniert und zielgerichtet aufeinander abzustimmen.

Dies gilt umso mehr, als jeder Mitarbeiter aufgrund seiner Persönlichkeitsstruktur und Leistungsbereitschaft unterschiedliche Prioritäten bei der Ausübung seiner Tätigkeit setzt und nur ein für alle verbindlicher Leitrahmen dafür sorgen kann, dass die Erfüllung des Betriebszieles oberste Bedeutung erlangt.

6.2 Organisation, Disposition, Improvisation

In einem Betrieb existieren meist drei Regelsysteme nebeneinander: Organisation, Disposition und Improvisation.

Organisation	beschreibt **dauerhaft** gültige Regelungen	Beispiel: Die Stelle „Rechnungsprüfung" ist der Abteilung „Einkauf" zugeordnet.
Disposition	beschreibt **einmalig** gültige Regelungen	Beispiel: Der Materialeingang von „Trennscheiben" wird heute auf Lagerplatz C34 platziert.
Improvisation	beschreibt eine **vorläufig** gültige Regelung	Beispiel: „Wir versenden unsere Güter per Lkw, solange der Bahnstreik dauert."

Improvisation muss kein minderwertiger Regelungszustand sein, da oft eine dauerhafte Lösung wegen sich ständig ändernder Rahmenbedingungen gar nicht sinnvoll wäre. Umgekehrt muss sich auch die Organisation im Zeitablauf neuen technischen und ökonomischen Entwicklungen anpassen – die Grenzen zwischen den Regelsystemen sind also fließend.

6.3 Organisationsanlässe

Eine betriebliche Neuorganisation kann aus verschiedenen Anlässen notwendig werden:
- betriebliche Neugründung oder Erweiterung
- Einführung neuer Produkte
- Eintritt in neue Märkte
- Änderung der Produktionstechnik, Bürotechnik und Arbeitsorganisation
- Inkrafttreten neuer arbeitsrechtlicher Bestimmungen, insbesondere zum Arbeitsschutz
- Widerstände gegen und Probleme mit vorhandenen Lösungen

6.4 Organisationsprozess: Aufgabenanalyse und -synthese

Der durch diese Anlässe in Gang gesetzte Organisationsprozess unterliegt einer festen Reihenfolge:

1. Aufgabenanalyse	Zerlegung einer betrieblichen Aufgabe in Teilaufgaben, Handlungen und Handlungselemente
2. Aufgabensynthese	– Zusammenfassung der Handlungselemente zu Stellen und Abteilungen → Bildung der **Aufbauorganisation** – zeitlich-räumliche Reihung der Handlungselemente → Bildung der **Ablauforganisation**

Beispiel zur Aufgabenanalyse: Zerlegung der Aufgabe „Einkauf". Zwecks Übersichtlichkeit wird jeweils nur ein Ast fortgeführt.

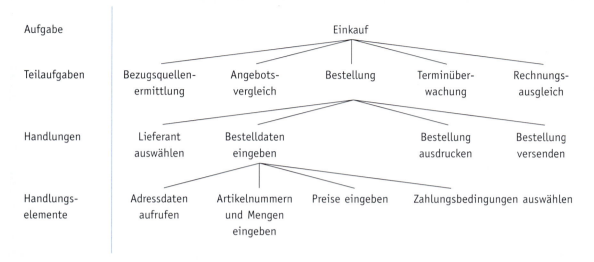

Beispiel zur Aufgabensynthese: Stellenbildung innerhalb der Einkaufsabteilung

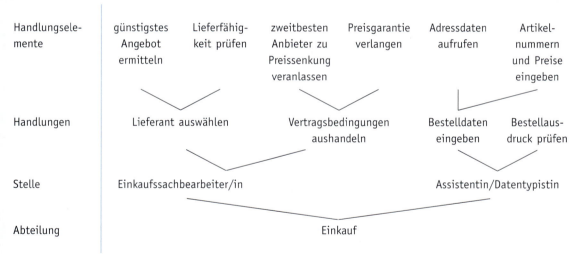

Stellen entstehen durch die sinnvolle Zusammenfassung von Handlungen oder Teilaufgaben und deren Zuordnung zu einem menschlichen Aufgabenträger. Sie sind die kleinsten organisatorischen Einheiten in der Aufbauorganisation. **Abteilungen** entstehen durch Zusammenfassung von Stellen unter einer Leitung.

6.5 Aufbauorganisation

AB → Lernsituation 15

Die Aufbauorganisation legt fest, welche Teilaufgaben, Handlungen oder Handlungselemente den einzelnen Stellen zugewiesen werden und welche Weisungsbeziehungen zwischen den einzelnen Stellen bestehen.

6.5.1 Stellenbeschreibung

Die Zuweisung von Handlungen oder Teilaufgaben zu einer Stelle und deren hierarchische Einbindung sind in der Stellenbeschreibung festgehalten. Daneben lassen sich aus ihr auch Kompetenzen, Qualifikationserfordernisse und tarifliche Einstufung des Stelleninhabers ablesen.

 Beispiel: Stellenbeschreibung

Stellenbeschreibung

1. **Bezeichnung der Stelle:** Sachbearbeiter/in Einkauf
2. **Organisatorische Einordnung:**
– Vorgesetzte des Stelleninhabers/der Stelleninhaberin: Abteilungsleiter/in Einkauf
– Untergebene des Stelleninhabers/der Stelleninhaberin: keine
– gleichrangige Mitarbeiter/innen: Sachbearbeiter/in Einkauf
3. **Stellvertretung:**
– vertritt selbst: Abteilungsleiter/in Einkauf
– wird vertreten von: Sachbearbeiter/in Einkauf
4. **Zielsetzung:**
Beschaffung der gewünschten Ware in der entsprechenden Qualität zu den günstigsten Konditionen zur richtigen Zeit am richtigen Ort in der richtigen Menge
5. **Aufgaben:**
– Prüfung des tatsächlichen Bestandes nach Liste
– Erstellen von Einkaufslisten
– Einholung und Prüfung von Angeboten
– Bestellung oder Erteilung von Aufträgen
– Warenverteilung und Information der entsprechenden Filialen/Abteilungen
– Kontrolle der Eingangsrechnungen und Freigabe zur Überweisung
– Erstellung und Auswertung von einkaufsbezogenen Statistiken
– Beratung des/der Vorgesetzten bei Sortimentserweiterung
6. **Befugnisse:**
Zeichnungsbefugnis bis zu einem Betrag von 50.000,00 € im Rahmen der beschriebenen Aufgabenstellungen
7. **Anforderungen an den Stelleninhaber/die Stelleninhaberin:**
– Vorbildung und Kenntnisse
  – Schulbildung: mittlerer Bildungsabschluss
  – Ausbildung: Industriekaufmann/-frau oder vergleichbare kfm. Ausbildung
  – Berufserfahrung: mehrjährige Berufserfahrung im Einkauf
  – Kenntnisse und Fertigkeiten: Waren- und Marktkenntnisse
– Persönlichkeitsmerkmale: Teamfähigkeit, Selbstständigkeit
8. **Einstufung:** K3

Vorteile der Stellenbeschreibung	Nachteile der Stellenbeschreibung
klare Kompetenzen und Weisungsbeziehungen	hoher Erstellungs- und Aktualisierungsaufwand
erleichtert Einarbeitung in eine neue Arbeitsaufgabe	lässt Gesamteinordnung der Stelle schwer erkennen
präzise Vorgabe für Personalbeschaffungs- oder Personalentwicklungsmaßnahmen	Organisationslücken werden nicht erkannt.

6.5.2 Organigramm

Ein **Organigramm** zeigt die organisatorische Verknüpfung von Stellen und Abteilungen.

Beispiel: Organigramm der Fly Bike Werke GmbH

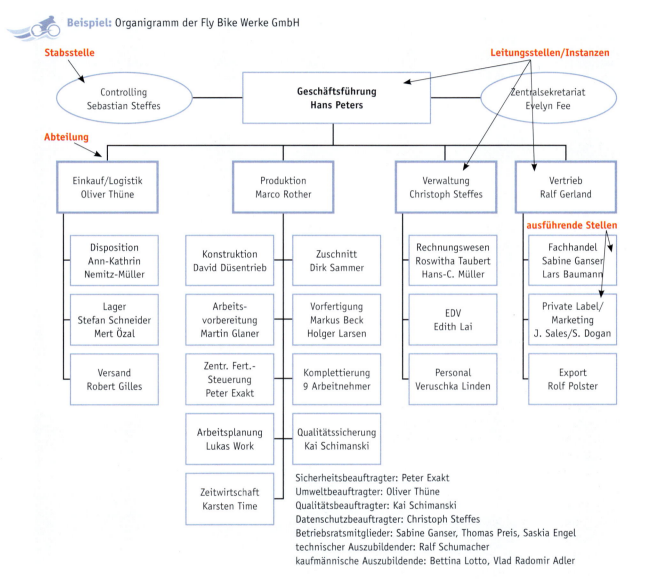

Aus dem Organigramm gehen
- das **Prinzip der Aufgabenverteilung**,
- die **Anzahl der Leitungsebenen** und
- das **Weisungssystem** (die Art der Unterordnungsbeziehungen) hervor.

Ein Organigramm setzt sich aus folgenden Stellentypen zusammen:
- **Instanzen** (Leitungsstellen)
- **Stabsstellen** (Stellen mit Beratungs- oder Assistenzfunktion)
- **ausführende Stellen**

Stabsstellen, vgl. **Kap. 6.3.6**

6.5.3 Prinzipien der Aufgabenverteilung

Die Aufteilung einer Gesamtaufgabe auf einzelne Stellen und Abteilungen kann nach den folgenden Prinzipien erfolgen:

Stellen- und Abteilungsbildung

nach dem **Funktionsprinzip**	nach dem **Objektprinzip**	nach dem **Prozessprinzip**
Verschiedene Abteilungen oder Stellen üben verschiedene **Tätigkeiten** aus.	Verschiedene Abteilungen oder Stellen betreuen verschiedene Planungs- oder **Arbeitsgegenstände**.	Verschiedene Abteilungen oder Stellen sind in unterschiedlichen **Phasen des Arbeitsprozesses** aktiv.
↓	↓	↓
mögliche Abteilungen: Einkauf/Logistik, Produktion, Verwaltung, Vertrieb	mögliche Objekte: Produktarten (Sparten), Regionen, Kundengruppen, Projekte, strategische Geschäftsfelder	mögliche Prozesse: Prozess Produktentwicklung, Prozess Markteinführung, Prozess Auftragsabwicklung, Prozess Reklamationsbearbeitung

6.5.4 Aufbauorganisatorische Typen

Je nachdem, welches Prinzip der Aufgabenverteilung bei der **Abteilungsbildung** angewendet wird, ergeben sich die folgenden unterschiedlichen Typen der Aufbauorganisation:

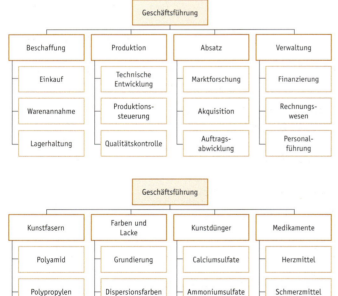

Die klassische Form der Aufgabenverteilung ist die **Funktionalorganisation**: Hier werden die Abteilungen nach Funktionen gebildet, d. h., verschiedene Abteilungen üben jeweils andersartige Verrichtungen aus. In einer reinen Funktionsorganisation wurden auch die Stellen innerhalb der Abteilungen funktional gebildet. Diese Organisationsform ist typisch für kleine und mittlere Industriebetriebe mit kleinem Produktsortiment und regionalem Absatz.

Ein weiteres häufiges Gliederungsprinzip ist die **produktorientierte Aufbauorganisation** (auch: **Spartenorganisation**). Hier spezialisieren sich Abteilungen auf bestimmte Produkte oder Produktgruppen. Das nebenstehende Beispiel einer reinen Spartenorganisation ist aber selten, meist werden die zugeordneten Stellen funktional gebildet. Diese Organisationsform liegt nahe, wenn das Sortiment des Unternehmens aus sehr unterschiedlichen Produkt(grupp)en besteht und deshalb für jeden Produktzweig spezielle Kenntnisse erforderlich sind.

In Reinform ebenfalls nur selten anzutreffen sind die anderen Formen der objektorientierten Aufbauorganisation, z. B. die **Regionalorganisation** (siehe Beispiel rechts) und die **kundenorientierte Organisation.** Diese sind angebracht, wenn die Abnehmergruppen sehr unterschiedlich sind (z. B. gewerbliche Abnehmer und Privatkunden) oder in den internationalen Absatzgebieten sehr unterschiedliche Gebrauchsgewohnheiten und Rechtsvorschriften zu berücksichtigen sind.

Ein relativ neuer Ansatz ist die **prozessorientierte Organisation**. Hier werden Stellen und Abteilungen sozusagen „entlang betrieblicher Wertschöpfungsprozesse" (d. h. entsprechend dem Ablauf wichtiger Betriebshandlungen) gebildet. Siehe hierzu auch Kapitel 5.3 und Kapitel 6.8.

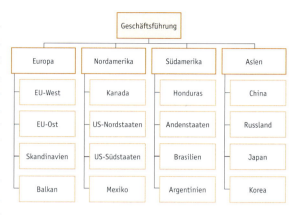

6.5.5 Mischformen

In der Praxis sind die dargestellten aufbauorganisatorischen Typen selten in Reinform anzutreffen, sondern kombinieren verschiedene Prinzipien. Beispielhaft abgebildet ist rechts eine Kombination aus Sparten- und Regionalorganisation, in der die Stellenebene funktional gegliedert ist.

6.5.6 Strategische Geschäftsfelder (SGF)

Gerade im Bereich international operierender Konzerne findet sich die Tendenz zur Bildung **strategischer Geschäftsfelder** (SGF). Ein strategisches Geschäftsfeld ist eine bestimmte Produkt-Markt-Kombination.

 Beispiel: mögliche strategische Geschäftsfelder der Fly Bike Werke GmbH

Geschäftsfeld 1:	Produkt: Rennräder	+	Abnehmerkreis: Profi-Rennfahrer
Geschäftsfeld 2:	Produkt: Rennräder	+	Abnehmerkreis: Hobbyfahrer
Geschäftsfeld 3:	Produkt: Mountain-Bikes	+	Abnehmerkreis: Jugendliche

Für die Bearbeitung jedes Geschäftsfeldes werden relativ selbstständige strategische Geschäftseinheiten gebildet, i. d. R. mit einem eigenen Rechnungswesen zur Ermittlung ihres Erfolgsbeitrages. Im Extremfall können diese Geschäftseinheiten auch in rechtlich selbstständige Unternehmen ausgegliedert werden.

Strategische Geschäftsfelder am Beispiel der Looser Holding

Geschäftsfeld	Umsatzanteil	Kunden
Mobile Raumsysteme und Event Services	59 %	Bauindustrie und Bauzulieferindustrie, Öffentliche Hand, Industrie und Gewerbe, Event Services
Baukrane	27 %	Bauindustrie, Renovation
Maschinen, Geräte und Übriges	14 %	Bauindustrie und Bauzulieferindustrie, Betriebsbedarf, Arbeitsschutz

Quelle: www.looserholding.com (abgerufen am 02.06.2016)

Die weite Verbreitung dieses Organisationsansatzes wird mit dem **Hauptargument** begründet, gerade innerhalb großer Unternehmen erreichten nur kleinere, schlagkräftige und spezialisierte Organisationseinheiten die nötige Flexibilität und Marktnähe, um auf Änderungen der Bedarfs- und Konkurrenzsituation in angemessener Geschwindigkeit reagieren zu können. **Kritiker** bemängeln, die Bildung strategischer Geschäftsfelder im Unternehmen sei oft nur als Umbenennung der vorhandenen Spartenorganisation gestaltet.

6.5.7 Leitungstiefe

Auch die Anzahl der Hierarchieebenen bestimmt die äußere Gestalt der betrieblichen Aufbauorganisation. Im Allgemeinen gilt: Mit der Größe des Unternehmens steigt auch die Anzahl der Leitungsebenen. Üblicherweise werden alle betrieblichen Stellen einer der drei Führungsebenen oder der ausführenden Ebene zugerechnet.

Planungsebenen, vgl. Kap. 2.4

Die **Aufgaben** der drei Managementebenen:
- Die **oberste Ebene** beschäftigt sich überwiegend mit strategischen Planungs- und Organisationszielen.
- In der **mittleren Ebene** geht es vermehrt um die Umsetzung dieser Planungen in konkrete Maßnahmenkataloge.
- Die **unterste Ebene** spricht schließlich konkrete Handlungsanweisungen an die ausführende Ebene aus und beaufsichtigt die Bearbeitung.

angelehnt an: Vahs, D.: Organisation – Einführung in die Organisationstheorie und -praxis, 5. Auflage, Schaeffer-Poeschel-Verlag, Stuttgart 2005, S. 74

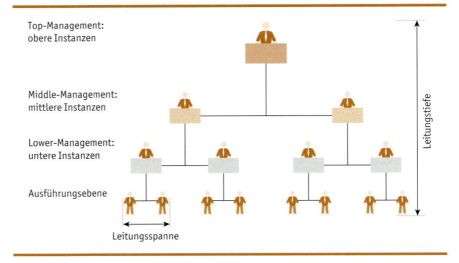

Da die Gesamtheit der Führungsebenen keine kunden- oder produktbezogene Leistung erbringt, wird sie oftmals abwertend als „Wasserkopf" eines Unternehmens bezeichnet, den es durch Entscheidungsdezentralisation und -verlagerung auf die ausführenden Ebenen abzubauen gilt. Hierfür wird auch der Begriff des **Lean Managements** verwendet.

Lean Management, vgl. **LF 5, Kap. 8.1.3**

6.5.8 Weisungssysteme

Schließlich kann man in einem Organigramm auch die vorgesehenen Informations- und Anweisungswege erkennen. Obere Instanzen (Leitungsstellen) üben ihre Anweisungsbefugnis gegenüber den unterstellten Instanzen aus und übernehmen als **Kostenstellenleiter** die Verantwortung für den wirtschaftlichen Erfolg ihres Bereiches.

Auch bei der Gestaltung des Instanzenweges gibt es eine Reihe von Alternativen:
- Einliniensystem
- Stabliniensystem
- Mehrliniensystem
- Matrixorganisation

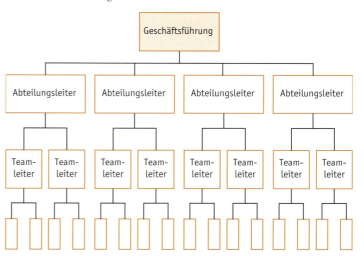

Einliniensystem

Den einfachsten Aufbau bietet das **Einliniensystem.** Es zeichnet sich dadurch aus, dass jede Stelle außer der obersten Leitung genau *einen* Vorgesetzten hat.

Vorteile des Einliniensystems:	Nachteile des Einliniensystems:
– einfacher und eindeutiger Anweisungsweg – kein Kompetenzgerangel – hohe Kontrolle der Vorgesetzten über den Informationsfluss – keine widersprüchlichen Anweisungen	– langer Anweisungsweg über mehrere Instanzen, verspätete Umsetzung von Entscheidungen – Gefahr von Entscheidungsverzögerung und Fehlentscheidung durch Überlastung der obersten Instanz – Auf dem Instanzenweg können wichtige Informationen verfälscht oder (absichtlich oder zufällig) nicht weitergeleitet werden.

Stabliniensystem

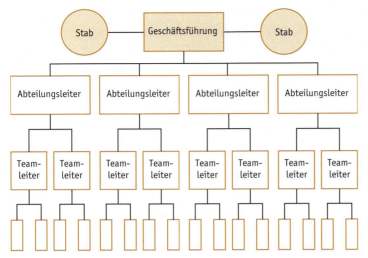

PR-Berater: Öffentlichkeitsarbeiter (PR = Public Relations), vgl. **LF 10**, Band 3

Das Problem einer Überlastung des obersten Managements kann durch die Beistellung von Beratern und persönlichen Mitarbeitern deutlich gemildert werden. Solche Instanzen, die in den oberen Führungsebenen angesiedelt sind, aber keine Entscheidungsbefugnis besitzen, nennt man **Stäbe**, das daraus resultierende Weisungssystem heißt **Stabliniensystem.**

Typische Beratungs- und Assistenzfunktionen werden z. B. ausgeübt durch Rechtsanwälte, PR-Berater, Qualitätsbeauftragte, Finanzassistenten.

Vorteile des Stabliniensystems:	Nachteile des Stabliniensystems:
– wie Einliniensystem – erhöhte Entscheidungsqualität durch fachgerechte Beratung	– wie Einliniensystem (außer Überlastung) – unklare Arbeitsteilung zwischen Instanz und Stab – Demotivation der Stabsmitarbeiter durch empfehlungswidrige Entscheidungen

Mehrliniensystem

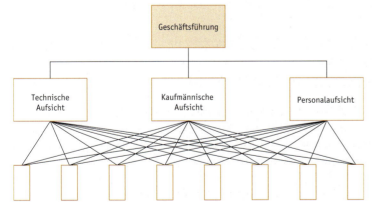

Eine Alternative zur Einstellung von Beraterstäben liegt in der strikten fachlichen Spezialisierung von Entscheidungsträgern. Hierdurch entsteht ein **Mehrliniensystem.**

Hier hat ein Mitarbeiter mehrere direkte Vorgesetzte, die jeweils (nur) für ein bestimmtes Entscheidungsfeld zuständig sind. Ein Beispiel ist die Aufteilung in eine technische und eine kaufmännische Abteilungsleitung.

Vorteile des Mehrliniensystems:	Nachteile des Mehrliniensystems:
– hohe Fachkompetenz der Vorgesetzten – Entlastung der obersten Leitung – kurze Dienstwege	– Weisungskonflikte möglich – Kompetenzen der Vorgesetzten sind nicht eindeutig abzugrenzen.

Matrixorganisation

Eine Weiterentwicklung des Mehrliniensystems ist die Matrixorganisation. Hier werden immer zwei Aufgabenverteilungsprinzipien miteinander kombiniert.

- In der **Senkrechten** wird die disziplinarische Unterstellung vorgenommen: Welcher Gruppe und Abteilung ist die Stelle regelmäßig zugeordnet?
- In der **Waagerechten** ist die fachliche Unterstellung zu erkennen: Bei welchen Sachbereichen oder in welchen Sachfragen sind **andere** Leitungskräfte weisungsberechtigt?

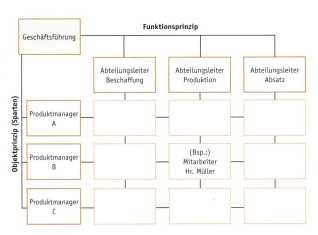

Im abgebildeten Beispiel
- ist die regelmäßige disziplinarische Unterstellung in Form einer **Funktionalorganisation** vorgenommen,
- darüber hinaus bilden einzelne **Sparten** (Produktgruppen) eine zweite, fachliche Unterstellung.

> **Beispiel:** Bei der Qualitätskontrolle von Produkt B kann der Mitarbeiter Herr Müller sowohl Anweisungen vom Abteilungsleiter Produktion als auch vom Produktmanager B erhalten.

Als zweites, fachliches Zuordnungsprinzip sind neben den Sparten oft auch
- Projekte,
- Absatzgebiete,
- Kundengruppen oder
- übergreifende Betriebsfunktionen (Datenverarbeitung, Ausbildung, Controlling usw.) anzutreffen.

Um die Konflikte bei der Mehrfachzuordnung zu verringern, existieren verschiedene Lösungsansätze:
- So können z. B. feste Arbeitsanteile der Mitarbeiter für den jeweiligen Bereich festgelegt werden.
- Oder es herrscht eine „Weisungsteilung" je nach Sachfrage: Der funktionale Abteilungsleiter Beschaffung ist z. B. für allgemeine Beschaffungsregeln zuständig (z. B. Auswahl der Lieferanten), der Produktmanager A für spezielle Anforderungen der Materialbeschaffung für seine Produktgruppe (z. B. besondere Ausgangsmaterialien).
- Bei Projekten sind eine zeitweise Herauslösung aus der Betriebsabteilung und die volle Hinwendung zur Projektaufgabe möglich.

Vorteile der Matrixorganisation:	Nachteile der Matrixorganisation:
– ganzheitliche Problembetrachtung und -lösung möglich – dichtes Kommunikationsnetzwerk – Förderung umfassender Mitarbeiterqualifikationen (Projekte dienen auch der Personalentwicklung)	– hohe Belastung der Mitarbeiter – Aufgabenpriorität oft unklar – hoher Koordinationsaufwand, langwierige Entscheidungsfindung – Kompromisse zwischen den Instanzen ersetzen oft optimale Lösungen.

6.5.9 Key-Account-Management

Key-Account-Manager
Krankenhäuser/Universitätskliniken
in Ost- und Süddeutschland
Innovative Medizintechnik erfolgreich vermarkten
Karrierechance für akquisitionsstarke Persönlichkeiten aus dem Klinikbereich und Laborumfeld

Für Investitionsgüter im Bereich Diagnostik/Medizintechnik sind wir ein deutschlandweit tätiges Unternehmen. Unsere hochinnovativen Produkte sind bestens auf dem Markt eingeführt. Besonders großen Wert legen wir auf die Neugewinnung und den Ausbau von Großkunden im Krankenhaus-, Klinikbereich und Laborumfeld.

Sie sind bereits in einer ähnlichen Position im Vertrieb tätig und wissen, was zu tun ist, um langfristig erfolgreicher Partner zu sein und somit unseren und Ihren Vertriebserfolg zu forcieren. Strukturiertes, prozessorientiertes Arbeiten, gepaart mit Ihrem klinischen Know-how und praktischem kaufmännischem Verständnis, zählen zu Ihren Stärken. Durch Ihre guten Kenntnisse/Erfahrungen gewinnen Sie Neukunden und bauen Kundenbeziehungen weiter aus.

Sie bringen ein abgeschlossenes medizinisches, natur- oder wirtschaftswissenschaftliches Studium bzw. eine vergleichbare Ausbildung und mehrjährige Vertriebserfahrung im Klinik-/Laborgeschäft mit. Sie sind Teamplayer und besitzen detaillierte Kenntnisse des Gesundheitsmarktes. Gute Englischkenntnisse sind Voraussetzung.

Sie suchen eine stark vertriebsorientierte Aufgabenstellung im Krankenhaus-, Klinikbereich und Laborumfeld? Dann möchten wir gerne mit Ihnen ins Gespräch kommen. Wir bieten Ihnen eine unternehmerische Aufgabe mit Perspektiven.

Eine bei marktorientierten Unternehmen sehr häufig anzutreffende organisatorische Variante ist das Key-Account-Management (KAM). Als Key Account bezeichnet man sogenannte „Schlüsselkunden", also Kunden, mit denen ein sehr hoher Umsatz erzielt wird und die deshalb für den Unternehmenserfolg von besonderer Bedeutung sind (A-Kunden). Deshalb wird ein Key-Account-Manager dafür abgestellt, die Beziehung zu diesen A-Kunden besonders zu pflegen und die Kundenwünsche und -bedürfnisse zu vertreten.

Im Einzelnen hat der Key-Account-Manager folgende Aufgaben:
- technische Beratung und Bedarfsanalyse
- Auftragsgewinnung (Akquise)
- Ansprechpartner des Kunden in allen Belangen
- interne Koordination bei Angebotserstellung, Auftrags- und Finanzierungsabwicklung (insbesondere bei Sonderwünschen oder Verzögerungen)
- Aufbau eines persönlichen Vertrauensverhältnisses

Der Key-Account-Manager wirkt als Schnittstelle zwischen der betrieblichen Organisation und den Schlüsselkunden. Da er bei jeder Art von Betriebsorganisation eingesetzt werden kann, ist er für viele Unternehmen eine kostensparende Alternative zu einer rein kundenorientierten Aufgabengliederung.

6 Betriebliche Organisation

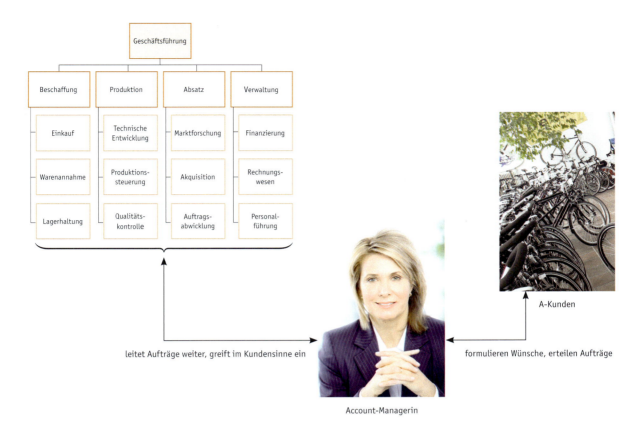

6.6 Ablauforganisation

Die Ablauforganisation ist für die zeitlich-räumliche Reihung der Handlungselemente zuständig, sie legt Folgendes fest:
- den **Arbeitsort,** an dem das Handlungselement verrichtet wird (räumliche Synthese),
- den **Arbeitszeitpunkt,** zu dem das Handlungselement ausgeführt wird (zeitliche Synthese),
- die **Person,** die das Handlungselement ausübt (personelle Synthese).

Geschäftsprozesse, vgl. **Kap. 5**

Im Einzelnen ist Folgendes festzulegen:

räumliche Synthese	– Arbeitsort – Arbeitsweg – Ausstattung mit Arbeitsmitteln
zeitliche Synthese	– Arbeitszeitpunkt – Arbeitsdauer – Arbeitsfolge
personelle Synthese	– Zuordnung von Personen zu Stellen – Zuordnung von Personen/Stellen zu Abteilungen

Die personelle Synthese ist das Bindeglied von Aufbau- und Ablauforganisation. Die Aufbauorganisation bildet die Instanzen, die Ablauforganisation ordnet ihnen die konkret zu erfüllenden Aufgaben in ihrer sachlogischen Reihenfolge zu.

Zielsetzungen der ablauforganisatorischen Gestaltung:

Ziel	Unterziele
minimale Durchlaufzeiten	– Verringerung der Bearbeitungszeiten – Vermeidung von Prüf- und Wartezeiten
maximale Kapazitätsauslastung	– Bildung angepasster Kapazitäten – Störungsvermeidung – flexible Nutzung von Betriebsmitteln
Termineinhaltung	– Erstellung von Terminplänen – redundante Terminüberwachung (Rückmeldung von absehbaren und eingetretenen Verzögerungen zwecks Einleitung von Gegenmaßnahmen)
hohe Informationsgeschwindigkeit	– hohe Vernetzung – geringe Reaktionszeiten (Weitergabezeiten) – zielgerichtete Weitergabe

Für die grafische Darstellung ablauforganisatorischer Beziehungen gibt es eine Reihe von Darstellungstechniken, z. B.:

- Arbeitsablaufdiagramm
- Programmablaufplan
- Netzplantechnik
- Termin- und Maschinenbelegungspläne als Balkendiagramme
- ereignisgesteuerte Prozessketten (EPK)

*Netzplantechnik, Balkendiagramme, vgl. **LF 5, Kap. 5.4***

*EPK, vgl. **Kap. 5.4***

An dieser Stelle wird beispielhaft nur das **Arbeitsablaufdiagramm** erläutert. Es verbindet verbale und symbolische Elemente miteinander.

Im linken Teil des Arbeitsablaufdiagramms sind die Arbeitsschritte (Ablaufstufen) des zu planenden Arbeitsablaufs beschrieben. Im rechten Teil werden die Arbeitsschritte durch das Markieren des entsprechenden Symbols dem jeweiligen Tätigkeitstyp zugeordnet und grafisch miteinander verbunden.

Diese Darstellungsmethode erlaubt es, den Arbeitsablauf und seine etwaigen Nachteile (insbesondere unter dem Aspekt der Prozessdauer) näher zu beleuchten.

Im linken Teil des Arbeitsablaufdiagramms sind die Arbeitsschritte (Ablaufstufen) des zu planenden Arbeitsablaufs beschrieben. Im rechten Teil findet sich eine Zuordnung der Arbeitsschritte zu den Tätigkeitstypen.

Arbeitsablaufkarte

Arbeitsablauf: Bearbeitung einer Anfrage					
Abteilung: Verkauf					
Lfd. Nr.	Stufen des Arbeitsablaufs	Symbole		Zeit (Min.)	Weg (m)
1	Sachbearb. erhält Anfrage				20
2	Sammeln der Bearbeitungsunterlagen			10	
3	Stenotypist/in anfordern			1	
4	Sachbearb. wartet auf Stenotypist/in			8	
5	Stenotypist/in geht zum Sachbearb.			2	25
6	Sachbearb. diktiert			10	
7	Stenotypist/in geht zurück			2	25
8	Schreiben des Briefes			10	
9	Schreibunterbrechung			20	
10	Brief weiterschreiben			5	
11	Stenotypist/in bringt Brief zum Sachbearb. und kehrt zurück			4	
12	Sachbearb. prüft Richtigkeit			2	
13	Sachbearb. unterschreibt			1	
14	Sachbearb. legt Kopie in Vorlegemappe ab			1	
15	Sachbearb. legt Original in Unterschriftenmappe			1	

● Bearbeitung/Tätigkeit

➡ Transport/Weiterleitung

■ Prüfung

D Verzögerung/Warten

▼ Lagerung/Ablage

Quelle: Lydia und Karl-Heinz Korbmacher; http://www.luk-korbmacher.de/Schule/Orga/arbkart.htm, entnommen am 20.04.2011

6.7 Prozessorganisation

Prozessorientierung bedeutet unter organisatorischen Gesichtspunkten, dass Unternehmen nicht nach Funktionen, sondern entlang den Geschäftsprozessen organisiert werden, um deren reibungslosen Ablauf zu gewährleisten. Während die Aufbauorganisation formale Hierarchien und Prinzipien der Stellen- und Abteilungsbildung widerspiegelt, bestimmt die Ablauforganisation, wie die Geschäftsprozesse zeitlich und räumlich zusammenwirken.

Aufbau-, Ablauf-, Prozessorganisation

Die Prozessidee lässt sich in folgender Weise charakterisieren:
- Ablauforganisation bestimmt die Aufbauorganisation (Perspektivenwechsel zur traditionellen hierarchischen Organisation)
- horizontale funktionsübergreifende Betrachtung der Unternehmenstätigkeit durch Denken in Kernprozessen (kein funktions- oder objektorientiertes Denken)
- ganzheitliche Betrachtung der Unternehmenstätigkeit mit Synergieeffekten (keine Spezialisierungseffekte)

Merkmale der Prozessidee

> **!** Die Ausrichtung der Aufbauorganisation an den Geschäftsprozessen eines Unternehmens wird als **Prozessorganisation** bezeichnet.

Traditionelle hierarchische Organisationsformen zeigen einen typischen vertikalen Kommunikations- und Abstimmungsweg, der zur Überwindung von Schnittstellen notwendig wird. Der vertikale Informationsfluss von unten nach oben und von oben nach unten bringt eine Reihe von Kommunikationsengpässen mit sich.

vertikaler Informationsfluss: von unten nach oben und von oben nach unten

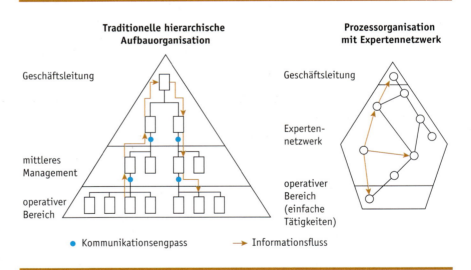

beide Abbildungen angelehnt an: Dr. Horst Walther www.si-g.com/HTML/publication_hw_005.htm, entnommen am 25.05.2011

Prozessorientierte Unternehmen organisieren ihren Aufbau rund um die kritischen Geschäftsprozesse des Unternehmens. Bei den sogenannten **Netzwerkstrukturen** wandelt sich die klassische Stellenpyramide zu einer Diamantform. Eine für die strategischen Aufgaben verantwortliche kleine Unternehmensspitze verbleibt und die ehemals breite operative Basis wird auf die zunehmende Automatisierung repetitiver Tätigkeiten reduziert. An die Stelle des umfangreichen mittleren Managements tritt ein **Expertennetzwerk**, in dem Fachleute in kleinen teilautonomen Gruppen arbeiten und in ständiger Kommunikation miteinander stehen.

repetitiv wiederholt

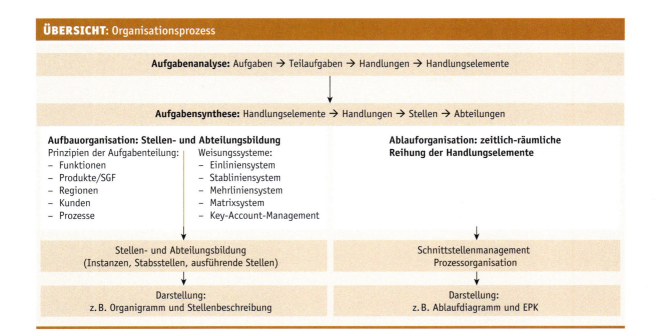

Aufgaben

1 Zerlegen Sie im Rahmen der Aufgabenanalyse die Unteraufgabe „Prüfung einer Eingangsrechnung".

2 Welche Informationen können Sie einem Organigramm entnehmen?
   a Entlohnung des Abteilungsleiters
   b oberste Hierarchieebene
   c Prinzip der Aufgabenverteilung
   d Weisungsbeziehungen
   e Anzahl der Abteilungen
   f Dauer der Auftragsabwicklung
   g Beschreibung der Stellenaufgaben
   h Gesellschafter

3 Beschreiben Sie anhand des Organigramms auf S. 155 umfassend die Organisationsform der Fly Bike Werke GmbH. Gehen Sie dabei bitte auch ein
   – auf die Zahl der Hierarchieebenen,
   – auf das Organisationsprinzip zur Abteilungsbildung,
   – auf das Weisungssystem,
   – auf die Stellenarten.

4 Die Fly Bike Werke GmbH erwägt, ihr Weisungssystem umzustellen. In einer Sitzung der Geschäftsführung findet jede Form ihre Befürworter und Gegner. Stellen Sie fest, welche Argumente und Gegenargumente zutreffen und welche nicht:

Weisungssystem	Einführungsargument	Gegenargument
Liniensystem	„Der Aufbau ist klar und übersichtlich."	„Es droht Kompetenzgerangel."
Stabliniensystem	„Die Beratungsfunktion ist für die Stabstellen sehr motivierend."	„ein sehr langer Instanzenweg"
Mehrliniensystem	„sehr fachkompetente, spezialisierte Vorgesetzte"	„Oberste Geschäftsführung wird vom Informationsfluss abgeschnitten."
Matrixsystem	„Mitarbeiter können sich ganz auf ihre Stellenfunktion konzentrieren."	„hoher Koordinationsaufwand"

1 Aufgaben und Bereiche des Rechnungswesens......... 170
2 Inventur, Inventar und Bilanz 176
3 Vorgänge auf Bestands- und Erfolgskonten 188
4 Organisation der Buchführung 225
5 Umsatzsteuer 234
6 Buchungen bei Beschaffungsprozessen 244
7 Buchungen bei Absatzprozessen..................... 251
8 Abschreibungen auf Sachanlagen.................... 259

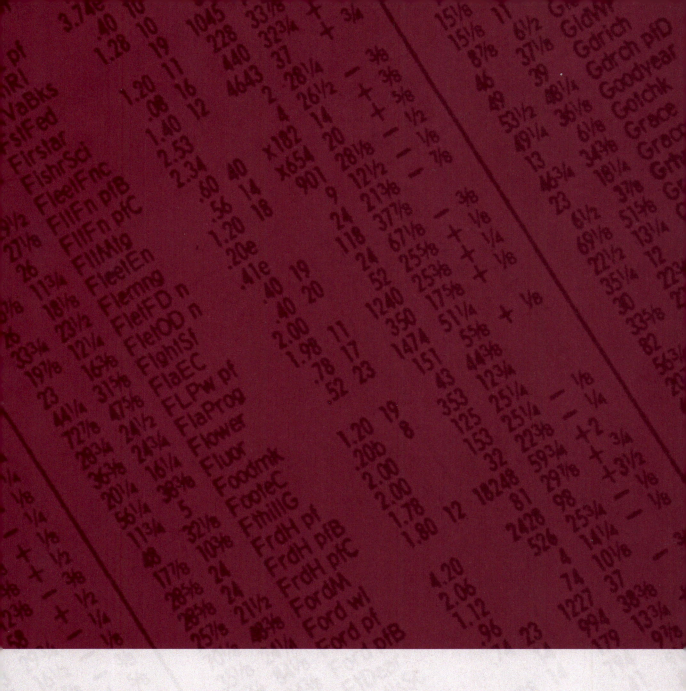

3 Werteströme und Werte erfassen und dokumentieren

3 Werteströme und Werte erfassen und dokumentieren

AB → Lernsituation 16

1 Aufgaben und Bereiche des Rechnungswesens

1.1 Dokumentation von Geschäftsprozessen im Rechnungswesen

> Das Rechnungswesen erfasst und dokumentiert Daten aus betrieblichen Geschäftsprozessen.

Das Rechnungswesen eines Industrieunternehmens erfasst und dokumentiert die zahlenmäßig darstellbaren Daten **aller betrieblichen Prozesse**. Diese Prozesse bezeichnet man als Geschäftsprozesse.

Absatz- und Beschaffungsprozess im Industriebetrieb

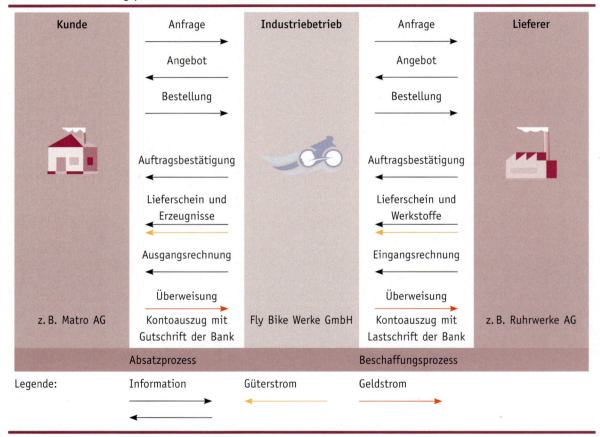

Daten aus Kernprozessen des Industriebetriebes (Beispiele)

Beschaffung (Einkauf)	Ausgaben für die Beschaffung von Rohstoffen
Leistungserstellung (Produktion)	Kosten für die Herstellung von Erzeugnissen
Marketing (Absatz)	Einnahmen aus dem Verkauf von Erzeugnissen
Logistik im Beschaffungs-, Produktions- und Absatzbereich	Kosten für den Transport und die Lagerung von Werkstoffen und Erzeugnissen

Funktionsmodell eines Industriebetriebes

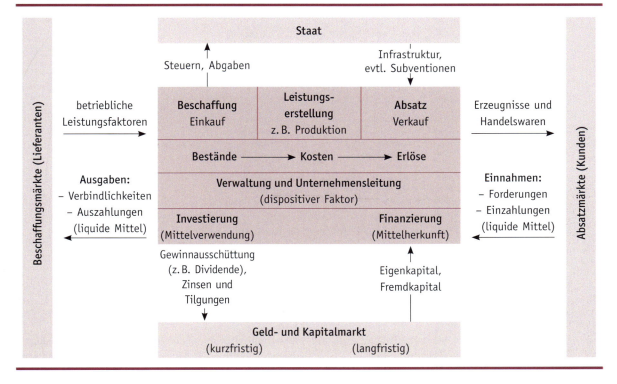

Eine wichtige Aufgabe des Rechnungswesens ist die **Dokumentation** der Werteströme. Dazu gehört die vollständige, richtige, zeitgerechte und geordnete Aufzeichnung aller Geschäftsvorfälle in der **Finanzbuchhaltung**.

Die Dokumentation der Geschäftsvorfälle ist die Basis für die Bereitstellung von **Informationen** an eine Vielzahl von inner- und außerbetrieblichen Interessenten. Auf der Grundlage dieser Informationen kann z. B. die Unternehmensleitung **kontrollieren**, ob und in welchem Maße Unternehmensziele erreicht worden sind. Neben der Kontrolle dienen diese Informationen der **Planung** betriebswirtschaftlicher Entscheidungen für die Zukunft. Lieferanten sind z. B. an Informationen zur Kreditwürdigkeit und Zahlungsfähigkeit des Unternehmens interessiert, der Staat benötigt Informationen zur Festlegung der Besteuerung.

Aufgaben des Rechnungswesens:
- Dokumentation
- Information
- Planung und Kontrolle

Informationen	Beispiele	mögliche Interessenten
Wert des Vermögens	Vorräte, Bankguthaben	Geschäftsleitung
Höhe der Schulden	Darlehensschulden bei Banken, Verbindlichkeiten bei Lieferanten	Unternehmenseigner Staat (Finanzamt) Kreditgeber (Banken)
erzielte Umsätze	Erlöse für Erzeugnisverkauf	Kunden
entstandene Aufwendungen	Rohstoffverbrauch, Löhne, Gehälter, Mieten	Lieferanten Arbeitnehmer Mitbewerber
Art und Höhe des Erfolgs	Gewinn oder Verlust	Öffentlichkeit

3 Werteströme und Werte erfassen und dokumentieren

1.2 Rechtliche Grundlagen des Rechnungswesens

Hausmitteilung — Fly Bike Werke GmbH

Absender	Empfänger	mit der Bitte um
☒ Geschäftsführung	☐ Geschäftsführung	☐ Kenntnisnahme
☐ Zentralsekretariat	☐ Zentralsekretariat	☐ Erledigung
☐ Controlling	☐ Controlling	☒ Stellungnahme
☐ Einkauf/Logistik	☐ Einkauf/Logistik	
☐ Produktion	☐ Produktion	
☐ Verwaltung	☒ Verwaltung	
☐ Vertrieb	☐ Vertrieb	
☒ Frau/Herr Peters	☒ Frau/Herr Taubert	

Liebe Frau Taubert,

am nächsten Montag wird das Finanzamt Oldenburg eine routinemäßige Betriebsprüfung in unserem Hause durchführen. Bitte sorgen Sie dafür, dass die Inspektoren alle notwendigen Informationen erhalten. Unsere Finanzbuchhaltung ist doch auf aktuellem Stand? Bitte um Rückruf.

Mit freundlichen Grüßen

Peters

Jeder Kaufmann wird durch das HGB verpflichtet, Bücher nach den **Grundsätzen ordnungsmäßiger Buchführung** zu führen. Die Eintragungen in Büchern und die sonst erforderlichen Aufzeichnungen müssen vollständig, richtig, zeitgerecht und geordnet vorgenommen werden.

Wer ist buchführungspflichtig?

Gemäß den steuerrechtlichen Vorschriften der AO (Abgabenordnung) wird der Kreis der Buchführungspflichtigen aus Gründen der gerechten Besteuerung erweitert. Wer unterhalb der festgelegten Grenzen liegt, muss beim Finanzamt lediglich eine Einnahmen-/Überschussrechnung einreichen.

Einnahmen-/Überschussrechnung

Neben dem HGB sind in Abhängigkeit von der Rechtsform des Unternehmens auch das Aktiengesetz (AktG) und das GmbH-Gesetz (GmbHG) zu beachten.

Gesetzliche Vorschriften zu Buchführung und Jahresabschluss

Buchführungspflicht nach HGB § 238[1]	Buchführungspflicht nach AO §§ 140–141 (Stand: 2016)
alle Kaufleute gem. HGB: – § 1 Istkaufmann – § 2 Kannkaufmann[2] – § 3 Land- und Forstwirtschaft; Kannkaufmann[2] – § 5 Kaufmann kraft Eintragung – § 6 Handelsgesellschaften; Formkaufmann	– alle Kaufleute gem. HGB sowie – gewerbliche Unternehmer und Land- und Forstwirte mit einem Jahresumsatz > 600.000,00 € oder Jahresgewinn > 60.000,00 € – Land- und Forstwirte mit einem Wirtschaftswert > 25.000,00 €

Rechtsformen, vgl. LF 1, Kap. 8

[1] Gilt ab 2010 nicht mehr für Einzelkaufleute, die unterhalb der Umsatz- und Gewinngrenze nach § 141 AO liegen (§ 241 a HGB).
[2] Eintragung in das Handelsregister notwendig.

1 Aufgaben und Bereiche des Rechnungswesens

Ist ein Unternehmen verpflichtet, Bücher zu führen, so muss diese Buchführung so beschaffen sein, dass sie einem **sachverständigen Dritten** innerhalb angemessener Zeit einen Überblick über die **Geschäftsvorfälle** und über die **Lage des Unternehmens** vermitteln kann. Dabei müssen sich die Geschäftsvorfälle in ihrer Entstehung und Abwicklung verfolgen lassen (§§ 238 (1) HGB und 145 (1) AO).

Folgen einer nicht ordnungsmäßigen Buchführung:
- Buchführung verliert an Beweiskraft (§ 158 AO).
- Schätzung der Bemessungsgrundlagen für die Steuerberechnung, z. B. für den Gewinn (§ 162 AO)
- bei Insolvenz evtl. Freiheits- oder Geldstrafe (§ 283 b StGB)

Zusätzlich zu den GoB gelten die für 2020 neubearbeiteten Grundsätze zur ordnungsgemäßen Führung und Aufbewahrung von Büchern, Aufzeichnungen und Unterlagen in elektronischer Form sowie den Datenzugriff (GoBD) des Bundesministeriums der Finanzen.

Grundsätze ordnungsmäßiger Buchführung (GoB)

Anforderungen (§ 238 HGB, § 145 AO)	Bedeutung
Sachverständiger Dritter	Steuerberater, Wirtschaftsprüfer, Betriebsprüfer des Finanzamtes usw.
muss in angemessener Zeit	abhängig von der Größe des Unternehmens und damit vom Umfang der geordneten Buchführung
einen Überblick über die Geschäftsvorfälle	vollständige, richtige, zeitgerechte und geordnete Aufzeichnungen und Aufbewahrung der den Aufzeichnungen zu Grunde liegenden Belege
und einen Überblick über die Lage des Unternehmens erhalten können.	Vermögenslage, Ertragslage, Finanzlage

Die Buchführungspraxis, Gesetze (insbesondere HGB und AO) und die fortlaufende Rechtsprechung (z. B. Bundesfinanzhof) haben in der Vergangenheit eine Vielzahl von Regelungen getroffen, die Einfluss auf die Buchführung und deren Organisation haben. Aus diesen „Grundsätzen ordnungsmäßiger Buchführung" ergibt sich allgemein, dass die Buchführung **wahr** und **klar** sein muss (§ 146 AO; § 239 HGB).

Grundsätze ordnungsmäßiger Buchführung (GoB) gemäß HGB/AO

Vollständigkeit	Kein Geschäftsvorfall darf in der Buchführung unberücksichtigt bleiben.
Richtigkeit	Jede Buchung muss wahrheitsgemäß erfolgen.
zeitgerecht (innerhalb von 10 Tagen)	Die Buchung muss in angemessener Zeit nach dem Geschäftsvorfall erfolgen; Kasseneinnahmen und -ausgaben sollen täglich erfasst werden.
geordnet	Geschäftsvorfälle sind zeitlich fortlaufend zu erfassen; sachliche Zuordnung auf Konten und geordnete Ablage der Belege.
Belegprinzip	Für jede Buchung muss ein Beleg vorhanden sein.
Sprache, Währung	Handelsbücher und Aufzeichnungen in lebender Sprache; Abkürzungen, Ziffern, Buchstaben oder Symbole nur mit eindeutig festgelegter Bedeutung; Jahresabschluss in deutscher Sprache und in €.
Berichtigungen	Eintragungen oder Aufzeichnungen dürfen nicht in einer Weise verändert werden, dass der ursprüngliche Inhalt nicht mehr feststellbar ist (keine Bleistifteintragungen, kein Tipp-Ex, Radieren, Überschreiben, Löschen von Datenträgern usw.).
Aufbewahrungspflicht	Unterlagen der Buchführung müssen aufbewahrt werden.

Gem. HGB und GoB können die Bücher geführt werden
- in gebundener Form (Seiten, als Bücher gebunden),
- als geordnete Loseblattsammlungen,
- als geordnete Ablage von Belegen oder
- auf Datenträgern (EDV).

Die Aufbewahrungsfrist beginnt mit dem Ende des betreffenden Kalenderjahres, in dem die Aufzeichnung oder der Beleg entstand.

Aufbewahrungsfristen

zehn Jahre	sechs Jahre
– Handelsbücher (z. B. Grund- und Hauptbuch) – Inventare – Eröffnungsbilanzen – Jahresabschlüsse (z. B. GuV-Rechnung, Bilanz) – Arbeitsanweisungen und Organisationsunterlagen (z. B. Programme) – Buchungsbelege (z. B. Ausgangsrechnungen, Kontoauszüge)	– empfangene Handelsbriefe (z. B. Angebote) – Wiedergaben abgesandter Handelsbriefe (z. B. Bestellungen) – Unterlagen, soweit sie für die Besteuerung von Bedeutung sind

1.3 Bereiche des Rechnungswesens

Die Daten des Rechnungswesens sind für viele Bereiche wichtig:

Finanzbuchhaltung	
Auf Basis von Belegen werden alle Geschäftsvorfälle wertmäßig erfasst (gebucht) und zeitlich und sachlich geordnet dokumentiert.	Beispiele für Belege und Geschäftsvorfälle: – Eingangsrechnung Rohstoffeinkäufe – Ausgangsrechnung für Erzeugnisverkäufe – Kontoauszug der Bank für Überweisungen an Lieferanten – Quittung des Verkäufers für einen Bareinkauf von Büromaterial
Jahresabschluss	
Der Buchführungspflichtige hat zum Ende jedes Geschäftsjahres einen Jahresabschluss zu erstellen, in dem sein Vermögen und seine Schulden gegenübergestellt (Bilanz) sowie die Aufwendungen und Erträge (Gewinn- und Verlustrechnung) ausgewiesen werden müssen.	Datenbasis für den Jahresabschluss sind die jährliche Bestandsaufnahme (Inventur) und die Daten der Finanzbuchhaltung. Beispiele: – Vermögen: Maschinen, Geschäftsausstattung, Materialvorräte – Schulden: Bankverbindlichkeiten, Steuerschulden – Aufwendungen: Materialverbrauch, Löhne, Gehälter – Erträge: Umsatzerlöse aus dem Verkauf von Erzeugnissen – Gewinn: Erträge > Aufwendungen
Kosten- und Leistungsrechnung	
Hier werden nur Werte der Finanzbuchhaltung übernommen, die mit dem Sachziel des Unternehmens im Zusammenhang stehen. Dem Wertezuwachs wird der Werteverzehr gegenübergestellt, um den Betriebsgewinn zu ermitteln. Der Werteverzehr ist Basis für die Kalkulation.	– Sachziel: Betriebszweck, z. B. Produktion und Verkauf von bestimmten Produkten mit Gewinn – Wertezuwachs: Leistungen, d. h. sachzielbezogene Erträge, z. B. Umsatzerlöse aus dem Produktverkauf – Werteverzehr: Kosten, d. h. sachzielbezogene Aufwendungen, z. B. Verbrauch von Rohstoffen, Zahlung von Löhnen – Betriebsgewinn: Leistungen > Kosten – Kalkulation: Preisermittlung für eigene Erzeugnisse und Handelswaren

1 Aufgaben und Bereiche des Rechnungswesens

Planung	
Unternehmerische Zielsetzungen werden in Planungen konkretisiert und als Sollwerte vorgegeben.	– Zielsetzung: z. B. Gewinnerhöhung um 5 % – notwendige Planungen: z. B. Absatz-, Umsatz-, Produktions-, Beschaffungs-, Personal-, Investitions- und Finanzplan – Sollwerte: z. B. Absatzmengen, Verkaufspreise, Produktionsmengen, Einkaufsmengen und -preise
Controlling	
Das Controlling ist bereits bei der Planung beteiligt. Die im Rechnungswesen erfassten Istwerte werden den geplanten Sollwerten gegenübergestellt. Abweichungen und deren Ursachen müssen analysiert, Gegenmaßnahmen geplant und umgesetzt werden. Nicht erreichbare Ziele müssen ggf. neu definiert werden.	– Controlling (engl. to control) bedeutet steuern, regeln, kontrollieren. – Abweichungen: Sollwerte > oder < Istwerte – Abweichungsursachen: z. B. erhöhter Materialverbrauch durch Ausschussproduktion – Gegenmaßnahmen: z. B. Wechsel des Materiallieferanten, erweiterte Qualitätskontrollen beim Materialeingang
Statistik	
empfängerbezogene Aufbereitung und Darstellung von Daten in aussagefähigen Tabellen und Diagrammen mit Vergleichsgrößen	– Datenempfänger: unternehmensintern (z. B. Geschäftsleitung) oder -extern (z. B. Jahresabschlussempfänger wie Staat, Gläubiger usw.) – Tabellen und Diagramme: Zahlenübersichten oder grafische Darstellungen (z. B. Linien-, Balken- oder Kreisdiagramme) – Vergleichsgrößen: Istwert mit Istwert (Zeitvergleich) – Sollwert mit Istwert = Soll-/Ist-Vergleich – Istwert eigenes Unternehmen mit Istwert anderer Unternehmen (Betriebs- oder Branchenvergleich)

ÜBERSICHT: Erfassung und Dokumentation von Werteströmen

Die Werteströme von Geschäftsprozessen verändern den Wert des Vermögens und/oder des Kapitals eines Industrieunternehmens. Diese Veränderungen haben ggf. auch Auswirkungen auf den Erfolg (Gewinn oder Verlust).

Die zahlenmäßig erfassbaren Ergebnisse dieser Prozesse nennt man Geschäftsvorfälle.

Geschäftsvorfälle werden zuerst in der Finanzbuchhaltung erfasst (gebucht). Die Ergebnisse werden den anderen Bereichen des Rechnungswesens (Jahresabschluss, Kosten- und Leistungsrechnung, Planung, Controlling, Statistik) zur Verfügung gestellt.

Buchführungspflichtige müssen die Grundsätze ordnungsmäßiger Buchführung beachten.

ÜBERSICHT: Aufgaben der Finanzbuchhaltung

Ermittlung der Zusammensetzung und der Veränderung des Vermögens und des Kapitals	Ermittlung der Erträge und Aufwendungen sowie des Erfolges (Gewinn oder Verlust) der Geschäftstätigkeit
Ermittlung von Basisdaten für Kosten- und Leistungsrechnung, Planungsrechnungen, Controlling, Statistik und viele unternehmerische Entscheidungen	Bereitstellung von Daten für gesetzlich vorgeschriebene Veröffentlichungen (Rechenschaftslegung) wie Jahresabschluss, z. B. Bilanz und Gewinn- und Verlustrechnung
Ermittlung von Bemessungsgrundlagen, z. B. für die Besteuerung	Bereitstellung von Beweismitteln beim Rechtsstreit (geordnete Aufbewahrung aller buchungsrelevanten Belege)

(Aufgaben zu Kap. 1 siehe Seite 186)

2 Inventur, Inventar und Bilanz

2.1 Inventur

AB → Lernsituation 17

Beispiel: Im Absatzlager der Fly Bike Werke GmbH wird jeder Eingang fertiger Erzeugnisse aus der Produktion und jeder Erzeugnisverkauf an Kunden in einer Lagerdatei erfasst.

Inventur
Bestandsaufnahme aller Vermögensgegenstände und Schulden nach Art, Menge und Wert

- Inventur (Bestandsaufnahme)
- Inventar (Bestandsverzeichnis)
- Bilanz
- Anfangsbestände für die Buchhaltung im neuen Geschäftsjahr

Sollbestand
Bestand gemäß Aufzeichnungen

Istbestand
Bestand gemäß Inventur

Lagerdatei

City-Räder — Jahr: 20XX Seite 3

Produkt	Produktbezeichnung				
102	City Fahrradmodell *Surf*				
Datum	Beleg	Vorgang	Zugang	Abgang	Bestand
30.11.	S. 2	Bestandsübertrag Seite 2			40
02.12.	HE 212	Eingang aus Produktion	300		340
14.12.	LS 566	Verkauf an Zweirad GmbH		100	240
28.12.	LS 789	Verkauf an Matro AG		150	90

Anhand der Lagerdatei wäre es jederzeit möglich, die aktuellen Lagerbestände aller gelagerten Produkte mengenmäßig anzugeben. Aber auch Lagerdateien können irren! Falsche oder fehlende Eingaben, fehlerhafte Lagerung, nicht entdeckte Diebstähle, Schwund, Beschädigungen und Verderb können dazu führen, dass die Bestände laut Lagerdatei (Sollbestände) nicht den tatsächlichen Beständen verkaufsfähiger Erzeugnisse (Istbestände) entsprechen. Darüber hinaus muss auch der aktuelle Wert der Bestände festgestellt werden, denn Werte in € sind nicht auf einer Lagerkarteikarte erfasst.

Die Aufnahme der Bestände nach Art, Menge und Wert wird **Inventur** genannt. Dabei erstreckt sich die Inventur nicht nur auf die Lagerbestände, sondern auf alle Vermögenswerte und alle Schulden des Unternehmens, damit ein vollständiges Bestandsverzeichnis, das **Inventar**, erstellt werden kann. Dies ist dann die Grundlage für die **Bilanz**, auf die nicht nur die Geschäftsleitung gespannt wartet. Erst dann weiß man mit Sicherheit, ob das letzte Geschäftsjahr tatsächlich erfolgreich war. Mit den ermittelten Bestandswerten startet dann die Buchführung in das neue Geschäftsjahr.

Vermögenswerte
z. B. Grundstücke, Fahrzeuge, Bankguthaben

Schulden
(Verbindlichkeiten) z. B. Bankdarlehen, unbezahlte Lieferantenrechnungen

Die Durchführung der Inventur ist gesetzlich vorgeschrieben (§ 240 HGB, §§ 140, 141 AO) und muss erfolgen:
- bei Aufnahme der Geschäftstätigkeit (Gründung, Übernahme)
- am Ende jedes Geschäftsjahres (meistens der 31.12.)
- bei Aufgabe der Geschäftstätigkeit (Auflösung, Verkauf)

Alle Inventuraufnahmebelege, Inventurprotokolle, Inventuranweisungen und der Inventurkalender sind 10 Jahre lang aufzubewahren.

2.1.1 Planung der Inventur

Je größer das Unternehmen, desto schwieriger und arbeitsintensiver ist die Inventur und desto besser muss sie organisiert sein. Eine Person, die die Inventur leitet, muss folgende Planungsschritte beachten:

In großen Unternehmen kann diese Planung mit Hilfe der Netzplantechnik vereinfacht werden, vgl. **LF 5**, Kap. 5.4.4.

Planungsschritte

1. Zeitplanung	Zu welchen Zeitpunkten sollen Bestände erfasst werden?	
2. Raumplanung	In welchen Gebäuden (Filialen, Lagerhallen, Büros) befinden sich die aufzunehmenden Bestände?	
3. Personalplanung	Welche Personen sollen die Bestände aufnehmen?	
4. Hilfsmittelplanung	Welche Hilfsmittel (Inventurlisten, Geräte) werden benötigt?	

2.1.2 Durchführung der Inventur

Körperliche Inventur

Die Bestandsaufnahme der körperlichen Vermögensgegenstände erfolgt durch Zählen, Messen, Wiegen oder im Ausnahmefall durch Schätzen (geringer Wert, unangemessener Arbeitsaufwand des Zählens). Die ermittelten Bestände werden in Inventurlisten oder Inventurkarten eingetragen und anschließend in € bewertet. Zusammenfassungen mit Summenbildungen, z. B. Gesamtwerte für jede Warengruppe, sind notwendig.

Inventurliste — Fly Bike Werke GmbH

Vermögensgegenstand	Feststellung der Menge	Bewertung
Y-Rahmen, 1-Gelenker, Material Alu/CrMo	Zählen der Y-Rahmen	Anzahl der Y-Rahmen · Einkaufspreis (Wertminderungen, z. B. bei Mängeln, müssen erfasst werden.)

Einkaufspreis (Bezugspreis): Verkaufspreis des Lieferanten abzüglich Preisnachlässe zuzüglich Kosten der Lieferung

Buchinventur

Die Bestandsaufnahme nicht körperlicher Gegenstände oder von Vermögensgegenständen, deren Bestand nach Art, Menge und Wert auch ohne körperliche Bestandsaufnahme festgestellt werden kann, erfolgt durch die Überprüfung von Aufzeichnungen, Belegen oder Dokumenten.

§ 241 (2) HGB

Vermögensgegenstände/Schulden	Unterlagen für die Inventur
Fuhrpark, Betriebs- und Geschäftsausstattung	Anlagenkartei, Anlagendatei (EDV)
Bankguthaben	Kontoauszug der Bank
Forderungen gegenüber Kunden	unbezahlte Ausgangsrechnungen an Kunden
Verbindlichkeiten gegenüber Lieferanten	unbezahlte Eingangsrechnungen von Lieferanten

2.1.3 Kontrolle der Inventur

Die Aufnahme der Bestände sollte von jeweils zwei Personen durchgeführt werden ("Vier-Augen-Prinzip"). Für jeden Bereich ist ein Prüfer zu bestimmen, der nicht nur stichprobenweise überprüft, sondern eine Zweitaufnahme durchführt. Inventurlisten müssen von den Aufnehmenden und Prüfenden unterschrieben werden. Bei unerklärbaren Abweichungen der Aufnahmeergebnisse von der regelmäßigen Bestandsaufzeichnung (z. B. der Artikeldatei), die nicht im Rahmen üblicher **Inventurdifferenzen** liegen, müssen intensivere Nachforschungen eingeleitet werden. Die Buchinventur kann anhand von Saldenbestätigungen (schriftliche Bestätigung des Inventurwertes) von Banken, Kunden und Lieferern überprüft werden.

> **Inventurdifferenz**
> Sollbestand ≠ Istbestand

2.1.4 Arten der Inventur

Stichtagsinventur

> Besonders wertvolle Wirtschaftsgüter (z. B. hochwertige Geräte) und Bestände, bei denen ins Gewicht fallende, unkontrollierbare, d. h. nicht annähernd abschätzbare Abgänge eintreten können, müssen immer als Stichtagsinventur erfasst werden.

Die Bestandsaufnahme, bezogen auf den letzten Tag des Geschäftsjahres (meist der 31.12.), nennt man Stichtagsinventur. Das bedeutet jedoch nicht, dass alle bereits beschriebenen Tätigkeiten an diesem Tag ausgeführt werden müssen. Kaum ein Unternehmen kann mit dem vorhandenen Personal am letzten Tag des Geschäftsjahres die gesamte Inventur durchführen. Das HGB und die Einkommensteuerrichtlinien (EStR) ermöglichen deshalb eine Auswahl von Inventurvereinfachungsverfahren. Dazu gehört, dass Stichtagsinventur zeitnah, d. h. in der Regel in einem Zeitraum von 10 Tagen vor bis zu 10 Tagen nach dem Stichtag, erfolgen kann.

Zeitraum für die Stichtagsinventur

Bei der zeitnahen Inventur ist sicherzustellen, dass alle Bestandsveränderungen, die sich zwischen dem Stichtag und dem Tag der tatsächlichen Bestandsaufnahme ergeben, anhand von Belegen oder Aufzeichnungen berücksichtigt werden.

Verlegte Inventur

> § 241 (3) HGB

Ist es nicht sinnvoll möglich, innerhalb der 20-Tage-Frist die gesamte Inventur durchzuführen, kann eine vor- oder nachverlegte Inventur durchgeführt werden. Dadurch wird der Zeitraum zur Durchführung der körperlichen Bestandsaufnahme vergrößert. Gesetzlich vorgegeben ist ein Zeitpunkt innerhalb von drei Monaten vor bis zu zwei Monaten nach dem Stichtag.

Zeitraum für die verlegte Inventur

Durch dieses für viele Unternehmen besonders geeignete Verfahren lässt sich der Personalaufwand erheblich vermindern und Betriebsschließungen können häufig vermieden werden. Die aufwändigen Inventurarbeiten können in eine Zeit verlegt werden, in der der Geschäftsbetrieb und die Menge der aufzunehmenden Bestände (z. B. Warenvorräte) vielleicht geringer sind als am Geschäftsjahresende.

Da jedoch auch bei diesem Verfahren der Wert des Bestandes am Stichtag ermittelt werden muss, ist der Bestand, der am Tag der tatsächlichen Bestandsaufnahme nach Art, Menge und Wert festgestellt wurde, wertmäßig (nicht mengenmäßig) auf den Stichtag fortzuschreiben oder zurückzurechnen.

Wertfortschreibung Stahlrohre	Wertrückrechnung Aluminiumrohre
Tatsächliche Bestandsaufnahme am 04.11. (altes Geschäftsjahr) Wert: 45.000,00 €	Tatsächliche Bestandsaufnahme am 20.01. (neues Geschäftsjahr) Wert: 22.500,00 €
+ Wert des Wareneinganges vom 05.11. bis 31.12. Wert: 7.500,00 €	− Wert des Wareneinganges vom 01.01. bis 20.01. Wert: 3.200,00 €
− Wert des Warenausganges vom 05.11. bis 31.12. Wert: 6.000,00 €	+ Wert des Warenausganges vom 01.01. bis 20.01. Wert: 6.200,00 €
= Wert des Bestandes am Stichtag 31.12. Wert: 46.500,00 €	= Wert des Bestandes am Stichtag 31.12. Wert: 25.500,00 €

Permanente Inventur

Die permanente Inventur vergrößert den Zeitraum der körperlichen Bestandsaufnahme auf das gesamte Geschäftsjahr. Bei Anwendung dieses Verfahrens ist es möglich, die Aufnahme eines Vermögensgegenstandes nach Art, Menge und Wert zu einem Zeitpunkt anzusetzen, an dem die niedrigsten Bestände erwartet werden. Dies ermöglicht eine Minimierung des Arbeitsaufwandes und, bei überraschender Auswahl der Vermögenswerte, auch eine optimale Kontrolle der Bestandsführung. Zwischen den Aufnahmezeitpunkten einer Vermögensart müssen 12 Monate liegen.

Zeitraum für die permanente Inventur

Voraussetzung für die Anwendung dieses Verfahrens ist eine permanente Aufzeichnung aller Zu- und Abgänge (mengenmäßige Bestandsfortschreibung), die auch durch Belege (Lieferscheine, Rechnungen) nachzuweisen sein muss. Dies ist im Warenlager durch das Führen einer **Lagerdatei** (Lagerbuchführung) möglich. Die Bestandsführung laut Lagerdatei ist bei einem abweichenden Ergebnis der körperlichen Inventur zu korrigieren. Die Ergebnisse der körperlichen Inventur sind in die Lagerdatei aufzunehmen. Vom Prüfenden ist ein Protokoll anzufertigen und zu unterschreiben.

Eine Beschränkung der permanenten Inventur auf Stichproben ist nicht zulässig. Weitere Einschränkungen für bestimmte (z. B. besonders wertvolle) Wirtschaftsgüter sind zu beachten.

Stichprobeninventur

§ 241 (1) Satz 1 HGB

Die Stichprobeninventur ist keine eigenständige Inventurart, sondern ein besonderes Verfahren der Bestandsaufnahme. Es ist erlaubt, Bestände auch mithilfe anerkannter mathematisch-statistischer Methoden aufgrund von Stichproben zu ermitteln, wenn das Verfahren den Grundsätzen ordnungsmäßiger Buchführung entspricht. Hier kann z. B. eine kleine Menge einer Mischung verschiedener Stoffe in seiner Zusammensetzung analysiert und auf den Gesamtbestand hochgerechnet werden. Dieses Verfahren dient damit in erster Linie der Wertermittlung.

Grundsätze ordnungsmäßiger Buchführung (GoB) vgl. **Kap. 1.2**

2.1.5 Bewertung von Inventurmengen

Bei der Bewertung der Vermögensgegenstände im Rahmen der Inventur ist § 253 HGB zu beachten. Inventurhöchstwerte sind die **Anschaffungskosten**. Es muss jedoch ein niedrigerer Wert angesetzt werden, wenn der Vermögensgegenstand seit der Anschaffung an Wert verloren hat (**Niederstwertprinzip**).

Anschaffungskosten, Abschreibungen, vgl. **Kap. 6** und **8**

Im **Anlagevermögen** müssen Wertminderungen in Form von Abschreibungen berücksichtigt werden. Der Inventurwert sinkt vom Tag des Kaufes an, wenn die Nutzung des Vermögensgegenstandes zeitlich begrenzt ist. Auch ungeplante, außerordentliche Wertminderungen (z. B. Schadensfälle) müssen berücksichtigt werden.

Anlagevermögen
Vermögensgegenstände, die bestimmt sind, dauernd dem Geschäftsbetrieb zu dienen (z. B. Maschinen, Betriebs- und Geschäftsausstattung, Fuhrpark)

> **Beispiel:** Wertminderungen bei Sachanlagen
> Ein Pkw mit Anschaffungskosten von 36.000,00 € und einer Nutzungsdauer von 6 Jahren verliert jedes Jahr ein Sechstel seines Wertes = 6.000,00 €. Der Inventurwert beträgt nach einem Nutzungsjahr also nur noch 30.000,00 €, wenn zusätzlich keine ungeplanten Wertminderungen (z. B. durch einen Unfall) zu berücksichtigen sind.

Umlaufvermögen
Vermögensgegenstände, die ständig umgesetzt werden (z. B. Warenvorräte)

Im **Umlaufvermögen** muss ein niedrigerer Wert als der tatsächlich bezahlte Einstandspreis (Anschaffungskosten) angesetzt werden, wenn der Börsen- oder Marktpreis (z. B. aktueller Bezugspreis des Lieferers) gesunken ist oder wenn der Zeitwert aus anderen Gründen niedriger anzusetzen ist (z. B. bei Beschädigungen).

> **Beispiel:** Wertminderungen im Vorratsvermögen
> Ein Vorrat an Bremsanlagen (Fremdbauteile) mit einer Menge von 100 Stück und einem Einstandspreis von 17,50 € je Stück (Anschaffungskosten 1.750,00 €) kann am Inventurstichtag zu einem Preis von 15,50 € je Stück wiederbeschafft werden. Der Wert des Bremsanlagenvorrates sinkt damit um 2,00 € je Stück, der Inventurwert dieser Bremsanlagen beträgt damit insgesamt nur noch 1.550,00 €.

ÜBERSICHT: Inventur

Ermittlung der Inventurmengen	Ermittlung der Inventurwerte
durch Zählen, Messen, Wiegen, Schätzen	Anschaffungskosten (z. B. Einstandspreise) abzüglich Wertminderungen
Inventurarten/Inventurverfahren	
Stichtagsinventur (zeitnahe Inventur)	Inventurvereinfachungsverfahren: – vor- oder nachverlegte Inventur – permanente Inventur – Stichprobeninventur

2.2 Inventar

Die in der Inventur ermittelten Vermögensgegenstände und Schulden werden in einem ausführlichen **Bestandsverzeichnis**, dem Inventar, zusammengefasst.

Posten, die nur einen Einzelwert ausweisen, werden direkt in die Hauptspalte (Gesamtwerte) eingetragen. Besteht ein Posten aus mehreren Werten, so sind diese in die Vorspalte (Einzelwerte) einzutragen. Die Einzelwerte werden dann addiert und in die Hauptspalte übernommen. Umfangreiche Posten werden in einem separaten Bestandsverzeichnis aufgelistet, damit das Inventar übersichtlich bleibt.

AB → Lernsituation 18

§ 240 HGB

Inventare sind 10 Jahre aufzubewahren, § 257 (4) HGB

Aufbewahrungsfristen, vgl. **Kap. 1.2**

Bestandsverzeichnis
Fly Bike Werke GmbH

Anlage Nr. 11, Forderungsverzeichnis zum Inventar zum 31.12.20XX

Kunden-Nr.	Kunde	Ausgangsrechnungen	Einzelforderungen in €	Gesamt-forderungen in €
10001	Radbauer GmbH 80335 München	AR: 416 AR: 436	29.600,00 18.560,00	47.560,00
10002	Schöller & C. Fahrradhandel 60385 Frankfurt am Main	AR: 418	37.120,00	37.560,00
...	...	...	...	...
40021	Hofkauf AG 51065 Köln	AR: 412 AR: 422	71.920,00 58.000,00	129.920,00
40022	Matro AG 45472 Essen (Ruhr)	AR: 440	243.600,00	243.600,00
Gesamtforderungsbestand				720.000,00
Aufgenommen: *Taubert*		Geprüft: *C. Steffes*		

AR = Ausgangsrechnung

Zum Aufbau eines Inventars gibt es keine verbindlichen Formvorschriften, die folgende Darstellung ist aber üblich. In der Praxis kann auf die Erweiterung des Inventars bis zur Ermittlung des Eigenkapitals verzichtet werden, da sich das Eigenkapital aus der Bilanz ergibt.

Die drei Bestandteile des Inventars:
A. Vermögen
B. Schulden
C. Ermittlung des Eigenkapitals

A. Vermögen

Zusammensetzung des Vermögens	
I. Anlagevermögen Gegenstände, die bestimmt sind, dauernd dem Geschäftsbetrieb zu dienen. Sie sind Voraussetzung für die Aufnahme der Geschäftstätigkeit.	– Immaterielle Vermögensgegenstände, z. B. Konzessionen, Lizenzen – Sachanlagen, z. B. Grundstücke, Gebäude, Maschinen, Geschäftsausstattung – Finanzanlagen, z. B. Wertpapiere zur langfristigen Geldanlage
II. Umlaufvermögen Gegenstände, die ständig umgesetzt werden, d. h. die sich in ihrer Zusammensetzung ständig ändern. Durch diese Umsetzungen will das Unternehmen einen Erfolg (Gewinn) erzielen.	– Vorräte, z. B. Werkstoffe – Forderungen, z. B. unbezahlte Ausgangsrechnungen – Wertpapiere, z. B. Aktien zur kurzfristigen Geldanlage – Flüssige Mittel, z. B. Kassenbestand (Bargeld), Schecks, Bankguthaben

   Anlagevermögen
+ Umlaufvermögen
= Gesamtvermögen

Inventar der Fly Bike Werke GmbH, Oldenburg, zum 31.12.20XX

Vermögens- und Schuldenarten, Eigenkapital	Einzelwerte in €	Gesamtwerte in €
A. Vermögen		
I. Anlagevermögen		
1. Grundstücke und Bauten, Rostocker Str. 334		
Grundstück	135.000,00	
Fabrik- und Verwaltungsgebäude	418.750,00	
Lagerhalle	59.100,00	612.850,00
2. Technische Anlagen und Maschinen lt. Anlagenverzeichnis, Anlage Nr. 1		131.870,00
3. Betriebs- und Geschäftsausstattung lt. Ausstattungsverzeichnissen (AV) gemäß Anlagen		
Werkzeuge, AV Nr. 1, Anlage Nr. 2	5.400,00	
Lager- und Transporteinrichtungen, AV[1] Nr. 2, Anlage Nr. 3	13.889,68	
Fuhrpark, AV Nr. 3, Anlage Nr. 4	3.750,00	
Betriebsausstattung, AV Nr. 4, Anlage Nr. 5	69.015,32	
Geschäftsausstattung, AV Nr. 5, Anlage Nr. 6	5.450,00	97.505,00
II. Umlaufvermögen		
1. Roh-, Hilfs- und Betriebsstoffe, VV[2] Nr. 1, Anlage Nr. 7		288.000,00
2. Unfertige Erzeugnisse, VV Nr. 2, Anlage Nr. 8		48.000,00
3. Fertige Erzeugnisse, VV Nr. 3, Anlage Nr. 9		140.000,00
4. Handelswaren, VV Nr. 4, Anlage Nr. 10		4.000,00
5. Forderungen aus Lieferungen und Leistungen lt. Forderungsverzeichnis, Anlage Nr. 11		720.000,00
6. Kassenbestand (Bargeld) lt. Kassenbericht, Anlage Nr. 12		2.400,00
7. Bankguthaben lt. Kontoauszügen, Anlage Nr. 13		
Deutsche Bank AG, Oldenburg	217.600,00	
Landessparkasse Oldenburg	140.000,00	357.600,00
Summe des Vermögens		2.402.225,00
B. Schulden (Fremdkapital, Verbindlichkeiten)		
I. Langfristige Schulden		
1. Langfristige Bankverbindlichkeiten		
lt. Kontoauszügen, Anlagen 14 und 15		
Hypothek der Deutschen Bank AG, Oldenburg	524.000,00	
Darlehen der Landessparkasse Oldenburg, Oldenburg	78.000,00	602.000,00
II. Kurzfristige Schulden		
1. Verbindlichkeiten aus Lieferungen und Leistungen lt. Verbindlichkeitenverzeichnis, Anlage Nr. 16		926.225,00
2. Sonstige Verbindlichkeiten lt. Steuer- und Abgabenverzeichnis, Anlage Nr. 17		24.000,00
Summe der Schulden		1.552.225,00
C. Ermittlung des Eigenkapitals		
Summe des Vermögens		2.402.225,00
− Summe der Schulden		1.552.225,00
= **Eigenkapital (Reinvermögen)**		850.000,00

[1] AV = Anlagenverzeichnis gemäß Inventurliste
[2] VV = Vorräteverzeichnisse gemäß Inventurlisten

2 Inventur, Inventar und Bilanz

Die **Anordnung** (Reihenfolge) der Vermögensposten in einem Inventar richtet sich im **Anlagevermögen** nach der **Dauer** der Nutzung.

Vermögensposten (Beispiele)	Nutzungsdauer
Grundstücke	unbegrenzt
Gebäude (je nach Bauweise)	10 bis 33 Jahre
Maschinen (zur Be- und Verarbeitung)	6 bis 16 Jahre
Betriebs- und Geschäftsausstattung, z. B.	3 bis 25 Jahre
– Büromöbel	13 Jahre
– Personalcomputer	3 Jahre

Gliederung des Anlagevermögens nach abnehmender Nutzungsdauer

Im **Umlaufvermögen** entscheidet die **Geldnähe** (Liquidität).

Vermögensposten (Beispiele)	Geldnähe
fertige Erzeugnisse	Kunde muss gefunden werden
Forderungen	Zahlungsziel muss abgewartet werden
Bankguthaben	sofort verfügbar

Gliederung des Umlaufvermögens nach zunehmender Geldnähe, d. h. dem Zeitraum, in dem aus dem Vermögensposten flüssige Mittel geworden sind

B. Schulden

Die Schulden sind nach dem Zeitraum bis zur Rückzahlung zu gliedern.

Art der Schulden	Fälligkeit (Beispiele)	Fristen
Hypothekendarlehen	bis zu 30 Jahren	langfristig (Restlaufzeit über fünf Jahre)
Bankdarlehen	bis zu 10 Jahren	mittelfristig (Restlaufzeit zwischen einem und fünf Jahren)
Verbindlichkeiten gegenüber Lieferern	bis zu 45 Tagen	kurzfristig (Restlaufzeit bis zu einem Jahr)
Verbindlichkeiten gegenüber Finanzbehörden	bis zu 10 Tagen im Folgemonat	

Gliederung der Schulden nach abnehmender Laufzeit

   langfristige Schulden
\+ mittelfristige Schulden
\+ kurzfristige Schulden
= Gesamtschulden

C. Ermittlung des Eigenkapitals

Die **Differenz zwischen Vermögen und Schulden** ist das Eigenkapital des Unternehmens. Für die Unternehmenseigner ist das Eigenkapital der entscheidende Posten in einem Inventar, da sie über dessen Verwendung allein entscheiden.

   Gesamtvermögen
– Gesamtschulden
= Eigenkapital

ÜBERSICHT: Inventar	
A. Vermögen I. Anlagevermögen II. Umlaufvermögen	Gliederung nach Nutzungsdauer (Kapitalbindung) bzw. nach Geldnähe (Liquidität)
B. Schulden (Verbindlichkeiten) I. Langfristige Schulden II. Kurzfristige Schulden	Gliederung nach Fälligkeit (Restlaufzeit)
C. Ermittlung des Eigenkapitals	Vermögen – Schulden

2.3 Bilanz

§ 242 HGB

Bilanz
(ital.) bilancia = Waage

Neben dem Inventar ist zusätzlich eine Bilanz aufzustellen. In der Bilanz wird auf Mengenangaben verzichtet, es werden nur zusammengefasste Werte für bestimmte Posten angegeben. Damit ist die **Bilanz** eine kurz gefasste **Zusammenfassung** des Inventars auf der gleichen Wertebasis.

§ 247 HGB

Zur Steigerung der Übersichtlichkeit wird in einer Bilanz das Vermögen dem Eigenkapital und den Schulden gegenübergestellt. Man nennt diese Gegenüberstellung **Kontoform**. Die linke Kontoseite enthält das Vermögen und wird **Aktiva** genannt; die rechte Seite enthält das Kapital und wird als **Passiva** bezeichnet. Wertmäßig muss die Summe der Aktiva immer der Summe der Passiva entsprechen.

Struktur der Bilanz in Kontenform

Aktiva		Bilanz	Passiva
Anlagevermögen	in €	Eigenkapital	in €
Umlaufvermögen	in €	Fremdkapital	in €
= Summe Aktiva	in €	= Summe Passiva	in €
= Summe des Vermögens		= Summe des Kapitals	
	= Bilanzsumme =		

§ 245 HGB

Bilanzen sind 10 Jahre aufzubewahren, § 257 HGB

Der Kaufmann, die persönlich haftenden Gesellschafter einer Personengesellschaft bzw. die Geschäftsführung bei Kapitalgesellschaften haben unter Angabe des Datums die Bilanz zu unterzeichnen.

Bilanzen einer Kapitalgesellschaft müssen gemäß § 266 HGB besonderen, detaillierten Gliederungsvorschriften entsprechen. Danach kann eine **vereinfachte Bilanz** wie folgt aufgestellt werden. Leerräume sind entwertet (Buchhalternase).

Fly Bike Werke GmbH

Bilanz der Fly Bike Werke GmbH, Oldenburg, zum 31.12.20X1 (in €)

Aktiva		Passiva	
A. Anlagevermögen		**A. Eigenkapital**	850.000,00
1. Grundstücke und Bauten	612.850,00	**B. Verbindlichkeiten**	
2. Technische Anlagen und Maschinen	131.870,00	1. Langfristige Bankverbindlichkeiten	602.000,00
3. Betriebs- und Geschäftsausstattung	97.505,00	2. Verbindlichkeiten aus Lieferungen und Leistungen	926.225,00
B. Umlaufvermögen		3. Sonstige Verbindlichkeiten[1)]	24.000,00
1. Roh-, Hilfs- und Betriebsstoffe	288.000,00		
2. Unfertige Erzeugnisse	48.000,00		
3. Fertige Erzeugnisse	140.000,00		
4. Handelswaren	4.000,00		
5. Forderungen aus Lieferungen und Leistungen	720.000,00		
6. Kasse	2.400,00		
7. Bankguthaben	357.600,00		
	2.402.225,00		2.402.225,00

Oldenburg, 28. März 20X2

Hans Peters

[1)] Hier Steuern und Abgaben

2 Inventur, Inventar und Bilanz

Bei der Aufstellung einer Bilanz muss das Inventar vorliegen, da die Bilanz eine Zusammenfassung des Inventars darstellt. Damit ist der Wert des Eigenkapitals gegeben. Das Eigenkapital lässt sich aber auch durch Differenzbildung (Saldobildung) direkt aus den Bilanzwerten ermitteln, wenn die folgenden Gleichungen berücksichtigt werden.

Ermittlung des Eigenkapitals

Wert der Aktiva	=	Wert der Passiva
Anlagevermögen		Eigenkapital
+ Umlaufvermögen		+ Fremdkapital
Gesamtvermögen	=	Gesamtkapital

Vermögen: gibt Auskunft über Mittelverwendung, Investierung	Kapital: gibt Auskunft über Mittelherkunft, Finanzierung

Berechnung des Eigenkapitals:
Eigenkapital = Gesamtvermögen − Fremdkapital oder
Eigenkapital = Gesamtkapital − Fremdkapital

ÜBERSICHT: Bilanz	
Zeitpunkt der Bilanzaufstellung	– bei Gründung – bei Übernahme – am Ende jedes Geschäftsjahres – bei Veräußerung – bei Geschäftsaufgabe
Bilanzarten	– Eröffnungsbilanz (bei Gründung eines Unternehmens) – Schlussbilanz (am Ende eines Geschäftsjahres. Jede Schlussbilanz kann jedoch als Eröffnungsbilanz für das neue Geschäftsjahr betrachtet werden.)
Aktiva	– linke Bilanzseite – Vermögenswerte = Anlage- und Umlaufvermögen = Mittelverwendung = Investierung
Passiva	– rechte Bilanzseite – Kapitalwerte = Eigen- und Fremdkapital = Mittelherkunft = Finanzierung
Aktiva und Passiva	Beide Summen haben immer denselben Gesamtwert (bilancia, ital. = Waage).
Erfassung und Aufzeichnung von Vermögen und Schulden	
Vermögen − Schulden (Verbindlichkeiten) = Eigenkapital	

Erfassung	Aufzeichnung	
1. Inventur: Bestandsaufnahme	2. Inventar: ausführliches Bestandsverzeichnis in Staffelform	3. Bilanz: kurz gefasste Gegenüberstellung in Kontoform

Aufgaben

1 Nennen Sie mögliche Interessenten an den Daten des Rechnungswesens eines Unternehmens.

2 Wer muss in Deutschland Bücher führen?

3 Welche der nachfolgend beschriebenen Personen sind Kaufmann im Sinne des Handelsgesetzbuches? Wer ist davon buchführungspflichtig? Begründen Sie kurz Ihre Antwort.
   a Ein Existenzgründer eröffnet eine Herrenboutique für Bekleidungsstücke aus Leder (Schuhe, Jacken, Hosen usw.) mit zwei Aushilfskräften auf „400,00-€-Basis". Im ersten Geschäftsjahr wird bei einem Umsatz von 220.000,00 € ein Verlust in Höhe von 25.000,00 € erwirtschaftet.
   b Zwei Freunde gründen eine „Offene Handelsgesellschaft" (im Handelsregister eingetragen) mit dem Ziel, Meeresfrüchte per Kühl-Lkw aus dem Mittelmeerraum nach Deutschland zu importieren und im Rheinland an Restaurants zu vermarkten. Noch ist allerdings nichts gekauft oder verkauft worden.
   c Ein Handwerker hat als Elektriker seine Meisterprüfung bestanden und sich selbstständig gemacht. Mit vier Gesellen und einer Bürokraft (Teilzeit, 20 Stunden je Woche) erwirtschaftet er im ersten Geschäftsjahr bei einem Umsatz von über 600.000,00 € einen Gewinn in Höhe von 65.000,00 €.
   d Ein Steuerberater erzielt mit seinem Team (acht Mitarbeiter) regelmäßig Umsätze von über 600.000,00 €. Über die Höhe des steuerpflichtigen Gewinns streitet er zurzeit noch mit dem Finanzamt.
   e Ein Vollerwerbs-Landwirt gilt als der reichste Mann im Dorf mit Anbauflächen „ohne Ende" für Getreide, Spargel und anderes Öko-Gemüse. Zahlen jeglicher Art (z. B. Umsatz und Gewinn) sind nicht bekannt.
   f Ein Existenzgründer hat sich nebenberuflich mit einem „E-Bay-Shop" eine vermeintlich zweite Einnahmequelle eröffnet und sich im Rahmen seiner privaten „Gründungsoffensive" auch sofort in das Handelsregister eintragen lassen. Umsätze werden allerdings kaum erzielt. Gewinn? Daran ist gar nicht zu denken.

4 Ein Existenzgründer (kein „Freiberufler") ist sehr erfreut. Ohne einen in kaufmännischer Weise eingerichteten Geschäftsbetrieb (weder nach Art noch Umfang) und ohne Handelsregistereintragung wird er wahrscheinlich laut Aussage seines Steuerberaters im Geschäftsjahr 20XX einen Umsatz von 520.000,00 € erreichen. Sein Gewinn wird bei ca. 56.000,00 € liegen. Was werden diese Ergebnisse seiner selbstständigen Tätigkeit hinsichtlich der Buchführungspflicht für ihn bedeuten?

5 Welche Anforderungen stellen das Handelsgesetzbuch und die Abgabenordnung an die Buchführung eines Unternehmens?

6 Wie lange müssen folgende Unterlagen aufbewahrt werden?
   a Eingangsrechnungen
   b Angebote von Lieferanten
   c Kontoauszüge
   d Inventare
   e Kopie einer Bestellung
   f Bilanzen
   g Arbeitsanweisungen an das Buchhaltungspersonal

7 Mit welchen Tätigkeiten können bei einer körperlichen Inventur Mengen erfasst werden? Nennen Sie für jede Tätigkeit ein Vermögensbeispiel, das mit dieser Tätigkeit sinnvoll mengenmäßig erfasst werden kann.

8 Nennen Sie Inventurposten (Vermögensgegenstände oder Schulden), die sinnvollerweise in einer Buchinventur erfasst werden sollten.

9 In einer Inventur wird der Lagerbestand eines Rohstoffes mit 500 kg angegeben. Der bezahlte Einstandspreis beträgt 5,50 € je kg. Gemäß Lagerbuchführung sind allerdings 520 kg vorhanden. Die Wiederbeschaffungskosten für diesen Rohstoff betragen 5,00 € je kg. Wie hoch ist der Inventurwert?

10 Ein Unternehmen will die verlegte Inventur bei einem Geschäftsjahresende am 30.09. jedes Geschäftsjahres anwenden. Welcher Zeitraum steht in diesem Fall für diese Inventur zur Verfügung?

11 Geben Sie das Inventargliederungsschema an.

12 Nach welchen Kriterien richtet sich die Reihenfolge von Vermögenswerten und Schulden in einem Inventar?

13 Unterscheiden Sie die Begriffe Inventur, Inventar und Bilanz.

14 Erstellen Sie für das Industrieunternehmen Walter Schmitt GmbH, Ulm, aus folgenden Inventarwerten für zwei aufeinander folgende Geschäftsjahre jeweils die Bilanz. Die Bilanzen werden jeweils zum 31. März des darauffolgenden Geschäftsjahres aufgestellt und vom Geschäftsführer der GmbH, Herrn Rolf Kleist, unterschrieben.

Inventar	20X1 €	20X2 €
Grundstücke und Bauten	750.000,00	775.000,00
technische Anlagen und Maschinen	248.000,00	320.500,00
Betriebs- und Geschäftsausstattung	180.000,00	183.000,00
Roh-, Hilfs- und Betriebsstoffe	110.000,00	198.900,00
fertige Erzeugnisse	125.000,00	97.000,00
Forderungen aus Lieferungen und Leistungen	45.700,00	92.000,00
Kasse	2.500,00	6.980,00
Bankguthaben	12.300,00	24.340,00
Postbankguthaben	64.000,00	1.190,00
Eigenkapital	?	?
langfristige Bankverbindlichkeiten	500.000,00	505.000,00
Verbindlichkeiten aus Lieferungen und Leistungen	43.000,00	96.000,00

3 Vorgänge auf Bestands- und Erfolgskonten

Beispiel: Melanie Klein ist zurzeit im Rechnungswesen. Eines Morgens zeigt Frau Taubert ihr die Bilanz aus dem Jahr 20XX mit den Vergleichswerten aus dem Vorjahr. Melanie stellt fest, dass im Berichtsjahr 20XX kein einziger Wert mehr so wie im Vorjahr ist. Alle Vermögens- und Kapitalposten haben sich verändert. „Wie kommt es zu diesen Wertveränderungen und welche Bedeutung haben sie denn für das Unternehmen?", fragt Melanie. Frau Taubert erklärt: „In 20XX haben wir zum Beispiel einen höheren Gewinn als im Vorjahr gemacht. Das Eigenkapital ist um 150.000,00 € gestiegen! Dass wir ein gutes Geschäftsjahr beenden würden, wussten wir in der Buchhaltung und natürlich auch die Geschäftsführung schon beizeiten. Mit unserem Finanzbuchhaltungsprogramm haben wir immer alles im Blick." „Und woher kam der Gewinn?", möchte Melanie wissen. „Tja", sagt Frau Taubert, „alles beginnt mit den Geschäftsprozessen und hört bei Bewertungsentscheidungen im Rahmen des Steuer- und Handelsrechts auf."

Bilanz der Fly Bike Werke GmbH, Oldenburg, zum 31.12.20XX (in €)

Aktiva	Vorjahr	Berichtsjahr	Passiva	Vorjahr	Berichtsjahr
A. Anlagevermögen			A. Eigenkapital	700.000,00	850.000,00
1. Grundstücke und Bauten	635.200,00	612.850,00	B. Verbindlichkeiten		
2. Technische Anlagen und Maschinen	224.904,00	131.870,00	1. Langfristige Bankverbindlichkeiten	639.000,00	602.000,00
3. Betriebs- und Geschäftsausstattung	138.371,00	97.505,00	2. Verbindlichkeiten aus Lieferungen und Leistungen	697.600,00	926.225,00
B. Umlaufvermögen			3. Sonstige Verbindlichkeiten	13.000,00	24.000,00
1. Roh-, Hilfs- und Betriebsstoffe	224.800,00	288.000,00			
2. Unfertige Erzeugnisse	36.000,00	48.000,00			
3. Fertige Erzeugnisse	72.900,00	140.000,00			
4. Handelswaren	0,00	4.000,00			
5. Forderungen aus Lieferungen und Leistungen	541.520,00	720.000,00			
6. Kasse	3.105,00	2.400,00			
7. Bankguthaben	172.800,00	357.600,00			
	2.049.600,00	2.402.225,00		2.049.600,00	2.402.225,00

3 Vorgänge auf Bestands- und Erfolgskonten

3.1 Werteveränderungen durch Geschäftsprozesse

AB → Lernsituation 19

Geschäftsprozesse führen zu Werteveränderungen – in der Buchführung als Geschäftsvorfälle bezeichnet – von Vermögens- und Kapitalposten. Eine Bilanz wird immer für einen bestimmten Stichtag, das Geschäftsjahresende, aufgestellt. In einem Unternehmen fallen jedoch täglich eine Vielzahl von Geschäftsvorfällen an, die über das gesamte Jahr hinweg die Werte der einzelnen Bilanzposten verändern.

Geschäftsvorfälle
Werteveränderungen von Vermögen und Kapital, die von Geschäftsprozessen ausgelöst werden

Beispiel: Bilanzposten in € (vor Werteveränderungen)

Aktiva		Passiva	
Maschinen	600.000,00	Eigenkapital	400.000,00
Geschäftsausstattung	200.000,00	langfr. Bankverbindlichkeiten	300.000,00
Rohstoffe	150.000,00		
Kasse	20.000,00	kurzfr. Bankverbindlichkeiten	150.000,00
Bankguthaben	30.000,00	Verbindlichkeiten a. L. L.	150.000,00
	1.000.000,00		1.000.000,00

a. L. L.
aus Lieferungen und Leistungen

Bei jedem Geschäftsvorfall sind mindestens zwei Bilanzposten betroffen. Je nachdem, welche Seiten der Bilanz betroffen sind, unterscheidet man vier Arten der Werteveränderungen von Bilanzposten.

vier Arten der Werteveränderungen von Bilanzposten

① Aktivtausch
- Beide betroffenen Bilanzposten befinden sich auf der Aktiva-Seite der Bilanz (Vermögenswerte).
- Es erfolgt ein Werteaustausch zwischen den beiden Bilanzposten in derselben Höhe (Vermögenstausch).

Auswirkung auf die Bilanzsumme: Die Bilanzsumme verändert sich nicht.

Aktivtausch
= Vermögenstausch; Gesamtvermögen bleibt gleich.

Beispiel: Einkauf von Rohstoffen gegen Banküberweisung in Höhe von 20.000,00 €.

Aktiva		Passiva
Rohstoffe	+ 20.000,00	keine Veränderungen
Bankguthaben	– 20.000,00	

Die Bilanzsumme bleibt unverändert bei 1.000.000,00 €.

② Passivtausch
- Beide betroffenen Bilanzposten befinden sich auf der Passiva-Seite der Bilanz (Kapitalwerte).
- Es erfolgt ein Werteaustausch zwischen den beiden Bilanzposten in derselben Höhe (Kapitaltausch).

Auswirkung auf die Bilanzsumme: Die Bilanzsumme verändert sich nicht.

Passivtausch
= Kapitaltausch; Gesamtkapital bleibt gleich.

Beispiel: Umwandlung einer kurzfristigen Bankverbindlichkeit in Höhe von 100.000,00 € in ein langfristiges Bankdarlehen.

Aktiva	Passiva	
keine Veränderungen	langfr. Bankverbindlichkeiten	+ 100.000,00
	kurzfr. Bankverbindlichkeiten	– 100.000,00

Die Bilanzsumme bleibt unverändert bei 1.000.000,00 €.

Aktiv-Passiv-Mehrung
= Vermögens- und Kapitalmehrung

③ **Aktiv-Passiv-Mehrung**
- Einer der betroffenen Bilanzposten befindet sich auf der Aktiva-Seite, der andere auf der Passiva-Seite der Bilanz (ein Vermögens- und ein Kapitalwert).
- Der Wert der beiden Bilanzposten steigt in derselben Höhe (Vermögens- und Kapitalmehrung).

Auswirkung auf die Bilanzsumme: Die Bilanzsumme steigt.

Beispiel: Kauf einer PC-Einheit für 3.500,00 € gegen Lieferantenkredit (auf Ziel).

Aktiva		Passiva	
Geschäftsausstattung	+ 3.500,00	Verbindlichkeiten a. L. L.	+ 3.500,00

Die Bilanzsumme steigt um 3.500,00 € auf 1.003.500,00 €.

Aktiv-Passiv-Minderung
= Vermögens- und Kapitalminderung

④ **Aktiv-Passiv-Minderung**
- Jeweils einer der betroffenen Bilanzposten befindet sich auf der Aktiva-Seite, der andere auf der Passiva-Seite der Bilanz (ein Vermögens- und ein Kapitalwert).
- Der Wert der beiden Bilanzposten sinkt in derselben Höhe (Vermögens- und Kapitalminderung).

Auswirkung auf die Bilanzsumme: Die Bilanzsumme sinkt.

Beispiel: Banküberweisung an einen Lieferanten in Höhe von 5.800,00 € zum Ausgleich einer fälligen Verbindlichkeit.

Aktiva		Passiva	
Bankguthaben	– 5.800,00	Verbindlichkeiten a. L. L.	– 5.800,00

Die Bilanzsumme sinkt um 5.800,00 € auf 997.700,00 €.

Beispiel: Bilanzposten in € (nach Werteveränderung)

	Aktiva		Passiva	
	Maschinen	600.000,00	Eigenkapital	400.000,00
+ 3.500,00 ③	Geschäftsausstattung	203.500,00	langfr. Bankverbindlichkeiten	400.000,00	+ 100.000,00 ②
+ 20.000,00 ①	Rohstoffe	170.000,00			
	Kasse	20.000,00	kurzfr. Bankverbindlichkeiten	50.000,00	– 100.000,00 ②
– 25.800,00 ①④	Bankguthaben	4.200,00	Verbindlichkeiten a. L. L.	147.700,00	– 2.300,00 ③④
		997.700,00		997.700,00	

Werteveränderungen in €

ÜBERSICHT: Werteveränderungen in der Bilanz

Art der Werteveränderung	Vermögensveränderung	Kapitalveränderung
Aktivtausch	Vermögenstausch	keine
Passivtausch	keine	Kapitaltausch
Aktiv-Passiv-Mehrung	Vermögen steigt.	Kapital steigt.
Aktiv-Passiv-Minderung	Vermögen sinkt.	Kapital sinkt.

3.2 Bilanz als Wertebasis für Bestandskonten

Die Vielzahl von Geschäftsvorfällen, die täglich in der Buchführung eines Unternehmens erfasst werden müssen, verlangt nach einer übersichtlichen Darstellung der Werteveränderungen. Die Erstellung einer neuen Bilanz nach jedem Geschäftsvorfall genügt den Ansprüchen der Übersichtlichkeit nicht. Die Veränderungen jedes einzelnen Bilanzpostens sollen über das gesamte Geschäftsjahr verfolgt werden können. Für jeden Bilanzposten wird deshalb ein **eigenes Konto** eingerichtet, auf dem alle Werteveränderungen, die diesen Bilanzposten betreffen, erfasst (gebucht) werden. Man nennt diese Konten **Bestandskonten**, weil sie die Bestände der Vermögens- und Kapitalposten der Bilanz fortführen. Abgeleitet aus ihrer Anordnung in der Bilanz unterscheidet man aktive und passive Bestandskonten. Die Benennung der Kontenseiten erfolgt mit den Begriffen **Soll** (linke Seite, kurz: S) und **Haben** (rechte Seite, kurz: H).

aktive Bestandskonten:
Anlage- und Umlaufvermögen

passive Bestandskonten:
Eigen- und Fremdkapital

```
┌─────────────────────────────────┐   ┌─────────────────────────────────┐
│ Bilanzposten mit Vermögenswerten│   │  Bilanzposten mit Kapitalwerten │
│   (Anlage- und Umlaufvermögen)  │   │     (Eigen- und Fremdkapital)   │
└────────────────┬────────────────┘   └────────────────┬────────────────┘
                 ▼                                     ▼
         ┌───────────────┐                     ┌───────────────┐
         │Aktiva der Bilanz│                   │Passiva der Bilanz│
         └───────┬───────┘                     └───────┬───────┘
                 ▼                                     ▼
         aktive Bestandskonten                 passive Bestandskonten
```

Alle Bestandskonten übernehmen am Geschäftsjahresbeginn ihren Anfangsbestand (kurz: AB) aus der Eröffnungsbilanz. Nach dem System der doppelten Buchführung stehen die Anfangsbestände bei Aktivkonten im Soll, bei Passivkonten im Haben, also immer auf der Seite, auf der sie auch in der Bilanz erscheinen.

Anfangsbestände auf Bestandskonten

S	Aktives Bestandskonto	H		S	Passives Bestandskonto	H
Anfangsbestand (AB) im Soll					Anfangsbestand (AB) im Haben	

Auflösung der Eröffnungsbilanz in Bestandskonten

3.2.1 Buchung auf Bestandskonten

Um Geschäftsvorfälle auf den Bestandskonten eindeutig erfassen (buchen) zu können, müssen weitere **Buchungsregeln** eingehalten werden. In der doppelten Buchführung werden die zu erfassenden Werteveränderungen nicht als Pluswert (+) oder Minuswert (–) gekennzeichnet. Eine Werteerhöhung auf einem aktiven Bestandskonto wird auf der Sollseite eingetragen, eine Wertminderung hingegen auf der Habenseite. Bei den passiven Bestandskonten ist dies genau umgekehrt.

Buchungsregeln für Bestandskonten

S	Aktives Bestandskonto	H	S	Passives Bestandskonto	H
Anfangsbestand (AB) im Soll		Minderung im Haben	Minderung im Soll		Anfangsbestand (AB) im Haben
Mehrung im Soll		Endbestand (EB) im Haben	Endbestand (EB) im Soll		Mehrung im Haben

Beispiel: Erfassung von Werteveränderungen auf zwei Bestandskonten

Aktives Bestandskonto Rohstoffe

1) Anfangsbestand aus der Eröffnungsbilanz: 110.000,00 €
Buchungsregel: AB im Soll

S	Rohstoffe		H
1) AB	110.000,00		

2) Geschäftsvorfall: Einkauf von Rohstoffen auf Ziel für 40.000,00 € (Aktiv-Passiv-Mehrung)
Buchungsregel: Mehrung im Soll

S	Rohstoffe		H
1) AB	110.000,00		
2) Mehrung	40.000,00		

3) Ermittlung des Endbestandes (EB) für die Schlussbilanz
Buchungsregel: EB im Haben

S	Rohstoffe		H
1) AB	110.000,00	3) EB	150.000,00
2) Mehrung	40.000,00		
	150.000,00		150.000,00

Passives Bestandskonto Verbindlichkeiten a. L. L.

1) Anfangsbestand aus der Eröffnungsbilanz: 40.000,00 €
Buchungsregel: AB im Haben

S	Verbindlichkeiten a. L. L.		H
		1) AB	40.000,00

Buchungsregel: Mehrung im Haben

S	Verbindlichkeiten a. L. L.		H
		1) AB	40.000,00
		2) Mehrung	40.000,00

Buchungsregel: EB im Soll

S	Verbindlichkeiten a. L. L.		H
3) EB	80.000,00	3) AB	40.000,00
		2) Mehrung	40.000,00
	80.000,00		80.000,00

Berechnung des Endbestandes	Beispiel: Bestandskonto Rohstoffe
1. Addition der wertmäßig größeren Kontenseite	Soll: 110.000,00 € + 40.000,00 € = 150.000,00 €
2. Eintragung der Summe auf der wertmäßig größeren Kontenseite	Kontosumme Soll: 150.000,00 €
3. Übertragung der Summe auf die wertmäßig kleinere Kontenseite	Kontosumme Haben: 150.000,00 €
4. Errechnung der Differenz (Saldo): Kontosumme − gebuchte Werte der wertmäßig kleineren Kontenseite = Endbestand	150.000,00 € − 0 = 150.000,00 € Endbestand

3.2.2 Abschluss von Bestandskonten

Sind am Geschäftsjahresende nach der Buchung aller Geschäftsvorfälle die Endbestände aller Bestandskonten (Sollwerte) errechnet worden, werden diese mit den Istwerten der Inventur verglichen und ggf. korrigiert.

In der **Schlussbilanz** werden die Istwerte aller Vermögens- und Kapitalkonten gegenübergestellt. Die aktiven Bestandskonten erscheinen auf der Aktivseite der Schlussbilanz, die passiven Bestandskonten erscheinen auf der Passivseite. Die Summe der Aktiva muss der Summe der Passiva entsprechen.

Die **Erfassung eines Geschäftsganges** von der Eröffnungs- bis zur Schlussbilanz erfolgt in sieben Arbeitsschritten:
1. Erstellung einer Eröffnungsbilanz (Posten und Werte der Schlussbilanz des letzten Geschäftsjahres)
2. Auflösung der Eröffnungsbilanz in Bestandskonten
3. Buchung der Geschäftsvorfälle auf den Bestandskonten
4. Errechnung der Endbestände auf den Bestandskonten (Sollwerte)
5. Abgleich der Sollwerte mit den Istwerten der Inventur, ggf. Korrektur der Sollwerte
6. Übernahme der Istwerte der Bestandskonten in die Schlussbilanz
7. Abschluss der Schlussbilanz (die Summen der Aktiva und der Passiva müssen übereinstimmen)

Nach der Berechnung des Endbestandes müssen auf jedem Bestandskonto **Abschlussstriche** eingetragen werden. Leerzeilen sind nach dem Kontoabschluss mit einer „Buchhalternase" zu entwerten.

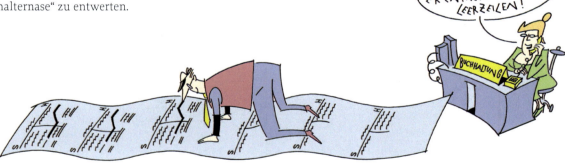

ÜBERSICHT: Berechnung der Endbestände (Sollwerte)	
Anfangsbestand (AB) + Mehrungen − Minderungen = Endbestand (EB)	

aktive Bestandskonten
    Anfangsbestand (AB)
+ Sollbuchungen
− Habenbuchungen
= Endbestand (EB)
	passive Bestandskonten
	    Anfangsbestand (AB)
	+ Habenbuchungen
	− Sollbuchungen
	= Endbestand (EB)

Von der Eröffnungsbilanz zur Schlussbilanz

Geschäftsvorfälle	Konten (Bilanzposten)	Aktiva (A) Passiva (P)	Werteveränderungen	Buchung
1) Einkauf von Rohstoffen auf Ziel 4.000,00 €	Rohstoffe Verbindlichkeiten a. L. L.	(A) (P)	Mehrung (Me) Mehrung (Me)	Soll Haben
2) Darlehensauszahlung auf das Bankkonto 5.000,00 €	Bankguthaben Langfr. Bankverbindlichkeiten	(A) (P)	Mehrung (Me) Mehrung (Me)	Soll Haben
3) Ausgleich einer Verbindlichkeit durch Banküberweisung 500,00 €	Verbindlichkeiten a. L. L. Bankguthaben	(P) (A)	Minderung (Mi) Minderung (Mi)	Soll Haben
4) Einkauf einer Maschine auf Ziel 1.000,00 €	Maschinen Verbindlichkeiten a. L. L.	(A) (P)	Mehrung (Me) Mehrung (Me)	Soll Haben
5) Verkauf von nicht mehr benötigten Rohstoffen gegen Banküberweisung 9.000,00 €	Bankguthaben Rohstoffe	(A) (A)	Mehrung (Me) Minderung (Mi)	Soll Haben

Eröffnungsbilanz (in €)

Aktiva		Passiva	
Maschinen	60.000,00	Eigenkapital	140.000,00
Rohstoffe	110.000,00	Langfr. Bankverbindlichkeiten	20.000,00
Bankguthaben	30.000,00	Verbindlichkeiten a. L. L.	40.000,00
	200.000,00		200.000,00

S	Maschinen		H
AB	60.000,00	EB	61.000,00
4) Me	1.000,00		
	61.000,00		61.000,00

S	Eigenkapital		H
EB	140.000,00	AB	140.000,00

S	Rohstoffe		H
AB	110.000,00	5) Mi	9.000,00
1) Me	4.000,00	EB	105.000,00
	114.000,00		114.000,00

S	Langfr. Bankverbindlichkeiten		H
EB	25.000,00	AB	20.000,00
		2) Me	5.000,00
	25.000,00		25.000,00

S	Bankguthaben		H
AB	30.000,00	3) Mi	500,00
2) Me	5.000,00	EB	43.500,00
5) Me	9.000,00		
	44.000,00		44.000,00

S	Verbindlichkeiten a. L. L.		H
3) Mi	500,00	AB	40.000,00
EB	44.500,00	1) Me	4.000,00
		4) Me	1.000,00
	45.000,00		45.000,00

Schlussbilanz (in €)

Aktiva		Passiva	
Maschinen	61.000,00	Eigenkapital	140.000,00
Rohstoffe	105.000,00	Langfr. Bankverbindlichkeiten	25.000,00
Bankguthaben	43.500,00	Verbindlichkeiten a. L. L.	44.500,00
	209.500,00		209.500,00

3 Vorgänge auf Bestands- und Erfolgskonten

3.2.3 Erstellen von Buchungssätzen

① Welche Bestandskonten werden angesprochen? → ② Ist ein aktives Bestandskonto oder ein passives Bestandskonto betroffen? → ③ Welche Werteveränderung (Mehrung oder Minderung) liegt vor? → ④ Bei welchem Konto muss im Soll und bei welchem im Haben gebucht werden?

Der einfache Buchungssatz

Beispiel: Die Fly Bike Werke GmbH kauft einen neuen Dienstwagen zum Preis von 30.000,00 € auf Ziel (lt. Eingangsrechnung).

①   Bei diesem Geschäftsvorfall sind die Konten **Fuhrpark** und Verbindlichkeiten aus Lieferungen und Leistungen (**Verb. a. L. L.**) betroffen.

②   Das Konto Fuhrpark zählt zu den **aktiven** Bestandskonten, das Konto Verb. a. L. L. zu den **passiven** Bestandskonten.

③ ④   Der Bestand des Fuhrparks erhöht sich (**Mehrung**). Dies führt bei einem **aktiven** Bestandskonto zu einer **Sollbuchung**.

③ ④   Auch die Verb. a. L. L. erhöhen sich (**Mehrung**). Dies führt bei einem **passiven** Bestandskonto zu einer **Habenbuchung**.

Der einfache Buchungssatz betrifft immer zwei Konten und besteht aus jeweils einer Soll- und einer Habenbuchung.

Mithilfe eines Buchungssatzes kann dieser Geschäftsvorfall eindeutig beschrieben werden. Dabei wird immer eine bestimmte Reihenfolge der Angaben eingehalten:

Aufbau eines einfachen Buchungssatzes	Beispiel
Nennung des Kontos der Sollbuchung	Fuhrpark
Nennung des Betrages der Sollbuchung	30.000,00 €
Das Wort „an" trennt Soll- und Habenbuchung.	an
Nennung des Kontos der Habenbuchung	Verbindlichkeiten a. L. L.
Nennung des Betrages der Habenbuchung	30.000,00 €

Der Buchungssatz lautet entsprechend:

Fuhrpark   30.000,00 €   an   Verbindlichkeiten a. L. L.   30.000,00 €

Aussprache: Fuhrpark 30.000,00 € an Verbindlichkeiten a. L. L. 30.000,00 €

Bei der Übernahme des Buchungssatzes auf die Bestandskonten wird die Art der Werteveränderung (Mehrung oder Minderung) durch den Eintrag auf der Soll- oder Habenseite eindeutig festgelegt. Zum Zwecke der Übersichtlichkeit wird jeweils das Konto der **Gegenbuchung** auf dem Konto vermerkt.

Übernahme auf Bestandskonten

Beispiel: Übernahme des einfachen Buchungssatzes auf Bestandskonten (in €)

S	Fuhrpark		H	S	Verb. a. L. L.		H
AB	70.000,00					AB	60.000,00
Verb. a. L. L.	30.000,00					Fuhrpark	30.000,00

Die Angabe „Verb. a. L. L." vor dem Buchungsbetrag sagt aus, dass ein Fahrzeug auf Ziel gekauft wurde. Die Gegenbuchung muss im Haben auf dem Konto Verb. a. L. L. eingetragen sein.

Die Angabe „Fuhrpark" vor dem Buchungsbetrag sagt aus, dass ein Fahrzeug auf Ziel gekauft wurde. Die Gegenbuchung muss im Soll auf dem Konto Fuhrpark eingetragen sein.

Der zusammengesetzte Buchungssatz

Beispiel: Die Fly Bike Werke GmbH kauft Rohstoffe im Wert von 5.200,00 €. Sie bezahlt 1.200,00 € bar und zahlt den Restbetrag von 4.000,00 € durch sofortige Banküberweisung.

Dieser Geschäftsvorfall verändert die Werte von mehr als zwei Konten. Es erfolgt eine Sollbuchung auf dem Konto „Rohstoffe", und es müssen zwei Habenbuchungen auf den Konten „Kasse" und „Bankguthaben" erfasst werden. Dies wird durch einen zusammengesetzten Buchungssatz beschrieben. Die Reihenfolge der Angaben entspricht der des einfachen Buchungssatzes.

Aufbau eines zusammengesetzten Buchungssatzes	Beispiel
Nennung von Konto und Betrag der Sollbuchung(en)	Rohstoffe 5.200,00 €
Das Wort „an" trennt Soll- und Habenbuchung(en).	an
Nennung von Konto und Betrag der Habenbuchung(en)	Kasse 1.200,00 € und Bankguthaben 4.000,00 €

Der zusammengesetzte Buchungssatz lautet entsprechend:

Aussprache:
Rohstoffe 5.200,00 € an Kasse 1.200,00 € und Bankguthaben 4.000,00 €

| Rohstoffe | 5.200,00 € | an | Kasse | 1.200,00 € |
| | | | Bankguthaben | 4.000,00 € |

Beispiel: Übernahme des zusammengesetzten Buchungssatzes auf Bestandskonten (in €)

S	Rohstoffe		H
AB	20.000,00		
Kasse, Bankguthaben	5.200,00		

S	Kasse		H
AB	2.000,00	Rohstoffe	1.200,00

S	Bankguthaben		H
AB	9.000,00	Rohstoffe	4.000,00

Die Angaben „Kasse" und „Bankguthaben" vor dem Buchungsbetrag sagen aus, dass Rohstoffe in bar und per Überweisung gekauft wurden. Die Gegenbuchungen müssen im Haben auf den jeweiligen Konten eingetragen sein.

Die Angabe „Rohstoffe" vor den Buchungsbeträgen sagt aus, dass Rohstoffe eingekauft und zum Teil bar, zum Teil per Überweisung bezahlt wurden. Die Gegenbuchungen müssen im Soll auf dem Konto Rohstoffe eingetragen sein.

ÜBERSICHT: Buchungssätze	
einfacher Buchungssatz	eine Sollbuchung und eine Habenbuchung
zusammengesetzter Buchungssatz	mehr als eine Sollbuchung und/oder mehr als eine Habenbuchung
Wertangaben in Buchungssätzen	Der Wert* der Sollbuchung(en) muss dem Wert* der Habenbuchung(en) entsprechen.

* ggf die Summe der Werte

3.3 Belege, Grund- und Hauptbuch

AB → Lernsituation 20

3.3.1 Belege und Belegkontierung

Die Grundsätze ordnungsmäßiger Buchführung (GoB) verlangen, dass für jede Buchung ein Beleg vorhanden sein muss. Diese Belege müssen aufbewahrt werden und dienen während der Aufbewahrungszeit für den Beweis der Richtigkeit der Buchführung. Jeder Geschäftsvorfall mit zahlenmäßig erfassbaren Auswirkungen auf das Vermögen und/oder das Kapital eines Unternehmens muss durch einen Beleg dokumentiert werden, durch den die Entstehung und die Abwicklung dieses Geschäftsvorfalls verfolgt werden kann. Belege entstehen im Ablauf der Unternehmenstätigkeit durch eigene und fremde Erstellung oder werden für den Zweck der Buchführung eigens erstellt.

GoB, vgl. **Kap. 1.2**

Keine Buchung ohne Beleg!

Geschäftsvorfall	Beleg
Wareneinkauf auf Ziel	Eingangsrechnung
Überweisung an einen Lieferer	Kontoauszug mit Lastschrift
Barkauf von Büromaterial	Quittung

Belegerstellung

Unternehmenseigene Belegerstellung		Unternehmensfremde Belegerstellung
im Ablauf der Unternehmenstätigkeit:	zum Zwecke der Buchführung:	im Ablauf der Unternehmenstätigkeit:
– Ausgangsrechnungen und Gutschriften (Kopien) an Kunden – eigene Zahlungsbelege – Lohn- und Gehaltslisten – Entnahmescheine	– vorbereitende Abschlussbuchungen – Korrekturbuchungen – Notbelege (kein Beleg vorhanden, z. B. Gespräch aus einer Telefonzelle)	– Eingangsrechnungen und Gutschriften von Lieferern (Werkstoffe, Anlagevermögen, Leistungen) – Kontoauszüge der Banken und Zahlungsbelege von Kunden – Spendenbescheinigungen – Steuerbescheide

Belege von Unternehmensfremden erhalten einen Eingangsstempel mit Tagesdatum (Belegdatum) und eine interne Belegnummer. Liefererbelege (z. B. Eingangsrechnungen) müssen mit der Liefferernummer und Kundenbelege (z. B. Kontoauszüge mit Kundenüberweisungen) mit der Kundennummer versehen werden. Alle eingehenden Belege sollten abschließend sachlich und rechnerisch überprüft werden.

Überprüfung einer Eingangsrechnung eines Rohstofflieferanten

Sachliche Prüfung:	Rechnerische Prüfung:
– Übereinstimmung aller Rechnungswerte (Menge, Artikelart, Einzelpreis in €, Rabatte und Skonto in Prozent, Zahlungsziel usw.) mit der Bestellung – Übereinstimmung aller Rechnungswerte mit der Wareneingangsmeldung (Menge, Artikelart, Güte und Beschaffenheit der Ware, ggf. Mängel)	Gesamtpreis je Artikel (Menge · Einzelpreis) Gesamtpreis für alle Artikel in € – Rabatt in € = Nettowarenwert ggf. zzgl. Bezugskosten + Umsatzsteuer* = Bruttorechnungsbetrag

*umsatzsteuerpflichtige Lieferung, vgl. **Kap. 5**

Zur Vorbereitung der Buchungen werden die Tagesbelege nach Art des Geschäftsvorfalles sortiert und an die Person weitergeleitet, die die Kontierung vornimmt. Die Kontierung ist eine **Buchungsanweisung** für den Beleg. Es werden die durch diesen Beleg betroffenen Konten mit den Beträgen für die Soll- und Habenbuchung angegeben (Buchungssatz). Die Kontierung eines Beleges kann z. B. durch Eintragungen in einen **Kontierungsstempel** auf dem Beleg erfolgen oder auf einer an den Beleg gehefteten Kontierungsfahne oder in Form eines maschinellen Aufdrucks.

Nach der Buchung muss der Beleg **zehn Jahre** aufbewahrt werden. Eine Ablage in Ordnern, sortiert nach Geschäftsjahr, Lieferer, Datum und Beleg-Nr., oder die bildliche Speicherung auf Datenträgern sind die heute noch häufigsten Aufbewahrungsformen.

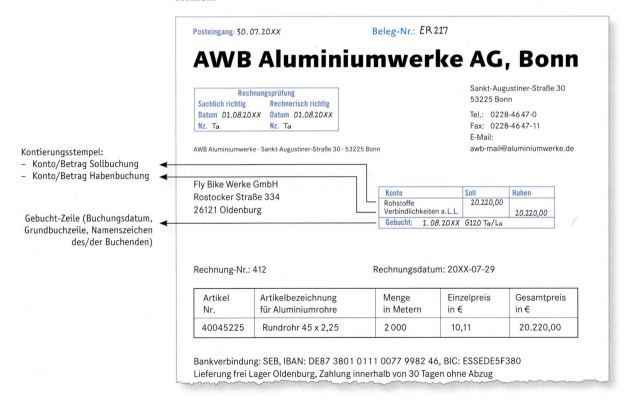

3.3.2 Buchungen im Grund- und Hauptbuch

Sind die Belege vorkontiert, kann gebucht werden. Hierbei sind nach der Ordnung der Buchungen Grundbuch und Hauptbuch zu unterscheiden.

Grundbuch:
Im Grundbuch, auch Journal (franz. le jour = der Tag) oder Primanota (ital. Erstaufzeichnung) genannt, werden die Buchungssätze in zeitlicher (chronologischer) Reihenfolge festgehalten. In der Regel werden zur besseren Kontrolle das Buchungsdatum, das Eingangs- bzw. Ausstellungsdatum des Beleges, die Belegnummer und der Buchungstext aufgezeichnet. Da im Grundbuch alle Geschäftsvorfälle lückenlos erfasst werden, bildet es die Grundlage bei Prüfungen durch Behörden wie z. B. das Finanzamt. Das Grundbuch wird in diesem Lehrwerk wie folgt dargestellt:

Nr.	Soll	€	Haben	€
1)	Kasse	500,00	Bankguthaben	500,00
2)	Fuhrpark	30.000,00	Verbindlichkeiten a. L. L.	30.000,00
usw.				

Geschäftsvorfälle:
1) Barabhebung vom Bankkonto der Fly Bike Werke GmbH
2) Kauf eines Firmenwagens auf Ziel

Hauptbuch:
Da die chronologischen Eintragungen im Grundbuch dem Unternehmen keinen Überblick über die laufenden Veränderungen der einzelnen Vermögens- und Kapitalposten ermöglichen, werden alle Geschäftsvorfälle entsprechend ihrer sachlichen Zusammengehörigkeit gegliedert und auf den entsprechenden Sachkonten gebucht. Die Sachkonten befinden sich im Hauptbuch. Das Hauptbuch ordnet die Buchungen in einer sachlichen Ordnung den einzelnen Konten zu.

S	Kasse		H	S	Bankguthaben		H
AB	300,00			AB	600,00	Kasse	500,00
Bankguthaben	500,00						

Neben dem Grund- und Hauptbuch unterscheidet man so genannte Nebenbücher. Dort werden Nebenbuchhaltungen geführt, die die Buchungen im Hauptbuch näher erläutern (z. B. Kreditoren-, Debitoren-, Anlagenbuchhaltung).

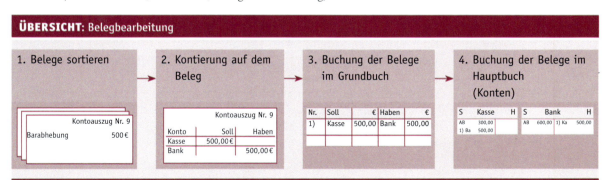

ÜBERSICHT: Belegbearbeitung

3.4 Vom Eröffnungsbilanzkonto zum Schlussbilanzkonto

Eröffnungsbilanzkonto

Nach dem Grundsatz der Bilanzgleichheit, auch Bilanzidentität genannt, ist die Schlussbilanz am Ende eines Geschäftsjahres identisch mit der Eröffnungsbilanz des neuen Geschäftsjahres. Um die Geschäftsvorfälle des neuen Jahres buchen zu können, wird die Eröffnungsbilanz in Konten aufgelöst.

Bilanz als Wertebasis für Bestandskonten, vgl. Kap. 3.2

Bisher wurden die Anfangsbestände in folgender Weise auf die Bestandskonten übertragen:
- von der Aktivseite der Eröffnungsbilanz auf die Sollseite der Aktivkonten,
- von der Passivseite der Eröffnungsbilanz auf die Habenseite der Passivkonten.

Die Anfangsbestände in den Bestandskonten wurden somit auf der gleichen Seite eingetragen, auf der sie auch in der Bilanz stehen. Dieses Vorgehen widerspricht jedoch dem Grundsatz der doppelten Buchführung, der besagt, dass jeder Buchung im Soll eine Buchung im Haben gegenüberstehen muss. Deshalb wird ein zusätzliches Konto im Hauptbuch eingerichtet, das bei der Buchung der **Anfangsbestände** die Gegenbuchung aufnimmt. Diese Funktion übernimmt das Eröffnungsbilanzkonto (EBK).

S	EBK	H
AB aller passiven Bestandskonten		AB aller aktiven Bestandskonten

Wie alle Konten des Hauptbuches erhält das Eröffnungsbilanzkonto als Seitenbenennung die Begriffe Soll und Haben. Das EBK wird dabei zum Spiegelbild der Eröffnungsbilanz. Da alle aktiven Bestandskonten im Soll eröffnet werden müssen, erscheinen die Gegenbuchungen auf dem EBK im Haben, entsprechend erscheinen die Gegenbuchungen der passiven Bestandskonten auf dem EBK im Soll.

Die Buchungssätze bei der **Eröffnung der Bestandskonten** lauten also:

| aktive Bestandskonten | an | Eröffnungsbilanzkonto (EBK) |
| Eröffnungsbilanzkonto (EBK) | an | passive Bestandskonten |

Schlussbilanzkonto

S	SBK	H
EB aller aktiven Bestandskonten		EB aller passiven Bestandskonten

Am Ende eines Geschäftsjahres werden die Bestandskonten abgeschlossen. Der **Endbestand** (Saldo) wird errechnet und auf der kleineren Seite eines jeden Bestandskontos zum Ausgleich eingetragen. Für die Aufnahme der Gegenbuchung ist wiederum ein Konto erforderlich. Diese Aufgabe übernimmt das Schlussbilanzkonto (SBK).

Die Buchungssätze beim **Abschluss der Bestandskonten** lauten:

| Schlussbilanzkonto (SBK) | an | aktive Bestandskonten |
| passive Bestandskonten | an | Schlussbilanzkonto (SBK) |

Inventar, vgl. Kap. 2.2

Das Schlussbilanzkonto im Hauptbuch ist das Abschlusskonto für die Bestandskonten. Die Bestände im Schlussbilanzkonto werden auf Basis der Buchungen im Grund- und Hauptbuch ermittelt (Sollbestände). Die Aufstellung der Schlussbilanz erfolgt dagegen immer auf Basis des Inventarverzeichnisses (Istbestände).

3 Vorgänge auf Bestands- und Erfolgskonten

Stimmen die Inventurwerte der Schlussbilanz nicht mit den Buchungen auf dem SBK überein, so müssen die Buchungen korrigiert bzw. ergänzt werden, bis die Werte des Schlussbilanzkontos denen der Schlussbilanz entsprechen.

Inventur, vgl. **Kap. 2.1**

Beispiel: Geschäftsgang mit Bilanzen, Grund- und Hauptbuch

Eröffnungsbilanz 20XX mit den Werten der Inventur zum 31.12.20XX

Aktiva	Eröffnungsbilanz zum 01.01.20XX (in €)		Passiva
Maschinen	60.000,00	Eigenkapital	140.000,00
Rohstoffe	110.000,00	Langfr. Bankverbindlichkeiten	20.000,00
Bankguthaben	30.000,00	Verbindlichkeiten a. L. L.	40.000,00
	200.000,00		200.000,00

Grundbuch:
Eröffnungsbuchungen: E1) bis E3) → aktive Bestandskonten
　　　　　　　　　　 E4) bis E6) → passive Bestandskonten

Nr.	Soll	€	Haben	€
E1)	Maschinen	60.000,00	Eröffnungsbilanzkonto	60.000,00
E2)	Rohstoffe	110.000,00	Eröffnungsbilanzkonto	110.000,00
E3)	Bankguthaben	30.000,00	Eröffnungsbilanzkonto	30.000,00
E4)	Eröffnungsbilanzkonto	140.000,00	Eigenkapital	140.000,00
E5)	Eröffnungsbilanzkonto	20.000,00	Langfr. Bankverbindlichkeiten	20.000,00
E6)	Eröffnungsbilanzkonto	40.000,00	Verbindlichkeiten a. L. L.	40.000,00

Buchungen der Geschäftsvorfälle Nr. 1 bis 5:

Nr.	Soll	€	Haben	€
1)	Rohstoffe	4.000,00	Verbindlichkeiten a. L. L.	4.000,00
2)	Bankguthaben	5.000,00	Langfr. Bankverbindlichkeiten	5.000,00
3)	Verbindlichkeiten a. L. L.	500,00	Bankguthaben	500,00
4)	Maschinen	1.000,00	Verbindlichkeiten a. L. L.	1.000,00
5)	Bankguthaben	9.000,00	Rohstoffe	9.000,00

Abschlussbuchungen:　A1) bis A3) → aktive Bestandskonten
　　　　　　　　　　　A4) bis A6) → passive Bestandskonten

Nr.	Soll	€	Haben	€
A1)	Schlussbilanzkonto	61.000,00	Maschinen	61.000,00
A2)	Schlussbilanzkonto	105.000,00	Rohstoffe	105.000,00
A3)	Schlussbilanzkonto	43.500,00	Bankguthaben	43.500,00
A4)	Eigenkapital	140.000,00	Schlussbilanzkonto	140.000,00
A5)	Langfr. Bankverbindlichkeiten	25.000,00	Schlussbilanzkonto	25.000,00
A6)	Verbindlichkeiten a. L. L.	44.500,00	Schlussbilanzkonto	44.500,00

Hauptbuch: Eröffnungsbuchungen, Geschäftsvorfälle und Abschlussbuchungen

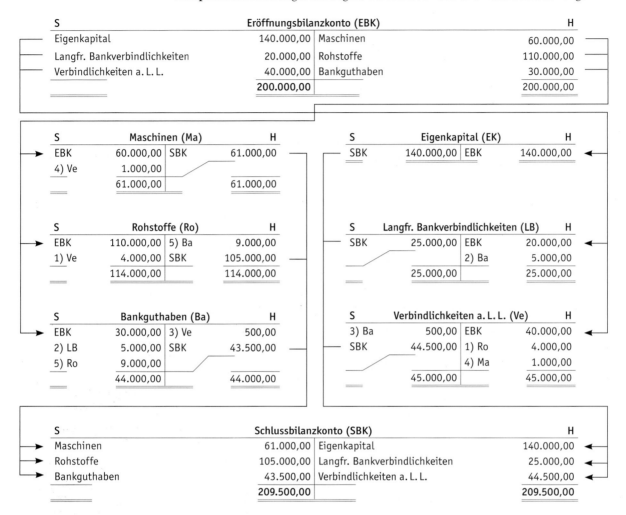

Die Inventurwerte stimmen mit den Werten des Schlussbilanzkontos überein. Es müssen keine Korrekturbuchungen vorgenommen werden.

Aktiva	Schlussbilanz zum 31.12.20XX		Passiva
Maschinen	61.000,00	Eigenkapital	140.000,00
Rohstoffe	105.000,00	Langfr. Bankverbindlichkeiten	25.000,00
Bankguthaben	43.500,00	Verbindlichkeiten a. L. L.	44.500,00
	209.500,00		209.500,00

Ort, Datum und Unterschrift(en)

Hinweis: Die Angabe der Gegenbuchung erfolgt mit Abkürzungen. Es werden hier zumeist die ersten beiden Buchstaben des Gegenkontos angegeben. Die Auswahl der Abkürzungen ist beliebig, die Angaben müssen jedoch eindeutig sein.

3.5 Erfolgsvorgänge buchen

AB → **Lernsituation 22**

3.5.1 Auswirkungen von Erfolgsvorgängen auf das Eigenkapital

Das Eigenkapital ist bisher durch Geschäftsvorfälle nicht verändert worden. Diese hatten keinen Einfluss auf Gewinn oder Verlust des Unternehmens. Erfolgsvorgänge verändern das Eigenkapital.

Erfolgsvorgänge

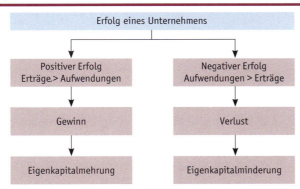

Veränderungen des Eigenkapitals durch Aufwendungen und Erträge

Das Eigenkapital wird durch **Aufwendungen** und **Erträge** verändert. Langfristig müssen die Erlöse aus den Absatzprozessen die Aufwendungen, die im Rahmen der Leistungs- und Beschaffungsprozesse entstehen, übersteigen, damit das Unternehmen Gewinne erzielt. So muss z. B. die Fly Bike Werke GmbH ihre Handelswaren zu einem höheren Preis verkaufen als einkaufen.

Allerdings ist die positive Differenz zwischen Umsatzerlösen und Materialaufwendungen nicht automatisch mit dem Gewinn eines Unternehmens gleichzusetzen. Der gesamte **Werteverzehr** von Produktionsfaktoren bei Beschaffung, Lagerung, Produktion und Absatz sowie die Verwaltung des Unternehmens mindern den Wert des Vermögens und damit das Eigenkapital. Diesem Werteverzehr können neben den Umsatzerlösen weitere Erträge als **Wertezufluss** gegenüberstehen, die den Wert des Vermögens und damit das Eigenkapital erhöhen.

Erträge (Wertezufluss) eines Unternehmens (Beispiele)

Umsatzerlöse für Waren	Wert der verkauften Waren zu Verkaufspreisen
Umsatzerlöse für eigene Erzeugnisse	Wert der verkauften Erzeugnisse zu Verkaufspreisen
weitere Erträge	Mieterträge, Provisionserträge, Zinserträge

Aufwendungen (Werteverzehr) eines Unternehmens (Beispiele)

Materialaufwand	Aufwendungen für Roh-, Hilfs- und Betriebsstoffe, bezogene Waren und bezogene Leistungen (Frachten und Fremdlager, Vertriebsprovisionen, Fremdinstandhaltung wie z. B. Reparaturen)
Personalaufwand	Löhne, Gehälter, soziale Aufwendungen (z. B. Arbeitgeberanteile zur Sozialversicherung)
Abschreibungen	Wertminderungen von Vermögensgegenständen (z. B. durch Nutzung)
Aufwendungen für die Inanspruchnahme von Rechten und Diensten	Mieten, Pachten, Leasing, Gebühren, Rechts- und Beratungskosten, Kosten des Geldverkehrs
Aufwendungen für Kommunikation	Büromaterial, Zeitungen, Postgebühren, Reisekosten, Werbung
Aufwendungen für Beiträge	Versicherungsbeiträge, Beiträge zu Verbänden
weitere Aufwendungen	betriebliche Steuern (z. B. Grundsteuer, Kfz-Steuer usw.), Zinsaufwendungen

- Übersteigen die Erträge eines Unternehmens die Aufwendungen, erzielt das Unternehmen einen Gewinn. Das Eigenkapital steigt.
- Übersteigen die Aufwendungen eines Unternehmens die Erträge, macht das Unternehmen Verlust. Das Eigenkapital sinkt.

Eigenkapitalmehrung und Eigenkapitalminderung

Eigenkapitalmehrung durch Gewinn		Eigenkapitalminderung durch Verlust	
Aufwendungen 35.000,00 €	Erträge 40.000,00 €	Aufwendungen 40.000,00 €	Erträge 35.000,00 €
Gewinn 5.000,00 €			Verlust 5.000,00 €

3.5.2 Buchung auf Erfolgskonten

Gemäß den Buchungsregeln für passive Bestandskonten könnten alle Aufwendungen (Eigenkapitalminderungen) und Erträge (Eigenkapitalmehrungen) direkt auf dem Konto Eigenkapital gebucht werden. Bei einer Vielzahl von erfolgswirksamen Geschäftsvorfällen würde man als Ergebnis allerdings ein sehr unübersichtliches Eigenkapitalkonto erhalten, aus dem die Höhe einzelner Aufwands- und Ertragsarten nicht ersichtlich wäre.

Aus diesem Grund werden so genannte **Erfolgskonten** als Unterkonten des Eigenkapitalkontos eingerichtet. Alle erfolgswirksamen Geschäftsvorfälle werden darauf nach Aufwands- und Ertragsarten sachlich geordnet erfasst. Dabei müssen Erträge immer im Haben und Aufwendungen immer im Soll gebucht werden. Die Gegenbuchung verändert die Werte auf den Bestandskonten. Im Gegensatz zu Bestandskonten haben Erfolgskonten **keinen Anfangsbestand**.

Buchungsregel für Erfolgskonten: Erträge im Haben – Aufwendungen im Soll

3 Vorgänge auf Bestands- und Erfolgskonten

Eigenkapitalkonto mit Unterkonten (Aufwands- und Ertragskonten)

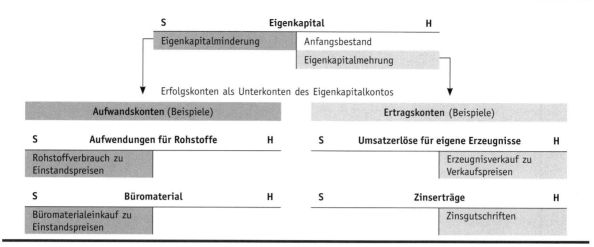

Geschäftsvorfälle:
1) Verbrauch von Rohstoffen in der Produktion 42.000,00 €
2) Verkauf von fertigen Erzeugnissen auf Ziel 36.000,00 €
3) Barkauf von Kugelschreibern für die Verwaltung 42,00 €
4) Die Bank schreibt 500,00 € Zinsen gut.

Grundbuch:

Nr.	Soll	€	Haben	€
1)	Aufwendungen für Rohstoffe	42.000,00	Rohstoffe	42.000,00
2)	Forderungen a.L.L.	36.000,00	Umsatzerlöse für eigene Erzeugnisse	36.000,00
3)	Büromaterial	42,00	Kasse	42,00
4)	Bankguthaben	500,00	Zinserträge	500,00

Hauptbuch:

Erfolgskonten

S	Aufwendungen für Rohstoffe (AfR)		H
1) Ro	42.000,00		

S	Umsatzerlöse für eigene Erzeugnisse (UfE)		H
		2) Fo	36.000,00

S	Büromaterial (Bü)		H
3) Ka	42,00		

S	Zinserträge (Zi)		H
		4) Ba	500,00

Bestandskonten

S	Rohstoffe (Ro)		H
EBK	25.500,00	1) AfR	42.000,00

S	Forderungen a.L.L. (Fo)		H
EBK	10.900,00		
2) UfE	36.000,00		

S	Kasse (Ka)		H
EBK	5.500,00	3) Bü	42,00

S	Bankguthaben (Ba)		H
EBK	7.200,00		
4) Zi	500,00		

3.5.3 Abschluss von Erfolgskonten

Der Abschluss der Erfolgskonten am Geschäftsjahresende erfolgt nicht direkt über das Eigenkapitalkonto. Übersichtlicher ist es, wenn alle Aufwands- und Ertragskonten zunächst auf einem separaten Konto gegenübergestellt werden, um dort den Erfolg des Geschäftsjahres zu ermitteln. Diese Gegenüberstellung erfolgt auf dem **Gewinn- und Verlustkonto (GuV)**. Der dort ermittelte Erfolg (Gewinn oder Verlust) wird dann in einer Buchung auf das Eigenkapitalkonto übernommen.

Das GuV-Konto ist das Abschlusskonto der Erfolgskonten.

GuV-Konto als Abschlusskonto der Erfolgskonten

Erträge > Aufwendungen → Gewinn		Erträge < Aufwendungen → Verlust	
S GuV-Konto H		S GuV-Konto H	
Aufwendungen	Erträge	Aufwendungen	Erträge
Gewinn			Verlust
S Eigenkapital H		S Eigenkapital H	
Endbestand	Anfangsbestand	Verlust	Anfangsbestand
	Gewinn	Endbestand	

Abschlussbuchungssatz bei Gewinn: GuV-Konto an Eigenkapital
Abschlussbuchungssatz bei Verlust: Eigenkapital an GuV-Konto

E = Eröffnungsbuchungen
A = Abschlussbuchungen
UE = Umsatzerlöse

Grundbuch:

E1)	Eröffnung Eigenkapital über EBK
1)	Aufwandsbuchungen (Sammelbuchung über das Bankkonto)
2)	Ertragsbuchungen (Sammelbuchung über das Bankkonto)
A1) bis A6)	Abschluss der Erfolgskonten über GuV-Konto
A7)	Abschluss GuV-Konto über Eigenkapital
A8)	Abschluss Eigenkapital über SBK

Nr.	Soll	€	Haben	€
E1)	EBK	50.000,00	Eigenkapital	50.000,00
1)	Aufwendungen für Rohstoffe	175.000,00		
	Löhne	85.000,00		
	Energie	40.000,00	Bankguthaben	300.000,00
2)	Bankguthaben	310.000,00	UE für eigene Erzeugnisse	290.000,00
			Mieterträge	12.000,00
			Zinserträge	8.000,00
A1)	GuV	175.000,00	Aufwendungen für Rohstoffe	175.000,00
A2)	GuV	85.000,00	Löhne	85.000,00
A3)	GuV	40.000,00	Energie	40.000,00
A4)	UE für eigene Erzeugnisse	290.000,00	GuV	290.000,00
A5)	Mieterträge	12.000,00	GuV	12.000,00
A6)	Zinserträge	8.000,00	GuV	8.000,00
A7)	GuV	10.000,00	Eigenkapital	10.000,00
A8)	Eigenkapital	60.000,00	SBK	60.000,00

Hauptbuch:

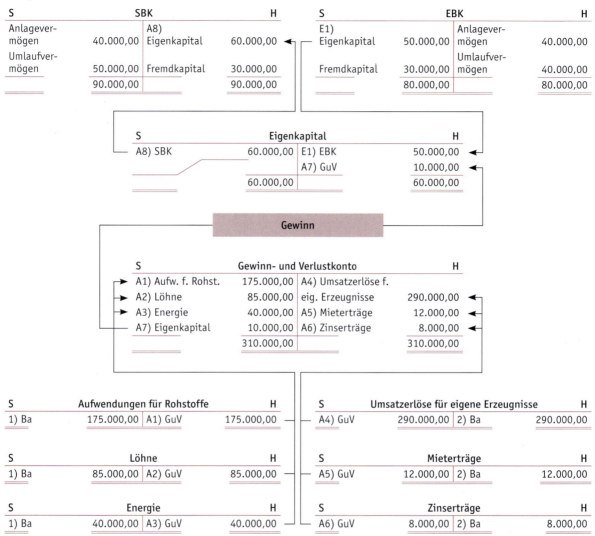

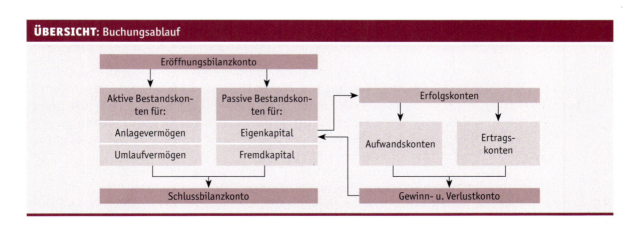

3.6 Erfassen des Materialverbrauchs

Beispiel: Für die Produktion ihrer Fahrräder benötigt die Fly Bike Werke GmbH eine Vielzahl von Materialien. Für fast alle Fahrradmodelle werden die Rahmen und zumeist auch die Gabeln in Eigenfertigung produziert. Hierfür benötigt die Fly Bike Werke GmbH verschiedene Roh-, Hilfs- und Betriebsstoffe. Alle anderen Komponenten werden als Vorprodukte oder Fremdbauteile fremdbezogen. In der Finanzbuchhaltung werden für alle Materialien Bestands- und Aufwandskonten eingerichtet. Jeder Verbrauch kann so erfasst werden. Von besonderer Bedeutung sind die folgenden Materialkonten:

betriebliche Leistungsfaktoren

Bestandskonten	Aufwandskonten	Beispiel Fly Bike Werke GmbH
Rohstoffe/ Fertigungsmaterial	Aufwendungen für Rohstoffe/Fertigungsmaterial	Stahlrohre, Aluminiumrohre
Vorprodukte/ Fremdbauteile	Aufwendungen für Vorprodukte/Fremdbauteile	Schaltungen, Sättel, Lenker
Hilfsstoffe	Aufwendungen für Hilfsstoffe	Lacke, Schrauben
Betriebsstoffe	Aufwendungen für Betriebsstoffe/ Verbrauchswerkzeuge	Schmiermittel, Treibstoffe, Reinigungsmittel

Komponentenliste Kinderräder
Komponentennummern und geplante Komponentenpreise

Fahrradtypen Set-Nr. FBW:	Jugendrad Twist	Preise in €	Jugendrad Cool	Preise in €
Rahmen	1100	7,47	1110	7,50
Gabel	1600	2,24	1600	2,24
Räder und Schaltung	2100	36,91	2110	40,79
Antrieb	2300	6,55	2310	7,00
Bremsen	2600	6,60	2600	6,60
Bereifung	3100	7,06	3100	7,06
Beleuchtung	4100	6,10	4100	6,10
Lenkung	5100	4,30	5100	4,30
Ausstattung 1	6100	2,65	6100	2,65

Will man den Verbrauch von Materialien buchhalterisch erfassen, unterscheidet man grundsätzlich **bestands- und aufwandsorientierte Verfahren**. Kein Industrieunternehmen ermittelt den Verbrauch aller Materialien nach nur einer Erfassungsmethode. Häufig werden mehrere Verfahren nebeneinander im selben Unternehmen angewendet. Welches Verfahren zur Anwendung kommt, unterliegt verschiedenen Kriterien. Hierzu zählen z. B.:

- Werden Materialien auf Lager genommen oder direkt verbraucht?
- Ist der Verbrauch regelmäßig oder unterliegt er Schwankungen?
- Müssen anderen Abteilungen Informationen über den Materialverbrauch zur Verfügung gestellt werden (z. B. im Rahmen eines Kundenauftrags)?

3.6.1 Bestandsorientierte Verbrauchsermittlung

Bei der bestandsorientierten Buchungstechnik wird unterstellt, dass alle Einkäufe zuerst auf Lager genommen werden. In der Buchhaltung werden diese Einkäufe in einem ersten Schritt auf das entsprechende **Bestandskonto** gebucht. Erst nach der Ermittlung des jeweiligen Verbrauchs erfolgt in einem zweiten Schritt die Umbuchung auf das **Aufwandskonto**. Je nachdem, ob der Gesamtverbrauch eines Geschäftsjahres gebucht wird oder jeder einzelne Verbrauch, werden zwei unterschiedliche bestandsorientierte Ermittlungsverfahren unterschieden: die Inventurmethode und die Skontrationsmethode.

Bestandsorientierte Buchungen:
Schritt 1: Bestandskonto
Schritt 2: Aufwandskonto

Bestandsorientierte Verbrauchsermittlung

S	Bestandskonto, z. B.: Rohstoffe	H	S	Aufwandskonto, z. B.: Aufwand für Rohstoffe	H
Anfangsbestand	Verbrauch als Bestandsminderung		Verbrauch als Aufwand	Abschlusssaldo für GuV-Konto	
Einkäufe	Endbestand				

Inventurmethode (Bestandsvergleich)

Besonders arbeitssparend ist die Inventurmethode (auch: Verbrauchsermittlung durch Bestandsvergleich). Dabei wird der Anfangsbestand auf dem Bestandskonto im laufenden Geschäftsjahr um alle Einkäufe erhöht. Am Ende des Geschäftsjahres wird der Endbestand im Rahmen der Inventur festgestellt. Die **Differenz** zwischen Anfangsbestand zuzüglich Einkäufen (Soll) und Endbestand laut Inventur (Haben) wird als **Verbrauch** erfasst. Materialien, die am Geschäftsjahresende nicht mehr auf Lager sind, müssen also verbraucht worden sein. Dieser Verbrauch muss auf das entsprechende Aufwandskonto übernommen werden und in der GuV erscheinen.

Abschluss Bestandskonto nach Inventurmethode:

* Anfangsbestand*
+ Einkäufe
– Endbestand lt. Inventur
= Verbrauch (Saldo)

Diese Art der Verbrauchsermittlung mit einer **einmaligen Buchung** am Ende des Geschäftsjahres eignet sich für kleine Unternehmen oder für Material, das nur einen geringen Wert bei möglichst gleich bleibendem Einstandspreis und kontinuierlichem Verbrauch aufweist. Schwankt der Verbrauch, kann er auch monatlich ermittelt werden, was jedoch Inventuraufnahmen am Ende eines jeden Monats erforderlich macht.

Inventurmethode

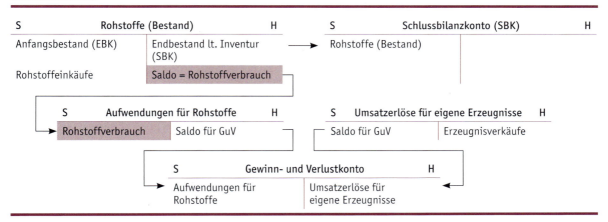

3 Werteströme und Werte erfassen und dokumentieren

Die Anfangs- und Endbestände auf den Bestandskonten sind bereits im Hauptbuch eingetragen.

Grundbuch: *Holz Metall*
1) Einkauf von Rohstoffen, bar 50.000,00 €
2) Einkauf von Hilfsstoffen, bar *Glaser Lacke Schrauben* 21.000,00 €
3) Einkauf von Betriebsstoffen, bar 6.000,00 €
4) Verbrauch von Rohstoffen 48.000,00 €
5) Verbrauch von Hilfsstoffen 20.000,00 €
6) Verbrauch von Betriebsstoffen 6.000,00 €
7) Verkauf von fertigen Erzeugnissen, bar 98.000,00 €

Nr.	Soll		€	Haben		€
1)	Rohstoffe	A+ S	50.000,00	Kasse	A- H	50.000,00
2)	Hilfsstoffe	A+ S	21.000,00	Kasse	A- H	21.000,00
3)	Betriebsstoffe	A+ S	6.000,00	Kasse	A- H	6.000,00
4)	Aufwendungen f. Rohstoffe	S	48.000,00	Rohstoffe	A- H	48.000,00
5)	Aufwendungen f. Hilfsstoffe	S	20.000,00	Hilfsstoffe	A- H	20.000,00
6)	Aufwendungen f. Betriebsstoffe	S	6.000,00	Betriebsstoffe	A- H	6.000,00
7)	Kasse	A+ S	98.000,00	Umsatzerlöse f. eigene Erzeugn.	H	98.000,00

Abschluss Werkstoffkonten: GuV an Werkstoffkonten (RHB-Stoffe)
Abschluss Konto Umsatzerlöse: Umsatzerlöse an GuV
Abschluss GuV-Konto: GuV-Konto an Eigenkapital

Hauptbuch:

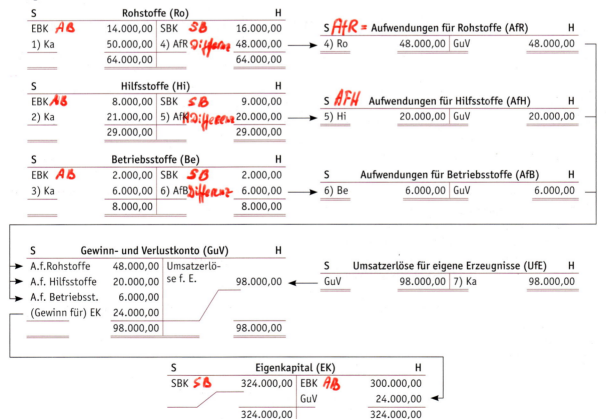

Skontrationsmethode (Bestandsfortschreibung)

Beispiel: In der Fly Bike Werke GmbH soll jeder Lagerabgang von Rohstoffen und Fremdbauteilen als Verbrauch ermittelt und in der Buchhaltung erfasst werden. Heute kann unter Verwendung von modernen EDV-Anlagen fast jeder Lagerabgang sofort erfasst werden. Wird der Lagerabgang nicht zeitgleich im EDV-Programm gekennzeichnet, kann der Materialverbrauch auch durch die Erstellung eines Materialentnahmescheins (MES) dokumentiert werden.

Grundbuch:
1) Verbrauch von Fremdbauteilen gemäß MES Nr. 1212

MES = Materialentnahmeschein

Nr.	Soll	€	Haben	€
1)	Aufwendungen für Fremdbauteile	4.911,00	Fremdbauteile	4.911,00

Bei der Verbrauchsermittlung nach der Skontrationsmethode kann jeder einzelne **Lagerabgang** (Buchung Bestandskonto) nahezu zeitgleich zu einer entsprechenden **Verbrauchsbuchung** (Gegenbuchung Aufwandskonto) führen. Für die Kosten- und Leistungsrechnung ist außerdem die Zuordnung zu einem konkreten Lager- oder Kundenauftrag von wesentlicher Bedeutung.

Abschluss Bestandskonto nach Skontrationsmethode

Anfangsbestand
+ Einkäufe
– Entnahmen (Verbrauch)
= Endbestand (Saldo)

Skontrationsmethode

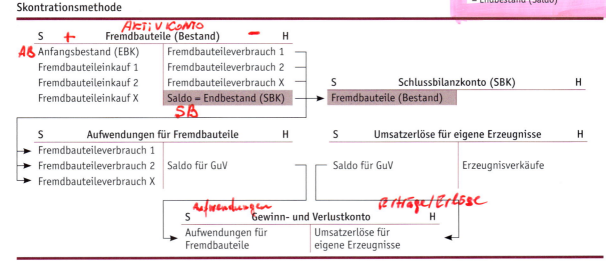

3.6.2 Aufwandsorientierte Verbrauchsermittlung

Bei der modernen aufwandsorientierten Buchungstechnik wird unterstellt, dass das Material direkt in der Produktion angeliefert und umgehend dort verbraucht wird (**Just-in-time**-Verfahren). Die Lagerhaltung spielt also nur eine untergeordnete Rolle zur Überbrückung von kurzzeitigen Lieferengpässen. Entsprechend wird dann in der Buchhaltung jeder Materialeinkauf bei Rechnungseingang sofort auf dem **Aufwandskonto** erfasst. Das Bestandskonto enthält dann nur noch die Inventurbestände und die Bestandsveränderungen zum Ende des Abrechnungszeitraumes.

engl. **just in time**: (gerade) zur rechten Zeit am rechten Ort

Beispiel: Die Fly Bike Werke GmbH stellt nach entsprechenden Vereinbarungen mit ihren Lieferanten die gesamte Anlieferung von Aluminiumrohren auf das Just-in-time-Verfahren um. Entsprechend wird in der Buchhaltung der Verbrauch bei Anlieferung und Rechnungsstellung als Aufwand erfasst.

Grundbuch:

Zusammengefasste Buchungen einer Abrechnungsperiode (Zielkäufe):
1) Anfangsbestand Rohstoffe 18.000,00 €
2) Einkäufe Rohstoffe auf Ziel 460.000,00 €

Nr.	Soll	€	Haben	€
1)	Rohstoffe	18.000,00	EBK	18.000,00
2)	Aufwendungen für Rohstoffe	460.000,00	Verbindlichkeiten a. L. L.	460.000,00

Abschluss Rohstoffkonto mit Bestandsminderungen
3) Endbestand Rohstoffe 12.000,00 €
4) Bestandsminderung Rohstoffe 6.000,00 €
5) Abschluss Konto Aufwendungen für Rohstoffe 466.000,00 €

Nr.	Soll	€	Haben	€
3)	SBK	12.000,00	Rohstoffe	12.000,00
4)	Aufwendungen für Rohstoffe	6.000,00	Rohstoffe	6.000,00
5)	GuV-Konto	466.000,00	Aufwendungen für Rohstoffe	466.000,00

Hauptbuch:

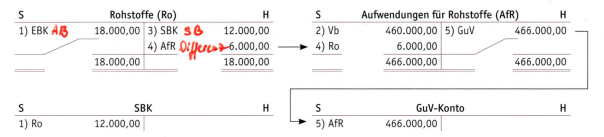

Auch bei der aufwandsorientierten Buchungstechnik muss letztlich der Endbestand durch eine Inventur am Jahresende erfolgen. Dabei wird es regelmäßig vorkommen, dass Anfangs- und Endbestand nicht übereinstimmen: Entweder haben sich die Bestände verringert oder erhöht.

3 Vorgänge auf Bestands- und Erfolgskonten

Fall 1: Bei einer **Bestandsminderung** wurden zusätzlich zu den eingekauften Materialien noch vorhandene Lagerbestände verbraucht.

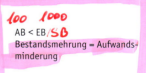

AB > EB / SB
Bestandsminderung = Aufwandserhöhung

Grundbuch: 1) Buchung Bestandsminderung, z. B. bei Rohstoffen

1) Aufwendungen für Rohstoffe   an   Rohstoffe

Fall 2: Bei einer **Bestandsmehrung** sind nicht alle in einer Abrechnungsperiode eingekauften Materialien auch tatsächlich in der Produktion verbraucht worden. Sie gelten dann buchungstechnisch als zusätzlicher Lagerbestand (Lagerzugang).

AB < EB / SB
Bestandsmehrung = Aufwandsminderung

Grundbuch: 2) Buchung Bestandsmehrung, z. B. bei Rohstoffen

2) Rohstoffe   an   Aufwendungen für Rohstoffe

Die Buchung der Bestandsveränderung kann vereinfacht werden, wenn als **alternative Buchungstechnik** der Anfangsbestand des Kontos Rohstoffe am Jahresanfang auf das Konto Aufwendungen für Rohstoffe umgebucht wird. Am Jahresende wird dann der Inventurbestand als Bestandsmehrung erfasst.

Aufwandsorientierte Verbrauchsermittlung

Ermittlung des Materialverbrauchs bei Just-in-time-Anlieferung (fertigungssynchroner Anlieferung):

Fall 1: Bestandsminderung Rohstoffe
Bestandsminderungen im Rohstofflager erhöhen den Aufwand für Rohstoffe in der Erfolgsrechnung (zusätzlicher Verbrauch von Lagermaterial in einer Abrechnungsperiode).
Bestandsminderungen = Aufwandserhöhungen

Fall 2: Bestandsmehrung Rohstoffe
Bestandsmehrungen im Rohstofflager vermindern den Aufwand für Rohstoffe in der Erfolgsrechnung (unverbrauchte Rohstoffeinkäufe der Abrechnungsperiode).
Bestandsmehrungen = Aufwandsminderungen

S	Rohstoffe (Bestand)	H
Anfangsbestand (EBK)	Bestandsminderung	
	Endbestand (SBK)	

Aufwandsmehrung

S	Aufwendungen für Rohstoffe	H
Rohstoffeinkauf 1		
Rohstoffeinkauf 2	Saldo für GuV	
Rohstoffeinkauf X		
Bestandsminderung		

S	Rohstoffe (Bestand)	H
Anfangsbestand (EBK)		
Bestandsmehrung	Endbestand (SBK)	

Aufwandsminderung

S	Aufwendungen für Rohstoffe	H
Rohstoffeinkauf 1	Bestandsmehrung	
Rohstoffeinkauf 2	Saldo für GuV	
Rohstoffeinkauf X		

ÜBERSICHT: Methoden zur Erfassung des Materialverbrauchs	
Bestandsorientierte Verbrauchsermittlung bei erheblicher Lagerhaltung	Aufwandsorientierte Verbrauchsermittlung bei fehlender oder unerheblicher Lagerhaltung
Kennzeichen: Alle Einkäufe werden zunächst auf Bestandskonten erfasst.	Kennzeichen: Alle Einkäufe werden direkt auf Aufwandskonten erfasst.
Inventurmethode: Anwendung bei Materialien mit geringem Wert	Anwendung: für alle Materialien, die "just in time" direkt in die Produktion geliefert werden
Skontrationsmethode: Anwendung bei Materialien mit erheblichen Werten	Anwendung in der Praxis nur bei mengen- und wertmäßig bedeutenden Rohstoffen, Vorprodukten und Fremdbauteilen

3.7 Erfolgsbuchungen mit Handelswaren

Beispiel: Zum Absatzprogramm der Fly Bike Werke GmbH zählen auch Handelswaren, wie z. B. Radsportbekleidung oder Fahrradanhänger. Die Fly Bike Werke GmbH kauft die Waren ein, um sie mit Gewinn wieder zu verkaufen.

Auch aus dem Kauf und Verkauf von Handelswaren entstehen Aufwendungen und Erträge.
- Als Aufwand erfasst wird der **Wareneinsatz**. Hierunter versteht man den Wert der verkauften Waren, bewertet mit Einstandspreisen.
- Als Erträge erfasst werden die **Umsatzerlöse für Waren** als Wert der verkauften Waren, bewertet mit Verkaufspreisen.

Die Erträge und Aufwendungen aus dem Warenverkauf werden am Ende eines Geschäftsjahres gegenübergestellt. Berücksichtigt man mengenmäßig dieselben Waren zu unterschiedlichen Preisen (Einkaufspreisen und Verkaufspreisen), ist das Ergebnis dieser Gegenüberstellung entweder ein **Rohgewinn** oder ein **Rohverlust**. Werden zusätzliche weitere Aufwendungen (z. B. Löhne) und weitere Erträge (z. B. Mieterträge) erfasst, ergibt sich ein so genannter **Reingewinn** oder ein **Reinverlust**.

Umsatzerlöse für Waren	>	Wareneinsatz	=	Rohgewinn
Wareneinsatz	>	Umsatzerlöse für Waren	=	Rohverlust
Summe der Erträge	>	Summe der Aufwendungen	=	Reingewinn
Summe der Aufwendungen	>	Summe der Erträge	=	Reinverlust

*bestands- und aufwandsorientierte Verbrauchsermittlung bei Werkstoffen, vgl. **Kap. 3.6***

Neben der Erfolgsermittlung ist auch bei Handelswaren die Ermittlung von **Bestandsveränderungen** am Ende eines Geschäftsjahres von Interesse. Hier können bestands- oder aufwandsorientierte Buchungstechniken angewandt werden.

 Beispiel: Wareneinkauf und Warenverkauf von Fahrradzubehör

Bestandsorientierte Buchungstechnik

Berechnung des Wareneinsatzes:
   Warenanfangsbestand
+ Wareneinkäufe
− Warenendbestand lt. Inventur
= Wareneinsatz

Der Anfangsbestand (1) auf dem „Warenkonto" wird um alle **Wareneinkäufe** erhöht (Lagerzugänge) (2). Am Ende des Geschäftsjahres wird der Warenendbestand in der Inventur festgestellt (4). Waren, die dann nicht mehr auf Lager sind, müssen verkauft worden sein (Saldo = Wareneinsatz). Der Wareneinsatz wird auf das Aufwandskonto „Aufwendungen für Waren" übernommen (Gegenbuchung) (5). Alle **Warenverkäufe** werden auf das Ertragskonto „Umsatzerlöse für Waren" gebucht (3). Nach Abschluss der Erfolgskonten am Ende des Geschäftsjahres stehen sich auf dem GuV-Konto die Erträge aus dem Warenverkauf (Umsatzerlöse) und die Aufwendungen für diese Waren (Wareneinsatz) gegenüber (6 und 7). Ergebnis dieser Gegenüberstellung ist entweder ein Rohgewinn oder ein Rohverlust (8).

3 Vorgänge auf Bestands- und Erfolgskonten

Grundbuch:

		Anzahl	·	Preis in €	=	Wert in €
1)	Warenanfangsbestand	500		25,00		12.500,00
2)	Wareneinkäufe, bar	2 500		25,00		62.500,00
3)	Warenverkäufe, bar	2 750		35,00		96.250,00
4)	Warenendbestand	250		25,00		6.250,00
5)	Wareneinsatz	2 750		25,00		68.750,00

Nr.	Soll	€	Haben	€
1)	Waren (Bestand)	12.500,00	Eröffnungsbilanzkonto	12.500,00
2)	Waren (Bestand)	62.500,00	Kasse	62.500,00
3)	Kasse	96.250,00	Umsatzerlöse für Waren	96.250,00
4)	Schlussbilanzkonto	6.250,00	Waren (Bestand)	6.250,00
5)	Aufwendungen für Waren	68.750,00	Waren (Bestand)	68.750,00

6) Abschluss Konto Aufwendungen für Waren
7) Abschluss Konto Umsatzerlöse für Waren
8) Abschluss GuV-Konto

Nr.	Soll	€	Haben	€
6)	GuV	68.750,00	Aufwendungen für Waren	68.750,00
7)	Umsatzerlöse für Waren	96.250,00	GuV	96.250,00
8)	GuV-Konto	27.500,00	Eigenkapital	27.500,00

Aufwandsorientierte Buchungstechnik

Bei der aufwandsorientierten Buchungstechnik werden alle eingekauften Waren sofort auf dem Konto „Aufwendungen für Waren" erfasst (2). Am Ende des Geschäftsjahres wird über die Erfassung der Bestandsveränderung im Lager (4) das Aufwandskonto korrigiert (5).

(1) und (3) wie bei bestandsorientierter Buchungstechnik

Grundbuch:

Nr.	Soll	€	Haben	€
1)	Waren (Bestand)	12.500,00	EBK	12.500,00
2)	Aufwendungen für Waren	62.500,00	Kasse	62.500,00
3)	Kasse	96.250,00	Umsatzerlöse für Waren	96.250,00
4)	SBK	6.250,00	Waren (Bestand)	6.250,00
5)	Aufwendungen für Waren	6.250,00	Waren (Bestand)	6.250,00

6)–8) Abschlussbuchungen wie bei bestandsorientierter Buchungstechnik (siehe oben).

3.8 Bestandsveränderungen und Inventurdifferenzen

Beispiel: Wieder einmal ist ein Geschäftsjahr der Fly Bike Werke GmbH zu Ende gegangen. Frau Klein studiert die Inventurlisten. Auf einer fällt ihr auf, dass von dem Modell Free noch 180 Stück auf Lager sind. „Wieso haben wir von dem Modell Free so viele auf Lager?", fragt sie Frau Taubert. „Läuft das Modell nicht mehr so gut?" „Nein, nein", antwortet Frau Taubert, „das Modell ist erst im Dezember in großer Stückzahl produziert und noch nicht vollständig ausgeliefert worden. Das ist eine ganz normale Bestandserhöhung bei einem fertigen Erzeugnis."

Inventur 20X1
Fly Bike Werke GmbH

Inventurliste: Nr. 212   Aufnahmeort: Absatzlager
Vermögensart: Fertigerzeugnisse

Artikel-Nr.	Modell	Anzahl
201	Light	40
202	Free	180
203	Nature	20

Mängelbeschreibung: keine sichtbaren Mängel
Aufnahmedatum: 20X2–01–10   Aufnehmende/r *Klein*
Geprüft: 20X2–01–10   *Gammer*

Der Erfolg eines Unternehmens wird durch Gegenüberstellung von Aufwendungen und Erträgen bzw. Kosten und Leistungen am Ende eines Geschäftsjahres ermittelt. Betrachtet wird dabei auf der einen Seite der **Gesamtaufwand**, der im Rahmen der Leistungserstellung angefallen ist. Hierzu zählen u. a. die Aufwendungen für Roh-, Hilfs- und Betriebsstoffe sowie für Fremdbauteile, aber auch für Löhne und Gehälter von Mitarbeitern.

Betrachtet man auf der anderen Seite die **Gesamtleistung**, die ein Unternehmen aus eigener Produktion erbringt, beschränkt sich diese nicht nur auf die Absatzleistung, sondern wird auch durch die Lagerleistung sowie die so genannte Eigenleistung beeinflusst.

Gesamtleistung eines Unternehmens aus eigener Produktion

Absatzleistung	Verkaufserlöse aller verkauften eigenen Erzeugnisse
Lagerleistung	Wert der noch nicht verkauften unfertigen und fertigen Erzeugnisse (bewertet zu Herstellungskosten)
Eigenleistung	Wert von z. B. selbst erstellten Anlagen (bewertet zu Herstellungskosten)

Beispiel: Erfolgsermittlung anhand von Gesamtaufwand und Gesamtleistung

Absatzleistung 1 000 Erzeugnisse zu je 100,00 €	=	100.000,00 €
Lagerleistung 500 Erzeugnisse zu je 80,00 €	+	40.000,00 €
Gesamtleistung (Absatzleistung + Lagerleistung)	=	140.000,00 €
Gesamtaufwand: 1 500 Erzeugnisse zu je 80,00 €	–	120.000,00 €
Gewinn (Gesamtleistung – Gesamtaufwand)	=	20.000,00 €

Soll	Gewinn- und Verlustkonto	Haben
• Gesamtaufwand für 1 500 Erzeugnisse, bewertet zu Herstellungskosten = 120.000,00 € • Gewinn (Gesamtleistung – Gesamtaufwand) = 20.000,00 €		• Absatzleistung für 1 000 verkaufte Erzeugnisse, bewertet zu Nettoverkaufserlösen = 100.000,00 € • Lagerleistung für 500 nicht verkaufte Erzeugnisse, bewertet zu Herstellungskosten = 40.000,00 €

3 Vorgänge auf Bestands- und Erfolgskonten

Alle Industrieunternehmen müssen zum Ende eines Geschäftsjahres auch ihre Bestände an unfertigen und fertigen Erzeugnissen mengen- und wertmäßig erfassen. So kann festgestellt werden, ob sich der jeweilige Lagerbestand erhöht oder vermindert hat. Per Saldo führt nur eine **Bestandserhöhung** in der GuV zu einem Ertrag, **Bestandsminderungen** vermindern den Ertrag des Geschäftsjahres.

Die Ermittlung der **Bestandsveränderungen** in der Buchführung erfolgt durch den Vergleich der Anfangsbestände (AB) und der Endbestände (EB) auf den Bestandskonten unfertige und fertige Erzeugnisse, die im Hauptbuch bereits vorgegeben sind.

Grundbuch:
1) Buchung der Bestandsminderung an unfertigen Erzeugnissen
2) Buchung der Bestandserhöhung an fertigen Erzeugnissen
3) Abschluss Konto Bestandsveränderungen

Nr.	Soll	€	Haben	€
1)	Bestandsveränderungen	9.900,00	Unfertige Erzeugnisse	9.900,00
2)	Fertige Erzeugnisse	273.900,00	Bestandsveränderungen	273.900,00
3)	Bestandsveränderungen	264.000,00	GuV-Konto	264.000,00

Hauptbuch:

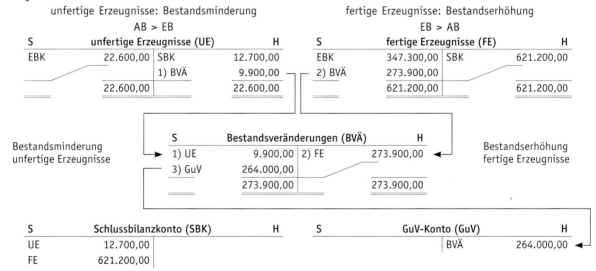

In diesem Beispiel überwiegt die Bestandserhöhung und führt zu einer Ertragserhöhung. Die Bestandsminderung an unfertigen Erzeugnissen wird von der Bestandserhöhung an fertigen Erzeugnissen übertroffen. Sollten die Bestandsminderungen überwiegen, so erscheint der Saldo des Kontos Bestandsveränderung im Soll des GuV-Kontos als Ertragsminderung.

Beispiel: Auswirkungen von Bestandsveränderungen auf das GuV-Konto eines kleinen Fahrradherstellers

Soll	Gewinn- und Verlustkonto		Haben
Aufw. für Rohstoffe	52.500,00	Umsatzerlöse für eigene Erzeugnisse	1.048.000,00
Aufw. für Fremdbauteile	152.000,00		
Aufw. für Hilfsstoffe	25.000,00	Bestandsveränderung	75.000,00
Aufw. für Betriebsstoffe	48.000,00		
Löhne	222.500,00		
Gehälter	90.000,00		
weitere Aufwendungen	140.000,00		
Eigenkapital (Gewinn)	393.000,00		
	1.123.000,00		1.123.000,00

Unternehmensdaten und Buchungen zum GuV-Konto des Fahrradherstellers

	Stück	€
gesamte Produktion	1 460	
gesamte Aufwendungen		730.000,00
Kosten je Stück		500,00
gesamter Absatz	1 310	
gesamte Umsatzerlöse		1.048.000,00
Umsatzerlös (Verkaufspreis) je Stück		800,00
Bestandserhöhung	150	
Bestandserhöhung (bewertet mit Herstellungskosten)		75.000,00
Gewinnzuschlag 60 % Prozent, bezogen auf die Selbstkosten		300,00
Gesamtgewinn für 1 310 verkaufte Fahrräder		393.000,00
Umsatzerlöse	1 310 · 800,00 =	1.048.000,00 €
+ Bestandserhöhung	150 · 500,00 =	75.000,00 €
– Selbstkosten	1 460 · 500,00 =	730.000,00 €
= Gewinn	1 310 · 300,00 =	393.000,00 €

ÜBERSICHT: Bestandsveränderungen

Bestandserhöhung an unfertigen und fertigen Erzeugnissen	Produktion > Absatz Endbestand > Anfangsbestand = Lageraufbau (Ertragserhöhung)
Bestandsminderung an unfertigen und fertigen Erzeugnissen	Absatz > Produktion Anfangsbestand > Endbestand = Lagerabbau (Ertragsminderung)

Inventurdifferenzen

Basis von Inventurdifferenzen sind – bei einer umfassenden Betrachtung – festgestellte Abweichungen zwischen den Sollwerten der Finanzbuchhaltung und den Istwerten der Inventur. Ursachen für diese Abweichungen sind, wie bereits behandelt, fehlerhafte Buchungen und nicht erfasste Mengen- und Werteveränderungen.

Abweichungen zwischen Soll- und Istwerten

Sollwerte	rechnerische Ergebnisse (Werte) des vorläufigen Kontenabschlusses der Buchführung
Istwerte	tatsächliche Ergebnisse (Werte) der Inventur
mögliche Ursachen für Abweichungen (Beispiele):	
fehlerhafte Buchungen	– keine Buchung – falsche Konten – falsche Beträge – mehrfache Buchung – falsche Buchung (Soll- und Habenbuchung)
nicht erfasste Mengenveränderungen	– Schwund – Verderb – Diebstahl – Ausschuss/Abfall – kein Beleg trotz Lieferung oder Entnahme – falscher Betrag zur Lieferung oder Entnahme
nicht erfasste Wertveränderungen	– außerplanmäßige Wertminderung im Anlagevermögen – Bewertungsdifferenzen im Umlaufvermögen (z.B. bei Vorräten: gesunkene Marktpreise, Qualitätsverluste)

Einmal erkannt, sind fehlerhafte Buchungen leicht zu korrigieren. Sie sind keine echten Inventurdifferenzen. Fehlende Buchungen müssen nachgeholt werden. Falsche Buchungen (Soll- statt Habenbuchung, falsche Konten, falsche Beträge usw.) müssen storniert und anschließend richtig gebucht werden. Bei doppelten (mehrfachen) Buchungen reichen eine oder mehrere Stornobuchung(en).

Stornobuchungen

Bei Stornobuchungen werden die ursprünglichen Soll- und Habenbuchungen umgekehrt als Haben- und Sollbuchung erneut gebucht. Im Hauptbuch heben sich die Buchungen wertmäßig gegeneinander auf. Die Falschbuchung, die Stornobuchung und die anschließend richtige Neubuchung müssen im Grund- und Hauptbuch dokumentiert werden.

1. Falschbuchung: Sollbuchung an Habenbuchung
2. Stornobuchung: Habenbuchung an Sollbuchung
3. Neubuchung: richtige Soll- und Habenbuchung

Beispiel: Eine Eingangsrechnung der Fly Bike Werke GmbH für Fremdbauteile ist versehentlich auf dem Konto Rohstoffe gebucht worden.

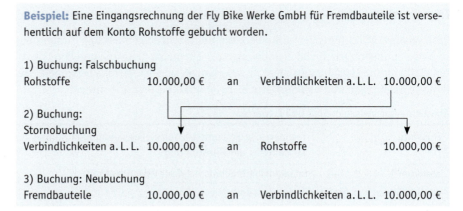

1) Buchung: Falschbuchung
Rohstoffe   10.000,00 €   an   Verbindlichkeiten a. L. L. 10.000,00 €

2) Buchung: Stornobuchung
Verbindlichkeiten a. L. L. 10.000,00 €   an   Rohstoffe   10.000,00 €

3) Buchung: Neubuchung
Fremdbauteile   10.000,00 €   an   Verbindlichkeiten a. L. L. 10.000,00 €

Jede fehlerhafte Buchung muss storniert werden. Differenz- oder Umbuchungen zum Ausgleich von Fehlern sind nicht erlaubt.

Inventurdifferenzen im Materialbestand und bei Handelswaren

Echte Inventurdifferenzen werden durch nicht erfasste Mengenveränderungen verursacht. Werteveränderungen, die nicht auf Mengenveränderungen beruhen, sind ebenfalls auf Basis der Inventurwerte zu korrigieren, wenn der Wert des Materials oder der Handelswaren gesunken ist. Inventurdifferenzen beim Material, wie z.B. bei Roh-, Hilfs- und Betriebsstoffen, Vorprodukten und Fremdbauteilen sowie bei Handelswaren, werden – soweit sie mengen- und wertmäßig für das jeweilige Unternehmens als üblich anzusehen sind – im jeweiligen Materialaufwand verrechnet.

Übliche Mengenabweichungen: Mindermengen

Beispiel

Fremdbauteil: Set-Nr. 3000	Menge	Einstandspreis je Stück	Gesamtwert
Lagerbuchführung	200	6,10 €	1.220,00 €
Inventurergebnis	180	6,10 €	1.098,00 €
Inventurdifferenz	– 20	6,10 €	122,00 €

Grundbuch: Ausbuchung Inventurdifferenz Set-Nr. 3000, City SX-Bereifung

Aufwendungen für Vorprodukte/Fremdbauteile   122,00 €   an   Vorprodukte/Fremdbauteile   122,00 €

Übliche Mengenabweichungen: Mehrmengen

Beispiel

Stahlrohre: 1028010	Menge	Einstandspreis je m	Gesamtwert
Lagerbuchführung	100 · 4 m	1,40 €	560,00 €
Inventurergebnis	105 · 4 m	1,40 €	588,00 €
Inventurdifferenz	+5 · 4 m	1,40 €	28,00 €

Grundbuch: Ausbuchung Inventurdifferenz Artikel-Nr. 1028010, Stahlrohre

Rohstoffe	28,00 €	an	Aufwendungen für Rohstoffe	28,00 €

Übliche Werteveränderungen: Wertminderungen

Beispiel

Alu-Rohre: 4004020	Menge	Einstandspreis je m	Gesamtwert
Lagerbuchführung	440 · 4 m	7,19 € [1]	12.654,40 €
Inventurergebnis	440 · 4 m	6,47 € [2]	11.387,20 €
Wertminderung	+/–0	– 0,72 €	1.267,20 €

[1] Bezahlter Einstandspreis [2] Gesunkener Marktpreis

Grundbuch: Ausbuchung Wertminderung Artikel-Nr. 4004020, Aluminiumrohre

Aufwendungen für Rohstoffe	1.267,20 €	an	Rohstoffe	1.267,20 €

Übliche Werteveränderungen: Wertsteigerungen

Wertsteigerungen beim Material, z.B. durch gestiegene Wiederbeschaffungskosten, bleiben bei der Ermittlung von Inventurwerten unberücksichtigt. Der tatsächlich gezahlte Einstandspreis (Anschaffungskosten) darf bei der Ermittlung des Inventurwertes nicht überschritten werden. Bewertungsgrundlage: Anschaffungswertprinzip. Werterhöhende Buchungen sind nicht erlaubt!

Unübliche Mengen- und Werteveränderungen

Wird Material in großen Mengen gestohlen oder vernichtet (z.B. Brandschäden) bzw. durch einen außergewöhnlichen Preisverfall im Wert erheblich gemindert, spricht man nicht mehr von üblichen Inventurdifferenzen. In diesen Fällen muss der Wertverlust auf dem Konto unüblich hohe Abschreibungen auf Umlaufvermögen erfasst werden. Die Gegenbuchung erfolgt immer auf dem Bestandskonto.

Inventurdifferenzen bei fertigen und unfertigen Erzeugnissen

Soweit sie sich im üblichen Rahmen bewegen, fließen sie in die Buchungen der Bestandsveränderungen ein.

ÜBERSICHT

Stornobuchungen	– korrigieren Falschbuchungen – erfolgen durch Umkehrung der Falschbuchung (aus Soll wird Haben, aus Haben wird Soll) – Auswirkungen der Falschbuchung sind damit im Hauptbuch aufgehoben. – Neubuchung des Geschäftsvorfalls notwendig
übliche Inventurdifferenzen auf Material- und Handelswarenkonten im engeren Sinne (Mengenabweichungen)	– Inventurmenge (Ist) < Lagerbuchführung (Soll) = Mindermenge – Buchung: Aufwandskonto an Bestandskonto – Auswirkung: Wertminderung auf dem Bestandskonto, Gewinn sinkt.
	– Inventurmenge (Ist) > Lagerbuchführung (Soll) = Mehrmenge – Buchung: Bestandskonto an Aufwandskonto – Auswirkung: Werterhöhung auf dem Bestandskonto, Aufwandsminderung auf dem Erfolgskonto, Gewinn steigt.
Wertdifferenz auf Materialkonten	– Inventurwert (Ist) < Lagerbuchführungswert (Soll) = Wertminderung – Buchung: Aufwandskonto an Bestandskonto – Auswirkung: Wertminderung auf dem Bestandskonto, Aufwandserhöhung auf dem Erfolgskonto, Gewinn sinkt. – Wertsteigerung bleibt unberücksichtigt (Anschaffungswertprinzip).

Aufgaben

1 Welche Art von Werteveränderung aus Sicht einer Bilanz liegt nachfolgend jeweils vor?
   a Barkauf eines Mobiltelefons
   b Ein Kunde überweist auf unser Bankkonto.
   c Banküberweisung an einen Lieferer
   d Zielverkauf einer gebrauchten Maschine
   e Kauf von Rohstoffen auf Ziel
   f Tilgung eines Darlehens durch Banküberweisung
   g Umwandlung einer Verbindlichkeit in ein Darlehen

2 Ein Fahrradhersteller führt folgende Bestandskonten:

Aktiva	Passiva
– Grundstücke	– Eigenkapital
– Gebäude	– Hypotheken
– technische Anlagen und Maschinen	– Darlehen
– Fuhrpark	– Verbindlichkeiten a. L. L.
– Betriebsausstattung	
– Geschäftsausstattung	
– Rohstoffe	
– Hilfsstoffe	
– Betriebsstoffe	
– Vorprodukte/Fremdbauteile	
– Forderungen a. L. L.	
– Kasse	
– Bankguthaben	

Bilden Sie für den Fahrradhersteller die Buchungssätze zu den Geschäftsvorfällen auf der folgenden Seite.

3 Vorgänge auf Bestands- und Erfolgskonten

Lfd. Nr.	Belegarten	Beschreibung der Geschäftsvorfälle	€
1)	Eingangsrechnung Nr. 412	Kauf von Kettenschaltungen auf Ziel MAT/A+ → Verb/P+	12.000,00
2)	Kontoauszug Nr. 48 der Bank	Lastschrift für Barauszahlung BA/A- → KA/A+	1.100,00
3)	Ausgangsrechnung Nr. 122	Verkauf eines gebrauchten PC auf Ziel BU/A- → Ford/A+	500,00
4)	Eingangsrechnung Nr. 413	Einkauf von Unterlegscheiben auf Ziel MAT/A+ → Verbind/P+	2.000,00
5)	Eingangsrechnung Nr. 414	Kauf einer Lackieranlage auf Ziel MA/A+ → Verbind/P+	120.000,00
6)	Quittung Nr. 12	Barkauf von Schmieröl für die Rohrtrennanlage BSt/A+ → KA/A-	40,00
7)	Kontoauszug Nr. 49 der Bank, Darlehensvertrag	Auszahlung eines Darlehens mit Gutschrift auf dem Bankkonto DA/P- → BA/A-	50.000,00
8)	Kontoauszug Nr. 50 der Bank	Lastschrift für Hypothekentilgung HY/P- → BA/A-	15.000,00
9)	Schreiben eines Lieferers vom 20. April 20XX (Auszug)	Umwandlung bestehender Verbindlichkeiten in Höhe von in Darlehen mit einer Laufzeit von zwei Jahren Verb/P- → DA/P+	68.000,00
10)	Eingangsrechnung Nr. 415	Zielkauf eines Klein-Lkw für Erzeugnisauslieferungen Fu/A+ → V/40.000,00	40.000,00
11)	Kontoauszug Nr. 49 der Bank	Gutschrift für die Überweisung eines Kunden Ford/A- → BA/A+	22.000,00
12)	Quittung Nr. 13	Bargeldauszahlung an einen Lieferer	500,00
13)	Kontoauszug Nr. 50 der Bank	Lastschrift für den Kauf des Klein-Lkw (siehe ER 415)	40.000,00
14)	Eingangsrechnung Nr. 416	Zielkauf von Büromöbeln für die Verkaufsabteilung BU/A+ → Verb 6.690,00	6.690,00
15)	Eingangsrechnung Nr. 417	Zielkauf von Pressluftschraubern für die Montagebänder MAT/A+ → 3.400,00 Verbind/P+	3.400,00
16)	Grundbuchauszug, Kontoauszug Nr. 51 der Bank	Verkauf eines ungenutzten Grundstückes gegen Banküberweisung GR/A- / BA/A+	68.000,00
17)	Kontoauszug Nr. 52 der Bank	Gutschrift für Bareinzahlung eines Kunden BA/A+ → Ford/A-	6.000,00
18)	Eingangsrechnung Nr. 418	Kauf von Aluminiumrohren auf Ziel MAT/A+ → Verb/P+	42.000,00
19)	Ausgangsrechnung Nr. 123	Verkauf eines gebrauchten Fahrzeuges auf Ziel Fu/A- → Ford/A+	2.320,00
20)	Kontoauszug Nr. 53 der Bank	Lastschriften für Banküberweisungen an Lieferer	10.090,00
21)	Kontoauszug Nr. 54 der Bank	Gutschriften für: – Überweisungen von Kunden BA/A+ → Ford/A- – Bareinzahlung aus der Geschäftskasse KA/A- → BA/A+	42.000,00 1.200,00

3 Erstellen Sie einen Geschäftsgang im Grund- und Hauptbuch.

Anfangsbestände der Bestandskonten	€
technische Anlagen und Maschinen	120.000,00
Fuhrpark	45.000,00
Geschäftsausstattung	65.000,00
Rohstoffe	69.000,00
Forderungen a. L. L.	35.000,00

Anfangsbestände der Bestandskonten	€
Kasse	5.000,00
Bankguthaben	52.000,00
Eigenkapital	69000?
langfristige Bankverbindlichkeiten	250.000,00
Verbindlichkeiten a. L. L.	72.000,00

Nr.	Belegart	Geschäftsvorfälle	€
1)	Quittung	Verkauf einer gebrauchten Maschine gegen Barzahlung	20.000,00
2)	Kontoauszug	Bankgutschriften für Kundenüberweisungen	25.000,00
3)	Eingangsrechnung	Kauf eines Pkw für den Geschäftsführer auf Ziel	60.000,00
4)	Eingangsrechnungen	Zielkauf von Rohstoffen	33.000,00
5)	Ausgangsrechnung	Verkauf eines gebrauchten Fahrzeuges auf Ziel	22.000,00
6)	Darlehensvertrag	Umwandlung einer Verbindlichkeit in ein Darlehen	20.000,00
7)	Eingangsrechnung	Zielkauf von Personalcomputern für die Buchhaltung	16.000,00
8)	Kontoauszug	Banklastschriften für Überweisungen an Lieferanten	32.000,00
9)	Kontoauszug	Bareinzahlung auf das Bankkonto	18.000,00
10)	Quittung	Barkauf eines gebrauchten Fotokopiergeräts	500,00

4 Beachten Sie nebenstehende Eingangsrechnung der Fly Bike Werke GmbH:
   a Welche Bearbeitungsschritte müssen in der Finanzbuchhaltung der Fly Bike Werke GmbH für diesen Beleg durchgeführt werden?
   b Welche Buchung ist vorzunehmen?

AWB Aluminiumwerke AG, Bonn

AWB Aluminiumwerke · Sankt-Augustiner-Straße 30 · 53225 Bonn

Sankt-Augustiner-Straße 30
53225 Bonn
Tel.: 0228-46477-0
Fax: 0228-46477-11
E-Mail: awb-mail@aluminiumwerke.de
Ansprechpartner: Herr Köllen

Fly Bike Werke GmbH
Rostocker Straße 334
26121 Oldenburg

Rechnung-Nr.: 410

Lieferdatum 12.07.20XX
Rechnungsdatum: 13.07.20XX

Artikel Nr.	Artikelbezeichnung für Aluminiumrohre	Menge in Metern	Einzelpreis in Euro	Gesamtpreis in Euro
40045225	Rundrohr 45 x 2,25	1000	10,11	10.110,00
40025200	Rundrohr 25x 2,00	1000	4,49	4.490,00
			Rechnungsbetrag	14.600,00

Bankverbindung: Bank für Gemeinwirtschaft, IBAN: DE87 3801 0111 0077 9982 46,
BIC: ESSEDE5F380
Lieferung ab Lager Bonn, Zahlung innerhalb von 30 Tagen ohne Abzug.

5 Ein Industrieunternehmen hat am Jahresanfang ein Eigenkapital in Höhe von 180.000,00 €. Im Laufe des Geschäftsjahres ermittelt es folgende Aufwendungen und Erträge:

Aufwendungen	€	Erträge	€
Aufwendungen für Rohstoffe	280.000,00	Umsatzerlöse für eigene Erzeugnisse	420.500,00
Löhne und Gehälter	134.000,00	Mieterträge	36.000,00
Leasing	12.600,00	Provisionserträge	56.000,00
Büromaterial	5.680,00	Zinserträge	12.900,00
Postgebühren	960,00		
Versicherungsbeiträge	3.600,00		
Betriebliche Steuern	21.000,00		

   a Ermitteln Sie den Erfolg des Unternehmens.
   b Ermitteln Sie das Eigenkapital am Geschäftsjahresende.

6 Stellen Sie fest, ob durch die folgenden Geschäftsvorfälle das Eigenkapital steigt, sinkt oder unverändert bleibt:
   a Reparatur am Geschäfts-Pkw
   b Verkauf fertiger Erzeugnisse
   c Zinsgutschrift der Bank
   d Leasinggebühr für einen Lkw
   e Kauf einer Maschine
   f Verkauf von Handelswaren
   g Zinszahlung an die Bank
   h Einkauf von Büromaterial
   i Kauf von Briefmarken
   j Lohn- und Gehaltszahlungen
   k Verbrauch von Rohstoffen
   l Darlehenstilgung
   m Kfz-Steuerzahlung
   n Überweisung eines Kunden

4 Organisation der Buchführung

Die Buchführung eines Unternehmens muss so aufgebaut sein, dass für alle Vermögens-, Kapital-, Ertrags- und Aufwandspositionen systematisch gegliedert Konten eingerichtet werden können. Dabei wird in der Regel ein System angestrebt, das innerhalb einer Branche eine schnelle Vergleichbarkeit ermöglicht. Notwendige Eröffnungs- und Abschlusskonten sowie die Möglichkeit, die Kosten- und Leistungsrechnung in dieses System zu integrieren, sind Bestandteil dieses Ordnungssystems.

Die Übersichtlichkeit der Buchführung wird wesentlich gesteigert, wenn eine **Systematisierung der Konten** erfolgt. Basis für diese Systematisierung ist ein Kontenrahmen, der eine Übersicht über die möglichen Konten eines Unternehmens gibt. Damit nicht jedes Unternehmen die Anzahl, Bezifferung und Bezeichnung seiner Konten willkürlich gestaltet und weil in jedem Wirtschaftsbereich buchhalterische Besonderheiten zu berücksichtigen sind, wurden von den verschiedenen Spitzenverbänden der Wirtschaft Kontenrahmen erarbeitet, die den speziellen Gegebenheiten der jeweiligen Branche (z. B. Industrie, Großhandel) angepasst sind.

Verschiedene Branchen haben eigene Kontenrahmen.

Kontenrahmen und Kontenplan ordnen jedem Konto eine Zahl **(Kontonummer)** zu, die dieses Konto eindeutig bestimmt. Die EDV-Buchführung ist immer mit der Eingabe von Kontonummern verbunden. Erstellt ein Dritter die Buchführung, so müssen zumeist dessen Vorgaben hinsichtlich der Kontonummern und Kontenbezeichnungen eingehalten werden (z. B. DATEV-Kontenrahmen der Steuerberater).

*Kontenplan, vgl. **Kap. 4.2***

4.1 Der Industriekontenrahmen (IKR)

Der **Industriekontenrahmen** ist wie alle Kontenrahmen nach dem Zehnersystem (dekadisches System) aufgebaut. Aufgrund der Ziffern von 0 bis 9 werden 10 Kontenklassen eingerichtet. Je Kontenklasse können bis zu 10 Kontengruppen eingerichtet werden. Jede Kontengruppe kann wiederum in 10 Kontenarten unterteilt werden. Im Bedarfsfall nimmt schließlich jede Kontenart 10 Kontenunterarten auf.

Beispiel: Aufbau einer Kontonummer (Konto Fuhrpark)

1. Stelle	0			Kontenklasse	Kontenklasse 0 Immaterielle Vermögensgegenstände und Sachanlagen
+ 2. Stelle	0	8		Kontengruppe	Kontengruppe 08 Betriebs- und Geschäftsausstattung
+ 3. Stelle	0	8	4		Kontenart	Kontenart 084 Fuhrpark
+ 4. Stelle	0	8	4	0	Kontenunterart	Die Kontenart 084 Fuhrpark wird im IKR nicht weiter unterteilt. Damit erhält die 4. Stelle eine 0.
=	0840				Kontonummer für das Konto Fuhrpark

Die Kontenklassen sind nach dem **Abschlussgliederungsprinzip** gegliedert, d. h., anhand der ersten Stelle der Kontonummer kann jede Kontenart direkt der richtigen Seite (Soll oder Haben) eines Abschlusskontos zugeordnet werden.

Rechnungskreis I: Finanzbuchhaltung, Bestandskonten

Kontenklasse 0	Kontenklasse 1	Kontenklasse 2	Kontenklasse 3	Kontenklasse 4
immaterielle Vermögensgegenstände und Sachanlagen	Finanzanlagen	Umlaufvermögen und aktive Rechnungsabgrenzungsposten	Eigenkapital und Rückstellungen	Verbindlichkeiten und passive Rechnungsabgrenzungsposten
Beispiele:	Beispiele:	Beispiele:	Beispiele:	Beispiele:
0500 unbebaute Grundstücke	1300 Beteiligungen	2000 Rohstoffe	3000 gezeichnetes Kapital (Eigenkapital)	4200 kurzfristige Verbindlichkeiten gegenüber Banken
0840 Fuhrpark	1500 Wertpapiere des Anlagevermögens	2400 Forderungen aus Lieferungen und Leistungen	3400 Jahresüberschuss	4400 Verbindlichkeiten aus Lieferungen und Leistungen
0860 Büromaschinen	1600 sonstige Finanzanlagen	2880 Kasse	3800 Steuerrückstellungen	4800 Umsatzsteuer

→ aktive Bestandskonten   → passive Bestandskonten

Soll		8010 Schlussbilanzkonto (SBK)	Haben	
Anlagevermögen Kontenklasse 0	Soll			Haben
	0500 unbebaute Grundstücke	3000 gezeichnetes Kapital		Eigenkapital Kontenklasse 3
	0840 Fuhrpark	3400 Jahresüberschuss		
	0860 Büromaschinen	3800 Steuerrückstellungen		Rückstellungen Kontenklasse 3
Anlagevermögen Kontenklasse 1	1300 Beteiligungen			
	1500 Wertpapiere des Anlagevermögens	4200 kurzfristige Verbindlichkeiten gegenüber Banken		Verbindlichkeiten Kontenklasse 4
	1600 sonstige Finanzanlagen			
Umlaufvermögen Kontenklasse 2	2000 Rohstoffe	4400 Verbindlichkeiten aus Lieferungen und Leistungen		
	2400 Forderungen aus Lieferungen und Leistungen	4800 Umsatzsteuer		
	2880 Kasse			

Abschluss der Bestandskonten:
1) aktive Bestandskonten
2) passive Bestandskonten

Nr.	Soll	Haben
1)	8010 Schlussbilanzkonto	Konten der Kontenklassen 0, 1 und 2 aktive Bestandskonten
2)	Konten der Kontenklassen 3 und 4 passive Bestandskonten	8010 Schlussbilanzkonto

4 Organisation der Buchführung

Rechnungskreis I: Finanzbuchhaltung, Erfolgskonten			Eröffnungs- und Abschlusskonten	Rechnungskreis II KLR-Rechnung
Kontenklasse 5	Kontenklasse 6	Kontenklasse 7	Kontenklasse 8	Kontenklasse 9
Erträge	betriebliche Aufwendungen	weitere Aufwendungen	Ergebnisrechnung	Kosten- und Leistungsrechnung (KLR)
Beispiele:	Beispiele:	Beispiele:	Beispiele:	In der Praxis wird die KLR gewöhnlich tabellarisch ohne Konten durchgeführt.
5000 Umsatzerlöse für eigene Erzeugnisse	6000 Aufwendungen für Rohstoffe	7020 Grundsteuer	8000 Eröffnungsbilanzkonto	
5400 Nebenerlöse	6300 Gehälter	7030 Kfz-Steuer	8010 Schlussbilanzkonto	
5710 Zinserträge	6870 Werbung	7510 Zinsaufwendungen	8020 GuV-Konto	

Erträge → Aufwendungen

Soll
betriebliche Aufwendungen Kontenklasse 6

weitere Aufwendungen Kontenklasse 7

Soll	8020 GuV-Konto		Haben
6000 Aufwendungen für Rohstoffe		5000 Umsatzerlöse für eigene Erzeugnisse	
6300 Gehälter		5400 Nebenerlöse	
6870 Werbung		5710 Zinserträge	
7020 Grundsteuer			
7030 Kfz-Steuer			
7510 Zinsaufwendungen			

Haben
Erträge Kontenklasse 5

Abschluss der Erfolgskonten:[1]
1) Ertragskonten
2) Aufwandskonten

[1] Ausnahmen: Unterkonten der Werkstoff- und Erlöskonten Sonderfall: Konto „Bestandsveränderungen", vgl. **Kap. 3.8**

Nr.	Soll	Haben
1)	Konten der Kontenklasse 5 Erträge	8020 GuV-Konto
2)	8020 GuV-Konto	Konten der Kontenklassen 6 und 7 Aufwendungen

Kontenklassen für die Industrie

Kontenklasse	Wesentliche Inhalte
0	zeigt das Anlagevermögen, das für die Aufnahme und Aufrechterhaltung der Unternehmenstätigkeiten eingesetzt wird.
1	zeigt langfristige Finanzanlagen des Unternehmens, mit denen Finanzerfolge erzielt werden sollen und/oder die eine Einflussnahme auf andere Unternehmen ermöglichen.
2	zeigt das Umlaufvermögen mit den Vorräten als Basis für die zukünftige Gewinnerzielung und die Bestände an finanziellen Werten, die für Beschaffungs- und Finanzierungsvorgänge vorhanden sind.
3	zeigt das Eigenkapital des Unternehmens, wobei Konten für die Darstellung des Eigenkapitals verschiedener Unternehmensformen alternativ zur Verfügung stehen. Die hier ebenfalls auszuweisenden Rückstellungen sind Verbindlichkeiten, deren Höhe oder Fälligkeit am Bilanzstichtag noch nicht feststeht. Bei zu hoher Schätzung dieser Werte können diese auch Eigenkapitalanteile enthalten.
4	zeigt die Verbindlichkeiten, die zur Finanzierung des Vermögens eingesetzt werden.
5	zeigt die Erträge, mit denen das Unternehmen seine Aufwendungen decken will und mit denen ein Gewinn erwirtschaftet werden soll.
6	zeigen die Aufwendungen, die durch die Unternehmenstätigkeit anfallen, sowie die Steuern von Einkommen und Ertrag.
7	
8	beinhaltet die Eröffnungs- und Abschlusskonten der Buchführung.
9	ist reserviert für eine kontenmäßige Durchführung der Kosten- und Leistungsrechnung.

Aufgrund des dekadischen Systems ist eine ausgesprochen tief gehende Aufteilung denkbar. Der IKR enthält Empfehlungen bis zu den vierstelligen Kontenarten. Die weitere Einteilung bleibt den Unternehmen überlassen, die je nach Bedarf, jedoch insbesondere dann, wenn die Buchführung EDV-unterstützt abgewickelt wird, oft eine tiefer gegliederte Bezifferung wählen.

AB → Lernsituation 23

4.2 Der Kontenplan eines Unternehmens

Der Kontenplan ist das **betriebsindividuelle Ordnungsschema** auf Basis eines Kontenrahmens. Dabei können Kontenarten oder auch Kontengruppen, die im Kontenrahmen vorgesehen sind, im Kontenplan möglicherweise gar nicht vorkommen, weil das Unternehmen derartige Posten nicht benötigt.

Eine Möglichkeit ist auch die **individuelle Erweiterung** des Kontenrahmens im Kontenplan, d. h., es werden im Kontenplan Kontenarten (evtl. mit weiteren Unterteilungen) eingerichtet, die im Kontenrahmen so nicht vorgegeben sind. Dabei kann es vorkommen, dass Kontennummern mit vier Stellen nicht ausreichen, sodass fünfstellige oder sogar sechsstellige Kontennummern vergeben werden müssen.

Bei **EDV-Buchführung** wird immer die Anzahl der Stellen je Kontonummer vom Finanzbuchhaltungsprogramm vorgegeben. Sind dort fünf Stellen vorgegeben, so ist einer vierstelligen Kontonummer eine „0" an der letzten Stelle hinzuzufügen.

Vom Kontenrahmen zum Kontenplan

Beispiel: Erweiterung des Kontenrahmens in einem Kontenplan im Bereich der Kontengruppe Betriebs- und Geschäftsausstattung

0860   Büromaschinen, Organisationsmittel und Kommunikationsmittel
        0862   Büromaschinen
                08621   Personalcomputer
                08622   Monitore
                08623   Drucker
                08624   …

Eine grundsätzliche Erweiterung im Kontenplan ergibt sich durch die Einrichtung von **Personenkonten**, die kein Kontenrahmen vorgeben kann. Hier ist insbesondere die Einrichtung der Liefererkonten (Kreditoren) und Kundenkonten (Debitoren) zu nennen. Durch die Einrichtung dieser Konten können in der Buchführung die Forderungen bestimmten Kunden und die Verbindlichkeiten bestimmten Lieferern zugeordnet werden.

Der Austausch von Kontenbezeichnungen durch **Kontennummern** führt zu einer Vereinheitlichung und Vereinfachung der Buchungen und erleichtert die Auswertung der Buchführungsergebnisse (Zeit- und Betriebsvergleiche).

Beispiel: Geschäftsvorfall Barabhebung 750,00 € vom Bankkonto

Buchungssatz mit Kontenbezeichnungen:

Kasse   750,00   an   Bankguthaben   750,00

Buchungssatz mit Kontennummern:

2880   750,00   an   2800   750,00

Auf den Konten ergibt sich durch die Verwendung von Kontennummern die folgende Darstellung:

S	2800 Bankguthaben		H	S	2880 Kasse	H
8000	20.000,00	2880	750,00	2800	750,00	

AB → Lernsituation 24

4.3 Nebenbücher (Kreditoren- und Debitorenkonten)

Nach dem HGB ist jeder Kaufmann zur ordnungsmäßigen Buchführung verpflichtet. Der gesetzlichen Buchführungspflicht unterliegen neben Grund- und Hauptbuch auch die Nebenbücher des Unternehmens. **Nebenbücher** werden eingerichtet, um die Buchungen auf den Hauptbuchkonten (Sachkonten) näher zu erläutern. Die Art und der Umfang der Nebenbücher sind nicht vorgeschrieben.

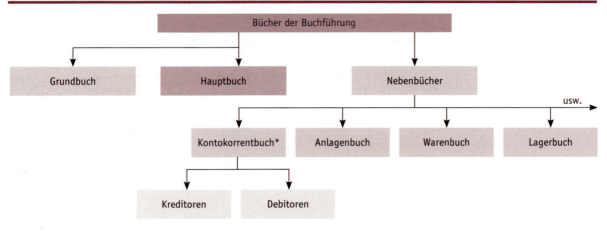

* Kontokorrentbücher werden auch Personenkonten oder Geschäftsfreundebücher genannt.

Debitor
(lat.) Schuldner

Kreditor
(lat.) Gläubiger

Die **Kontokorrentbuchhaltung** erfasst alle Geschäftsvorfälle, die im Zusammenhang mit Kunden oder Lieferern entstehen. Zur Erläuterung des Sachkontos „Forderungen aus Lieferungen und Leistungen" wird für jeden Kunden ein eigenes **Debitorenkonto** geführt. Entsprechend wird für das Sachkonto „Verbindlichkeiten aus Lieferungen und Leistungen" für jeden Lieferanten ein eigenes **Kreditorenkonto** eingerichtet.

Zusätzlich zur Buchung auf dem Sachkonto wird bei manueller Buchführung in einem weiteren Arbeitsschritt die Forderung einem bestimmten Kunden oder die Verbindlichkeit einem bestimmten Lieferanten zugeordnet. Entsprechend müssen auch Zahlungsein- und Zahlungsausgänge, Gutschriften usw. einem dieser Konten zugeordnet werden.

Sachkonto Verbindlichkeiten a. L. L.

Konto-Nr.			Bezeichnung des Sachkontos				Seite
4	4	0 0	Verbindlichkeiten aus Lieferungen und Leistungen				92
Nr.	Buchungs-datum	Buchungs-beleg Nr.	Buchungstext	Betrag in €		Gegenbuchungskonten	
				Soll	Haben	Soll	Haben
1	01.08.20XX	ER: 534	Rohstoffeinkauf bei Mannes AG auf Ziel		22.999,66	2000	
2	01.08.20XX	ER: 535	Rohstoffeinkauf bei Stahlwerke Tissen AG		4.760,00	2000	

Dieses Sachkonto wird durch nachfolgende Kreditorenkonten mit fünfstelliger Kontennummer erläutert, wobei die ersten drei Stellen (Kontenart) dem Hauptbuchkonto entsprechen sollten.

In der Praxis, insbesondere bei EDV-Buchführung, kann die Darstellung der Konten von diesem Muster abweichen.

Nebenbuch Kreditoren: Mannes AG

Konto-Nr.				Bezeichnung des Kreditorenkontos				Seite	
4	4	0	0 2	Kreditor: Mannes AG, Bochum				5	
Nr.	Buchungs-datum		Buchungs-beleg Nr.	Buchungstext	Betrag in €		Saldo		
					Soll	Haben	Soll	Haben	
1	01.08.20XX		ER: 534	Rohstoffeinkauf		22.999,66		22.999,66	

Nebenbuch Kreditoren: Stahlwerke Tissen AG

Konto-Nr.				Bezeichnung des Kreditorenkontos				Seite	
4	4	0	0 1	Kreditor: Stahlwerke Tissen AG, Düsseldorf				3	
Nr.	Buchungs-datum		Buchungs-beleg Nr.	Buchungstext	Betrag in €		Saldo		
					Soll	Haben	Soll	Haben	
2	01.08.20XX		ER: 535	Rohstoffeinkauf		4.760,00		4.760,00	

Nebenbücher enthalten bei manueller Buchführung **keine Gegenbuchungen**, da sie aus dem jeweiligen Sachkonto abgeleitet werden. Es empfiehlt sich, nach jeder Eintragung auf einem Kreditoren- oder Debitorenkonto einen Saldo zu bilden, der den aktuellen Stand der Verbindlichkeit oder der Forderung gegenüber dem Geschäftspartner zeigt. Dies erleichtert die Überwachung der Zahlungsaus- und Zahlungseingänge.

Zwischen den Sachkonten und den Nebenbüchern für Debitoren und Kreditoren muss eine regelmäßige Abstimmung (z. B. täglich oder wöchentlich) erfolgen. Diese Abstimmung wird wesentlich erleichtert, wenn regelmäßig **Offene-Posten-Listen** als Zusammenfassung der Nebenbücher erstellt werden.

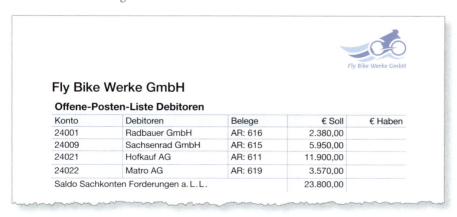

Fly Bike Werke GmbH

Offene-Posten-Liste Debitoren

Konto	Debitoren	Belege	€ Soll	€ Haben
24001	Radbauer GmbH	AR: 616	2.380,00	
24009	Sachsenrad GmbH	AR: 615	5.950,00	
24021	Hofkauf AG	AR: 611	11.900,00	
24022	Matro AG	AR: 619	3.570,00	
Saldo Sachkonten Forderungen a. L. L.			23.800,00	

Bei EDV-Buchführung werden grundsätzlich das Sachkonto Forderungen oder Verbindlichkeiten und das Debitoren- bzw. Kreditorenkonto gleichzeitig gebucht. Voraussetzung ist, dass für jede Buchung die Nummer des Kreditoren- oder Debitorenkontos eingegeben wird, wobei die direkte Buchung auf den Konten Forderungen und Verbindlichkeiten entfällt.

Die Sachkonten Forderungen und Verbindlichkeiten werden im Abschluss automatisch erstellt und für die neue Abrechnungsperiode vorgetragen. Es empfiehlt sich, die Sammelkonten 44099 „Sonstige Kreditoren" und 24099 „Sonstige Debitoren" einzurichten. Diese Konten finden dann Verwendung, wenn Lieferanten (z. B. für eine Reparatur) oder Kunden einmalig oder selten Kreditgeschäfte tätigen. Die Einrichtung separater Kreditoren- und Debitorenkonten ist dann nicht notwendig

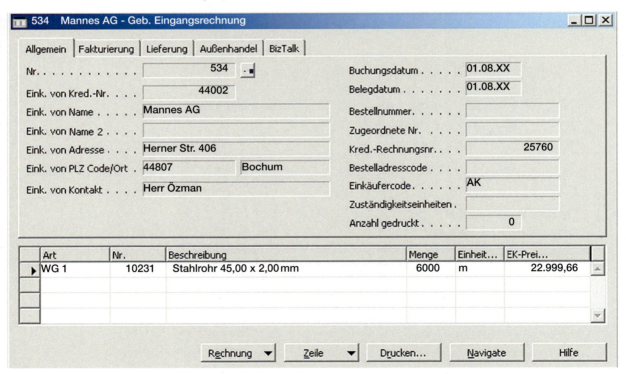

Kontenplan der Fly Bike Werke GmbH (Auszug)

Kontenklasse 0
Anlagevermögen
0000 Ausstehende Einlagen
0200 Konzessionen und Lizenzen
0300 Geschäfts- oder Firmenwert
0500 Grundstücke und Bauten
 (Sammelkonto)
0700 Technische Anlagen und Maschinen
 (Sammelkonto)
0800 Betriebs- und Geschäftsausstattung
 (Sammelkonto)

Kontenklasse 1
Anlagevermögen
1300 Beteiligungen
1500 Wertpapiere des Anlagevermögens
1600 Sonstige Finanzanlagen

Kontenklasse 2
Umlaufvermögen und aktive Rechnungsabgrenzung
2000 Rohstoffe/Fertigungsmaterial
 2001 Bezugskosten
 2002 Nachlässe
2010 Vorprodukte/Fremdbauteile
2020 Hilfsstoffe
2030 Betriebsstoffe
2070 sonstiges Material
2100 Unfertige Erzeugnisse
2190 Unfertige Leistungen
2200 Fertige Erzeugnisse
2280 Waren (Handelswaren)
 2281 Bezugskosten
 2282 Nachlässe
2300 Geleistete Anzahlungen
2400 Forderungen a. L. L.
2470 Zweifelhafte Forderungen

Debitorenkonten (Auszug):
24001 Radbauer GmbH
24002 Schöller & Co. OHG
24003 Fahrradhandel Uwe Klein e.K.
24004 Zweirad GmbH
24005 Fahrrad & Motorrad GmbH
24006 Bike GmbH
24007 Zweiradhandelsgesellschaft mbH
24008 Nordrad GmbH
24009 Sachsenrad GmbH
(…)
24099 Sonstige Debitoren

2600 Vorsteuer
2630 Forderungen an Finanzbehörden
2650 Forderungen an Mitarbeiter
2700 Wertpapiere des Umlaufvermögens
2800 Bankguthaben
2880 Kasse
2900 Aktive Jahresabgrenzung

Kontenklasse 3
Eigenkapital und Rückstellungen
3000 Gezeichnetes Kapital
3240 Gewinnrücklagen
3300 Ergebnisverwendung
3310 Gewinnvortrag/Verlustvortrag
3320 Bilanzgewinn/Bilanzverlust
3400 Jahresüberschuss/Jahresfehlbetrag
3800 Steuerrückstellungen
3900 Sonstige Rückstellungen

Kontenklasse 4
Verbindlichkeiten und passive Rechnungsabgrenzung
4200 Kurzfristige Verbindlichkeiten ggü.
 Kreditinstituten
4250 Langfristige Verbindlichkeiten
 ggü. Kreditinstituten
4400 Verbindlichkeiten a. L. L.

Kreditorenkonten (Auszug):
44001 Stahlwerke Tissen AG
44002 Mannes AG
44003 AWB Aluminiumwerke AG
44004 Shokk Ltd.
44005 Hans Köller Spezialrahmen e.K.
44007 Farbenfabriken Beyer AG
44008 Color GmbH
44009 Tamino Deutschland GmbH
44010 Tamino INC
(…)
44099 Sonstige Kreditoren

4800 Umsatzsteuer
4830 Sonstige Verbindlichkeiten ggü.
 Finanzbehörden
4840 Verbindlichkeiten ggü. Sozialversicherungsträgern
4890 Übrige sonstige Verbindlichkeiten
4900 Passive Rechnungsabgrenzung

Kontenklasse 5
Erträge
5000 Umsatzerlöse für eigene
 Erzeugnisse
5001 Erlösberichtigungen
5050 Umsatzerlöse für andere eigene
 Leistungen
5051 Erlösberichtigungen
5100 Umsatzerlöse für Waren
5101 Erlösberichtigungen
5200 Bestandsveränderungen
5300 Aktivierte Eigenleistungen
5400 Nebenerlöse (z. B. Mieterträge)
5410 Sonstige Erlöse
5420 Entnahme von Gegenständen und
 Leistungen
5430 Andere sonstige betriebliche Erträge
5800 Außerordentliche Erträge

Kontenklasse 6
Betriebliche Aufwendungen
6000 Aufwendungen für Rohstoffe
 6001 Bezugskosten
 6002 Nachlässe
6010 Aufwendungen für Vorprodukte
6020 Aufwendungen für Hilfsstoffe
6030 Aufwendungen für Betriebsstoffe
6040 Aufwendungen für Verpackungsmaterial
6050 Aufwendungen für Energie
6060 Aufwendungen für Reparaturmaterial
6070 Aufwendungen für sonstiges Material
6080 Aufwendungen für Waren
6100 Fremdleistungen für Erzeugnisse und
 andere Umsatzleistungen
6140 Frachten und Nebenkosten
6150 Vertriebsprovisionen
(…)
6200 Löhne
6250 Sachbezüge
6300 Gehälter
6350 Sachbezüge
6400 Arbeitgeberanteil zur Sozialversicherung (Lohnbereich)
6410 Arbeitgeberanteil zur Sozialversicherung (Gehaltsbereich)
6420 Beiträge zur Berufsgenossenschaft
(…)
6520 Abschreibungen auf Sachanlagen
6540 Abschreibungen auf geringwertige
 Wirtschaftsgüter
6550 Außerplanmäßige Abschreibungen
 auf Sachanlagen
(…)
6700 Mieten/Pachten
6800 Büromaterial
(…)
6900 Versicherungsbeiträge
(…)

Kontenklasse 7
Weitere Aufwendungen
7020 Grundsteuer
7030 KFZ-Steuer
7070 Ausfuhrzölle
7400 Abschreibungen auf Finanzanlagen
(…)
7510 Zinsaufwendungen
7530 Diskontaufwendungen
7600 Außerordentliche Aufwendungen

Kontenklasse 8
Ergebnisrechnungen
8000 Eröffnungsbilanzkonto
8010 Schlussbilanzkonto
8020 GuV-Konto

Kontenklasse 9
Kosten- und Leistungsrechnung (KLR)
Die KLR der Fly Bike Werke GmbH wird tabellarisch durchgeführt. Keine Konten!

(Aufgaben zu Kap. 4 siehe Seite 242)

AB → Lernsituation 25

5 Umsatzsteuer

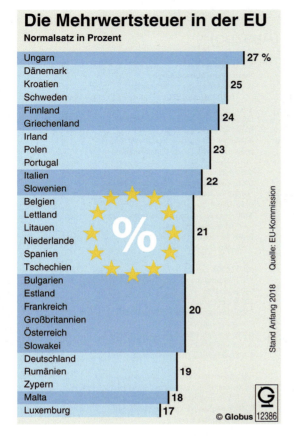

Haupteinnahmequelle des Staates sind die Steuern. Die Umsatzsteuer, die wegen ihrer Erhebungsart auch Mehrwertsteuer genannt wird, ist die wichtigste Einnahmequelle des deutschen Staats. Seit ihrer Einführung wurde sie mehrfach erhöht, zuletzt 2007. Trotzdem hat Deutschland niedrigere Steuersätze als viele andere EU-Staaten.

Der Begriff „**Mehrwertsteuer**" existiert steuerrechtlich nicht mehr, wird aber noch vielfach verwendet. Die Bezeichnung ist auch auf Buchungsbelegen erlaubt. Die Umsatzsteuer besteuert den gesamten privaten und öffentlichen steuerpflichtigen Endverbrauch (Konsum). Die **Steuerlast** trägt also immer der Endverbraucher. **Steuerschuldner** gegenüber dem Finanzamt ist jedoch das Unternehmen, das die Steuer aufgrund seiner Umsätze berechnet und an das Finanzamt abführt.

Beim Verkauf von Waren wird die abzuführende Umsatzsteuer dem Käufer zuzüglich zum Verkaufspreis in Rechnung gestellt. Für das Unternehmen ist die Umsatzsteuer ein „durchlaufender Posten" und hat keinen Einfluss auf den Unternehmenserfolg.

! **Steuerschuldner** ist der Unternehmer, **Steuerträger** der Endverbraucher.

Steuerbare Umsätze	Beispiele
1. Lieferungen	Verkauf von Erzeugnissen und Waren, Maschinen, Fahrzeugen, Büromaterial, Geschäftsausstattung
2. sonstige Leistungen	Reparaturen, Provisionen, Warentransport und Lagerung
3. innergemeinschaftlicher Erwerb	Einfuhr von Gegenständen aus Mitgliedstaaten der Europäischen Union (EU): Vorsteuer aus ig-Erwerb, Erwerbsteuer (Umsatzsteuer aus ig-Erwerb)
4. Einfuhr von Gegenständen	Einfuhr von Gegenständen aus Drittländern (Nicht-EU-Staaten): Einfuhrumsatzsteuer

ig-Erwerb
innergemeinschaftlicher Erwerb, vgl. **Kap. 5.3**

§ 12 UStG
Der **allgemeine Steuersatz** beträgt seit dem 1. Januar 2007 19 %. Der **ermäßigte Steuersatz** beträgt 7 % und gilt für fast alle Lebensmittel (nicht jedoch für Gaststättenumsätze) sowie u. a. für Bücher, Zeitschriften, Blumen, Kunstgegenstände, den öffentlichen Personennahverkehr und ab 2020 auch für Bahntickets im Fernverkehr.

§§ 10, 11 UStG
Für Lieferungen und sonstige Leistungen ist die **Bemessungsgrundlage** das Entgelt. Entgelt ist alles, was der Leistungsempfänger (ohne Umsatzsteuer) aufwendet, um die Leistung zu erhalten. Bei der Einfuhr von Waren gilt z. B. der Zollwert (Warenwert + Zoll + Beförderungskosten) als Bemessungsgrundlage.

5 Umsatzsteuer

Wichtige **nicht steuerpflichtige Umsätze** sind Entgelte (Zinsen) für Kreditgewährung (Ausnahme: Warenkredite), Umsätze aus heilberuflichen Tätigkeiten von Ärzten, Zahnärzten und Hebammen, Versicherungstätigkeiten, innergemeinschaftliche Lieferungen, Ausfuhr in ein Drittland, private Geschäfte.

5.1 Berechnung der Umsatzsteuer

Ein Unternehmen muss auf Verlangen des Kunden Rechnungen ausstellen, in denen die Umsatzsteuer gesondert ausgewiesen ist. Bei Rechnungen über Kleinbeträge bis zu 250,00 € einschließlich Umsatzsteuer genügt die Angabe des Umsatzsteuersatzes (§ 33 UStDV; Stand: 01.01.2017).

notwendige Inhalte einer Rechnung, § 14 UStG

Die Ermittlung der Umsatzsteuer ist eine Anwendung der Prozentrechnung. Ist die Bemessungsgrundlage (Entgelt = Nettorechnungsbetrag) gegeben und der Steuersatz bekannt, errechnet sich der Umsatzsteuerbetrag wie folgt:

$$\text{Umsatzsteuer in €} = \frac{\text{Nettorechnungsbetrag} \cdot \text{Steuersatz}}{100\,\%} = \frac{9.400,00\,€ \cdot 19\,\%}{100\,\%} = 1.786,00\,€$$

Sind der Bruttorechnungsbetrag und der Umsatzsteuersatz bekannt, so ist die Prozentrechnung vom vermehrten Grundwert anzuwenden:

$$\text{Umsatzsteuer in €} = \frac{\text{Bruttorechnungsbetrag} \cdot \text{Steuersatz}}{(100\,\% + \text{Steuersatz})} = \frac{11.186,00\,€ \cdot 19\,\%}{119\,\%} = 1.786,00\,€$$

5.2 Ermittlung der Umsatzsteuerschuld

Bei Kleinunternehmen wird die Umsatzsteuer nicht erhoben, wenn im Vorjahr die Umsatzgrenze von 22.000,00 € (seit 2020) nicht überschritten wurde und der Umsatz im laufenden Jahr 50.000,00 € voraussichtlich nicht überschreiten wird.

Durch das System der Umsatzsteuer wird eine Verteilung des Umsatzsteuereinzugsverfahrens auf alle beteiligten Wirtschaftsstufen erreicht. Waren, die von der Herstellung bis zum Verbrauch mehrere Unternehmen durchlaufen, werden auf jeder Stufe nur auf der Basis ihres Mehrwertes (Wertschöpfung) versteuert. Damit wird verhindert, dass ein und dieselbe Ware mehrfach besteuert wird, und es werden alle Unternehmen verpflichtet, die Steuer einzuziehen. Dieses Verfahren verhindert, dass nur eine Unternehmensgruppe wie z. B. der Einzelhandel als letzte Stufe des Produktions- und Verteilungsprozesses mit dem Besteuerungsverfahren belastet wird.

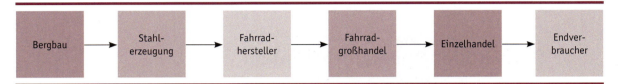

Auf jeder Produktions- oder Handelsstufe steigt der Wert der Ware. Der Fahrradhersteller befindet sich gesamtwirtschaftlich gesehen auf einer mittleren Stufe dieses Wertschöpfungsprozesses. Er kann nur dann Waren vertreiben, wenn er dazu die Waren anderer, vorgelagerter Unternehmen einsetzt.

Umsatzsteuer
− Vorsteuer
= Zahllast

Verkaufspreis
− Einkaufspreis
= Mehrwert

In den Eingangsrechnungen der vorgelagerten Unternehmen ist neben dem Warenpreis die vom Lieferanten abzuführende Umsatzsteuer enthalten. Somit sind die dem eigenen Umsatz vorgelagerten Umsätze innerhalb der eigenen Beschaffung Vorumsätze. Deshalb wird die darauf lastende Umsatzsteuer als **Vorsteuer** bezeichnet.

Einkaufspreis in €	Vorsteuer in €	Verkaufspreis in €	Umsatzsteuer in €	Mehrwert in €	Zahllast in €	
		10,00	1,90	10,00	1,90	Bergbau und Stahlerzeugung
10,00	1,90	150,00	28,50	+ 140,00	+ 26,60	Fahrradhersteller
150,00	28,50	220,00	41,80	+ 70,00	+ 13,30	Fahrradgroßhandel
220,00	41,80	300,00	57,00	+ 80,00	+ 15,20	Einzelhandel
				= 300,00	= 57,00	Endverbraucher

Der Endverbraucher zahlt 357,00 € für das Fahrrad (Mehrwert + Umsatzsteuer aller Produktions- und Handelsstufen), da er die Umsatzsteuer nicht als Vorsteuer geltend machen kann. Für die Unternehmen ist die Erhebung der Umsatzsteuer ein „durchlaufender Posten" ohne Auswirkungen auf den Erfolg des Unternehmens.

Ein Unternehmen hat bis zum 10. Tag nach Ablauf eines jeden Kalendermonats seine Umsatzsteuerschuld in Form einer Vorauszahlung an das Finanzamt abzuführen. Grundlage für die Berechnung der monatlichen **Vorauszahlung** ist die gesamte Umsatzsteuerschuld des Vorjahres. Beträgt die Vorjahresumsatzsteuer nicht mehr als insgesamt 7.500,00 €, gilt als Vorauszahlungszeitraum nicht der Kalendermonat, sondern das Kalendervierteljahr.

Von der Umsatzsteuer, die der Unternehmer seinen Kunden in Rechnung stellt, kann er die Vorsteuerbeträge abziehen, die er an seine Lieferanten zu zahlen hat. Nur die Differenz zwischen Umsatzsteuer und Vorsteuer muss abgeführt werden (Zahllast).

Vorsteuerabzug
§ 15 UStG

Zahllast
Umsatzsteuer > Vorsteuer

Beispiel

Einkauf			Verkauf		
	Nettoeinkaufspreis	1.500,00		Nettoverkaufspreis	2.200,00
+	19 % Umsatzsteuer	285,00	+	19 % Umsatzsteuer	418,00
=	Bruttoeinkaufspreis	1.785,00	=	Bruttoverkaufspreis	2.618,00

Umsatzsteuer beim Einkauf	Umsatzsteuer beim Verkauf
= Forderung an das Finanzamt (Vorsteuer)	= Verbindlichkeit gegenüber dem Finanzamt

	Umsatzsteuer beim Verkauf (Ausgangsrechnungen)		Umsatzsteuer	418,00 €
–	Umsatzsteuer beim Einkauf (Eingangsrechnungen)	–	Vorsteuer	285,00 €
=	Umsatzsteuerschuld gegenüber dem Finanzamt	=	Zahllast	133,00 €

Bei der Gegenüberstellung von Umsatzsteuer und Vorsteuer ist darauf zu achten, dass grundsätzlich die Ausführung der Lieferung oder Leistung für die Fälligkeit der Umsatzsteuer entscheidend ist. Wenn in einem Abrechnungsmonat die Vorsteuer größer ist als die Umsatzsteuer, entsteht ein Vorsteuerüberhang. Der **Vorsteuerüberhang** ist eine Forderung des Unternehmens an das Finanzamt, der im Folgemonat erstattet oder gegebenenfalls mit Steuerschulden verrechnet wird.

Vorsteuerüberhang
Umsatzsteuer < Vorsteuer

Beispiel: Die Fly Bike Werke GmbH übermittelt – wie vorgeschrieben – ihre monatliche Umsatzsteuer-Voranmeldung auf elektronischem Weg an das Finanzamt. Jedes Finanzbuchhaltungsprogramm ermöglicht diese Art der Übermittlung.

5.3 Warenverkehr innerhalb der EU

Innerhalb der EU gibt es durch den Wegfall der Zollgrenzen keine unmittelbare Überprüfung des grenzüberschreitenden Warenverkehrs. Man benötigt daher ein **Kontrollsystem**, das gewährleistet, dass keine Umsatzsteuer hinterzogen wird. Es soll z. B. verhindert werden, dass Privatpersonen in anderen EU-Staaten umsatzsteuerfrei Waren kaufen und diese im Inland nicht versteuern. Hierzu wurde das System der **Umsatzsteuer-Identifikationsnummern** eingeführt. Wer aus einem anderen EU-Land umsatzsteuerfrei Waren beziehen möchte, benötigt dafür eine Umsatzsteuer-Identifikationsnummer (USt-Id.-Nr.), die auf Antrag vom Bundeszentralamt für Steuern vergeben wird. Diese Nummer gilt als Nachweis der Unternehmereigenschaft, Privatpersonen erhalten keine solche Nummer.

USt.-Id.-Nr.

Im Zusammenhang mit dem Warenverkehr innerhalb der EU gibt es im Umsatzsteuergesetz zwei zentrale Begriffe:
- innergemeinschaftlicher Erwerb (ig-Erwerb)
- innergemeinschaftliche Lieferung (ig-Lieferung)

ig-Erwerb unterliegt der Umsatzsteuerpflicht.

Ein **innergemeinschaftlicher Erwerb** liegt vereinfacht dann vor, wenn Waren von einem Mitgliedstaat in einen anderen Mitgliedstaat gegen Entgelt geliefert werden, der Erwerber ein Unternehmer ist, der die Waren für sein Unternehmen erwirbt und der Lieferer ein Unternehmer ist, der die Lieferung im Rahmen seines Unternehmens gegen Entgelt ausführt. Bei einem innergemeinschaftlichen Erwerb ist der **Erwerber** (Importeur) **umsatzsteuerpflichtig**. Die Umsatzsteuer kann natürlich als Vorsteuer geltend gemacht werden.

ig-Lieferung ist umsatzsteuerfrei.

Das Gegenstück zum innergemeinschaftlichen Erwerb ist die **innergemeinschaftliche Lieferung**. Bei der innergemeinschaftlichen Lieferung werden die Waren **nicht** mit Umsatzsteuer belastet. Eine Rechnung, die im Rahmen einer innergemeinschaftlichen Lieferung ausgestellt wird, muss die Umsatzsteuer-Identifikationsnummern des Lieferers und des Erwerbers enthalten. Ferner muss auf der Rechnung darauf hingewiesen werden, dass die Lieferung umsatzsteuerfrei erfolgt.

5.4 Buchung der Umsatzsteuer beim Ein- und Verkauf von Waren

Die Umsatzsteuer muss in der Buchführung auf mindestens zwei verschiedenen Konten erfasst werden. Die Salden der Konten Vor- und Umsatzsteuer sind am Monatsende zu verrechnen. Die Zahllast oder der Vorsteuerüberhang werden über Zahlungsvorgänge mit dem Finanzamt ausgeglichen.

Vorsteuer beim Einkauf: Sollbuchung auf Konto Vorsteuer (aktives Bestandskonto)

Umsatzsteuer beim Verkauf: Habenbuchung auf Konto Umsatzsteuer (passives Bestandskonto)

Beim Einkauf: Konto Vorsteuer (aktives Bestandskonto)

S	Vorsteuer	H
Forderung an das Finanzamt	← Verrechnung	

Beim Verkauf: Konto Umsatzsteuer (passives Bestandskonto)

S	Umsatzsteuer	H
Verrechnung →		Verbindlichkeit an das Finanzamt

Verrechnung: Der Saldo des wertmäßig kleineren Steuerkontos (2600 oder 4800) wird auf das wertmäßig größere Steuerkonto umgebucht.

Am **Geschäftsjahresende** ist eine Zahllast des Monats Dezember zu passivieren (Umsatzsteuerverbindlichkeit im Haben auf dem SBK), ein Vorsteuerüberhang entsprechend zu aktivieren (Vorsteuerforderung im Soll auf dem SBK). Die Aktivierung bzw. Passivierung auf dem SBK im Dezember ist notwendig, da eine Zahlung erst im nächsten Geschäftsjahr erfolgt.

1. Umsatzsteuer > Vorsteuer

Verrechnung	4800	Umsatzsteuer	an	2600	Vorsteuer
Zahlungsausgang oder	4800	Umsatzsteuer	an	2800	Bankguthaben
Passivierung	4800	Umsatzsteuer	an	8010	SBK

2. Umsatzsteuer < Vorsteuer

Verrechnung	4800	Umsatzsteuer	an	2600	Vorsteuer
Zahlungseingang oder	2800	Bankguthaben	an	2600	Vorsteuer
Aktivierung	8010	SBK	an	2600	Vorsteuer

Beispiel: Die Fly Bike Werke GmbH kauft und verkauft zehn Fahrradanhänger Modell Kids gegen sofortige Banküberweisung. Der Einstandspreis beträgt 110,00 € pro Stück, der Verkaufspreis 145,20 € pro Stück. Die Preise verstehen sich jeweils zuzüglich 19 % Umsatzsteuer.

Einkauf	
Warenwert	1.100,00 €
+ 19 % USt	209,00 €
= Rechnungsbetrag	1.309,00 €

Verkauf	
Warenwert	1.452,00 €
+ 19 % USt	275,88 €
= Rechnungsbetrag	1.727,88 €

Rechnerische Ermittlung des Mehrwertes und der Zahllast

Warenwert beim Verkauf	1.452,00 €
– Warenwert beim Einkauf	1.100,00 €
= Mehrwert	352,00 €

→ davon Umsatzsteuer 19 % → Zahllast 66,88 €

3 Werteströme und Werte erfassen und dokumentieren

Grundbuch:
1) Wareneinkauf gegen Banküberweisung 1.309,00 € brutto
2) Warenverkauf gegen Banküberweisung 1.727,88 € brutto
3) Umbuchung (Verrechnung) des Kontos Vorsteuer auf das Konto Umsatzsteuer
4) Ausgleich des Kontos Umsatzsteuer durch Überweisung an das Finanzamt

Nr.	Soll	€	Haben	€
1)	2280 Waren *netto 1309/119·100 = *	1.100,00		
	2600 Vorsteuer *1309/119·19 =*	209,00	2800 Bankguthaben *Brutto/119%*	1.309,00
2)	2800 Bankguthaben	1.727,88	5100 Umsatzerlöse f. Waren *1727,88·100/119 =*	1.452,00 *netto 100%*
			4800 Umsatzsteuer	275,88
3)	4800 Umsatzsteuer	209,00	2600 Vorsteuer	209,00
4)	4800 Umsatzsteuer	66,88	2800 Bankguthaben	66,88

Hauptbuch:

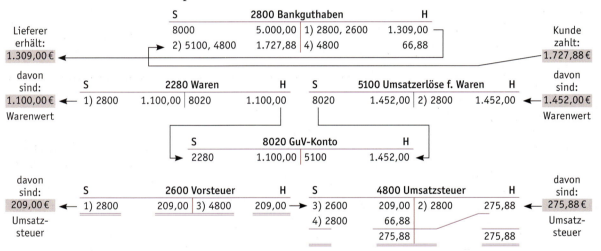

5.5 Umsatzsteuer bei Anlagen, weiteren Aufwendungen und Erträgen

Die Umsatzsteuerpflicht beschränkt sich nicht nur auf den Handel mit Waren. Auch die Erweiterung des Anlagevermögens oder der Verkauf gebrauchter Anlagen führen häufig zu umsatzsteuerpflichtigen Geschäftsvorfällen. Einkäufe von Gegenständen und Dienstleistungen, die in der Buchführung als Aufwand erfasst werden, können ebenfalls der Umsatzsteuer unterliegen. Erbringt ein Unternehmen Dienstleistungen, ist auch zu prüfen, ob diese umsatzsteuerpflichtig sind.

Geschäftsvorfall	umsatzsteuerpflichtig	nicht umsatzsteuerpflichtig
Anlagevermögen: Vorsteuer (Kauf) oder Umsatzsteuer (Verkauf)	Kauf und Verkauf neuer und gebrauchter Fahrzeuge, Maschinen, Geschäftsausstattungen, Werkzeuge	Kauf und Verkauf von Grundstücken, Gebäuden, Wertpapieren
Aufwendungen: Vorsteuer	Energie, Werbung, Instandhaltung, Provisionen, Ausgangsfrachten, Leasing, Büromaterial, Telefonrechnungen	Mieten, Pachten, Löhne und Gehälter an das eigene Personal, Briefmarken der Deutschen Post AG, Zinsaufwendungen
Erträge: Umsatzsteuer	Provisionserträge, Kunden in Rechnung gestellte Transport- und Verpackungskosten	Mieterträge, Zinserträge

1. **Kauf einer Maschine gegen Banküberweisung**

Nettorechnungsbetrag	30.000,00 €
+ 19 % Umsatzsteuer	5.700,00 €
= Bruttorechnungsbetrag	35.700,00 €

Vorsteuer beim Einkauf von Anlagen (keine private oder unternehmensfremde Verwendung)

2. **Eingangsrechnung für Reparaturarbeiten an einem Lkw**

Nettorechnungsbetrag	650,00 €
+ 19 % Umsatzsteuer	123,50 €
= Bruttorechnungsbetrag	773,50 €

Vorsteuer beim Einkauf von Dienstleistungen

3. **Ausgangsrechnung für die Vermittlung von Verkäufen**

Nettorechnungsbetrag	2.500,00 €
+ 19 % Umsatzsteuer	475,00 €
= Bruttorechnungsbetrag	2.975,00 €

Umsatzsteuer beim Verkauf von Dienstleistungen

Grundbuch:

Nr.	Soll	€	Haben	€
1)	0720 Maschinen	30.000,00		
	2600 Vorsteuer	5.700,00	2800 Bankguthaben	35.700,00
2)	6160 Fremdinstandhaltung	650,00		
	2600 Vorsteuer	123,50	4400 Verbindlichkeiten a. L. L.	773,50
3)	2400 Forderungen a. L. L.	2.975,00	5410 sonstige Erlöse (Provision)	2.500,00
			4800 Umsatzsteuer	475,00

ÜBERSICHT: Umsatzsteuer

Steuerschuldner	– Unternehmen im Inland – stellen ihren Kunden Umsatzsteuer in Rechnung. – Verrechnung mit der bezahlten Vorsteuer – Umsatzsteuer = „durchlaufender Posten"
Steuerträger	– Endverbraucher im Inland – zahlt Umsatzsteuer an Unternehmen. – nie vorsteuerabzugsberechtigt
Steuerzahlung	– Unternehmer zahlen Umsatzsteuer i. d. R. monatlich bis zum 10. des Folgemonats. – Umsatzsteuervoranmeldung – jährlich: Umsatzsteuererklärung
Steuerbare Umsätze	– Lieferungen und sonstige Leistungen von Unternehmen im Inland gegen Entgelt – innergemeinschaftlicher Erwerb und Einfuhr von Gegenständen
Bemessungsgrundlage	vereinbartes Entgelt ohne Umsatzsteuer
Steuersätze	– allgemeiner Steuersatz = 19 % – ermäßigter Steuersatz = 7 % – Steuerbefreiung für bestimmte Umsätze
Umsatzsteuer beim Einkauf	In Eingangsrechnungen ausgewiesene Umsatzsteuer wird im Soll auf dem aktiven Bestandskonto Vorsteuer 2600 erfasst (= Forderung gegenüber dem Finanzamt).
	Einkauf innerhalb der EU: – Sollbuchung auf Konto Vorsteuer aus ig-Erwerb – Habenbuchung auf Konto Umsatzsteuer aus ig-Erwerb
	Einfuhrumsatzsteuer muss bei Import aus Drittländern an den deutschen Zoll bezahlt werden.
Umsatzsteuer beim Verkauf	– In Ausgangsrechnungen ausgewiesene Umsatzsteuer wird im Haben auf dem passiven Bestandskonto Umsatzsteuer 4800 erfasst (= Verbindlichkeit gegenüber dem Finanzamt). – beim Verkauf in das Ausland keine Umsatzsteuererhebung (z. B. ig-Lieferung)

Aufgaben

1 Nennen Sie für die folgenden Konten jeweils die Bezeichnung
1) der Kontenklasse, 2) der Kontengruppe, 3) der Kontenart:
a 4400 **b** 6000 **c** 7030 **d** 3000 **e** 8020 **f** 0860 **g** 2850 **h** 5000 **i** 1300 **j** 6820

2 Ein junges Einzelunternehmen benötigt für die Buchungen zu Beginn der Geschäftstätigkeit im ersten Geschäftsjahr folgende Konten: Aufwendungen für Roh-, Hilfs- und Betriebsstoffe, Betriebsstoffe, Büromaschinen, Büromaterial, Büromöbel, Eigenkapital, Eröffnungsbilanzkonto, fertige Erzeugnisse, Forderungen aus Lieferungen und Leistungen, Fuhrpark, Gehälter, Gewerbeertragssteuer, Gewinn- und Verlustkonto, Guthaben bei Kreditinstituten (Bankguthaben), Hilfsstoffe, Kasse, Kfz-Steuer, kurzfristige Verbindlichkeiten gegenüber Kreditinstituten, Löhne, Mieten, Pachten, Privat, Provisionserträge, Rohstoffe, Schlussbilanzkonto, technische Anlagen und Maschinen, Umsatzerlöse für eigene Erzeugnisse, unfertige Erzeugnisse, Verbindlichkeiten aus Lieferungen und Leistungen, Zinsaufwendungen, Zinserträge.
Ordnen Sie die Konten nach den Kontenklassen und Kontennummern des Industriekontenrahmens und erstellen Sie für dieses Unternehmen einen Kontenplan mit acht Kontenklassen.

5 Umsatzsteuer

3 Beantworten Sie die nachfolgenden Fragen zur Umsatzsteuer:
   a Welche Umsätze sind steuerbar?
   b Wer zahlt und wer trägt in Deutschland die Umsatzsteuer?
   c Welche Länder in der Europäischen Union haben die höchsten Umsatzsteuersätze?
   d Nennen Sie drei nicht umsatzsteuerpflichtige Umsätze.
   e Wie hoch ist zurzeit der „allgemeine" und der „ermäßigte" Umsatzsteuersatz in Deutschland?
   f Nennen Sie drei Güter, die zum ermäßigten Steuersatz verkauft werden können.
   g Berechnen Sie die fehlenden Werte bei Anwendung des allgemeinen Steuersatzes:
   ga Nettorechnungsbetrag = 6.000,00 €, Umsatzsteuer = ? €, Bruttorechnungsbetrag = ? €
   gb Nettorechnungsbetrag = ? €, Umsatzsteuer = ? €, Bruttorechnungsbetrag = 14.280,00 €

4 Eine Zellstofffabrik mit eigener Forstwirtschaft verkauft einer Papierfabrik für 10.000,00 € Zellstoff. Aus diesem Zellstoff erzeugt die Papierfabrik Kopierpapier, das zum Preis von 15.000,00 € an eine Papiergroßhandlung verkauft wird. Die Papiergroßhandlung verkauft dieses Kopierpapier ohne Veränderung für 20.000,00 € an den Papiereinzelhandel, der das Kopierpapier an Privatkunden (Endverbraucher) zum Preis von 30.000,00 € weiterveräußert. Auf alle Verkaufspreise ist zusätzlich die Umsatzsteuer in Höhe von 19 % zu entrichten.
   a Nennen Sie alle beteiligten Unternehmen bis zum Verbrauch des Kopierpapiers.
   b Wie hoch ist der geschaffene Mehrwert auf allen Produktions- und Handelsstufen?
   c Wie viel € hat das Finanzamt insgesamt erhalten, wenn die Ware noch im Papiergroßhandel gelagert wird?
   d Wie viel € hat das Finanzamt insgesamt erhalten, wenn das Kopierpapier vollständig an die Endverbraucher verkauft worden ist?
   e Wie viel € muss die Papierfabrik für den Kopierpapierverkauf an das Finanzamt überweisen, wenn bei dieser Abrechnung nur der Einkauf des Zellstoffs berücksichtigt wird?
   f In welchen Fällen kann ein Vorsteuerüberhang entstehen?

5 Folgende Ein- und Verkäufe wurden am 30.4. 20XX per Lastschrift vom Bankkonto ab- und zugebucht. Die Überweisungsbeträge enthalten in allen Fällen 19 % Umsatzsteuer.

Eingangsrechnungen	Überweisungsbeträge	Ausgangsrechnungen	Überweisungsbeträge
1) Rohstoffeinkäufe	8.330,00 €	1) Verkäufe von Erzeugnissen	14.875,00 €
2) Büromaterial	678,30 €	2) Provisionsabrechnung	1.428,00 €
3) Reparaturen an der Heizungsanlage	2.499,00 €		
4) Druck von Werbebriefen	595,00 €		

   a Berechnen Sie die Nettobeträge und die Umsatzsteuer.
   b Bilden Sie die Buchungssätze für die oben aufgeführten Ein- und Ausgangsrechnungen sowie für die Zahlungsvorgänge (als Sammelbuchungen).
   c Berechnen Sie die Zahllast.

6 Stellen Sie fest, ob die folgenden Geschäftsvorfälle die Vorsteuer erhöhen, die Umsatzsteuer erhöhen oder weder die Vor- noch die Umsatzsteuer beeinflussen.
   a Rohstoffeinkauf auf Ziel
   b Hilfsstoffeinkauf gegen Banküberweisung
   c Kauf eines Grundstückes
   d Mieteinzahlungen
   e Verkauf von Handelswaren gegen Bankscheck
   f Lohn- und Gehaltszahlungen
   g Verkauf eines gebrauchten Kraftfahrzeuges
   h Einkauf von Büromaterial
   i Zinsgutschriften
   j Wertpapierkauf
   k Reparatur eines Computers
   l Verkauf von Aktien, Bankgutschrift
   m Telefongebühren der Deutschen Telekom, Banklastschrift
   n Zielverkauf eigener Erzeugnisse
   o Eingangsrechnung für Vertriebsprovisionen

AB → Lernsituation 26

Aufgaben und Bereiche des Rechnungswesens, vgl. **Kap. 1**

Kreditorenbuchhaltung, vgl. **Kap. 4.3**

6 Buchungen bei Beschaffungsprozessen

Beschaffungsprozesse lösen in der Finanzbuchhaltung unterstützende Prozesse der Dokumentation aus, die im Rahmen der Kreditorenbuchhaltung ausgeführt werden.

Gemäß §§ 255 HGB und 6 EStG sind eingekaufte Vermögenswerte mit ihren **Anschaffungskosten** in der Buchhaltung zu erfassen.

Ermittlung der Anschaffungskosten

Begriffe gemäß HGB und EStG	Begriffe der Buchführung/Kalkulation
Anschaffungspreis	Listeneinkaufspreis
− Anschaffungspreisminderungen	− Rabatt (= Zieleinkaufspreis) − Skonto (= Bareinkaufspreis)
+ Anschaffungsnebenkosten	+ Bezugskosten
= Anschaffungskosten	= Bezugs- oder Einstandspreis
Alle Preise verstehen sich ohne Umsatzsteuer.	

bestands- und aufwandsorientierte Buchungen, vgl. **Kap. 3.6**

Gewährt der Verkäufer **Preisnachlässe**, reduzieren sich die Anschaffungskosten entsprechend. Dabei ist es ohne Bedeutung, ob die Preisnachlässe direkt gewährt werden (z. B. Sofortrabatte) oder erst nachträglich entstehen (z. B. Skonti, Boni). Beschaffte Materialien können auf Bestandskonten oder auf Aufwandskonten erfasst werden. Statt auf dem Konto Verbindlichkeiten a. L. L. wird in der Kreditorenbuchhaltung auf dem Konto des jeweiligen Lieferanten gebucht.

6 Buchungen bei Beschaffungsprozessen

6.1 Sofortrabatte bei Eingangsrechnungen

Eingangsrechnung Nr. 612 (Auszug)

Artikel-Nr.	Artikelbezeichnung	Menge in Meter	Preis je lfm	Gesamtpreis
1034020	Stahlrohr, Rundrohre 34,0 x 2,0 mm CrMoB	4 000	4,00 €	16.000,00 €
		– 15 % Rabatt		2.400,00 €
		+ Transportkosten		0,00 €
		= Nettorechnungsbetrag		13.600,00 €
		+ 19 % Umsatzsteuer		2.584,00 €
		= Bruttorechnungsbetrag		16.184,00 €

Sofortrabatte sind in Eingangsrechnungen bereits ausgewiesen und verringern den Listeneinkaufspreis für den Kunden. Ein Sofortrabatt, der in einer Eingangsrechnung bereits zum Abzug gebracht wurde, wird in der Buchführung nicht extra erfasst. Auf den Materialkonten wird in diesem Fall nur der Nettorechnungsbetrag – nach Abzug des Rabattes – gebucht.

Sofortrabatte, z. B.
- Mengenrabatte
- Wiederverkäuferrabatte
- Kundenrabatte
- Jubiläumsrabatte

1) Eingangsrechnung der Stahlwerke Tissen AG

Grundbuch (bestandsorientierte Buchungstechnik):

Nr.	Soll	€	Haben	€
1)	2000 Rohstoffe	13.600,00		
	2600 Vorsteuer	2.584,00	4400 Verbindlichkeiten a. L. L.	16.184,00

Grundbuch (aufwandsorientierte Buchungstechnik):

Nr.	Soll	€	Haben	€
1)	6000 Aufwendungen f. Rohstoffe	13.600,00		
	2600 Vorsteuer	2.584,00	4400 Verbindlichkeiten a. L. L.	16.184,00

6.2 Rücksendungen an Lieferanten

Beispiel: Die Fly Bike Werke GmbH hat bei der Color GmbH Lacke im Wert von 3.000,00 € zzgl. 19 % USt auf Ziel gekauft. 10 % dieser Lacke entsprechen nicht den Farbvorgaben. Die Fly Bike Werke GmbH sendet einen Teil der Lieferung wieder zurück, da sie hierfür keine Verwendung findet. Die Color GmbH stellt der Fly Bike Werke GmbH eine Gutschrift über zurückgenommene Lacke in Höhe von 357,00 € aus. In diesem Betrag sind 19 % Umsatzsteuer enthalten.

Gutschrift = Brutto (incl Steuer)

Gutschrift Nr. 212 (Auszug)

Artikel-Nr.	Lack/Farbbezeichnung	Einzelpreis je Liter	Liter	Gesamtpreis
702011	lemon squash	6,00 €	50 l	300,00 €
		+ 19 % Umsatzsteuer		57,00 €
		= Bruttogutschrift		357,00 €

NETTO = 100 %
BRUTTO = 119 %

Rücksendung von Hilfsstoffen	Nettorechnungsbetrag = 100 %	Vorsteuer = 19 %	Bruttorechnungsbetrag = 119 %
Eingangsrechnung	3.000,00 €	570,00 €	3.570,00 €
Gutschrift (10 %)	300,00 €	57,00 €	357,00 €
Zahlung (90 %)	2.700,00 €	513,00 €	3.213,00 €

nachträgliche Anschaffungspreisminderungen, vgl. Kap. 6.4

Rücksendungen vermindern den **Wert und die Menge des bezogenen Materials**. Gleichzeitig sinkt die darauf entfallende Vorsteuer. Verlangt der Käufer eine Neulieferung, erstellt der Lieferant eine **Gutschrift**. Rücksendungen ergeben somit eine Wertminderung des Materialeinkaufs in Höhe des Nettogutschriftbetrages.

1) Eingangsrechnung der Color GmbH   2) Gutschrift der Color GmbH
3) Zahlung an die Color GmbH

Grundbuch (bestandsorientierte Buchungstechnik):

Nr.	Soll	€	Haben	€
1)	2020 Hilfsstoffe 2600 Vorsteuer	3.000,00 570,00	4400 Verbindlichkeiten a. L. L.	3.570,00
2)	4400 Verbindlichkeiten a. L. L.	357,00	2020 Hilfsstoffe 2600 Vorsteuer	300,00 57,00
3)	4400 Verbindlichkeiten a. L. L.	3.213,00	2800 Bankguthaben	3.213,00

Grundbuch (aufwandsorientierte Buchungstechnik):

Nr.	Soll	€	Haben	€
1)	6020 Aufwendungen f. Hilfsstoffe 2600 Vorsteuer	3.000,00 570,00	4400 Verbindlichkeiten a. L. L.	3.570,00
2)	4400 Verbindlichkeiten a. L. L.	357,00	6020 Aufwendungen f. Hilfsstoffe 2600 Vorsteuer	300,00 57,00
3)	4400 Verbindlichkeiten a. L. L.	3.213,00	2800 Bankguthaben	3.213,00

6.3 Bezugskosten (Anschaffungsnebenkosten)

Beispiel: Die AWB Aluminiumwerke AG berechnet zusätzlich zum Warenwert von 3.370,00 € eine Transportkostenpauschale von 200,00 €. Der Rechnungsbetrag einschließlich 19 % Umsatzsteuer beträgt 4.248,30 €.

Eingangsrechnung Nr. 684 (Auszug)

Artikel-Nr.	Artikelbezeichnung	Menge in Meter	Preis je lfm	Gesamtpreis
40030025	Aluminiumrohr 30,0 x 2,5 mm	500	6,74 €	3.370,00 €
			+ Transportkostenanteil	200,00 €
			= Nettorechnungsbetrag	3.570,00 €
			+ 19 % Umsatzsteuer	678,30 €
			= Bruttorechnungsbetrag	4.248,30 €

Bezugskosten, die der Käufer in Abhängigkeit von den Kaufvertragsvereinbarungen bezahlen muss, erhöhen als Anschaffungsnebenkosten die Anschaffungskosten des gekauften Materials. Dabei spielt es keine Rolle, ob der Lieferant selbst oder Dritte (z. B. Spedition) derartige Leistungen ausführen und in Rechnung stellen.

Bezugskosten werden auf einem **Unterkonto** des jeweiligen Materialkontos erfasst. Das erleichtert die Kontrolle der Höhe, der Entwicklung und der Zusammensetzung der Bezugskosten, die einen erheblichen Anteil am Gesamtwert des Materials haben können. Die Unterkonten werden am Ende des Geschäftsjahres auf das entsprechende Materialkonto umgebucht.

Bezugskosten, z. B. Transportkosten wie:
– Paketgebühren
– Fracht
– Rollgeld
– Transportversicherung
– Ladekosten
– Verpackungskosten
– Zölle
– Zwischenlagerungskosten

1) Eingangsrechnung der AWB Aluminiumwerke AG
2) Umbuchung der Bezugskosten am Ende des Geschäftsjahres

Grundbuch (bestandsorientierte Buchungstechnik):

Nr.	Soll	€	Haben	€
1)	2000 Rohstoffe 2001 Bezugskosten f. Rohstoffe 2600 Vorsteuer	3.370,00 200,00 678,30	4400 Verbindlichkeiten a. L. L.	4.248,30
2)	2000 Rohstoffe	200,00	2001 Bezugskosten f. Rohstoffe	200,00

Grundbuch (aufwandsorientierte Buchungstechnik):

Nr.	Soll	€	Haben	€
1)	6000 Aufwendungen f. Rohstoffe 6001 Bezugskosten f. Rohstoffe 2600 Vorsteuer	3.370,00 200,00 678,30	4400 Verbindlichkeiten a. L. L.	4.248,30
2)	6000 Aufwendungen f. Rohstoffe	200,00	6001 Bezugskosten f. Rohstoffe	200,00

6.4 Nachträgliche Anschaffungspreisminderungen

Nachträgliche Anschaffungspreisminderungen vermindern **nur den Wert** – nicht die Menge – vorhandenen Materials. Diese Preisnachlässe werden ebenfalls zur Erleichterung von Kontrollen auf Unterkonten der jeweiligen Materialkonten erfasst. Auch hier wird der ursprüngliche Nettorechnungsbetrag für die Gesamtlieferung durch die Preisminderung nachträglich gesenkt. Die Vorsteuer ist durch eine Habenbuchung auf dem Konto 2600 Vorsteuer zu vermindern.

6.4.1 Preisnachlässe nach Mängelrügen

Gutschrift und Rücksendungen an Lieferanten, vgl. **Kap. 6.2**

Beispiel: Die Firma Hans Köller erteilt der Fly Bike Werke GmbH eine Gutschrift über die Lieferung von 200 Spezial-Y-Rahmen in Höhe von 20 % des vereinbarten Kaufpreises (2.237,20 € inklusive 19 % Umsatzsteuer) aufgrund von Lackschäden, die in der Lackiererei der Fly Bike Werke GmbH manuell nachbearbeitet werden müssen.

Gutschrift Nr. 218 (Auszug)

Artikel	Menge	Einzelpreis	Gesamtpreis
Y-Rahmen	200	47,00 €	9.400,00 €
		Gutschrift wg. Lackschäden 20 %	1.880,00 €
		+ 19 % Umsatzsteuer	357,20 €
		= Bruttogutschrift	2.237,20 €

Mängel an Fremdbauteilen	Nettorechnungsbetrag = 100 %	Vorsteuer = 19 %	Bruttorechnungsbetrag = 119 %
Eingangsrechnung	9.400,00 €	1.786,00 €	11.186,00 €
Gutschrift (20 %)	1.880,00 €	357,20 €	2.237,20 €
Zahlung (80 %)	7.520,00 €	1.428,80 €	8.948,80 €

1) Eingangsrechnung der Hans Köller Spezialrahmenbau e. K.
2) Gutschrift der Hans Köller Spezialrahmenbau e. K.
3) Umbuchung des Kontos Nachlässe am Ende des Abrechnungszeitraumes
4) Zahlung an Hans Köller Spezialrahmenbau e. K.

Grundbuch (bestandsorientierte Buchungstechnik): *Nachträglicher Preisrabatt = Nachlässe!!!*

Nr.	Soll	€	Haben	€
1)	2010 Fremdbauteile 2600 Vorsteuer	9.400,00 1.786,00	4400 Verbindlichkeiten a. L. L.	11.186,00
2)	4400 Verbindlichkeiten a. L. L.	2.237,20	2012 Nachlässe f. Fremdbauteile 2600 Vorsteuer	1.880,00 357,20
3) *(31.12.XX)*	2012 Nachlässe f. Fremdbauteile	1.880,00	2010 Fremdbauteile	1.880,00
4)	4400 Verbindlichkeiten a. L. L.	8.948,80	2800 Bankguthaben	8.948,80

Grundbuch (aufwandsorientierte Buchungstechnik):

Nr.	Soll	€	Haben	€
1)	6010 Aufwendungen f. Fremdbauteile 2600 Vorsteuer	9.400,00 1.786,00	4400 Verbindlichkeiten a. L. L.	11.186,00
2)	4400 Verbindlichkeiten a. L. L.	2.237,20	6012 Nachlässe f. Fremdbauteile 2600 Vorsteuer	1.880,00 357,20
3)	6012 Nachlässe f. Fremdbauteile	1.880,00	6010 Aufwendungen f. Fremdbauteile	1.880,00
4)	4400 Verbindlichkeiten a. L. L.	8.948,80	2800 Bankguthaben	8.948,80

6.4.2 Lieferantenboni

Boni sind Umsatzrückvergütungen für das Erreichen bestimmter Umsatzziele. Der Zeitraum (Monat, Quartal, Jahr), die Höhe (Bonussatz in %) und die Berechnung (Bezugsbasis z. B. Nettoumsätze) von Lieferantenboni müssen in Rahmenvereinbarungen zum Kaufvertrag mit dem Lieferer vereinbart werden.

 Beispiel: Die Mannes AG gewährt der Fly Bike Werke GmbH einen Quartalsbonus in Höhe von 1 %, da der Quartalsumsatz den Betrag von 50.000,00 € übersteigt.

Bonusabrechnung (Auszug)

Bonus 1. Quartal 20XX
Nettoumsätze vom 20XX-01-01 bis zum 20XX-03-31   52.600,00 €

Bonussatz 1 %	526,00 €
+ 19 % Umsatzsteuer	99,94 €
= Bruttogutschrift	625,94 €

Gewährung eines Quartalsbonus	Nettorechnungs-betrag = 100 %	Vorsteuer = 19 %	Bruttorechnungs-betrag = 119 %
Umsätze vor Bonus	52.600,00 €	9.994,00 €	62.594,00 €
Bonus (1 %)	526,00 €	99,94 €	625,94 €
Werte nach Bonus (99 %)	52.074,00 €	9.894,06 €	61.968,06 €

1) Gutschrift für den Quartalsbonus der Mannes AG
2) Umbuchung des Kontos Nachlässe am Ende des Abrechnungszeitraumes

Grundbuch (bestandsorientierte Buchungstechnik):

Nr.	Soll	€	Haben	€
1)	4400 Verbindlichkeiten a. L. L.	625,94	2002 Nachlässe f. Rohstoffe 2600 Vorsteuer	526,00 99,94
2)	2002 Nachlässe f. Rohstoffe	526,00	2000 Rohstoffe	526,00

Grundbuch (aufwandsorientierte Buchungstechnik):

Nr.	Soll	€	Haben	€
1)	4400 Verbindlichkeiten a. L. L.	625,94	6002 Nachlässe f. Rohstoffe 2600 Vorsteuer	526,00 99,94
2)	6002 Nachlässe f. Rohstoffe	526,00	6000 Aufwendungen f. Rohstoffe	526,00

6.4.3 Lieferantenkonti

Beispiel: Die Fly Bike Werke GmbH kauft Rohstoffe auf Ziel bei der AWB Aluminiumwerke AG in Bonn. Den Rechnungsbetrag in Höhe von 5.950,00 € überweist sie innerhalb der gewährten Frist unter Abzug von 2 % Skonto.

Landessparkasse Oldenburg Kontonummer 112326444		Kontoauszug Landessparkasse Oldenburg BLZ 280 501 00	Auszug 34	Blatt 1
Buchungstag	Wert	Vorgang/Erläuterungen	Beträge in EUR	
20XX-03-05	20XX-03-05	Kontostand am 20XX-03-04 AWB Aluminiumwerke, Bonn Rechnung 188 vom 20XX-02-25, 5.950,00 EUR abzüglich 2 % Skonto Kontostand am 20XX-03-05	16.600,00 + 5.831,00 − 10.769,00 +	

Fly Bike Werke GmbH, Oldenburg

Bruttoskonto 119,00 €
− Vorsteuer 19,00 €
= Nettoskonto 100,00 €

$\dfrac{BS \cdot 100}{119}$ = Nettoskonto

$\dfrac{BS \cdot 19}{119}$ = Vorsteuerberichtigung

BS = Bruttoskonto

Zahlung unter Abzug von Skonto	Nettorechnungsbetrag = 100 %	Vorsteuer = 19 %	Bruttorechnungsbetrag = 119 %
Rechnungsbetrag	5.000,00 €	950,00 €	5.950,00 €
Skonto (2 %)	100,00 €	19,00 €	119,00 €
Zahlungsbetrag (98 %)	4.900,00 €	931,00 €	5.831,00 €

1) Eingangsrechnung der AWB Aluminiumwerke, Bonn
2) Zahlung unter Abzug von Skonto an die AWB Aluminiumwerke, Bonn
3) Umbuchung des Kontos Nachlässe am Ende des Abrechnungszeitraumes

Grundbuch (bestandsorientierte Buchungstechnik):

Nr.	Soll	€	Haben	€
1)	2000 Rohstoffe 2600 Vorsteuer	5.000,00 950,00	4400 Verbindlichkeiten a. L. L.	5.950,00
2)	4400 Verbindlichkeiten a. L. L.	5.950,00	2800 Bankguthaben 2002 Nachlässe f. Rohstoffe 2600 Vorsteuer	5.831,00 100,00 19,00
3)	2002 Nachlässe f. Rohstoffe	100,00	2000 Rohstoffe	100,00

Grundbuch (aufwandsorientierte Buchungstechnik):

Nr.	Soll	€	Haben	€
1)	6000 Aufwendungen f. Rohstoffe 2600 Vorsteuer	5.000,00 950,00	4400 Verbindlichkeiten a. L. L.	5.950,00
2)	4400 Verbindlichkeiten a. L. L.	5.950,00	2800 Bankguthaben 6002 Nachlässe f. Rohstoffe 2600 Vorsteuer	5.831,00 100,00 19,00
3)	6002 Nachlässe f. Rohstoffe	100,00	6000 Aufwendungen f. Rohstoffe	100,00

(Aufgaben zu Kap. 6 siehe Seite 257)

7 Buchungen bei Absatzprozessen

Absatzprozesse enden nicht mit Wareneingang und Rechnungsausgleich. In der Finanzbuchhaltung lösen sie **unterstützende Prozesse der Dokumentation** aus, die nach den Grundsätzen ordnungsmäßiger Buchhaltung im Rahmen der Debitorenbuchhaltung ausgeführt werden.

AB → **Lernsituation 27**

Aufgaben und Bereiche des Rechnungswesens, vgl. **Kap. 1**

Debitorenbuchhaltung, vgl. **Kap. 4.3**

Die Verkaufspreise der Fly Bike Werke GmbH sind die unverbindlichen Endverbraucherpreise zuzüglich 19 % Umsatzsteuer (unverbindliche Preisempfehlung). Darauf erhalten die Kunden der Fly Bike Werke GmbH, die Fahrradhändler, einen mengenabhängigen **Wiederverkäuferrabatt**.

Beispiel: Berechnung Nettorechnungsbetrag

Anzahl · Stückpreis in € =	Gesamtpreis in €
170 · 299,25 =	50.872,50
– 31 % Rabatt =	15.770,47
Nettorechnungsbetrag =	35.102,03

Rabattstaffel

Stückzahl	Rabatt
1–10	27,5 %
11–50	29,0 %
51–100	30,0 %
101–250	31,0 %
251–500	32,0 %
>500	33,0 %

7.1 Sofortrabatte bei Ausgangsrechnungen

 Beispiel: Verkauf von Fahrrädern (eigene Erzeugnisse) an die Zweiradhandelsgesellschaft mbH, Berlin, auf Ziel

Rechnung Nr. 258 (Auszug)

Artikel-Nr.	Artikelbezeichnung	Stück	Einzelpreis	Rabatt	Gesamtpreis
201	Trekking *Light*	170	299,25 €	31,00 %	35.102,03 €
			Nettorechnungsbetrag in €		35.102,03 €
Versandart	Freivermerk		+ 19 % USt		6.669,39 €
Lkw	ab Werk		Bruttorechnungsbetrag in €		41.771,42 €

Sofortrabatte aller Art sind in Ausgangsrechnungen bereits ausgewiesen und verringern den Listeneinkaufspreis für den Kunden. Auf den Umsatzerlöskonten werden nur die Nettorechnungsbeträge – nach Abzug der Rabatte – gebucht.

Grundbuch: 1) Buchung der Ausgangsrechnung an die Zweiradhandelsgesellschaft für eigene Erzeugnisse

Nr.	Soll	€	Haben	€
1)	2400 Forderungen a. L. L.	41.771,42	5000 Umsatzerlöse f. eigene Erzeugn.	35.102,03
			4800 Umsatzsteuer	6.669,39

 Beispiel: Verkauf von Fahrradanhängern (Handelswaren) an die Radbauer GmbH, München, auf Ziel

Ausgangsrechnung Nr. 412 (Auszug)

Artikel-Nr.	Artikelbezeichnung	Stück	Einzelpreis	Rabatt	Gesamtpreis
601	Fahrradanhänger *Kelly*	10	90,72 €	10,00 %	816,48 €
605	Fahrradanhänger *Sven*	10	196,57 €	10,00 %	1.769,13 €
			Nettorechnungsbetrag in €		2.585,61 €
Versandart	Freivermerk		+ 19 % USt		491,27 €
Lkw	ab Werk		Bruttorechnungsbetrag in €		3.076,88 €

Grundbuch: 1) Buchung der Ausgangsrechnung an die Radbauer GmbH für eigene Erzeugnisse

Nr.	Soll	€	Haben	€
1)	2400 Forderungen a. L. L.	3.076,88	5100 Umsatzerlöse f. Waren	2.585,61
			4800 Umsatzsteuer	491,27

7.2 Weiterbelastungen von Aufwendungen an den Kunden

Werden den Kunden z. B. Verpackungs- oder Transportkosten in Rechnung gestellt, so sind diese den Umsatzerlösen hinzuzurechnen. Derartige Rechnungspositionen werden bei Absatzprozessen nicht auf gesonderten Konten erfasst – im Gegensatz zu den Buchungen im Beschaffungsbereich.

Konto Bezugskosten, vgl. **Kap. 6.3**

 Beispiel: Verkauf von Handelswaren an die Radplus GmbH unter Berechnung von Transport- und Verpackungskosten auf Ziel

Ausgangsrechnung Nr. 304 (Auszug)

Artikel-Nr.	Artikelbezeichnung	Stück	Einzelpreis	Rabatt	Gesamtpreis
601	Fahrradanhänger *Kelly*	10	90,72 €	10 %	816,48 €
10	Verpackungskosten		25,00 €	0 %	25,00 €
20	Transportkostenanteil		50,00 €	0 %	50,00 €
			Nettorechnungsbetrag in €		891,48 €
Versandart	Freivermerk		+ 19 % USt		169,38 €
Bahnfracht	ab Werk		Bruttorechnungsbetrag in €		1.060,86 €

Grundbuch:

1) Buchung der Ausgangsrechnung an die Radplus GmbH

Nr.	Soll	€	Haben	€
1)	2400 Forderungen a. L. L.	1.060,86	5100 Umsatzerlöse f. Waren	891,48
			4800 Umsatzsteuer	169,38

Exkurs: Vertriebskosten

Im Zusammenhang mit dem Absatz von Erzeugnissen und Handelswaren entstehen häufig sogenannte Vertriebskosten. Im folgenden Beispiel handelt es sich um Einkäufe, die nicht in der Debitorenbuchhaltung, sondern als Aufwendungen zu erfassen sind. Werden Vertriebskosten an einen Kunden weiterbelastet, werden sie in der Ausgangsrechnung aufgeführt und direkt als Umsatzerlöse verbucht.

Weiterbelastungen von Aufwendungen an den Kunden, s. oben

Grundbuch:

1) Barkauf von Verpackungsmaterial, 595,00 € brutto
2) Transport von Erzeugnissen an einen Kunden auf Ziel, 1.904,00 € brutto
3) Abschluss der Aufwandskonten über das GuV-Konto

Nr.	Soll	€	Haben	€
1)	6040 Aufw. f. Verpackungsmaterial	500,00		
	2600 Vorsteuer	95,00	2880 Kasse	595,00
2)	6140 Frachten und Fremdlager	1.600,00		
	2600 Vorsteuer	304,00	4400 Verbindlichkeiten a. L. L.	1.904,00
3.1)	8020 GuV-Konto	500,00	6040 Aufw. f. Verpackungsmaterial	500,00
3.2)	8020 GuV-Konto	1.600,00	6140 Frachten und Fremdlager	1.600,00

7.3 Rücksendungen durch Kunden

Beispiel: Die Fly Bike Werke GmbH hat an die Radbauer GmbH in München eine Falschlieferung veranlasst, da eine falsche Artikelnummer eingegeben wurde. Die Radbauer GmbH sendet die Ware zurück und erhält eine Gutschrift.

Gutschrift Nr. 010 (Auszug)

Artikel-Nr.	Artikelbezeichnung	Stück	Einzelpreis	Rabatt	Gesamtpreis
601	Fahrradanhänger *Kelly*	10	90,72 €	10 %	816,48 €
			Nettogutschrift in €		816,48 €
			+ 19 % USt		155,13 €
			Bruttogutschrift in €		971,61 €

Grundbuch:
1) Buchung der Ausgangsrechnung an die Radbauer GmbH, München
2) Buchung der Gutschrift an die Radbauer GmbH, München (Stornobuchung)

Nr.	Soll	€	Haben	€
1)	2400 Forderungen a. L. L.	971,61	5100 Umsatzlöse f. Waren	816,48
			4800 Umsatzsteuer	155,13
2)	5100 Umsatzlöse f. Waren	816,48		
	4800 Umsatzsteuer	155,13	2400 Forderungen a. L. L.	971,61

Rücksendungen erhöhen die Menge und den Wert der wieder vorhandenen Artikel. Da auch das vereinbarte Entgelt (Nettorechnungsbetrag) für die Gesamtlieferung durch die Rücksendung mit anschließender Gutschrift sinkt, ist die Umsatzsteuer entsprechend zu vermindern. Die Umsatzsteuerminderung erfolgt durch eine Sollbuchung auf dem Konto 4800 Umsatzsteuer.

7.4 Nachträgliche Preisnachlässe

Nachträgliche Preisnachlässe für Kunden vermindern nur die Höhe der Umsatzerlöse, ohne dass Artikel zurückgenommen werden. Diese Preisnachlässe werden zur Erleichterung von Kontrollen auf Unterkonten der Umsatzerlöskonten, dem Konto 5001 Erlösberichtigungen, erfasst. Auch hier wird das vereinbarte Entgelt (ursprünglicher Nettorechnungsbetrag) für die Gesamtlieferung durch den Preisnachlass nachträglich gesenkt. Die Umsatzsteuer ist entsprechend durch eine Sollbuchung auf dem Konto 4800 Umsatzsteuer zu vermindern.

7.4.1 Preisnachlässe nach Mängelrügen von Kunden

Bei berechtigten Mängelrügen von Kunden ist es häufig sinnvoll, dem Kunden einen Preisnachlass zu gewähren, wenn er dann bereit ist, die gekauften Artikel trotz des Mangels zu behalten. Neben den eigenen Kosten, z. B. für eine Nachbesserung, entfallen für den Hersteller auch die zusätzlichen Transportkosten und eventuell weitere neue Vertriebskosten.

Beispiel: Gutschrift an den Kunden Zweiradhandelsgesellschaft mbH, Berlin, aufgrund von Lackschäden an verschiedenen Fahrrädern in Höhe von 10 %.

Mängel an Fahrrädern	Nettorechnungsbetrag = 100 %	Umsatzsteuer = 19 %	Bruttorechnungsbetrag = 119 %
Ausgangsrechnung	30.000,00 €	5.700,00 €	35.700,00 €
Gutschrift (10 %)	3.000,00 €	570,00 €	3.570,00 €
Zahlung (90 %)	27.000,00 €	5.130,00 €	32.130,00 €

Grundbuch:

1) Buchung der Ausgangsrechnung an die Zweiradhandelsgesellschaft mbH, Berlin
2) Buchung der Gutschrift an die Zweiradhandelsgesellschaft mbH, Berlin
3) Buchung der Banküberweisung der Zweiradhandelsgesellschaft mbH, Berlin
4) Umbuchung des Kontos Erlösberichtigungen am Ende der Abrechnungsperiode

Nr.	Soll	€	Haben	€
1)	2400 Forderungen a. L. L.	35.700,00	5000 Umsatzerlöse f. eigene Erzeugn. 4800 Umsatzsteuer	30.000,00 5.700,00
2)	5001 Erlösberichtigungen 4800 Umsatzsteuer	3.000,00 570,00	2400 Forderungen a. L. L.	3.570,00
3)	2800 Bankguthaben	32.130,00	2400 Forderungen a. L. L.	32.130,00
4)	5000 Umsatzerlöse f. eigene Erzeugn.	3.000,00	5001 Erlösberichtigungen	3.000,00

7.4.2 Preisnachlässe durch Kundenboni

Beispiel: Der Kunde Zweirad GmbH hat im letzten Geschäftsjahr 2 145 Fahrräder bei der Fly Bike Werke GmbH gekauft. Der Bonussatz beträgt 1 %.

Gewährung eines Jahresbonus	Nettorechnungsbetrag = 100 %	Umsatzsteuer = 19 %	Bruttorechnungsbetrag = 119 %
Jahresumsatz vor Bonusgutschrift	543.731,60 €	103.309,00 €	647.040,60 €
Bonusgutschrift (1 %)	5.437,32 €	1.033,09 €	6.470,41 €
Jahresumsatz nach Bonusgutschrift (99 %)	538.294,28 €	102.275,91 €	640.570,19 €

Grundbuch:

1) Buchung der Gutschrift für Jahresbonus an die Zweirad GmbH
2) Umbuchung der Erlösberichtigung am Ende der Abrechnungsperiode

Nr.	Soll	€	Haben	€
1)	5001 Erlösberichtigungen 4800 Umsatzsteuer	5.437,32 1.033,09	2400 Forderungen a. L. L.	6.470,41
2)	5000 Umsatzerlöse f. eigene Erzeugn.	5.437,32	5001 Erlösberichtigungen	5.437,32

7.4.3 Preisnachlässe durch Kundenskonti

Beispiel: Der Kunde Zweiradhandelsgesellschaft mbH begleicht eine Ausgangsrechnung der Fly Bike Werke GmbH innerhalb der Skontofrist unter Ausnutzung von 2 % Skonto.

Bruttoskonto	720,20 €
− Vorsteuer	114,99 €
= Nettoskonto	605,21 €

$$\frac{BS \cdot 100}{119} = \text{Nettoskonto}$$

$$\frac{BS \cdot 19}{119} = \text{Vorsteuerberichtigung}$$

BS = Bruttoskonto

Zahlung unter Abzug von Skonto	Nettorechnungsbetrag = 100 %	Umsatzsteuer = 19 %	Bruttorechnungsbetrag = 119 %
Rechnungsbetrag	30.260,37 €	5.749,47 €	36.009,84 €
Skonto (2 %)	605,21 €	114,99 €	720,20 €
Zahlungsbetrag (98 %)	29.655,16 €	5.634,48 €	35.289,64 €

Grundbuch:
1) Buchung der Ausgangsrechnung an die Zweiradhandelsgesellschaft mbH
2) Buchung der Zahlung der Zweiradhandelsgesellschaft mbH unter Abzug von 2 % Skonto
3) Umbuchung des Kontos Erlösberichtigungen am Ende der Abrechnungsperiode

Nr.	Soll	€	Haben	€
1)	2400 Forderungen a. L. L.	36.009,84	5000 Umsatzerlöse f. eigene Erzeugn.	30.260,37
			4800 Umsatzsteuer	5.749,47
2)	2800 Bankguthaben	35.289,64		
	5001 Erlösberichtigungen	605,21		
	4800 Umsatzsteuer	114,99	2400 Forderungen a. L. L.	36.009,84
3)	5000 Umsatzerlöse f. eigene Erzeugn.	605,21	5001 Erlösberichtigungen	605,21

Beispiel: Bei der Inanspruchnahme von Skonto stellt sich für den Kunden die Frage, ob sich die vorzeitige Zahlung überhaupt lohnt. Dies kann der Kunde in einer Überschlagrechnung schnell feststellen:

Überschlagrechnung:

$$\frac{\text{Skontosatz in \%} \cdot 360 \text{ Tage}}{\text{Zahlungsziel in Tagen} - \text{Skontofrist in Tagen}} = \frac{2\% \cdot 360}{30 - 8} = 32{,}73\%$$

Genaue Berechnung:

$$\frac{\text{Nettoskonto in €} \cdot 360 \text{ Tage} \cdot 100\%}{\text{Überweisungsbetrag} \cdot \text{Lieferantenkreditfrist}} = \frac{605{,}21\, € \cdot 360 \cdot 100\%}{35.289{,}64\, € \cdot 22} = 28{,}06\%$$

Selbst bei einer kurzfristigen Kreditaufnahme zur Überweisung des Rechnungsbetrages zu den aktuellen Zinssätzen lohnt sich damit für den Kunden die Inanspruchnahme des Skonto, da er wohl kaum einen so hohen Zinssatz für den Kredit bezahlen müsste. Die Ersparnis errechnet sich aus der Differenz von Skontoertrag abzüglich Kreditzinsen. Bei einem Zinssatz von 8 % für einen Kredit über 22 Tage wären dies 432,68 € (605,21 € − 172,53 €). Für die Fly Bike Werke GmbH bedeuten nicht in Anspruch genommene Skonti eine Erhöhung der Umsatzerlöse und Gewinne, da der Skontoabzug bereits als Preisaufschlag im Verkaufspreis berücksichtigt wurde.

Aufgaben

1 Buchen Sie zum nachfolgenden Beleg
   a aus Sicht der AWB Aluminiumwerke, Bonn,
      aa den Rechnungsausgang und
      ab die Bankgutschrift für den (richtigen) Rechnungsausgleich des Kunden am 22.08.20XX,
   b aus Sicht der FBW GmbH, Oldenburg,
      ba den Rechnungseingang und
      bb die Banklastschrift bei (richtigem) Rechnungsausgleich am 22.08.20XX.

AWB Aluminiumwerke AG, Bonn

AWB Aluminiumwerke · Sankt-Augustiner-Straße 30 · 53225 Bonn

Sankt-Augustiner-Straße 30
53225 Bonn

Tel.: 0228-46477-0
Fax: 0228-46477-11
E-Mail:
awb-mail@aluminiumwerke.de
Ansprechpartner: Herr Köllen

Fly Bike Werke GmbH
Rostocker Straße 334
26121 Oldenburg

Rechnung-Nr.: 444

Lieferdatum 12.08.20XX
Rechnungsdatum: 14.08.20XX

Artikel Nr.	Artikelbezeichnung für Aluminiumrohre	Menge in Metern	Einzelpreis in €	Gesamtpreis in €
40045225	Rundrohr 45 x 2,25	1200	10,11	12.132,00
		− 12,5 % Rabatt		1.516,50
		= Nettowarenwert		10.615,50
		+ Transportkosten		420,00
		= Nettorechnungsbetrag		11.035,50
		+ 19 % Umsatzsteuer		2.096,75
		= Bruttorechnungsbetrag		13.132,25

Lieferung ab Lager Bonn, Zahlung innerhalb von 30 Tagen ohne Abzug.
Skontofrist 8 Tage, Skontosatz 2 % nur auf den Nettowarenwert.
Die Transportkosten sind nicht skontierfähig!

Bankverbindung: Bank für Gemeinwirtschaft, IBAN: DE87 3801 0111 0077 9982 46,
   BIC: ESSEDE5F380

---

2 Erstellen Sie einen Geschäftsgang im Grund- und Hauptbuch (ohne EBK). Der Rohstoffeinkauf wird aufwandsorientiert erfasst. Der Hilfsstoffeinkauf wird bestandsorientiert erfasst.

Anfangsbestände in €:			
0700 Maschinen	100.000,00	3000 Eigenkapital	150.000,00
2000 Rohstoffe	5.000,00	4400 Verbindlichkeiten	23.000,00
2020 Hilfsstoffe	12.000,00		
2100 Unfertige Erzeugnisse	1.000,00		
2200 Fertige Erzeugnisse	2.000,00		
2400 Forderungen	48.000,00		
2800 Bank	5.000,00		
Summe	173.000,00	Summe	173.000,00

Weitere einzurichtende Konten: 2021 Bezugskosten, 2022 Nachlässe, 2600 Vorsteuer, 4800 Umsatzsteuer, 5000 Umsatzerlöse f. e. E., 5001 Erlösberichtigungen, 5200 Bestandsveränderungskonto, 6000 Aufwendungen für Rohstoffe, 6001 Bezugskosten für Rohstoffe, 6020 Aufwendungen für Hilfsstoffe, 8010 SBK, 8020 GuV-Konto

Geschäftsvorfälle: €

1) **Eingangsrechnung:** Rohstoffeinkauf auf Ziel, Rohstoffwert netto — 50.000,00
   + Transportverpackung und Frachtkosten — 3.000,00
   + 19% Umsatzsteuer — 10.070,00
   = Rechnungsbetrag — 63.070,00

2) **Eingangsrechnung:** Hilfsstoffeinkauf auf Ziel, Hilfsstoffwert netto — 22.000,00
   + Transportverpackung und Frachtkosten — 2.000,00
   + 19% Umsatzsteuer — 4.560,00
   = Rechnungsbetrag — 28.560,00

3) Hilfsstoffverbrauch gemäß **Materialentnahmescheinen** — 28.000,00

4) **Ausgangsrechnung:** Verkauf von Erzeugnissen auf Ziel, netto — 136.000,00
   + 19% Umsatzsteuer — 25.840,00
   = Rechnungsbetrag — 161.840,00

5) **Gutschrift:** Rücksendung an unseren Rohstofflieferer (siehe Fall 1)
   3% auf den Nettorohstoffwert — 1.500,00
   + 19% Umsatzsteuer — 285,00
   = Bruttogutschrift — 1.785,00

6) **Gutschrift:** Qualitätsmängel einer Hilfsstofflieferung (siehe Fall 2)
   10% auf den Nettohilfsstoffwert (keine Rücksendung!) — 2.200,00
   + 19% Umsatzsteuer — 418,00
   = Bruttogutschrift — 2.618,00

7) **Kontoauszug:** Der Kunde überweist auf unser Bankkonto unter
   Abzug von 3% Skonto (siehe Fall 4) — 156.984,80

8) **Kontoauszug:** Banküberweisung an Lieferanten — 23.000,00

Abschlussangaben:
Inventurbestände: Rohstoffe 2.500 €, Unfertige Erzeugnisse 500,00 €, Fertige Erzeugnisse 2.500,00 €.
Die Zahllast ist zu passivieren.

8 Abschreibungen auf Sachanlagen

8.1 Ermittlung der Anschaffungskosten

AB → Lernsituation 28

> **Beispiel:** Die Fly Bike Werke GmbH hat einen neuen Klein-Lkw gekauft (angeschafft), der ein schrottreifes Fahrzeug ersetzen soll. Der Fahrzeugwert in Höhe von ca. 60.000,00 € darf den Erfolg des aktuellen Geschäftsjahres nicht in voller Höhe mindern, denn der Lkw soll ja viele (Geschäfts-)Jahre im Unternehmen verbleiben. Nur der Wertverlust im aktuellen Geschäftsjahr darf als Aufwand (Konto 6520 Abschreibungen auf Sachanlagen) jeweils gewinnmindernd gebucht werden.

Die Fly Bike Werke GmbH benötigt nicht nur diesen Lkw, sondern eine Vielzahl von Sachanlagen, um ihre Leistungen erstellen zu können. In diesem Kapitel werden nur Sachanlagen behandelt, die gekauft (d. h. angeschafft und nicht selbst hergestellt) werden. Verlieren Sachanlagen im Laufe der Zeit an Wert, muss dieser Wertverlust vor der Aufwandsbuchung zuerst berechnet werden.

> **Sachanlagen nach § 266 HGB:**
> 1. Grundstücke, grundstücksgleiche Rechte und Bauten einschließlich der Bauten auf fremden Grundstücken
> 2. technische Anlagen und Maschinen
> 3. andere Anlagen, Betriebs- und Geschäftsausstattung (einschließlich Fuhrpark)
> 4. geleistete Anzahlungen und Anlagen im Bau

§ 266 HGB

> **Beispiel:** Zu Beginn des Geschäftsjahres hat die Fly Bike Werke GmbH einen neuen Klein-Lkw gemäß folgender Eingangsrechnung des Autohauses angeschafft.

Listenpreis	70.000,00 €
+ Sonderausstattungen	5.000,00 €
= Anschaffungspreis	75.000,00 €
− 20 % Firmenrabatt	15.000,00 €
= Fahrzeugwert	60.000,00 €
+ Überführungskosten	600,00 €
+ Zulassungskosten	150,00 €
= Nettorechnungsbetrag	60.750,00 €
+ 19 % Umsatzsteuer[1]	11.542,50 €
= Bruttorechnungsbetrag	72.292,50 €

[1] Hinweis: Die Umsatzsteuer gehört nicht zu den Anschaffungskosten.

Im Nachhinein wurde ein Navigationssystem eingebaut. Der Kaufpreis für das Gerät betrug 600,00 €, die Einbaukosten betrugen 120,00 €, jeweils zzgl. 19 % Umsatzsteuer.

> **Bewertungsmaßstäbe nach § 255 HGB:**
> (1) Anschaffungskosten sind die Aufwendungen, die geleistet werden, um einen Vermögensgegenstand zu erwerben und ihn in einen betriebsbereiten Zustand zu versetzen, soweit sie dem Vermögensgegenstand einzeln zugeordnet werden können. Zu den Anschaffungskosten gehören auch die Nebenkosten sowie die nachträglichen Anschaffungskosten. Anschaffungspreisminderungen sind abzusetzen.

§ 255 HGB

Regelmäßig wiederkehrende Aufwendungen (z.B. Benzin, Kfz-Steuer und Kfz-Versicherung, Reparaturen usw.) während der Nutzung sind keine Anschaffungskosten eines Lkw, sie sind direkt in voller Höhe auf entsprechenden Aufwandskonten gewinnmindernd zu erfassen.

Berechnungsschema Anschaffungskosten	Begriffe und Beträge gemäß Beispiel
Anschaffungspreis	Fahrzeugwert (Listenpreis + Sonderausstattungen) = 75.000,00 €
- Anschaffungspreisminderungen	− Firmenrabatt = 15.000,00 €
+ Anschaffungsnebenkosten	+ Überführungskosten, Zulassungskosten = 750,00 €
+ nachträgliche Anschaffungskosten	+ Navigationssystem (Kaufpreis + Montagekosten ohne Umsatzsteuer) = 720,00 €
= Anschaffungskosten	Nettorechnungsbetrag + Navigationsgerät mit Einbau = 61.470,00 €

Buchung der Lkw-Anschaffung

1) Einkauf des Fahrzeuges auf Ziel
2) nachträglicher Einbau eines Navigationssystems gegen Barzahlung

Nr.	Soll	€	Haben	€
1)	0840 Fuhrpark 2600 Vorsteuer	60.750,00 11.542,50	4400 Verbindlichkeiten a.L.L.	72.292,50
2)	0840 Fuhrpark 2600 Vorsteuer	720,00 136,80	2880 Kasse	856,80

Auf dem Anlagekonto 0840 Fuhrpark werden damit 61.470,00 € Anschaffungskosten erfasst.

In Abhängigkeit vom jeweiligen Anlagegut können weitere Bestandteile der Anschaffungskosten unterschieden werden:

Anschaffungspreisminderungen	Anschaffungsnebenkosten	nachträgliche Anschaffungskosten
Rabatte, Boni, Skonti und weitere Preisnachlässe (z.B. bei Mängelrügen)	Kosten der Lieferung (Transportkosten, z.B. Frachten, sowie Verpackungskosten und Transportversicherungen), Einfuhrzölle, Einkaufsprovisionen, ggf. Aufstell- oder Montagekosten, Überführungskosten und Zulassungskosten (bei Fahrzeugen), Maklergebühren, Notar- und Grundbuchkosten sowie Grunderwerbsteuer (bei Grundstücken mit und ohne Gebäude)	Einbauteile und Einbauten aller Art nach dem Kauf sowie Aus- oder Umbaukosten, z.B. bei Maschinen oder Gebäuden. Dazu gehören sowohl die Material- als auch die Lohnkosten.
Die Umsatzsteuer und ggf. Finanzierungskosten gehören nicht zu den Anschaffungskosten.		

8.2 Ermittlung der planmäßigen Abschreibungsbeträge für Sachanlagen

Der übliche planbare Wertverlust von Sachanlagen beruht zumeist
- auf normalem technischem Verschleiß, der sowohl durch die Nutzung als auch als natürlicher (ruhender) Verschleiß (z. B. bei Qualitätsverminderung) entstehen kann,
- auf dem Ablauf der Nutzungsdauer und
- in besonderen Fällen auf der Subsatzverringerung (z. B. bei Kiesgruben).

8.2.1 Abschreibungsmethoden

Die planmäßige Abschreibung verteilt die Anschaffungs- oder Herstellungskosten eines Anlagegutes, dessen Nutzung zeitlich begrenzt ist, über die Jahre seiner Nutzungsdauer. Die Höhe der Abschreibungswerte im Ablauf der Nutzungsjahre ist abhängig
- von der Art des Anlagegutes,
- von der Höhe der Anschaffungs- oder Herstellungskosten und
- von der gewählten Abschreibungsmethode.

Grundsätzlich muss zwischen einer Abschreibung nach Handelsrecht und nach Steuerrecht unterschieden werden.

Abschreibungen nach Handelsrecht

> **§ 253 HGB Zugangs- und Folgebewertung**
> (3) Bei Vermögensgegenständen des Anlagevermögens, deren Nutzung zeitlich begrenzt ist, sind die Anschaffungs- oder die Herstellungskosten um planmäßige Abschreibungen zu vermindern. Der Plan muss die Anschaffungs- oder Herstellungskosten auf die Geschäftsjahre verteilen, in denen der Vermögensgegenstand voraussichtlich genutzt werden kann.

§ 253 HGB

Das HGB gibt keinerlei Abschreibungsmethoden zwingend vor. Grundsätzlich sind damit nach dem Bilanzrechtsmodernisierungsgesetz (BilMoG) ab 01.01.2010 handelsrechtlich alle Abschreibungsmethoden erlaubt, die den Wertverlust einer Sachanlage angemessen darstellen. Dies gilt unabhängig davon, welche steuerrechtlichen Abschreibungsbedingungen (Abschreibungsmethoden, betriebsgewöhnliche Nutzungsdauern, Sonderabschreibungsmöglichkeiten usw.) jeweils gelten. Dabei muss die Ermittlung der Abschreibungsbeträge nur den Grundsätzen ordnungsmäßiger Buchführung (GoB) entsprechen. Dies führt in der Regel dazu, dass Unternehmen handelsrechtlich andere Abschreibungsbeträge als nach dem Steuerrecht ausweisen. Dies ist oft auch „zwangsläufig", da z. B. steuerrechtliche Sonderabschreibungsmöglichkeiten in der Handelsbilanz nicht erlaubt sind.

Abschreibungen nach Steuerrecht

Das Steuerrecht beschränkt nicht nur die Auswahl der Abschreibungsmethoden, sondern schreibt auch betriebsgewöhnliche Nutzungsdauern vor.

AfA
Absetzung für Abnutzung
= Abschreibung

AV
Anlagevermögen

Auszug aus der amtlichen AfA-Tabelle AV

Fundstelle	Anlagegüter	Nutzungsdauer in Jahren
3.5	Hochregallager	15
4.2.1	Personenkraftwagen und Kombiwagen	6
4.2.2	Motorräder, Motorroller, Fahrräder u. Ä.	7
4.2.3	Lastkraftwagen, Sattelschlepper, Kipper	9
5.23	Verpackungsmaschinen, Folienschweißgeräte	13
6.1	Wirtschaftsgüter der Werkstätten-, Labor- und Lagereinrichtungen	14

Abschreibungsmethoden

lineare Abschreibung §7 (1) Satz 1–3 EStG	Anwendung bei allen abnutzbaren Anlagegütern erlaubt.
degressive Abschreibung §7 (2) EStG	Anwendung nur bei beweglichen abnutzbaren Anlagegütern erlaubt. Der Gesetzgeber ändert je nach Wirtschaftslage immer wieder die Bestimmungen zur degressiven Abschreibung. Die grundsätzliche Zulässigkeit sowie der Abschreibungshöchstsatz und die Abschreibungsgrenze hängen daher vom Zeitraum der Anschaffung oder Herstellung des Anlageguts ab:

Zeitraum der Anschaffung oder Herstellung	Abschreibungs- höchstsatz	Abschreibungsgrenze
bis 31.12.2000	30 %	maximal das Dreifache der linearen Abschreibung
01.01.2001 bis 31.12.2005	20 %	maximal das Doppelte der linearen Abschreibung
01.01.2006 bis 31.12 2007	30 %	maximal das Dreifache der linearen Abschreibung
01.01.2008 bis 31.12.2008	keine degressive Abschreibung erlaubt	
01.01.2009 bis 31.12.2010	25 %	maximal das Zweieinhalb- fache der linearen Abschreibung
ab 01.01.2011	keine degressive Abschreibung erlaubt	

degressive Abschreibung mit Wechsel zur linearen Abschreibung §7 (3) EStG	Der Wechsel der Abschreibungsmethode während der Nutzungdauer (von degressiv zu linear) war einmal möglich. Höchstsätze der degressiven Abschreibung beachten!
Leistungsabschreibung §7 (1) Satz 6 EStG	Anwendung nur bei beweglichen abnutzbaren Anlagegütern, wenn die Leistung des Anlagegutes messbar ist und die tatsächliche Leistung (z. B. km, produzierte Einheiten, Laufzeiten) nachgewiesen wird.

Lineare Abschreibung

Kennzeichen: unveränderter Prozentsatz von den Anschaffungskosten, gleich hohe Abschreibungsbeträge.

Beispiel: Die Fly Bike Werke GmbH hat im Rahmen der Anlagenverwaltung einen Abschreibungsplan für den im Januar erworbenen neuen Lkw erstellt. Die Abschreibungspläne werden von dem in der Anlagenbuchhaltung eingesetzten EDV-System automatisch erstellt.

Ermittlung der Abschreibungsbeträge:

$$\text{Abschreibungsbetrag p.a.} = \frac{\text{Anschaffungskosten}}{\text{Nutzungsdauer}} \blacktriangleright \frac{61.470,00\,€}{9} = 6.830,00\,€$$

$$\text{Abschreibungssatz in \%} = \frac{100\,\%}{\text{Nutzungsdauer}} \blacktriangleright \frac{100\,\%}{9} = 11,11\,\%$$

Degressive Abschreibung

Kennzeichen: unveränderter Prozentsatz zuerst von den Anschaffungskosten, ab 2. Nutzungsjahr von dem letzten Buchwert, fallende Abschreibungsbeträge, Höchstsatz 25 %, maximal das 2,5fache der linearen Abschreibung für bewegliche Anlagegüter, die nach dem 31. Dezember 2008 und vor dem 01. Januar 2011 angeschafft wurden.

Stand: Juni 2011

Beispiel: Ermittlung der Abschreibungsbeträge

$$\text{Abschreibungsbetrag 1. NJ} = \frac{\text{Anschaffungskosten} \cdot 25}{100} \blacktriangleright \frac{61.470,00\,€ \cdot 25}{100} = 15.367,50\,€$$

$$\text{Abschreibungsbetrag 2. NJ} = \frac{\text{Buchwert Ende 1. NJ} \cdot 25}{100} \blacktriangleright \frac{46.102,50\,€ \cdot 25}{100} = 11.525,63\,€$$

Ab dem 2. Nutzungsjahr wird auf der Basis des letzten Buchwerts abgeschrieben. Die Abschreibungsbeträge für die Folgejahre können der Abschreibungstabelle auf Seite 264 entnommen werden.

Degressive Abschreibung mit Wechsel zur linearen Abschreibung

Kennzeichen: Abschreibungsbeginn und Werte wie degressive Abschreibung; nach dem Wechsel auf die lineare Abschreibung wurde der Restbuchwert durch die dann noch verbleibende Restnutzungsdauer geteilt.

Beispiel: Ermittlung des optimalen Übergangszeitpunkts bei jährlicher Abschreibung:

$$\text{Abschreibungswechsel} = \text{betriebsgewöhnliche Nutzungsdauer} - \frac{100\,\%}{\text{degressiver Abschreibungssatz}}$$

$$= 9 - \frac{100}{25} = 5 \text{ (Wechsel nach 5 Jahren)}$$

Der Lkw wird damit fünf Jahre lang degressiv und vier Jahre lang linear abgeschrieben.

Leistungsabschreibung

Kennzeichen: Ermittlung der Abschreibungsbeträge in Höhe der tatsächlich erbrachten Leistung.

Beispiel: Beträgt die Ist-Leistung im ersten Geschäftsjahr 40 000 km und die geplante Gesamtleistung des Lkw 300 000 km, ergibt sich folgende Berechnung:

$$\text{Abschreibungsbetrag} = \frac{\text{Anschaffungskosten} \cdot \text{Ist-Leistung}}{\text{geplante Gesamtleistung}}$$

$$= \frac{61.470,00\,\text{€} \cdot 40\,000\,\text{km}}{300\,000\,\text{km}} = 8.196,00\,\text{€}$$

Auswahl einer Abschreibungsmethode

Beispiel: In der folgenden Abschreibungstabelle für alle Abschreibungsmethoden über die gesamte Nutzungsdauer des Lkw wurden die Leistungsabschreibungen für den Lkw mit Planwerten ermittelt (km-Leistung im jeweiligen Nutzungsjahr: 1. Jahr 40 000 km, 2. und 3. Jahr je 50 000 km, 4. und 5. Jahr je 40 000 km, 6. Jahr 30 000 km, 7. Jahr 20 000 km, 8. und 9. Jahr je 15 000 km). Degressiver Abschreibungssatz: 25 %.

Abschreibungstabelle: alle Abschreibungsmethoden (Abschreibungsbeträge in €):

Abschreibungsverlauf	lineare Abschreibung	degressive Abschreibung	degressiv-lineare Abschreibung	Leistungsabschreibung
Anschaffungskosten	61.470,00	61.470,00	61.470,00	61.470,00
− Abschreibung 1. Jahr	6.830,00	15.367,50	15.367,50	8.196,00
= Buchwert Ende 1. Jahr	54.640,00	46.102,50	46.102,50	53.274,00
− Abschreibung 2. Jahr	6.830,00	11.525,63	11.525,63	10.245,00
= Buchwert Ende 2. Jahr	47.810,00	34.576,87	34.576,87	43.029,00
− Abschreibung 3. Jahr	6.830,00	8.644,22	8.644,22	10.245,00
= Buchwert Ende 3. Jahr	40.980,00	25.932,65	25.932,65	32.784,00
− Abschreibung 4. Jahr	6.830,00	6.325,26	6.325,26	8.196,00
= Buchwert Ende 4. Jahr	34.150,00	14.758,95	14.758,95	24.588,00
− Abschreibung 5. Jahr	6.830,00	4.427,69	4.427,69	8.196,00
= Buchwert Ende 5. Jahr	27.320,00	10.331,26	10.331,26	16.392,00
− Abschreibung 6. Jahr	6.830,00	3.099,38	2.582,82	6.147,00
= Buchwert Ende 6. Jahr	20.490,00	7.231,88	7.748,44	10.245,00
− Abschreibung 7. Jahr	6.830,00	2.169,56	2.582,82	4.098,00
= Buchwert Ende 7. Jahr	13.660,00	5.062,32	5.165,62	6.147,00
− Abschreibung 8. Jahr	6.830,00	1.518,70	2.582,82	3.073,50
= Buchwert Ende 8. Jahr	6.830,00	3.543,62	2.582,80	3.073,50
− Abschreibung 9. Jahr	6.830,00	3.543,62	2.582,80	3.073,50
= Buchwert Ende 9. Jahr	0,00	0,00	0,00	0,00

Bei der degressiven Abschreibung verbleibt rechnerisch am Ende der Nutzungsdauer ein Restbetrag, der im letzten Nutzungsjahr mit abgeschrieben werden muss. In der Praxis wird zumeist die degressive Abschreibungsmethode mit Wechsel zur linearen Abschreibungsmethode der reinen degressiven Abschreibung vorgezogen. Wird das Anlagegut nach Ablauf der Nutzungsdauer weiter im Unternehmen genutzt, verbleibt es mit einem Erinnerungswert von 1,00 € in der Anlagendatei; die letzte Abschreibung wird dann um diesen Betrag gemindert.

8 Abschreibungen auf Sachanlagen

Abschreibungen, die sich auf die Bilanz und die Gewinn- und Verlustrechnung eines Unternehmens auswirken (bilanzielle Abschreibungen), werden unter Berücksichtigung der folgenden Auswirkungen ausgewählt.

Auswirkungen von Abschreibungen

Auswirkungen auf die Erfolgsrechnung	– Aufwand in der GuV – Verminderung des Gewinns – Verminderung der gewinnabhängigen Steuern – Verminderung der Gewinnausschüttung an die Unternehmenseigner
Auswirkungen auf die Bilanz	– Vermögensminderung in der Bilanz – geringerer Wert des Anlagevermögens – geringere Kreditwürdigkeit durch sinkende Vermögenswerte und Gewinne – höhere Liquidität durch geringeren Abfluss von flüssigen Mitteln für die Steuern und die Gewinnausschüttungen

Auswirkung von Abschreibungen auf die Bilanz und die GuV

Mit der Auswahl einer Abschreibungsmethode können höhere oder geringere Abschreibungsbeträge ermittelt werden. Je höher diese Beträge sind, desto größer sind die oben dargestellten Auswirkungen. Allerdings muss dabei beachtet werden, dass das Vorziehen hoher Abschreibungen (z. B. bei der degressiven Abschreibung in den ersten Nutzungsjahren) am Ende der Nutzungsdauer zu niedrigeren Abschreibungsbeträgen führt, da während der Nutzungsdauer maximal die Höhe der Anschaffungskosten für die Gesamtabschreibung zur Verfügung steht.

Hohe oder niedrige Abschreibungsbeträge?

- Ein Unternehmen wird dann eher die **höchstmöglichen Abschreibungsbeträge** erfassen, wenn hohe Gewinne erzielt werden. Damit kann der Abfluss von finanziellen Mitteln (für die Steuer und die Gewinnausschüttung) vermindert werden. Der Nachteil der sinkenden Kreditwürdigkeit kann durch die erhöhte Liquidität zumeist ausgeglichen werden.
- Eher **niedrige Abschreibungsbeträge** werden dann erfasst, wenn bereits Verluste gemacht werden. In diesem Fall können weder Steuern noch Gewinnausschüttungen gekürzt werden. Hier kann die Situation in der Bilanz und der Erfolgsrechnung durch hohe Abschreibungen nur verschlechtert werden.

Letztlich ist die Auswahl der Abschreibungsmethode ein Bestandteil der **Bilanzpolitik**, d. h., es wird die Abschreibungsmethode ausgewählt, die den Erstellern des Jahresabschlusses als optimal erscheint.

Abschreibungen, die in die Kalkulation der Verkaufspreise einfließen, werden in der Kosten- und Leistungsrechnung nach anderen Entscheidungskriterien ermittelt. Hier werden die Abschreibungsbeträge unabhängig von steuerpolitischen Einflüssen berechnet. Diese so genannten **kalkulatorischen Abschreibungen** müssen im Abschreibungskreislauf den Neukauf verbrauchter Anlagen ermöglichen. Nur planmäßige Abschreibungen, die bei der Ermittlung der Selbstkosten in der Verkaufspreiskalkulation berücksichtigt werden, ermöglichen einen Neukauf verbrauchter Anlagen.

kalkulatorische Abschreibungen

Während der Nutzungsdauer fließen die Abschreibungen der Anlagegüter zusammen mit allen anderen Kosten in die **Kalkulation der Verkaufspreise** ein. Werden Erzeugnisse oder Handelswaren zu den kalkulierten Verkaufspreisen am Markt abgesetzt, erhält das Unternehmen über die Verkaufserlöse das Geld für alle Kosten (z. B. Mieten, Löhne, Gehälter), einschließlich der Abschreibungen, vom Kunden zurück.

Auch der geplante Gewinn ist in den Verkaufserlösen enthalten. Je höher die in den Verkaufspreisen enthaltenen Abschreibungen sind, desto höher muss auch der Verkaufspreis sein. Um Erzeugnisse oder Handelswaren zu konkurrenzfähigen Preisen anbieten zu können, muss das Unternehmen den betriebsindividuellen Werteverzehr seiner Anlagen ermitteln.

Finanzierung durch Abschreibungen

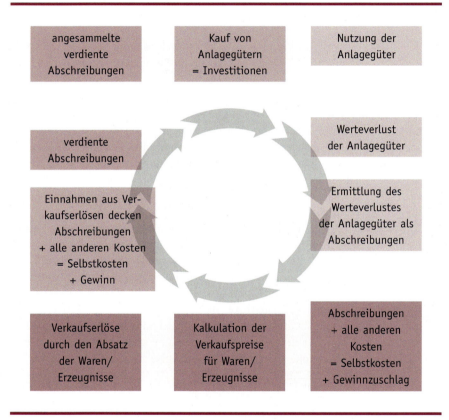

8.2.2 Buchung der Abschreibung

Beispiel: Die Fly Bike Werke GmbH schreibt ihren neuen Lkw gemäß Anlagekartei linear ab, da sie von einer in etwa gleichmäßig verteilten km-Leistung während der betriebsgewöhnlichen Nutzungsdauer ausgeht. Für das erste Jahr wird deshalb ein Abschreibungsbetrag in Höhe von 6.830,00 € ermittelt. Der Buchwert am Ende des 1. Nutzungsjahres beträgt damit 54.640,00 €. Diese Daten können in der Praxis an ein Finanzbuchhaltungsprogramm übertragen werden. Die einzelne Buchung für diesen Lkw lautet wie folgt:

Grundbuch:
1) Buchung der Lkw-Abschreibung am Geschäftsjahresende
2) Abschluss Aufwandskonto Abschreibungen auf Sachlagen auf das Konto GuV-Konto
3) Abschluss Bestandskonto Fuhrpark auf das Konto SBK

	Soll	€	Haben	€
1)	6520 Abschreibungen a.S.	6.830,00	8040 Fuhrpark	6.830,00
2)	8020 GuV-Konto	6.830,00	6520 Abschreibungen a.S.	6.830,00
3)	8010 SBK	54.640,00	0840 Fuhrpark	54.640,00

Hauptbuch mit Abschlussbuchungen:

S	0840 Fuhrpark		H	S	6520 Abschreibungen a.S.		H
4400	61.470,00	1) 6520	6.830,00	1) 0840	6.830,00	2) 8020	6.830,00
		3) 8010	54.640,00				

S	8010 SBK		H	S	8020 GuV-Konto		H
3) 0840	54.640,00			2) 6520	6.830,00		

Zeitanteilige planmäßige Abschreibung auf Sachanlagen

Bei der Berechnung der planmäßigen Abschreibungen für ein bestimmtes Geschäftsjahr ist jedoch nicht nur die Höhe der Anschaffungskosten, sondern auch das **Anschaffungsdatum** zu berücksichtigen. Abnutzbare Anlagegüter dürfen beim Kauf oder Verkauf im Laufe eines Geschäftsjahres nämlich nur zeitanteilig – auf volle Monate aufgerundet – abgeschrieben werden.

> **Beispiel:** Die Anschaffungskosten für einen Pkw betragen 60.000,00 € bei sechs Jahren betriebsgewöhnlicher Nutzungsdauer lt. AfA-Tabelle. Die Jahresabschreibung beträgt somit 10.000,00 €. Bei Anschaffung im April dürfen davon im Kaufjahr aber nur 9/12 = 7.500,00 € abgeschrieben werden.

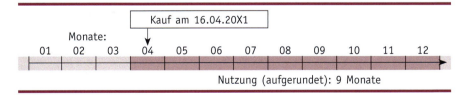

Im April des übernächsten Nutzungsjahres wird der Pkw wieder verkauft. Bei einer Jahresabschreibung von 10.000,00 € müssen im Verkaufsjahr noch 4/12 = 3.333,33 € gebucht werden.

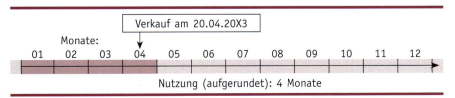

8.2.3 Außerplanmäßige Abschreibung

Beispiel Ein Pkw mit einer betriebsgewöhnlichen Nutzungsdauer von sechs Jahren laut AfA-Tabelle ist drei Jahre lang linear abgeschrieben worden. Der Buchwert zu Beginn des vierten Nutzungsjahres betrug 17.400,00 €. Da andere Fahrzeuge des Fuhrparks häufig nicht zur Verfügung standen, ist das Fahrzeug weit über das geplante Maß hinaus genutzt worden. Durch diese außergewöhnliche technische Abnutzung verringert sich im vierten Nutzungsjahr nicht nur der Wert über die planmäßige Abschreibung hinaus erheblich, sondern auch die Nutzungsdauer sinkt um ein Jahr. Die Gesamtnutzungsdauer für das Fahrzeug verkürzt sich damit auf fünf Jahre. Ein Gutachten des TÜV bescheinigt dem Fahrzeug einen aktuellen Wert von 2.500,00 €. Damit ergibt sich die Notwendigkeit, am Ende des vierten Nutzungsjahres eine außerplanmäßige Abschreibung vorzunehmen. Im fünften Nutzungsjahr wird der Restbuchwert dann vollständig abgeschrieben.

Planmäßige und außerplanmäßige Abschreibung eines Fahrzeugs im vierten Nutzungsjahr auf einen Restwert von 2.500,00 €:

Abschreibungstabelle

	Anschaffungskosten		34.800,00 €
–	Abschreibungsbetrag 1. Jahr	–	5.800,00 €
=	Buchwert Ende 1. Nutzungsjahr	=	29.000,00 €
–	Abschreibungsbetrag 2. Jahr	–	5.800,00 €
=	Buchwert Ende 2. Nutzungsjahr	=	23.200,00 €
–	Abschreibungsbetrag 3. Jahr	–	5.800,00 €
=	Buchwert Ende 3. Nutzungsjahr	=	17.400,00 €
–	Abschreibungsbetrag 4. Jahr (planmäßig)	–	5.800,00 €
–	außerplanmäßige Abschreibung	–	9.100,00 €
=	Buchwert Ende 4. Nutzungsjahr (nach planmäßiger und außerplanmäßiger Abschreibung)	=	2.500,00 €
–	Abschreibungsbetrag 5. Jahr	–	2.500,00 €
=	Buchwert Ende 5. Nutzungsjahr	=	0,00 €

Buchung von außerplanmäßigen Abschreibungen auf Sachanlagen

Grundbuch (viertes Nutzungsjahr):
1) planmäßige Abschreibung im vierten Nutzungsjahr
2) außerplanmäßige Abschreibung im vierten Nutzungsjahr

Nr.	Soll	€	Haben	€
1)	6520 Abschreibungen a. S.	5.800,00	0840 Fuhrpark	5.800,00
2)	6550 Außerplanm. Abschreibungen a. S.	9.100,00	0840 Fuhrpark	9.100,00

8 Abschreibungen auf Sachanlagen

Hauptbuch (viertes Nutzungsjahr):

S	0840 Fuhrpark		H
EBK	17.400,00	1) 6520	5.800,00
		2) 6550	9.100,00
		Saldo	2.500,00
			= Restbuchwert

S	6520 Abschreibungen auf Sachanlagen		H
1) 0840	5.800,00		

S	6550 Außerplanmäßige Abschr. auf Sachanlagen		H
2) 0840	9.100,00		

Nach der planmäßigen und der außerplanmäßigen Abschreibung ergibt sich auf dem Konto Fuhrpark am Ende des vierten Nutzungsjahres als Saldo der Restwert von 2.500,00 €, der im fünften Nutzungsjahr vollständig abgeschrieben werden kann.

Außerplanmäßige Abschreibungen sind allerdings nicht „endgültig". Sollte der Grund für die außerplanmäßige Abschreibung in einem späteren Geschäftsjahr wegfallen (eine Maschine wird z. B. doch repariert und wieder genutzt), gilt das **Wertaufholungsgebot**. Wertaufholung bedeutet hier, dass gewinnerhöhende Zuschreibungen vorgenommen werden müssen.

§ 253 Abs. 5 Satz 1 HGB nach BilMoG

ÜBERSICHT: Abschreibungsmethoden (Steuerrecht)

Methode	lineare Abschreibung	degressive Abschreibung[1]	Leistungsabschreibung
Anwendung	Anwendung bei allen abnutzbaren Anlagegütern erlaubt. Anwendung sinnvoll, wenn der Werteverlust gleichmäßig erfolgt.	Anwendung nur bei beweglichen abnutzbaren Anlagegütern erlaubt. Anwendung sinnvoll, wenn in den ersten Nutzungsjahren höhere Werteverluste entstehen.	Anwendung nur bei abnutzbaren Anlagegütern, deren tatsächliche Leistung gemessen wird. Anwendung sinnvoll, wenn der Werteverlust in Abhängigkeit von der Leistung schwankt.
AfA-Satz	$\dfrac{100\%}{\text{betriebsgewöhnliche Nutzungsdauer}}$	Höchstsätze und Abschreibungsgrenzen in Abhängigkeit vom Anschaffungsjahr, siehe Tabelle auf Seite 262	$\dfrac{\text{Ist-Leistung des Abschreibungsjahres}}{\text{geplante Gesamtleistung}} \cdot 100\%$
AfA-Betrag	$\dfrac{\text{Anschaffungskosten}}{\text{betriebsgewöhnliche Nutzungsdauer}}$	$\dfrac{\text{Anschaffungskosten (ab 2. Jahr Buchwert)} \cdot \text{Abschreibungssatz}}{100\%}$	$\dfrac{\text{Anschaffungskosten} \cdot \text{Ist-Leistung}}{\text{geplante Gesamtleistung}}$

[1] Wechsel zur linearen Abschreibung während der Nutzungsdauer erlaubt

AB → Lernsituation 29

8.2.4 Geringwertige Wirtschaftsgüter (GWG)

Beispiel: Die Fly Bike Werke GmbH hat im aktuellen Geschäftsjahr eine Vielzahl von Wirtschaftsgütern mit Anschaffungskosten bis 1.000,00 € erworben. Frau Taubert „meckert": „Soll ich diesen ganzen ‚Kleinkram' (Kaffeemaschine, Bürodrehstuhl, Stehlampe, Großlocher, Faxgerät, Laptops usw.) in die Anlagendatei aufnehmen und oft über 10 Jahre lang abschreiben?" „Nein", antwortet Herr Müller, „das sind doch alles geringwertige Wirtschaftsgüter – die schreiben wir ganz schnell ab!"

Für GWG gelten steuerrechtlich besondere Abschreibungsregeln. Zunächst müssen verschiedene Begrifflichkeiten des Steuerrechts überprüft werden.

Begriffe des EStG	Erläuterungen
Anlagevermögen	Wirtschaftsgüter, die dazu bestimmt sind, dauerhaft dem Geschäftsbetrieb zu dienen. Damit sind alle Wirtschaftsgüter des Umlaufvermögens, z. B. Rohstoffe, Waren, Erzeugnisse usw., niemals ein GWG.
abnutzbar	Die Nutzung des Wirtschaftsgutes ist zeitlich begrenzt; deshalb verringert sich der Wert des Wirtschaftsgutes. Dies gilt z. B. nicht für Wertpapiere und Finanzanlagen innerhalb des Anlagevermögens.
beweglich	Beweglich sind Wirtschaftsgüter des Sachanlagevermögens, die nicht mit einem Grundstück fest verbunden sind (z. B. Gebäude mit allen festen Einbauten).
selbstständig nutzbar	Die betriebliche Zweckbestimmung des Wirtschaftsgutes kann unabhängig von anderen Wirtschaftsgütern erfolgen (keine An- oder Einbauteile usw.).

AK = Anschaffungskosten
HK = Herstellungskosten

BGA = Betriebs- und Geschäftsausstattung

Nur Wirtschaftsgüter, die alle obigen Kriterien erfüllen, können im Rahmen von Wertobergrenzen hinsichtlich ihrer Anschaffungs- (AK) oder Herstellungskosten (HK) als GWG anerkannt werden. Dabei sind die Wertobergrenzen der geringwertigen Wirtschaftsgüter (GWG) durch das Wachstumsbeschleunigungsgesetz ab 01.01.2010 neu geregelt worden; dies führte zu einer Neufassung des Einkommensteuergesetzes. Die neue Regelung gilt für alle geringwertigen Wirtschaftsgüter, die ab dem 01.01.2010 angeschafft oder hergestellt wurden, wobei das Unternehmen **zwischen zwei Modellen** wählen kann. Dabei wird hier davon ausgegangen, dass das Unternehmen GWG mit Anschaffungskosten bis 250,00 € sinnvollerweise immer sofort als Aufwand erfasst. Dieses Modell gilt auch ab dem Jahr 2018, allerdings sind einige Grenzwerte (siehe Tabelle) angeglichen worden.

Erfassung der GWG nach Modell I (§ 6 Abs. 2 EStG; ab 01.01.2018)

AK oder HK ≤ 250,00 € (bis 31.12.2017: ≤ 150,00 €)	AK oder HK > 250,00 € bis ≤ 800,00 € (bis 31.12.2017: > 150,00 € bis ≤ 410,00 €)	AK oder HK > 800,00 € (bis 31.12.2017: > 410,00 €)
sofortige Erfassung auf einem Aufwandskonto (z. B. 6800 Büromaterial)	Erfassung auf einem separaten Konto, z. B. 0890 GWG der BGA (bis 800,00 € im Jahr 20XX) Aufzeichnungspflichten können dann entfallen.	Erfassung auf einem Anlagekonto (z. B. BGA) und Aufnahme in ein Anlagenverzeichnis
keine Abschreibung mehr möglich	Vollabschreibung am Jahresende **oder** Abschreibung nach der betriebsgewöhnlichen Nutzungsdauer des Anlagegutes (dann Aufnahme in ein Anlagenverzeichnis)	Abschreibung nach der betriebsgewöhnlichen Nutzungsdauer des Anlagegutes

8 Abschreibungen auf Sachanlagen

Erfassung der GWG nach Modell II (§ 6 Abs. 2a EStG; ab 01.01.2018)

AK oder HK ≤ 250,00 € (bis 31.12.2017: ≤ 150,00 €)	AK oder HK > 250,00 € bis ≤ 1.000,00 € (bis 31.12.2017: > 150,00 € bis ≤ 1.000,00 €)	AK oder HK > 1.000,00 € (bis 31.12.2017: > 1.000,00 €)
sofortige Erfassung auf einem Aufwandskonto (z. B. 6800 Büromaterial)	Erfassung in einem Sammelposten, z. B. 0891 GWG-Sammelposten BGA Jahr 1[1]	Erfassung auf einem Anlagekonto (z. B. BGA) und Aufnahme in ein Anlagenverzeichnis
keine Abschreibung mehr möglich	lineare Abschreibung[1] innerhalb von 5 Jahren (20 %) **oder** Abschreibung nach der betriebsgewöhnlichen Nutzungsdauer des Anlagegutes (dann Aufnahme in ein Anlageverzeichnis)	Abschreibung nach der betriebsgewöhnlichen Nutzungsdauer des Anlagegutes

[1] Hinweis: Es müssen Konten für fünf Geschäftsjahre eingerichtet werden (Anlagekonten: 0891 = Jahr 1, 0892 = Jahr 2 usw., Abschreibungskonten: 6541 = Jahr 1, 6542 = Jahr 2 usw.).

Buchungen

1. Fall: Anschaffung eines Wirtschaftsgutes mit Anschaffungskosten bis 250,00 €:

Beispiel: Barkauf eines Mobiltelefons zum Nettopreis von 80,00 € zzgl. 19 % Umsatzsteuer → sofortige Aufwandsbuchung, keine Abschreibung mehr möglich!

Nr.	Soll	€	Haben	€
1)	6800 Büromaterial
2600 Vorsteuer	80,00
15,20	2800 Kasse	95,20

2. Fall: Abschreibung eines Wirtschaftgutes mit Anschaffungskosten bis 800,00 € nach Modell I:

Beispiel: Zielkauf (2 a) und Abschreibung (2 b) eines Mini-Notebooks mit Anschaffungskosten in Höhe von 295,00 € zzgl. 19 % Umsatzsteuer:

Nr.	Soll	€	Haben	€
2a)	0890 GWG der BGA
2600 Vorsteuer	295,00
56,05	4400 Verbindlichkeiten a. L. L.	351,05
2b)	6540 Abschreibungen auf GWG	295,00	0890 GWG der BGA
(bis 800,00 € im Jahr 20XX)	295,00

3. Fall: Abschreibung eines Sammelpostens mit verschiedenen geringwertigen Wirtschaftsgütern der BGA, deren Anschaffungskosten im Jahr 20XX (= Jahr 1) über 250,00 € bis 1.000,00 € betrugen: Gesamtbetrag dieser GWG = 6.000,00 €, Abschreibungssatz 20 %, Abschreibungsbetrag 1.200,00 €.

Beispiel:

Nr.	Soll	€	Haben	€
3)	6541 Abschreibungen auf GWG-Sammelposten Jahr 1	1.200,00	0891 GWG-Sammelposten BGA Jahr 1	1.200,00

Hinweise

- Das Unternehmen kann für ein Geschäftsjahr GWG nur nach einem Modell abschreiben!
- Ein Wechsel der Methode (I oder II) in Folgejahren ist für die jeweiligen Neuanschaffungen erlaubt.
- Zeitanteilige Abschreibungen sind für GWG nicht vorgesehen. Hier „lohnen" sich also auch noch Anlagenkäufe kurz vor Jahresende, wenn die Abschreibungssumme des Geschäftsjahres möglichst hoch sein soll.

Aufgaben

1 Der Geschäftsführer der Fahrradwerke Weil GmbH, Dr. Krai, hat im Januar 2010 ein neues Dienstfahrzeug angeschafft. Der BMW mit Sonderausstattungen hat Anschaffungskosten in Höhe von 42.000,00 € verursacht. Die betriebsgewöhnliche Nutzungsdauer beträgt für das Fahrzeug 6 Jahre. Als bewegliches Anlagegut kann es bei Anschaffung im Jahr 2010 steuerrechtlich noch linear, degressiv, degressiv mit Wechsel zur linearen Abschreibung und nach Leistung abgeschrieben werden. 2010 betrug der Höchstsatz der degressiven Abschreibung 25 %.

Geplante Fahrleistungen:
1. Jahr: 30 000 km
2. Jahr: 55 000 km
3. Jahr: 45 000 km
4. Jahr: 40 000 km
5. Jahr: 20 000 km
6. Jahr: 10 000 km

a Erstellen Sie für das Fahrzeug für jede Abschreibungsmethode eine Abschreibungstabelle für die betriebsgewöhnliche Nutzungsdauer (jeweils volle Nutzungsjahre) nach folgendem Muster.

Anschaffungskosten/ Buchwerte/Zeit	lineare AfA	degressive AfA (25 %)	degressiv-lineare AfA	Leistungs-AfA

b Geben Sie den Buchungssatz für die Abschreibung des Fahrzeuges am Ende des ersten Geschäftsjahres an, wenn das Fahrzeug erst am 17.03.2010 angeschafft und linear abgeschrieben wird.

2 Wie hoch war der Buchwert eines degressiv abgeschriebenen Lkw mit Anschaffungskosten von 170.000,00 €, der am 07.09.20X1 gekauft (Abschreibungshöchstsatz 25 %) und am 21.10.20X2 wieder verkauft wurde?

3 Die geplante Gesamtproduktionsleistung einer Maschine beträgt 2 500 000 Einheiten eines Produktes. Im dritten Nutzungsjahr, in dem eine Produktionsmenge von 800 000 Einheiten geplant war, wurden tatsächlich nur 750 000 Einheiten produziert. Wie hoch ist die Abschreibung nach Leistung im dritten Nutzungsjahr, wenn die Anschaffungskosten 2.000.000,00 € betrugen?

4 Ein Lkw wird gemäß AfA-Tabelle über 9 Jahre linear abgeschrieben. Die Anschaffungskosten für den Lkw betrugen 81.000,00 €. Ermitteln Sie:
a den Buchwert nach 6 vollständigen Nutzungsjahren,
b den Abschreibungssatz des Lkw in Prozent je Jahr.

8 Abschreibungen auf Sachanlagen

5 Die Fly Bike Werke GmbH hat am 01.09.20X1 einen neuen Lkw gekauft, der vom Verkäufer zugelassen übergeben wird.

Auszug aus dem Kaufvertrag
Werte in €

FAN-23.5

Listenpreis	284.000,00 €
Sonderausstattungen lt. Vereinbarungen	2.400,00 €
– Firmenrabatt	15 %
Überführungskosten	1.200,00 €
Zulassungskosten	200,00 €

(alle Werte zzgl. 19 % Umsatzsteuer)

Bei Zahlung des Rechnungsbetrages innerhalb von 8 Tagen wird ein Skonto von 3 % gewährt.

a Buchen Sie den Kauf des Lkw auf Ziel bei Rechnungseingang.
b Buchen Sie den Rechnungsausgleich unter Abzug von 3 % Skonto per Banküberweisung.
c Ermitteln Sie die Anschaffungskosten für den Lkw.
d Buchen Sie die lineare Abschreibung im Kaufjahr, wenn die betriebsgewöhnliche Nutzungsdauer 9 Jahre beträgt.
e Ermitteln Sie den Buchwert des Lkw am 31.03.20X6, wenn der Lkw zu diesem Zeitpunkt verkauft werden soll.

6 Ein Unternehmen hat am 14.08.20X1 eine Maschine (Konto 0700 Maschinen-Sammelkonto) mit Anschaffungskosten von 120.000,00 € zzgl. 19 % Umsatzsteuer gegen Banküberweisung erworben.
a Buchen Sie den Maschinenkauf.
b Die Maschine soll über 8 Jahre linear abgeschrieben werden. Buchen Sie die Abschreibung in den Jahren
ba 20X1 (zeitanteilig) und
bb 20X2 (volle Jahresabschreibung).
c Anfang März 20X3 stellt sich heraus, dass die Leistung der Maschine für die notwendige Produktionsmenge nicht mehr ausreicht. Deshalb wird die Maschine im April 20X3 verkauft. Buchen Sie die zeitanteilige Abschreibung im Jahr des Verkaufs. Ein Käufer zahlt für diese Maschine 59.500,00 € inklusive 19 % Umsatzsteuer per Banküberweisung. Ermitteln Sie den Gewinn oder Verlust aus dem Anlageverkauf.

7 Nennen Sie alle Voraussetzungen für die Anerkennung eines „geringwertigen Wirtschaftsgutes".

8 Anschaffung eines Mobiltelefons zum Bruttopreis von 595,00 € inklusive 19 % Umsatzsteuer. Der Verkäufer gewährt 30 % Rabatt.
a Buchen Sie die Anschaffung auf Ziel.
b Ermitteln Sie den höchstmöglichen Abschreibungsbetrag im Anschaffungsjahr.

Hinweis: Beachten Sie bitte auch im Arbeitsbuch die abschließende Lernsituation zum Lernfeld 3: LS 30 Beleggeschäftsgang.

1 Aufgaben und Grundbegriffe
  der Kosten- und Leistungsrechnung 276
2 Abgrenzungsrechnung (Ergebnistabelle) 291
3 Vollkostenrechnung 301
4 Deckungsbeitragsrechnung als Teilkostenrechnung .. 330
5 Plankostenrechnung als Controllingaufgabe 345
6 Prozesskostenrechnung 356

4 Wertschöpfungsprozesse analysieren und beurteilen

AB → Lernsituation 31

1 Aufgaben und Grundbegriffe der Kosten- und Leistungsrechnung

Beispiel: Laut Erfolgsrechnung hat die Fly Bike Werke GmbH (FBW) im letzten Geschäftsjahr einen Gesamtgewinn in Höhe von 150.000,00 € erzielt. Die Geschäftsführung möchte in Zukunft noch bessere Ergebnisse erzielen. Voraussetzung dafür ist, dass sich die Leistungen des Unternehmens im Vergleich zu den Kosten weiterhin positiv entwickeln. Neben der Erfolgsrechnung der Finanzbuchhaltung ist deshalb eine Kosten- und Leistungsrechnung in einer Betriebsbuchhaltung notwendig.

In der **Finanzbuchhaltung** werden alle Geschäftsvorfälle des Unternehmens nach handels- und steuerrechtlichen Vorschriften erfasst. Nach Abschluss der Erfolgskonten über das Gewinn- und Verlustkonto wird dort das **Gesamtergebnis** des Unternehmens ermittelt. In der **Betriebsbuchhaltung**, die weitgehend von handels- und steuerrechtlichen Vorschriften unbeeinflusst bleibt, kann nach betriebsindividuellen Vorgaben das **Betriebsergebnis** ermittelt werden. In der Kosten- und Leistungsrechnung der FBW werden keine „Buchungen" vorgenommen, sondern sie wird in tabellarischer Form erstellt.

Finanzbuchhaltung	Betriebsbuchhaltung
Basis für das Gesamtergebnis: Aufwendungen und Erträge	Basis für das Betriebsergebnis: Kosten und Leistungen
Erträge > Aufwendungen = Gesamtgewinn	Leistungen > Kosten = Betriebsgewinn
Erträge < Aufwendungen = Gesamtverlust	Leistungen < Kosten = Betriebsverlust

1.1 Kosten und Leistungen

! **Kosten** sind sachzielbezogene und bewertete Güterverbräuche eines Unternehmens in einer Rechnungsperiode. **Leistungen** sind sachzielbezogene und bewertete Gütererstellungen eines Unternehmens in einer Rechnungsperiode.

Beispiel: Sachziele der FBW sind z. B. die Produktion von Fahrrädern, der Handel mit Fahrradbekleidung, Fahrradzubehör und Fahrradanhängern sowie die Vermittlung von Fahrradreisen. Bei einer weiten Fassung des Begriffes „Güterverbrauch" handelt es sich um den Verzehr von Sachen, Dienstleistungen und Rechten. Bei einer weiten Fassung des Begriffes „Gütererstellungen" handelt es sich um die Verwirklichung der industriellen Grundfunktionen.

sachzielbezogener Güterverzehr	betriebliche Funktionen eines Industrieunternehmens	sachzielbezogene Gütererstellung
Beispiele: Kosten für – Materialverbrauch – Nutzung von Betriebsmitteln (Abschreibungen) – Personal (Löhne, Gehälter usw.)	– Beschaffung – Produktion – Absatz	**Beispiele: Leistungen für** – Absatzleistungen (z. B. Verkauf von Erzeugnissen) – Lagerleistungen – aktivierte Eigenleistungen

1.2 Aufbau der Kosten- und Leistungsrechnung

Die Kosten- und Leistungsrechnung besteht aus drei Teilen:

Kriterien	Kostenrechnung	Leistungsrechnung
Welche?	Kostenartenrechnung: Welche Kosten sind angefallen und wie verhalten sie sich? Durchführung: Abgrenzungsrechnung (Ergebnistabelle)	Leistungsartenrechnung Welche Leistungen sind angefallen?[1]
Wo?	Kostenstellenrechnung: Wo sind die Kosten angefallen? Durchführung: Betriebsabrechnungsbogen (BAB)	Leistungsstellenrechnung: Wo sind die Leistungen angefallen?[1]
Wofür?	Die Kostenträgerrechnung: Wofür sind die Kosten angefallen? Durchführung: Kalkulation	Leistungsträgerrechnung: Wofür sind die Leistungen angefallen?[1]

[1] In AkA-Prüfungen wird die Durchführung der Leistungsrechnung nicht geprüft.

Die Kostenrechnung soll folgende Fragen beantworten:

> **!** Kostenartenrechnung: Welche Kosten sind dem Unternehmen im Einzelnen entstanden?

Kostenartenrechnung, vgl. **Kap. 1.7**

Neben dem **Materialeinsatz** (Verbrauch von Werkstoffen) sind hier insbesondere folgende Kostenarten zu nennen: Personalkosten, Mieten, Steuern, Energie, Werbe- und Reisekosten, Abschreibungen usw. Darüber hinaus werden **kalkulatorische Kosten** ermittelt, die Aufwendungen der Finanzbuchhaltung für die Kosten- und Leistungsrechnung betragsmäßig ändern (Anderskosten) oder zusätzlich zu Aufwendungen der Finanzbuchhaltung (Zusatzkosten) ermittelt werden.

Kalkulatorische Kosten, vgl. **Kap. 1.7.2**

Als **Leistungsarten** gelten insbesondere die Umsatzerlöse für eigene Erzeugnisse und für Waren sowie die Lagerleistungen (z. B. Mehrbestand an Erzeugnissen).

Ziel der Kostenartenrechnung ist die Ermittlung des Betriebsergebnisses durch den Vergleich von Leistungen und Kosten.

> **!** Kostenstellenrechnung: Wo sind die Kosten entstanden?

Hier sind die Kostenstellen als Entstehungsort der Kosten angesprochen, die zumeist den Grundfunktionen der Industrie (Material, Fertigung, Verwaltung, Vertrieb) entsprechen. In der Praxis wird häufig eine Vielzahl von Kostenstellen eingerichtet. Für die Entstehung und die Höhe der Kosten ist ein bestimmter Mitarbeiter (z. B. Kostenstellbnleitung, Abteilungsleiter) verantwortlich.

Ziel der Kostenstellenrechnung ist die Kontrolle der Entstehung und der Höhe der Kosten für jede Kostenstelle.

Kostenstellenrechnung, vgl. **Kap. 3.2**

4 Wertschöpfungsprozesse analysieren und beurteilen

> ! Kostenträgerrechnung: Wofür sind die Kosten entstanden?

Kostenträgerrechnung, vgl. Kap. 3.3–3.4

Kosten entstehen immer für einen Kostenträger, das ist ein bestimmtes Erzeugnis, ein Auftrag oder ein Kunde. **Ziel der Kostenträgerrechnung** ist die Bereitstellung von Daten für die Kalkulation (Preis- und Gewinnermittlung).

Überprüfung der Wirtschaftlichkeit, vgl. Kap. 2.4

Im Ergebnis überprüft die Kosten- und Leistungsrechnung die **Wirtschaftlichkeit** des Betriebes und dient damit als die Informationsquelle für viele unternehmerische Entscheidungen (z. B. Personal, Produktionsprogramm, Investitionsvorhaben usw.).

```
                    Kostenstellenrechnung (wo?)
Kostenartenrechnung      Material   Fertigung   Verwaltung   Vertrieb
   (welche?)
                    Kostenträgerrechnung (wofür?)
                    Erzeugnis   Kunde   Auftrag
```

1.3 Zeitbezug der Kosten- und Leistungsrechnung

Da die Kosten- und Leistungsrechnung nur die Gültigkeit von einer Rechnungsperiode (zumeist ein Monat) besitzt, müssen Kosten und Leistungen, die mehrere Perioden betreffen, zeitlich abgegrenzt werden.

Istkostenrechnung (vergangenheitsorientiert): Sie erfasst den tatsächlichen Werteverzehr des unmittelbar letzten Abrechnungszeitraums.

> **Beispiel:** Aufgrund der unterschiedlichen Anzahl von Beschäftigten im Versand eines Industrieunternehmens – so genannte „400-€-Jobs" – haben sich die Personalkosten (Istkosten) in den Monaten Januar bis Mai unterschiedlich entwickelt (siehe Grafik). Im Mai sind Personalkosten in Höhe von nur 17.200,00 € entstanden.

Normalkostenrechnung (vergangenheitsorientiert): Hier werden die Durchschnittswerte mehrerer vergangener Rechnungsperioden gebildet. Durch diesen Ansatz sollen Besonderheiten einzelner Rechnungsperioden geglättet werden.

> **Beispiel:** Im Durchschnitt der letzten fünf Monate sind Personalkosten in Höhe von 18.080,00 € je Monat entstanden.

Plankostenrechnung (zukunftsorientiert): Über eine Wertefortschreibung in die Zukunft oder durch Kostenanalysen werden Plangrößen entwickelt, die für eine sinnvolle Kontrolle mit den Istkosten verglichen werden.

> **Beispiel:** In der Kostenplanung wurde für die Monate Februar bis April die Einsparung einer „400-€-Kraft" berücksichtigt.

Kontrollgröße	Vergleichsgröße	Kontrollinstrument	Beurteilung
Normalkostenrechnung	Istkostenrechnung	Normal-Ist-Vergleich	Wenig aussagefähig: Ein Vergleich zwischen früheren und aktuellen Fehlentwicklungen lässt keinen Rückschluss auf die Ursachen von innerbetrieblichen Unwirtschaftlichkeiten zu.
Plankostenrechnung		Soll-Ist-Vergleich	Aussagefähig: Über in die Zukunft gerichtete Kosten- und Abweichungsanalysen können Ursachen für Fehlentwicklungen erfasst und innerbetriebliche Unwirtschaftlichkeiten abgestellt werden.

1.4 Zurechenbarkeit der Kosten auf die Kostenträger

Nicht alle Kosten können ohne Weiteres einem bestimmten Kostenträger zugeordnet werden. Man unterscheidet zwischen **Einzelkosten** und **Gemeinkosten**.

Kostenart	Zurechenbarkeit auf die Kostenträger	Beispiele
Einzelkosten	sind direkt zurechenbar und werden direkt zugerechnet	Anschaffungskosten (Bezugspreise) für einen Rohstoff können dem Kostenträger (z. B. Erzeugnis) direkt zugerechnet werden.
Sondereinzelkosten	sind direkt zurechenbar und werden direkt zugerechnet	– in der Fertigung z. B. Spezialwerkzeuge, Modelle – im Vertrieb z. B. Spezialverpackungen, Vertriebsprovisionen
echte Gemeinkosten	sind nicht direkt zurechenbar	Gehalt einer Sekretärin des Geschäftsführers
unechte Gemeinkosten	sind direkt zurechenbar, werden aber z. B. aus Gründen der Wirtschaftlichkeit nicht direkt zugerechnet	Geringe Bezugskosten bei einer Sammelbestellung für Hilfsstoffe werden den jeweiligen Kostenträgern (unterschiedlichen Erzeugnissen) nicht zugeordnet.

Echte und unechte Gemeinkosten werden Kostenträgern über prozentuale Zuschlagsätze zugerechnet, die auf die Einzelkosten aufgeschlagen werden. Diese Verteilung der Gemeinkosten erfolgt mithilfe eines Betriebsabrechnungsbogens.

Betriebsabrechnungsbogen, vgl. **Kap. 3.2.4**

Wichtige Kostenarten im Überblick

Kostenart	Erklärung
Materialkosten	Verbrauch von Rohstoffen, fremdbezogenen Fertigteilen oder Hilfsstoffen
Personalkosten	Fertigungslöhne (z. B. Stück- oder Zeitakkord) werden bezahlt, wenn Arbeiter direkt mit der Herstellung eines Erzeugnisses beschäftigt sind.
	Gehälter werden am Ende eines Zeitraums (z. B. Monat) an Angestellte unabhängig von ihrer erbrachten Leistung gezahlt.
Abschreibungen	Abschreibungen erfassen den Wertverlust von Vermögensgegenständen.
Energiekosten	Energiekosten werden zwar nicht Bestandteil eines Produktes. Aber sie werden benötigt, um z. B. Produktionsmaschinen zu betreiben (z. B. Öl) oder Räume zu heizen (z. B. Strom).

1.5 Abhängigkeit der Kosten von der Beschäftigung

Deckungsbeitragsrechnung, vgl. **Kap. 4**

Nicht alle Kosten fallen während einer Abrechnungsperiode immer in derselben Höhe an. In Abhängigkeit von der Beschäftigung (Produktionsmenge) steigen oder sinken aber nur bestimmte Kosten. In der Deckungsbeitragsrechnung werden diese Kostenveränderungen aufgezeigt und für preispolitische Maßnahmen aktiv genutzt. Man unterscheidet hier zwischen fixen und variablen Kosten.

Fixe Kosten: Innerhalb der Rechnungsperiode hat das Unternehmen auf diese Kosten keinen Einfluss. Sie fallen in konstanter Höhe auf jeden Fall an, unabhängig davon, ob und wie viele Erzeugnisse produziert werden. Deshalb werden sie auch als beschäftigungsunabhängige Kosten bezeichnet. Beispiele sind Gehälter, Abschreibungen und Mieten.

Sprungfixe Kosten: Sie steigen oder fallen nur dann, wenn z. B. in einer Abrechnungsperiode die Kapazität erhöht oder gesenkt wird.

 Beispiele sind der Kauf eines neuen Fahrzeugs oder die Stilllegung einer Verpackungsmaschine, die jeweils die Kostenart Abschreibungen verändert.

Variable Kosten: Sie steigen oder sinken mit der Produktionsmenge (Beschäftigung). Deshalb werden sie auch als beschäftigungsabhängige Kosten bezeichnet.

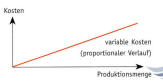

Beispiel: Verbrauch von Rohstoffen und Fremdbauteilen

Nicht alle variablen Kosten haben einen proportionalen Verlauf (gleichmäßige Kostensteigerung in Abhängigkeit von der Produktionsmenge). Auch überproportionale Kostenverläufe (z. B. erhöhte Lohnkostensteigerungen bei Überstunden) oder unterproportionale Kostenverläufe (z. B. Einsparungen beim Verpackungsmaterial bei steigenden Produktionsmengen) sind möglich.

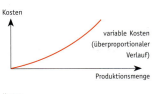

Mischkosten: Viele Kostenarten haben sowohl fixe als auch variable Bestandteile.

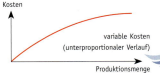

Beispiel: Bei Energiekosten sind z. B. die Zähler- oder Bereitstellungskosten fix. Die Kosten für den Energieverbrauch selbst sind dagegen variabel.

Stückkosten: Betrachtet man nicht die Gesamtkosten des Unternehmens, sondern die Kosten je Stück, so zeigt die untenstehende Grafik den Kostenverlauf. Während die variablen (proportionalen) Stückkosten bei steigender Produktionsmenge konstant bleiben, sinken die fixen Kosten je Stück kontinuierlich ab. Diese Fixkostendegression ermöglicht bei hohen Produktionsmengen steigende Gewinne.

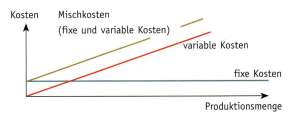
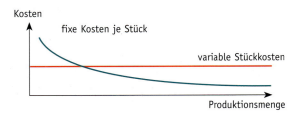

1 Aufgaben und Grundbegriffe der Kosten- und Leistungsrechnung

Da den Unternehmen normalerweise sowohl fixe als auch variable Kosten entstehen, setzen sich die Gesamtkosten zusammen aus den fixen Gesamtkosten (als unveränderlicher Kostenblock für einen bestimmten Zeitraum) plus den variablen Stückkosten, multipliziert mit der Anzahl der produzierten Menge (Leistungseinheiten), oder mathematisch ausgedrückt:

$$KG(x) = KF + kv \cdot x$$

KG = Gesamtkosten
KF = fixe Gesamtkosten
kv = variable Stückkosten
x = gefahrene km (= Leistungseinheit in diesem Beispiel)

Beispiel: Für einen betrieblich genutzten Pkw betragen die fixen Abschreibungen 3.000,00 € pro Jahr und die variablen Abschreibungen je km 0,10 €. Es ergeben sich folgende Gesamtkosten und Kosten pro km für die Kostenart Abschreibungen.

km	Gesamtkosten in €/Jahr			Kosten je km in €		
	KG	KF	KV	kg	kf	kv
0	3.000,00	3.000,00	0,00	–	–	–
1.000	3.100,00	3.000,00	100,00	3,10	3,00	0,10
2.500	3.250,00	3.000,00	250,00	1,30	1,20	0,10
5.000	3.500,00	3.000,00	500,00	0,70	0,60	0,10
7.500	3.750,00	3.000,00	750,00	0,50	0,40	0,10
10.000	4.000,00	3.000,00	1.000,00	0,40	0,30	0,10
15.000	4.500,00	3.000,00	1.500,00	0,30	0,20	0,10
20.000	5.000,00	3.000,00	2.000,00	0,25	0,15	0,10

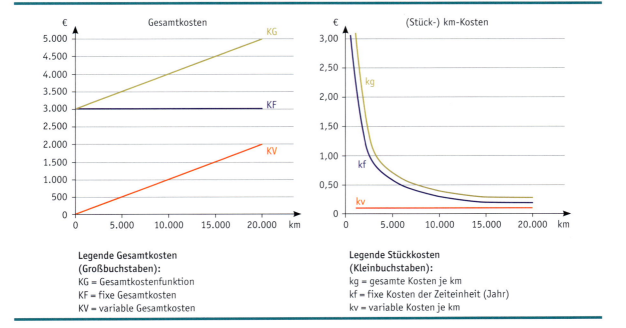

Legende Gesamtkosten (Großbuchstaben):
KG = Gesamtkostenfunktion
KF = fixe Gesamtkosten
KV = variable Gesamtkosten

Legende Stückkosten (Kleinbuchstaben):
kg = gesamte Kosten je km
kf = fixe Kosten der Zeiteinheit (Jahr)
kv = variable Kosten je km

1.6 Leistungsarten

Beispiel: Die FBW hat laut Gewinn- und Verlustrechnung im abgelaufenen Geschäftsjahr Gesamterträge in Höhe von 7.002.655,85 € und Gesamtaufwendungen in Höhe von 6.852.655,85 € erzielt.

Die FBW hat damit einen Gesamtgewinn von 150.000,00 € erzielt. Trotzdem könnte das Unternehmen bei der Verfolgung seiner Sachziele verlustbringend gearbeitet haben, wenn z. B. der in der Finanzbuchhaltung ausgewiesene Gewinn aus dem Ertrag eines Grundstücksverkaufes oder aus Aktiengewinnen stammt. Welche Erträge auf die eigene Leistungskraft des Unternehmens zurückzuführen sind und welche der Aufwendungen zur Erzielung dieser Erträge notwendig waren, muss durch eine Untersuchung der Erfolgsquellen geklärt werden.

Erfolgsquellen eines Unternehmens

Unternehmenserfolg (Gesamtergebnis)	
eigene Leistungskraft (Betriebsergebnis) Merkmale:	**sonstige Erträge (neutrales Ergebnis)** Merkmale:
– sachzielbezogen und	– betriebsfremd oder
– ordentlich und	– betrieblich außerordentlich oder
– periodenbezogen	– periodenfremd

Die in der Finanzbuchhaltung gebuchten Erträge entsprechen den Leistungen in der Betriebsbuchhaltung nur dann, wenn sie den Merkmalen sachzielbezogen, ordentlich **und** periodenbezogen genügen.

Betriebsfremde Erträge sind das Ergebnis der Verfolgung von Nebenzielen. Zweck dieser Erträge ist das Erwirtschaften zusätzlicher Gewinne und/oder die Streuung des Risikos (Diversifikation).

Beispiel Mieterträge: Es gehört nicht zu den eigentlichen Aufgaben (Sachziel) eines Industriebetriebes, Gebäude zu vermieten. Bei einer Wohnungsverwaltungsgesellschaft dagegen sind Mieterträge sachzielbezogen und zählen dort zum Betriebsergebnis.

Betrieblich außerordentliche Erträge sind zwar betriebsbedingt, fallen aber unregelmäßig, unvorhersehbar und/oder in außergewöhnlicher Höhe an.

Beispiel: Erlöse aus dem Abgang von Gegenständen des Anlagevermögens (z. B. einer betrieblich genutzten Maschine).

Periodenfremde Erträge sind betriebsbedingt, können aber dem abgelaufenen Abrechnungszeitraum nicht zugeordnet werden. Sie resultieren meist aus zu hoch angesetzten Aufwendungen vergangener Perioden.

Beispiel: Rückerstattung von gezahlten Aufwandssteuern aus Vorperioden (z. B. Kfz- oder Grundsteuern).

Diese so genannten **neutralen Erträge** dokumentieren nicht die eigene Leistungskraft des Unternehmens und gehören daher nicht in das Betriebsergebnis.

1 Aufgaben und Grundbegriffe der Kosten- und Leistungsrechnung

Abgrenzung von Erträgen und Leistungen

Finanzbuchhaltung

Erträge		
neutraler Ertrag (Ertrag, nicht zugleich Leistung) Merkmale: • betriebsfremd • betrieblich außerordentlich • periodenfremd (Erträge, denen keine Leistungen gegenüberstehen)	**Zweckertrag** (Ertrag, zugleich Leistung)	
	Grundleistung (Leistung, zugleich Ertrag)	**Zusatzleistung** (Leistungen, denen keine Erträge gegenüberstehen)
		kalkulatorische Leistungen (Leistung, nicht zugleich Ertrag)
	Leistungen Merkmale: sachzielbezogen, ordentlich, periodenbezogen	

Betriebsbuchhaltung

Zweckerträge/Grundleistungen resultieren aus der Arbeit eines Industriebetriebes. Sie entsprechen dem Betriebszweck und setzen sich zusammen aus
- Absatzleistungen (Umsatzerlösen),
- Lagerleistungen (Bestandserhöhungen im Lager) bei unfertigen oder fertigen Erzeugnissen,
- aktivierten Eigenleistungen (selbst erstellte Vermögensgegenstände),
- Privatentnahmen von Gegenständen oder Leistungen.

Neben den Zweckerträgen kann ein Industriebetrieb auch noch neutrale Erträge erwirtschaften, die entweder in keinem Zusammenhang zu den Sachzielen des Unternehmens stehen oder unvorhersehbar waren oder in anderen Rechnungsperioden entstanden sind. Neutrale Erträge werden in der Finanzbuchhaltung gebucht, würden aber das Betriebsergebnis verfälschen.

Betriebsergebnis, vgl. **S. 276**

1.7 Kostenarten

Die Abgrenzung der Kostenarten von den in der Finanzbuchhaltung erfassten Aufwendungen erfolgt – ebenso wie die Abgrenzung von Erträgen und Leistungen – nach den Merkmalen sachzielbezogen, ordentlich und periodenbezogen.

1.7.1 Grundkosten

Dienen die in der Finanzbuchhaltung gebuchten Aufwendungen dem eigentlichen Betriebszweck, so bezeichnet man sie als Zweckaufwand bzw. Grundkosten (Aufwand zugleich Kosten). Dies gilt z. B. für die auf dem Konto 6200 Löhne gebuchten Aufwendungen.

Abgrenzung von Aufwand und Kosten

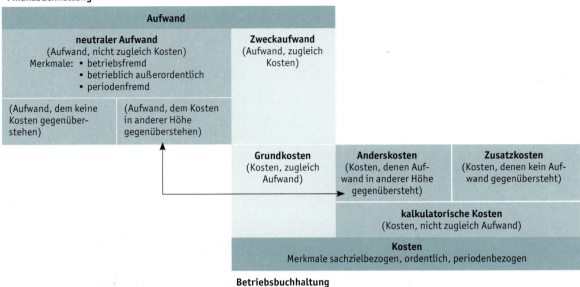

Neben dem Zweckaufwand existieren in der Finanzbuchhaltung noch andere Aufwendungen, die in keinem Zusammenhang mit den eigentlichen Aufgaben eines Industriebetriebes stehen oder unvorhersehbar waren oder in anderen Rechnungsperioden entstanden sind. Diese so genannten **neutralen Aufwendungen** werden als Werteverzehr in der Finanzbuchhaltung gebucht, würden aber das Betriebsergebnis und die Preisermittlung verfälschen:

Neutrale Aufwendungen

betriebsfremde Aufwendungen	z. B. Spenden oder Instandhaltungsaufwendungen für ein vermietetes (nicht betrieblich genutztes) Gebäude, da die Vermietung nicht zum Sachziel eines Industriebetriebes gehört
betrieblich außerordentliche Aufwendungen	z. B. Verluste aus Schadensfällen wie Schwund, Diebstahl, Verderb, Kassenmanko
periodenfremde Aufwendungen	z. B. Steuernachzahlungen für die vorangegangene Rechnungsperiode, für die keine ausreichenden Rückstellungen gebildet wurden

1.7.2 Kalkulatorische Kosten

Neben den Grundkosten werden in der Betriebsbuchhaltung die kalkulatorischen Kosten berücksichtigt. Kalkulatorische Kosten lassen sich nicht auf Ausgaben zurückführen. Ihnen stehen in der Finanzbuchhaltung Aufwendungen entweder in anderer Höhe gegenüber (**Anderskosten**) oder ihnen stehen überhaupt keine Aufwendungen in der Finanzbuchhaltung gegenüber (**Zusatzkosten**).

1 Aufgaben und Grundbegriffe der Kosten- und Leistungsrechnung

Kalkulatorische Kosten müssen für die kostenorientierte Preisermittlung berücksichtigt werden, damit der Unternehmer seine Tätigkeit, seine Risikobereitschaft und sein Eigenkapital vergütet bekommt und die Substanz des Unternehmens erhalten bleibt. Nur betriebswirtschaftlich sinnvoll begründbare Kosten dürfen dabei angesetzt werden.

kostenorientierte Preisgestaltung, vgl. Kap. 4.3

Problem: Hohe Kosten führen zu hohen Preisen! Das gilt für alle Kostenarten.

Kalkulatorische Abschreibungen

Beispiel: Die FBW hat in der Vergangenheit festgestellt, dass die in der Finanzbuchhaltung erfassten Abschreibungen auf den Fuhrpark nicht ausgereicht haben, um die Fahrzeuge nach Ablauf der Nutzungsdauer zu ersetzen. Die Preise waren meist gestiegen, sodass zur Finanzierung zusätzliche Mittel benötigt wurden.

Zweck der in der Finanzbuchhaltung erfassten Abschreibungen von Vermögensgegenständen ist eine über die Verringerung des Gewinns erreichte Senkung der Einkommen- bzw. Ertragsteuern und ein sicherer Einblick in die Ertrags- und Vermögenslage des Unternehmens. Das Handels- und das Steuerrecht beschränken Abschreibungsbeträge in ihrer Höhe dadurch, dass maximal nur von den Anschaffungskosten und – im Steuerrecht – nur nach der betriebsgewöhnlichen Nutzungsdauer (Steuerrecht) abgeschrieben werden darf. Dem stehen in der Betriebsbuchhaltung kalkulatorische Abschreibungen gegenüber, die an **keinerlei Gesetze gebunden** sind. Hier könnte theoretisch ein Gegenstand sofort im Jahr der Anschaffung voll abgeschrieben werden. Dies wird in der Praxis wohl kaum geschehen, da diese Kosten in der Kalkulation den Verkaufspreis in die Höhe treiben würden.

lineare Abschreibung auf Sachanlagen, vgl. LF 3, Kap. 8

Um die Substanz des Unternehmens real zu erhalten, orientiert man sich im Rahmen der Kosten- und Leistungsrechnung an der tatsächlichen Wertminderung im eigenen Betrieb (Realität). Damit beim Ersatz des Gegenstandes keine Finanzierungslücke entsteht, wird von **Wiederbeschaffungswerten** und nach der betriebsindividuellen Nutzungsdauer abgeschrieben. Wiederbeschaffungswerte sind die Preise, die gezahlt werden müssen, wenn der Gegenstand nach Ablauf der Nutzungsdauer ersetzt werden muss. Diese können höher (z. B. durch Inflation) oder niedriger (z. B. durch technischen Fortschritt) sein als der ursprünglich gezahlte Anschaffungspreis. Die **betriebsindividuelle Nutzungsdauer** kann von der betriebsgewöhnlichen Nutzungsdauer abweichen. Eine kürzere betriebsindividuelle Nutzungsdauer kann z. B. auf den technischen Fortschritt oder den weniger sorgfältigen Umgang mit betrieblichen Gegenständen zurückzuführen sein.

Beispiel: Der Kauf eines Pkws hat Anschaffungskosten in Höhe von 36.000,00 € verursacht. Laut AfA-Tabelle beträgt die betriebsgewöhnliche Nutzungsdauer sechs Jahre.

Die FBW rechnet abweichend von diesen Vorgaben aufgrund betrieblicher Erfahrungen mit einer betriebsindividuellen Nutzungsdauer von nur fünf Jahren und schätzt die Wiederbeschaffungskosten für ein vergleichbares Fahrzeug auf 42.000,00 €.

Bei linearer Abschreibung ergibt sich folgender bilanzieller Abschreibungsbetrag:

bilanzmäßiger Abschreibungsbetrag:

$$\text{bilanzmäßiger Abschreibungsbetrag} = \frac{\text{Anschaffungskosten}}{\text{betriebsgewöhnliche Nutzungsdauer}} = \frac{36.000{,}00\ \text{€}}{6\ \text{Jahre}} = 6.000{,}00\ \text{€/Jahr}$$

bilanzmäßige Abschreibung (Berechnung)

Da eine gleichmäßige Nutzung unterstellt wird, ergibt sich folgender kalkulatorischer Abschreibungsbetrag:

$$\text{kalkulatorischer Abschreibungsbetrag} = \frac{\text{Wiederbeschaffungskosten}}{\text{betriebsindividuelle Nutzungsdauer}} = \frac{42.000{,}00\ \text{€}}{5\ \text{Jahre}} = 8.400{,}00\ \text{€/Jahr}$$

kalkulatorische Abschreibung (Berechnung)

Bei kostendeckenden Preisen stehen dem Betrieb nach Ablauf der betriebsindividuellen Nutzungsdauer von fünf Jahren 42.000,00 € zur Ersatzinvestition zur Verfügung. Dem Unternehmen entsteht beim Kauf eines neuen Fahrzeugs bei Ansparung der verdienten Abschreibungen keine Finanzierungslücke.

Die FBW berücksichtigen in ihrer KLR keine Restwerte.

Problematisch ist dabei immer die realitätsnahe Ermittlung der Wiederbeschaffungskosten. Schätzungen erfolgen auf Basis unternehmensspezifischer Erfahrungen, mathematischer Hochrechnungen oder im Nachhinein durch die jährliche Feststellung der aktuellen Preise mit anschließender Berechnung des kalkulatorischen Abschreibungsbetrages für das abgelaufene Jahr.

Abschreibungen werden also in der Kostenrechnung anders berechnet als in der Finanzbuchhaltung. Sie werden deshalb auch **Anderskosten** genannt.

GmbH, vgl. LF 1, Kap. 8.4.2

Kalkulatorischer Unternehmerlohn

Die Unternehmensleitungen von **Kapitalgesellschaften** (z. B. Geschäftsführer einer GmbH) erhalten für ihre Tätigkeit Gehälter, die in der Finanzbuchhaltung als Zweckaufwand gebucht werden und so als Grundkosten in die Kosten- und Leistungsrechnung eingehen. Die Eigentümer (z. B. Aktionäre einer AG) haben oft nur einen rechtlichen Anspruch auf eine (Teil-)Gewinnausschüttung.

AG, vgl. LF 1, Kap. 8.4.1

Der Einzelunternehmer und die in der Geschäftsführung tätigen Vollhafter einer **Personengesellschaft** können sich kein Gehalt in Form von Personalkosten zahlen. Sie müssen vom Gewinn leben. Damit der Unternehmer für seine Tätigkeit ein entsprechendes Entgelt beziehen kann, muss er es in die Preise einkalkulieren. Durch die Berücksichtigung dieses kalkulatorischen Unternehmerlohns entstehen echte Zusatzkosten, denen keine Aufwendungen in der Finanzbuchhaltung gegenüberstehen.

Personengesellschaft, vgl. LF 1, Kap. 8.3

Hinsichtlich der Höhe des Unternehmerlohns könnte sich der Unternehmer an einer vergleichbaren Unternehmensgröße der gleichen Branche und an einer vergleichbaren Tätigkeit (Management) einer Kapitalgesellschaft orientieren. Eine Berechnung des Unternehmerlohns auf dieser Basis kann jedoch nur ansatzweise erfolgen, da sich die Höhe der Gehälter auch durch Angebot und Nachfrage ergibt und nicht nur aufgrund von Vergleichswerten festgelegt werden kann.

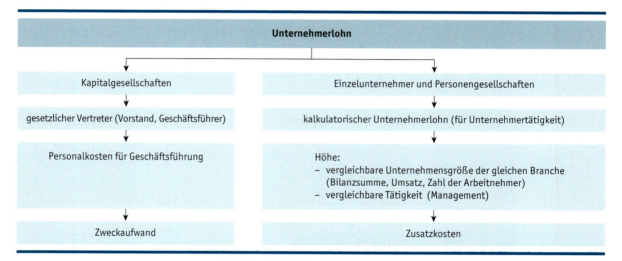

Kalkulatorische Zinsen

In der Finanzbuchhaltung werden nur die für das Fremdkapital tatsächlich gezahlten Zinsen erfasst. Für die Überlassung von Eigenkapital kann der Eigentümer jedoch ebenfalls eine Verzinsung erwarten. Deshalb wird in der Kosten- und Leistungsrechnung das **betriebsnotwendige** Kapital (Eigen- und Fremdkapital) verzinst.

Ausgangspunkt der Berechnung ist das betriebsnotwendige **Vermögen**, wobei beim Anlagevermögen die Restwerte nach kalkulatorischer Abschreibung anzusetzen sind.

betriebsnotwendig
dauernd dem Betriebszweck dienend

	Gesamtvermögen (Anlagevermögen + Umlaufvermögen)
−	nicht betriebsnotwendiges Anlagevermögen (z. B. vermietete Gebäude, stillgelegte Anlagen) *stillgelegte Maschinen dienen nicht dem Betriebszweck*
−	überhöhtes Umlaufvermögen (z. B. Wertpapiere zur Spekulation) *kein Betriebszweck*
=	betriebsnotwendiges Vermögen
−	zinsfreies Fremdkapital (Anzahlungen von Kunden, ggf. Verbindlichkeiten a. L. L.)[1]
=	betriebsnotwendiges Kapital

[1] ohne Skontoabzugsmöglichkeit

Als anzusetzender Zinssatz gilt der aktuelle Marktzinssatz für langfristige Kapitalanlagen. Beträgt das betriebsnotwendige Kapital z. B. 3.000.000,00 € und der Marktzinssatz zurzeit 7 %, so ergeben sich die kalkulatorischen Zinsen pro Monat nach folgender Zinsformel:

$$\frac{\text{betriebsnotwendiges Kapital} \cdot 30}{360} \cdot \text{Marktzinssatz} = \frac{3.000.000 \cdot 7 \cdot 30}{100 \cdot 360} = 17.500,00 \text{ €}$$

Ermittlung der kalkulatorischen Zinsen

Kalkulatorische Zinsen sind damit **sowohl Anderskosten** (Anteil auf das zinspflichtige Fremdkapital) **als auch Zusatzkosten** (Anteil auf das Eigenkapital).

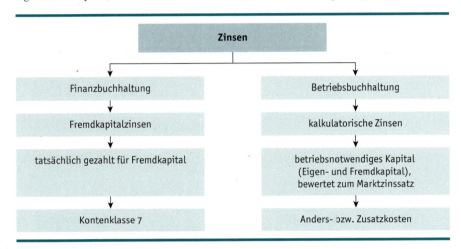

Wagnisse: unternehmerische Risiken

Kalkulatorische Wagnisse

Einzelwagnisse

Die unternehmerische Tätigkeit beinhaltet vielfache Wagnisse. Einzelne „Problemfelder" eines Unternehmens (Einzelwagnisse) sind zumindest vom Grundsatz her vorhersehbar und können bei Vorliegen entsprechender Erfahrungswerte auch berechnet werden. Manche Risiken können alternativ auch durch Versicherungen abgedeckt werden, wenn die Prämien auf Dauer kostengünstiger sind. Das allgemeine unternehmerische Risiko (Verluste im normalen Geschäftsablauf, Insolvenz) ist dagegen nicht kalkulierbar, dafür erhalten die Unternehmensinhaber – wenn alles wie geplant abläuft – den erhofften Gewinn. Allgemeine Wagnisse werden in der Betriebsbuchhaltung nicht erfasst.

Einzelwagnis (Beispiele)	Erläuterung
– Beständewagnis	Schwund, Diebstahl, Verderb, Überalterung oder Zerstörung von Werkstoff- oder Erzeugnisbeständen
– Gewährleistungswagnis	nicht oder nicht mehr auf Hersteller oder Lieferer abwälzbare Gewährleistungsforderungen von Kunden, ggf. auch ohne rechtlichen Anspruch (Kulanz)
– Vertriebswagnis	Zielverkäufe führen zu keinen oder nur geringeren Einzahlungen, z. B. Forderungsausfälle durch Insolvenz von Kunden, Wechselkursänderungen beim Export.
– Anlagenwagnis	Schäden an Anlagegütern, z. B. Totalschaden eines fast neuen Lkws, Maschinenschaden

Die Verrechnung kalkulatorischer Einzelwagnisse ermöglicht Preiskalkulationen, die für einen bestimmten Abrechnungszeitraum konstant sind. Dabei ist die Berechnung schwierig. Oft werden Durchschnittssätze der in der Vergangenheit eingetretenen Verluste ermittelt und gleichmäßig in die Zukunft fortgeschrieben.

Beispiel: In den letzten fünf Jahren betrugen die Forderungsausfälle im Durchschnitt 1,0 % der jeweiligen Forderungssummen. Bei geplanten Zielverkäufen im Folgejahr in Höhe von 850.000,00 € kann mit diesem Erfahrungswert ein möglicher Forderungsausfall von 8.500,00 € für die Kostenrechnung ermittelt werden.

Konkret eingetretene Wagnisse (z. B. tatsächliche Forderungsverluste oder Diebstähle) werden in der Finanzbuchhaltung erfasst. Kalkulatorische Wagnisse sind damit wie die Abschreibungen **Anderskosten**.

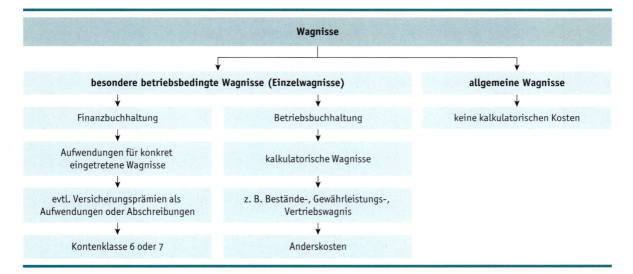

Kalkulatorische Miete

Nicht alle Unternehmen setzen eine kalkulatorische Miete für betrieblich genutztes Unternehmenseigentum an Gebäuden und Grundstücken an. Durch den Ansatz einer kalkulatorischen Miete können ungleichmäßig anfallende Aufwendungen (z. B. für eine Dachreparatur) in der Kosten- und Leistungsrechnung zum Teil vermieden werden. Die kalkulatorische Miete wird in der Regel in Höhe der ortsüblichen Miete oder als betriebsindividuelle Kostenmiete (Durchschnittswert der Kosten vergangener Rechnungsperioden) angesetzt.

Beispiel: Die durchschnittlichen Kosten für die betriebseigenen Gebäude betragen je Monat 12.000,00 €. Für vergleichbare Gebäude müsste eine ortsübliche Miete von 20.000,00 € bezahlt werden, die als kalkulatorische Miete angesetzt werden kann (Anderskosten).

Stellt bei einem Einzelunternehmen oder einer Personengesellschaft ein Inhaber dem Unternehmen kostenlos ein Grundstück oder Räume zur Verfügung, so sind die darauf entfallenden kalkulatorischen Mietkosten aus Sicht des Unternehmens Zusatzkosten, da in der Finanzbuchhaltung keine Zahlungen erfasst werden.

4 Wertschöpfungsprozesse analysieren und beurteilen

Aufgaben

1 Stellen Sie fest, ob die folgenden betrieblichen Sachverhalte einer KG
   1 dem Zweckaufwand/Grundkosten,
   2 den Anderskosten,
   3 den echten Zusatzkosten,
   4 dem betriebsfremden Aufwand,
   5 dem betrieblich außerordentlichen Aufwand,
   6 dem periodenfremden Aufwand
   zurechenbar sind oder ob sie
   7 den Begriffen 1 bis 6 nicht zurechenbar sind.

   a Reparatur an einem Betriebs-Pkw
   b Mietwert der betrieblich genutzten Räume
   c Totalschaden eines Pkw durch selbst verschuldeten Unfall
   d Barentnahme eines Komplementärs
   e Kassenmanko
   f Großreparatur einer Maschine (Generalüberholung)
   g Steuernachzahlung für das vergangene Jahr
   h Unternehmerlohn
   i Diebstahl von Erzeugnissen
   j Abschreibung vom Wiederbeschaffungswert

2 Welche der folgenden Kosten a bis j der Fly Bike Werke GmbH sind
   1 Einzelkosten,
   2 echte Gemeinkosten,
   3 unechte Gemeinkosten,
   4 fixe Kosten,
   5 variable Kosten,
   6 Mischkosten?

   Mehrfachnennungen sind möglich.
   a Energiekosten, z. B. für die Heizung der Verwaltungsräume
   b Mietkosten, z. B. für angemietete Lagerräume für fremdbezogene Fertigteile (z. B. Gangschaltungen)
   c Kontoführungskosten, z. B. für das Bankkonto bei der Landessparkasse Oldenburg
   d Telefonkosten, z. B. für Gespräche des Verkaufsleiters Süd/Ost, Herrn Baumann, mit Kunden
   e Verbrauch von Rohstoffen, z. B. Rohre für die Herstellung von Fahrradrahmen
   f Abschreibungen, z. B. zur Feststellung der Wertminderung der Produktionsmaschine durch Verschleiß, auf der mehrere Modelle gefertigt werden
   g Akkordlöhne, z. B. als Leistungsentgelt für die Endmontage (z. B. für das Zusammensetzen der Komponenten zur Herstellung eines Mountain-Bikes)
   h Hilfsstoffkosten, z. B. der Verbrauch von Lötzinn zur Herstellung der Fahrradrahmen
   i Verbrauch von Betriebsstoffen, z. B. Verbrauch von Schmieröl bei einer Maschine, auf der alle Fahrradmodelle gefertigt werden
   j Personalkosten, z. B. das Gehalt der Sekretärin Frau E. Fee (Verwaltung)

2 Abgrenzungsrechnung (Ergebnistabelle)

2.1 Zweck der Abgrenzungsrechnung

In der Finanzbuchhaltung, dem so genannten Rechnungskreis I, wird in der Gewinn- und Verlustrechnung das Gesamtergebnis durch die Gegenüberstellung von Aufwendungen und Erträgen ermittelt. Für die Kosten- und Leistungsrechnung werden diese Daten in die Ergebnistabelle übernommen. Dort werden in einem Rechnungskreis II alle betriebsfremden und betrieblich außerordentlichen (einschließlich periodenfremden) Aufwendungen und Erträge abgegrenzt und kostenrechnerische Korrekturen vorgenommen. Übrig bleiben die Kosten und Leistungen als Basis für die Ermittlung des Betriebsergebnisses und für die Vollkostenrechnung.

Die Finanzbuchhaltung wird auch als Geschäftsbuchhaltung bezeichnet.

Soll		GuV-Konto der Fly Bike Werke GmbH Monat Mai 20XX				Haben
6000	Aufwendungen für Rohstoffe	35.800,00	5000	Umsatzerlöse für eigene Erzeugnisse		651.636,00
6010	Aufwendungen für Fremdbauteile	238.885,00	5200	Bestandsveränderungen		3.473,00
6020	Aufwendungen für Hilfsstoffe	9.305,00	5400	Nebenerlöse (Mieterträge)		2.000,00
6030	Aufwendungen für Betriebsstoffe	4.200,00	5410	Erlöse aus Anlagenabgängen		4.200,00
6040	Verpackungsmaterial	2.503,00	5490	Periodenfremde Erträge		7.200,00
6050	Energie	12.450,00	5710	Zinserträge		1.200,00
6150	Vertriebsprovisionen	10.055,00				
6160	Fremdinstandhaltung	15.600,00				
6200	Löhne	46.296,00				
6300	Gehälter	84.200,00				
6400	Soziale Abgaben	29.361,50				
6520	Abschreibungen auf Sachanlagen	23.520,00				
6700	Mieten, Pachten	8.000,00				
6710	Leasing	5.454,50				
68xx	Aufwendungen für Kommunikation	25.580,00				
6900	Versicherungsbeiträge	3.350,00				
6930	Verluste aus Schadensfällen	22.000,00				
6979	Anlagenabgänge	1.500,00				
7510	Zinsaufwendungen	13.960,00				
7600	Außerordentliche Aufwendungen	24.000,00				
70/77	Steuern	10.600,00				
3400	Jahresüberschuss (Gewinn)	43.089,00				
		669.709,00				669.709,00

Ausgehend vom GuV-Konto ist eine zweistufige Abgrenzung notwendig:

Rechnungskreis I	Rechnungkreis II		
Erfolgsbereich	Abgrenzungsbereich		Kosten- und Leistungsbereich
Geschäftsbuchführung Kontenklassen 5, 6, 7	Unternehmensbezogene Abgrenzung[1]	Betriebsbezogene Abgrenzung[2]	Kosten- und Leistungsarten
Gesamtergebnis	Neutrales Ergebnis		Betriebsergebnis

[1] Unternehmensbezogene Abgrenzung: betriebsfremde Aufwendungen und Erträge.
[2] Betriebsbezogene Abgrenzung: kosten- und leistungsrechnerische Korrekturen (außerordentliche betriebsbezogene Aufwendungen und Erträge, Verrechnungskorrekturen, sonstige Abgrenzungen).

Die Abgrenzung erfolgt tabellarisch in der Ergebnistabelle:

Abgrenzungsrechnung (Ergebnistabelle)

Aufwands- und Ertragspositionen		Rechnungskreis I		Rechnungskreis II					
		Geschäftsbuchhaltung		Unternehmensbezogene Abgrenzung		Betriebsbezogene Abgrenzung		Kosten- und Leistungsarten	
Konto-Nr.	Kontenbezeichnung	1 Aufwendungen	2 Erträge	3 Aufwendungen	4 Erträge	5 Aufwendungen	6 Erträge	7 Kosten	8 Leistungen
	Ergebnisse	Gesamtergebnis (Unternehmensergebnis)		Ergebnis der unternehmensbezogenen Abgrenzung		Ergebnis der betriebsbezogenen Abgrenzung		Betriebsergebnis	
				Neutrales Ergebnis					

Nach der unternehmensbezogenen und der betriebsbezogenen Abgrenzung zeigen sich in den Spalten 7 und 8 der Ergebnistabelle die Erfolgsquellen (Kosten- und Leistungsarten) des Betriebes und damit die eigene Leistungskraft im Betriebsergebnis. Alle neutralen Aufwendungen und Erträge sind zuvor aus dem Erfolgsbereich der Geschäftsbuchhaltung „herausgenommen" (abgegrenzt) worden. Der Abgrenzungsbereich wirkt wie zwei nacheinander geschaltete Filter.

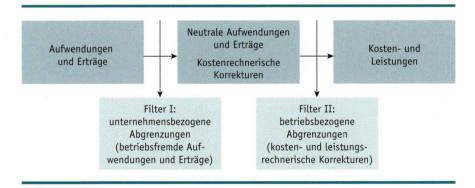

! Gesamtergebnis = neutrales Ergebnis + Betriebsergebnis

Die Summe aus Betriebsergebnis und neutralem Ergebnis ergibt in einer Rückrechnung wieder das Gesamtergebnis.

Ergebnisermittlung	Ergebnis der unternehmensbezogenen Abgrenzung
	+ Ergebnis der betriebsbezogenen Abgrenzung
	= neutrales Ergebnis
	+ Betriebsergebnis (Leistungen – Kosten)
	= Gesamtergebnis (Erträge – Aufwendungen gemäß GuV-Rechnung)

2 Abgrenzungsrechnung (Ergebnistabelle)

Ergebnistabelle der Fly Bike Werke GmbH für den Abrechnungsmonat Mai

Geschäftsbuchhaltung				Unternehmensbezogene Abgrenzung		Betriebsbezogene Abgrenzung		Kosten- und Leistungsarten	
Konto-Nr.	Kontenbezeichnungen	1 Aufwendungen	2 Erträge	3 Aufwendungen	4 Erträge	5 Aufwendungen	6 Erträge	7 Kosten	8 Leistungen
5000	Umsatzerlöse für eigene Erzeugnisse		651.636						651.636
5200	Bestandsveränderungen		3.473						3.473
5400	Nebenerlöse (Mieterträge)		2.000		2.000				
5410	Erlöse aus Anlagenabgängen		4.200				4.200		
5490	Periodenfremde Erträge		7.200				7.200		
5710	Zinserträge		1.200		1.200				
6000	Aufwendungen für Rohstoffe	35.800				35.800	34.090	34.090	
6010	Aufwendungen für Fremdbauteile	238.885						238.885	
6020	Aufwendungen für Hilfsstoffe	9.305						9.305	
6030	Aufwendungen für Betriebsstoffe	4.200						4.200	
6040	Verpackungsmaterial	2.503						2.503	
6050	Energie	12.450		200				12.250	
6150	Vertriebsprovisionen	10.055						10.055	
6160	Fremdinstandhaltung	15.600		300				15.300	
6200	Löhne	46.296						46.296	
6300	Gehälter	84.200						84.200	
6400	Soziale Abgaben	29.362						29.362	
6520	Abschreibungen auf Sachanlagen	23.520				23.520			
6700	Mieten, Pachten	8.000						8.000	
6710	Leasing	5.455						5.455	
68xx	Aufwendungen für Kommunikation	25.580		80				25.500	
6900	Versicherungsbeiträge	3.350		20				3.330	
6930	Verluste aus Schadensfällen	22.000				22.000			
6979	Anlagenabgänge	1.500				1.500			
7510	Zinsaufwendungen	13.960				13.960			
7600	Außerordentliche Aufwendungen	24.000				24.000			
70/77	Steuern	10.600		9.540				1.060	
	Kalkulatorische Abschreibungen						25.000	25.000	
	Kalkulatorische Zinsen						22.500	22.500	
	Kalkulatorische Wagnisse						12.000	12.000	
	Summen[1]	626.620	669.709	10.140	3.200	120.780	104.990	589.290	655.109
	Salden[1] (Gewinn oder Verlust)	43.089			6.940		15.790	65.819	
	Ergebnisse	Gesamtergebnis		Ergebnis der unternehmensbezogenen Abgrenzung		Ergebnis der betriebsbezogenen Abgrenzung		Betriebsergebnis	
				Neutrales Ergebnis					

[1] Die Spaltensummen und Salden können Rundungsdifferenzen enthalten, da die Beträge aus der GuV hier auf ganzzahlige Werte gerundet wurden (ganzzahlige Darstellung).

Ergebnis der unternehmensbezogenen Abgrenzung	− 6.940,00 €	Verlust
+ Ergebnis der betriebsbezogenen Abgrenzung	− 15.790,00 €	Verlust
= neutrales Ergebnis	− 22.730,00 €	Verlust
+ Betriebsergebnis	+65.819,90 €	Gewinn
= Gesamtergebnis	+43.088,90 €	Gewinn

2.2 Unternehmensbezogene Abgrenzung

Bei der unternehmensbezogenen Abgrenzung werden in den Spalten 3 und 4 alle Erträge und Aufwendungen abgegrenzt (herausgefiltert), die **betriebsfremd** sind. Sie stammen aus Erfolgsquellen, die nichts mit dem Sachziel eines Industrieunternehmens zu tun haben – man nennt sie auch **nicht betriebsbezogene** Erträge und Aufwendungen.

Abgrenzung der betriebsfrenden Aufwendungen und Erträge

Geschäftsbuchhaltung				Unternehmensbezogene Abgrenzung		Betriebsbezogene Abgrenzung		Kosten- und Leistungsarten	
Konto-Nr.	Kontenbezeichnungen	1 Aufwendungen	2 Erträge	3 Aufwendungen	4 Erträge	5 Aufwendungen	6 Erträge	7 Kosten	8 Leistungen
5400	Nebenerlöse (Mieterträge)		2.000		2.000				
5710	Zinserträge		1.200		1.200				
6052	Energie	12.450		200				12.250	
6160	Fremdinstandhaltung	15.600		300				15.300	
68xx	Aufwendungen für Kommunikation	25.580		80				25.500	
6900	Versicherungsbeiträge	3.350		20				3.330	
70/77	Steuern	10.600		9.540				1.060	

(ganzzahlige Darstellung)

! Leistungen (Spalte 8) = Erträge (Spalte 2) − Erträge (Spalte 4+6)

! Kosten (Spalte 7) = Aufwendungen (Spalte 1) − Aufwendungen (Spalte 3+5)

Für ein Industrieunternehmen sind **Mieterträge und Zinserträge** keine Leistungen, die auf das Sachziel bezogen sind. Beide Konten werden daher für Industrieunternehmen in voller Höhe abgegrenzt. Für ein Wohnungsbauunternehmen dagegen sind Mieterträge auch Leistungen (dies gilt auch für Zinserträge einer Bank).

Die Konten der **Kontenklasse 6** in obigem Beispiel der FBW haben natürlich alle auch etwas mit dem Sachziel zu tun. Eine Abgrenzung ist aber für Teilbeträge trotzdem notwendig, da sie für das vermietete Objekt aufgewendet wurden. Hier muss in der Kosten- und Leistungsrechnung noch mal genau analysiert werden (Buchungsbelege und spezielle Anweisungen), wofür in der Finanzbuchhaltung entsprechende Aufwendungen tatsächlich entstanden sind. Den Mieteinnahmen in Höhe von 2.000,00 € stehen in der Kontenklasse 6 (Konten 6052 bis 6900) Aufwendungen in Höhe von 600,00 € für Energie (200,00 €), Reparaturen (300,00 €), Vermietungsanzeige (80,00 €) und Versicherungsbeiträge (20,00 €) gegenüber. Damit wird auch aus der Vermietung noch ein Gewinn in Höhe von 1.400,00 € erzielt.

Die Position **70/77 Steuern** enthält in der **Kontengruppe 77** (Steuern vom Einkommen und Ertrag) die Konten 7700 Gewerbeertragsteuer und 7710 Körperschaftsteuer. Diese gewinnabhängigen Steuern werden handelsrechtlich als Aufwand und steuerrechtlich als nicht abzugsfähige Betriebsausgaben angesehen. Es ist betriebswirtschaftlich umstritten, ob diese Steuern Kostencharakter haben. Häufig wird empfohlen, diese Steuern als „betriebsfremd" abzugrenzen. Allerdings erwartet die AKA-Nürnberg in ihren Prüfungen für Industriekaufleute, dass zumindest die Gewerbeertragsteuer als betrieblicher Aufwand = Kosten betrachtet wird. Die Steuern der **Kontengruppe 70**, z. B. Kfz-Steuer oder Grundsteuer, gelten immer als Kosten, wenn sie für betriebliche Zwecke entrichtet werden. Die Fly Bike Werke GmbH grenzt in ihrer Ergebnistabelle Steuern in Höhe von 9.540,00 € als betriebsfremd ab.

Aus Sicht eines Industriebetriebes gilt in der Regel (Beispiele):

Erträge = Leistungen	Erträge = betriebsfremde Erträge
5000 Umsatzerlöse für eigene Erzeugnisse 5100 Umsatzerlöse für Waren 5200 Erhöhung des Bestandes an unfertigen oder fertigen Erzeugnissen[1] 5300 Aktivierte Eigenleistungen	5400 Nebenerlöse (z. B. Mieterträge) 5600 Erträge aus anderen Finanzanlagen 5710 Zinserträge

[1] Die Verminderung des Bestandes an unfertigen oder fertigen Erzeugnissen wird entsprechend als Kosten erfasst.

Bei **allen Aufwandsarten** können ggf. Teilbeträge auch betriebsfremd verursacht sein – Zusatzinformationen (z. B. in Aufgabenstellungen) sind notwendig. Grundsätzlich gilt aber, dass hinsichtlich der Kostenwirksamkeit von Aufwendungen aus der GuV-Rechnung zuerst noch weitere Abgrenzungen notwendig sind.

2.3 Betriebsbezogene Abgrenzung

Die betriebsbezogene Abgrenzung (Spalte 5 und 6 der Ergebnistabelle) erfolgt in zwei Schritten. Zuerst werden die außerordentlichen Erträge und Aufwendungen abgegrenzt, anschließend werden kostenrechnerische Korrekturen vorgenommen.

Abgrenzung der außerordentlichen Aufwendungen und Erträge

Geschäftsbuchhaltung		1 Aufwendungen	2 Erträge	Unternehmensbezogene Abgrenzung		Betriebsbezogene Abgrenzung		Kosten- und Leistungsarten	
Konto-Nr.	Kontenbezeichnungen			3 Aufwendungen	4 Erträge	5 Aufwendungen	6 Erträge	7 Kosten	8 Leistungen
5410	Erlöse aus Anlagenabgängen		4.200				4.200		
5490	Periodenfremde Erträge		7.200				7.200		
6979	Anlagenabgänge	1.500				1.500			
7600	Außerordentliche Aufwendungen	24.000				24.000			

(ganzzahlige Darstellung)

Im Sinne der Kosten- und Leistungsrechnung sind außerordentliche Aufwendungen und Erträge zwar sachzielbezogen, fallen aber einmalig, selten oder in ungewöhnlicher Höhe an. Aufwendungen und Erträge, die periodenfremd sind oder die beim Verkauf von Vermögensgegenständen (z. B. gebrauchte Sachanlagen wie Fahrzeuge) von Zeit zu Zeit anfallen, gelten ebenfalls als außerordentlich.

Erläuterungen:
Konto 5410 Erlöse aus Anlagenabgängen: Dieser Erlös (Nettoverkaufpreis) ist beim Verkauf eines gebrauchten LKW entstanden.

Konto 5490 Periodenfremde Erträge: Dieser Ertrag entstand durch eine verspätete Kundenzahlung (7.200,00 €) auf eine als uneinbringlich abgeschriebene Forderung.

Konto 6979 Anlagenabgänge: Dieser Aufwand ist beim Verkauf eines gebrauchten LKW entstanden (Buchwert).

Konto 7600 Außerordentliche Aufwendungen: Dieser ungewöhnliche Aufwand in Höhe von 24.000,00 € ist durch Entsorgungskosten für Importwaren, die mit Schadstoffen belastet waren, entstanden.

Verrechnungspreise
Häufig haben auch stark schwankende Einstandspreise auf den Werkstoffmärkten nichts mit der Leistungskraft des Unternehmens zu tun und würden das Betriebsergebnis verfälschen. Sie können zum Zwecke der Kostenrechnung „geglättet" werden, indem man statt der tatsächlich gezahlten Einstandspreise Durchschnittswerte der Vergangenheit oder geplante Preise (Verrechnungspreise) ermittelt und diese entsprechend ansetzt. Für die FBW ist dies bei den Rohstoffen (im Wesentlichen Stahl- und Aluminiumrohre und -bleche) üblich.

Konto 6000 Aufwendungen für Rohstoffe (vgl. Tabelle auf Seite 297): Obwohl in diesem Abrechnungsmonat der Stahlpreis für die produzierten Fahrräder nur geringfügig gestiegen ist, wird der tatsächlich bezahlte Einstandspreis der Finanzbuchhaltung, hier 35.800,00 €, in Spalte 5 „herausgenommen". Als Kosten wird dann in der Spalte 7 der Rohstoffaufwand zu Verrechnungspreisen, hier 34.090,00 €, angesetzt.

2 Abgrenzungsrechnung (Ergebnistabelle)

Geschäftsbuchhaltung		1 Aufwendungen	2 Erträge	Unternehmensbezogene Abgrenzung		Betriebsbezogene Abgrenzung		Kosten- und Leistungsarten	
Konto-Nr.	Kontenbezeichnungen			3 Aufwendungen	4 Erträge	5 Aufwendungen	6 Erträge	7 Kosten	8 Leistungen
6000	Aufwendungen für Rohstoffe	35.800				35.800	34.090	34.090	
6520	Abschreibungen auf Sachanlagen	23.520				23.520			
6930	Verluste aus Schadensfällen	22.000				22.000			
7510	Zinsaufwendungen	13.960				13.960			
	Kalkulatorische Abschreibungen						25.000	25.000	
	Kalkulatorische Zinsen						22.500	22.500	
	Kalkulatorische Wagnisse						12.000	12.000	

(ganzzahlige Darstellung)

Diese kostenrechnerische Korrektur wird mit einem zusätzlichen Eintrag in der Spalte 6 (Erträge aus kostenrechnerischen Korrekturen) wieder ausgeglichen. Dadurch hat die Korrektur auf das Gesamtergebnis keinen Einfluss, sondern beeinflusst nur das Betriebsergebnis und das neutrale Ergebnis. Dieser ergebnistechnische Ausgleich ist bei jeder kostenrechnerischen Korrektur vorzunehmen.

Kostenverteilung innerhalb der Abrechnungsperioden
Die Ergebnistabelle wird in der Regel monatlich aufgestellt. Bestimmte Kosten fallen aber nicht regelmäßig monatlich, sondern nur zu bestimmten Zeitpunkten (z. B. einmal im Jahr) an. Diese Kosten müssen in der Ergebnistabelle als Durchschnittswerte gleichmäßig auf die Abrechnungsmonate verteilt werden. Dies gilt für Urlaubs- und Sonderzahlungen (z. B. Urlaubsgeld, Weihnachtsgratifikation) an das Personal, aber auch z. B. für Steuern, Beiträge und Versicherungsprämien, die ggf. nur quartalsmäßig oder jährlich gezahlt werden.

Derartige Quartals- oder Jahreswerte werden bei den entsprechenden Kostenarten (oder als eigenständige Kostenart) in einer Vorverrechnung mit ihrem Monatswert in die Ergebnistabelle zusätzlich eingefügt (Spalte 7 = Kosten; Gegenrechnung in Spalte 6) und im Monat der tatsächlichen Kostenzahlung z. B. mit 11/12 des Jahreswertes in Spalte 5 abgegrenzt.

Kalkulatorische Kosten
Kalkulatorische Kosten werden immer in Spalte 7 eingefügt und in Spalte 6 gegengerechnet.

Bei Anderskosten müssen die entsprechenden Aufwendungen aus der Geschäftsbuchhaltung in Spalte 5 eliminiert (herausgerechnet) werden.

Die gebuchten Aufwendungen auf den Konten 6520 Abschreibungen auf Sachanlagen, 6930 Verluste aus Schadensfällen und 7510 Zinsaufwendungen werden so vollständig durch kalkulatorische Werte (kalkulatorische Abschreibungen, Wagnisse und Zinsen = Anderskosten) ersetzt.

2.4 Auswertung in der Ergebnistabelle

Geschäftsbuchhaltung				Unternehmensbezogene Abgrenzung		Betriebsbezogene Abgrenzung		Kosten- und Leistungsarten	
Konto-Nr.	Kontenbezeichnungen	1 Aufwendungen	2 Erträge	3 Aufwendungen	4 Erträge	5 Aufwendungen	6 Erträge	7 Kosten	8 Leistungen
	Summen	626.620	669.709	10.140	3.200	120.780	104.990	589.290	655.109
	Salden (Gewinn oder Verlust)	43.089			6.940		15.790	65.819	
	Ergebnisse	Gesamtergebnis		Ergebnis der unternehmensbezogenen Abgrenzung		Ergebnis der betriebsbezogenen Abgrenzung		Betriebsergebnis	
				Neutrales Ergebnis					

(ganzzahlige Darstellung)

Einem Gesamtgewinn von 43.088,90 € steht ein Betriebsgewinn von 65.818,90 € gegenüber. Das Betriebsergebnis wird also durch Verluste im Rahmen des neutralen Ergebnisses belastet. Ermittelt man das Verhältnis von Aufwendungen und Erträgen (Wirtschaftlichkeit des Unternehmens), zeigt sich folgendes Ergebnis:

$$\frac{\text{Erträge}}{\text{Aufwendungen}} = \frac{669.709{,}00\ €}{626.620{,}10\ €} = 1{,}0688$$

Das Verhältnis von Leistungen und Kosten (Wirtschaftlichkeit des Betriebes) muss besser sein, da das Betriebsergebnis das Gesamtergebnis überschreitet.

$$\frac{\text{Leistungen}}{\text{Kosten}} = \frac{655.109{,}00\ €}{589.290{,}10\ €} = 1{,}1117$$

Weitere Auswertungen auf Monatsbasis

Verzinsung des eingesetzten Eigenkapitals	Eigenkapitalrentabilität des Unternehmens	$\frac{\text{Gesamtgewinn} \cdot 100\%}{\text{eingesetztes Eigenkapital}}$	$= \frac{43.088{,}90\ € \cdot 100\%}{700.000{,}00\ €}$	$= 6{,}16\%$
	Eigenkapitalrentabilität des Betriebes	$\frac{\text{Betriebsgewinn} \cdot 100\%}{\text{eingesetztes Eigenkapital}}$	$= \frac{65.818{,}90\ € \cdot 100\%}{700.000{,}00\ €}$	$= 9{,}40\%$
Umsatzrentabilität	Umsatzrentabilität des Unternehmens	$\frac{\text{Gesamtgewinn} \cdot 100\%}{\text{Umsatzerlöse}}$	$= \frac{43.088{,}90 \cdot 100\%}{651.636{,}00\ €}$	$= 6{,}61\%$
	Umsatzrentabilität des Betriebes	$\frac{\text{Betriebsgewinn} \cdot 100\%}{\text{Umsatzerlöse}}$	$= \frac{65.818{,}90\ € \cdot 100\%}{651.636{,}00\ €}$	$= 10{,}10\%$

Auch hier zeigt sich, dass die FBW bei der Verfolgung ihres Sachziels (Betriebsergebnis) erfolgreicher ist als das Gesamtunternehmen (Gesamtergebnis). Die monatlichen Ergebnisse der Abgrenzungsrechnung (Kosten- und Leistungsarten) sind die Grundlage aller nachfolgenden Berechnungen und Entscheidungen im Rahmen der Kosten- und Leistungsrechnung, die von Istkosten der Vergangenheit ausgehen.

2 Abgrenzungsrechnung (Ergebnistabelle)

Aufgaben

1 Ein Industriebetrieb (Unternehmensform: GmbH) hat laut Finanzbuchhaltung im abgelaufenen Geschäftsjahr folgende Werte ermittelt:

Soll		Gewinn- und Verlustkonto				Haben
60XX	Materialaufwand	1.500.000,00	5000	UE für eigene Erzeugnisse		2.500.000,00
6140	Frachten und Fremdlager	37.500,00	5400	Erträge aus Vermietung		48.000,00
6150	Vertriebsprovisionen	41.000,00	5410	Erlöse aus Anlagenabgängen		12.000,00
6160	Fremdinstandhaltung	18.000,00	5710	Zinserträge		3.600,00
62–64	Personalaufwendungen	535.000,00				
6520	Abschreibungen auf Sachanlagen	80.000,00				
68XX	Aufwendungen für Kommunikation	13.000,00				
6870	Werbung	50.100,00				
6900	Versicherungen	7.500,00				
6979	Anlagenabgänge	30.000,00				
70/77	Steuern	24.000,00				
7510	Zinsaufwendungen	75.000,00				
3000	Eigenkapital	152.500,00				
		2.563.600,00				2.563.600,00

Eigenkapital am Anfang der Rechnungsperiode: 500.000,00 €.
Für die Abgrenzungsrechnung stehen folgende Informationen zur Verfügung (ansonsten müssen aufgrund des Sachverstands eigene Entscheidungen gefällt werden):

1) Erträge		
5410	12.000,00 €	Betriebliche Gegenstände wurden gebraucht verkauft (Nettoverkaufserlöse).
5710	2.400,00 €	Verzinsung aus Wertpapieren
	1.200,00 €	Verzugszinsen von Kunden
2) Aufwendungen		
6160	6.000,00 €	für Reparaturen an vermieteten Gebäuden
	12.000,00 €	für betriebliche Gegenstände (aber für diesen Posten wurden kalkulatorische Mieten angesetzt)
6300	6.000,00 €	Entgelt für Hausmeister des vermieteten Gebäudes
6520	24.000,00 €	entfallen auf das vermietete Gebäude
	56.000,00 €	bilanzmäßige Absetzung für Abnutzung (hierfür wurden kalkulatorische Abschreibungen gebildet)
68XX	500,00 €	Büroaufwendungen für das vermietete Gebäude
6870	100,00 €	Anzeige (Vermietung) für das betriebsfremde Gebäude
6900	2.500,00 €	wurden für das vermietete Gebäude entrichtet
	5.000,00 €	entfallen auf betrieblich genutzte Gebäude (in der Kosten- und Leistungsrechnung wurde eine kalkulatorische Miete ermittelt)
6979	30.000,00 €	Betriebliche Gegenstände wurden gebraucht verkauft (Buchwerte).
70/77	4.000,00 €	Grundsteuern für vermietetes Gebäude, Rest absetzbare Betriebsausgaben
7510	15.000,00 €	Zinsen für Grundschuld des vermieteten Gebäudes, Rest tatsächlich gezahlte Zinsen für Fremdkapital (in der Betriebsbuchhaltung wurden für betriebsnotwendiges Kapital kalkulatorische Zinsen und für Grundschuldzinsen kalkulatorische Mieten angesetzt)
3) Kalkulatorische Kosten		
	60.000,00 €	kalkulatorische Abschreibungen
	90.000,00 €	kalkulatorische Zinsen
	36.000,00 €	kalkulatorische Wagnisse
	24.000,00 €	kalkulatorische Miete

a Erstellen Sie eine Ergebnistabelle und ermitteln Sie
   aa das Gesamtergebnis,
   ab das neutrale Ergebnis,
   ac das Betriebsergebnis.
b Erläutern und beurteilen Sie die Ergebnisse.
c Beurteilen Sie die Ertragslage des Betriebs und des Gesamtunternehmens mithilfe der Kennzahlen
   ca Eigenkapitalrentabilität,
   cb Umsatzrentabilität,
   cc Wirtschaftlichkeit (Leistungen/Kosten).

2 Der Textilhersteller Daniel KG ermittelte laut Finanzbuchhaltung in der abgelaufenen Abrechnungsperiode (Monat) folgende Werte:

Konto	Ertrags- und Aufwandspositionen	Soll (€)	Haben (€)
5000	Umsatzerlöse für Erzeugnisse		175.541,75
5410	Erlöse aus Anlagenabgängen		3.000,00
60XX	Materialverbrauch	120.425,00	
62–64	Personalaufwendungen	21.000,00	
6520	Abschreibungen auf Sachanlagen	3.000,00	
68XX	Aufwendungen für Kommunikation	2.000,00	
6870	Werbung	4.500,00	
6979	Anlagenabgänge	5.000,00	
7450	Verluste aus dem Abgang von Finanzanlagen	2.000,00	

Hinweis: Das durchschnittlich eingesetzte Eigenkapital beträgt 1.835.208,00 €/ Jahr.

Für die Abgrenzungsrechnung stehen folgende Informationen zur Verfügung (ansonsten müssen aufgrund des Sachverstands eigene Entscheidungen gefällt werden):

1) Erträge		
5410	3.000,00 €	Betriebliche Gegenstände wurden gebraucht verkauft (Nettoverkaufserlöse).
2) Aufwendungen		
6520	3.000,00 €	bilanzmäßige Absetzung für Abnutzung (hierfür wurden kalkulatorische Abschreibungen gebildet)
6979	5.000,00 €	Betriebliche Gegenstände wurden gebraucht verkauft (Buchwerte).
7450	2.000,00 €	Betrieblich genutzte Finanzanlagen wurden mit Verlust verkauft.
3) Kalkulatorische Kosten		
	2.500,00 €	kalkulatorische Abschreibungen
	6.000,00 €	kalkulatorische Miete

a Erstellen Sie eine Ergebnistabelle und ermitteln Sie
   aa das Gesamtergebnis,
   ab das neutrale Ergebnis,
   ac das Betriebsergebnis.
b Erläutern und beurteilen Sie die Ergebnisse.
c Beurteilen Sie die Ertragslage des Betriebs und des Gesamtunternehmens mithilfe der Kennzahlen
   ca Eigenkapitalrentabilität,
   cb Umsatzrentabilität,
   cc Wirtschaftlichkeit (Leistungen/Kosten).

3 Vollkostenrechnung

3.1 Zweck und Vorgehen der Vollkostenrechnung

Bei der Vollkostenrechnung werden alle Kosten des Betriebes auf die Kostenträger überwälzt. Die Ergebnisse der Abgrenzungsrechnung werden unverändert und ohne Aufteilung in fixe und variable Kosten als Basis für darauf aufbauende Berechnungen übernommen. Alle Entscheidungen hinsichtlich der Kostenart und Höhe wurden vorab in der Abgrenzungsrechnung getroffen.

Auszug aus der Ergebnistabelle (Beispiel): Leistungs- und Kostenarten der Fly Bike Werke GmbH im Abrechnungsmonat Mai 20XX:

Leistungs- und Kostenarten	7 Kosten	8 Leistungen
Umsatzerlöse für eigene Erzeugnisse		651.636,00
Bestandsveränderungen		3.473,00
Aufwendungen für Rohstoffe	34.090,00	
Aufwendungen für Fremdbauteile	238.885,00	
Aufwendungen für Hilfsstoffe	9.305,00	
Aufwendungen für Betriebsstoffe	4.200,00	
Verpackungsmaterial	2.503,00	
Energie	12.250,00	
Fremdinstandhaltung	15.300,00	
Vertriebsprovisionen	10.055,00	
Löhne	46.296,00	
Gehälter	84.200,00	
Soziale Abgaben	29.361,60	
Mieten, Pachten	8.000,00	
Leasing	5.454,50	
Aufwendungen für Kommunikation	25.500,00	
Versicherungsbeiträge	3.330,00	
Steuern	1.060,00	
Kalkulatorische Abschreibungen	25.000,00	
Kalkulatorische Zinsen	22.500,00	
Kalkulatorische Wagnisse	12.000,00	
Summen	**589.290,10**	**655.109,00**

Bei der Gesamtbetrachtung von Leistungen und Kosten ergeben sich folgende Zusammenhänge für die Kalkulationen auf Basis dieses Abrechnungszeitraumes:

	Fertigungsmaterial (Aufwendungen für Rohstoffe und Fremdbauteile)	272.975,00 €
+	Fertigungslöhne (inkl. Anteil an den sozialen Abgaben)	50.832,60 €
+	Sondereinzelkosten (Vertriebsprovisionen)	10.055,00 €
=	Summe Einzelkosten	333.862,60 €
+	Gemeinkosten (alle anderen Kostenarten)	255.427,50 €
=	Selbstkosten der Abrechnungsperiode	589.290,10 €
+	Minderbestand unfertige Erzeugnisse	3.925,00 €
–	Mehrbestand fertige Erzeugnisse	7.398,00 €
+	Betriebsergebnis (Gewinn)	65.818,90 €
=	Leistungen (Umsatzerlöse für eigene Erzeugnisse)	651.636,00 €

Für die Kostenrechnung ist es notwendig zu wissen, wie sich die Einzelkosten auf die Kostenträger verteilen. Die FBW haben in diesem Abrechnungsmonat nur zwei Fahrradmodelle produziert. Die Einzelkosten können über Materialentnahmescheine den Kostenträgern (Erzeugnissen, hier Fahrrädern) verursachungsgerecht zugeordnet werden. Wie in der Abgrenzungsrechnung der FBW für diesen Abrechnungsmonat ersichtlich ist, sind in diesem Monat keine weiteren Leistungen erbracht worden.

Produzierte und abgesetzte Erzeugnisse	Trekkingräder	Mountain-Bikes
Produktionsmenge	1 200 Stück	1 000 Stück
Absatzmenge	1 200 Stück	970 Stück
Bestandsveränderungen unfertige und fertige Erzeugnisse	Bestandsminderung unfertige Erzeugnisse 150 Rahmen = 3.925,00 €	Bestandsmehrung fertige Erzeugnisse 30 Fahrräder = 7.398,00 €
Umsatzerlöse	251.370,00 €	400.266,00 €
Ø Nettoverkaufspreise je Stück (nach Rabatt- und Skontoabzug)	209,48 €	412,65 €
Materialeinzelkosten (Rohstoffverbrauch und Fremdbauteile)	139.200,00 €	133.775,00 €
Fertigungslöhne Produktionsstufe I (Rahmen- und Gabelbau)	5.958,40 €	4.655,00 €
Fertigungslöhne Produktionsstufe II (Endmontage)	21.599,20 €	18.620,00 €
Sondereinzelkosten des Vertriebs	3.771,00 €	6.284,00 €
Gemeinkosten der Abrechnungsperiode (für beide Erzeugnisse)	255.427,50 €	

Um den Erfolg der jeweiligen Fahrradtypen ermitteln zu können, müssen die Gemeinkosten möglichst „gerecht" auf beide Erzeugnisse aufgeteilt werden. Dafür benötigt die FBW ihre Kostenstellenrechnung. Darüber hinaus ermöglicht die Kostenstellenrechnung, die Kostenverursachung in den Betriebsbereichen zu überwachen.

3.2 Kostenstellenrechnung

3.2.1 Ziele der Kostenstellenrechnung

Beispiel: Vor einigen Jahren hatte die Fly Bike Werke GmbH durch die Verfolgung des eigentlichen Betriebszwecks einen Verlust in Höhe von 40.125,00 € erwirtschaftet. Dies widersprach vollkommen den Zielen, die sich das Unternehmen gesetzt hatte.

Grundsätzlich ergeben sich folgende Möglichkeiten, das Betriebsergebnis positiv zu beeinflussen:

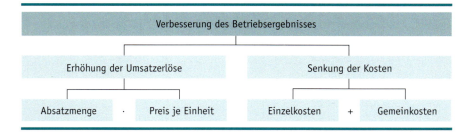

Da Preissteigerungen am Markt aufgund der Konkurrenzbedingungen und der relativ starken Stellung der Kunden nicht möglich waren, sollten die Kosten gesenkt werden. Die Zulieferer ließen keine Preissenkungen bei den Bezugspreisen zu und eine Senkung der Fertigungslöhne erschien aussichtslos, sodass der Einfluss auf die Einzelkosten gering war. Deshalb sollten die Gemeinkosten gesenkt werden. Seitdem ist eine regelmäßige Kontrolle der Gemeinkosten unerlässlich.

Es ergeben sich folgende **Ziele**, die ein Unternehmen mit der Kostenstellenrechnung verfolgt:
- Controlling der Kostenstellen (Soll-Ist-Vergleich): Erhöhte Verbräuche von Energie usw. sollen erkannt, die Gründe dafür analysiert und gegebenenfalls Einsparungsmaßnahmen eingeleitet werden.
- Ermittlung der Gemeinkosten-Zuschlagssätze, um die Höhe der Selbstkosten für die Herstellung eines Produktes bestimmen zu können
- Ermittlung des Betriebsergebnisses
- Ermittlung von Basisdaten für die anderen Entscheidungsrechnungen, z. B. für zukünftige Investitionen

3.2.2 Grundsätze der Kostenstellenbildung

Um die Kosten an den Orten ihrer Entstehung kontrollieren und beeinflussen zu können, bedarf es der Unterteilung des Gesamtbetriebs (Kostenfeld) in abgegrenzte Teilbereiche (Kostenstellen). Nur durch die Schaffung selbstständiger Verantwortungsbereiche können die Verantwortlichen (Kostenstelleninhaber) für Kostenabweichungen zur Rechenschaft gezogen werden. Die Anzahl der zu bildenden Kostenstellen ist von folgenden Überlegungen abhängig: Unternehmensgröße, Branche, Sortiment, organisatorische Gliederung des Unternehmens, angestrebte Kalkulationsgenauigkeit, angestrebte Kontrollmöglichkeiten, verursachende Kosten.

Einteilungskriterien des gesamten Kostenfeldes könnten sein:
- Verantwortungsbereiche
- betriebliche (betriebswirtschaftliche) Grundfunktionen
- räumliche Einheiten
- kostenrechnerische Gesichtspunkte

Wertschöpfungsprozesse analysieren und beurteilen

Kostenfeld und Kostenstelle				
Gesamtbetrieb				= Kostenfeld
Material	Fertigung	Verwaltung	Vertrieb	= Bildung von Kostenstellen nach betrieblichen Grundfunktionen

Kostenstellen			
Material	Fertigung	Verwaltung	Vertrieb
– Bestellwesen – Rechnungsprüfung – Beschaffungsplanung – Terminüberwachung – Beschaffungsmarketing – Materiallager	Kostenstellenbildung in Abhängigkeit von der Anordnung der Betriebsmittel und der Arbeitsplätze nach gleichartigen Tätigkeiten, nach dem Arbeitsablauf oder von Arbeitsgruppen. Bildung von Hilfskostenstellen, z. B. Arbeitsvorbereitung, Zwischenlager, Reparaturwerkstatt usw.	– Unternehmensleitung – Personalabteilung – Finanzwesen – Rechnungswesen	– Marktforschung – Werbung – Auftragsbearbeitung – Verkauf nach Erzeugnisgruppen oder nach räumlichen Gesichtspunkten – Absatzmarketing – Absatzlager

Tätigen einzelne Kostenstellen Leistungen (Funktionen wie z. B. Kantine, EDV, Fuhrpark usw.), die mehreren bzw. allen anderen Kostenstellen zugute kommen, werden **allgemeine Kostenstellen** eingerichtet. Diese Kosten werden auf alle Hilfs- und Hauptkostenstellen umgelegt. (Im unteren Schaubild werden die Kosten der allgemeinen Kostenstelle Controlling (0) auf alle weiteren Hilfs- und Hauptkostenstellen umgelegt, die diese Kosten verursacht haben.)

Im Rahmen des Fertigungsprozesses fallen Gemeinkosten an, die nicht einer einzigen Fertigungshauptstelle zugerechnet werden können. **Hilfskostenstellen** erfassen Gemeinkosten, die durch Unterstützungsleistungen, wie z. B. die Konstruktion oder die Qualitätssicherung, entstanden sind. Die durch diese Kostenstellen erbrachten Vorleistungen werden dann über Verteilungsschlüssel auf die Hauptkostenstellen (**Endkostenstellen**) umgelegt.

	Allgemeine Kostenstellen				Hilfskostenstellen erbringen Vorleistungen für Hauptkostenstellen (z. B. für die Fertigung).			Endkostenstellen/Hauptkostenstellen				
	Controlling	Zentralsekretariat	Instandhaltung	EDV	Konstruktion	Arbeitsvorbereitung	Qualitätssicherung	Material	Fertigung I	Fertigung II	Verwaltung	Vertrieb
	(0)	(1)	(2)	(3)	(4)	(5)	(6)	(7)	(8)	(9)	(10)	(11)
a)	→ x	→ x	→ x	→ x	→ x	→ x	→ x	→ x	→ x	→ x	→ x	→ x
b)									→ x	→ x		

Verteilungshinweise:
a) z. B. Verteilung der Kosten des Controllings auf alle Kostenstellen, die Kosten verursacht haben
b) z. B. Verteilung der Kosten der Hilfskostenstellen (4), (5) und (6) auf die Kostenstellen (8) und (9), die Kosten verursacht haben

3.2.3 Ermittlung der Verteilungsgrundlagen

Beispiel: Das Energieunternehmen EVO (Energieversorgung Oldenburg) bucht die Pauschale für die Heiz- und Warmwasserkosten der Fly Bike Werke GmbH für die letzten zwei Monate in Höhe von 7.200,00 € ab. Diese Kosten lassen sich nicht verursachungsgerecht den Kostenträgern (z. B. Mountain-Bike-Modell Unlimited) zuordnen. Wie können Gemeinkosten verteilt und kontrolliert werden?

Die eigentliche Problematik der Kostenstellenrechnung ist die Ermittlung einer möglichst verursachungsgemäßen Verteilungsgrundlage und der Verteilungsschlüssel. Können Gemeinkosten den Kostenstellen direkt (eindeutig) aufgrund von Belegen, besonderen Aufzeichnungen oder Messeinrichtungen zugerechnet werden, spricht man von Kostenstelleneinzelkosten. **Verteilungsprobleme** bereiten die Gemeinkosten, die den einzelnen Kostenstellen nicht direkt (eindeutig) zugerechnet werden können. So können z. B. aus wirtschaftlichen Gründen nicht für jede Kostenstelle Messeinrichtungen (z. B. Zähler) installiert werden.

Verteilungsprobleme und Verteilungsmöglichkeiten	
Gemeinkostenarten	Verteilungsmöglichkeiten (direkt/indirekt)
Heizkosten	Räume nach m² oder m³, Verdunstungssystem an den Heizkörpern
Warmwasserkosten	Zähler nach m³
Stromkosten	Zähler nach kWh
Treibstoffkosten	Zähler nach gefahrenen Kilometern
Unfallversicherung	Anzahl der Arbeitnehmer der einzelnen Kostenstellen bzw. Unfallhäufigkeit in der Vergangenheit
Gehaltskosten	Anzahl der Angestellten nach Gehaltslisten
Instandhaltungskosten	angefallene Reparaturen nach Eingangsrechnungen
Kfz-Steuer	Zähler nach gefahrenen Kilometern

3.2.4 Durchführung der Kostenstellenrechnung mithilfe des Betriebsabrechnungsbogens (BAB)

Die Kostenstellenrechnung verteilt die Gemeinkosten in statistisch-tabellarischer Form mithilfe des **Betriebsabrechnungsbogens (BAB)** auf die einzelnen Kostenstellen. Man unterscheidet dabei zwischen **direkt zurechenbaren** (z. B. durch Belege) und **indirekt zurechenbaren** Gemeinkosten (z. B. Umlage durch Schlüssel). Die Aufstellung des BAB erfolgt meist kurzfristig, z. B. monatlich, um dem Ziel einer regelmäßigen Kontrolle der einzelnen Kostenarten in den einzelnen Kostenstellen (z. B. Soll-Ist-Vergleich) nachkommen zu können und wirkungsvoll Einfluss auf Abweichungen zu nehmen, welche durch Preis-, Beschäftigungs- oder/und Verbrauchsschwankungen hervorgerufen sein könnten. Daneben zeigt die kurzfristige Ermittlung des Betriebsergebnisses, ob das geplante Jahresergebnis durch die aktuelle Strategie erreicht werden kann oder nicht.

Einstufiger BAB

Die FBW verwenden einen einstufigen BAB mit zwei Fertigungshauptkostenstellen. Der Kostenstelle Fertigung I werden alle Gemeinkosten zugeordnet, die im Rahmen des Gabel- und Rahmenbaus anfallen. Der Kostenstelle Fertigung II werden alle Kosten zugeordnet, die mit der Endmontage der Fahrräder in Verbindung stehen.

(1) Direkte Kostenverteilung über Materialentnahmescheine

Kostenstellen		Hauptkostenstellen (Angaben in €)				
		Material	Fertigung I	Fertigung II	Verwaltung	Vertrieb
Gemeinkostenarten	Gesamt	(1)	(2)	(3)	(4)	(5)
Aufwendungen für Hilfsstoffe	9.305,00		1.861,00	7.444,00		

Beispiel 1: Die Aufwendungen für Hilfsstoffe sind Kostenstelleneinzelkosten, sie werden auf Basis von Materialentnahmescheinen den Kostenstellen der Fertigung (I oder II) zugeordnet.

(2) Verteilung über Schlüsselgrößen

Kostenstellen		Hauptkostenstellen (Angaben in €)				
		Material	Fertigung I	Fertigung II	Verwaltung	Vertrieb
Gemeinkostenarten	Gesamt	(1)	(2)	(3)	(4)	(5)
Mieten, Pachten	8.000,00	400,00	1.600,00	4.800,00	480,00	720,00

Beispiel 2: Die Gemeinkostenart „Mieten, Pachten" wird über m^2 abgerechnet.

Verteilungsschlüssel (m^2)					
Material	Fertigung I	Fertigung II	Verwaltung	Vertrieb	Summe
(1)	(2)	(3)	(4)	(5)	
50 m^2	200 m^2	600 m^2	60 m^2	90 m^2	1 000 m^2

Bei insgesamt 8.000,00 € Mietkosten für eine angemietete Lagerhalle von 1 000 m^2 ergibt sich ein Mietpreis von 8,00 € je m^2. Das bedeutet z. B. für die Hauptkostenstelle Fertigung I, dass sie 1.600,00 € Mietkosten „übernehmen" muss (200 m$^2 \cdot$ 8,00 €/m^2).

Auf Basis der Quadratmeterzahl könnte ein „gekürzter" Verteilungsschlüssel auch 5, 20, 60, 6, 9 (Anteile, Wert je Anteil = 80,00 €) lauten; da die Summe des Schlüssels 100 ergäbe, könnte man den Schlüssel in diesem Fall auch in Form von Prozentsätzen ausdrücken (1 % ≙ 80,00 €)

(3) Verteilung über Prozentsätze

Kostenstellen		Hauptkostenstellen (Angaben in €)				
		Material	Fertigung I	Fertigung II	Verwaltung	Vertrieb
Gemeinkostenarten	Gesamt	(1)	(2)	(3)	(4)	(5)
Aufwendungen f. Kommunikation	25.500,00	1.530,00	6.120,00	7.395,00	3.060,00	7.395,00

Beispiel 3: Die Gemeinkostenart Aufwendungen für Kommunikation wird direkt über Prozentsätze verteilt. Die Kostenstellenleiter haben zuvor diesem Verteilungsschlüssel zugestimmt, der auf Verbrauchsanalysen der Vergangenheit beruht und als nach wie vor „gültig" angesehen wird.

Verteilungsschlüssel (Prozentsätze)					
Material	Fertigung I	Fertigung II	Verwaltung	Vertrieb	Summe
(1)	(2)	(3)	(4)	(5)	
6 %	24 %	29 %	12 %	29 %	100 %

Von den insgesamt 25.500,00 € Kommunikationskosten muss z. B. der Vertrieb 7.395,00 € tragen (25.500,00 € · 29 %).

(4) Weitere Schlüsselbildungen auch über **Hilfsgrößen**, z. B. die kalkulatorischen Restwerte der genutzten Anlagegüter für die Verteilung der kalkulatorischen Abschreibungen, sind möglich.

Kostenstellen		Hauptkostenstellen (Angaben in €)				
Gemeinkostenarten	Gesamt	Material	Fertigung I	Fertigung II	Verwaltung	Vertrieb
		(1)	(2)	(3)	(4)	(5)
Kalkulatorische Abschreibungen	25.000,00	1.250,00	11.250,00	8.750,00	1.250,00	2.500,00

Beispiel 4: Betragen die kalkulatorischen Restwerte der Anlagen, die die jeweiligen Kostenstellen nutzen, 750.000,00 €, so können diese als Verteilungsschlüssel für die Gemeinkostenart kalkulatorische Abschreibungen dienen. Bei Abschreibungen in Höhe von insgesamt 25.000,00 € beträgt der zuzurechnende Abschreibungswert für die Abteilung Material 1.250,00 € (25.000,00 € : 750.000,00 € · 37.500,00 €).

Verteilungsschlüssel (kalkulatorische Restwerte)					
Material	Fertigung I	Fertigung II	Verwaltung	Vertrieb	Summe
(1)	(2)	(3)	(4)	(5)	
37.500,00 €	337.500,00 €	262.500,00 €	37.500,00 €	75.000,00 €	750.000,00 €

Berechnung der Zuschlagssätze (siehe BAB auf Seite 308):

Materialgemeinkostenzuschlagssatz:	$\dfrac{\text{Materialgemeinkosten} \cdot 100\%}{\text{Fertigungsmaterial}}$	$\dfrac{35.487,00\ € \cdot 100\%}{272.975,00\ €}$	= 13,0 %
Fertigungsgemeinkostenzuschlagssatz Fertigungsstufe I:	$\dfrac{\text{Fertigungsgemeinkosten I} \cdot 100\%}{\text{Fertigungslöhne I}}$	$\dfrac{45.638,00\ € \cdot 100\%}{10.613,40\ €}$	= 430,0 %
Fertigungsgemeinkostenzuschlagssatz Fertigungsstufe II:	$\dfrac{\text{Fertigungsgemeinkosten II} \cdot 100\%}{\text{Fertigungslöhne II}}$	$\dfrac{112.613,50\ € \cdot 100\%}{40.219,20\ €}$	= 280,0 %
Verwaltungsgemeinkostenzuschlagssatz:	$\dfrac{\text{Verwaltungsgemeinkosten} \cdot 100\%}{\text{Herstellkosten des Umsatzes}}$	$\dfrac{33.414,65\ € \cdot 100\%}{514.073,10\ €}$	= 6,5 %
Vertriebsgemeinkostenzuschlagssatz:	$\dfrac{\text{Vertriebsgemeinkosten} \cdot 100\%}{\text{Herstellkosten des Umsatzes}}$	$\dfrac{28.274,35\ € \cdot 100\%}{514.073,10\ €}$	= 5,5 %

Nachfolgend der vollständige Betriebsabrechnungsbogen (BAB) der FBW für den Abrechnungsmonat Mai 20XX:

Kostenstellen		Hauptkostenstellen (Angaben in €)				
		Material	Fertigung I	Fertigung II	Verwaltung	Vertrieb
Gemeinkostenarten	Gesamt	(1)	(2)	(3)	(4)	(5)
Aufwendungen für Hilfsstoffe	9.305,00		1.861,00	7.444,00		
Aufwendungen für Betriebsstoffe	4.200,00		756,00	3.444,00		
Verpackungsmaterial	2.503,00					2.503,00
Energie	12.250,00	1.225,00	2.450,00	7.350,00	490,00	735,00
Fremdinstandhaltung	15.300,00	1.530,00	2.295,00	6.885,00	3.060,00	1.530,00
Hilfslöhne	4.800,00		1.200,00	2.400,00		1.200,00
Gehälter	84.200,00	16.840,00	8.420,00	42.100,00	12.630,00	4.210,00
Soziale Abgaben	20.025,00	4.005,00	2.002,50	10.012,50	3.003,75	1.001,25
Mieten, Pachten	8.000,00	400,00	1.600,00	4.800,00	480,00	720,00
Leasing	5.454,50	2.846,00	511,00	360,50	1.230,00	507,00
Aufwendungen f. Kommunikation	25.500,00	1.530,00	6.120,00	7.395,00	3.060,00	7.395,00
Versicherungsbeiträge	3.330,00	999,00	166,50	166,50	1.098,90	899,10
Steuern	1.060,00	212,00	106,00	106,00	212,00	424,00
Kalkulatorische Abschreibungen	25.000,00	1.250,00	11.250,00	8.750,00	1.250,00	2.500,00
Kalkulatorische Zinsen	22.500,00	2.250,00	4.500,00	9.000,00	4.500,00	2.250,00
Kalkulatorische Wagnisse	12.000,00	2.400,00	2.400,00	2.400,00	2.400,00	2.400,00
Summe Gemeinkosten	255.427,50	35.487,00	45.638,00	112.613,50	33.414,65	28.274,35
Einzelkosten (Zuschlagsgrundlagen)		Fertigungsmaterial	Fertigungslöhne I	Fertigungslöhne II	Herstellkosten des Umsatzes	
Einzelkosten		272.975,00	10.613,40	40.219,20	514.073,10	514.073,10
Zuschlagssätze		Materialgemeinkostenzuschlag	Fertigungsgemeinkostenzuschlag I	Fertigungsgemeinkostenzuschlag II	Verwaltungsgemeinkostenzuschlag	Vertriebsgemeinkostenzuschlag
(Gemeinkosten in % der Einzelkosten)		13,0 %	430,0 %	280,0 %	6,5 %	5,5 %

3 Vollkostenrechnung

Kostenart	Verteilungsgrundlage/ Art des Verteilungsschlüssels[1]	Verteilungsschlüssel					
		Material	Fertigung I	Fertigung II	Verwaltung	Vertrieb	Summe
		(1)	(2)	(3)	(4)	(5)	
Aufwendungen für Hilfsstoffe	Materialentnahmescheine (in €)	0,00	1.861,00	7.444,00	0,00	0,00	9.305,00
Aufwendungen für Betriebsstoffe	Materialentnahmescheine (in €)	0,00	756,00	3.444,00	0,00	0,00	4.200,00
Verpackungsmaterial	nur Vertrieb (in %)	0	0	0	0	100	100
Energie	Kwh (in %)	10	20	60	4	6	100
Fremdinstandhaltung	Eingangsrechnungen (in €)	1.530,00	2.295,00	6.885,00	3.060,00	1.530,00	15.300,00
Hilfslöhne	Lohnlisten (in €)	0,00	1.200,00	2.400,00	0,00	1.200,00	4.800,00
Gehälter	Gehaltslisten (in €)	16.840,00	8.420,00	42.100,00	12.630,00	4.210,00	84.200,00
Soziale Abgaben[2]	Gehaltslisten (in €)	4.005,00	2.002,50	10.012,50	3.003,75	1.001,25	20.025,00
Mieten, Pachten	m²	50	200	600	60	90	1000
Leasing	Eingangsrechnungen (in €)	2.846,00	511,00	360,50	1.230,00	507,00	5.454,50
Aufwendungen f. Kommunikation	Prozentsätze (in %)	6	24	29	12	29	100
Versicherungsbeiträge	Prozentsätze (in %)	30	5	5	33	27	100
Steuern	Anteile	2	1	1	2	4	10
Kalkulatorische Abschreibungen	kalkulatorische Restwerte (in €)	37.500,00	337.500,00	262.500,00	37.500,00	75.000,00	750.000,00
Kalkulatorische Zinsen	betriebsnotw. Kapital (in %)	10	20	40	20	10	100
Kalkulatorische Wagnisse	Prozentsätze (in %)	20	20	20	20	20	100

[1] Prozentuale Schlüssel und Anteile basieren auf Erfahrungswerten der Fly Bike Werke GmbH.   [2] gerundete Werte

Berechnung der Herstellkosten des Umsatzes

Fertigungsmaterial	272.975,00 €
+ Materialgemeinkosten	35.487,00 €
= Materialkosten	308.462,00 €
Fertigungslöhne I und II	50.832,60 €
+ Fertigungsgemeinkosten I und II	158.251,50 €
= Fertigungskosten	209.084,10 €
Materialkosten	308.462,00 €
+ Fertigungskosten	209.084,10 €
= Herstellkosten der Abrechnungsperiode (Erzeugung)	517.546,10 €
+ Minderbestand unfertige Erzeugnisse	3.925,00 €
= Herstellkosten der Fertigung	521.471,10 €
– Mehrbestand fertige Erzeugnisse	7.398,00 €
= Herstellkosten des Umsatzes [1]	514.073,10 €

[1] Sind keine Bestandsveränderungen bei unfertigen oder fertigen Erzeugnissen zu beachten, sind die Herstellkosten der Abrechnungsperiode gleich denen des Umsatzes.

Die im BAB ermittelten Zuschlagssätze werden sowohl in der Kostenträgerzeit- und der Kostenträgerstückrechnung eingesetzt.

Mehrstufiger BAB

Zur effektiveren Kostenkontrolle und exakteren Kalkulation bei mehrstufigen Produktionsprozessen werden in der Praxis mehrere Hauptkostenstellen in der Fertigung eingerichtet. Daneben werden der Fertigung besondere Hilfskostenstellen untergeordnet, die ausschließlich Leistungen für die Fertigungsabteilungen erbringen.

Nach der Verteilung der (Primär-)Kostenarten auf alle Kostenstellen folgt die Umlage (Überwälzung) der Kosten der allgemeinen Kostenstellen und der speziellen Hilfskostenstellen auf die Hauptkostenstellen, die die Leistungen empfangen haben.

Beispiel: Zweistufiger Produktionsprozess bei der Superbike GmbH

Kostenarten \ Kostenstellen	Verteilungsgrundlage/ -schlüssel[1]	Con (0)	Sek (1)	Inst (2)	EDV (3)	Kon (4)	AV (5)	Qu (6)	E (7)	F I (8)	F II (9)	Vw (10)	Vt (11)	Σ
Aufwendungen für Hilfsstoffe	MES	0	0	5	0	2	0	1	0	12	80	0	0	100
Aufwendungen für Betriebsstoffe	MES	0	0	2	0	1	0	1	0	20	76	0	0	100
Energie	kWh	2	2	5	4	4	3	2	9	25	36	3	5	100
Gehälter	Gehaltsliste	siehe BAB, S. 311												0
Soziale Abgaben	Gehaltsliste	siehe BAB, S. 311												0
Mieten, Pachten	ER	0	0	0	5	5	5	0	5	20	25	10	25	100
Kosten des Geldverkehrs	Liste	0	20	0	0	0	0	0	30	0	0	25	25	100
Büromaterial	MES	4	12	1	12	3	6	2	18	3	3	20	16	100
Reisekosten	Abrechnungen	5	5	0	0	1	1	1	10	0	3	20	54	100
Werbung	ER	0	0	0	0	0	0	0	0	0	0	0	100	100
Steuern	u. a. Anlagekartei	0	0	0	0	0	0	0	10	15	45	10	20	100
Kalkulatorische Abschreibungen	Wiederbeschaffung	0	0	0	0	0	0	0	5	45	35	5	10	100
Kalkulatorische Zinsen	betriebsnotwendiges Kapital	0	0	0	0	0	0	0	12	20	40	10	18	100
Kalkulatorische Wagnisse	konkrete Risiken	0	0	0	0	0	0	0	10	20	40	10	20	100
Kalkulatorische Miete	m²	0	0	0	0	0	0	0	50	200	600	60	90	1000

Die Verteilungsschlüssel zeigen deutlich, dass die allgemeinen Kostenstellen Leistungen für alle nachgelagerten Kostenstellen erbringen. Die speziellen Hilfskostenstellen der Fertigung (Konstruktion, Arbeitsvorbereitung, Qualitätssicherung) geben ausschließlich Leistungen an die Fertigung ab.

Abgebende Kst. \ Empfangende Kst.	Verteilungsgrundlage[1]	Con (0)	Sek (1)	Inst (2)	EDV (3)	Kon (4)	AV (5)	Qu (6)	E (7)	F I (8)	F II (9)	Vw (10)	Vt (11)	Σ
Umlage Controlling	Stunden		2	2	5	4	4	4	10	16	20	10	23	100
Umlage Zentralsekretariat	Stunden			1	2	4	3	2	18	10	12	30	18	100
Umlage Instandhaltung	Stunden				5	4	2	6	4	36	32	5	6	100
Umlage EDV	Stunden					8	8	4	14	22	18	14	12	100
Umlage Konstruktion	Stunden									30	70			100
Umlage AV	Stunden									15	85			100
Umlage Qualitätssicherung	Stunden									20	80			100

[1] In Prozentsätze umgerechnet; zur Bedeutung der Abkürzungen siehe BAB auf S. 311.

3 Vollkostenrechnung

Superbike GmbH: Mehrstufiger Betriebsabrechnungsbogen und Kostenträgerzeitrechnung (Vollkostenrechnung)

Kostenstellen	Gesamt in €	Allgemeine Kostenstellen				Hilfskostenstellen				Hauptkostenstellen				
		Control-ling	Zentral-sekretar.	Instand-haltung	EDV	Konstruk-tion	Arbeitsvor-bereitung	Qualitäts-sicherung	Einkauf	Fertigung I	Fertigung II	Verwal-tung	Vertrieb
Kostenarten		(0)	(1)	(2)	(3)	(4)	(5)	(6)	(7)	(8)	(9)	(10)	(11)
Aufwendungen für Hilfsstoffe	700.000	0	0	35.000	0	14.000	0	7.000	0	84.000	560.000	0	0
Aufwendungen für Betriebsstoffe	171.463	0	540	3.429	1.080	1.715	0	1.715	0	34.293	130.312	0	0
Energieaufw.	27.000	540		1.350		1.080	810	540	2.430	6.750	9.720	810	1.350
Gehälter	891.011	57.500	36.000	11.250	44.500	57.500	139.000	11.250	130.000	14.400	14.400	155.211	220.000
Soziale Abgaben	273.718	17.664	11.059	3.456	13.670	17.664	42.701	3.456	39.936	4.424	4.424	47.681	67.584
Mieten, Pachten	60.000	0	0	0	3.000	3.000	3.000	0	3.000	12.000	15.000	6.000	15.000
Kosten des Geldverkehrs	4.375	0	875	0	0	0	0	0	1.313	0	0	1.094	1.094
Büromaterial	19.217	769	2.306	192	2.306	576	1.153	384	3.459	576	576	3.843	3.075
Reisekosten	22.800	1.140	1.140	0	0	228	228	228	2.280	0	684	4.560	12.312
Werbung	85.500	0	0	0	0	0	0	0	0	0	0	0	85.500
Steuern	127.888	0	0	0	0	0	0	0	12.789	19.183	57.550	12.789	25.578
Kalkulatorische Abschreibungen	180.000	0	0	0	0	0	0	0	9.000	81.000	63.000	9.000	18.000
Kalkulatorische Zinsen	65.371	0	0	0	0	0	0	0	7.844	13.074	26.148	6.537	11.767
Kalkulatorische Wagnisse	132.291	0	0	0	0	0	0	0	13.229	26.458	52.916	13.229	26.458
Kalkulatorische Miete	70.000	0	0	0	0	0	0	0	3.500	14.000	42.000	4.200	6.300
Summe	2.830.632	77.613	51.920	54.677	64.556	95.763	186.892	24.573	228.780	310.158	976.730	264.953	494.017

Empfangende Kst. \ Abgebende Kst.		Control-ling	Zentral-sekretar.	Instand-haltung	EDV	Konstruk-tion	Arbeitsvor-bereitung	Qualitäts-sicherung	Einkauf	Fertigung I	Fertigung II	Verwal-tung	Vertrieb
		(0)	(1)	(2)	(3)	(4)	(5)	(6)	(7)	(8)	(9)	(10)	(11)
Summe	2.830.632	77.613	51.920	54.677	64.556	95.763	186.892	24.573	228.780	310.158	976.730	264.953	494.017
Umlage Controlling	77.613		1.552	1.552	3.881	3.105	3.105	3.105	7.761	12.418	15.523	7.761	17.851
Kostenstellenkosten			53.472	56.230	68.437	98.868	189.996	27.677	236.541	322.576	992.252	272.714	511.868
Umlage Zentralsekretariat	53.472			535	1.069	2.139	1.604	1.069	9.625	5.347	6.417	16.042	9.625
Kostenstellenkosten				56.764	69.506	101.006	191.600	28.747	246.166	327.923	998.669	288.756	521.493
Umlage Instandhaltung	56.764				2.838	2.271	1.135	3.406	2.271	20.435	18.165	2.838	3.406
Kostenstellenkosten					72.345	103.277	192.736	32.153	248.437	348.359	1.016.834	291.594	524.898
Umlage EDV	72.345					5.788	5.788	2.894	10.128	15.916	13.022	10.128	8.681
Kostenstellenkosten						109.065	198.523	35.047	258.565	364.275	1.029.856	301.722	533.580
Umlage Konstruktion	109.065									32.719	76.345		
Umlage AV	198.523									29.778	168.745		
Umlage Qual.-Sicherung	35.047									7.009	28.037		
Kostenstellenkosten	2.830.632								258.565	433.782	1.302.983	301.722	533.580
Zuschlagsgrundlage	3.977.567								3.500.000	50.806	426.770	6.089.305	6.089.305
GK-Zuschlagssatz									7,3876%	853,8007%	305,3127%	4,9549%	8,7626%

3.3 Kostenträgerzeitrechnung

Mithilfe der Kostenträgerzeitrechnung können die Ergebnisse einer Abrechnungsperiode auch je Erzeugnisgruppe (oder je Erzeugnis) sichtbar gemacht werden. Dabei ist es notwendig, die Einzelkosten jeder Erzeugnisgruppe oder jedes Erzeugnisses zu kennen. Die Gemeinkosten werden mit den im BAB ermittelten Zuschlagssätzen dann auf die Erzeugnisse (Kostenträger) verteilt.

Kostenträgerzeitrechnung	Zu-schlags-satz	Gesamt	Erzeugnisse	
			Mountain	Trekking
Materialeinzelkosten		272.975,00 €	133.775,00 €	139.200,00 €
+ Materialgemeinkosten laut BAB[1)]	13,00 %	35.487,00 €	17.390,87 €	18.096,13 €
= Materialkosten (MK)		308.462,00 €	151.165,87 €	157.296,13 €
Fertigungseinzelkosten I		10.613,40 €	4.655,00 €	5.958,40 €
+ Fertigungsgemeinkosten I laut BAB[1)]	430,00 %	45.638,00 €	20.016,67 €	25.621,33 €
= Fertigungskosten I (FK I)		56.251,40 €	24.671,67 €	31.579,73 €
Fertigungseinzelkosten II[1)]		40.219,20 €	18.620,00 €	21.599,20 €
+ Fertigungsgemeinkosten II laut BAB	280,00 %	112.613,50 €	52.135,88 €	60.477,62 €
= Fertigungskosten II (FK II)		152.832,70 €	70.755,88 €	82.076,82 €
= Herstellkosten der Abrechnungsperiode (Erzeugung)		517.546,10 €	246.593,42 €	270.952,68 €
+ Bestandsminderung unfertige Erzeugnisse		3.925,00 €	0,00 €	3.925,00 €
= Herstellkosten der Fertigung		521.471,10 €	246.593,42 €	274.877,68 €
− Bestandsmehrung fertige Erzeugnisse		7.398,00 €	7.398,00 €	0,00 €
= Herstellkosten des Umsatzes		514.073,10 €	239.195,42 €	274.877,68 €
+ Verwaltungsgemeinkosten laut BAB[1)]	6,50 %	33.414,65 €	15.547,66 €	17.867,00 €
+ Vertriebsgemeinkosten laut BAB[1)]	5,50 %	28.274,35 €	13.155,90 €	15.118,45 €
+ Sondereinzelkosten des Vertriebs		10.055,00 €	6.284,00 €	3.771,00 €
= Selbstkosten des Umsatzes		585.817,10 €	274.182,98 €	311.634,12 €
Umsatzerlöse		651.636,00 €	400.266,00 €	251.370,00 €
Betriebsergebnis eigene Erzeugnisse		65.818,90 €	126.083,02 €	-60.264,12 €

[1)] Die Zuschlagssätze werden hier mit zwei Nachkommastellen angegeben. Das der Berechnung zugrunde liegende Tabellenkalkulationsprogramm rechnet mit mehr Nachkommastellen.

Mit den produzierten Trekkingrädern wurde ein erheblicher Verlust (− 60.264,12 €) erzielt, da die Umsatzerlöse (251.370,00 €) die Selbstkosten (311.634,12 €) für dieses Produkt nicht decken. Nur der hohe Gewinn bei den Mountain-Bikes (+126.083,02 €) ermöglicht für den Abrechnungsmonat ein positives Betriebsergebnis (+65.818,90 €).

AB → Lernsituation 34

3.4 Kostenträgerstückrechnung (Kalkulation)

In der Kostenträgerstückrechnung werden die Selbstkosten je Erzeugnis oder für eine Handelsware ermittelt und auf dieser Kostenbasis deren Verkaufspreise kalkuliert.

3.4.1 Zuschlagskalkulation mit Istkosten

Basis für die Zuschlagskalkulation der FBW GmbH sind die Einzelkosten eines bestimmten Fahrrades und die Gemeinkostenzuschlagssätze aus dem letzten BAB.

3 Vollkostenrechnung

Die **Materialeinzelkosten** sind den jeweiligen Komponentenlisten für das gefertigte Fahrradmodell zu entnehmen.

Fahrrad-Modell Mountain Dispo Set.-Nr. FBW:		Preise in €	Fertigungs- stufe
Rahmen	1050	13,52	1
Gabel, Feder	1550	3,60	
Räder und Schaltung	2050	51,95	2
Antrieb	2250	15,30	
Bremsen	2550	11,45	
Bereifung	3050	10,99	
Beleuchtung	Keine	0,00	
Lenkung	5050	12,95	
Ausstattung 1	6050	0,60	
Ausstattung 2	keine	0,00	
Sattel	7050	7,60	
Kleinteileset	8050	2,60	
Abzüge	8550	2,08	
Verpackung 1	9020	1,00	
Verpackung 2	9520	0,14	
Summe Materialeinzelkosten		133,78	Stufe 1 + 2

Die **Fertigungseinzelkosten (Fertigungslöhne)** werden über Zeitvorgaben und Akkordlohnsätze ermittelt.

Die Vorgabezeiten der FBW GmbH für den im Wesentlichen automatisierten Rahmen- und Gabelbau einschließlich Lackierung (Fertigungsstufe I) betragen insgesamt 15 Minuten je Fahrrad des Modells Mountain Dispo bei einer Stundenvergütung von 15,20 € zzgl. 22,5 % direkter Personalnebenkosten = 4,66 € je Fahrrad.

Die Vorgabezeiten für die überwiegend in Handarbeit durchzuführende Endmontage der Fahrräder (Fertigungsstufe II) betragen 60 Minuten je Fahrrad bei gleich bleibender Stundenvergütung mit Zuschlägen (15,20 € zzgl. 22,5 % direkter Personalnebenkosten) = 18,62 € je Fahrrad.

Die **Sondereinzelkosten des Vertriebs** betragen für dieses Fahrradmodell durchschnittlich 6,00 € je Fahrrad.

Der aktuelle Betriebsabrechnungsbogen zeigt folgende Zuschlagssätze:

Berechnung der Fertigungslöhne je Fahrrad:

Fertigungsstufe I:
$$\frac{15{,}20\ € \cdot 122{,}5 \cdot 15\ \text{Min.}}{100 \cdot 60\ \text{Min.}} = 4{,}66\ €$$

Fertigungsstufe II:
$$\frac{15{,}20\ € \cdot 122{,}5 \cdot 60\ \text{Min.}}{100 \cdot 60\ \text{Min.}} = 18{,}62\ €$$

Materialgemein- kostenzuschlag	Fertigungsgemeinkosten- zuschlag I	Fertigungsgemein- kostenzuschlag II	Verwaltungsgemein- kostenzuschlag	Vertriebsgemeinkosten- zuschlag
13,0 %	430,0 %	280,0 %	6,5 %	5,5 %

Berechnung der Gemeinkostenzuschläge in € je Fahrrad:

$$\frac{\text{Materialeinzelkosten} \cdot \text{Materialgemeinkostenzuschlagssatz}}{100\%} = \frac{133{,}78\ € \cdot 13{,}0\%}{100\%} = 17{,}39\ €$$

$$\frac{\text{Fertigungseinzelkosten I} \cdot \text{Fertigungsgemeinkostenzuschlagssatz I}}{100\%} = \frac{4{,}66\ € \cdot 430{,}0\%}{100\%} = 20{,}04\ €$$

$$\frac{\text{Fertigungseinzelkosten II} \cdot \text{Fertigungsgemeinkostenzuschlagssatz II}}{100\%} = \frac{18{,}62\ € \cdot 280{,}0\%}{100\%} = 52{,}14\ €$$

$$\frac{\text{Herstellkosten} \cdot \text{Verwaltungsgemeinkostenzuschlagssatz}}{100\%} = \frac{246{,}63\ € \cdot 6{,}5\%}{100\%} = 16{,}03\ €$$

$$\frac{\text{Herstellkosten} \cdot \text{Vertriebsgemeinkostenzuschlagssatz}}{100\%} = \frac{246{,}63\ € \cdot 5{,}5\%}{100\%} = 13{,}56\ €$$

In nachfolgender Tabelle können so die Selbstkosten je Fahrrad ermittelt werden.

Zeile	Kostenträgerstückrechnung	Zuschlagssatz	Gesamt (€)
1	Materialeinzelkosten		133,78
2	+ Materialgemeinkosten laut BAB	13,0 %	17,39
3	= **Materialkosten (Zeile 1 + 2)**		151,17
4	Fertigungseinzelkosten I		4,66
5	+ Fertigungsgemeinkosten I laut BAB	430,0 %	20,04
6	= **Fertigungskosten I (Zeile 4 + 5)**		24,70
7	Fertigungseinzelkosten II		18,62
8	+ Fertigungsgemeinkosten II laut BAB	280,0 %	52,14
9	= **Fertigungskosten II (Zeile 7 +8)**		70,76
10	**Herstellkosten (Zeile 3 + 6 + 9)**		246,63
11	+ Verwaltungsgemeinkosten laut BAB	6,5 %	16,03
12	+ Vertriebsgemeinkosten laut BAB	5,5 %	13,56
13	+ Sondereinzelkosten des Vertriebs		6,48
14	= **Selbstkosten des Erzeugnisses (Zeile 10–13)**		282,70

3.4.2 Zuschlagskalkulation mit Normalkosten

Die Kostenträgerstückrechnung in Form der Zuschlagskalkulation mit Istwerten ist immer erst nach Abschluss der Produktion auf Basis der Gemeinkostenzuschlagssätze des letzten Betriebsabrechnungsbogens möglich, in dessen Abrechnungszeitraum die Fahrräder tatsächlich produziert wurden. Diese Gemeinkostenzuschlagssätze haben aber nur für eine Abrechnungsperiode (einen Monat) Gültigkeit.

3 Vollkostenrechnung

Viele Kostenarten fallen aber in einzelnen Abrechnungsperioden in unterschiedlicher Höhe an. Mögliche Ursachen sind zum Beispiel:

Preisveränderungen	Verbrauchsveränderungen	Beschäftigungsveränderungen
Energiepreise können sich auch kurzfristig ändern.	Der Energieverbrauch für die Gebäudeheizungen ist auch abhängig von der Außentemperatur.	Je nach Produktionsmenge fallen Aushilfslöhne in unterschiedlicher Höhe an.
Löhne und Gehälter steigen in der Regel jedes Jahr.	In Abhängigkeit von der Produktions- und Absatzmenge sind Lagerflächen (auch Mietflächen) in unterschiedlicher Größe notwendig.	Bei Produktionsrückgängen ohne Personalabbau steigen die personalbezogenen Gemeinkosten (z. B. Gehälter) je Erzeugnis.
Mieten oder Leasinggebühren können je nach Vertrag „angepasst" werden.	Der Einsatz energieeffizienterer (neuer) Anlagen kann den Energieverbrauch senken.	Bei Produktionsmengen, die nur mit Zusatzvergütungen (Überstundenzuschläge, Nachtarbeit usw.) erzeugt werden können, steigen die Lohnkosten je Stück.

Um für Planungsrechnungen und zukünftige – vor der Produktion – Verkaufspreiskalkulationen (Angebotskalkulationen) zuverlässige Daten zu erhalten, kalkuliert die F3W GmbH vorausschauend mit Normalkosten. Dabei werden Istgemeinkostenzuschlagssätze vergangener Abrechnungsperioden als Durchschnittswerte ermittelt, die bei im Voraus bekannten Kostenveränderungen (z. B. Tariferhöhungen für Löhne und Gehälter) ggf. auch aktualisiert werden können.

Für die FBW GmbH hat die Normalkostenrechnung im Vergleich zur Istkostenrechnung für den Abrechnungsmonat Mai 20XX bereits bei der Kostenträgerzeitrechnung nur geringe Abweichungen aufgezeigt. Die Gemeinkostenabweichungen auf Basis der Normalgemeinkostenzuschlagssätze (Durchschnittszuschlagssätze auf Basis der Istgemeinkosten der letzten 5 Abrechnungsperioden) im Vergleich zu den Istgemeinkostenzuschlagssätzen (realisierte Istgemeinkostenzuschlagssätze der letzten Abrechnungsperiode Mai 20XX laut BAB) sind begrenzt.

Dabei bleiben hier für die FBW GmbH die Einzelkosten auf Basis von Verrechnungspreisen (Material) und nach wie vor gültigen Tariflöhnen (Fertigungslöhne) unverändert.

> **!** Ermittlung der Kostenabweichungen bei den Gemeinkosten:
> Normalgemeinkosten - Istgemeinkosten

> **!** Kostenüberdeckung → Normalgemeinkosten > Istgemeinkosten
> Kostenunterdeckung → Normalgemeinkosten < Istgemeinkosten

Bei Kostenüberdeckungen werden dem Kostenträger zu viel Gemeinkosten zugerechnet, bei Kostenunterdeckungen entsprechend zu wenig Gemeinkosten. Für jede Gemeinkostenart wird eine eigene Kostenabweichung ermittelt.

Ermittlung der Normal-Gemeinkostenzuschlagsätze	Ist-Zuschlagssätze der letzten 5 Abrechnungsperioden	Gesamtwert	Durchschnittswert
Normal-Materialgemeinkostenzuschlagssatz	13,8 + 13,5 + 13,8 + 13,4 +13,0	67,5	13,5
Normal-Fertigungsgemeinkostenzuschlagssatz I	435 + 438 + 430 + 432 + 434	2169,0	433,8
Normal-Fertigungsgemeinkostenzuschlagssatz II	270,0 + 272,1 + 282,5 + 275,2 + 275,2	1375,0	275,0
Normal-Verwaltungsgemeinkostenzuschlagssatz	6,2 + 6,7 + 7+ 6,5 + 6,6	33,0	6,6
Normal-Vertriebsgemeinkostenzuschlagssatz	5,4 + 5,2 + 5,7 + 5,4 + 5,3	27,0	5,4

	Kostenträgerzeitrechnung Modell Mountain Glide Mai	Normalkosten		Istkosten[1]		Kostenüber- oder Kostenunterdeckung €
		Zuschlagssätze	€	Zuschlagssätze	€	
	Materialeinzelkosten		133.775,00		133.775,00	
+	Normal-Materialgemeinkosten	13,50 %	18.059,63	13,00 %	17.390,87	668,76
=	Materialkosten (MK)		151.834,63		151.165,87	
	Fertigungseinzelkosten I		4.655,00		4.655,00	
+	Normal-Fertigungsgemeinkosten II	433,80 %	20.193,39	430,00 %	20.016,67	176,72
=	Fertigungskosten I (FK I)		24.848,39		24.671,67	
	Fertigungseinzelkosten II		18.620,00		18.620,00	
+	Normal-Fertigungsgemeinkosten II	275,00 %	51.205,00	280,00 %	52.135,88	−930,88
=	Fertigungskosten II (FK II)		69.825,00		70.755,88	
=	Herstellkosten der Abrechnungsperiode (Erzeugung; MK + FK I + FK II)		246.508,02		246.593,42	
+/−	Bestandsveränderung unfertige Erzeugnisse		0,00		0,00	
=	Herstellkosten der Fertigung		246.508,02		246.593,42	
−	Bestandsmehrung fertige Erzeugnisse		7.398,00		7.398,00	
=	Herstellkosten des Umsatzes		239.110,02		239.195,42	
+	Normal-Verwaltungsgemeinkosten	6,60 %	15.781,26	6,50 %	15.547,66	233,60
+	Normal-Vertriebsgemeinkosten	5,40 %	12.911,94	5,50 %	13.155,90	−243,96
+	Sondereinzelkosten des Vertriebs		6.284,00		6.284,00	
=	Selbstkosten		274.087,22		274.182,98	
[1] Werte der Kostenträgerzeitrechnung (vgl. S. 312; Zuschlagssätze werden hier mit zwei Nachkommastellen angegeben. Das der Berechnung zugrunde liegende Tabellenkalkulationsprogramm rechnet mit mehr Nachkommastellen.)						−95,76

Addiert über alle Gemeinkostenarten wird eine Gesamtabweichung in € ermittelt, die bei erheblichen Abweichungen auch die nachfolgende Angebotskalkulation stark verfälschen kann. Negative Ergebnisse für das Unternehmen (Gewinnminderungen) sind dann möglich, da der ursprünglich vereinbarte Kaufpreis unter Berücksichtigung von Preisminderungen (Rabatt, Skonto) mit dem Kunden im Nachhinein nicht mehr zu ändern ist – siehe Angebotskalkulation als Vor- und Nachkalkulation.

Grundsätzlich kann man aus Kostenüber- oder Kostenunterdeckungen nicht ableiten, in welchem Umfang man wirtschaftlich produziert hat, da Durchschnittswerte der Vergangenheit (Normalgemeinkosten) keine Aussagen über eine Wirtschaftlichkeit der Produktion in vergangenen Abrechnungsperioden zulassen. Im schlechtesten Fall vergleicht man nur den „Schlendrian" (unwirtschaftliche Produktion) vergangener Abrechnungsperioden mit dem „Schlendrian" der aktuellen Produktion und denkt bei Kostenüberdeckungen, dass jetzt ja alles besser geworden sei.

3 Vollkostenrechnung

Zeile	Kostenträgerstückrechnung	mit Normalkosten		mit Istkosten	
		Zuschlagssatz	€	Zuschlagssatz	€
1	Materialeinzelkosten		133,78		133,78
2	+ Materialgemeinkosten	13,5 %	18,06	13,0 %	17,39
3	= Materialkosten (Zeile 1 + 2)		151,84		151,17
4	Fertigungseinzelkosten I		4,66		4,66
5	+ Fertigungsgemeinkosten I	433,8 %	20,22	430,0 %	20,04
6	= Fertigungskosten I (Zeile 4 + 5)		24,88		24,70
7	Fertigungseinzelkosten II		18,62		18,62
8	+ Fertigungsgemeinkosten II	275,0 %	51,21	280,0 %	52,14
9	= Fertigungskosten II (Zeile 7 + 8)		69,83		70,76
10	= Herstellkosten (Zeile 3 + 6 + 9)		246,55		246,63
11	+ Verwaltungsgemeinkosten	6,6 %	16,27	6,5 %	16,03
12	+ Vertriebsgemeinkosten	5,4 %	13,31	5,5 %	13,56
13	+ Sondereinzelkosten des Vertriebs		6,00		6,48
14	= Selbstkosten des Erzeugnisses (Zeile 10–13)		282,13		282,70

Für die FBW GmbH beträgt die Gesamtabweichung in diesem Fall je Erzeugnis nur 0,09 €. Größere Abweichungen können bei der nachfolgenden Angebotskalkulation zu erheblichen Nachteilen (Gewinnrückgang, Verluste) führen.

3.4.3 Zuschlagskalkulation mit Maschinenstundensätzen

Für Industrieunternehmen mit maschinenintensiver Produktion führt die Zuschlagskalkulation im Bereich der Fertigungskosten mit der Zuschlagsbasis Fertigungslöhne oft zu nicht mehr betriebswirtschaftlich nachvollziehbaren Ergebnissen. Auf eher geringe Fertigungslöhne als Anteil an den Gesamtfertigungskosten sind dann sehr hohe Zuschlagssätze für Fertigungsgemeinkosten zu kalkulieren, die gar nicht in Abhängigkeit von diesen Löhnen entstehen, sondern in einer Abhängigkeit von der in Anspruch genommenen Maschinenlaufzeit stehen. Die Maschinenstundensatzrechnung ist hier die richtige Alternative. Voraussetzung dafür ist die Aufteilung der Fertigungsgemeinkosten in maschinen- und lohnabhängige Kosten.

Beispiel: Fertigungsgemeinkosten (FGK)

Maschinenabhängige FGK	Fertigungslohnabhängige FGK
– kalkulatorische Abschreibungen	– Hilfslöhne
– kalkulatorische Zinsen	– Sozialkosten
– Energiekosten/Betriebsstoffe	– Heizungskosten
– Raumkosten	– Kostenumlagen, z. B. für die Kantine und andere personalkostenorientierte Aufwendungen
– Instandhaltungs- und Wartungskosten	
– Werkzeugkosten	

4 Wertschöpfungsprozesse analysieren und beurteilen

Ermittlung von Maschinenstundensätzen für die teilautomatisierte Fertigungshauptkostenstelle „Rahmenbau" in einer Fahrradproduktion. Eingesetzt wird dort ein Fertigungsroboter „Motorman I" der Rohre trennt, biegt und zu Rahmen zusammenschweißt.

Basisdaten:
Anschaffungskosten = 200.000,00 €
Wiederbeschaffungskosten = 240.000,00 €
betriebsindividuelle Nutzungsdauer = 6 Jahre
Flächenverbrauch = 40 m²
innerbetrieblicher Verrechnungssatz je m² Fläche in der Produktionshalle = 50,00 € pro Monat
kalkulatorischer Zinssatz = 6 % pro Jahr
Energieverbrauch: 20 kwh, Preis für die kwh = 0,15 €
Maschinenlaufzeit (geplant je Jahr) = 1 850 Stunden bei Ein-Schicht-Betrieb, 37,5 Stunden/Arbeitswoche und geplantem Maschinenstillstand im Umfang von 100 Stunden (Feiertage, Wartung usw.) je Jahr.

Kostenart	Berechnung		Kosten pro Jahr
kalkulatorische Abschreibungen	$\dfrac{\text{Wiederbeschaffungskosten}}{\text{betriebsindividuelle Nutzungsdauer}}$	$\dfrac{240.000,00\ €}{6} =$	40.000,00 €
kalkulatorische Zinsen[1]	$\dfrac{\text{Anschaffungskosten}}{2} \cdot$ kalk. Zinssatz	$\dfrac{200.000,00\ € \cdot 6}{2 \cdot 100} =$	6.000,00 €
Energiekosten	Verbrauch in kwh · Preis je kwh · Maschinenlaufzeit	20 kwh · 0,15 €/kWh · 1850 =	5.550,00 €
Raumkosten	Flächenbedarf m² · Verrechnungssatz je m² · 12 Monate	40 m² · 50,00 €/m² · 12 =	24.000,00 €
Instandhaltungs- und Wartungskosten	Planwert = 2,5 % der Anschaffungskosten pro Jahr	200.000,00 € · 2,5 % =	5.000,00 €
Werkzeugkosten	Planwert/Jahr		19.350,00 €
Summe pro Jahr			99.900,00 €

[1] Die kalkulatorischen Zinsen werden von den halben Anschaffungskosten (AK) gerechnet. Denn im Laufe der Nutzungsdauer müssen nur die halben AK verzinst werden, da über die Abschreibungen, die in die Verkaufspreise einfließen, jährlich 1/6 der AK zurückfließen. Also: (Anfangswert 200.000,00 € + Endwert 0,00 €) : 2 = Durchschnittswert 100.000,00 €, der verzinst wird.

$$\text{Maschinenstundensatz} = \dfrac{\text{Maschinenkosten}}{\text{Maschinenlaufzeit}}$$

Die gesamten Maschinenkosten für den Motorman I betragen damit 99.900,00 € pro Jahr, bezogen auf eine Maschinenstunde also 54,00 € (99.900,00 Gesamtkosten : 1.850 Maschinenstunden) und bezogen auf eine Produktionsminute 0,90 € (54,00 € : 60 Minuten).

Wenn auch in der Fertigungshauptkostenstelle II, Endmontage, ein Fertigungsroboter (Motorman II) eingesetzt wird, kann sich die Kalkulation in diesem Unternehmen für einen Auftrag wie in nachfolgender Tabelle gestalten (Seite 319).

Kalkulationsbasis ist auch hier ein Betriebsabrechnungsbogen. Alle Gemeinkosten werden auf die Hauptkostenstellen, von denen zwei Fertigungskostenstellen als Maschinen definiert sind, verteilt. Für die Fertigung wird nur für die lohnabhängigen Fertigungsgemeinkosten (**Restfertigungsgemeinkosten**) ein Zuschlagssatz auf die Einzelkosten (Fertigungslöhne) ermittelt. Für die beiden Maschinenfertigungskostenstellen wird jeweils ein Maschinenstundensatz berechnet. Für ein Fahrrad, das 6 Minuten Fertigungszeit auf dem Motorman I und 22 Minuten auf dem Motorman II benötigt, können dann Selbstkosten in Höhe von 261,52 € ermittelt werden.

Kosten in €	Materialstelle	Fertigungshauptkostenstellen			Verwaltung	Vertrieb
		Motorman I	Motorman II	Übrige FKSt.		
Gemeinkosten	34.375,00 €	99.900,00 €	222.000,00 €	10.250,00 €	53.570,00 €	40.177,50 €
Einzelkosten	275.000,00 €			20.500,00 €		
Maschinenstunden		1850 Stunden	1850 Stunden			
Maschinenstundensatz		54,00 €	120,00 €		669.625,00 €	669.625,00 €
Zuschlagssätze in %	12,50 %			50,00 %	8,00 %	6,00 %
Kostenträgerzeit- und Kostenträgerstückrechnung				Zeitrechnung	Kalkulation	
Fertigungsmaterial				275.000,00 €		140,00 €
+ Materialgemeinkosten				34.375,00 €	12,50 %	17,50 €
= Materialkosten (MK)				309.375,00 €		157,50 €
Fertigungslöhne				20.500,00 €		15,00 €
+ Gemeinkosten Motorman I				99.900,00 €	6 Minuten	5,40 €
+ Gemeinkosten Motorman II				222.000,00 €	22 Minuten	44,00 €
+ Restfertigungsgemeinkosten				10.250,00 €	50,00 %	7,50 €
= Fertigungskosten (FK)				352.650,00 €		71,90 €
Herstellkosten der Abrechnungsperiode (Erzeugung; MK + FK)				662.025,00 €		
- Mehrbestand unfertige Erzeugnisse				2.000,00 €		
+ Minderbestand fertige Erzeugnisse				9.600,00 €		
= Herstellkosten (des Umsatzes)				669.625,00 €		229,40 €
+ Verwaltungsgemeinkosten				53.570,00 €	8,00 %	18,35 €
+ Vertriebsgemeinkosten				40.177,50 €	6,00 %	13,76 €
= Selbstkosten				763.372,50 €		261,52 €

3.4.4 Angebotskalkulation

Da die Kunden der FBW GmbH über eine längere Periode stabile Preise erwarten, erhalten die Stammkunden regelmäßig Informationen über das aktuelle Sortiment. Bekannt gegebene Preise, Preisnachlässe und Lieferungsbedingungen können von der FBW GmbH in der Regel nicht kurzfristig geändert werden. Völlig anders sieht das allerdings aus, wenn ein Großkunde ein Privat-Label-Fahrrad-Modell in größerer Stückzahl erwerben möchte, das nach seinen speziellen Kundenwünschen (Art des Rahmens und der Gabel, besondere Farbgebung, bestimmte Ausstattungsmerkmale usw.) erst angefertigt wird.

 Beispiel: Die Matro AG will in ihren Cash-and-Carry-Märkten im Sommer 20XX ein spezielles Mountain-Bike mit Wunschausstattung als Eigenmarke anbieten.

4 Wertschöpfungsprozesse analysieren und beurteilen

Beispiel: Der Kunde erwartet bei einer Abnahmemenge von 1 500 Stück „selbstverständlich" seinen Großkundenrabatt in Höhe von 33 % und ein Skonto in Höhe von 3 %. Sondereinzelkosten des Vertriebs fallen für dieses Geschäft nicht an. Produktionstechnisch kann das Fahrrad-Modell vollständig im Monat Juli 20XX produziert und bis zum 05. August 20XX ausgeliefert werden. Preisrecherchen auf den Beschaffungsmärkten der FBW GmbH haben ergeben, dass mit Materialeinzelkosten in Höhe von 158,00 € und mit Fertigungslöhnen in Höhe von 6,50 € (Fertigungsstufe I) bzw. 28,50 € (Fertigungsstufe II) zu rechnen ist. Die rechtzeitige Lieferfähigkeit wird von den Materialanbietern garantiert.

Ergebnis: In einer Vorkalkulation mit den derzeit verfügbaren Normalgemeinkostenzuschlagssätzen wird ein Angebotspreis in Höhe 584,55 € kalkuliert (Vorkalkulation) und mit dem Kunden in einem Kaufvertrag fest vereinbart. In der Nachkalkulation ergeben sich allerdings Abweichungen bei Einzel- und Gemeinkosten.

	Kalkulationsschema	Vorkalkulation		Nachkalkulation	
		Beträge €	Zuschlagssatz	Beträge €	Zuschlagssatz
1.	Materialeinzelkosten lt. Stückliste	158,00		162,00	
2.	+ Materialgemeinkosten	21,33	13,50 %	22,68	14,00 %
3.	= Materialkosten	179,33		184,68	
4.	Fertigungseinzelkosten Fertigung I lt. Arbeitsplan	6,50		8,12	
5.	+ Fertigungsgemeinkosten Fertigung I (Rahmen und Gabel) laut BAB	28,20	433,80 %	34,75	428,00 %
6.	= Fertigungskosten Fertigung I (Rahmen und Gabel)	34,70		42,87	
7.	Fertigungseinzelkosten Fertigung II lt. Arbeitsplan	28,50		32,20	
8.	+ Fertigungsgemeinkosten Fertigung II (Montage)	78,38	275,00 %	90,16	280,00 %
9.	= Fertigungskosten Fertigung II (Montage)	106,88		122,36	
10.	= Herstellkosten (Material- und Fertigungskosten)	320,91		349,91	
11.	+ Verwaltungsgemeinkosten	21,18	6,60 %	21,69	6,20 %
12.	+ Vertriebsgemeinkosten	17,33	5,40 %	20,29	5,80 %
13.	= Selbstkosten	359,42		391,89	
14.	+ Gewinnzuschlag	57,51	16,00 %	25,04	6,39 %
15.	= Barverkaufspreis	416,93		416,93	
16.	+ Kundenskonto	12,89	3,00 %	12,89	3,00 %
17.	+ Vertriebsprovision	0,00	0,00 %	0,00	0,00 %
18.	= Zielverkaufspreis	429,82		429,82	
19.	+ Kundenrabatt	211,70	33,00 %	211,70	33,00 %
20.	= Listenverkaufspreis (Angebotspreis)	641,52		641,52	

So rechnet die Fly Bike Werke GmbH als Verkäufer:

Berechnungen bei der Angebotskalkulation von den Selbstkosten zum Angebotspreis (Vorwärtskalkulation):

Zeile 14 Gewinnzuschlag (auf Hundert)

100 %-Selbstkosten $\quad$ 100 % = 359,42 € $\quad \rightarrow \quad \dfrac{359{,}42\ € \cdot 16\ \%}{100\ \%} = 57{,}51\ €$

16 % Gewinnzuschlag $\quad$ 16 % = x

Zeile 15 Kundenskonto (im Hundert)

97 % Barverkaufspreis $\quad$ 97 % = 416,93 € $\quad \rightarrow \quad \dfrac{416{,}93\ € \cdot 3\ \%}{97\ \%} = 12{,}89\ €$

3 % Kundenskonto $\quad$ 3 % = x

Zeile 19 Kundenrabatt (im Hundert)

67 % Zielverkaufspreis $\quad$ 67 % = 429,82 € $\quad \dfrac{429{,}82\ € \cdot 33\ \%}{67\ \%} = 211{,}70\ €$

33 % Kundenrabatt $\quad$ 33 % = x

Das Kundenskonto und der Kundenrabatt müssen in einer Im-Hundert-Rechnung auf den Barverkaufspreis aufgeschlagen werden, da der Kunde „seine" Preisnachlässe immer von dem ihm bekannten Wert (Rückwärtskalkulation) in einer Vom-Hundert-Rechnung abziehen darf.

So rechnet die Matro AG als Käufer:

Berechnungen vom Angebotspreis bis zum Barverkaufspreis – der Barverkaufspreis entspricht dem Bareinkaufspreis des Kunden (Rückwärtskalkulation):

Zeile 19 Kundenrabatt (vom Hundert)

100 % Angebotspreis $\quad$ 100 % = 641,52 € $\quad \dfrac{641{,}52\ € \cdot 33\ \%}{100\ \%} = 211{,}70\ €$

33 % Kundenrabatt $\quad$ 33 % = x

Zeile 15 Kundenskonto (vom Hundert)

100 % Zielverkaufspreis $\quad$ 100 % = 429,82 € $\quad \dfrac{429{,}82\ € \cdot 3\ \%}{100\ \%} = 12{,}89\ €$

3 % Kundenskonto $\quad$ 3 % = x

Da der Angebotspreis nach Kaufvertragsabschluss nicht mehr änderbar ist, zahlt die Matro AG nur den von ihr erwarteten Bareinkaufspreis in Höhe von 379,90 € je Fahrrad – die Kosten- und Gewinnsituation des Verkäufers spielt für sie keine Rolle.

Für die FBW GmbH zeigt sich in der Nachkalkulation auf Basis der realisierten Einzelkosten und der Ist-Gemeinkostenzuschlagssätze des Produktionsmonats Juli, dass der erwartete Gewinn in Höhe von 52,40 € je Fahrrad nicht realisiert werden konnte.

4 Wertschöpfungsprozesse analysieren und beurteilen

Durch einen Lagerbrand bei einem Lieferanten musste kurzfristig ein neuer Lieferant für Antriebe und Bremsen gefunden werden, der allerdings nicht zum ursprünglich kalkulierten Preis einmalig die benötigte Menge liefern konnte (Preiserhöhung bei den Materialeinzelkosten um 4,00 € je Fahrrad). Bei der Produktion des vom Kunden gewünschten futuristischen Rahmens (Fertigungsstufe I) und auch bei der Montage der Fremdbauteile an diesen Rahmen (Fertigungsstufe II) stellte man fest, dass die Arbeitspläne (Vorgabezeiten) nicht einzuhalten waren. Der Mehrverbrauch von Fertigungszeiten (und damit der Fertigungslöhne) betrug in Fertigungsstufe I 1,62 € und in Fertigungsstufe II sogar 3,70 € je Fahrrad. Auch die Erhöhung der Gemeinkostenzuschläge für Material, bei den Fertigungsgemeinkosten der Fertigungsstufe II sowie bei den Vertriebsgemeinkosten konnte nicht mehr aufgefangen werden. Die Fly Bike Werke ermittelten nach Produktionsabschluss deshalb Selbstkosten in Höhe von 391,90 € (+ 32,49 €) je Fahrrad. Der Gewinn je Fahrrad beträgt damit nur

	Barverkaufspreis	416,93 €
–	Selbstkosten	391,89 €
=	Gewinn	25,04 €

Der realisierte Gewinnzuschlag (Zeile 14) in Prozent beträgt damit:

$$\text{Selbstkosten} = 100\,\% \rightarrow 391,89\,€ = 100\,\%$$
$$\text{Gewinnzuschlag} = x\,\% \rightarrow 25,04\,€ = x$$
$$\rightarrow \frac{25,04\,€ \cdot 100\,\%}{391,89\,€} = 6,39\,\%$$

Kosteneinsparungen in der Produktion im Vergleich zur Vorkalkulation erhöhen den Gewinn je Stück und in %, wenn der Barverkaufspreis beibehalten werden kann.

3.4.5 Divisionskalkulationen

Varianten
gleicher Ausgangsstoff; geringe Veränderungen bei den erstellten Erzeugnissen, z. B. unterschiedliche Stärken, Farben

Divisionskalkulationen unterscheiden nicht nach Einzel- und Gemeinkosten. Sie sind deshalb für Unternehmen geeignet, die nur ein Produkt oder gleichartige Erzeugnisse bzw. **Varianten** herstellen.

Beispiel: Die Fly Bike Werke GmbH stellte zu Beginn ihrer Geschäftstätigkeit als Einproduktunternehmen ausschließlich ein Trekkingrad, nämlich das Modell Light, her. Dabei entstanden in einer Abrechnungsperiode bei einer Produktionsmenge von 3 000 Stück folgende Kosten:

Einstufige Divisionskalkulation

Kostenarten	€
Fertigungsmaterial (laut Komponentenliste) Menge: 3 000 Stück à 116,00 €	348.000,00
+ sonstige Hilfs- und Betriebsstoffe	34.800,00
+ Personalkosten	139.200,00
+ Abschreibungen	52.200,00
+ sonstige Kosten	17.400,00
= Herstellkosten der Fertigung	591.600,00
Herstellkosten je Stück (3 000 Stück)	197,20

3 Vollkostenrechnung

Beispiel: Von diesem Produkt Modell Trekking Light wurden in der Abrechnungsperiode 2 700 Stück verkauft, sodass die absatzbedingten Verwaltungs- und Vertriebsgemeinkosten nur auf diese Menge bezogen werden dürfen. Diese Kostenarten wurden den Kostenstellen Verwaltung und Vertrieb zugeordnet.

Berechnung Selbstkosten	€
Herstellkosten der Fertigung für 3 000 Stück	591.600,00
− Bestandsmehrung (300 Stück)	59.160,00
= Herstellkosten des Umsatzes	532.440,00
+ Verwaltungs- und Vertriebsgemeinkosten	88.740,00
= Selbstkosten	621.180,00
Selbstkosten je Stück (2 700 Stück)	230,07

Die **mehrstufige Divisionskalkulation** wird zum Beispiel bei Massenprodukten angewandt, bei denen Produkte nach unterschiedlichen Produktionsstufen bereits Marktreife erwerben, aber zumindest auch teilweise noch in weiteren Produktionsstufen eingesetzt werden können. Die Produkte nehmen dann ihre bereits entstandenen Kosten aus den Vorstufen in die nächste Stufe mit.

Mehrstufige Divisionskalkulation

Beispiel: Eine Papierfabrik verkauft Rohpapier, beschichtetes Rohpapier und konfektioniertes Papier an verschiedene Abnehmer. Alle Produkte werden auch in drei verschiedenen Produktionsstufen nach Kundenwünschen hergestellt.

Herstellkosten der Produktionsstufe ohne Kosten vorheriger Stufen (Materialeinsatz)

	Produktionsmenge/t	Herstellkosten
Stufe I (Rohpapier)	120 000	96,0 Mio. €
Stufe II (beschichtetes Rohpapier)	60 000	7,2 Mio. €
Stufe III (konfektioniertes Papier)	40 000	2,0 Mio. €

Produktionsstufen	Stufe I	Stufe II	Stufe III	Verkauf
Stufe I (Rohpapier)				
Herstellkosten in €	96.000.000			
Produktionsmenge in Tonnen	120 000			60 000
Herstellkosten in € nach Stufe I/T	800			
Stufe II (beschichtetes Rohpapier)				
Einsatzmenge aus Stufe I in Tonnen		60 000		20 000
Wert der Einsatzmenge (800,00 €/T)		48.000.000		
Zusätzliche Kosten der Stufe II		7.200.000		
Herstellkosten in € nach Stufe II/T		920		
Stufe III (konfektioniertes Rohpapier)				
Einsatzmenge aus Stufe II in Tonnen			40 000	40 000
Wert der Einsatzmenge (920,00 €/T)			36.800.000	
Zusätzliche Kosten der Stufe III			2.000.000	
Herstellkosten in € nach Stufe III/T			970	

Äquivalenzziffernkalkulation

Gleichartige Erzeugnisse (Varianten), die sich aufgrund des verwendeten Materials und ihrer Herstellung nur unwesentlich unterscheiden, können mithilfe von **Äquivalenzziffern** kalkuliert werden. Diese Wertigkeitsziffern drücken das Kostenverhältnis aus, das sich aus dem unterschiedlichen Verbrauch an Werkstoffen oder der verschiedenen Bearbeitungsintensität der einzelnen Varianten ergibt.

Beispiel: Die apv GmbH, ein Kartonagenhersteller und Lieferant der Fly Bike Werke GmbH, verteilt die gesamten Herstellkosten der Kartonagenproduktion mithilfe der Äquivalenzziffernrechnung auf die einzelnen Artikel. Die gesamten Herstellkosten für die angegebene Stülpkartonproduktion betragen 55.855,80 €.

Stülp-Kartons				Materialverbrauch	Äquivalenzziffer
Artikel	Länge in cm	Höhe in cm	Dicke in cm	cm^3	Basis: 30401
City (XL)	400,0	120,0	0,5	24 000	1
Trekking (L)	420,0	130,0	0,7	38 220	1,5925
Mountain (M)	380,0	120,0	1,0	45 600	1,9
Rennrad (S)	360,0	120,0	1,2	51 840	2,16
Kid (XS)	300,0	100,0	0,5	15 000	0,625

Das Erzeugnis 30401 (Stülp-Kartons XL für City-Räder) erhält die Äquivalenzziffer 1. Die Wertigkeitszahlen für die vier anderen Erzeugnisse ergeben sich aus dem Verhältnis des Materialverbrauchs (in Kubikzentimetern):

$$\text{Äquivalenzziffer} = \frac{\text{Materialverbrauch eines Artikels}}{\text{Materialverbrauch des Artikels mit der Äquivalenzziffer 1}}$$

- Stülp-Karton Trekking (L):
  38 220 : 24 000 = 1,5925,
  d. h., der Materialverbrauch eines Stülp-Kartons L für Trekkingräder ist 1,5925-mal so groß wie der eines Kartons XL.
- Stülp-Karton Kid (XS):
  15 000 : 24 000 = 0,625,
  d. h., der Materialverbrauch des Stülp-Kartons XS für Kinderräder beträgt nur das 0,625-Fache des Kartons XL.
- Stülp-Karton Rennrad (S):
  51 840 : 24 000 = 2,16,
  d. h., der Materialverbrauch für die Verpackung der Rennräder (S) ist 2,16-mal so groß (aufwendig) wie die Verpackung der City-Räder (XL).
- Stülp-Karton Mountain (M):
  45 600 : 24 000 = 1,9,
  d. h., der Materialverbrauch des Stülp-Kartons M für Mountainbikes ist 1,9-mal so groß wie der eines Kartons XL.

3 Vollkostenrechnung

Artikel	Äquivalenz-ziffern	Produktions-menge	Verrech-nungs-einheiten	Herstell-kosten insgesamt	Herstell-kosten je Stück
City (XL)	1	10 000	10 000	6.300,00 €	0,63 €
Trekking (L)	1,5925	16 000	25 480	16.052,40 €	1,00 €
Mountain (M)	1,9	18 000	34 200	21.546,00 €	1,20 €
Rennrad (S)	2,16	3 000	6 480	4.082,40 €	1,36 €
Kid (XS)	0,625	20 000	12 500	7.875,00 €	0,39 €
			88 660	55.855,80 €	
			1	0,63 €	

Wert je Verrechnungseinheit (VE)
$$= \frac{\text{Gesamtkosten}}{\text{Anzahl der VE}}$$

Herstellkosten je Artikel
= Wert je VE · Anzahl der VE

Beispiel: Die apv GmbH ermittelt die Herstellkosten der einzelnen Varianten ihrer Artikelgruppe „Stülp-Kartons" mithilfe der Äquivalenzziffernrechnung. Der Materialverbrauch wird hier als zentrale Verursachungsgröße für die Verteilung der Kosten unterstellt. Spielen auch andere Kostenarten bei der Verursachung der Kosten für die Kostenträger eine Rolle oder ändern sich die Materialverbräuche, sind die Äquivalenzziffern als Verteilungsgröße falsch.

Regelmäßige Kontrolle der Äquivalenzziffern ist notwendig!

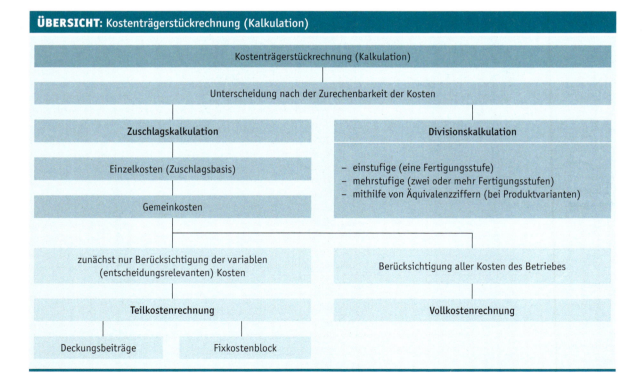

ÜBERSICHT: Kostenträgerstückrechnung (Kalkulation)

4 Wertschöpfungsprozesse analysieren und beurteilen

Aufgaben

1 Eine Fahrradmanufaktur, die Mountain-Bikes und Trekkingräder herstellt, ermittelt in der Betriebsbuchhaltung folgende Werte für eine Abrechnungsperiode:

Kosten	Gesamt	Mountain-Bikes	Trekkingräder
Einzelkosten			
– Fertigungsmaterial	?	360.000,00 €	330.000,00 €
– Fertigungslöhne	?	128.000,00 €	144.000,00 €
Gemeinkosten lt. BAB			
– MGK	103.500,00 €	?	?
– FGK	680.000,00 €	?	?
– VwGK	140.657,20 €	?	?
– VtGK	210.985,80 €	?	?
Bestandsveränderungen			
– AB fertige Erzeugnisse	?	86.200,00 €	35.340,00 €
– SB fertige Erzeugnisse	?	64.650,00 €	44.175,00 €
Verkaufspreis		323,25 €	406,41 €
Absatz		4 100 Stück	2 970 Stück

SB = Schlussbestand
– AB = Anfangsbestand
Bestandsveränderung (+/–)

Erstellen Sie eine Kostenträgerzeitrechnung und ermitteln Sie
- a das Betriebsergebnis,
- b die Gemeinkostenzuschlagssätze,
- c die Ergebnisse der einzelnen Produkte und je Stück.

2 Ein Industriebetrieb ermittelt folgendes Betriebsergebnis:

Kostenträgerzeitrechnung (zwei Produkte), Kostenträgerstückrechnung

Kostenarten	€	€
Umsatzerlöse		900.000,00
Bestandserhöhungen		46.350,00
Fertigungsmaterial	278.750,00	
Gemeinkostenmaterial	48.000,00	
Energiekosten	18.000,00	
Kosten für Fremdwasser	2.000,00	
Fertigungslöhne	100.000,00	
Hilfslöhne	20.000,00	
Gehälter	102.000,00	
AG-Anteil Sozialversicherung	20.000,00	
Abschreibungen	54.000,00	
Mietkosten	80.000,00	
Reisekosten	34.000,00	
Versicherungen	16.000,00	
betriebliche Steuern	10.000,00	
	782.750,00	946.350,00

326

a Erstellen Sie einen einstufigen Betriebsabrechnungsbogen.
b Ermitteln Sie im Rahmen der Kostenträgerzeitrechnung die Gemeinkostenzuschlagssätze, das gesamte Betriebsergebnis und die von den beiden Kostenträgern erzielten Ergebnisse.
c Prüfen Sie, ob es vielleicht zweckmäßig gewesen wäre, die Produktion eines Erzeugnisses einzustellen.

Kostenstellenrechnung

Verteilungsschlüssel für BAB zu verteilende Kostenarten	Material (1)	Fertigung (2)	Verwaltung (3)	Vertrieb (4)
1. Versicherungen und Mietkosten nach m²:	4 000 m²	18 000 m²	2 000 m²	8 000 m²
2. Personalkosten nach Listen:				
– Hilfslöhne	4.000,00 €	10.000,00 €	2.000,00 €	4.000,00 €
– Gehälter	15.300,00 €	25.500,00 €	45.900,00 €	15.300,00 €
– Sozialversicherungen	1.700,00 €	12.000,00 €	4.300,00 €	2.000,00 €
3. Gemeinkostenmaterial nach MES:	6.000,00 €	27.000,00 €	3.000,00 €	12.000,00 €
4. Energiekosten nach Zählerständen:	13 500 kWh	54 000 kWh	9 000 kWh	13 500 kWh
5. Wasserverbrauch in Kubikmeter	200 m³	600 m³	50 m³	150 m³
6. a) Abschreibungen auf Maschinen	–	40.000,00 €	–	4.000,00 €
b) Abschreibungen auf BGA	2.500,00 €	2.500,00 €	2.500,00 €	2.500,00 €
7. Betriebliche Steuern			10.000,00 €	
8. Reisekosten				34.000,00 €

	Erzeugnis A	Erzeugnis B
Fertigungsmaterial	108.000,00 €	170.750,00 €
Fertigungslöhne	58.000,00 €	42.000,00 €
Umsatzerlöse	500.000,00 €	400.000,00 €
unfertige Erzeugnisse: Eröffnungsbestand	15.420,00 €	10.280,00 €
unfertige Erzeugnisse: Schlussbestand	46.260,00 €	5.490,00 €
fertige Erzeugnisse: Eröffnungsbestand	24.360,00 €	10.150,00 €
fertige Erzeugnisse: Schlussbestand	40.600,00 €	14.210,00 €

3 Ermitteln Sie unter Berücksichtigung einer Bestandsmehrung an fertigen Erzeugnissen in Höhe von 98.125,00 € die Gemeinkostenzuschlagssätze.

Allgemeine Kostenstelle 1	Allgemeine Kostenstelle 2	Allgemeine Kostenstelle 3	Endkostenstellen			
			Material	Fertigung	Verwaltung	Vertrieb
66.000 €	114.500 €	142.500 €	312.000 €	420.000 €	120.000 €	225.000 €
Zuschlagsgrundlage (Einzelkosten):			1.962.500 €	690.625 €	HK. d. U.	HK. d. U.
Verteilungsschlüssel:						
Allg. Kostenstelle 1	1	1	3	3	2	2
Allg. Kostenstelle 2	0	1	2	3	2	2
Allg. Kostenstelle 3	0	0	2	4	1	1

4 Für die Kalkulation eines Produkts sind folgende Angaben zu berücksichtigen:

Einzelkosten	in €
Fertigungsmaterial	300,00
Fertigungslöhne	250,00
Zuschlagssätze	**in %**
Material	5
Fertigung	150
Verwaltung	10
Vertrieb	15
Sondereinzelkosten	**in €**
der Fertigung	40,00
des Vertriebs	20,00

Berechnen Sie

- a die Materialkosten,
- b die Fertigungskosten,
- c die Herstellkosten,
- d die Selbstkosten.

5 Lösen Sie in Verbindung mit dem unten stehenden Auszug aus einem Kostenträgerblatt die folgenden Aufgaben.
Kostenüberdeckung (+) = N > I
Kostenunterdeckung (−) = N < I

	verrechnete Normalkosten €	%	entstandene Istkosten €	%	Kostenüber- bzw. Kostenunterdeckung € (+/−)
Fertigungsmaterial	a) ?		a) ?		
Materialgemeinkosten	6.000,00	12		b) ?	−1.000,00
Materialkosten					
Fertigungslöhne	c) ?		c) ?		
Fertigungsgemeinkosten				175	d) ?
Fertigungskosten					
Herstellungskosten der Rechnungsperiode	e) ?		552.000,00		2.600,00
Minderbestand unfertige Erzeugnisse	f) ?		f) ?		
Herstellkosten der Fertigung	g) ?		g) ?		
Mehrbestand fertige Erzeugnisse	18.000,00		18.000,00		
Herstellkosten des Umsatzes	551.000,00				

Berechnen Sie

- a das Fertigungsmaterial,
- b den Zuschlagssatz der Ist-Materialgemeinkosten,
- c die Fertigungslöhne,
- d die Unter- oder Überdeckung,
- e die Herstellkosten der Rechnungsperiode (Normalkosten),
- f den Minderbestand der unfertigen Erzeugnisse,
- g die Herstellkosten der Fertigung (Normalkosten- und Istkostenrechnung).

3 Vollkostenrechnung

6 Die Fly Bike Werke GmbH kalkuliert die maschinenabhängigen Fertigungsgemeinkosten auf der Basis von Maschinenstundensätzen.
  a Ermitteln Sie den Maschinenstundensatz bei normaler Beschäftigung.
  b Ermitteln Sie die Selbstkosten für den Auftrag und für das einzelne Mountain-Bike.
  c Ermitteln Sie den Zielverkaufspreis des Auftrags und des einzelnen Mountain-Bikes.
  d Ermitteln Sie die Umsatzrentabilität für den Fall, dass der Auftrag zum Barverkaufspreis abgewickelt wird.
  e Erklären Sie den Unterschied zwischen Gewinnzuschlagssatz und Umsatzrentabilität.

normale Beschäftigung	165 Stunden
maschinenabhängige Fertigungsgemeinkosten	59.400,00 €

Zur Kalkulation eines Auftrags über 50 Mountain-Bikes liegen folgende Daten vor:

Fertigungsmaterial	5.000,00 €
Maschinenstunden	4 Stunden
Fertigungslöhne	400,00 €
Sondereinzelkosten der Fertigung	990,00 €

Zuschlagssätze	
Materialgemeinkosten	9,00 %
Fertigungsgemeinkosten	180,00 %
Verwaltungsgemeinkosten	12,00 %
Vertriebsgemeinkosten	13,00 %
Gewinnzuschlag	11,11 %
Kundenskonto	3,00 %

7 In der Steffes-Brauerei werden vier Sorten Bier hergestellt. Dafür sind in der vergangenen Abrechnungsperiode Herstellkosten in Höhe von insgesamt 41.083.200,00 € angefallen. Aus dem Fertigungsbereich liegen folgende Daten vor:

Biersorten	Stammwürze in %	Produktionsmenge in hl
Ride	6,0	120 000
Dance	8,0	100 000
Wobble	12,0	200 000
Squint XL	14,4	80 000

  – Die Sorte Dance erhält die Äquivalenzziffer 1.
  – Der absatzbedingte Verwaltungs- und Vertriebsgemeinkostenzuschlagssatz beträgt insgesamt 12,5 %.
  – Der Betrieb kalkuliert mit einem Gewinnzuschlagssatz von 20 %.
  – Bei einer Abnahme von 500 hl erhalten die Kunden einen Bonus von 10 %.

Ermitteln Sie mithilfe der Äquivalenzziffernrechnung
  a die Herstellkosten für jede Sorte in der Abrechnungsperiode,
  b die Herstellkosten für jede Sorteneinheit (je hl),
  c die Selbstkosten je hl,
  d den Barverkaufspreis je hl,
  e den Listenverkaufspreis je hl.

4 Deckungsbeitragsrechnung als Teilkostenrechnung

Beispiel: Den Gesellschaftern der Fly Bike Werke GmbH hat das Ergebnis des Abrechnungsmonats Mai 20XX gar nicht gefallen. Der schöne Betriebsgewinn des Mountain-Modells in Höhe von 126.083,00 € wurde doch stark vom Betriebsverlust des Trekking-Modells in Höhe von 60.263,00 € „aufgezehrt", sodass das Gesamtbetriebsergebnis nur noch 65.819,00 € betrug. Eine typische Erkenntnis in derartigen Situationen: „Hätten wir das Trekking-Modell doch besser gar nicht produziert, dann ständen wir doch viel besser da!". Ist das wirklich so?

AB → Lernsituation 35

4.1 Deckungsbeitragsrechnung im Einproduktunternehmen

Die **fixen Kosten** sind unabhängig von der Produktionsmenge (Beschäftigung). Sie fallen auch bei rückläufigen Produktionsmengen mit den entsprechend rückläufigen Umsatzerlösen immer in derselben Höhe an. Das führt in der Vollkostenrechnung zu steigenden Stückkosten, da der gleich bleibend hohe Fixkostenblock nun auf eine geringere Stückzahl verteilt werden muss. Viele Gemeinkostenarten wie z. B. Mieten, Gehälter oder Abschreibungen sind fixe Kosten.

Die **variablen Kosten** hingegen sind von der Produktionsmenge abhängig. Sie steigen bei steigenden Absatzmengen und sinken entsprechend bei rückläufigen Produktionsmengen. Dies gilt für die Einzelkosten wie z. B. die Bezugspreise der Werkstoffe, aber auch für einige Gemeinkostenarten wie Verpackungsmaterial, Hilfslöhne usw.

Kostenverläufe in Einproduktunternehmen

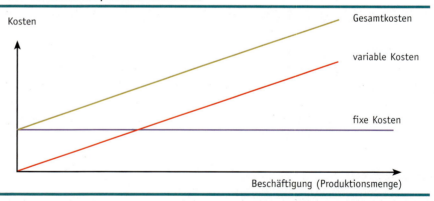

fixe und variable Kosten in Abhängigkeit von der Beschäftigung (Produktionsmenge)

Umsatzerlöse
Absatzmenge · realisierter Barverkaufspreis

Unter **Deckungsbeitrag** versteht man die Differenz zwischen den Umsatzerlösen und den variablen Kosten für ein bestimmtes Produkt. Die fixen Kosten bleiben in der Deckungsbeitragsrechnung als Teilkostenrechnung unberücksichtigt. Erzielt ein Produkt einen positiven Deckungsbeitrag, so leistet es damit einen Beitrag zur Deckung der fixen Kosten des Unternehmens. Erst wenn die Summe aller positiven Deckungsbeiträge aller abgesetzten Produkte die Höhe der gesamten Fixkosten überschreitet, erzielt das Unternehmen einen Gewinn.

Berechnung des Deckungsbeitrags

> **Deckungsbeitrag = Umsatzerlöse − variable Kosten**

4 Deckungsbeitragsrechnung als Teilkostenrechnung

 Beispiel: Zusammenhang zwischen Deckungsbeitrag und Gewinn (ein Zahlenbeispiel):

fixe Kosten	144.000,00 € innerhalb einer Abrechnungsperiode
variable Kosten	42,00 € je Stück
Erlöse	72,00 € je Stück
maximale Absatzmenge	8 000 Stück

Deckungsbeitrag je Stück: Erlöse – variable Kosten = 30,00 €

Deckungsbeitrag und Gewinn bei verschiedenen Produktionsmengen:

maximale Produktionsmenge	8 000 Stück	8 000 Stück
realisierte Produktionsmenge	3 000 Stück	7 000 Stück
Beschäftigungsgrad	37,5 %	87,5 %
Erlöse	216.000,00 €	504.000,00 €
– variable Kosten	126.000,00 €	294.000,00 €
= Deckungsbeitrag	90.000,00 €	210.000,00 €
– fixe Kosten	144.000,00 €	144.000,00 €
= Verlust/Gewinn	– 54.000,00 €	66.000,00 €

Beschäftigungsgrad = $\frac{\text{realisierte Produktionsmenge}}{\text{maximale Produktionsmenge}} \times 100$

Obwohl je Stück hier immer ein positiver Deckungsbeitrag erzielt wird, reicht eine Produktionsmenge von 3 000 Stück nicht aus, um einen Gewinn zu erzielen (Verlust 54.000,00 €). Bei einer Produktionsmenge von 7 000 Stück sind die fixen Kosten vollständig gedeckt und darüber hinaus wird noch ein Gewinn in Höhe von 66.000,00 € erzielt.

Da die Vollkostenrechnung die Aufteilung in fixe und variable Kosten nicht kennt, sind Entscheidungen auf ihrer Zahlenbasis gefährlich. Wird z. B. auf Basis der Vollkostenrechnung ein Produkt als „Verlustbringer" aus dem Produktionsprogramm entfernt, kann dies zu Gewinneinbrüchen führen, da dieses Produkt möglicherweise einen positiven Deckungsbeitrag hat und damit zur Deckung der Fixkosten beiträgt. Dieser Betrag würde dem Unternehmen dann aber bei der Fixkostendeckung fehlen.

Break-even-Point

In der **Break-even-Analyse** wird die so genannte kritische Menge (Break-even-Point oder auch Gewinnschwelle) gesucht. Das ist die Menge, bei der die Gesamterlöse den Gesamtkosten entsprechen. In diesem Fall ist der Gewinn gleich null. Es ist oft von existenzieller Bedeutung für ein Unternehmen, diese Menge zu kennen.

 Break-even-Point: Gesamterlöse = Gesamtkosten

oder alternativ: $\frac{\text{fixe Kosten}}{\text{Deckungsbeitrag je Stück}}$

Gesamtkosten = fixe + variable Kosten

Break-even-Point:

fixe Kosten	144.000,00 €
variable Kosten/Stück	42,00 €
Erlöse/Stück	72,00 €
Deckungsbeitrag/Stück	30,00 €
Absatzmenge	x
Gesamterlöse	72,00 € · x
variable Kosten	42,00 € · x
Gesamtkosten	42,00 € · x + 144.000,00 €

Berechnung:

$$\begin{aligned}
\text{Gesamterlöse} &= \text{Gesamtkosten} \\
72{,}00\,€ \cdot x &= 144.000{,}00\,€ + 42{,}00\,€ \cdot x \quad |-42{,}00\,€ \cdot x \\
30{,}00\,€ \cdot x &= 144.000{,}00\,€ \quad |:30{,}00\,€ \\
x &= 4\,800
\end{aligned}$$

oder alternativ: $\dfrac{\text{fixe Kosten}}{\text{Deckungsbeitrag je Stück}} = \dfrac{144.000{,}00\,€}{30{,}00\,€} = 4\,800$

Der Break-even-Point liegt bei einer Absatzmenge von 4 800 Stück.

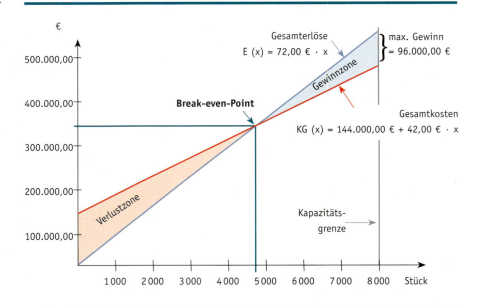

Bei den hier unterstellten linearen (proportionalen) Erlös- und Kostenverläufen zeigt die grafische Darstellung den Break-even-Point als **Schnittpunkt** der Erlös- und der Kostengeraden. Die Gewinnschwelle liegt bei einer Absatzmenge von 4 800 Stück. Hier sind Gesamterlöse und Gesamtkosten genau gleich hoch. Begrenzt werden die Kosten- und die Erlösgerade bei der maximalen Produktionsmenge von 8 000 Stück. Hier liegt auch der maximale Gewinn in Höhe von 96.000,00 €. Bei einer Produktionsmenge zwischen 0 und 4 799 Stück befindet sich das Unternehmen in einer **Verlustzone**: Die Gesamterlöse liegen unter den Gesamtkosten. Die **Gewinnzone** reicht von 4 801 Stück bis zur Maximalmenge.

4.2 Deckungsbeitragsrechnung im Mehrproduktunternehmen

AB → Lernsituation 36

Beispiel: Herr Peters hat aber auch konkrete Zahlen für den Monatsabschluss der Kosten- und Leistungsrechnung der FBW GmbH für den Monat Mai 20XX zusammengefasst, um die Gesellschafter gänzlich überzeugen zu können.

Dabei wird jede Kostenart in ihre fixen und variablen Teile aufgespalten. Die Berechnung erfolgt über einen Variator, der für den Beschäftigungsgrad im Abrechnungsmonat angibt, wie viel Prozent einer Kostenart als variabel angesehen werden muss.

Bei sich ändernden Beschäftigungsgraden muss dieser Variator immer neu berechnet werden.

Kostenarten	Gesamt €	Variator	fixe Kosten €	variable Kosten €
Aufwendungen für Rohstoffe	34.090,00	100,00 %	0,00	34.090,00
Aufwendungen für Fremdbauteile	238.885,00	100,00 %	0,00	238.885,00
Aufwendungen für Hilfsstoffe	9.305,00	100,00 %	0,00	9.305,00
Aufwendungen für Betriebsstoffe	4.200,00	60,00 %	1.680,00	2.520,00
Verpackungsmaterial	2.503,00	100,00 %	0,00	2.503,00
Energie	12.250,00	40,00 %	7.350,00	4.900,00
Fremdinstandhaltung	15.300,00	20,00 %	12.240,00	3.060,00
Vertriebsprovisionen	10.055,00	100,00 %	0,00	10.055,00
Löhne (Variator gerundet)	46.296,00	89,63 %	4.800,49	41.495,51
Gehälter	84.200,00	0,00 %	84.200,00	0,00
Soziale Abgaben (Variator gerundet)	29.361,60	31,80 %	20.025,11	9.336,49
Mieten, Pachten	8.000,00	0,00 %	8.000,00	0,00
Leasing	5.454,50	20,00 %	4.363,60	1.090,90
Aufwendungen für Kommunikation	25.500,00	20,00 %	20.400,00	5.100,00
Versicherungsbeiträge	3.330,00	0,00 %	3.330,00	0,00
Steuern	1.060,00	40,00 %	636,00	424,00
Kalkulatorische Abschreibungen	25.000,00	0,00 %	25.000,00	0,00
Kalkulatorische Zinsen	22.500,00	0,00 %	22.500,00	0,00
Kalkulatorische Wagnisse	12.000,00	0,00 %	12.000,00	0,00
Summen	**589.290,10**		**226.525,20**	**362.764,90**

Auf Basis der Kostenträgerzeitrechnung können die variablen Einzelkosten den jeweiligen Erzeugnissen zugeordnet werden. Die variablen Gemeinkosten müssen separat je Erzeugnis ermittelt werden.

Ermittlung der variablen Kosten je Fahrradmodell	Mountain	Trekking	Summe
Materialeinzelkosten	133.775,00	139.200,00	272.975,00
Fertigungslöhne Stufe I	4.655,00	5.958,40	10.613,40
Fertigungslöhne Stufe II	18.620,00	21.599,20	40.219,20
+ Sondereinzelkosten des Vertriebs	6.284,00	3.770,55	10.054,55
= variable Einzelkosten	**163.334,00**	**170.528,15**	**333.862,15**
+ variable Gemeinkosten	13.137,61	15.765,14	28.902,75
= Summe variable Kosten	**176.471,61**	**186.293,29**	**362.764,90**

Sind die variablen Kosten jedes Erzeugnisses ermittelt, können die Deckungsbeiträge je Erzeugnis und das Betriebsergebnis berechnet werden:

Ermittlung des Betriebsergebnisses	Mountain	Trekking	Summe
Umsatzerlöse je Fahrradmodell	400.266,00	251.370,00	651.636,00
− Summe variable Kosten je Fahrradmodell	176.471,61	186.293,29	362.764,90
= Deckungsbeitrag je Fahrradmodell	223.794,39	65.076,71	288.871,10
− fixe Kosten			226.525,20
= Betriebsergebnis (ohne Bestandsveränderungen)			62.345,90
+ Bestandsmehrung (Saldo UE + FE)			3.473,00
= Betriebsergebnis (mit Bestandsveränderungen)			65.818,90

Das laut Vollkostenrechnung als Verlustbringer ausgewiesene Trekkingrad erwirtschaftet einen Deckungsbeitrag in Höhe von 65.076,71 €. Wäre das Trekkingrad nicht produziert und verkauft worden, würde dieser Deckungsbeitrag völlig wegfallen, die fixen Kosten dieser Abrechnungsperiode hätten aber in voller Höhe (226.525,20 €) Bestand. Als Ergebnis müssten die Fly Bike Werke ohne Berücksichtigung von Bestandsveränderungen einen Betriebsverlust ausweisen.

Betriebsverlust ohne Modell Trekking:
DB Mountain 223.794,39 €
− fixe Kosten 226.525,20 €
= Betriebsverlust − 2.730,81 €

Ergebnisse je Stück (gerundet)	Mountain	Trekking
hergestellte Fahrräder	1.000	1.200
verkaufte Fahrräder	970	1.200
Umsatzerlös je Fahrrad	412,65 €	209,48 €
− variable Kosten je Stück	176,47 €	155,24 €
= Deckungsbeitrag je Stück	236,18 €	54,24 €

4.3 Preisgestaltung und Preisuntergrenzen

Unabhängig vom angewandten Kostenrechnungssystem (Vollkosten- oder Deckungsbeitragsrechnung) verlangt der Absatzmarkt, dass ein Industrieunternehmen zumindest für das Kernprogramm, das regelmäßig vom Lager bestellt werden kann, zeitlich befristet gültige Preislisten zur Verfügung stellt.

Die **kostenorientierte Preisgestaltung** folgt dem Prinzip „aus dem Unternehmen heraus in den Markt hinein" („from company to market"). Das Unternehmen ermittelt seine Selbstkosten, schlägt einen erwarteten Gewinn auf diese Kosten auf und findet so seinen Preis. Dieser Preis ist allerdings oft nicht marktgerecht.

Grundprinzip der kostenorientierten Preisbildung: from company to market

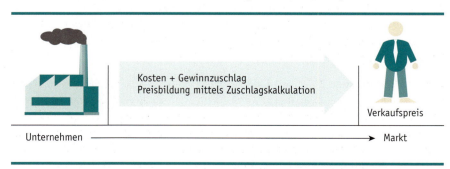

Bei der **nachfrageorientierten Preisbildung** „handeln" die Marktteilnehmer im Zeitablauf den Verkaufspreis mehr oder weniger bewusst aus. Die Preisbildung folgt dem Prinzip „vom Markt in das Unternehmen hinein" („from market to company"). Durch Marktforschung wird ermittelt, welchen Preis die meisten Kunden für ein Produkt zu zahlen bereit sind. Häufig sind hier für das Industrieunternehmen höhere Verkaufspreise möglich, da sich der Preis nicht an den Selbstkosten orientieren muss.

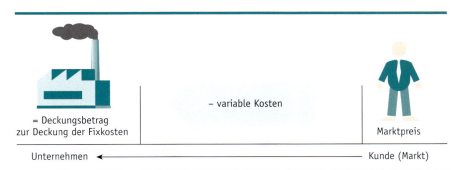

Grundprinzip der nachfrageorientierten Preisbildung: from market to company

Die **konkurrenzorientierte Preisgestaltung** funktioniert ähnlich wie die nachfrageorientierte. Einziger Unterschied ist die Bezugsgruppe: Statt der Kunden ist hier die Konkurrenz Orientierungspunkt für den vom Markt vorgegebenen Preis.

Grundprinzip der konkurrenzorientierten Preisbildung: from market to company

Preisuntergrenzen

Bei jeder Form der Preisgestaltung muss der Verkäufer vor Einstieg in Preisverhandlungen mit einem Kunden seine Preisuntergrenzen kennen.

Besonders auf Käufermärkten verlangen verhandlungsstarke Großkunden häufig erhebliche Preisnachlässe oder Konkurrenten zwingen einem Unternehmen Preiskämpfe auf. Es ist also wichtig zu wissen, welchen Preis das Unternehmen für seine Produkte mindestens verlangen muss. Diese Frage kann nur in Abhängigkeit vom Zeithorizont beantwortet werden. Die kurzfristige Preisuntergrenze liegt in Höhe der variablen Kosten, der Deckungsbeitrag ist dann null. Die zu diesem Preis verkaufte Ware leistet keinen Beitrag zur Deckung der Fixkosten.

Diese Preisuntergrenze sollte nur kurzfristig und für wenige ausgewählte Waren genutzt werden. Da bei diesem niedrigen Preis kein Beitrag mehr zur Fixkostendeckung entsteht, ist bei zu häufigem Einsatz der Bestand des Unternehmens gefährdet (fehlende Kostendeckung, d. h., die Gesamtkosten übersteigen die Erlöse). Langfristig muss ein Unternehmen alle entstehenden Kosten abdecken. In der Realität wird ein Unternehmen nur im Extremfall zu dieser Preisuntergrenze anbieten.

Die kurzfristige Preisuntergrenze entspricht den variablen Kosten.

Kurzfristige Preisuntergrenze die variablen Kosten dürfen von den Erlösen nicht unterschritten werden

4 Wertschöpfungsprozesse analysieren und beurteilen

Die langfristige Preisuntergrenze entspricht den Selbstkosten (variable + anteilige Fixkosten).

Die langfristige Preisuntergrenze liegt in Höhe der Selbstkosten. Sie kann dauerhaft genutzt werden, allerdings wird dann kein Gewinn erzielt. In der Realität wird ein Unternehmen jedoch seine Waren dauerhaft über der langfristigen Preisuntergrenze anbieten müssen. Nur Unternehmen, die auch Gewinn und damit Rentabilität (Eigenkapitalverzinsung) erzielen, haben auf Dauer am Markt Bestand. Grundsätzlich bleibt festzuhalten, dass sowohl die kurzfristige als auch die langfristige Preisuntergrenze eher theoretische Größen mit Orientierungscharakter sind.

Situativ sinnvolle Preispolitik: Mix aus
- konkurrenzorientierter,
- nachfrageorientierter,
- kostenorientierter Preispolitik.

In der Realität werden meist Preise oberhalb dieser Preisgrenzen gewählt. Erst der **Mix aller Preisbildungsvarianten** in Abhängigkeit vom jeweiligen Zeithorizont führt zu einer kaufmännisch sinnvollen Preisbildung und damit zur Erfolgsoptimierung.

Beispiel: Die Fly Bike Werke GmbH hatte vor kurzer Zeit ein Angebot für die Matro AG über die Lieferung von 1 500 Mountain-Bikes erstellt. In nachfolgender Tabelle werden die Selbstkosten auf Basis der Vollkostenrechnung (alle Einzel- und Gemeinkosten) und die Selbstkosten auf Basis der Teilkostenrechnung (nur Einzel- und variable Gemeinkosten) gegenübergestellt.

	Kalkulationsschema	Vollkosten		Teilkosten	
		Beträge €	Zuschlagssatz: Gesamtkosten	Beträge €	Zuschlagssatz: nur variable Kosten
1.	Materialeinzelkosten lt. Stückliste	158,00		158,00	
2.	+ Materialgemeinkosten	21,33	13,50 %	2,37	1,50 %
3.	= Materialkosten	179,33		160,37	
4.	Fertigungseinzelkosten Fertigung I lt. Arbeitsplan	6,50		6,50	
5.	+ Fertigungsgemeinkosten Fertigung I (Rahmen und Gabel) laut BAB	28,20	433,80 %	4,12	63,40 %
6.	= Fertigungskosten Fertigung I (Rahmen und Gabel)	34,70		10,62	
7.	Fertigungseinzelkosten Fertigung II lt. Arbeitsplan	28,50		28,50	
8.	+ Fertigungsgemeinkosten Fertigung II (Montage)	78,38	275,00 %	12,83	45,00 %
9.	= Fertigungskosten Fertigung II (Montage)	106,88		41,33	
10.	= Herstellkosten (Material- und Fertigungskosten)	320,91		212,32	
11.	+ Verwaltungsgemeinkosten	21,18	6,60 %	1,70	0,80 %
12.	+ Vertriebsgemeinkosten	17,33	5,40 %	1,06	0,50 %
13.	= Selbstkosten	359,42		215,08	
14.	+ Gewinnzuschlag	57,51	16,00 %	201,85	Deckungsbeitarg
15.	= Barverkaufspreis	416,93		416,93	
16.	+ Kundenskonto	12,89	3,00 %	12,89	3,00 %
17.	+ Vertriebsprovision	0,00	0,00 %	0,00	0,00 %
18.	= Zielverkaufspreis	429,82		429,82	
19.	+ Kundenrabatt	211,70	33,00 %	211,70	33,00 %
20.	= Listenverkaufspreis (Angebotspreis)	641,52		641,52	

Beispiel: Auf Basis der Vollkostenrechnung wurde dem Kunden ein Listenverkaufspreis in Höhe von 584,55 € je Stück zu dessen üblichen Bedingungen (Rabatt, Skonto) angeboten; der Kunde nahm das Angebot an. Preisverhandlungen gab es nicht.

Vielleicht wäre in „echten" Verkaufs- und damit auch Preisverhandlungen mit Hinweis auf Markt- oder Konkurrenzpreise auch ein höherer Preis möglich gewesen. Auf jeden Fall muss der Verkäufer seine Preisuntergrenzen kennen und „im Auge behalten".

Bei einer Kalkulation mit ausschließlich variablen Kosten (Einzelkosten und variablen Gemeinkostenzuschlägen)
- beträgt die **kurzfristige, absolute Preisuntergrenze** (= variable Kosten je Stück) in diesem Fall 186,21 €; sie darf nur im Notfall als Preis verwendet werden.
- Auch die **langfristige Preisuntergrenze** (= Selbstkosten bei Vollkostenrechnung), hier 327,50 €, würde – als Preis verwendet – den FBW keinen Gewinn ermöglichen; allerdings könnte in diesem Fall noch ein Deckungsbeitrag in Höhe von 141,29 € (327,50 € – 186,21 €) erzielt werden.

4.4 Sortimentsgestaltung im Rahmen der Deckungsbeitragsrechnung

Beispiel: Dass man nicht mit jedem Erzeugnis zu jeder Zeit Gewinn erwirtschaften kann, weiß jeder Unternehmer. Die Fly Bike Werke GmbH macht sich deshalb schon im Sommer 20XX Gedanken über das Zukunftssortiment. Von Brancheninformationsdiensten und auch aus eigenen Zahlen der Vergangenheit ist den Verantwortlichen bekannt, dass die Absatzzahlen von Trekking- und Kinderrädern auf dem Gesamtmarkt rückläufig sind. Insbesondere bei Kinderrädern ist zusätzlich von einem weiteren Preisverfall auszugehen, weil zunehmend Billiganbieter, die im Wesentlichen über Discounter ihre Erzeugnisse (Kartonware) verkaufen, auf diesem Markt aktiv sind.

Beide Erzeugnisgruppen stehen deshalb zur Disposition – sie könnten im nächsten Jahr aus dem Produktionsprogramm gestrichen werden.

Folgende Zahlen für die letzten 12 Abrechnungsmonate liegen der FBW GmbH vor:

Deckungsbeitragsvergleich Erzeugnisgruppen in €	Erzeugnisgruppe Trekking			Erzeugnisgruppe Kinder	
Erzeugnis	201 Light	202 Free	203 Nature	501 Twist	502 Cool
Verkäuferlös/Stück	175,46	205,59	263,00	114,87	153,53
– variable Kosten/Stück	160,11	180,00	210,00	125,00	130,00
= Deckungsbeitrag/Stück	15,35	25,59	53,00	–10,13	23,53
Rangfolge nach Stückdeckungsbeitrag	4	2	1	5	3
· Absatzmengen	3 600	3 780	900	2 200	500
= Gesamtdeckungsbeitrag je Erzeugnis	55.260,00	96.730,20	47.700,00	–22.286,00	11.765,00
Rangfolge nach Gesamtdeckungsbeitrag	2	1	3	5	4

Beispiel: Nur das **Kinderrad Twist** weist einen negativen Stückdeckungsbeitrag (– 10,13 €) auf. Das **Kinderrad Cool** weist zwar den drittbesten Deckungsbeitrag je Stück aller Vergleichsräder auf (+ 23,53 €), rückt aber in der Rangfolge nach dem Gesamtdeckungsbeitrag auf den vorletzten Platz, weil in Relation zum Stückdeckungsbeitrag die Absatzmenge (500 Stück) nicht sehr hoch ist. Trotzdem erscheint bis jetzt ein Verbleib des Kinderrades Cool im Sortiment aus kostenrechnerischer Sicht sinnvoll, da mit ihm ein Deckungsbeitrag von 11.765,00 € erwirtschaftet wird.

Für die endgültige Entscheidung der Geschäftsleitung ist die unten folgende Tabelle „hilfreich". Den Kostenrechnern der FBW ist es nämlich gelungen, den Fixkostenblock „aufzuspalten". Einzelne Fixkostenbestandteile konnten verursachungsgerecht einzelnen Erzeugnisgruppen zugeordnet werden.

Beispiele für solche **erzeugnisgruppenfixe Kosten**:
- kalkulatorische Abschreibungen und Zinsen auf Anlagen, die nur für eine Erzeugnisgruppe genutzt werden,
- Gehälter für Angestellte, die nur Arbeitsleitungen für eine Erzeugnisgruppe erbringen,
- Mieten für spezielle Lager usw.

Die Abgrenzung derartiger Fixkostenbestandteile ermöglicht **mehrstufige Deckungsbeitragsanalysen,** die die Entscheidungen sicherer machen.

Beispiel: Erzeugnisgruppenfixe Kosten bei den FBW

Deckungsbeitragsvergleich Erzeugnisgruppen in €	Erzeugnisgruppe Trekking			Erzeugnisgruppe Kinder	
Erzeugnis	201 Light	202 Free	203 Nature	501 Twist	502 Cool
Verkauferlös/Stück	175,46	205,59	263,00	114,87	153,53
– variable Kosten/Stück	160,11	180,00	210,00	125,00	130,00
= Deckungsbeitrag/Stück	15,35	25,59	53,00	–10,13	23,53
x Absatzmengen	3 600	3 780	900	2 200	500
= Gesamtdeckungsbeiträge	55.260,00	96.730,20	47.700,00	–22.286,00	11.765,00
– erzeugnisgruppenfixe Kosten			20.194,48		12.194,18
Gesamtdeckungsbeitrag je Erzeugnisgruppe			179.495,72		–22.715,18

Hier wird deutlich, dass sich die Produktion von Kinderrädern für die FBW nicht lohnt. Nach Zuordnung der erzeugnisgruppenfixen Kosten wird der Gesamtdeckungsbeitrag der Erzeugnisgruppe „Kinder" negativ. Aus kostenrechnerischer Sicht, aber auch wegen der Marktdaten (sinkende Absatzzahlen bei sinkenden Marktpreisen) sollte die Erzeugnisgruppe aus dem Sortiment eliminiert werden.

Vor einer Entscheidung zur Produktelimination sind aber noch Informationen aus der Verkaufsabteilung einzuholen und zu bewerten:
- Gibt es negative Reaktionen auf das Gesamtsortiment, wenn bestimmte Erzeugnisse oder gar Erzeugnisgruppen nicht mehr angeboten werden?
- Kaufen die ehemaligen Kunden von Kinderrädern eventuell auch andere Fahrräder nicht mehr bei der FBW GmbH? Droht also ein Kunden- und damit ein zusätzlicher Umsatzverlust?

4.5 Eigenfertigung oder Fremdbezug

Beispiel: Mit dem derzeitigen Hauptlieferanten für Fahrradsättel gibt es – zumindest zeitweise – Qualitäts- und Lieferprobleme. Ein möglicher neuer Lieferant erscheint „kompetent"; die Einstandspreise für Sättel werden aber mit Sicherheit deutlich steigen. Produktionstechnisch gesehen könnten Sättel in Zukunft auch von der Fly Bike Werke GmbH selbst produziert werden – die Kapazität ist vorhanden. Die FBW muss entscheiden, ob sie die Komponente Sattel in Zukunft selbst fertigt oder ob sie zugekauft werden soll.

Fremdbezug			Eigenfertigung (variable Kosten)		
Listeneinkaufspreis	8,00 €		Fertigungsmaterial	2,50 €	
− Liefererrabatt	2,00 €	25 %	+ Materialgemeinkosten	0,35 €	14 %
= Zieleinkaufspreis (ZEP)	6,00 €		= Materialkosten	2,85 €	
− Liefererskonto	0,18 €	3 %	Fertigungslöhne	0,80 €	
= Bareinkaufspreis	5,82 €		+ Fertigungsgemeinkosten	0,96 €	120 %
+ Bezugskosten	0,30 €	5 % vom ZEP	= Fertigungskosten	1,76 €	
= Bezugspreis	6,12 €		= Herstellkosten	4,61 €	

Kurzfristige (kurzsichtige) Entscheidung:
Die um 1,51 € niedrigeren Kosten scheinen auf den ersten Blick für die Eigenfertigung zu sprechen: 6,12 € − 4,61 € = 1,51 €.

Strategische Entscheidung:
Bezieht man aber den Fixkostenblock bei Eigenfertigung in Höhe von 81.540,00 € ein, hängt die Entscheidung von der sogenannten **kritischen Menge** ab:

kritische Menge: Gesamtkosten der Eigenfertigung = Gesamtkosten des Fremdbezugs

bei genau 54 000 Stück: Gesamtkosten Fremdbezug = Gesamtkosten Eigenfertigung

bis 53 999 Stück: Fremdbezug; ab 54 001 Stück: Eigenfertigung

Die Fly Bike Werke GmbH prognostiziert den Bedarf im kommenden Geschäftsjahr mit 45 000 Stück. Die kostenrechnerische Entscheidung lautet daher: Fremdbezug.

Kostenvergleich:

Eigenfertigung = fixe Kosten + (variable Herstellungskosten je Stück · Stückzahl)

Fremdbezug = Bezugspreis je Stück · Stückzahl

$K_F + k_v \cdot x = k_v \cdot x$
$81.540 + 4,61 \cdot x = 6,12 \cdot x$
$81.540 = 1,51x$
$54\,000 = x$

Eigenfertigung oder Fremdbezug

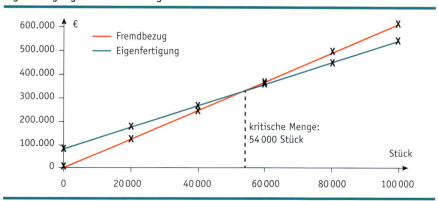

Betriebswirtschaftliche Argumente, die gegen eine rein kostenrechnerische Entscheidung sprechen, können z. B. sein:
- Arbeitsplatzsicherung
- Wahrung von Betriebsgeheimnissen (Know-how)
- Wahrung der Unabhängigkeit
- Nutzung der gut ausgebildeten Arbeitskräfte (die sonst vielleicht abwandern)

Eigenfertigung (make)		Zukauf (buy)	
Vorteile	**Nachteile**	**Vorteile**	**Nachteile**
– Unabhängigkeit von Zulieferern – Ausnutzen eigener Kapazitäten – Eigene Vorstellungen können besser berücksichtigt werden. – Qualitätssicherung – usw.	– evtl. Investitionen sowie Kosten für Wartung und Instandhaltung – Abschreibungen – kalkulatorische Zinsen – Liquidität	– evtl. geringere Kosten (siehe Nachteile „Eigenfertigung") – Teilnahme am/Nutzung des Know-how des Lieferanten – Flexibilität bei großer Stückzahl	Abhängigkeit aufgrund von – Lieferzeitschwankungen – Qualitätsschwankungen – Preisschwankungen – langfristigen Lieferverträgen

(oder (or))

4.6 Produktionsprogrammplanung in Engpasssituationen

Jedes Unternehmen würde gerne alle Produkte, mit denen Gewinne erzielt werden können, jederzeit dann „just in time" produzieren, wenn es dafür Käufer gibt. Bei schwankendem Nachfrageverhalten – wie im Fahrradmarkt üblich – ist das nicht möglich. Zum Beispiel können nicht 40 % einer Jahresabsatzmenge an Fahrrädern im Frühjahr gleichzeitig produziert werden. Übliche Nachfragespitzen können natürlich durch vorher „auf Lager" produzierte Fahrräder befriedigt werden. Nicht immer funktioniert das reibungslos – die Kunden bestellen halt immer so viel, wie sie wollen, und nicht unbedingt so viel, wie auf Lager ist. Zusätzlich problematisch wird es immer dann, wenn bei vorliegenden Aufträgen die Kapazität z. B. durch Maschinenausfälle sinkt. Plötzlich entsteht dann ein **Engpass** und die Produktion muss neu geplant werden.

> **Beispiel:** Die Fly Bike Werke GmbH hat im Produktionsmonat September ein derartiges Problem: Zwei Privat-Label-Kunden (Matro und EGZ) planen für ihr Weihnachtsgeschäft Sonderaktionen für Mountain-Bikes. Nach speziellen Kunden-Konfigurationen müssten die Fahrräder Anfang Oktober ausgeliefert werden – eine Produktion im Monat September ist dafür notwendig. Alle möglichen Aufträge würden einen positiven, aber unterschiedlich hohen Deckungsbeitrag je Fahrrad ermöglichen.

Das Problem (der Engpass) sind bei diesen Aufträgen die automatisierten Rohrschweißanlagen „Motorman I und II". Beide Anlagen zusammen ermöglichen im Abrechnungsmonat Produktionszeiten von maximal 2 x 170 Stunden, das sind 20 400 Produktionsminuten bei absoluter Vollauslastung (Kapazitätsgrenze). Diese Kapazität reicht für die notwendigen 22 380 Minuten Produktionszeit, die für die Ausführung aller Aufträge notwendig wäre, also nicht aus.

4 Deckungsbeitragsrechnung als Teilkostenrechnung

Erste Entscheidungsgröße hinsichtlich der tatsächlichen Produktion könnte der **Deckungsbeitrag je Fahrrad** sein. Fahrräder, deren Rahmen nicht produziert werden können, sind natürlich nicht fertigzustellen und damit nicht absetzbar. Es muss eine Rangfolge für die Produktion (und damit für die Auftragsannahme) erstellt werden.

Rangfolge der Produktion nach Stückdeckungsbeiträgen für die Auftragsmenge:

Aufträge nach Modellen	Produktionszeit je Rahmen in Minuten	Auftragsmenge in Stück	notwendige Produktionszeit in Minuten	Deckungsbeitrag je Fahrrad	Rang nach Deckungsbeitrag je Stück
Modell PL M1	6,4	600	3 840	72,00 €	2
Modell PL M2	7,6	1 200	9 120	57,00 €	4
Modell PL EG1	8,0	800	6 400	64,00 €	3
Modell PL EG2	12,4	200	2 480	74,40 €	1
Modell PL EG3	4,5	120	540	54,00 €	5
Summen		2 920	22 380		

Rangfolge nach Deckungsbeiträgen der Auftragsmengen:

Aufträge nach Modellen	Produktionszeit je Rahmen in Minuten	Auftragsmenge in Stück	notwendige Produktionszeit in Minuten	Deckungsbeitrag je Fahrrad	Deckungsbeitrag der Auftragsmenge (=Produktionsmenge)	Rang nach Deckungsbeitrag der Produktionsmenge
Modell PL M1	6,4	600	3 840	72,00 €	43.200,00 €	3
Modell PL M2	7,6	1 200	9 120	57,00 €	68.400,00 €	1
Modell PL EG1	8,0	800	6 400	64,00 €	51.200,00 €	2
Modell PL EG2	12,4	200	2 480	74,40 €	14.880,00 €	4
Modell PL EG3	4,5	120	540	54,00 €	6.480,00 €	5
Summen		2 920	22 380		184.160,00 €	

Deckungsbeitrag je Produktionsminute:

Aufträge nach Modellen	Produktionszeit je Rahmen in Minuten	Auftragsmenge in Stück	notwendige Produktionszeit in Minuten	Deckungsbeitrag je Fahrrad	Deckungsbeitrag der Auftragsmenge	Deckungsbeitrag je Produktionsminute	Rang nach Deckungsbeitrag je Produktionsminute
Modell PL M1	6,4	600	3 840	72,00 €	43.200,00 €	11,25 €	2
Modell PL M2	7,6	1 200	9 120	57,00 €	68.400,00 €	7,50 €	4
Modell PL EG1	8,0	800	6 400	64,00 €	51.200,00 €	8,00 €	3
Modell PL EG2	12,4	200	2 480	74,40 €	14.880,00 €	6,00 €	5
Modell PL EG3	4,5	120	540	54,00 €	6.480,00 €	12,00 €	1
Summen		2 920	22 380		184.160,00 €		

Das kostenrechnerisch optimale Produktionsprogramm ergibt sich durch die Rangfolge, die der Engpass vorgibt (maximale Produktionsmenge):

Aufträge nach Modellen	Rang nach Deckungs-beitrag je Produkti-onsminute	Produkti-onszeit je Rahmen in Minuten	Auftrags-menge in Stück	notwendige Produkti-onszeit in Minuten	mögliche Produkti-onsmenge	verbrauchte Produktions-minuten	Rest-Minu-ten nach Produktion (Ausgangs-basis 20 400 Minuten)	Deckungsbei-trag der mög-lichen Pro-duktions-menge
Modell PL EG3	1	4,5	120	540	120	540	19 860	6.480,00 €
Modell PL M1	2	6,4	600	3 840	600	3 840	16 020	43.200,00 €
Modell PL EG1	3	8,0	800	6 400	800	6 400	9 620	51.200,00 €
Modell PL M2	4	7,6	1 200	9 120	1 200	9 120	500	68.400,00 €
Modell PL EG2	5	12,4	200	2 480	40	496	4	2.976,00 €
Summen			2 920	22 380		20 396		172.256,00 €

Das Modell „PL EG2" könnte danach maximal mit einer Stückzahl von 40 Fahrrädern produziert werden. Da dies sowohl für die FBW (zu geringe Produktionsmenge) als auch für den Kunden (Aktionsmodell mit nur 40 verfügbaren Einheiten) nicht akzeptabel sein wird, ist dieser Auftrag abzulehnen.

Das kostenrechnerisch optimale Produktionsprogramm kann also maximal 169.280,00 € (172.256,00 € – 2.976,00 €) erwirtschaften. Jetzt ist die Verkaufsabteilung gefordert: Gelingt es ihr, die noch verfügbaren knapp 500 Produktionsminuten für eine Auftragsmengenerhöhung der Modelle mit einer höheren Rangstufe nach Engpassbetrachtung einzusetzen, kann der Gesamtdeckungsbeitrag noch erhöht werden.

ÜBERSICHT

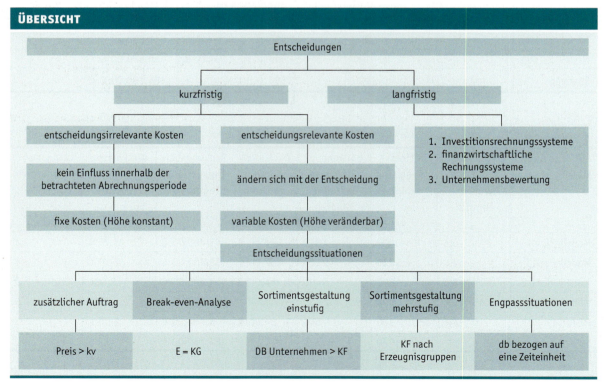

Aufgaben

1 Die Fly Bike Werke GmbH kalkuliert als variable Kosten für das Mountain-Bike Modell Unlimited 360,00 €. Die modellfixen Kosten (das sind fixe Kosten, die ausschließlich für dieses Modell anfallen) belaufen sich auf 9.417,20 €. Wie viele Mountain-Bikes dieses Typs muss die Fly Bike Werke GmbH bei einem durchschnittlichen Zielverkaufspreis von 595,43 € absetzen, damit das Modell einen Beitrag zur Deckung der gruppenfixen (alle Modelle Mountain-Bikes) Kosten leistet?

2 In der Produktion eines Jeansherstellers fallen monatlich 24.948,00 € fixe Kosten an. Die variablen Stückkosten betragen 24,70 €, der Verkaufspreis beträgt 44,50 €.

Bestimmen Sie

a die Erlös-, Gesamtkosten- und Gewinnfunktion,
b den Break-even-Point (Gewinnschwelle),
c den monatlichen Gewinn, wenn 1500 Stück produziert und abgesetzt werden können,
d den Absatz, um 9.900,00 € Gewinn/Monat zu erzielen.

3 Ein Unternehmen produziert Kugelschreiber.
- Die fixen Kosten betragen 36.000 €,
- die variablen Herstellkosten (kv) 0,50 € je Stück,
- die Kapazitätsgrenze liegt bei 200 000 Stück,
- die Absatzgrenze bei 150 000 Stück,
- der Verkaufspreis der Konkurrenz auf dem Markt für derartige Kugelschreiber beträgt 0,90 €.

Ermitteln Sie

a KF, KV und KG für 1, 10, 100, 1 000, 10 000 und 100 000 Stück,
b den möglichen Gewinn/Verlust bei den unter a genannten Produktions- bzw. Absatzmengen,
c kf, kv und kg für 1, 10, 100, 1 000, 10 000 und 100 000 Stück,
d den Mindestpreis je Kugelschreiber, damit zumindest kein Verlust für das Unternehmen entsteht (Formalziel: Kostendeckung),
e den Break-even-Point,
f den Gewinn.
g Eine Marktanalyse hat ergeben, dass bei einer Preissenkung um 20 % der Absatz um 40 % gesteigert werden könnte. Ermitteln Sie die alternative Gewinnsituation und geben Sie eine Empfehlung.

4 Die Kosten- und Leistungsrechnung eines Industriebetriebs hat folgende Zusammenhänge zwischen Absatz und Kostenentwicklung für ein Erzeugnis ermittelt:

Absatz	Gesamtkosten	Nettoverkaufspreis
10 000 Stück	680.000,00 €	64,00 €/Stück
15 000 Stück	920.000,00 €	

Ermitteln Sie

a die gesamten fixen und variablen Kosten,
b die variablen Stückkosten,
c den Stückdeckungsbeitrag,
d den Break-even-Point (Gewinnschwelle),
e den Gewinn bei einem Absatz von 16 000 Stück.

4 Wertschöpfungsprozesse analysieren und beurteilen

5 Der Versandabteilung eines Industrieunternehmens steht ein Verpackungsautomat mit einer Kapazität von 176 Stunden/Monat zur Verfügung. Das Unternehmen hat folgende weiteren Informationen vorliegen:

	Erzeugnisgruppe 1		Erzeugnisgruppe 2	
	Artikel A	Artikel B	Artikel C	Artikel D
Nettoverkaufspreis	80,00 €	75,00 €	72,00 €	150,00 €
var. Stückkosten	60,00 €	67,50 €	63,00 €	120,00 €
Absatz (in Stück)	1 500	2 400	1 200	240
Verpackungszeit	4 Min.	1 Min.	2 Min.	3 Min.
Fixkosten/Monat	50.000,00 €			

Ermitteln Sie
  a die Stückdeckungsbeiträge, die Gesamtdeckungsbeiträge und die engpassbezogenen Deckungsbeiträge,
  b das optimale Betriebsergebnis pro Monat unter Berücksichtigung der Kapazität.

6 Ein Industriebetrieb hat im Rahmen der Entscheidung Eigenfertigung oder Fremdbezug nachfolgende Daten ermittelt (der Fixkostenblock beträgt 65.520,00 €):

Fremdbezug:	Eigenfertigung:
– Listeneinkaufspreis 10,00 €	– Fertigungsmaterial 3,00 €
– Liefererrabatt 30 %	– Fertigungslöhne 1,00 €
– Liefererskonto 3 %	– MGK-Zuschlagssatz 20 %
– Bezugskosten 5 % vom Zieleinkaufspreis	– FGK-Zuschlagssatz 150 %

  a Aufgrund einer Marktforschung kann die Fly Bike Werke GmbH von einem Bedarf von 60 000 Stück/Jahr ausgehen. Ermitteln und begründen Sie Ihre kostenrechnerische Entscheidung.
  b Welche betriebswirtschaftlichen Gründe könnten gegen diese kostenrechnerische Entscheidung sprechen?

7 Die Fly Bike Werke GmbH produziert die Kinderfahrräder KID, LIT und MID. Alle Erzeugnisse durchlaufen die gleiche Arbeitsgruppe, die eine Kapazität von 92 400 Minuten im Monat aufweist. Für die Erzeugnisse gelten folgende Daten:

Erzeugnis	variable Stück-kosten (kv) in €	Verkaufspreis (p) in €	Dauer des Schneidvorgangs je Stück	Aufträge (Stück)	Fixkosten je Monat (KF) in €
KID	320,00	340,00	4 Minuten	6 000	
LIT	230,00	242,50	5 Minuten	7 000	300.000,00
MID	272,00	300,00	7 Minuten	5 250	

Ermitteln Sie
  a den absoluten Deckungsbeitrag je Stück des Kinderfahrrades MID in €
  b den niedrigsten Preis in €, zu dem das Kinderfahrrad KID kurzfristig angeboten werden kann,
  c den engpassbezogenen Deckungsbeitrag je Stück des Kinderrades MID in €,
  d die Stückzahl, die von Erzeugnis LIT bei der Realisation des gewinnmaximalen Produktionsprogramms hergestellt wird,
  e den Gewinn in €, der bei der Realisation des gewinnmaximalen Produktionsprogramms erzielt wird.

5 Plankostenrechnung als Controllingaufgabe

Das Controlling ist ein in die Zukunft gerichtetes Entscheidungs- und Informationsinstrument für die Leitungsebene eines Unternehmens. Es übernimmt Kontroll-, Planungs- und Steuerungsaufgaben in allen Bereichen eines Unternehmens. Controlling umfasst damit alle betrieblichen Grundfunktionen wie Beschaffung, Lagerhaltung, Absatz sowie die Verwaltungsbereiche mit z. B. Personal- und Finanzwesen.

Controlling
(engl.) to control
steuern, regeln, kontrollieren

Es wird zwischen operativem und strategischem Controlling unterschieden.

Unternehmensziele

In der Aufbauorganisation eines Unternehmens wird das Controlling meistens als Stabsstelle der Unternehmensleitung zugeordnet. Die Mitarbeiter im Controlling haben hier keinerlei Weisungsbefugnisse. Sie informieren und beraten die Unternehmensleitung, die selbst die notwendigen Entscheidungen treffen muss. Die Einordnung des Controllings als Stabsstelle der Unternehmensleitung hat Vor- und Nachteile. Neben einer weitgehenden Unabhängigkeit bewirkt sie in den meisten Fällen die größtmögliche Akzeptanz durch die einzelnen Funktionsbereiche. Wird das Controlling jedoch als Überwachungsinstrument der Unternehmensleitung wahrgenommen, kann das die Informationsbeschaffung und die Durchsetzung von Maßnahmen erschweren. Um dies zu vermeiden, sollten Vertreter aller Funktionsbereiche frühzeitig in die Planungs- und Steuerungsprozesse des Controllings eingebunden werden.

Aufbauorganisation

Stabliniensystem

Andere Einordnungen des Controllings im Unternehmen sind allerdings ebenfalls möglich. In größeren Unternehmen kann es auch eine gleichberechtigte eigene Controllingabteilung neben den anderen Abteilungen geben. Möglich ist auch eine Angliederung des Controllings als Stabsstelle auf der Ebene des Finanz- und Rechnungswesens.

5.1 Funktionen des Controllings

Vereinfacht zeigt der nachfolgende Regelkreis die Funktionen des Controllings:

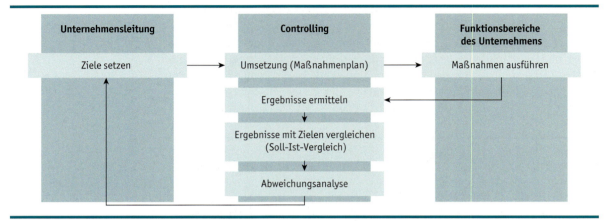

Planungsfunktion

Zum Planungsbereich des Controllings gehört es, die von der Unternehmensleitung festgesetzten Ziele in eine konkrete Maßnahmenplanung umzusetzen. Da in einem Unternehmen verschiedene operative Ziele auch gleichzeitig verfolgt werden können, ist eine entsprechende Vielzahl von zielführenden Maßnahmen zu planen. Zielkonflikte sind auszuschließen oder zu optimieren. Im nachfolgenden Beispiel werden für ein Ziel (Erhöhung des Betriebsergebnisses) mögliche zielführende Maßnahmen angegeben.

Ein Unternehmen hat sich das Ziel gesetzt, das Betriebsergebnis im Monat Januar um 10 % zu erhöhen. Hierfür müssen nun viele Planwerte (Sollwerte) ermittelt werden.

Zielbeziehungen und Zielkonflikt

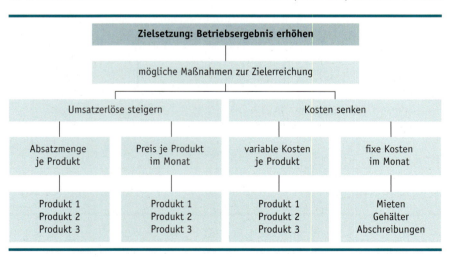

Konkrete Maßnahmen, die diese Zielerreichung unterstützen sollen, müssen in den Planwerten berücksichtigt werden. Mögliche Maßnahmen können z. B. sein:
- Werbeaktionen zur Steigerung der Absatzmenge
- Preiserhöhungen zur Steigerung der Deckungsbeiträge
- Einsatz kostengünstigerer Materialien zur Senkung der variablen Stückkosten
- Personalabbau in der Verwaltung zur Senkung der Fixkosten

Steuerungsfunktion

Die geplanten Maßnahmen werden dann in den betreffenden Funktionsbereichen des Unternehmens ausgeführt und vom Controlling begleitet. Dabei können die Maßnahmen im Zeitablauf angepasst, d. h. je nach Erfolg oder Misserfolg verändert werden.

- Der Absatz oder das Marketing entwickelt eine Werbemaßnahme.
- Der Verkauf erstellt in Zusammenarbeit mit der Kosten- und Leistungsrechnung neue Preislisten.
- Die Abteilung Einkauf ermittelt günstigere Bezugsquellen.
- Die Personalabteilung stellt einen neuen Personalbedarfsplan mit Personalfreisetzungen auf.

Personalbedarfsplanung

Wird der Ziel- und Planungszeitraum auf Quartale, das Halbjahr oder ein Geschäftsjahr erweitert, vervielfachen sich die notwendigen Planwerte. Lohn- und Gehaltserhöhungen, Personalanpassungen, Mietsteigerungen, saisonale Absatzschwankungen usw. müssen zukunftsorientiert in die Planung einbezogen werden. Außerdem muss eine Abstimmung mit anderen Plänen (z. B. Finanzplan, Investitionsplan, Personalplan, Werbeplan) erfolgen.

Kontrollfunktion

Nachdem die geplanten Maßnahmen umgesetzt worden sind, ist zu prüfen, ob sie auch zum gewünschten Erfolg geführt haben. Dazu werden zu den Planwerten (Solldaten) die passenden Istwerte ermittelt. Die Istwerte werden in der Kosten- und Leistungsrechnung auf Basis der Zahlen aus der Finanzbuchhaltung ermittelt. Plan- und Istwerte werden dann in einem Soll-Ist-Vergleich gegenübergestellt und eventuelle Abweichungen in € und in Prozent ermittelt.

Dabei reicht es nicht aus, nur die Abweichung von der Zielvorgabe festzustellen. Die **Abweichungsanalyse** dient dazu, Ursachen aufzudecken, die z. B. zu einer Zielunterschreitung geführt haben.

Abweichungsanalyse

> **Beispiel:** Statt der angestrebten Verbesserung des Betriebsergebnisses um 10 % konnte im Januar nur eine Steigerung von 5 % realisiert werden. Der Soll-Ist-Vergleich hat ergeben, dass als Planwert für das Produkt Nr. 10534 eine Absatzmenge von 5 000 Stück zum Preis von je 30,00 € vorgegeben war, tatsächlich aber nur 4 200 Stück zu einem Preis von 28,00 € verkauft wurden. Allein durch diese Abweichung sanken die geplanten Umsatzerlöse um 32.400,00 €.

Die Abweichung kann verschiedene Ursachen haben: Minderabsatzmengen, konkurrenzbedingte Preisnachlässe oder gestiegene Bezugspreise für Materialien senken zwangsläufig den geplanten Deckungsbeitrag. Ungeplante Miet- oder Tariferhöhungen (Löhne und Gehälter) lassen das Betriebsergebnis zusätzlich sinken.

Nachdem die Ursachen für den Erfolg oder Misserfolg festgestellt wurden, muss das **Ergebnis der Abweichungsanalyse** die Aufstellung eines neuen Maßnahmenkatalogs sein, der zur Zielerreichung führt. Sind die Korrekturmaßnahmen nicht umsetzbar, müssen die Ziele entsprechend angepasst werden. Unrealistische und damit unerreichbare Zielsetzungen wirken demotivierend auf die Mitarbeiter. Auch hochgesteckte Ziele müssen – wenn auch mit Anstrengungen – erreichbar bleiben.

Mitarbeitermotivation

Beispiel: Eine aggressive Preispolitik eines Mitbewerbers hat dazu geführt, dass die Kunden den geplanten Verkaufspreis von 30,00 € für das Produkt 10534 nicht akzeptieren und die Absatzmengen hinter den Planungen zurückbleiben. Als Konsequenz muss das Ziel – die Steigerung des Betriebsergebnisses – reduziert werden.

Informationsfunktion

Bereichsübergreifend ist das Controlling für ein **empfängerbezogenes Berichtswesen** verantwortlich, das die Ergebnisse der Planung und der Realisierung regelmäßig und übersichtlich für die jeweilige Empfängergruppe aufbereitet.

Budget

Kostenstellenverantwortliche müssen „ihre" Planzahlen genau kennen. Sie erhalten detaillierte, aber i. d. R. nur die für ihre Kostenstelle relevanten Daten. Hinsichtlich der Kosten sind sie zumeist für die Einhaltung eines bestimmten Budgets verantwortlich. Für die Leitungsebene sind die Informationen stark zu komprimieren und grafisch aufzubereiten.

Beispiel: Ein Diagramm zur Entwicklung des Betriebsergebnisses im Soll-Ist-Vergleich zeigt ein mögliches Problemfeld des Unternehmens schneller als lange Tabellen und Zahlenreihen.

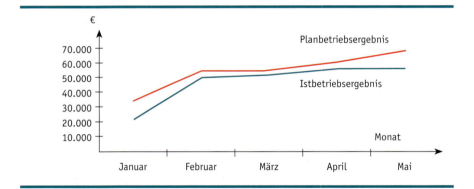

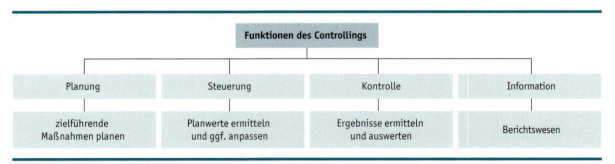

5.2 Controllinginstrumente

In den einzelnen Funktionsbereichen des Unternehmens kommen verschiedene Controllinginstrumente zum Einsatz, die hier beispielhaft dargestellt sind.

Einkauf	Lager/Produktion	Verkauf/Vertrieb	Verwaltung
– Beschaffungsbudget – ABC-Analyse – Bestellkosten – optimale Bestellmenge	– Lagerkostenbudget – Lagerbestände: Mindest-, Melde- und Höchstbestand – Lagerkennzahlen – Ausschussquote – Produktivität – Wirtschaftlichkeit – Mechanisierungsgrad	– Absatzbudget – Umsatzanalysen nach Produkten, Erzeugnisgruppen, Kundengruppen, Regionen usw. – Marktwachstum – Marktanteil – Servicegrad (Lieferbereitschaft) – Reklamationsquote	– Kostenbudget – Personalbudget – Werbebudget – Erfolgs- und Bilanzkennzahlen – Personalstrukturen – Fluktuationsquote – Intensitätskennziffern für Personalkosten, Abschreibungen usw.

Um die ermittelten Daten, Kennzahlen und Kennzahlensysteme sinnvoll beurteilen zu können, werden Vergleichswerte benötigt. Beträgt z. B. die durchschnittliche Lagerdauer für fertige Erzeugnisse in einem Industrieunternehmen 24 Tage, so ist dieser Wert für sich allein noch nicht aussagefähig.

Controllinginstrumente in den Funktionsbereichen eines Unternehmens (Beispiele)

Kennzahlen (Istwerte) können im **Zeitvergleich** mit den Werten vorangegangener Perioden verglichen werden. Diese Vergleiche beinhalten stets das Risiko, dass man „schlechte" Daten mit „schlechteren" vergleicht und so einen vermeintlichen Erfolg ersehen könnte.

Stehen entsprechende Daten von anderen, vergleichbaren Unternehmen zur Verfügung, können deren Istdaten den eigenen Istdaten in einem **Betriebsvergleich** gegenübergestellt werden. Auch hier besteht die Gefahr, dass die Vergleichsdaten des ausgewählten Betriebes nicht genügend aussagefähig sind. Oft ist es aber möglich, von Verbänden oder anderen Institutionen veröffentliche Daten einer ganzen Branche zu Vergleichzwecken heranzuziehen. Solche auf Durchschnittswerten basierenden Daten zeigen den Stand des eigenen Unternehmens im **Branchenvergleich**.

Aussagefähiger sind zumeist Vergleiche mit selbst gesetzten Zielen und dem realisierten Zielerreichungsgrad. Voraussetzung dafür ist die Ermittlung von Plan- und Istwerten mit einem anschließenden Soll-Ist-Vergleich und einer Abweichungsanalyse, die die Ursachen für Zielverfehlungen offenlegt.

Die zur Erreichung der Unternehmensziele notwendigen Maßnahmen werden im Controlling geplant und mit der Unternehmensleitung und Vertretern der Funktionsbereiche (Abteilungsleiter, Kostenstellenverantwortliche) abgestimmt. Für jede zielführende Maßnahme ist ein **Budget** zu erstellen.

Das Budget legt die finanziellen Mittel fest, die innerhalb eines bestimmten Zeitraumes für die Zielerreichung zur Verfügung stehen. **Beschaffungsbudgets** begrenzen z. B. wertmäßig die Kaufaktivitäten der Abteilung Einkauf; **Werbebudgets** beschränken den Einsatz von Werbemitteln in der Vertriebsabteilung. **Kostenbudgets** begrenzen die einzelnen Kostenarten für jede Kostenstelle.

Kostenbudget

5.3 Grundzüge der Plankostenrechnung

In der Kosten- und Leistungsrechnung bildet die Plankostenrechnung ein wirksames Controllinginstrument. Geplante Verbrauchsmengen (z. B. Arbeitsstunden, Materialeinsatz) zu geplanten Preisen (z. B. Stundenlöhne, Bezugspreise der Materialien) ergeben die **Plankosten**. Bei der Kostenplanung werden sowohl variable als auch fixe Kosten für unterschiedliche Beschäftigungsgrade berücksichtigt.

Den Plankosten werden dann die **geplanten Erlöse** gegenübergestellt und ein Planbetriebsergebnis ermittelt. Dazu werden Absatzmengen und Verkaufspreise (Nettoverkaufserlöse) geplant. Die geplanten Verkaufspreise sind innerhalb eines Planungszeitraumes nicht flexibel. Für vorgegebene Zeiträume erwarten die Kunden feste Preise, die nicht „beliebig" geändert werden können.

Istmengen (tatsächliche Verbrauchsmengen) zu Istpreisen ergeben die **Istkosten**. Durch einen Soll-Ist-Vergleich sind Abweichungsanalysen möglich.

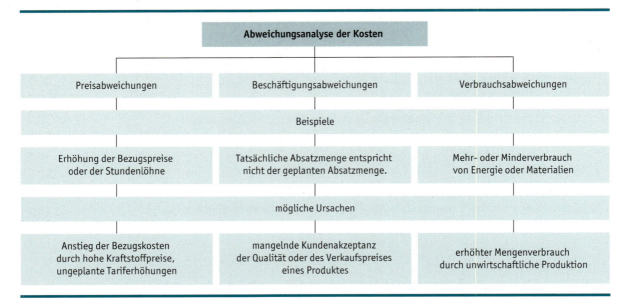

5.3.1 Plankostenartenrechnung

Plan- und Istkosten müssen für jeden Abrechnungszeitraum und für jede Kostenart des Unternehmens ermittelt werden.

Beispiel: Für Aushilfslöhne (variable Gemeinkosten) im Lager wurden für den Abrechnungsmonat Juni folgende Kosten geplant und realisiert:

Plankosten	Istkosten
Arbeitsaufwand: 120 Stunden	Arbeitsaufwand: 140,00 Stunden
Stundenlohn: 8,00 €	Stundenlohn: 8,50 €
Plankosten: 960,00 €	Istkosten: 1.190,00 €

Die Planabweichung im Soll-Ist-Vergleich beträgt 230,00 €. Die Ursache: Eine zusätzlich notwendige Aushilfe konnte nur zu einem höheren Stundenlohn eingestellt werden.

5.3.2 Plankostenstellenrechnung (Budgetierung)

Das hier näher betrachtete **Kostenbudget** enthält für jede Kostenart und Kostenstelle erwartete Planwerte, die nicht überschritten werden sollten. Für die Einhaltung des Budgets ist der Kostenstellenleiter (Abteilungsleiter) verantwortlich. Nach Ablauf der Abrechnungsperiode werden die Plankosten mit den Istkosten verglichen. Für Abweichungen muss der Kostenstellenleiter Gründe nennen können.

Für die Kostenstelle Lager wurden alle Kostenarten (fixe und variable Gemeinkosten gemäß BAB) im Monat Juni geplant. Dabei wird von einer **Planbeschäftigung** (vorgegebene Produktionsmenge) ausgegangen und es wird ein Kostenbudget vorgegeben. Den Plankosten werden die Istkosten gegenübergestellt und die Abweichungen in € und in Prozent ermittelt.

Kostenstelle Lager Soll-Ist-Vergleich für Juni 20XX	Plankosten	Istkosten	Abweichungen/€	Abweichungen/%
Personalkosten	4.680,00 €	4.910,00 €	230,00 €	4,9 %
Mieten, Pachten, Leasing	500,00 €	500,00 €	–	0,0 %
Steuern, Beiträge, Versicherungen	800,00 €	800,00 €	–	0,0 %
Energie, Betriebsstoffe	1.200,00 €	1.400,00 €	200,00 €	16,7 %
Werbe- und Reisekosten	100,00 €	650,00 €	550,00 €	550,0 %
Betriebskosten, Instandhaltung	2.500,00 €	3.200,00 €	700,00 €	28,0 %
Allgemeine Verwaltung	90,00 €	55,00 €	–35,00 €	–38,9 %
Kalkulatorische Abschreibungen	3.024,00 €	3.024,00 €	–	0,0 %
Kalkulatorische Zinsen	3.000,00 €	3.000,00 €	–	0,0 %
Kalkulatorische Wagnisse	290,00 €	290,00 €	–	0,0 %
Summe	16.184,00 €	17.829,00 €	1.645,00 €	10,2 %

Im Abrechnungszeitraum Januar ist es zu einer Gesamtabweichung in Höhe von 1.645,00 € gekommen. Die Abweichung bei den Personalkosten (230,00 €) ist durch höhere Aushilfslöhne im Lager bedingt. Aber auch die Abweichungen bei den anderen Kostenarten müssen vom Kostenstellenleiter verantwortet werden.

5.3.3 Plankostenträgerrechnung

In der Kostenträgerrechnung erfolgt die Vorkalkulation auf Basis von Plankosten. Dies gilt sowohl für die Einzelkosten als auch für die variablen Gemeinkosten (GK). Am Ende der Abrechnungsperiode muss überprüft werden, ob die tatsächlichen Kosten von den geplanten Kosten abweichen.

Plankalkulation (Vorkalkulation) je Stück		Istkalkulation (Nachkalkulation) je Stück	
geplante Einzelkosten	20,00 €	Realisierte Einzelkosten	22,00 €
+ geplante variable GK = 20 %	4,00 €	+ realisierte variable GK = 18 %	3,96 €
= geplante variable Selbstkosten	24,00 €	= realisierte variable Selbstkosten	25,96 €
geplanter Verkaufspreis	40,00 €	realisierter Verkaufspreis	38,60 €
– geplante variable Selbstkosten	24,00 €	– realisierte variable Selbstkosten	25,96 €
= geplanter Deckungsbeitrag	16,00 €	= realisierter Deckungsbeitrag	12,64 €

Bei einer Ist-Absatzmenge von 3 780 Stück und einer Planabsatzmenge von 4 000 Stück wird der Gesamtdeckungsbeitrag für dieses Produkt um 16.220,80 € unterschritten. Die Ursachen dieser für das Unternehmen negativen Abweichungen müssen entsprechend untersucht und geklärt werden.

5.3.4 Abweichungsanalyse

Preis-, Beschäftigungs- und Verbrauchsabweichungen lassen sich für ein einzelnes Produkt berechnen und grafisch darstellen, wenn produktbezogene Fixkosten ermittelt werden können. Letztlich werden Verantwortliche für diese Abweichungen gesucht. Dabei können die „Fehler" in den Planwerten (Planungsfehler) oder in den Ist-Werten (Realisationsfehler) stecken. Da Vertreter aller Funktionsbereiche an den Planungen und natürlich auch an deren Umsetzung beteiligt sind, tragen sie sowohl für Planungs- als auch Realisationsfehler Verantwortung.

Preisabweichungen: Ungeplante Kostenerhöhungen aufgrund gestiegener Einkaufspreise hat zumeist der Einkauf zu verantworten.

Beschäftigungsabweichungen: Ungeplante Mindermengen beim Absatz (oder der Produktion) hat zumeist der Verkauf (oder die Fertigung) zu verantworten.

Verbrauchsabweichungen: Ungeplanter Mehrverbrauch ist von den Verantwortlichen der an der Leistungserbringung beteiligten Kostenstellen (z. B. der Fertigung) zu rechtfertigen.

Soll-Ist-Vergleich mit Abweichungsanalyse für einen bestimmten Artikel:

Plankosten:

Planabsatzmenge (Planbeschäftigung)		1 440 Stück
Plankosten bei der Planabsatzmenge		18.000,00 €
Anteil der variablen Kosten an der Planabsatzmenge	60 %	10.800,00 €
variable Kosten je Stück		7,50 €
artikelbezogene Fixkosten		7.200,00 €

Istkosten:

Istabsatzmenge	1 152 Stück
Istkosten bei der Istabsatzmenge mit Preiserhöhung	18.900,00 €

In den Istkosten sind 5 % Preiserhöhungen enthalten, da die Bezugspreise für Fertigungsmaterial unerwartet gestiegen sind.

Erlöse:

Isterlöse = Planerlöse	15,00 € je Stück

Aufgrund dieser Daten ist ersichtlich, dass für das betrachtete Produkt die geplante Absatzmenge nicht erreicht werden konnte. Darüber hinaus sind auch die tatsächlichen Gesamtkosten (Istkosten) höher als vorgesehen. Die Ursachen hierfür müssen nun in einer Abweichungsanalyse festgestellt werden.

Für die Abweichungsanalyse ist zunächst der **Plankostenverrechnungssatz** zu ermitteln. Dieser gibt die Plankosten je Stück für die Planabsatzmenge an. Er enthält alle Kosten (fixe und variable Kosten) je Stück. Natürlich hat der Plankostenverrechnungssatz nur dann seine Gültigkeit, wenn die Planbeschäftigung (Absatzmenge) auch tatsächlich erreicht wird. Wird die Absatzmenge verfehlt, ermöglicht er die Ermittlung der Beschäftigungsabweichung.

Plankosten-
verrechnungssatz: $\dfrac{\text{Plankosten}}{\text{Planabsatzmenge}}$ $\dfrac{18.000,00\ \text{€}}{1\,440\ \text{Stück}} = 12{,}50\ \text{€/Stück}$

Die Plankosten je Stück werden dann mit der jeweiligen Absatzmenge multipliziert. Es wird hier für die Abweichungsanalyse unterstellt, dass die Plankosten je Stück immer in der gleichen Höhe anfallen. Als Ergebnis erhalten wir die **Plankostenfunktion**.

> Verrechnete Plankosten: Plankostenverrechnungssatz · Absatzmenge = 12,5 · x

Die Sollkosten berücksichtigen im Gegensatz zu den verrechneten Plankosten die geplanten fixen Gesamtkosten und die geplanten variablen Kosten je Stück in einer Funktion. Plankosten werden für einen bestimmten Beschäftigungsgrad ermittelt. Die Sollkosten gelten dagegen für flexible Beschäftigungsgrade. Dadurch ermöglichen sie im Vergleich mit den verrechneten Plankosten die Ermittlung der Beschäftigungsabweichung.

> Sollkosten: geplante Fixkosten + (geplante variable Stückkosten · Absatzmenge)
> = 7.200,00 € + (7,50 € · x)

Kostenanalyse

Die grafische Darstellung der Soll- und Plankostenfunktion zeigt in der Differenz die Beschäftigungsabweichung. Ein Vergleich mit den Istkosten zeigt die Verbrauchs- und die Preisabweichung.

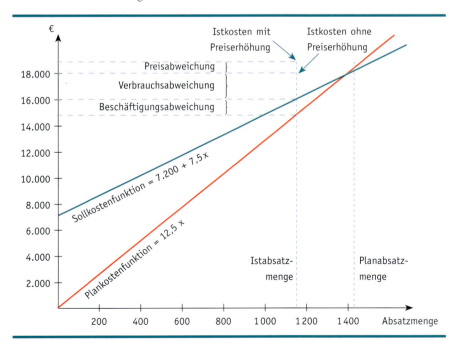

Ermittlung der Gesamtabweichung

Die Gesamtabweichung basiert auf dem Vergleich der Plankosten für die Istabsatzmenge mit den tatsächlich entstandenen Kosten.

Istkosten		18.900,00 €
− Plankosten der Istabsatzmenge (verrechnete Plankosten)	12,50 € · 1152 Stück	14.400,00 €
= Gesamtabweichung		**4.500,00 €**

Die Istkosten sind um 4.500,00 € höher als die auf Basis des Plankostenverrechnungssatzes ermittelten Plankosten, wobei der Plankostenverechnungssatz nur bei Erreichen der Planbeschäftigung Gültigkeit gehabt hätte. Diese Gesamtabweichung ist nun hinsichtlich ihrer Ursachen zu analysieren.

Ermittlung der Preisabweichung

%	€
105 %	18.99,00 €
100 %	? €

$$? € = \frac{18.900,00 \cdot 100\%}{105\%}$$

Die Istkosten hätten ohne unerwartete Preiserhöhungen 18.000,00 € betragen. Durch diese Preiserhöhungen sind die Kosten für den betrachteten Artikel um 5 % gestiegen.

Istkosten mit Preiserhöhung	105 %	18.900,00 €
− Istkosten ohne Preiserhöhung	100 %	18.000,00 €
= Preisabweichung		**900,00 €**

Die Gesamtkosten für die Istmenge wurden durch die Preiserhöhung um 900,00 € überschritten. Der Einkauf muss diese unerwartete Preiserhöhung begründen können.

Ermittlung der Beschäftigungsabweichung

Die Beschäftigungsabweichung ergibt sich aus der Differenz zwischen Sollkosten und Plankosten bei der Istabsatzmenge.

Sollkosten der Istabsatzmenge	7.200,00 € + (7,50 € · 1 152 Stück)	15.840,00 €
− Plankosten der Istabsatzmenge (verrechnete Plankosten)	12,50 € · 1 152 Stück	14.400,00 €
= Beschäftigungsabweichung		**1.440,00 €**

Da die Preisabweichung schon in einem ersten Schritt herausgerechnet wurde, basiert die Differenz in Höhe von 1.440,00 € auf einer zu geringen Produktions- und Absatzmenge. Der Verkauf und/oder die Fertigung müssen diese Abweichungen der Menge erklären können.

Ermittlung der Verbrauchsabweichung

Obwohl die Preisabweichung und die Beschäftigungsabweichung bereits ermittelt wurden, verbleibt eine Abweichung von 2.160,00 €, die als innerbetriebliche Unwirtschaftlichkeit für einen ungeplanten Mehrverbrauch anzusehen ist.

Istkosten ohne Preiserhöhung		18.000,00 €
− Sollkosten der Istabsatzmenge	7.200,00 € + (7,50 € · 1 152 Stück)	15.840,00 €
= Verbrauchsabweichung		**2.160,00 €**

5 Plankostenrechnung als Controllingaufgabe

Die Verbrauchsabweichung zeigt Unwirtschaftlichkeiten in den Kostenstellen an. Welche Kostenart oder welche Kostenstelle für diesen ungeplanten Mehrverbrauch verantwortlich ist, muss in einer speziellen Kostenarten- und Kostenstellenanalyse ermittelt werden.

Die Preis-, Beschäftigungs- und Verbrauchsabweichung ergeben in der Summe die Gesamtabweichung.

Preisabweichung	900,00 €
+ Beschäftigungsabweichung	1.440,00 €
+ Verbrauchsabweichung	2.160,00 €
= Gesamtabweichung	4.500,00 €

Nachdem die Ursachen für die Kostenabweichungen analysiert und rechnerisch beziffert wurden, sind Maßnahmen zu definieren, mit denen die Planzahlen zukünftig erreicht werden können. Führen die ergriffenen Maßnahmen nicht zu der notwendigen Kostenreduzierung und lassen sich die Erlöse je Stück nicht steigern, so muss der Artikel aus dem Sortiment entfernt werden.

Preisabweichung	Beschäftigungsabweichung	Verbrauchsabweichung
	mögliche Maßnahmen	
quantitative Angebotsvergleiche mit dem Ziel, preisgünstigere Lieferanten zu finden	Steigerung der Absatzmengen, z. B. durch zusätzliche Werbeaktionen	Verhinderung von Mehrverbrauch durch innerbetriebliche Sparmaßnahmen

(Aufgabe zu Kapitel 5 „Plankostenrechnung als Controlling-Aufgabe" s. S. 358)

ÜBERSICHT: Plankostenrechnung

Ermittlung der Planbeschäftigung	– Orientierung an Absatzerwartungen und eigenen Kapazitäten – ggf. Beschäftigungsanpassung
Ermittlung der Plankosten und Planerlöse	– Planung der Einzelkosten – Planung der Gemeinkosten – Planung der Zielverkaufspreise und Zahlungskonditionen
Plankostenstellenrechnung	– Verteilung der Plankosten und -erlöse in einem Planbetriebsabrechnungsbogen – Plankostenträgerzeitrechnung → Planbetriebsergebnis
Plankalkulation	Planzuschlagskalkulation auf Teil-/Vollkostenbasis
Nachkalkulation und Deckungsbeitragsrechnung	Soll-Ist-Vergleich und Abweichungsanalyse, bezogen auf Kosten, Erlöse, Deckungsbeitrag

6 Prozesskostenrechnung

In der traditionellen Vollkostenrechnung wird folgender Kostenzusammenhang unterstellt: Je mehr Einzelkosten ein Produkt (oder ein Auftrag) verursacht, desto mehr Gemeinkosten muss er übernehmen.

Kostenträgerstückrechnung (Zuschlagskalkulation)	Zuschlagssätze	€ je Fahrrad	Zuschlagssätze	€ je 100 Fahrräder	Zuschlagssätze	€ für 1000 Fahrräder
Materialeinzelkosten		133,78		13.378,00		133.780,00
+ MGK laut BAB	13,00 %	17,39	13,00 %	1.739,14	13,00 %	17.391,40
= Materialkosten		151,17		15.117,14		151.171,40
Fertigungseinzelkosten I		4,66		466,00		4.660,00
+ FGK laut BAB	430,00 %	20,04	430,00 %	2.003,80	430,00 %	20.038,00
= Fertigungskosten I		24,70		2.469,80		24.698,00
Fertigungseinzelkosten II		18,62		1.862,00		18.620,00
+ FGK II laut BAB	280,00 %	52,14	280,00 %	5.213,60	280,00 %	52.136,00
= Fertigungskosten II		70,76		7.075,60		70.756,00
= Herstellkosten des Umsatzes		246,63		24.662,54		246.625,40
+ VwGK laut BAB	6,50 %	16,03	6,50 %	1.603,07	6,50 %	16.030,65
+ VtGK laut BAB	5,50 %	13,56	5,50 %	1.356,44	5,50 %	13.564,40
+ Sondereinzelkosten des Vertriebs		6,00		600,00		6.000,00
= Selbstkosten des Umsatzes		282,22		28.222,05		282.220,45

Bei einer Zuschlagskalkulation (mit in einem Betriebsabrechnungsbogen ermittelten Gemeinkostenzuschlagssätzen) entsteht die oben abgebildete Kostentabelle für 1, 100 und 1 000 Fahrräder. Die Kosten je Fahrrad sind dabei immer gleich. Natürlich bestellt ein Händler nicht ein Fahrrad bei einem Hersteller. Bestellen aber 10 Händler je 100 Fahrräder, können die Kosten nicht gleich denen sein, die bei einer Bestellung von 1 000 Fahrrädern anfallen. Es fallen beim Fahrradhersteller Tätigkeiten (z. B. Bearbeitungszeit) an, die bei 10 Aufträgen umfangreicher ausfallen als bei nur einem Auftrag, der dieselbe Menge beinhaltet.

Die Prozesskostenrechnung versucht, die Kosten, die durch die Inanspruchnahme eines Prozesses entstehen, transparent zu machen. Damit wird es möglich, die Wirtschaftlichkeit von Prozessen zu untersuchen. Außerdem können die durch einen Kundenauftrag entstandenen Prozesskosten in die Kalkulation einbezogen werden.

Prozesskosten werden in drei Schritten ermittelt:
1. Untersuchung des Prozesses
2. Ermittlung der Kosteneinflussgrößen und ihres mengenmäßigen Anteils
3. Errechnung der Prozesskosten und Bildung von Kostensätzen

6 Prozesskostenrechnung

Um Prozesse zu untersuchen, geht man oft von den wesentlichen unternehmensweiten Geschäftsprozessen aus, z. B. der Auftragsbearbeitung, und bricht diese auf zunehmend feinere Teilprozesse herunter. Auch bei der Prozesskostenrechnung könnte man so vorgehen. Der Controller findet jedoch in der Praxis selten diesen Idealzustand bereits durchleuchteter Prozesse vor. Es wäre auch zu aufwändig, eine komplette Geschäftsprozessanalyse für eine Prozesskostenrechnung vorzunehmen. Deswegen konzentriert man sich zunächst auf einzelne Abteilungen und versucht dort, die vorhandenen **Teilprozesse** zu erkennen.

Beispiel: Prozesskostenrechnung in der Abteilung Verkauf:

Führt man in der Abteilung Verkauf Gespräche mit den Mitarbeitern, dann kommt man zu dem Ergebnis, dass im Wesentlichen „Angebote erstellt", „Aufträge erfasst" und „Reklamationen bearbeitet" werden. Des Weiteren muss die Abteilung geleitet werden. Die nachstehende Tabelle zeigt diese Teilprozesse in Spalte 1.

Die Teilprozesse müssen in einem nächsten Schritt bewertet werden, denn das Controlling will letztlich eine Antwort auf die Frage geben können, was z. B. eine durchschnittliche Angebotserstellung kostet. Dafür ermittelt der Controller die sogenannten Kosteneinflussgrößen, d. h. die Größen, von denen der Aufwand für einzelne Teilprozesse abhängt. Im Normalfall ist dies die Anzahl der Angebote bzw. der Aufträge oder Reklamationen pro Jahr. Die Kosteneinflussgrößen bezeichnet man auch als Cost Driver. Sie sind in der Spalte 2 aufgeführt. Bei dem Teilprozess „Leitung der Abteilung" handelt es sich um einen Sonderfall. Für die Leitung der Abteilung lässt sich kaum ein eindeutiger Einflussfaktor für den Aufwand finden.

1	2	3	4	5	6
Teilprozesse	Cost Driver	Menge	Kosten in T €		Kostensatz in €
Angebote erstellen	Anzahl der Angebote	2 000	600	60	330
Aufträge erfassen	Anzahl der Aufträge	4 000	160	16	44
Reklamationen bearbeiten	Anzahl der Reklamationen	200	40	4	220
Leitung der Abteilung				80	

Um die Kosten zu ermitteln, wird für jeden Cost Driver die jeweilige Maßeinheit, hier die pro Jahr anfallende Menge, benötigt. Im Beispiel rechnen wir mit 2 000 Angeboten, 4 000 Aufträgen und 200 Reklamationen pro Jahr, wie Spalte 3 der Tabelle zeigt. Nun stellt der Controller fest, welche Kosten für den jeweiligen Teilprozess pro Jahr anfallen (von der Leistung abhängige Kosten). Sie werden in Spalte 4 der Abbildung gezeigt. Um alle notwendigen Angebote zu erstellen, rechnet man dort z. B. mit 600.000,00 € pro Jahr, um alle Aufträge zu erfassen, mit 160.000,00 € pro Jahr.

4 Wertschöpfungsprozesse analysieren und beurteilen

Da es sehr aufwändig ist, für jeden einzelnen Teilprozess die Kosten exakt zu bestimmen, sucht man in der Praxis häufig nach einfacheren Wegen. Eine Möglichkeit besteht z. B. darin, alle Mitarbeiter zu zählen, die für eine bestimmte Tätigkeit eingesetzt werden, und entsprechend die Kosten aufzuteilen. Hat der Verkauf z. B. 20 Mitarbeiter, von denen 15 mit Angeboten, 4 mit Aufträgen und 1 mit Reklamationen beschäftigt sind, dann werden 75 % der von der Leistung abhängigen Gesamtkosten dem Teilprozess „Angebote erstellen" zugeordnet, 20 % dem Teilprozess „Aufträge erfassen" und 5 % der Reklamationsabteilung.

Die von der Leistung unabhängigen Kosten, in unserem Fall 80.000,00 € für die Leitung der Abteilung, werden in einem weiteren Schritt auf die leistungsabhängigen Kosten umgelegt. Ein wichtiges Kriterium dabei ist oft der Anteil der leistungsabhängigen Kosten, wie Spalte 5 zeigt. Für die Erstellung der Angebote fallen in unserem Beispiel 600.000,00 € von insgesamt 800.000,00 €, also 75 %, an. Genau diesen Anteil der leistungsunabhängigen Kosten verrechnet man auf die Angebotserstellung, nämlich 60.000,00 €. Der verbleibende Anteil der leistungsunabhängigen Kosten, hier 20.000,00 €, wird auf die Auftragserfassung und Reklamationsbearbeitung umgelegt.

Der Kostensatz für den einzelnen Teilprozess „Angebote erstellen" in Spalte 6 der Abbildung errechnet sich, indem man die jährlichen Gesamtkosten in Höhe von 660.000,00 € auf die 2 000 pro Jahr erstellten Angebote bezieht. Damit erhält man pro Angebot Prozesskosten von 330,00 € oder anders ausgedrückt: Jedes Angebot im Verkauf verursacht im Durchschnitt Kosten von 330,00 €. Eine Auftragserfassung kostet dagegen 44,00 €, eine Reklamationsbearbeitung 220,00 €.

Aufgabe

1 Für einen Abrechnungszeitraum (Monat) wurden folgende Daten ermittelt (keine Preiserhöhungen):

	Plan	Ist
Kosten	160.000,00 €	196.200,00 €
Beschäftigung	2 000 Std.	2.500 Std.

Kostenart	Plankosten	Variator
Fertigungsmaterial	60.000,00	10
Hilfs- und Betriebsstoffkosten	12.000,00	7
Fertigungslöhne	40.000,00	10
kalkulatorische Abschreibungen	20.000,00	4
Gehälter (Industriemeister)	10.000,00	0
Instandhaltungskosten	8.000,00	6
kalkulatorische Zinsen	10.000,00	0

Ermitteln Sie
- a die Plankostenfunktion,
- b die Sollkostenfunktion,
- c die Plankosten bei Ist-Beschäftigung,
- d die Sollkosten bei Ist-Beschäftigung,
- e die Beschäftigungsabweichung,
- f die Verbrauchsabweichung.

6 Prozesskostenrechnung

2 Ermitteln Sie die Prozesskosten für folgende Kunden:

Vorgang	Tätigkeit	Kostensatz pro Vorgang/Tätigkeit in €	Anzahl der benötigten Vorgänge je Abrechnungsperiode	
			Kunde: Müller	Kunde: Schmitz
Bestellung	Anfrage bearbeiten	3,00	4	6
	Angebot erstellen	5,00	6	6
	Nachfassarbeiten	2,00	0	3
	Vertrag abschließen	4,00	6	5
	Bestellung bearbeiten	3,00	9	5
	Anfrage Lager	1,50	9	5
	Materialbeschaffung	10,00	7	2
Rechnung	Rechnung erstellen	3,50	9	5
	Rechnung prüfen	2,00	9	5
	Rechnung buchen	1,50	9	5
Bezahlung	Zahlungseingang prüfen	1,00	9	5
	Zahlungseingang buchen	1,50	9	4
Mahnung	Mahnung veranlassen	3,00	1	5
	gerichtlichen Mahnbescheid beantragen	15,00	0	1
Summe		56,00		

3 Ermitteln Sie den Angebotspreis bzw. den Gewinnzuschlag
  a für einen Kunden, der folgende prozessabhängige Kosten im Rahmen seines Auftrags verursacht:

Fertigungsmaterial	2.000,00 €
Materialbereitstellungsprozesskosten: Zuschlagssatz	14 %
Fertigungskosten	500,00 €
Fertigungsunterstützungsprozesskosten: Zuschlagssatz	60 %
Verwaltungsprozesskosten: Zuschlagssatz	8 %
Distributionsprozesskosten: Zuschlagssatz	7 %
Gewinn: Zuschlagssatz	12,5 %

  b für einen Kunden, für den aufgrund einer höheren Stückzahl und geringerer notwendiger Prozesse folgende Kosten berücksichtigt werden:

Fertigungsmaterial	5.000,00 €
Materialbereitstellungsprozesskosten: Zuschlagssatz	13 %
Fertigungskosten	1.500,00 €
Fertigungsunterstützungsprozesskosten: Zuschlagssatz	48 %
Verwaltungsprozesskosten: Zuschlagssatz	7 %
Distributionsprozesskosten: Zuschlagssatz	5 %
Angebotspreis	10.000,00 €

  c Angenommen, der erste Kunde (a) könnte aufgrund einer optimierten Prozessstruktur die Zuschlagssätze des zweiten Kunden (b) erreichen. Um wie viel könnte der Angebotspreis gesenkt werden? Ermitteln Sie auch den Prozentsatz der Preissenkung.

1 Merkmale der industriellen Leistungserstellung....... 362
2 Kernprozesse der Leistungserstellung................. 368
3 Produktionsprogrammplanung....................... 370
4 Produktentstehungs- und -entwicklungsprozess....... 375
5 Produktionsplanung- und -steuerung................. 385
6 Fertigungsverfahren 416
7 Kosten und betriebliche Leistungserstellung 430
8 Rationalisierung...................................... 436

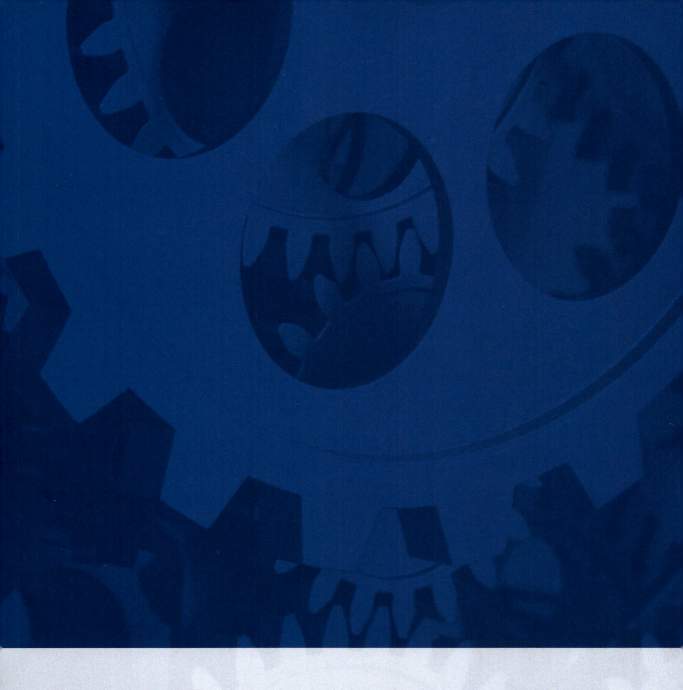

5 Leistungserstellungsprozesse planen, steuern und kontrollieren

1 Merkmale der industriellen Leistungserstellung

1.1 Industrielle Leistungserstellung im Wandel der Zeit

Als gegen Ende des 18. Jahrhunderts die ersten Dampfmaschinen zum Einsatz kamen, begann – zunächst in England, später dann in ganz Mitteleuropa – das **Zeitalter der industriellen Produktion**.

Der Ersatz menschlicher und tierischer Muskelkraft durch wirtschaftlich arbeitende Kraftmaschinen erlaubte es, die für ein Produkt notwendigen Einzelteile in großer Zahl und getrennt voneinander herzustellen, um sie erst anschließend zu montieren. Industrielle Leistungserstellung ist somit stets durch ein hohes Maß an personeller, zeitlicher und räumlicher **Arbeitsteilung** geprägt. Diese arbeitsteiligen Aufgaben konnten nun auch weniger qualifizierten Arbeitskräften übertragen werden. In der Folge nahm die gewerbliche Gütererzeugung zulasten des Agrarbereiches und des Handwerks rasant zu.

Die Erfindung des Elektro- sowie des Verbrennungsmotors etwa ein Jahrhundert später ermöglichte den dezentralen Einsatz von Antriebsenergie und damit die **Mechanisierung der Industrie**. Der Mensch konnte in den Fabriken von schwerer körperlicher Arbeit zunehmend befreit werden; die Fließ(band-)fertigung ließ die Fertigungszeiten und damit die Preise industriell gefertigter Produkte schnell sinken. Bisher als Luxusgüter geltende Produkte – z. B. Elektrogeräte, Kraftfahrzeuge usw. – wurden bald für jedermann erschwinglich. Die stark steigenden Einkommen der in der Industrie beschäftigten Arbeitnehmer schufen wiederum die für die industrielle Massenproduktion notwendigen Absatzmärkte.

Heutige industrielle Produktion ist zunehmend durch **Automatisierung** geprägt: Die Mikroelektronik und neue Informations- und Kommunikationstechniken entlasten den Menschen immer mehr von stets wiederkehrenden und gleichartigen Arbeitsverrichtungen. Mensch und Maschine werden entkoppelt. Industrielle Fertigungsprozesse verlaufen heute mehr oder minder selbstständig, ein steuerndes Eingreifen des Menschen ist häufig nur noch im Ausnahmefall (z. B. zur Beseitigung von Störungen) notwendig.

Die Automatisierung hat zu einer tief greifenden **Veränderung der Arbeitsbedingungen** im Hinblick auf Qualifikation und Flexibilität der Arbeitnehmer geführt. Nur durch ständige Weiterqualifizierung (sogenanntes „Lifelong Learning") und Anpassung der Produktionssysteme an den technologischen Fortschritt können die Ziele der Automatisierung – **Produktivitätssteigerung** und **Flexibilisierung** – erreicht werden.

1 Merkmale der industriellen Leistungserstellung

1.2 Produktionsbegriff

Der Begriff **Produktion** taucht innerhalb der Industrie in den verschiedensten Zusammenhängen auf:

> „Herr Schneider, holen Sie doch mal die Fertigungsaufträge aus der Produktion."

> „Die Öfen waren zu heiß eingestellt. Wir können die ganze Tagesproduktion auf den Müll schmeißen."

> „Aufgrund eines Maschinenschadens konnte die Produktion in der Frühschicht erst um 07:15 Uhr anlaufen."

Vorherrschend ist aber das Verständnis von **Produktion als Prozess**.

Begriff der Produktion in seinem weitesten Sinne

> = Umwandlung der Materialien in ein fertiges Produkt!

! **Produktion** ist jegliche Art innerbetrieblicher Transformation (Umwandlung) von **Gütern** in höherwertige Güter.

Güter: Sachgüter und Dienstleistungen

Diese weite Definition des Begriffes Produktion kann somit nicht nur auf Industriebetriebe, sondern auch auf Banken („Bankprodukte"), Versicherungen („Versicherungsprodukte") und andere Branchen angewendet werden.

Begriff der (industriellen) Produktion im engeren Sinne

! **(Industrielle) Produktion** ist die sich in Industriebetrieben vollziehende systematische und technische Transformation von Sachgütern in andere höherwertige Sachgüter.

> Umwandlung der Materialien in ein fertiges Produkt mit höherem Nutzen!

Diese Sachgüter sollen
- auf externen Märkten veräußert oder
- innerbetrieblich weiterverwendet werden. *Eigenbedarf/Vorprodukte/Halbfabrikate*

Industrielle Produktion findet überwiegend in dafür geeigneten und speziell zu diesem Zweck errichteten Produktionsstätten, den sogenannten **Fabriken**, statt.

fabricia (lat.) Werkstatt

Im Folgenden wird die engere Definition des Produktionsbegriffs zugrunde gelegt.

Beispiel: Betriebliche Produktion als Transformationsprozess in der Fly Bike Werke GmbH
- Die Erstellung von Sachgütern erfordert, dass Input in Form von menschlicher Arbeitskraft (z. B. Techniker, Ingenieure), Betriebsmitteln (z. B. Gebäude, Maschinen) und Werkstoffen (z. B. Rahmen, Sättel) über die Beschaffungsmärkte ins Unternehmen gelangt. Das Management des Unternehmens plant, organisiert und überwacht den Leistungserstellungsprozess. *Die Fertigungssteuerung*
- Nicht alle produzierten Fahrräder können sofort abgesetzt werden. Je nach Marktlage müssen Produkte im Fertigwarenlager „geparkt" werden, d. h., der gesamte Output lässt sich in Absatz- und Lagerprodukte einteilen.

1.3 Ziele der Fertigungswirtschaft

Der Transformationsprozess ist so zu gestalten, dass die Ziele Effizienz und Effektivität bestmöglich erfüllt werden. Dies bedeutet
- zum einen, dass nur die Fahrräder produziert werden, die der Kunde wünscht (**Effektivität** = „die richtigen Dinge tun"), und
- zum anderen, dass die Fahrradherstellung möglichst kostengünstig erfolgt (**Effizienz** = „die Dinge richtig tun").

Veredelungsleistung

Betriebliche Leistungsfaktoren (Produktionsfaktoren), vgl. **LF 2, Kap. 1.3**

Der gesamte Produktionsprozess stellt sich somit als ein **Wertschöpfungsprozess** dar. Die Wertschöpfung (positive Differenz zwischen Leistungen und Kosten) besteht darin, dass die betrieblichen Leistungsfaktoren (Input) in Produkte (Output) höheren Wertes transformiert werden.

Kosten - Leistung < Aufwand - Ertrag
Leistung = „Geldeingang"
Kosten = „Geldausgang"

Die wesentliche Aufgabe der Produktion ist
- die Planung, *Produktionssteuerung*
- die Durchführung und *Veranlassung*
- die Kontrolle der Herstellung von Sachgütern. *und Gegensteuerung*

Bei der Produktion müssen die folgenden Ziele berücksichtigt werden:

Steuerung → Soll-Ist-Vergleich (SIV)

Die „sechs R" der Produktion
R = Richtig

Ziele der Fertigungswirtschaft:
- die richtigen Objekte
- in der richtigen Menge
- am richtigen Ort
- zum richtigen Zeitpunkt
- in der richtigen Qualität
- zu den richtigen Kosten

Gerade im Produktionsbereich eines Unternehmens wird deutlich, dass technische und betriebswirtschaftliche Überlegungen immer wieder zu Meinungsverschiedenheiten darüber führen, was ein erfolgreiches Produkt ausmacht.
- Aus technischer Sicht gilt es häufig, ein technisch hochwertiges Produkt zu fertigen.
- Die Kunden jedoch möchten oft ein Produkt, das nicht nur die gewünschten Eigenschaften hat, sondern auch möglichst kostengünstig angeboten wird.

Daraus ergibt sich, dass die Produktion von Sachgütern unter dem betriebswirtschaftlichen Nebenziel der **Minimierung von Produktionskosten** erfolgen muss.

Beschaffungskosten; Lohnkosten; Lagerkosten (Kapitalbindung)

Beispiel: So kann z. B. ein Blu-Ray-Player, der nur die Grundfunktionen bietet, kommerziell gesehen wesentlich erfolgreicher sein als ein ähnliches Gerät, das eine Menge von Zusatzfunktionen liefert, die aber vom Kunden als überflüssig angesehen und somit nicht bezahlt werden.

1.4 Bedeutung von Dienstleistungen in der industriellen Leistungserstellung

In Ergänzung zu den von ihnen produzierten Sachgütern bieten Industriebetriebe sehr häufig auch Dienstleistungen an.

> *kann man nicht anfassen*
>
> **!** **Dienstleistungen** sind immaterielle (nicht stoffliche) Güter, deren wesentlicher Inhalt die unmittelbare, überwiegend auch personengebundene Arbeitsleistung des Produzenten ist.

Beispiel: Schon bevor eine Spezialmaschine ausgeliefert wird, schult der Hersteller die Mitarbeiter des Kunden – also die späteren Nutzer – in der Benutzung der Maschine. Die dabei gewonnenen Erkenntnisse können wiederum in den Produktentwicklungsprozess einfließen.

Hier steht die Erbringung von Dienstleistungen durch den Industriebetrieb (Entwicklung einer Spezialmaschine und Mitarbeiterschulung) in einem unmittelbaren Zusammenhang mit der Erstellung des Sachgutes (Bau der Spezialmaschine). Die Produktion der Dienstleistung und deren Verbrauch fallen zudem zeitlich zusammen.

Der Einsatz technischer Hilfsmittel (EDV, Kommunikationstechnologien) erlaubt heute aber auch die Entkoppelung der Dienstleistungserstellung von deren Verbrauch, insbesondere bei produktions- oder unternehmensbezogenen Dienstleistungen. So können auch Dienstleistungen „auf Vorrat" produziert werden.

Beispiel: Ein Industriebetrieb lässt durch einen externen Dienstleister E-Learning-Module für seine Mitarbeiter erstellen. Die in einer Datenbank gespeicherten Lerneinheiten können durch die Mitarbeiter jederzeit und an jedem Ort, der über eine entsprechende netzfähige DV-Ausstattung verfügt, genutzt werden, um berufliche Qualifikationen zu erwerben.

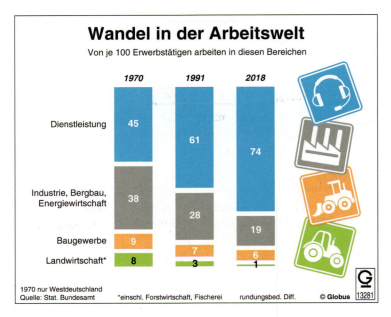

In den letzten Jahren ist die Zahl der unmittelbaren Arbeitsplätze in der Industrie in Deutschland stark zurückgegangen, während die Zahl der Arbeitsplätze im Dienstleistungssektor entsprechend anstieg. Dieser **Wandel in der Beschäftigungsstruktur** lässt aber keinesfalls den Rückschluss zu, in Deutschland finde immer weniger industrielle Produktion statt, Deutschland würde gar zu einem Dienstleistungsland, quasi einer „*nachindustriellen*" Gesellschaft.

Tatsächlich lag der **Anteil des produzierenden Gewerbes** (ohne Baugewerbe) **am Bruttoinlandsprodukt Deutschlands** im Zeitraum 2000 bis 2007 relativ konstant bei 25 bis 26 %. Dabei stiegen die jährlichen Umsätze der deutschen Industrie im gleichen Zeitraum von 1.307 Mrd. € auf 1.583 Mrd. € (Quelle: Statistisches Bundesamt).

Die Veränderungen in der Beschäftigungsstatistik sind vornehmlich auf Rationalisierungseffekte durch die **Automatisierung** industrieller Produktion (mehr Produktionsergebnis mit weniger Beschäftigten) und eine **Verlagerung industrienaher Dienstleistungen** auf eigenständige Unternehmen zurückzuführen.

> **Beispiel:** Früher unterhielten große Industriebetriebe eigene Abteilungen für die Erforschung und Entwicklung neuer Produkte und Technologien, das Rechnungswesen, die Marktforschung, die Kundenbetreuung oder die Versandlogistik; diese Teilprozesse werden heute sehr häufig an selbstständige industrienahe Dienstleister vergeben (sogenanntes „**Outsourcing**"), die statistisch nicht mehr der Industrie, sondern dem Dienstleistungssektor zugerechnet werden. Ohne die eigentliche industriespezifische Erstellung von Sachgütern fänden aber auch diese Dienstleistungen keinen Markt.

Der wachsenden Bedeutung industrienaher Dienstleistungen werden Industriebetriebe durch den Aufbau eines eigenen Dienstleistungsmarketings gerecht. Ziel ist es, Kundenbedürfnisse dauerhaft zu befriedigen, die Kundenzufriedenheit zu erhöhen und die eigene Marktposition zu sichern.

> **!** Zum **Dienstleistungsmarketing** zählen alle unternehmensübergreifenden Maßnahmen der systematischen Planung, Durchführung und Kontrolle von Dienstleistungen.

Im Zentrum der Bemühungen muss dabei die stetige Verbesserung der **Dienstleistungsqualität** – z. B. der Service- und Beratungsqualität – stehen.

1 Merkmale der industriellen Leistungserstellung

ÜBERSICHT: Merkmale industrieller Leistungserstellung

Begriff: Unter industrieller Leistungserstellung (i.e.S.) ist die **systematische und technische Transformation von Sachgütern in höherwertige Güter** zu verstehen.

Historische Phasen der Industrialisierung

Arbeitsteilung	Mechanisierung	Automatisierung
– personell, räumlich und zeitlich	– dezentrale Versorgung mit Antriebsenergie	– Mikroelektronik und neue Informations- und Kommunikationstechniken

Produktionswirtschaftliche Grundziele

quantitative und finanzielle Ziele	qualitative Ziele	Flexibilitätsziele	soziale und ökologische Ziele
– Produktion der Soll-Mengen – Minimierung der Fertigungszeiten – Erreichung geplanter Absatzmengen – Minimierung der Selbstkosten – Realisierung der Umsatz- und Gewinnziele – Sicherung des finanziellen Gleichgewichts	– Gestaltung marktoptimaler Produktionsprogramme – Einhaltung technischer Normen – geringer Ausschuss – wenige Reklamationen – hohe Kundenzufriedenheit	– Anpassung an den technischen Fortschritt – Nutzung von Rationalisierungspotenzialen – schnelle Reaktion auf Marktveränderungen – ständige Qualifizierung des Personals	– Humanisierung der Arbeitsbedingungen – Sicherung der Beschäftigung – Minimierung des Ressourcenverbrauches sowie der Emissionen – Erfüllung ökologischer Standards

Aufgaben

1 Kollege Roboter – für die einen ein Segen, für die anderen ein Fluch. Stellen Sie je drei Argumente für jede der beiden Positionen einander gegenüber.

2 Warum wird in der Produktionswirtschaft mit der engen Fassung des Produktionsbegriffs gearbeitet?

3 Welche industrienahen Dienstleistungen nutzt Ihr Ausbildungsbetrieb bzw. welche bietet er an?
Beschreiben Sie drei Beispiele.

4 Erläutern Sie drei Beispiele dafür, dass industrienahe Dienstleistungen den Verkauf von industriellen Sachgütern fördern, mitunter erst ermöglichen können.

2 Kernprozesse der Leistungserstellung

Betriebliche Leistungsfaktoren (Produktionsfaktoren), vgl. LF 2, Kap. 1.3

Die industriebetriebliche Leistungserstellung vollzieht sich stets als Umwandlung der betrieblichen **Leistungsfaktoren** menschliche Arbeit, Betriebsmittel, Werkstoffe sowie Dienstleistungen und Informationen (Inputfaktoren) im Rahmen eines **Transformationsprozesses** in die **Produkte** (Erzeugnisse, Outputfaktoren) des Betriebes.

Kernprozesse der Leistungserstellung
- Produktionsprogrammplanung
- Produktentstehung und -entwicklung
- Produktionsplanung und -steuerung
- Teilefertigung und Montage

Produktionsprogramm, vgl. Kap. 3

Die richtigen Produkte zu konkurrenzfähigen Preisen am Markt anzubieten ist für die langfristige Wettbewerbsfähigkeit eines Industrieunternehmens von entscheidender Wichtigkeit. Die **Planung des eigenen Produktionsprogramms** ist somit der erste zentrale Kernprozess innerhalb der Leistungserstellung. Sie teilt sich auf in

- die **qualitative Programmplanung** (Festlegung des Leistungsprogramms des Betriebs nach seiner Art) und
- die **quantitative Programmplanung** (Festlegung der zu fertigenden Mengen).

Produktentstehung und -entwicklung, vgl. Kap. 4

Die **Produktentstehung und -entwicklung** ist der zweite Kernprozess der Leistungserstellung. Hier kommt den Forschern, Konstrukteuren und Designern die Aufgabe zu, funktionsfähige, fertigungsreife und kostengünstige Erzeugnisse zu entwickeln. Im Rahmen der Produktentstehung und -entwicklung werden Weichen gestellt, die in den folgenden Prozessen nur begrenzt beeinflusst werden können.

> **Beispiel:** Gerade kleinere Konstruktionsfehler werden im Automobilbau häufig erst nach der Markteinführung neuer Modelle durch vermehrte Reklamationen der Kunden entdeckt und führen durch aufwändige Rückrufaktionen zu enormen Folgekosten.

Der Produktentstehungs- und -entwicklungsprozess liefert in Form von Konstruktionszeichnungen und Modellen, Stücklisten, Rezepturen usw. die Planungsgrundlagen für die sich anschließende Planung und Steuerung des Produktionsprozesses.

Produktionsplanung und -steuerung, vgl. Kap. 5

Bei der **Produktionsplanung und -steuerung** (PPS), dem dritten Kernprozess der Leistungserstellung, werden
- die auszuführenden Arbeitsabläufe festgelegt,
- die einzusetzenden Betriebsmittel und Arbeitskräfte bestimmt,
- die notwendigen Bedarfe an Werkstoffen und Betriebsmittelkapazitäten ermittelt,
- die Reihenfolge der Auftragsdurchführung festgelegt und
- deren ordnungsgemäßer Ablauf sowie die Qualität der gefertigten Erzeugnisse überwacht.

2 Kernprozesse der Leistungserstellung

So wird die Produktion der Erzeugnisse unter Berücksichtigung der Wirtschaftlichkeit vorgedacht, definiert und zeitlich geplant und überwacht. Diese Phase bereitet die eigentliche Fertigung, also die Teilefertigung und die Montage, vor.

Während der **Teilefertigung und Montage** vollzieht sich schließlich der stoffliche Umwandlungsprozess der eingesetzten Rohmaterialien in Einzelteile, Zwischenprodukte und Baugruppen sowie versandfertige Enderzeugnisse. Dabei wird die geometrische Gestalt, die chemische oder physikalische Beschaffenheit oder die Oberfläche des Grundmaterials verändert.

Die Auswahl der einzusetzenden Werkstoffe und Fertigungstechnologien vollzieht sich dabei stets im Spannungsfeld physikalisch-technologischer Anforderungen auf der einen und wirtschaftlicher Notwendigkeiten auf der anderen Seite.

> **Beispiel:** Ein wegen des Einsatzes hochwertiger Werkstoffe und aufwändiger Fertigungsverfahren technisch-qualitativ perfektes Produkt wird wahrscheinlich in der Herstellung so teuer sein, dass es – wenn überhaupt - nur einen sehr kleinen Markt findet.

Der durchgängige Einsatz der **EDV** in allen Teilschritten der Fertigung – vom Eingang des Kundenauftrages bis zur Auslieferung der Produkte – hat den Zeitbedarf für die Auftragsdurchführung immer weiter sinken lassen. Die vollständige EDV-Integration aller Fertigungsbereiche ist das Ziel des **Computer Integrated Manufacturing** (CIM). Dabei geht der Trend immer stärker von der zentralen hin zu einer dezentralen Steuerung der einzelnen in einem Netzwerk (sog. LAN = local area network) verbundenen Arbeitsstationen.

CIM, vgl. Kap. 8.3.1

ÜBERSICHT: Kernprozesse der Leistungserstellung

Kernprozesse der Leistungserstellung

- **Produktionsprogrammplanung**
  - qualitative Programmplanung
  - quantitative Programmplanung

- **Produktplanung und -entwicklung**
  - Forschung
  - Konstruktion
  - Design
  - Erprobung

- **Produktionsplanung und -steuerung**
  - Arbeitsplanung
  - Bedarfsplanung
  - Zeitplanung
  - Kapazitätsplanung
  - Auftragsfreigabe
  - Auftragssteuerung und -überwachung
  - Betriebsdatenerfassung (BDE) *es wird sofort erfasst und steht zur Verfügung*

- **Teilefertigung und Montage**
  - Einzelteilfertigung
  - Baugruppenmontage
  - Endmontage
  - Qualitätssicherung

Aufgaben

1. Die Kernprozesse der Leistungserstellung weisen zahlreiche Schnittstellen zu anderen Geschäftsprozessen des Unternehmens auf. Beschreiben Sie drei solche Schnittstellen.

2. Bei der Planung der Leistungserstellung sind ständig Informationen aus den externen Märkten des Unternehmens zu berücksichtigen. Nennen Sie fünf Beispiele für solche Informationen.

AB → Lernsituation 38

3 Produktionsprogrammplanung

3.1 Bestimmung des Produktionsprogramms

Absatzprogramm, vgl. **LF 10**, Band 3

Das Marketing eines Unternehmens legt nach den Wünschen des Marktes das Absatzprogramm fest. Aus dem Absatzprogramm werden alle weiteren Pläne abgeleitet, u. a. das Produktionsprogramm im engeren Sinne und das Dienstleistungsprogramm. Im Rahmen seiner Produktionsprogrammplanung trifft ein Industriebetrieb Entscheidungen über die genaue Art und die Anzahl der von ihm selbst hergestellten Erzeugnisse. Die folgende Übersicht zeigt das bisherige Produktionsprogramm der Fly Bike Werke GmbH:

Produktionsprogramm der Fly Bike Werke GmbH

Fahrräder

City-Räder	Trekkingräder	Mountain-Bikes	Rennräder	Kinderräder
Modelle	Modelle	Modelle	Modelle	Modelle
– Glide	– Light	– Dispo	– Fast	– Twist
– Surf	– Free	– Constitution	– Superfast	– Cool
	– Nature	– Unlimited		

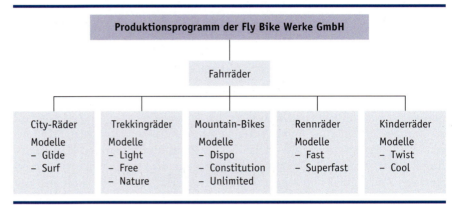

Beispiel: Herr Peters, der Geschäftsführer der Fly Bike Werke GmbH, hat in Abstimmung mit den Bereichsleitern die Entscheidung getroffen, ein Fitness-Bike in das Produktionsprogramm des Unternehmens aufzunehmen. Auf der Grundlage einer mittelfristigen Absatzplanung sollen 5 000 Stück des Fitness-Bikes produziert werden. Für das Fitness-Bike liegen noch keine konkreten Kundenaufträge vor. Die geplante Produktionsmenge von 5 000 Stück basiert auf einer Absatzprognose (vgl. S. 385 Primärbedarfsplanung) im Rahmen einer mittelfristigen Absatzplanung. Mit einem innerbetrieblichen Produktionsauftrag wird der Kernprozess der Leistungserstellung in Gang gesetzt.

Mit der Entscheidung, das Fitness-Bike zu produzieren, wird eine Erweiterung des Produktionsprogramms vorgenommen.

! Das **Produktionsprogramm** besteht aus den Gütern, die vom Unternehmen selbst produziert werden.

3 Produktionsprogrammplanung

Produktionsprogramm <> Absatzprogramm

Produktionsprogramm + Handelsware = Absatzprogramm

🚴 **Beispiel:** Das Produktionsprogramm wird durch ein neues Modell, ein Fitness-Bike, verbreitert.

> ❗ Die **Produktionsprogrammbreite** gibt die Anzahl der von einem Unternehmen produzierten Produktarten/Produktlinien an. *Varianten*

mmw!

Mit der Erhöhung der Produktionsprogrammbreite sind Vor- und Nachteile verbunden.

Vorteile:
- Risikostreuung
- bessere Absatzchancen (Einkaufsbequemlichkeit für den Kunden)
- Möglichkeiten der Mischkalkulation (unterschiedliche Verkaufszuschläge) *Quersubventionierung*
- Möglichkeiten der Verwertung von Abfällen (Kuppelproduktion)

Nachteile:
- erhöhte Kosten (Umrüstung)
- schwerer überschaubare Betriebsstruktur
- schwierigere Werbung und Forschung
- Zersplitterung der Kräfte im Einkaufs- und Absatzbereich (Multimarktkonzept)
- verhindert Spezialisierungsmöglichkeiten

> ❗ Die **Produktionsprogrammtiefe** bezieht sich auf die Anzahl der Varianten und Typen, die innerhalb einer Produktart angeboten werden.
> – Typen umfassen Artikel, die in bestimmten Eigenschaften übereinstimmen.
> – Artikel sind kleinste, nicht mehr teilbare Einheiten eines Produktionsprogramms.

*z. B. Produktart: PKW
A1 – A8
Q – Modelle*

Die Bestimmung des Produktionsprogramms nach Art und Menge der herzustellenden Güter hat unter Beachtung des **erwerbswirtschaftlichen Prinzips** zu erfolgen. Optimal ist das Produktionsprogramm, wenn damit der maximale Gewinn erzielt wird. Die optimale Menge der zu produzierenden Güter unterliegt einer Vielzahl von Bedingungen:

- **Beschaffungsbedingungen:** Die zur Herstellung der Güter erforderlichen Einsatzstoffe stehen nur in begrenzten Mengen zur Verfügung.
- **Kapazitätsbedingungen:** Es können nicht mehr Güter produziert werden, als mit den vorhandenen maschinellen und personellen Ressourcen möglich ist.
- **Absatzbedingungen:** Es sollten nicht mehr Güter produziert werden, als das Unternehmen bei gegebener Nachfrage am Markt absetzen kann.

Kapitalbindung → Insolvenz

> ❗ Die **Fertigungstiefe** bezieht sich auf die Erzeugnisstruktur. Sie zeigt auf, wie viele Fertigungsstufen ein Erzeugnis im Betrieb durchläuft.

- **hohe Fertigungstiefe:** mehrere Fertigungsstufen von der Rohstoffgewinnung bis zur Herstellung des Fertigungserzeugnisses
- **geringe Fertigungstiefe:** Montagebetrieb (fertige Teile werden bezogen und weiterverarbeitet)

Beispiel: Bei einer Vielzahl von Fahrradmodellen bezieht die Fly Bike Werke GmbH die zur Herstellung erforderlichen Komponenten von verschiedenen Lieferanten. Bei diesen Modellen wird nur die Montage der Komponenten zum fertigen Fahrrad durchgeführt.

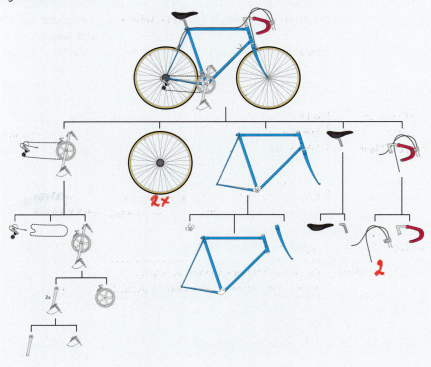

3.2 Zeitliche und mengenmäßige Abstimmung zwischen Absatz- und Produktionsprogramm

Die zeitliche und mengenmäßige Planung des Produktionsprogramms stellt insbesondere dann eine schwierige Entscheidungssituation dar, wenn die Absatzmengen im Jahresverlauf mehr oder minder stark schwanken. Bei einer **auftragsorientierten** Fertigung würde der Industriebetrieb in diesem Fall darauf warten, dass konkrete Aufträge der Kunden vorliegen, um diese dann entsprechend den bestellten Mengen zu fertigen. *Auftragsabhängige Produktion (Unikate)*

Als Alternative bietet sich eine **marktorientierte** Fertigung an, bei der sich die Produktionsmengen an Absatzprognosen, also den zu erwartenden Absatzmengen, orientieren. In diesem Fall müssen Absatz und Produktion mengenmäßig und zeitlich aufeinander abgestimmt werden, damit unnötig hohe Kosten vermieden werden.

Produktion für den anonymen Markt. (Massenfertigung/Serienfertigung (Stückzahl festgelegt)

3 Produktionsprogrammplanung

Varianten	Erläuterung
Marktorientierte Fertigung (Emanzipation) x = Menge in Stück t = Zeitablauf -- = geplanter Absatz — = geplante Produktion ☐ = Lagerzugang ▨ = Lagerabgang	Die marktorientierte Fertigung (auch <u>Lagerfertigung genannt</u>) findet sich vor allem im Konsumgüterbereich. Sie zeichnet sich dadurch aus, dass die <u>Produktionsmengen</u> trotz schwankender Absatzzahlen konstant gehalten werden. Man bezeichnet dies auch als zeit- und mengenmäßige Emanzipation. Auf diese Weise können möglichst alle Kundenaufträge kurzfristig aus dem Absatzwarenlager bedient werden. Dies setzt voraus, dass aufgrund von Absatzprognosen bekannt ist bzw. geschätzt werden kann, wie viele Bestellungen pro Periode anfallen. Der Absatzbereich gibt die entsprechenden Werte an den Fertigungsbereich weiter. Aus dem geschätzten Jahresabsatz wird dann das Produktionsprogramm abgeleitet. Wenn das Lager ausreichend gefüllt ist, kann der Kunde direkt beliefert werden. Nach der Auslieferung der Ware wird der Lagerbestand um die Liefermenge reduziert. Aufgaben des Prozessmanagements sind hier die kontinuierliche Überwachung der Lagerbestände und der Einsatz geeigneter Bestellverfahren. Diese Form der Fertigung ermöglicht eine konstante Auslastung der Produktionsmittel und eine nahezu optimale Dimensionierung der Produktionskapazitäten. Andererseits führt die Emanzipation bei schwankenden Absatzmengen zeitweilig zu hohen Beständen im <u>Warenlager</u> und damit verbundenen Lagerkosten. *Kapitalbindung*
Auftragsorientierte Fertigung (Synchronisation)	Bei der auftragsorientierten Fertigung (auch <u>Auftragsfertigung</u> genannt) werden die Produktionsmengen synchron, also zeitlich parallel zu den Absatzmengen, geplant. Diese Form der Mengenplanung findet man vor allem im Bereich von Investitionsgütern, die auf speziellen Kundenwunsch gefertigt werden (z. B. Luxusuhren, <u>spezialisierte Werkzeugmaschinen</u> oder medizinische Geräte). Die <u>Lager-</u> und Absatzrisiken sind bei der Auftragsfertigung minimal. Auch können spezielle Kundenwünsche bestmöglich realisiert werden. Andererseits hat dies jedoch stets den Nachteil, dass mit längeren Lieferzeiten entsprechend den verfügbaren Produktionskapazitäten zu rechnen ist. Hier bietet sich das Verfahren des <u>Simultaneous Engineering</u> an, bei dem Entwicklungs- und Konstruktionsarbeiten auf der einen und die eigentliche Herstellung auf der anderen Seite weitgehend parallel ablaufen. ==Eine sehr intensive Einbindung des Kunden in alle Planungsarbeiten ist dabei unverzichtbar.==
Programmfertigung (partielle Synchronisation)	Die Programmfertigung ist eine Mischform aus <u>markt- und auftragsorientierter Fertigung.</u> So weit wie möglich werden ständig benötigte Standardteile auf Lager vorrätig gehalten und kundenauftragsabhängige Teile erst dann bestellt, wenn sie benötigt werden. Sie findet sich verbreitet bei hochwertigen und langlebigen Konsumgütern (z. B. Pkw, Segelyachten oder Wohnmöbel und <u>Einbauküchen</u> von Markenherstellern), wo Produkte entsprechend den unterschiedlichen Kundenwünschen (z. B. Ausstattung, Farbe) auf <u>Basis standardisierter Baugruppen</u> gefertigt werden können.

Aufgaben

1 Das Produktionsprogramm eines Backwarenherstellers lässt sich der nachstehenden Übersicht entnehmen:

Kekse	Kuchen	Chips
– Butterkekse	– Sandkuchen	– gesalzene Chips
– Biskuits	– Stollen	– Paprikachips
– Mürbegebäck	– Tortenböden	– fettreduzierte Chips
– Waffeln		– Chips extra scharf
– Eiswaffeln		

→ *Produktionsbreite*
↓ *Produktionstiefe*

Fertigungstiefe ist Erzeugnis Struktur z.B. Butterkekse wieviel Fertigungsstufen durchläuft das Produkt

a Erläutern Sie am Beispiel dieses Produktionsprogramms die folgenden Begriffe:
  – Produktionsprogrammbreite
  – Produktionsprogrammtiefe
  – Fertigungstiefe

b Beschreiben Sie zwei Vor- und zwei Nachteile, die für das Unternehmen mit einem breiten Produktionsprogramm verbunden sind.

Vorteile: Risikostreuung, bess. Absatzchancen, Mischkalkulation;
Nachteile: hohe Kosten (Umrüstung);

2 Die zeitliche und mengenmäßige Abstimmung zwischen der Produktion und dem Absatz eines Industriebetriebes ergibt sich aus der nachstehenden Grafik:

Marktorientierte Fertigung = Situation einer Lagerfertigung, Möglichkeit Mischkalkulation; Verwendung der Rohstoffen bei Produktion

a Erläutern Sie den Zusammenhang, der zwischen Produktion und Absatz in einer derartigen Situation vorliegt.

b Beschreiben Sie die Folgen, die sich aus einer derartigen Situation für die Kosten des Betriebes ergeben.

zu hohe Lagerbestände = Kapitalbindung

3 Ein Unternehmen stellt in einstufiger Fertigung ein Produkt her, dessen Nachfrage saisonalen Schwankungen unterliegt. Für das nächste Jahr (6 Perioden zu je 2 Monaten) hat man die folgende Nachfrageprognose erstellt:

Perioden	Nachfrage je Periode (prognostizierte Einheiten)	
1	30	30
2	120	150
3	90	240
4	60	300
5	30	330
6	30	360

a Übertragen Sie die obige Tabelle auf ein Excel-Arbeitsblatt. Stellen Sie die Nachfrage und die kumulierte Nachfrage in einem Diagramm dar. Formatieren Sie das Diagramm (Achsenbeschriftung, Diagrammtyp, Legende, Farben).

b Die Produktionsmenge soll mengen- und zeitmäßig im Rahmen der Auftragsfertigung an die prognostizierte Absatzmenge angepasst werden. Erstellen Sie dafür das entsprechende Schaubild.

c Wenn die Produktionsmengen zeitlich an die schwankenden Absatzmengen angepasst werden sollen, so entstehen Probleme hinsichtlich der Kapazitätsauslastung. Beschreiben Sie ein mögliches Problem.

4 Produktentstehungs- und -entwicklungsprozess

AB → Lernsituation 39

4.1 Der Prozess mit seinen Teilprozessen

Der Produktentstehungs- und -entwicklungsprozess samt seinen Teilprozessen ist ein unternehmensübergreifender Geschäftsprozess.

Kunde
Absatzmarktforschung, Produkteinführung, Produktänderung, Teileänderung

- Teilprozess 1: Produktplanung
- Teilprozess 2: Produktentwicklung

Ziel: Entwicklung konkurrenzfähiger Produkte

- Teilprozess 4: wirtschaftliche Machbarkeitsprüfung
- Teilprozess 3: technische Machbarkeitsprüfung

Lieferant
Verfahrensänderung, Werkzeugänderung, Materialänderung

Kosten?

Im Rahmen der **Produktplanung** erfolgt ein Abgleich zwischen Markterfordernissen (z. B. Verfügbarkeit eines Produktes in spätestens zwei Jahren) und grundlegender technischer sowie wirtschaftlicher Machbarkeit.

> Die **Produktplanung** hat die Aufgabe, die vom Kunden geforderten Produkt- und Qualitätsmerkmale festzulegen.

An die Produktplanung schließt sich die Phase der **Produktentwicklung** an. Diese unterscheidet man in (reine) Forschung einerseits und Entwicklung im engeren Sinne andererseits. Während Forschung zunächst noch nach generellen Antworten auf grundlegende Fragen und Probleme sucht und dabei wissenschaftliche Methoden der Erkenntnisgewinnung einsetzt, stellt die Entwicklung bereits ganz konkrete Lösungen für die Probleme und Wünsche der Kunden in Form von Produkten bereit. Die Konstruktion, das Design und die Erprobung des neuen Fahrrades zählen zu den Teilaufgaben der Entwicklung. Während sich die Konstruktion begrifflich eher auf den rein technisch-geometrischen Aufbau bezieht, beschäftigt sich der Designer stärker mit der Form- und Farbgebung industrieller Erzeugnisse. Die Entwicklung ist die Domäne der Industriedesigner, Techniker und Wissenschaftler. Schrittweise werden die technischen Spezifikationen definiert und Problemlösungen gesucht. Erforderlich ist hierfür ein fortlaufender Prozess von Konzept- und Ideenentwicklung, Vor-, Grob- und Detailentwicklung sowie Konstruktion. Zunehmende Bedeutung gewinnen Fragen des späteren Recyclings und der Demontage von Produkten.

F&E – Forschung und Entwicklung
Field research (Primärforschung)
Desk research (Sekundärforschung)

> Die **Produktentwicklung** umfasst die Entwicklung eines Produktes von der Idee bis zum verkaufsfähigen (serienreifen) Erzeugnis.

Beim Entwurf und insbesondere bei der Ausarbeitung neuer Produkte nutzen Konstrukteure und Designer CAD-Systeme (CAD = Computer Aided Design). Ein CAD-System ist sowohl eine Art elektronisches Zeichenbrett als auch ein datenbankbasiertes Informationssystem über bereits bestehende Konstruktionen und Designs, Normen, Typen sowie Richtlinien. Es erlaubt die elektronische Erstellung und beliebige Änderung sowie Verwaltung von Zeichnungen und Stücklisten. Zudem lassen sich mit seiner Hilfe verschiedenste Berechnungsaufgaben lösen, geplante Entwürfe auch dreidimensional darstellen und Bewegungsabläufe – z. B. die Rotation eines Objektes um alle drei Raumachsen – modellieren. Insbesondere bei Wiederholungs- und Weiterentwicklungsaufgaben beinhalten CAD-Systeme ein enormes Einsparungspotenzial.

Nicht jedes Unternehmen kann den gesamten Produktentstehungs- und -entwicklungsprozess in Eigenregie durchführen. Deshalb müssen **interne** und **externe Dienstleister** einbezogen werden. Externe Dienstleister sind z. B. Spezialisten für die Fertigung von Komponenten und Werkzeugen. Interne Dienstleister sind u. a. die Beschaffungsabteilung und der Fertigungsbereich.

Als Ergebnis der bisherigen Teilprozesse ergeben sich verschiedene Lösungsalternativen. Nun muss im Rahmen einer **technischen Machbarkeitsprüfung** getestet werden, ob sich diese mit den betrieblichen Fertigungsverfahren bzw. über die Inanspruchnahme von Subunternehmern auch verwirklichen lassen. Das ist die Aufgabe der Versuchsabteilung. Sie plant Versuche, führt sie anschließend durch, baut Prototypen und gibt als Arbeitsergebnis die Meldung an die Leiter Technik/Betriebswirtschaft, ob ein Produkt unter den gegebenen Bedingungen (z. B. Marktreife innerhalb eines Jahres) gefertigt werden kann oder nicht.

An die technische schließt sich die **wirtschaftliche Machbarkeitsprüfung** an. Es wird analysiert, ob die technisch machbaren Produkte auch innerhalb eines absehbaren Zeitraums am Markt einführbar sind und letztlich zu Gewinnen führen.

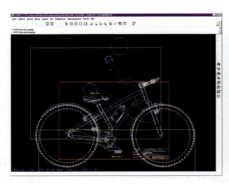 

Produktentwicklung in der Fly Bike Werke GmbH mithilfe von CAD (Computer Aided Design)

Als Querschnittsaufgaben fallen Qualitätssicherung und Änderungsmanagement an. Die Sicherstellung der Produkt- und Prozessqualität wird mit dem Begriff **Qualitätssicherung** (Quality Engineering) umschrieben. Das **Änderungsmanagement** deckt die unterschiedlichen Änderungsaufgaben im Rahmen der Produkteinführung bis hin zum Produktauslauf ab. Es managt die fertigungsbegleitende Verwaltung aller benötigten Teile und Komponenten sowie Verfahrens- und Werkzeugänderungen. Zu diesem Zweck werden Normen, Arbeitspläne, technische Spezifikationen, Stücklisten usw. zentral gespeichert und allen beteiligten Stellen zur Verfügung gestellt.

Stücklisten, vgl. **Kap. 4.2**

4 Produktentstehungs- und -entwicklungsprozess

Teilprozess	Kernfrage
Produktplanung	Welche (neuen) Produkte wünscht der Kunde?
Produktentwicklung	Welche Forschungs- und Entwicklungsarbeiten sind notwendig, um die Kundenwünsche in ein neues Produkt umzusetzen?
Technische Machbarkeitsprüfung	Lassen sich alle Lösungsalternativen technisch realisieren? *Kapazität/Knowhow*
Wirtschaftliche Machbarkeitsprüfung	Sind die technisch machbaren Lösungen wirtschaftlich zu vertreten? *Liquidität*
Qualitätssicherung	Wie kann ich die Produkt- und Prozessqualität laufend überwachen? *TQM*
Änderungsmanagement	Welche Anforderungen stellen Änderungen bei Teilen, Komponenten, Verfahren und Werkzeugen?

4.2 Forschung und Entwicklung

= 16.01.2023

Forschung und Entwicklung sind die klassischen Aufgabengebiete von Wissenschaftlern und Technikern. Mit ihrer Aufgabe ist ein hohes Maß an Kreativität verbunden, denn hier wird die Basis für innovative Produkte und Produktionsverfahren gelegt. Forschungs- und Entwicklungsmaßnahmen sind Investitionen in die Zukunft, vor allem in rohstoffarmen Ländern wie Deutschland. Aus diesem Grund ist die Politik aufgefordert, die erforderlichen Infrastrukturmaßnahmen zu ergreifen bzw. die Ansiedlung entsprechender Unternehmen zu fördern.

Forschungs- und Entwicklungsmaßnahmen

Aufgabengebiete	Schwerpunkte
Grundlagenforschung	Ziel: Gewinnung neuer wissenschaftlicher Erkenntnisse, die zunächst nicht für den praktischen Einsatz gedacht sind (Möglichkeiten der Kernfusion, Untersuchung der Supraleitungsfähigkeit von Werkstoffen beim absoluten Nullpunkt)
	Träger: Forschungsinstitutionen (z. B. Fraunhofer-Gesellschaft), technisch-wissenschaftliche Hochschulen (z. B. RWTH Aachen)
Angewandte Forschung	Ziel: Nutzung bereits vorhandener wissenschaftlicher Erkenntnisse, um neue Lösungen für technische Problemstellungen zu finden (z. B. Erhöhung der Wirksamkeit von Medikamenten durch schrittweise Abgabe der Wirkstoffe in den Blutkreislauf)
	Träger: unternehmenseigene Forschungsabteilungen (z. B. bei der Bayer AG), überbetriebliche Forschungsabteilungen (z. B. Forschungslabors der Baustoffindustrie)
Neuentwicklung	Ziel: Nutzung neuer Erkenntnisse/bisher nicht genutzter Erkenntnisse aus Grundlagenforschung und angewandter Forschung, um neue Produkte oder Prozesse herzustellen bzw. zu gestalten (z. B. Entwicklung eines neuen Verbrennungsmotors mit der Vorgabe, nicht mehr als 2,5 Liter auf 100 km zu verbrauchen)
	Träger: unternehmenseigene Entwicklungslabors (z. B. Motorenentwicklung bei der Ford AG)
Weiterentwicklung	Ziel: Nutzung bisher bereits eingesetzter Erkenntnisse, um Produkte bzw. Prozesse zu verbessern (z. B. Verbesserung der Windschlüpfrigkeit von Autokarosserien durch Testen von Rundungen im Windkanal)
	Träger: siehe Neuentwicklung

Mit der Konstruktion wird auch die Struktur eines neuen Erzeugnisses festgelegt.

> Die **Erzeugnisstruktur** stellt den logischen Aufbau bzw. die logische Struktur eines Erzeugnisses aus Baugruppen und Einzelteilen dar.

Dabei bildet das fertige Erzeugnis die Spitze des Strukturbaumes, während die zugekauften Rohstoffe, Einzelteile und Baugruppen gleichsam seine Wurzeln sind.

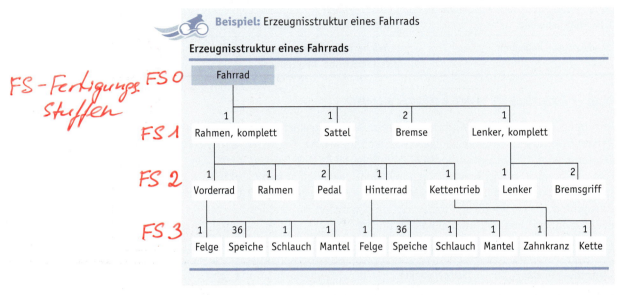

Beispiel: Erzeugnisstruktur eines Fahrrads

Handschriftliche Notizen: FS - Fertigungsstufen; FS 0, FS 1, FS 2, FS 3

Auf der Grundlage der Erzeugnisstruktur können unterschiedliche Arten von **Stücklisten** erstellt werden:

Handschriftliche Notiz: Mengenübersichtsstückliste ist die Basis für die Beschaffung

Strukturstückliste			
Erzeugnis: Fahrrad			
Fertigungsstufen		Baugruppen/Teile	Menge
1		Rahmen komplett	1
	2	Vorderrad	1
		3 Felge	1
		3 Speiche	36
		3 Schlauch	1
		3 Mantel	1
	2	Rahmen	1
	2	Pedal	1
	2	Hinterrad	1
		3 Felge	1
		3 Speiche	36
		3 Schlauch	1
		3 Mantel	1
	2	Kettentrieb	1
		3 Zahnkranz	1
		3 Kette	1
1		Sattel	1
1		Bremse	1
1		Lenker komplett	1
	2	Lenker	1
	2	Bremsgriff	2

Mengen(übersichts)stückliste		
Erzeugnis: Fahrrad		
Position	Baugruppen/Teile	Menge
1	Rahmen komplett	1
2	Lenker komplett	1
3	Vorderrad	1
4	Hinterrad	1
5	Kettentrieb	1
6	Sattel	1
7	Bremse	2
8	Rahmen	1
9	Pedal	2
10	Lenker	1
11	Bremsgriff	2
12	Felge	2
13	Speiche	72
14	Schlauch	2
15	Mantel	2
16	Zahnkranz	1
17	Kette	1

Baukastenstücklisten

Erzeugnis: Fahrrad

Position	Baugruppen/Teile	Menge
1	Rahmen komplett	1
2	Lenker komplett	1
3	Sattel	1
4	Bremse	1

Baugruppe: Rahmen komplett

Position	Baugruppen/Teile	Menge
1	Vorderrad	1
2	Hinterrad	1
3	Kettentrieb	1
4	Rahmen	1
5	Pedale	1

Baugruppe: Vorderrad

Position	Teile	Menge
1	Felge	1
2	Speiche	36
3	Schlauch	1
4	Mantel	1

Baugruppe: Hinterrad

Position	Teile	Menge
1	Felge	1
2	Speiche	36
3	Schlauch	1
4	Mantel	1

Baugruppe: Kettentrieb

Position	Teile	Menge
1	Zahnkranz	1
2	Kette	1

Gegenüber der bildhaft angelegten Erzeugnisgliederung gibt eine Stückliste die formalisierte Darstellung des Erzeugnisses in Worten und Zahlen wieder. Mengenübersichtsstücklisten enthalten lediglich die Art und Menge der verschiedenen Einzelteile und Baugruppen, die für die Herstellung der Enderzeugnisse benötigt werden. Struktur- und Baukastenstücklisten informieren zudem über den Aufbau des Produktes. Ein Erzeugnis kann aus mehreren Baugruppen und weiteren Einzelteilen bestehen, wobei sich die Baugruppen aus verschiedenen Unterbaugruppen und Teilen zusammensetzen.

Grundformen der Stückliste

Mengenstückliste	– Aufzählung der nötigen Mengen aller Teile und Baugruppen für ein Produkt – Struktur nicht erkennbar → *Nachteil* – dient als Grundlage bei der Materialbeschaffung
Strukturstückliste	– vollständiger Ausweis aller Teile und Baugruppen sowie → *Vorteil* der Struktur *Nachteil unübersichtlich* – dient als Grundlage der Mengen- und Terminplanung
Baukastenstückliste	– zeigt nur den Aufbau einer Baugruppe *zusammenfassen von* – Gesamtaufbau des Produktes nicht erkennbar *Baugruppen* – beim Baukastenprinzip wichtig *Nachteil: unübersichtlich*

4.3 Rechtsschutz von Erzeugnissen und Fertigungsverfahren

Forschungs- und Entwicklungskosten „rentieren" sich nur dann für ein Unternehmen, wenn sichergestellt werden kann, dass die daraus resultierenden Produkte und Produktionsverfahren von anderen Unternehmen nicht unrechtmäßig genutzt werden.

> **Beispiel:** Ein Unternehmen aus der Branche Informationstechnik entwickelt ein völlig neues Verfahren der Datenspeicherung, das gegenüber den bisherigen Verfahren zu einer wesentlich höheren Speicherdichte führt. Es reicht das neue Herstellungsverfahren zur Patentierung beim Europäischen Patentamt in München ein.

Gewerbliche Nutzungsrechte

Patente	geregelt im Patentgesetz (PatG)
Gebrauchsmuster	geregelt im Gebrauchsmustergesetz (GebrMG)
Geschmacksmuster	geregelt im ~~Geschmacksmustergesetz~~ (GeschmMG) *Designgesetz*
Markenzeichen	geregelt im Markengesetz (MarkenG)
Gütezeichen	geregelt durch DIN-Normen, ISO-Normen usw.

Mit der Patenterteilung wird es Dritten (z. B. Konkurrenzunternehmen) verboten, die Erfindung gewerblich zu verwerten. Sie dürfen das patentierte Erzeugnis weder herstellen noch anbieten, in den Verkehr bringen, gebrauchen oder einführen. Bei Missbrauch droht eine Freiheitsstrafe bis zu drei Jahren oder eine Geldstrafe.

> **!** Ein **Patent** gewährt seinem Erfinder das alleinige Recht zur Nutzung seiner patentierten Erfindung (Produkt oder Herstellungsverfahren). *(wirtschaftliche Verwertung)*

großes Patent

Voraussetzungen für die Erteilung eines Patents sind:
- Neuheit, d. h. etwas, was noch nicht zum derzeitigen Stand der Technik zählt
- erfinderische Tätigkeit (= Lösung eines technischen Problems)
- gewerbliche Verwertbarkeit

Die Schutzdauer eines Patents beträgt 20 Jahre; für die Anmeldung, die Prüfung und die Gewährung des Patentrechtschutzes sind Gebühren fällig.

kleiner Patent oder

Bei einem Gebrauchsmuster werden geringere Anforderungen an die erfinderische Tätigkeit gestellt als beim Patent. Die Schutzdauer ist zunächst auf drei Jahre beschränkt (mit einer Verlängerungsoption für eine Gesamtdauer von zehn Jahren). Einzutragen ist das Gebrauchsmuster in die Gebrauchsmusterrolle beim Europäischen Patent- und Markenamt.

> **!** Bei einem **Gebrauchsmuster** („Minipatent") wird dem Erfinder die alleinige Befugnis zur Nutzung einer nicht patentfähigen Erfindung eingeräumt.

4 Produktentstehungs- und -entwicklungsprozess

Man erkennt das Geschmacksmuster am typischen Copyright-Vermerk. Im Vergleich zum Patent sind bei einem Geschmacksmuster die Kosten geringer, das Prüfverfahren und der Rechtsschutz einfacher erreichbar. Das Geschmacksmuster wird für fünf Jahre geschützt (verlängerbar um bis zu 20 Jahre auf eine Gesamtdauer von maximal 25 Jahren).

Designgesetz

> ! Ein **Geschmacksmuster** schützt die ästhetische Form sowie die Farbgebung eines Musters (zweidimensional) oder eines Modells (dreidimensional).

Auch das Markenzeichen ist beim Patent- und Markenamt (Markenregister) einzutragen, um es vor unberechtigter Nutzung durch andere zu schützen. Die Schutzwirkung beträgt zunächst zehn Jahre und kann im Anschluss daran für jeweils zehn weitere Jahre verlängert werden.

Adidas, Nike, Nivea

> ! Unter einer **Marke** versteht man ein Kennzeichen, das gewerblich genutzt wird, um Produkte oder Dienstleistungen voneinander unterscheiden zu können (z. B. Logo des Betriebssystems Windows).

Gütezeichen sichern dem Konsumenten zu, dass eine bestimmte Mindestqualität der Erzeugnisse sichergestellt wird, und spielen vor allem bei der Gemeinschaftswerbung eine wichtige Rolle.

Gütezeichen

> ! **Gütezeichen** (i. d. R. Branchen- oder Verbandszeichen) werden von Lieferanten gleichartiger Waren geschaffen; sie beruhen auf freiwilligen Vereinbarungen.

Bei allen gewerblichen Schutzrechten besteht die Gefahr der unberechtigten Nutzung durch Dritte. Bei Fälschungen hilft auch die strenge Gesetzeslage nicht immer weiter. Denn das betroffene Unternehmen muss von der Verletzung seines Rechts Kenntnis erhalten und die Rechtsdurchsetzung ist mit hohen Kosten verbunden.

Für weitere Informationen besuchen Sie bitte die Internetadresse http://www.diepatentrechtler.de/Patentrecht/patentrecht.html.

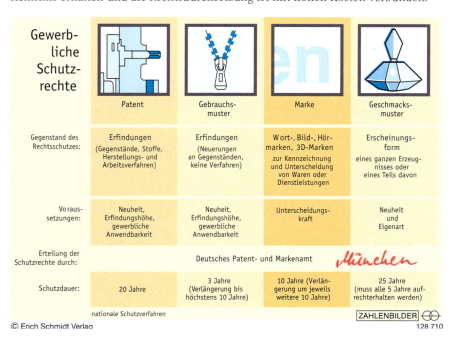

Gewerbliche Schutzrechte	Patent	Gebrauchsmuster	Marke	Geschmacksmuster
Gegenstand des Rechtsschutzes:	Erfindungen (Gegenstände, Stoffe, Herstellungs- und Arbeitsverfahren)	Erfindungen (Neuerungen an Gegenständen, keine Verfahren)	Wort-, Bild-, Hörmarken, 3D-Marken zur Kennzeichnung und Unterscheidung von Waren oder Dienstleistungen	Erscheinungsform eines ganzen Erzeugnisses oder eines Teils davon
Voraussetzungen:	Neuheit, Erfindungshöhe, gewerbliche Anwendbarkeit	Neuheit, Erfindungshöhe, gewerbliche Anwendbarkeit	Unterscheidungskraft	Neuheit und Eigenart
Erteilung der Schutzrechte durch:	Deutsches Patent- und Markenamt *München*			
Schutzdauer:	20 Jahre	3 Jahre (Verlängerung bis höchstens 10 Jahre)	10 Jahre (Verlängerung um jeweils weitere 10 Jahre)	25 Jahre (muss alle 5 Jahre aufrechterhalten werden)

nationale Schutzverfahren

4.4 Umweltmanagement und Fertigungswirtschaft

> **Beispiel:** Die von der Fly Bike Werke GmbH eingekauften Rahmen und Gabeln werden in der Lackiererei entweder zuerst grundiert und anschließend nass lackiert oder mit Pulverlack beschichtet. Mit Ausnahme der Pulverfarben werden hochexplosive Verdünnungsmittel verarbeitet, die sowohl als gesundheitsschädlich als auch umweltbelastend gelten. Die Geschäftsleitung der Fly Bike Werke GmbH ist sich der besonderen Verantwortung bewusst, die sie im Rahmen des Umweltmanagements hat. Der produktionsintegrierte Umweltschutz hat für die Fly Bike Werke GmbH eine besondere Bedeutung.

Produktionsintegrierter (dem Vorsorgeprinzip verpflichteter) Umweltschutz (**PIUS**) umfasst den gesamten Prozess der Leistungserstellung und -verwertung, vom Rohstoffeinsatz über die Produktion bis hin zur Entsorgung nicht mehr nutzbarer Produkte.

Ausgewählte Beispiele zu PIUS

Weniger Abwasser	Geschlossene Wasserkreisläufe – Aufbereitung des Abwassers am Produktionsort – Rückführung von Prozesswässern zur Mehrfachnutzung – Vermeidung und Verminderung von wasserbelastenden Chemikalien
Weniger Abfall	Effizienzsteigerung durch Stoffmanagement – Verwertung von Reststoffen am Produktionsort – Einsatz von schadstoffarmen Ausgangsmaterialien – Herstellung von langlebigen und wiederverwertbaren Produkten – verstärkter Einsatz von Mehrwegsystemen – neue Logistikstrukturen
Weniger Luftbelastung	Innovative immissionsarme Produktionsverfahren – Energieeinsparung durch Kraft-Wärme-Kopplung – Nutzung von Abwärme – Einsatz regenerativer Energien – Rückführung in den Produktionskreislauf – Verwendung schadstoffarmer Brennstoffe – Entwicklung abgasarmer Autos
Weniger Rohstoffverbrauch	Entwicklung von ressourcenschonenden Technologien – Nutzung von Sekundärrohstoffen – Verwendung von erneuerbaren Rohstoffen – Verringerung des Energieeinsatzes bei Herstellung und Nutzung – Rückführung in den Produktionskreislauf – Kooperation zur Schließung von Stoffkreisläufen

Im Rahmen des Umweltschutzes hat das **Recycling** einen besonderen Stellenwert. Zielsetzung des Recyclings ist die Einführung der Kreislaufwirtschaft durch Aufbereitung von Ausschuss (z. B. Abfällen und gebrauchten Produkten) sowie deren Rückführung in den Produktionsprozess.

Recycling in der Fertigungswirtschaft

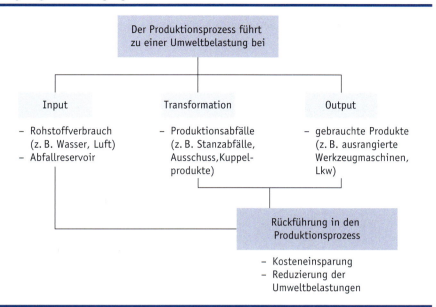

ÜBERSICHT: Produktentstehungs- und -entwicklungsprozess

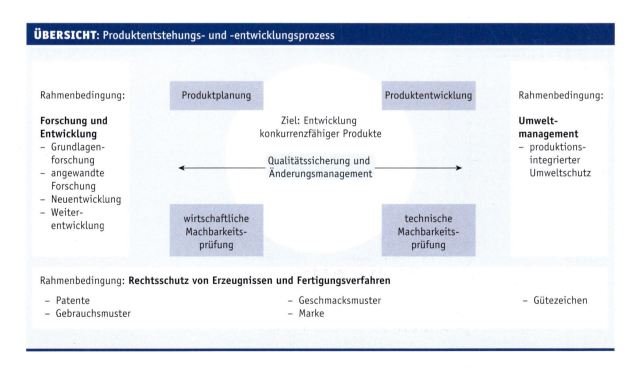

Aufgaben

1. Charakterisieren Sie – anhand des Beispiels Entwicklung eines Leichtlauffahrrades – die einzelnen Phasen der Produktentwicklung.

2. Welchen Schaden verursacht die Produktpiraterie? Beschreiben Sie die Konsequenzen aus der Perspektive von herstellenden Unternehmen und Verbrauchern.

3. Lesen Sie die nachfolgenden Artikel und beantworten Sie die folgenden Fragen:
   a. Die nachstehenden Artikel beschäftigen sich u. a. mit den gewerblichen Schutzrechten; um welches Schutzrecht geht es im vorliegenden Fall?
   b. Listen Sie tabellarisch die wichtigsten Schutzrechte mit ihren wichtigsten Bestimmungen auf.
   c. „Forschung und Entwicklung sind für ein Unternehmen überlebensnotwendig." Begründen Sie diese These anhand der nachstehenden Artikel sowie des Auszugs aus der Bilanz der Aventis-Gruppe für die Geschäftsjahre 2000 und 2001.

Aventis-Gruppe in Zahlen (Mio. €)	2001	2000
Umsatz	22.941	22.304
davon Kerngeschäft (Pharma)	17.674	16.091
Aufwendungen für F & E	3.481	3.497
Betriebsergebnis	3.639	617

Quelle: Süddeutsche Zeitung vom 14. Februar 2002

Aventis verdient mit Pharma kräftig
Vorstand steckt für die kommenden Jahre die Ziele hoch / Probleme mit Zulassungsverfahren

Aventis [...] steigerte seinen Gewinn im Kerngeschäft Pharma um 39,5 Prozent auf 1,63 Milliarden Euro nach Steuern. Die verbliebenen Industrieaktivitäten bescherten der Gruppe ein Minus. [...] In den kommenden Jahren will Aventis [...] verstärkt auf Neuentwicklungen setzen. Rund 30 vielversprechende Projekte befinden sich in der klinischen Erprobung. [...] Ziel sei es, die Markteinführung auf sechs bis neun Jahre zu verkürzen.

Bis dahin setzt Aventis auf die drei aktuellen Blockbuster-Medikamente mit mehr als einer Milliarde Euro Umsatz. [...] Belasten könnte Aventis ein Patentstreit um das mit 1,76 Milliarden Euro umsatzstärkste Medikament Allegra. Der US-Konkurrent Barr beansprucht Rechte an der Produktion. Auch beim Zulassungsverfahren für zwei Hoffnungsträger – das Antibiotikum Ketek und das inhalierbare Insulin Exubera – kommt es in den USA zu Verzögerungen. Die Food and Drug Administration (FDA) fordert weitere Testreihen. [...]

Quelle: Süddeutsche Zeitung vom 14. Februar 2002

Sanofi-Aventis beendet Patentstreit mit Barr und Teva

Paris (aktiencheck.de AG) – Die Sanofi-Aventis S. A. (Profil) hat einen Patentstreit mit den Generikaherstellern Teva Pharmaceutical Industries Ltd. (Profil) und Barr Pharmaceuticals Inc. (Profil) beigelegt. Wie der französische Pharmakonzern am Mittwoch bekannt gab, hat er den beiden Unternehmen den Verkauf ihrer generischen Versionen der Allergiemedikamente Allegra und Nasacort gestattet. Im Gegenzug erhält Sanofi eine Umsatzbeteiligung. Sanofi verklagte in 2001 Teva und Barr wegen Verletzung ihres Patents für Allegra, welches im Jahr 2012 ausläuft. Ferner wurde in 2006 eine Klage gegen Barr in Zusammenhang mit Nasacort eingereicht. Die Aktie von Sanofi-Aventis verliert aktuell in Paris 0,99 Prozent auf 46,98 Euro. (19.11.2008/ac/n/a)

Quelle: http://www.ariva.de/Sanofi_Aventis_beendet_Patentstreit_mit_Barr_und_Teva_n2823063, entnommen am 10.01.2011

5 Produktionsplanung und -steuerung

5.1 Teilprozesse der Produktionsplanung und -steuerung

Produktionsplanung und -steuerung bilden zusammen den Kernprozess „Leistung herstellen".

Teilprozesse der Produktionsplanung:
- Jede Produktionsplanung beginnt mit der Planung des sogenannten **Primärbedarfs**, d. h. des Bedarfs an verkaufsfähigen Erzeugnissen.
- An die Ermittlung des Primärbedarfs schließt sich die **Teilebedarfsplanung** (Sekundärbedarfsermittlung) an. Hierbei wird der Materialbedarf ermittelt, der zur Realisierung des Produktionsprogramms einer bestimmten Planungsperiode erforderlich ist. Geprüft wird ferner, ob die erforderlichen Teile auch im Lager vorrätig bzw. welche Teile in welcher Menge und eventuell zu welchem Termin vom Einkauf zu beschaffen sind.
- Bei der **Terminplanung** wird ermittelt, wann z. B. spätestens mit der Produktion begonnen werden muss, um einen Kundenauftrag termingerecht zu erfüllen.
- Im Rahmen der **Kapazitätsplanung** wird festgestellt, ob die im Unternehmen vorhandenen Kapazitäten (z. B. Personal- und Betriebsmittelkapazitäten) ausreichen, um den Auftrag termingerecht zu erfüllen.
- Stehen alle erforderlichen Produktionsfaktoren im Unternehmen bereit, so können die erforderlichen Arbeitspapiere gedruckt und der **Auftrag** für die Fertigung kann **freigegeben** werden. _Einlastung_

Teilprozesse der Produktionssteuerung: _Controlling_
Die Produktionssteuerung umfasst das Veranlassen, Überwachen und Sichern der Aufgabendurchführung hinsichtlich Menge, Termin, Qualität und Kosten. Alle Vorgaben der Produktionsplanung müssen dabei eingehalten werden.
- So müssen alle Arbeitsvorgänge im Sinne der Termin- und Kapazitätsplanung (z. B. **Maschinenbelegungsplanung**) pünktlich anfangen und auch pünktlich enden, damit der Auftragstermin eingehalten wird.
- Aufgabengebiete der **Betriebsdatenerfassung** (**BDE**) sind z. B. die Lager- und Materialflusssteuerung einschließlich der Mengenerfassungen, die Arbeitsfortschritterfassung einschließlich der Zeiterfassung für die zu bearbeitenden Fertigungsaufträge und die Terminüberwachung.
- Im Rahmen der **Kontrolle** erfolgt z. B. die Qualitätssteuerung mit der Mengenerfassung nach „guten" und „schlechten" Teilen, die Erfassung der Daten für die Kostenrechnung als sogenannte Ist-Rechnung sowie für eine Gegenüberstellung von Ist- und Soll-Kosten zur Ermittlung der Kostenabweichungen. _Ausschuss = (Gutteile/Schlechtteile)_

5.2 Primärbedarf ermitteln

AB → Lernsituation 40

Ziel der Primärbedarfsplanung ist es, den mengenmäßigen Bedarf für alle Produkte des Unternehmens für einen längeren Zeitraum (1–2 Jahre) grob festzulegen.

! Der **Primärbedarf** ist der zu produzierende Bedarf an Endprodukten, verkaufsfähigen Baugruppen und Einzelteilen sowie Handelswaren und Ersatzteilen.

Primärbedarf
Bedarf an Endprodukten

Die Ermittlung des Primärbedarfs (Bruttoprimärbedarf) erfolgt auf der Grundlage einer Absatzprognose und/oder der bereits von Kunden erteilten Aufträgen für den Planungshorizont.

Die Unsicherheit der **Absatzprogrammplanung** besteht darin, dass bei der Ermittlung des Primärbedarfs, z. B. für den Planungszeitraum eines Jahres, zu Beginn des Jahres noch nicht genügend Aufträge zur Auslastung der vorhandenen Kapazität vorliegen. Der vorhandene Auftragsbestand reicht vielleicht sogar nur für die nächsten drei Monate.

Es muss also eine **Vorhersage** darüber erfolgen, wie hoch der Absatz von Produkten für das nächste Jahr voraussichtlich sein wird. Diese Prognose ist unter Umständen mit erheblichen Unsicherheiten belastet, die mit der Länge des Planungszeitraumes anwachsen.

> **Beispiel:** Absatzprognose bei der Fly Bike Werke GmbH
>
> Herr Gerland, der Leiter des Vertriebs, ist dafür zuständig, die Absatzprognose zu erstellen. Er ist sich seiner Verantwortung für das gesamte Unternehmensgeschehen bewusst, denn auf den von ihm vorausgesagten Absatzzahlen bauen alle weiteren Planungen auf, z. B. die gesamte **Materialbedarfsplanung**.
>
> – Liegen die prognostizierten Absatzzahlen zu hoch, so werden eventuell von Herrn Thüne, dem Leiter des Einkaufs, Materialmengen beschafft, die überhaupt nicht benötigt werden. Die Bindung finanzieller Mittel in dieser Höhe wäre dann nicht erforderlich gewesen, die Lagerhaltungskosten belasten die Kalkulation der Erzeugnisse.
> – Liegen die prognostizierten Zahlen dagegen zu niedrig, können eventuell eingehende Kundenaufträge nicht zu den gewünschten Terminen erfüllt werden und die Kunden „wandern" zur Konkurrenz ab.

Das Produktionsprogramm setzt sich aus **prognostizierten** und **erteilten Aufträgen** zusammen. Für die erteilten Aufträge liegen z. B. bereits abgeschlossene Verträge vor, die prognostizierten Aufträge dagegen müssen erst ermittelt werden. Basis derartiger Prognosen sind Absatzzahlen aus zurückliegenden Perioden. Will man auch zukünftige Kundenaufträge in die Prognose mit einbeziehen, bietet es sich an, Anfragen und bereits unterbreitete Angebote zu berücksichtigen.

Produktionsprogrammplanung

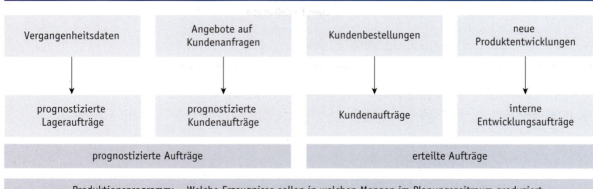

5.3 Sekundärbedarf ermitteln

Damit das Produktionsprogramm eines Unternehmens auch realisiert werden kann, wird mithilfe der Sekundärbedarfsplanung der Materialbedarf bestimmt.

> **!** Der **Sekundärbedarf** ist die Menge, die an untergeordneten Baugruppen, Einzelteilen, Rohmaterialien sowie Hilfs- und Betriebsstoffen zur Herstellung des Primärbedarfs benötigt wird.

Sekundärbedarf
Bedarf an Einzelteilen für die Fertigung des Primärbedarfs

Der Sekundärbedarf lässt sich entweder programmorientiert oder verbrauchsorientiert ermitteln.

5.3.1 Programmorientierte Disposition *gegenteil: Verbrauchsorientierung*

Die programmorientierte Disposition wird auch als plan- oder bedarfsgesteuerte Disposition bezeichnet. Bei diesem Verfahren spielen Planvorgaben aus der Fertigung und dem Vertrieb eine zentrale Rolle. Die programmorientierte Disposition ist sinnvoll, wenn der Materialbedarf auf Basis mittel- oder langfristiger Verbrauchsperioden ermittelt werden kann.

Berechnung des Sekundärbedarfs

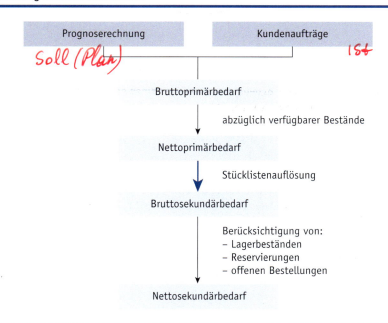

> **!** Ziel der **programmorientierten Disposition** ist die exakte Bestimmung des Materialbedarfs nach Menge und Termin, d.h. die Ermittlung des Sekundärbedarfs bei bekanntem Primärbedarf.

5 Leistungserstellungsprozesse planen, steuern und kontrollieren

Sekundärbedarf = Primärbedarf · Bedarf je Erzeugniseinheit gemäß Stückliste (vgl. Abbildung „Berechnung des Sekundärbedarfs" auf Seite 387).

Der **Sekundärbedarf** wird bei diesem Verfahren über die einzelnen Erzeugnisse des Produktionsprogramms berechnet. Dazu werden die Mengenangabe zu den einzelnen Komponenten des Erzeugnisses (Stücklisten) und der entsprechende Strukturaufbau (Erzeugnisstruktur) benötigt.

Bei der Berechnung des Sekundärbedarfs kann sowohl der Bruttosekundärbedarf als auch der Nettosekundärbedarf ermittelt werden. Als **Bruttosekundärbedarf** wird der Bedarf an Rohstoffen, Zwischenteilen und Baugruppen zur Produktion des Primärbedarfs bezeichnet. Werden davon die Materialbestände des Lagers, Reservierungen (vorgemerkte Mengen) und noch offene Bestellungen abgezogen, erhält man den **Nettosekundärbedarf**. Das folgende Beispiel soll die Brutto-Netto-Bedarfsrechnung verdeutlichen.

Beispiel: Für die Komponente „Sattel" soll eine terminierte Brutto-Netto-Bedarfsrechnung durchgeführt werden. Folgende Vorgaben sind zu berücksichtigen.

Der Primärbedarf ergibt sich aus der **Absatzprognose** für das Jahr 20X1 (Trekkingrad *Light*, in Stück):

Primärbedarf auf der Grundlage der Absatzprognose

	Jan.	Febr.	März	Apr.	Mai	Juni	Juli	Aug.	Sept.	Okt.	Nov.	Dez.	insg.
20X1	217	367	517	517	433	300	217	133	167	250	306	328	3 752

Die **Erzeugnisstruktur** ist dem nachstehenden Schaubild zu entnehmen. Sie zeigt verkürzt (einstufig) den Strukturaufbau des Fahrrades. Alle Komponenten, außer dem Rahmen, werden fremdbezogen. Es wird nur die letzte Stufe vor der Endmontage gezeigt:

5 Produktionsplanung und -steuerung

Ausschnitt aus der Lagerbestandsdatei für die betreffenden Komponenten:

Lagerbestandsdatei

Artikel 7020	Sattel Trek TR-Sattelset D Gel „soft" mit Elastometer-Federung, Sattelstütze
Lagerbestand lt. Inventur	800 Stück
Sicherheitsbestand	500 Stück
offene Bestellungen	– Februar: 500 Stück – April: 600 Stück – Juni: 400 Stück – Oktober: 300 Stück
Reservierungen	– Februar: 400 Stück – März: 800 Stück – Juni: 600 Stück – August: 400 Stück
Vorlaufverschiebung	– 1 Monat

- Zur Absicherung gegen Terminverzögerungen des Lieferanten bzw. unvorhergesehene Abweichungen im Verbrauch: **Sicherheitsbestand** von 500 Sätteln.
- **Offene Bestellungen** berücksichtigen im Planungszeitraum bereits an Lieferanten erteilte Bestellungen.
- **Reservierungen** beziehen sich auf Bedarfsmengen für andere Modelle des Unternehmens, die dieselben Komponenten zur Herstellung verwenden.
- Die Fertigungsmaterialien sollen nicht nur in den tatsächlich benötigten Mengen (Nettosekundärbedarf), sondern auch zum richtigen Zeitpunkt bereitgestellt werden. Bei der zeitlichen Planung der Materialbedarfe ist nämlich zu bedenken, dass die Materialien vor Beginn der jeweiligen Fertigungsschritte beschafft und bereitgestellt werden müssen. Den zeitlichen Vorlauf, um den die Materialien entsprechend ihrer Stellung in der Erzeugnisstruktur vorgezogen beschafft werden müssen, bezeichnet man als **Vorlaufverschiebung.** So muss z. B. der Sattel einen entsprechenden Zeitraum früher beschafft und auch die Endmontagezeit muss einbezogen werden, damit die Trekkingräder zum gewünschten Zeitpunkt an die Kunden ausgeliefert werden können.

Terminierte Nettosekundärbedarfsrechnung: Artikel: 7020 Sattel Trek TR-Sattelset D; Zusatzbedarf: 0%

Artikel (Stück)/Periode	Jan	Feb	Mrz	Apr	Mai	Jun	Jul	Aug	Sep	Okt	Nov	Dez
Primärbedarf	217	367	517	517	433	300	217	133	167	250	306	328
Brutto-Sekundärbedarf	217	367	517	517	433	300	217	133	167	250	306	328
effektiver Lagerbestand	800	583	316	-1001	-918	-1351	-1851	-2068	-2601	-2768	-2718	-3024
+ Bestellbestand	0	500	0	600	0	400	0	0	0	300	0	0
– Reservierungen	0	400	800	0	0	600	0	400	0	0	0	0
– Sicherheitsbestand	500	500	500	500	500	500	500	500	500	500	500	500
= Dispobestand	300	183	-984	-901	-1418	-2051	-2351	-2968	-3101	-2968	-3218	-3524
Netto-Sekundärbedarf	-83	184	1501	1418	1851	2351	2568	3101	3268	3218	3524	3852
geplante Lagerentnahme	217	767	1317	517	433	900	217	533	167	250	306	328
Vorlaufverschiebung	767	1317	517	433	900	217	533	167	250	306	328	0

Wichtige Anmerkungen:
- Bei allen Beständen und Bedarfen handelt es sich um **Plandaten**. Daher können die effektiven und disponierbaren Bestände auch negative Werte annehmen.
- Ein negativer Netto-Sekundärbedarf zeigt an, dass noch genug Material verfügbar ist, um den Brutto-Sekundärbedarf zu decken.

Der **Nettosekundärbedarf** ergibt die Menge an Sätteln, die unter Berücksichtigung der Vorlaufzeit vom Einkauf beschafft werden muss, um die Produktion des Primärbedarfs in den einzelnen Monaten sicherzustellen. ==Ein negativer Nettobedarf bedeutet, dass keine Bestellung ausgelöst werden muss.== Die erforderlichen Bestellmengen könnten unter wirtschaftlichen Gesichtspunkten zu sogenannten **optimalen Bestellmengen** zusammengefasst werden.

*Berechnung der optimalen Bestellmenge (als Teil der Lagerhaltung), vgl. **LF 6**, Band 2*

Eine andere Möglichkeit, den Sekundärbedarf im Rahmen der programmorientierten Bedarfsermittlung zu ermitteln, ist die Verwendung eines Teileverwendungsnachweises.

> ! Ein **Teileverwendungsnachweis** gibt an, in welchen Erzeugnissen oder übergeordneten Baugruppen ein Einzelteil oder eine Baugruppe wie oft verwendet wird.

Ein Teileverwendungsnachweis stellt die Stückliste in einer anderen Sortierfolge dar und beantwortet somit die Frage: In welchem Erzeugnis bzw. welcher Gruppe ist eine untergeordnete Gruppe oder ein Einzelteil enthalten? Ein **Teileverwendungsnachweis** ergibt sich, wenn man die Erzeugnisstruktur „von oben nach unten" verfolgt.

Beispiel: Mengenteileverwendungsnachweis für das Einzelteil Speiche, aufzählend:

Mengenteileverwendungsnachweis Teil: Speiche

Lfd. Nr.	Menge	Erzeugnis/Baugruppe
1	36	Vorderrad
2	36	Hinterrad
3	72	Rahmen, komplett
4	72	Fahrrad

So kann mithilfe von Teileverwendungsnachweisen sehr schnell festgestellt werden, welche Erzeugnisse oder übergeordneten Baugruppen von einer Änderung oder von Liefer- und Produktionsstörungen eines Teiles betroffen sind.

5.3.2 Verbrauchsgesteuerte Disposition

Unregelmäßige und unstetige Verbrauchsverläufe lassen sich in der verbrauchsorientierten Bedarfsermittlung schwer nutzen. **Konstante, trendförmige** und **saisonale Vergangenheitsverläufe** sind dagegen sehr gut geeignet.

> ! Die **verbrauchsgesteuerte Disposition** basiert auf den Verbrauchswerten der Vergangenheit.

5 Produktionsplanung und -steuerung

Der Vorteil der verbrauchsgesteuerten Disposition liegt in einem geringen Dispositionsaufwand, wobei Unsicherheiten durch Sicherheitsbestände kompensiert werden können. Die **Voraussetzungen** für den erfolgreichen Einsatz sind eine stets aktuelle und korrekte Lagerbestandsfortschreibung und eine enge Kopplung zwischen Disposition und Lagerbestandsführung.

→ Permanente Inventur

Verbrauchsgesteuerte Disposition

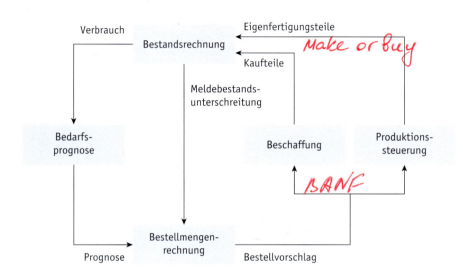

Make or buy

BANF — *Bestellanforderung = (BANF)*

Sinnvollerweise werden sogenannte C-Güter (Verbrauchsmaterial) verbrauchsgesteuert disponiert, z. B. beim Trekkingrad die im Kleinteileset enthaltenen Muttern, Unterlegscheiben und Schrauben. Bei der verbrauchsgesteuerten Disposition wird zwischen dem Bestellpunkt- und dem Bestellrhythmusverfahren unterschieden.

ABC-Analyse, vgl. **LF 6**, Band 2

Bestellpunktverfahren

Das **Bestellpunktverfahren** (Mengensteuerung) wird auch als Meldebestandsverfahren bezeichnet.

Bestellpunktverfahren = Meldebestandsverfahren

> ! Der **Bestellpunkt** bzw. **Meldebestand** ist diejenige Bestellmenge, die erforderlich ist, um den Bedarf abzudecken, der zwischen der Bestellauslösung und der Bereitstellung im Lager voraussichtlich auftreten wird (unter Berücksichtigung eines Sicherheitsbestandes).

Bei jedem Lagerabgang wird geprüft, ob der Zeitpunkt für die Nachbestellung erreicht ist. Die neue Lieferung muss im günstigsten Fall am Lager sein, wenn der Sicherheitsbestand gerade erreicht ist. Der Meldebestand errechnet sich wie folgt:

Meldebestand = Verbrauch pro Tag · Beschaffungszeit in Tagen
　　　　　　　+ (Verbrauch pro Tag · Sicherheitszeit in Tagen) } Sicherheitsbestand

> ! Die **Beschaffungszeit** umfasst den Zeitraum von der Bedarfsauslösung bis zum Eintreffen des Teils im Lager bzw. bei der verbrauchenden Stelle.

Meldebestand (MB) = Verbrauch · Wiederbeschaffung + Eiserner Bestand
V · W + EB (Sicherheitsbestand)

Die Beschaffungszeit gliedert sich in interne und externe Zeit. Die **interne Zeit** umfasst den Zeitraum vom Erkennen des Bedarfs bis zur Bestellauslösung im Einkauf sowie den Zeitraum vom Eintreffen des Materials im Wareneingang bis zur Bereitstellung im Lager bzw. an der verbrauchenden Stelle. Die **externe Zeit** umfasst den Zeitraum des Postweges für die Bestellung und die Lieferzeit einschl. Transportzeit.

Voraussetzungen für den Einsatz des Bestellpunktverfahrens sind:
1. die ständige Überprüfung, ob der Bestand kleiner als der Bestellpunkt ist
2. wenn ja, Auslösung einer Bestellung über die optimale Bestellmenge
3. der Einsatz von EDV

 Beispiel: Bestellpunktverfahren in der Fly Bike Werke GmbH

Auszug aus der Komponentenliste Modell Trekking *Light*

Set-Nr. Fly Bike	Komponentengruppen	Damen Trek TR	Teile	Anbieter	Einstandspreis
9020	**Verpackung 1**	Trek TR-Verpackung	Stülpkarton	apv	1,00

Der Komponentenliste ist zu entnehmen, dass die Fly Bike Werke GmbH regelmäßig Verpackungsmaterial benötigt. Auf der Grundlage der Absatzprognose für das Jahr 20X2 kann für das Modell Light mit einer Absatzmenge von 3 752 Fahrrädern gerechnet werden. Da die Verpackung auch noch für andere Modelle verwendet wird, plant das Unternehmen, auch unter Berücksichtigung einer bestimmten Ausschussquote, eine jährliche Verbrauchsmenge dieser Kartonart in Höhe von 15 000 Stück. Auf der Grundlage des Betriebskalenders wird mit 250 Arbeitstagen pro Jahr gerechnet. Die Beschaffungszeit für die Kartons beträgt fünf Tage; wegen der Verbrauchsschwankungen im Verlauf des Jahres wird mit einer Sicherheitszeit von vier Tagen gerechnet. Die Kartons sollen u. a. wegen ihres geringen Wertes verbrauchsorientiert (nach dem Bestellpunktverfahren) disponiert werden. Der aktuelle Lagerbestand beträgt 720 Stück. Der Höchstbestand soll 1 000 Stück nicht überschreiten.

$$\text{Durchschnittlicher Verbrauch pro Tag} = \frac{15\,000 \text{ Stück}}{250 \text{ Tage}} = 60 \text{ Stück pro Tag}$$

Meldebestand = 60 Stück pro Tag · 5 Tage + (60 Stück pro Tag · 4 Tage) *Sicherheitsbestand*
= 540 Stück

Ist der aktuelle Lagerbestand von 720 Stück auf 540 Stück gesunken, so muss eine Bedarfsmeldung ausgelöst werden. Die Bestellmenge sollte höchstens 760 Stück betragen, damit aus Gründen der zur Verfügung stehenden Lagerkapazität und der Lagerkosten der Höchstbestand von 1 000 Stück nicht überschritten wird.

Lagerhaltungsstrategien beim Bestellpunktverfahren

Prinzip: konstante Menge	Wenn der verfügbare Bestand den Bestellpunkt erreicht oder unterschreitet, wird eine konstante Menge nachbestellt.
Prinzip: Minimum-Maximum	Wenn der verfügbare Bestand den Bestellpunkt erreicht oder unterschreitet, wird dieser bis zu einer Obergrenze aufgefüllt. Durch die Festlegung dieser Obergrenze werden unnötig hohe Materialvorräte verhindert (siehe Beispiel oben).

Bestellpunktverfahren

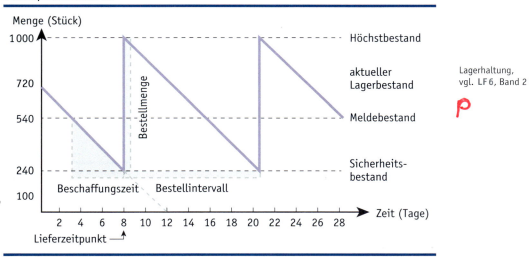

Lagerhaltung, vgl. LF 6, Band 2

Bestellrhythmusverfahren

Das Bestellrhythmusverfahren ermöglicht koordinierte Bestellungen (verschiedene Lagerartikel vom gleichen Lieferanten) und orientiert sich am **Lieferanten-** oder **Produktionsrhythmus**.

! Beim **Bestellrhythmusverfahren** (Terminsteuerung) erfolgt eine Bestandskontrolle oder Nachbestellung in zyklischen Intervallen.

Beispiel: Bestellrhythmusverfahren in der Fly Bike Werke GmbH

Auszug aus der Komponentenliste Modell Light

Set-Nr. Fly Bike	Komponentengruppen	Damen Trek TR	Teile	Anbieter	Einstandspreis
9520	**Verpackung 2**	Verpackung	Klarsichthüllen, Polybeutel	Kunststoffwerke	0,14

- Der jährliche Verbrauch der Verpackung Klarsichthüllen beträgt 48 000 Stück.
- Der Betriebskalender sieht 250 Arbeitstage im Jahr vor.
- Der durchschnittliche Verbrauch je Arbeitstag beträgt 192 Stück (48 000 Stück/250 Arbeitstage).
- Die Beschaffungszeit soll acht Tage und die Sicherheitszeit drei Tage betragen.
- Der Höchstbestand wird mit 10 000 Stück angesetzt.
- Der aktuelle Lagerbestand beträgt 5 000 Stück.

Meldebestand = 192 Stück pro Tag · 8 Tage + 192 Stück pro Tag · 3 Tage
= 1 536 Stück + 576 Stück
= 2 112 Stück

Der Bestand wird in konstanten Intervallen von zehn Tagen überprüft. Bei Erreichen des Meldebestandes bzw. bei seiner Unterschreitung wird der Bestand bis zum Höchstbestand aufgefüllt.

Bei strikter Anwendung des Bestellrhythmusverfahrens würde am 10. Tag keine Bestellung erfolgen, denn der Lagerbestand liegt noch über dem Meldebestand. Erst bei Erreichen des Meldebestandes würde eine Bestellung ausgelöst werden. Dadurch wäre nicht mehr sichergestellt, dass der vorhandene Lagerbestand (einschließlich des Sicherheitsbestandes) ausreicht, den Verbrauch während der Beschaffungszeit abzudecken. Aus diesem Grund erfolgt eine Bestellung am 10. Tag, die Lieferung erfolgt am 18. Tag, sodass der Sicherheitsbestand nicht „angegriffen" werden muss.

In derselben Weise wird am 50. Tag verfahren. Um den Sicherheitsbestand nicht zu unterschreiten, wird am 50. Tag bestellt, sodass die Lieferung am 58. Tag eintrifft.

Bestellrhythmusverfahren

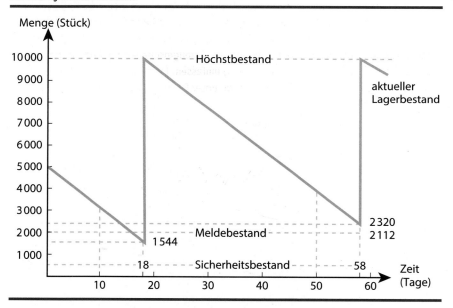

Lagerhaltungsstrategien beim Bestellrhythmusverfahren

Prinzip: konstante Intervalle	Wenn Lagerbewegungen stattgefunden haben, wird in konstanten Intervallen nachbestellt und bis zum Höchststand aufgefüllt.
Prinzip: konstante Intervalle/ konstante Menge	Der Bestand wird in konstanten Intervallen überprüft. Wird der Bestellpunkt (annähernd) erreicht oder unterschritten, dann wird eine konstante Menge nachbestellt.
Prinzip: konstante Intervalle/ Minimum-Maximum	Der Bestand wird in konstanten Intervallen überprüft. Wird der Bestellpunkt (annähernd) erreicht oder unterschritten, dann wird bis zum Höchstbestand aufgefüllt.

5 Produktionsplanung und -steuerung

Das Bestellrhythmusverfahren hat gegenüber dem Bestellpunktverfahren den Vorteil, dass sehr schnell erkannt wird, ob z. B. ein bestimmter Rohstoff schon längere Zeit keine Bewegungen aufweist und damit eventuell als sogenannter „Lagerhüter" aus dem Lager herausgenommen werden muss. Die verbrauchsgesteuerte Disposition wird häufig bei C-Teilen verwendet, während A-Teile programmorientiert disponiert werden. Für die Disposition von B-Teilen kommen prinzipiell beide Verfahren zum Einsatz.

Disposition ABC-Teile

A-Teile	Basis: Stücklistenauflösung	programmorientierte Disposition
B-Teile	nach Zweckmäßigkeit	beide Verfahren
C-Teile	Basis: Prognoserechnung oder Schätzung	verbrauchsgesteuerte Disposition

ABC-Analyse, vgl. **LF 6**, Band 2

Beispiel: Anhand des gesamten Strukturaufbaus eines Fahrrades wird abschließend deutlich, welchen Rechenaufwand eine Materialdisposition für das gesamte Absatz- und Produktionsprogramm der Fly Bike Werke GmbH erfordern würde, wenn man sich im Unternehmen nicht auf ein modernes DV-System stützen könnte. Bei kompletter Eigenfertigung aller Komponenten würde die Erzeugnisgliederung fünf Stufen (einschließlich der Stufe des Fertigerzeugnisses) umfassen. Eine terminierte Netto-Bedarfsrechnung wäre entsprechend tief zu gliedern, unter Berücksichtigung der erforderlichen Vorlaufverschiebungen.

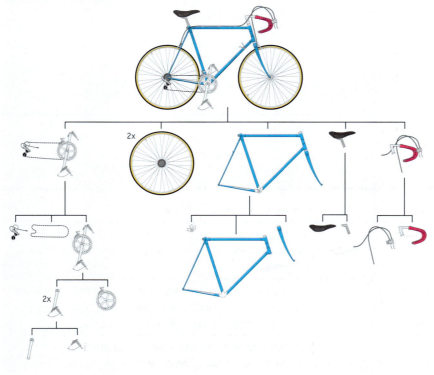

5.4 Termine planen

An die Primär- und Teilebedarfsplanung schließt sich die Terminplanung an. Hier sind vor allem zwei Fragen zu klären: *Rückwärtsterminierung*
- **Terminplanung:** Wann muss mit der Produktion spätestens begonnen werden, damit die fertigen Erzeugnisse pünktlich an den Kunden ausgeliefert werden können?
- **Beschaffungsplanung Sekundärteile:** Wann müssen die Komponenten beim Lieferanten bestellt werden, damit sie pünktlich zur Produktion bereitstehen?

5.4.1 Durchlaufterminierung

Bei der Durchlaufterminierung werden die **zeitlichen Zusammenhänge** der einzelnen Arbeitsgänge der Fertigung dargestellt. Um eine möglichst große Liefertreue, aber eine kurze Durchlaufzeit bzw. Wiederbeschaffungszeit zu garantieren, werden die Fertigungsaufträge mit Terminen versehen.

Für die Terminplanung bei selbst gefertigten Teilen wird die Durchlaufzeit der Fertigung benötigt und bei Kaufteilen die Wiederbeschaffungszeit.

> ❗ Die **Durchlaufzeit** umfasst die Zeitspanne, die bei der Fertigung eines Produktes zwischen dem Beginn des ersten Arbeitsganges und dem Ende des letzten Arbeitsganges verstreicht.

Durchlaufzeit

Durchführungszeit *Belegungszeit*
– Rüstzeit
– Ausführungszeit

Übergangszeit:
– Liegezeit
– Transportzeit

Die Durchlaufzeit umfasst Durchführungs- und Übergangszeiten. Die **Durchführungszeit** setzt sich aus Rüst- und Ausführungszeit zusammen. In der Rüstzeit ist die Zeit enthalten, die der Vorbereitung der auftragsgemäß auszuführenden Arbeit, insbesondere der Betriebs- und Hilfsmittel, und deren Rückversetzung in den ursprünglichen Zustand dient. Die Rüstzeit wird in der Regel einmal je Auftrag (oder Teilauftrag) benötigt. Die Ausführungszeit ist die Zeit, die für die Arbeit an allen Einheiten (z. B. Stücken) des Auftrages insgesamt vorzugeben ist.

Die **Übergangszeit** wird für den Übergang von einem Arbeitsplatz zum folgenden Arbeitsplatz angesetzt (Summe aus Liege- und Transportzeit).

> ❗ Die **Wiederbeschaffungszeit** umfasst die Zeitspanne vom Erkennen des Bedarfs im Lager bzw. in der verbrauchenden Stelle und dem Eintreffen der beschafften Teile im Lager bzw. bei der verbrauchenden Stelle.

5 Produktionsplanung und -steuerung

 Beispiel: Für das neu in das Produktionsprogramm aufgenommene Fitnessbike der Fly Bike Werke GmbH wird ein Arbeitsplan erstellt.

Arbeitsplan

Fitnessbike (Fertigungslos: 100 Stück/1 Arbeitstag = 8 Stunden)						
Arbeitsgänge	Maschinen/ Werkstatt	Lohnsatz/ Std. in €	Rüstzeit + ~~Transport-zeit in Min.~~ in Min.	Ausführungszeit in Min. pro Stück	Gesamtauftragszeit	
					Min.	Std.
1. Gabeln richten und reinigen	Rohbau	10,13	8	4,72	480	8
2. Rahmen richten und reinigen	Rohbau	10,13	8	9,52	960	16
3. Gabeln grundieren und nass lackieren	Lackiererei	10,13	150	8,10	960	16
4. Rahmen grundieren und nass lackieren	Lackiererei	10,13	150	8,10	960	16
5. Vormontage der Rahmen-Gabel-Baugruppe	Vormontage	10,13	13	14,27	1 440	24
6. Vormontage Lenker	Lenkervormontage	10,13	4	4,76	480	8
7. Vormontage Baugruppen (Sattel, Schutzblech, Gepäckträger)	Teilevormontage	9,46	13	9,47	960	16
8. Einspeichen, Zentrieren und Bereifen der hinteren und vorderen Laufräder	Laufradmontage	9,46	18	19,02	1 920	32
9. Montage der Baugruppen und Teile zum Endprodukt	Endmontage	10,13	22	23,78	2 400	40
10. Kontrolle der Fahrräder	Qualitätskontrolle	10,69	8	4,72	480	8
Summe					11 040	184

Die Gesamtauftragszeit beträgt 184 Stunden (23 Arbeitstage zu 8 Stunden).

> **!** Ein **Arbeitsplan** ist die Auflistung der zur Fertigung eines Teils/Produkts notwendigen Arbeitsgänge, ihrer Reihenfolge, der beanspruchten Betriebsmittel, der benötigten Zeit und des notwendigen Materials.

Ein Arbeitsplan muss folgende **Informationen** enthalten:
- Was ist zu fertigen? (Angaben zum Produkt)
- Wo ist zu fertigen? (Angaben zur Werkstatt bzw. Bearbeitungsmaschine)
- Wie ist zu fertigen? (Angaben zur Reihenfolge der auszuführenden Arbeitsgänge)
- Womit ist zu fertigen? (Angaben zu den zu verwendenden Werkzeugen)
- *Wieviel ist zu fertigen?*

5 Leistungserstellungsprozesse planen, steuern und kontrollieren

Unter Verwendung der im Arbeitsplan enthaltenen Daten, d.h. Arbeitsgänge und Zeiten, wird der Fristenplan (in Form eines Balkendiagramms) erstellt. Im Fristenplan werden noch keine konkreten Kalenderdaten und Termine angegeben.

> **!** Der **Fristenplan** gibt einen Überblick über die Reihenfolge, die Zeitdauer und den Beginn der einzelnen Fertigungsvorgänge eines Produkts.

> **Beispiel:** Fristenplan (Balkendiagramm) für die Fertigung des Fitnessbikes der Fly Bike Werke GmbH.

Nr.	Arbeitsgänge	1	2	3	4	5	6	7	8	9	10	11	12	13	14	15	16	17	18	19	20	21	22	23
1.	Gabeln richten und reinigen	■																						
2.	Rahmen richten und reinigen		■	■																				
3.	Gabeln grundieren und nass lackieren				■	■																		
4.	Rahmen grundieren und nass lackieren						■	■																
5.	Vormontage der Rahmen-Gabel-Baugruppe								■	■	■													
6.	Vormontage Lenker											■												
7.	Vormontage Baugruppen (Sattel, Schutzblech, Gepäckträger)												■	■										
8.	Einspeichen, Zentrieren und Bereifen der hinteren und vorderen Laufräder														■	■	■	■						
9.	Montage der Baugruppen und Teile zum Endprodukt																		■	■	■	■	■	
10.	Kontrolle der Fahrräder																							■

> **!** Das **Balkendiagramm** visualisiert die Ablaufstruktur von Vorgängen.

Nach der Planung der Durchlaufzeiten entsteht durch das Einsetzen konkreter Termine die **Termingrobplanung**. Da die verfügbaren Produktionskapazitäten und ihre Auslastung noch nicht berücksichtigt wurden, ist dieser Plan noch nicht endgültig.

Bevor der Termingrobplan erstellt wird, sollten Überlegungen darüber angestellt werden, auf welche Weise die **Durchlaufzeit reduziert** werden kann. Eine Möglichkeit besteht im „Überlappen" von Arbeitsgängen. Durch das „Überlappen" kann die Durchlaufzeit beispielsweise von 23 Tagen auf 13 Tage reduziert werden.

5 Produktionsplanung und -steuerung

Beispiel: Fristenplan der Fly Bike Werke GmbH für das Fitnessbike mit Überlappung von Arbeitsgängen. Die Durchlaufzeit kann allerdings nur verkürzt werden, wenn im Rohbau und in der Lackiererei entsprechend freie Kapazitäten zur Verfügung stehen.

Nr.	Arbeitsgänge	1	2	3	4	5	6	7	8	9	10	11	12	13
1.	Gabeln richten und reinigen	■												
2.	Rahmen richten und reinigen		■											
3.	Gabeln grundieren und nass lackieren		■	■										
4.	Rahmen grundieren und nass lackieren			■	■									
5.	Vormontage der Rahmen-Gabel-Baugruppe				■	■								
6.	Vormontage Lenker					■								
7.	Vormontage Baugruppen (Sattel, Schutzblech, Gepäckträger)					■								
8.	Einspeichen, Zentrieren und Bereifen der hinteren und vorderen Laufräder					■	■							
9.	Montage der Baugruppen und Teile zum Endprodukt										■	■	■	
10.	Kontrolle der Fahrräder													■

Eine weitere Möglichkeit der **Durchlaufzeitreduzierung** ergibt sich durch das **Splitten** von Aufträgen.

Splitting eines Fertigungsauftrages

Fertigungsauftrag auf einer Maschine

| Rüstzeit | Bearbeitungszeit | | ohne Splitting für die Losgröße 100 Stück |

Aufteilung eines Fertigungsauftrages auf zwei Maschinen

| Rüstzeit | Bearbeitungszeit | Maschine 1 | mit Splitting für die Losgröße 50 Stück |

| Rüstzeit | Bearbeitungszeit | Maschine 2 | mit Splitting für die Losgröße 50 Stück |

DLZ-Verkürzung   DLZ = Durchlaufzeit

Bei der Aufstellung des Termingrobplanes geht man von konkreten Terminen und unbegrenzten Kapazitäten aus. Bei der Terminierung erfolgt eine Orientierung am Betriebskalender.

KW	Mo	Di	Mi	Do	Fr
22			1	2	3
23	6	7	8	9	10
24	13	14	15	16	17
25	20	21	22	23	24
26	27	28	29	30	

Betriebskalender Juni

> **!** Der **Betriebskalender** bildet die Basis für die Termin- und Kapazitätsplanung. Er enthält alle Arbeitstage eines Jahres.

Die Terminierung kann als Vorwärtsterminierung und als Rückwärtsterminierung durchgeführt werden.

5.4.2 Vorwärtsterminierung

Mithilfe der Vorwärtsterminierung lässt sich von einem Ist-Zeitpunkt in die Zukunft planen.

> **!** Die **Vorwärtsterminierung** ist eine Terminierungsart, bei der, ausgehend vom Termin der Auftragserteilung, die frühesten Start- und Endtermine von Vorgängen berechnet werden.

Beispiel: Starttermin für den Auftrag zur Fertigung der 100 Fitnessbikes soll der 06.06. sein. Im Rahmen der Termingrobplanung wurde eine Durchlaufzeit von 13 Arbeitstagen ermittelt. Mit dem Ende des 13. Kalendertages, also dem 22.06., soll der Fertigungsprozess abgeschlossen sein. Am 23.06. kann dann das Fahrrad zur Auslieferung zur Verfügung stehen.

Nr.	Arbeitsgänge	6	7	8	9	10	13	14	15	16	17	20	21	22	23
1.	Gabeln richten und reinigen	■													
2.	Rahmen richten und reinigen		■												
3.	Gabeln grundieren und nass lackieren	■													
4.	Rahmen grundieren und nass lackieren			■											
5.	Vormontage der Rahmen-Gabel-Baugruppe					■	■								
6.	Vormontage Lenker														
7.	Vormontage Baugruppen (Sattel, Schutzblech, Gepäckträger)		■												
8.	Einspeichen, Zentrieren und Bereifen der hinteren und vorderen Laufräder		■	■	■	■									
9.	Montage der Baugruppen und Teile zum Endprodukt											■	■	■	
10.	Kontrolle der Fahrräder													■	

Vorwärtsterminierung ⟶

5.4.3 Rückwärtsterminierung

Mithilfe der Rückwärtsterminierung lässt sich vom Soll-Endzeitpunkt ausgehend zurückplanen.

> **!** Die **Rückwärtsterminierung** ist eine Terminierungsart, die ausgehend von einem bestimmten Endtermin den spätesten Starttermin von Vorgängen berechnet.

 Beispiel: Im Rahmen einer Rückwärtsterminierung soll nun der spätestmögliche Starttermin für die auszuführenden Arbeitsgänge ermittelt werden:

Nr.	Arbeitsgänge	6	7	8	9	10	13	14	15	16	17	20	21	22	23
1.	Gabeln richten und reinigen			░											
2.	Rahmen richten und reinigen		░												
3.	Gabeln grundieren und nass lackieren				░										
4.	Rahmen grundieren und nass lackieren				░										
5.	Vormontage der Rahmen-Gabel-Baugruppe					░	░								
6.	Vormontage Lenker							░							
7.	Vormontage Baugruppen (Sattel, Schutzblech, Gepäckträger)							░							
8.	Einspeichen, Zentrieren und Bereifen der hinteren und vorderen Laufräder					░	░	░							
9.	Montage der Baugruppen und Teile zum Endprodukt								░	░	░				
10.	Kontrolle der Fahrräder												░		

← ————————————————————— **Rückwärtsterminierung**

In der Praxis wird vorwiegend die Rückwärtsterminierung genutzt, da man möglichst geringe Bestände an Fertigerzeugnissen im Lager halten will (Minimierung der Lagerkosten). Auf diese Weise werden Kapitalbindungskosten und Lagerrisiken möglichst gering gehalten.

Lagerkosten,
vgl. **LF 3, Kap. 5.3**

5.4.4 Netzplantechnik als Methode der Terminplanung

Die Netzplantechnik ist ein Hilfsmittel zum Analysieren, Beschreiben, Planen, Kontrollieren und Steuern von Projektabläufen und den bestehenden Abhängigkeiten auf der Grundlage der Grafentheorie, wobei Zeit, Kosten und Ressourcen berücksichtigt werden.

Netzplantechnik = DIN 69900

> Ein **Netzplan** ist die Darstellung des Ablaufs (= Prozesse und Strukturen) eines Projektes durch Vorgänge und Ereignisse unter Berücksichtigung der Vorgänger-Nachfolger-Beziehungen.

Schritte zum Erstellen eines Netzplans

1.	Vorgangsbeschreibung	Beschreibung der einzelnen Vorgänge (Arbeitsgänge)
2.	Produktionsablauf	Anordnung der Vorgänge in chronologischer Reihenfolge
3.	Zeitanalyse	Aus den Angaben frühester Anfangszeitpunkt (FAZ), Vorgangsdauer (D) und spätester Anfangszeitpunkt (SAZ) werden folgende Werte berechnet: – frühester Endzeitpunkt = FEZ – Gesamtpuffer = GP – spätester Endzeitpunkt = SEZ
4.	Vorwärtsterminierung	Durch Addition der Vorgangsdauer (D) der verschiedenen Vorgänge werden die jeweils frühesten Endzeitpunkte der Vorgänge und die kürzestmögliche Gesamtprojektdauer errechnet. Rechenregeln: Bei der Vorwärtsrechnung gilt frühester Anfangszeitpunkt (FAZ) + Vorgangsdauer (D). Bei Verzweigungen wird mit der größten Zahl weitergerechnet.
5.	Rückwärtsrechnung	Die Rückwärtsrechnung dient zur Ermittlung des kritischen Weges und der Gesamtpufferzeiten. Rechenregeln: Bei der Rückwärtsrechnung gilt spätester Endzeitpunkt (SEZ) – Vorgangsdauer (D). Bei Verzweigungen wird mit der kleinsten Zahl weitergerechnet.

Elemente eines Netzplans:
- Ein **Vorgang** stellt ein „Zeit erforderndes" Geschehen dar, das über einen definierten Anfang und über ein definiertes Ende verfügt.
- Ein **Ereignis** kennzeichnet demgegenüber einen definierten und damit beschreibbaren Zustand im Projektablauf.
- **Anforderungsbeziehungen** stellen darüber hinaus die personellen, fachlichen und terminlichen Abhängigkeiten zwischen den einzelnen Vorgängen her.

Formale **Darstellungssymbole:**
- **Rechtecke** (auch Kreise) dienen als Verknüpfungselemente und werden als Knoten bezeichnet. Die Vorgänge werden den Knoten zugeordnet.
- **Pfeile** sind die Verbindungselemente zwischen den Knoten.

Vorteile der Netzplantechnik:
- Sie zeigt anschaulich die Abhängigkeiten in einem Projekt.
- Sie zwingt zur Systematik bei der Analyse der Projektzusammenhänge.
- Sie weist aus, wo Zeitreserven vorhanden sind bzw. wo sie fehlen.

Nachteile der Netzplantechnik:
- Sie kann bei zu vielen Details einen hohen Kontrollaufwand erfordern.
- Bei umfangreichen Projekten wird ein Netzplan schnell unübersichtlich.

Informationen der Vorgangsknoten

Ein Vorgangsknotennetz (Netzplan) zeigt außerdem die Gesamtpufferzeiten und den kritischen Weg.

> **!** Die **Gesamtpufferzeit** ist jene Zeitspanne, die vergehen kann, bis ein unkritischer Vorgang zu einem kritischen Vorgang wird.

> **!** Der **kritische Weg** ist der Weg vom Anfang bis zum Ende des Netzplanes, auf dem die Summe aller Pufferzeiten minimal wird.

- Bei einem Vorgang, der auf dem kritischen Weg liegt (kritischer Vorgang), ist der früheste Anfangszeitpunkt (FAZ) gleich dem spätesten Anfangszeitpunkt (SAZ) und der früheste Endzeitpunkt (FEZ) ist gleich dem spätesten Endzeitpunkt (SEZ).

  Eine Verlängerung der Vorgangsdauer hat unmittelbare Folgen auf die Gesamtprojektdauer.

  freier Puffer = FAZ (Nachfolger) – FEZ

- Ein unkritischer Vorgang kann und soll beim frühesten Anfangszeitpunkt (FAZ) beginnen und wird nach Ablauf seiner Vorgangsdauer (D) zum frühesten Endzeitpunkt (FEZ) fertig. Verlängert sich der Vorgang im Rahmen der zur Verfügung stehenden Gesamtpufferzeit (GP), so hat dies noch keinen Einfluss auf die Gesamtprojektdauer.

- Beginnt ein an sich unkritischer Vorgang zum spätesten Anfangszeitpunkt (SAZ), so ist er bereits kritisch geworden. Er muss daher zum spätesten Endzeitpunkt (SEZ) fertig sein, wenn die Gesamtprojektdauer nicht infrage gestellt werden soll.

  Gesamtpuffer = SAZ – FAZ

 Beispiel: Für die Terminplanung des Fitnessbikes der Fly Bike Werke GmbH soll ein Netzplan erstellt werden.
- Schritt 1: Beschreibung der Vorgänge (Arbeitsgänge)
- Schritt 2: Anordnung der Vorgänge in chronologischer Reihenfolge (Produktionsablauf)

Vorgangsliste

Nr.	Vorgangsbeschreibung	Vorausgehende/r Vorgang/Vorgänge	Nachfolgende/r Vorgang/Vorgänge
1	Konstruktion und Entwicklung des Produkts	–	2
2	Materialdisposition und Einkauf	1	3, 4, 8, 9 ,10
3	Gabeln richten und reinigen	2	5
4	Rahmen richten und reinigen	2	6
5	Gabeln grundieren und nass lackieren	3	7
6	Rahmen grundieren und nass lackieren	4	7
7	Vormontage der Rahmen-Gabel-Baugruppe	5, 6	11
8	Vormontage Lenker	2	11
9	Vormontage Baugruppen (Sattel, Schutzblech, Gepäckträger)	2	11
10	Einspeichen, Zentrieren und Bereifen der hinteren und vorderen Laufräder	2	11
11	Montage der Baugruppen und Teile zum Endprodukt	7, 8, 9, 10	12
12	Kontrolle der Fahrräder	11	–

Neben den Arbeitsgängen, die im Rahmen des reinen Produktionsprozesses anfallen, werden hier auch die Arbeitsgänge „Konstruktion und Entwicklung" sowie „Materialdisposition und Einkauf" berücksichtigt.

> ! Eine **Vorgangsliste** enthält neben der Bezeichnung der einzelnen Vorgänge/Arbeitsgänge die direkten Vorgänger und Nachfolger der jeweiligen Vorgänge/Arbeitsgänge.

Beispiel: In den nächsten Schritten wird die Dauer der einzelnen Vorgänge ermittelt.
– Schritt 3: Zeitanalyse
– Schritt 4: Vorwärtsterminierung
– Schritt 5: Rückwärtsterminierung

Die Dauer der einzelnen Vorgänge ergibt sich aus der nachstehenden Tabelle. Die je Vorgang ermittelten Zeiten beziehen sich auf die Produktion einer Kleinserie von 100 Fahrrädern.

Da hier auch die Arbeitsgänge für „Konstruktion und Entwicklung" sowie „Materialdisposition und Einkauf" Berücksichtigung finden, sind zusätzlich zur reinen Produktionszeit 24 Tage zu berücksichtigen.

Die Dauer für die Konstruktion und Entwicklung des Fitnessbikes würde einen längeren Zeitraum beanspruchen, wenn man sich nicht auf Erfahrungen bei der Herstellung der anderen Fahrradfabrikate stützen könnte.

Vorgangsdauer

Nr.	Vorgangsbeschreibung	Dauer in Tagen
1	Konstruktion und Entwicklung des Produkts	10
2	Materialdisposition und Einkauf	14
3	Gabeln richten und reinigen	1
4	Rahmen richten und reinigen	2
5	Gabeln grundieren und nass lackieren	2
6	Rahmen grundieren und nass lackieren	2
7	Vormontage der Rahmen-Gabel-Baugruppe	3
8	Vormontage Lenker	1
9	Vormontage Baugruppen (Sattel, Schutzblech, Gepäckträger)	2
10	Einspeichen, Zentrieren und Bereifen der hinteren und vorderen Laufräder	4
11	Montage der Baugruppen und Teile zum Endprodukt	5
12	Kontrolle der Fahrräder	1

Die Terminplanung mithilfe der Netzplantechnik ergibt, dass das geplante Projekt Fitnessbike eine Dauer von 37 Tagen hat. Der kritische Weg ist rot markiert.

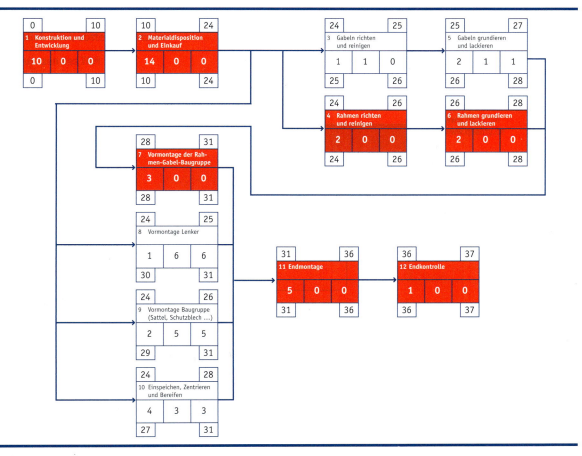

AB → Lernsituation 42

5.5 Kapazitäten planen

Im Rahmen der Kapazitätsplanung muss die Frage geklärt werden, ob ausreichend Kapazitäten (Maschinen und Mitarbeiter) vorhanden sind, um die Produktion zu realisieren.

> **!** **Kapazität** ist das Leistungsvermögen einer technischen oder wirtschaftlichen Einheit pro Zeiteinheit.

Die Durchlaufzeit eines Fertigungsauftrages hängt eng mit der verfügbaren Kapazität zusammen. Die kürzeste Durchlaufzeit lässt sich bei freier Kapazität realisieren. Hier liegt die Durchlaufzeit nahe der reinen Bearbeitungszeit. Bei Überlastung der Fertigung entstehen Wartezeiten (Engpässe), die die Kapazität begrenzen. Zur Ermittlung des Kapazitätsbedarfs muss für **jeden Fertigungsauftrag** die erforderliche Kapazität **an jedem Arbeitsplatz** für die entsprechende Planperiode ermittelt werden. Die Ergebnisse sind zu addieren. Besteht eine Differenz zwischen der erforderlichen Kapazität (Kapazitätsnachfrage) und der verfügbaren Kapazität (Kapazitätsangebot), so müssen Anpassungsmaßnahmen ergriffen werden.

Aufgaben der Termin- und Kapazitätsplanung

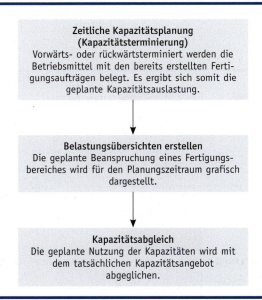

Arbeitsplan und Terminplan, vgl. **Kap. 5.4.1**

Vorwärtsterminierung und Rückwärtsterminierung, vgl. **Kap. 5.4.2 f.**

Beispiel: Zur Durchführung des Fertigungsauftrages der 100 Fitnessbikes werden laut Arbeitsplan die folgenden Werkstätten bzw. Arbeitsplätze beansprucht: Rohbau, Lackiererei, Vormontage, Laufradmontage, Endmontage und Qualitätskontrolle. Der Zeitpunkt der Beanspruchung ergibt sich aus dem Terminplan, die Dauer der Beanspruchung aus dem Arbeitsplan. Die verfügbare Kapazität (Kapazitätsangebot) muss mit der Kapazitätsnachfrage abgeglichen werden, die sich durch den Fertigungsauftrag ergibt.

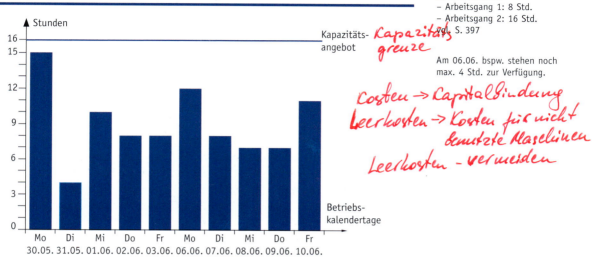

Handschriftliche Notizen: Kapazitätsgrenze; Kosten → Capitalbindung; Leerkosten → Kosten für nicht benutzte Maschinen; Leerkosten - vermeiden

Die Belastungsübersicht für den Rohbau zeigt, dass dieser Fertigungsbereich teilweise bereits mit anderen Fertigungsaufträgen belastet ist. Soll am 06.06., dem spätesten Starttermin, mit der Fertigung der 100 Fitnessbikes begonnen werden, so reicht das verbleibende Kapazitätsangebot nicht aus, um die Arbeitsgänge 1 und 2 (Zeitbedarf: 24 Std.) an drei Tagen auszuführen.

Am Montag, dem 06.06., stehen im Rohbau z. B. nur noch vier Stunden, am Dienstag acht Stunden und am Mittwoch neun Stunden freie Kapazität zur Verfügung.

Es könnte eine Kapazitätsanpassung in der Weise erfolgen, dass entweder eine Vorverlegung des Auftragstermins auf Donnerstag, den 02.06., erfolgt oder Überstunden bzw. Doppelschichten geplant werden.

Eine Nachverlagerung des Auftragstermins würde dazu führen, dass die Fahrräder nicht am 22.06. zur Lieferung an den Kunden bereitstünden. Zusätzlich zu der bereits erfolgten Termingrobplanung ist damit eine Terminfeinplanung durchgeführt worden.

> Im Rahmen der **Terminfeinplanung** wird bestimmt, wann und in welcher Reihenfolge die einzelnen Aufträge bearbeitet werden sollen.

Auf der Basis einer stunden- bis minutengenauen Zeiteinteilung erfolgt als nächster Schritt die **Planung der Maschinenbelegung** durch die einzelnen Aufträge. Zu beachten sind dabei der Rüst- und Betriebszustand der Arbeitssysteme und die Verfügbarkeit von Werkzeugen, Transportmitteln usw. Die Feinplanung ist die Nahtstelle zwischen der Planung und der Durchführung der Produktion.

Beispiel: Aufgrund des Kapazitätsengpasses im Fertigungsbereich Rohbau der Fly Bike Werke GmbH wird der Beginn der Arbeitsschritte 1 und 2 auf den 02.06. vorverlegt, damit die fertigen Erzeugnisse wie geplant am 22.06. zur Lieferung an den Kunden bereitstehen.

Leistungserstellungsprozesse planen, steuern und kontrollieren

24 Std. Rohbau werden verteilt:
02.06	8 Std.	vorgezogen
03.06	8 Std.	vorgezogen
06.06	4 Std.	
07.06	4 Std.	
∑	24 Std.	

Belastungsübersicht (Fertigungsbereich Rohbau)

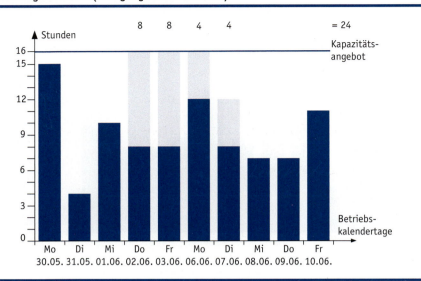

5.6 Aufträge freigeben

Durch die Auftragsfreigabe wird der Produktionsvorgang ausgelöst. Die erforderlichen Arbeitspapiere, z. B. der Fertigungsauftrag, werden erstellt.

Fly Bike Werke GmbH   20.01.20XX   Seite 1

FA – Fertigungsauftrag

Fertigungsauftrag: Freigegeben Nr. FAFR001

Herkunfts-Nr.   201 – Trekkingrad *Light*
Menge   170 Stück
Bedarfsverursacher   Kundenauftrag Nr. Auf001 – Karstadt Sport GmbH

Datum: Startdatum: 17.02.   –   Starzeit: 13:45
Zeit: Enddatum: 09.03.   –   Endzeit: 16:00

Arbeits-gang-Nr.	Arbeits-platz	Bezeichnung	Startdatum Startzeit	Enddatum Endzeit	Rüstzeit (Min.)	Bearb.-zeit (Min.)
10	Montage	Endmontage	17.02. 13:45	27.02. 10:15	60	3.570
20	Kontrolle	Qualitätskontrolle	27.02. 10:15	04.03. 13:30	24	2.091
30	Packerei	Verpackung	04.03. 13:30	09.03. 16:00	60	1.530

fertiggestellte Menge: _____

Ausschussmenge: _____

Fertigungsauftrag abgeschlossen: _____
(Datum, Unterschrift Mitarbeiter)

! Der **Fertigungsauftrag** enthält Informationen darüber, was zu welchem Zeitpunkt gefertigt wird.

Materialentnahmeschein

```
Fly Bike Werke GmbH                           20.01.20XX    Seite 1

FA – Materialentnahmeschein

Fertigungsauftrag:      Freigegeben Nr. FAFR001


Herkunfts-Nr.           201 – Trekkingrad Light
Menge                   170 Stück
Bedarfsverursacher      Kundenauftrag Nr. Auf001 – Karstadt Sport GmbH
```

Material-Nr.	Bezeichnung	Menge	Mengen-einheit	Rest-menge	Lager
2220	Antrieb	170	St.	170	Zentral
3020	Bereifung	340	St.	340	Zentral
1020	Rahmen	170	St.	170	Zentral
7020	Sattel	170	St.	170	Zentral
5020	Lenkung	170	St.	170	Zentral

Material dem Lager entnommen: _____
(Datum, Unterschrift Empfänger)

* Hinweis: Der Materialschein basiert auf einem Auftrag über 170 Trekking-Räder
Wurde das Material entnommen, erscheint in der Spalte „Restmenge" eine 0.

> Der **Materialentnahmeschein** weist nach, welche Sekundärteile dem Lager entnommen wurden.

Arbeitsschein

```
Fly Bike Werke GmbH                           20.01.20XX    Seite 1

FA – Arbeitsschein

Fertigungsauftrag:      Freigegeben Nr. FAFR001


Herkunfts-Nr.           201 – Trekkingrad Light
Menge                   170 Stück
Bedarfsverursacher      Kundenauftrag Nr. Auf001 – Karstadt Sport GmbH
```

Arbeits-gang Nr.	Bezeichnung	Startdatum Startzeit	Enddatum Endzeit	Rüstzeit (Min.)	Bearb.-zeit (Min.)
10	Endmontage	17.02. 13:45	27.02. 10:15	60	3.570

fertiggestellte Menge: _____

Ausschussmenge: _____

Arbeitsgang erledigt: _____
(Datum, Unterschrift Mitarbeiter)

* Hinweis: Für jeden Arbeitsgang wird ein separater Arbeitsschein erstellt. Im Beispiel wären noch Arbeitsscheine für die Arbeitsgänge „Qualitätskontrolle" und „Verpackung" zu erstellen.

> Der **Arbeitsschein** gibt Auskunft darüber, wie lange bestimmte Mitarbeiter im Rahmen des Fertigungsauftrages gearbeitet haben.

5.7 Maschinen belegen

Stehen hinreichende Kapazitäten zur Verfügung, können die vorhandenen Betriebsmittel mit den geplanten Fertigungsaufträgen belegt werden.

Optimale Losgröße, vgl. Kap. 6.4

Der Erfolg der Maschinenbelegungsplanung ist abhängig von der Losgröße des zu fertigenden Produkts, der geplanten Produktionsreihenfolge und der Einhaltung der Auftragstermine.

> **!** Aufgabe der **Maschinenbelegungsplanung** ist es, die Maschinenauslastung zu optimieren, indem z. B. Rüstzeiten minimiert und Leerlauf- bzw. Wartezeiten an den Maschinen vermieden werden. *Leerkosten*

Beispiel: Auf drei Maschinen A, B, C sind fünf Aufträge zur Herstellung einer bestimmten Zahl von Fahrrädern zu bearbeiten, die alle die Reihenfolge A, B, C einhalten müssen. Es handelt sich um die Maschinen Rohbau (A), Lackiererei (B) und Vormontage (C). Die Aufträge benötigen an den Maschinen die folgenden Zeiten (Angaben in Stunden):

Auftrag \ Maschinen	A *Rohbau*	B *Lackiererei*	C *Vormontage*
1 *Müller GmbH*	8	4	6
2 *Schulz AG*	3	7	2
3 *Meier OHG*	5	2	6
4 *Wirt AG*	1	8	3
5	6	0	5

4,2,3,5,1   1,3,5,4,2

Ein mögliches Verfahren zur Optimierung der Maschinenauslastung ist die Regel der kürzesten Anfangs- und Endzeiten: Es wird der Auftrag zuerst bearbeitet, der die kürzeste Zeit auf der ersten Maschine hat, und der Auftrag zuletzt, der die kürzeste Zeit auf der letzten Maschine hat. Wenn die Regel immer wieder auf die verbleibenden Aufträge angewandt wird, dann sind die Aufträge in der folgenden Reihenfolge zu bearbeiten: 4, 3, 1, 5, 2. *nur dann, wenn keine zeitlichen Einschränkungen vorliegen (Pönale)*

Die Gesamtlaufzeit (Zykluszeit) beträgt bei dieser Reihenfolge 32 Stunden. Das nachstehende Schaubild zeigt die Maschinenbelegung nach der Regel der kürzesten Anfangs- und Endzeiten in der grafischen Form des Balkendiagramms. Die weißen Flächen stellen Leerzeiten (Lz.) dar bzw. Zeiten, in denen die Maschinen für andere Aufträge genutzt werden können. Zur planerischen Unterstützung und zur besseren Veranschaulichung benutzen Betriebe häufig Maschinenbelegungstafeln:

Prüfung !!!

Minimierung der Leerzeiten

19 Std LZ

Balkendiagramm, vgl. Kap. 5.4.1

> **!** **Maschinenbelegungstafeln** sind Balkendiagramme, die mit einer Zeitleiste ausgestattet und nach Wochentagen eingeteilt sind.

5.8 Betriebsdaten erfassen

Im Laufe des Produktionsprozesses fallen permanent wichtige Daten an, z. B. produzierte Mengen, benötigte Fertigungszeiten, Lagerbewegungen, Stillstands- oder Transportzeiten u. v. m. Aufgabe der **Betriebsdatenerfassung** ist es, diese Daten am Ort ihrer Entstehung, z. B. an einer Fertigungsmaschine, zu erfassen und an den Ort ihrer weiteren Verarbeitung, z. B. das Lohnbüro, weiterzuleiten. Traditionell verwendet man dazu eine Vielzahl unterschiedlicher Belege, z. B. **Materialentnahmescheine**, um Materialbewegungen zu protokollieren.

> **!** Betriebsdatenerfassung (BDE) bedeutet, dass sämtliche Materialbewegungen sowie die Anfangs- und Endzeiten von Arbeitsgängen für spätere Analysen fortlaufend erfasst werden.

Heute werden die Betriebsdaten aber meist mithilfe von **Betriebsdatenerfassungsstationen** (BDE-Terminals) digital erfasst, über Datenleitungen oder Datenfunk an BDE-Leitrechner übertragen und schließlich zur weiteren maschinellen Verarbeitung in Datenbanken abgespeichert. An den BDE-Terminals ziehen die Produktionsmitarbeiter ihre Chipkarte durch eine Leseeinheit und geben dann die Betriebsdaten ein. Computergesteuerte (CNC-)Fertigungsautomaten sind sogar stets mit automatisierten Messeinrichtungen zur Erfassung und Weiterleitung der Betriebsdaten ausgestattet. In den nebenstehenden Abbildungen sind eine BDE-Erfassungsstation sowie die BDE-Buchung zum Abschluss des Arbeitsganges „Endmontage" zu sehen. Laut BDE-Buchung ist die Endmontage planmäßig verlaufen. Die Buchung führte der Mitarbeiter Frank Guse durch. Die erfassten Daten werden von der BDE-Software in die ERP-Software zurückgegeben. Dieser Vorgang heißt **Rückmeldung**. Die Rückmeldungen stellen die Ist-Situation der Produktion dar. Man unterscheidet folgende Rückmeldungsarten:

BDE-Erfassungsstation

1. Rückmeldungen „Material": Bei dieser Rückmeldung dokumentiert man die vom Lager entnommenen Sekundärteile (z. B. Sättel, Lenker) und die auf Lager genommenen Fertigteile (Trekking-Räder).

2. Rückmeldungen „Arbeitszeiten": Diese Rückmeldungsart dokumentiert die tatsächlichen Start- und Endtermine der Arbeitsgänge.

> **Beispiel:** Die Nordrad GmbH Rostock hat bei der Fly Bike Werke GmbH 170 Trekkingräder *Light* bestellt. Zum Abschluss wurde der Produktionsauftrag als „fertig" gemeldet. Damit sind die vom Kunden gewünschten Erzeugnisse in ausreichender Menge am Lager.

Herr Glaner, Mitarbeiter in der Produktion, kann sich jederzeit im ERP-System über den Stand der Produktionsaufträge und deren Fertigstellung informieren. Nach der Fertigmeldung des Produktionsauftrages führt Herr Glaner einen Soll-Ist-Vergleich durch, um die Einhaltung der Plandaten zu prüfen. Zur Analyse nutzt er die Fertigungsauftragsstatistik, die vom ERP-System fortlaufend mitgeführt wird.

BDE-Buchung

Die Kalkulation prüft den Fertigungsauftrag bis zu den Herstellkosten. Zugrunde liegen die absoluten Kosten und die Zuschlagssätze der Fly Bike Werke GmbH laut BAB (Materialeinzelkosten: 116,00 €/Stück, Materialgemeinkosten: 6,5 %, Fertigungseinzelkosten: 20,00 €/Stunde, Fertigungsgemeinkosten: 560 % gemittelt).

BAB = Betriebsabrechnungsbogen, vgl. **LF 4, Kap. 3.2.4**

Fly Bike Werke - Microsoft Navision Attain - FA-Statistik

	Soll-Kosten	Ist-Kosten	Abw. %	Abweichung
Materialeinzelkosten	19.720,00	19.720,00	0	0,00
Materialgemeinkosten	1.311,38	1.311,38	0	0,00
Fertigungseinzelkosten	2.445,00	2.445,00	0	0,00
Fertigungsgemeinkosten	13.692,00	13.692,00	0	0,00
Herstellkosten	37.168,38	37.168,38	0	0,00
Kapazitätsbedarf (Min.)	7.335	7.335	0	

Herr Glaner prüft den Soll-Ist-Vergleich und stellt fest, dass es während der Produktion keine Abweichungen gegeben hat. Die Werte der Ist-Spalte stellen das Resultat der BDE-Rückmeldungen dar. Nachdem der Auftrag fertig gemeldet wurde, kann die Ware nun termingerecht mit den entsprechenden Versandpapieren an den Kunden verschickt werden. Diesen Vorgang löst Frau Ganser aus. Die Versandpapiere und die anschließende Rechnungserstellung (Fakturierung) realisiert sie mithilfe des ERP-Systems.

ÜBERSICHT: Produktionsplanung und -steuerung

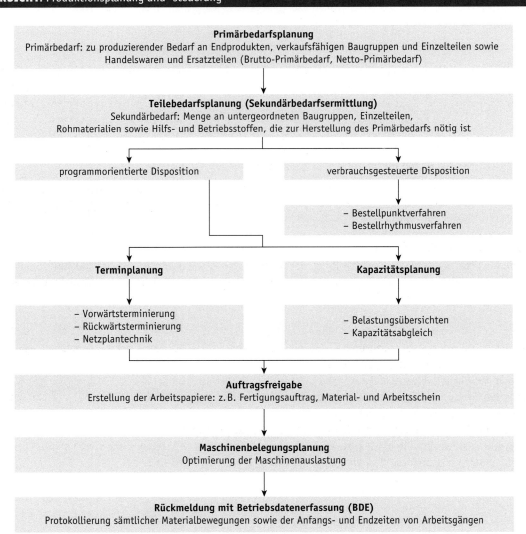

Primärbedarfsplanung
Primärbedarf: zu produzierender Bedarf an Endprodukten, verkaufsfähigen Baugruppen und Einzelteilen sowie Handelswaren und Ersatzteilen (Brutto-Primärbedarf, Netto-Primärbedarf)

Teilebedarfsplanung (Sekundärbedarfsermittlung)
Sekundärbedarf: Menge an untergeordneten Baugruppen, Einzelteilen, Rohmaterialien sowie Hilfs- und Betriebsstoffen, die zur Herstellung des Primärbedarfs nötig ist

programmorientierte Disposition | verbrauchsgesteuerte Disposition
- Bestellpunktverfahren
- Bestellrhythmusverfahren

Terminplanung
- Vorwärtsterminierung
- Rückwärtsterminierung
- Netzplantechnik

Kapazitätsplanung
- Belastungsübersichten
- Kapazitätsabgleich

Auftragsfreigabe
Erstellung der Arbeitspapiere: z. B. Fertigungsauftrag, Material- und Arbeitsschein

Maschinenbelegungsplanung
Optimierung der Maschinenauslastung

Rückmeldung mit Betriebsdatenerfassung (BDE)
Protokollierung sämtlicher Materialbewegungen sowie der Anfangs- und Endzeiten von Arbeitsgängen

Aufgaben

1 Aus der Komponentenliste des Modells Trekking *Light* sind folgende Teile zu entnehmen:

Set-Nr. Fly Bike	Komponenten- gruppen	Damen Trek TR	Teile	Anbieter	Einstandspreis geplant in €
3020	Bereifung	Trek TR-Bereifung	Felgenband, grau, 2 St. Reifen, TR-All Terrain 2 St. Schlauch mit Ventil 2 St.	Continent Schwalle	7,40

Die Lagerbestandsrechnung gibt die nachstehenden Informationen:

	Lagerbestand	Bestellbestand	Vormerkbestand	Sicherheitsbestand
Reifen	160	100	120	100
Schlauch	140	120	180	100

Berechnen Sie den Nettosekundärbedarf für Reifen und Schläuche für einen Auftrag über 170 Trekking-Fahrräder.

2 Die Büromaschinen-AG stellt leistungsfähige Kopierer her, die sie vorwiegend an den Fachhandel und an Unternehmen verkauft. Die Entwicklung der Absatzzahlen des letzten Jahres ergibt sich aus der nachstehenden Tabelle. Das Unternehmen will den Primärbedarf für das Jahr 20X2 ermitteln.

Absatz von Kopierautomaten im Jahr 20X1 (in Tausend Stück)

Jan.	Febr.	März	Apr.	Mai	Juni	Juli	Aug.	Sept.	Okt.	Nov.	Dez.
20	19	17	21	24	23	27	25	28	31	33	37

a Wie ist der Primärbedarf definiert?
b Warum sollte das Unternehmen den Primärbedarf des Folgejahres möglichst genau ermitteln?
c Beschreiben Sie drei externe Faktoren, die Einfluss auf den Primärbedarf des nächsten Jahres haben können.

3 Der durchschnittliche Verbrauch einer Kleinteile-Art (z. B. Schrauben) beträgt pro Tag 800 Stück, die Beschaffungszeit soll acht Tage betragen und es soll ein Sicherheitsbestand von drei Tagen eingeplant werden. Der derzeitige Lagerbestand beträgt 12 000 Stück.
a Berechnen Sie die Höhe des Meldebestandes.
b Erstellen Sie auf der Grundlage der Berechnung eine Grafik, aus der das Grundmodell der verbrauchsorientierten Materialdisposition ersichtlich wird.
c Erläutern Sie zwei Gründe für die Berücksichtigung eines Sicherheitsbestandes.
d Um den Meldebestand berechnen zu können, benötigt man den durchschnittlichen Verbrauch. Welches Problem ergibt sich durch die Verwendung von einfachen Durchschnittswerten?

4 Ein Hersteller von Werkzeugmaschinen benötigt von dem Teil M3278 (Verschraubung) folgenden Bruttobedarf:

Periode	1	2	3
Bruttobedarf	400	800	700

Hinzu kommen in jeder Periode 15 % Zusatzbedarf für Ausschuss/Ersatzbedarf. Der Lagerbestand beträgt momentan (Periode 1) 1 500 Stück. Davon sind in der Periode 1 für den Auftrag Nr. 741-1R 550 Stück reserviert. In Periode 3 sind für den Auftrag Nr. 329-3R 350 Stück reserviert. Weitere Reservierungen sind in den drei Perioden nicht vorhanden. Aus Fertigungsaufträgen sind in den Perioden 2 und 3 jeweils 200 Stück, aus Bestellungen in der Periode 1 und 2 jeweils 100 Stück Zugang fest zu erwarten. In jeder Periode ist aus Sicherheitsgründen ein nicht anzutastender Mindestbestand (= eiserne Reserve) von 100 Stück am Lager zu halten. Aus lager- und liefertechnischen Gründen ist eine Vorlaufverschiebung von einer Periode zu berücksichtigen.

  a Erläutern Sie, was man unter einer Vorlaufverschiebung versteht.
  b Berechnen Sie den Nettobedarf der drei Perioden unter Berücksichtigung der erforderlichen Vorlaufverschiebung.
  c Wie wirkt sich die Berücksichtigung bzw. das Halten eines Mindestbestandes auf den Nettobedarf aus?

5 In der Durchlaufterminierung werden die zeitlichen Zusammenhänge der einzelnen Arbeitsgänge der Fertigung dargestellt. Sie wird ihre Aufgabe umso besser erfüllen, je genauer die Durchlaufzeiten festgelegt und eingehalten werden.
  a Erläutern Sie kurz die folgenden Durchlaufzeitkomponenten inhaltlich:
  aa Rüstzeit
  ab Ausführungs- bzw. Bearbeitungszeit
  ac Übergangszeit
  b Entscheiden Sie für jede der drei Zeiten aus a), ob sie mengenabhängig sind.
  c Das EDV-System eines Tischherstellers weist für den Arbeitsplan Nr. 400001 „Stahlrohrgestell fertigen" folgende Daten aus (siehe nachstehende Maske aus dem ERP-System). Ermitteln Sie die Durchlaufzeit für die Herstellung von 24 Stahlrohrtischen.

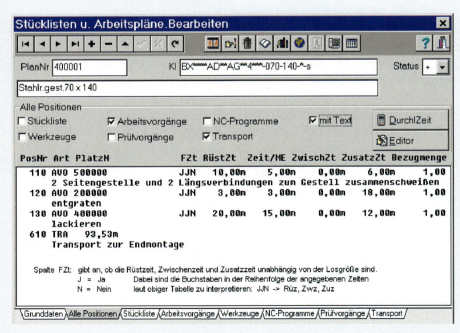

6 Ein Werkzeugmaschinenunternehmen produziert u. a. Metallringe. Für eine Metallringfertigung soll der Terminplan aufgestellt werden. Dazu liegt folgende Vorgangsliste vor:

Arbeitsplatz	Arbeitsgang	Dauer in Tagen
Gießerei	Formgießen	1
Schleiferei	Vor- und Fertigschleifen	2
Dreherei	Innen ausdrehen	2
Fräserei	Seite fräsen	1
Dreherei	Außen feinst drehen	1
Phosphatierung	Phosphatieren	1
Packerei	Verpacken	1

a Zeichnen Sie anhand der Vorgangsliste ein rückwärtsterminiertes Balkendiagramm. Beachten Sie dabei, dass die Metallringe am elften Tag abgeliefert werden müssen.
b Welches Problem wird auftreten, wenn die Metallringe schon am achten Tag ausgeliefert werden sollen? Begründen Sie Ihre Antwort mithilfe des in a) erstellten Balkendiagramms.
c Die Terminierung wäre auch als Vorwärtsterminierung möglich gewesen. Unterscheiden Sie die beiden Terminierungsarten Vorwärts- und Rückwärtsterminierung und beurteilen Sie diese kurz.

7 In der nachstehenden Abbildung sehen Sie einen Ausschnitt aus einem Netzplan für die Fertigung eines Stahlrohrtisches.
a Erläutern Sie, was man unter einem Netzplan versteht. Geben Sie weiter an, in welchen Planungssituationen Netzpläne und in welchen Balkendiagramme vorzuziehen sind.
b Nennen Sie die sechs Schritte bei der Aufstellung eines Netzplanes.
c Beim Teil 400010 handelt es sich um den Rohstoff Vierkantstahlrohr, der auf eine benötigte Länge geschnitten wird.
ca Interpretieren Sie die sechs Zahlen, die in der zweiten und dritten Zeile des Vorgangsknotens zum Vierkantstahlrohr notiert sind.
cb Geben Sie dabei an, um welchen Planungsvorgang es sich in der zweiten und um welchen es sich in der dritten Zeile handelt.
d Ermitteln Sie nachvollziehbar die Zeit, um ein Querrohr (400006) zu produzieren. Dabei ist zu unterstellen, dass der Vierkantstahl noch nicht hergestellt ist (sogenannte Wiederbeschaffungszeit).
e Erläutern Sie, was man im Rahmen des Netzplanes unter einem kritischen Pfad versteht.

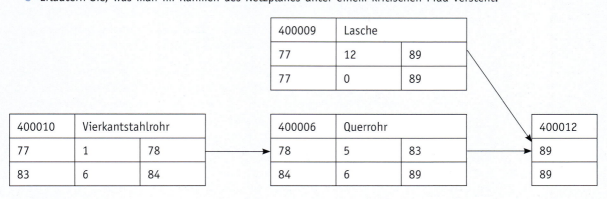

AB → Lernsituation 43

6 Fertigungsverfahren

Um Fertigungsprozesse sinnvoll planen, steuern und kontrollieren zu können, sind neben einer Vielzahl von Arbeitsplätzen die für die Fertigung benötigten Betriebsmittel in Form von Gebäuden, Maschinen und Werkzeugen so zu organisieren, dass eine „funktionierende Fabrik" entsteht.

Beispiel: Ein Fahrrad der Fly Bike Werke GmbH durchläuft in der Fertigung die folgenden Arbeitsschritte:

In der **Rohfertigung** werden für die Herstellung von Rahmen und Gabeln Rohre aus Stahl oder Aluminium mithilfe vollautomatisierter Anlagen geschnitten. Rahmen und Gabeln werden robotergeschweißt, aber auch teilweise im Handschweißverfahren hergestellt. Daneben gibt es Rahmen und Gabeln, die im Lötofen gefertigt werden. Neben diesen eigengefertigten Komponenten werden auch komplette Rahmen und Gabeln als Kaufteile fremdbezogen.

In der **Richterei/Sandfunker** erfolgt das Richten der Rahmen und Gabeln manuell auf einer Werkbank oder einem Richtautomaten (Anlöten/Vorbereiten der Rahmen abhängig von Lackiervariante, Oberflächenvorbehandlung der Rahmen/Gabeln). Die Kaufrahmen und -gabeln werden hauptsächlich direkt in der Lackierabteilung eingesetzt.

In der **Lackierung** wird eine drei- oder vierfache Beschichtung der Rahmen vorgenommen.
– Grundlack: CLP- über ESTA-Scheibe, HRO-KTL-Lackierung (Innen- und Außenbeschichtung)
– Decklack: über ESTA-Scheibe
– Effekte: Handspritzstände
– Klarlack: über ESTA-Scheibe

Die **Vormontage** umfasst verschiedene Arbeitsstationen:
– Alle Rahmen/Gabeln werden mit Dekoren (nass) versehen. Teilweise werden Dekore unter Klarlack eingesetzt.
– Die lackierten Rahmen/Gabeln werden in maschinell unterstützter Handarbeit zusammengebaut (Rahmen und Gabelbau inklusive Steuersätze/Innenantriebe/Beleuchtung).
– Die Komponenten (Lenker, Lenkergriffe, Schalt-, Bremshebel usw.) werden zu einer Baugruppe zusammengebaut (Handarbeit).
– In der Spannerei erfolgt der Zusammenbau der Laufräder in den Arbeitsschritten Einwerfen (Handarbeit), Nippeln (maschinell unterstützte Handarbeit), Zentrieren (Zentrierroboter), Bereifen (Bereifungsrutschen, Gruppenarbeit).

Die **Endmontage** findet an Montagebändern statt. Die Baugruppen/Anbauteile werden bandweise bereitgestellt und am Band in maschinell unterstützter Handarbeit (Elektro-, Luftschrauber) zusammengebaut. Zum Teil werden Montagebänder mit automatischer Rückführung der Montagewagen eingesetzt.

Verpackung: Kundenabhängig werden die Fahrräder in Kartons gestülpt oder in Folie verpackt.

6 Fertigungsverfahren

In der Fly Bike Werke GmbH kommen verschiedene Anlagen und Fertigungsverfahren zum Einsatz: An technischen Anlagen und Maschinen werden u. a. Rohrschneideanlagen, Universalroboter, Werkbänke, Schleifmaschinen, Schweißmaschinen, Montagebänder und Lackierautomaten eingesetzt. An Fertigungsverfahren finden sich z. B. Fließ- bzw. Gruppenfertigung, Werkstattfertigung, Serienfertigung und Einzelfertigung.

6.1 Organisationstypen der Fertigung

Werkstatt-, Fließ- und Gruppenfertigung gehören zu den sogenannten Organisationstypen der Fertigung. Die Unterscheidung nach dem Organisationstyp erfolgt unter dem Gesichtspunkt der **Anordnung der Betriebsmittel** im Fertigungsprozess. Diese kann sich am Verrichtungsprinzip oder am Objektprinzip orientieren.

Organisationstypen der Fertigung

Anordnung der Produktionsfaktoren	Werkstattfertigung	Gruppenfertigung	Fließfertigung
	Verrichtungsorientierung	Objektorientierung	
Charakteristisches Merkmal	räumliche Zusammenfassung von Betriebsmitteln gleicher oder ähnlicher Verrichtung	räumliche Zusammenfassung verschiedener Betriebsmittel zu Funktionsgruppen (Möglichkeit der Anwendung neuer Formen der Arbeitsstrukturierung, z. B. teilautonome Gruppen)	Anordnung der Betriebsmittel und Arbeitsplätze nach der Arbeitsgangfolge (kontinuierlicher Fertigungsfluss wird durch die zeitliche Abstimmung der Arbeitstakte erreicht)
Typischer Anwendungsbereich	Werkzeugmaschinenbau	wie bei der Werkstatt- und Fließfertigung	Konsumgüter- und Kraftfahrzeugindustrie

> ! Die **Werkstattfertigung** ist nach dem Verrichtungsprinzip organisiert, d. h., Maschinen gleicher oder ähnlicher Verrichtung werden räumlich zusammengefasst (Werkstatt im industriellen Sinn).

Bei der Werkstattfertigung ist die Fertigung nach Fertigungstechnologien organisiert. Arbeitssysteme, die gleichartige Arbeitsgänge durchführen können, werden vereint. Die Standorte der Maschinen bestimmen den Fertigungsablauf.

Materialfluss in Abhängigkeit von der Organisationsstruktur der Fertigung

Zur Fertigung der Produkte P1, P2 und P3 ist die Reihenfolge der auszuführenden Arbeitsgänge in folgender Weise festgelegt:
- P1: Sägen – Drehen – Lackieren – Montieren
- P2: Sägen – Fräsen – Schleifen – Galvanisieren
- P3: Drehen – Lackieren – Montieren

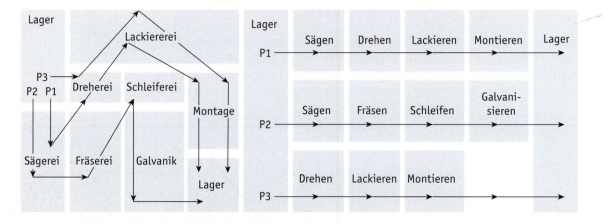

Lagerhaltung, vgl. LF 6, Band 2

Die Schweißerei oder die Lackiererei sind Beispiele für den Organisationstyp der Werkstattfertigung. Da die Arbeitsgänge bei der Werkstattfertigung zeitlich nicht genau aufeinander abgestimmt werden können, sind **Lager** für Rohmaterial, Halbfertig- und Fertigerzeugnisse nötig.

Die Fertigung erfolgt entsprechend der im Arbeitsplan aufgeführten Reihenfolge, wobei die Werkstücke auftragsweise von Werkstatt zu Werkstatt transportiert werden müssen. Wegen der fehlenden Abstimmung der Bearbeitungs- und Transportzeiten kann es zu **Wartezeiten** vor den Maschinen und zu hohen Werkstattbeständen kommen.

Durchlaufzeit, vgl. Kap. 5.4.1

Trotz hoher Aufwendungen für Planung und Steuerung entstehen **lange Durchlaufzeiten** und eine unbefriedigende Termintreue. Aus Wettbewerbsgründen müssen Unternehmen zunehmend Lieferzeiten reduzieren und kurze Durchlaufzeiten realisieren. Der Kostendruck zwingt Unternehmen dazu, niedrige Umlaufbestände und damit möglichst wenig Kapital im Fertigungsprozess zu binden. Deshalb findet die Werkstattfertigung nur noch Anwendung bei der **Einzel**- oder **Kleinserienfertigung**, wo es auf hohe Flexibilität in der Fertigungstechnologie ankommt.

Einzel-/Kleinserienfertigung, vgl. Kap. 6.2

> ! Die **Fließfertigung** ist nach dem Objektprinzip organisiert. Die Anordnung der Betriebsmittel/Maschinen erfolgt nach der Reihenfolge der sich aus dem Arbeitsplan ergebenden Arbeitsgänge für das zu bearbeitende Arbeitsobjekt.

Arbeitsplan, vgl. Kap. 5.4.1

Aufgrund ihrer hohen Produktivität ist die Fließfertigung der mit weitem Abstand häufigste Organisationstyp industrieller Fertigung. Das Gesetz der Massenproduktion, also die Verteilung auflagefixer Kosten auf eine große Anzahl von Produkten, und die Gewinnung von Rationalisierungsvorteilen durch Arbeitsteilung lassen sich hier optimal verwirklichen.

Degression auflagefixer Kosten, vgl. LF 4, Kap. 1.5

6 Fertigungsverfahren

Können die Arbeitnehmer ihr Arbeitstempo selbst bestimmen, spricht man von **Reihenfertigung**. Die zeitlich nicht vollständig aufeinander abgestimmten Teilprozesse an den einzelnen Arbeitsplätzen werden dabei durch Pufferlager aufgefangen. Zahlreiche Produktionsprozesse in der chemischen oder pharmazeutischen Industrie, aber auch in der Lebensmittel- und Getränkeherstellung dürfen aus verfahrenstechnischen Gründen nicht unterbrochen werden. Ein Stillstand des Prozesses vor seiner Beendigung würde häufig das komplette Fertigungslos unbrauchbar machen. Man bezeichnet diese Form der Fließfertigung daher als **Zwangslauffertigung**.

Unter dem maßgeblichen Einfluss des US-amerikanischen Ingenieurs F. W. TAYLOR (1856–1915) entstand zu Beginn des 20. Jahrhunderts in den Schlachthöfen und Automobilwerken Chicagos die **Fließbandfertigung**.

! Bei der **Fließbandfertigung** werden die Werkstücke mittels Fließbändern von einer Arbeitsstation zur nächsten transportiert.

Die Fließbandfertigung erfordert eine einheitliche Taktzeit.

Fließfertigung in der Automobilindustrie: Opel Werke 1924 und Volkswagen Audi Werk 2007

Bei der Fließbandfertigung wird die Arbeit so aufgeteilt, dass an jeder Station nur wenige, einfache Arbeitsschritte durchgeführt werden müssen, die auch von angelernten Arbeitern effektiv ausgeführt werden können.

Ihre im Vergleich zur Werkstattfertigung geringe Anpassungsfähigkeit an Marktveränderungen ist eine zentrale Schwachstelle der Fließfertigung. Ein kompletter Modellwechsel ist für Pkw-Hersteller mit Umrüstkosten im mehrstelligen Millionenbereich und einem mehrmonatigen Stillstand der Produktion verbunden.

Hinzu kommen die wegen ihrer Monotonie als „inhuman" empfundenen Arbeitsbedingungen am Fließband. Neben einer hohen Fluktuation aufgrund von Verschleißerkrankungen und Frustration stellen Qualitätsmängel ein zentrales Problem der Fließbandfertigung dar. Wegen ihrer langen Durchlaufzeiten und hohen Stückkosten ist die Werkstattfertigung aber in der Regel keine echte Alternative.

inhuman
(lat.) unmenschlich, nicht menschenwürdig

Fluktuation
(lat.) Schwankung, Wechsel; hier der Abgang von Mitarbeitern

Das Konzept der **Gruppenfertigung** durch Einrichtung sogenannter Fertigungsinseln versucht, die jeweiligen Vorteile beider Organisationstypen zu verbinden und gleichzeitig deren Nachteile zu vermeiden. Dabei wird folgendermaßen verfahren: Werkstücke, die auf den gleichen Betriebsmitteln gefertigt werden können, werden zu Erzeugnisfamilien gebündelt. So entstehen Gruppen von Erzeugnissen mit gleichartigen Bearbeitungsabläufen (z. B. robotergeschweißte Standardrahmen aus Stahlrohr und handgeschweißte Spezialrahmen aus Aluminium).

Sodann sind die entsprechenden Betriebsmittel zur möglichst vollständigen Bearbeitung einer Erzeugnisfamilie – nach dem Objektprinzip – räumlich und organisatorisch zusammenzufassen. Auf diese Weise erhält man jeweils eine Fertigungsinsel je Erzeugnisfamilie. Die NC-gesteuerten Betriebsmittel weisen eine hohe Flexibilität bei gleichzeitig hoher Produktivität auf. Innerhalb der Fertigungsinsel erfolgt der Transport der Werkstücke nach dem Flussprinzip, sodass die Teile an einem Ort in einem Zuge komplett bearbeitet werden können.

autonom
(gr.) selbstbestimmt

Den Mitarbeitern der Fertigungsinsel werden möglichst alle den Ablauf vor Ort betreffende Aufgaben übertragen, z. B. aus den Bereichen Arbeitsplanung, Terminsteuerung oder Qualitätssicherung. Die Mitarbeiter handeln als weitgehend **autonome** Arbeitsgruppen, die Planungs-, Entscheidungs- und Kontrollaufgaben innerhalb vorgegebener Rahmenbedingungen selbstständig wahrnehmen. Damit die Vorteile des übersichtlichen Zusammenwirkens erhalten bleiben können, umfassen die Gruppen etwa sechs bis acht Personen. Um die Fertigungsinsel bei Ausfällen, z. B. durch Krankheit oder Urlaub, funktionsfähig halten zu können, müssen die Mitglieder der Gruppe jeweils mehrere verschiedene Aufgaben innerhalb des gesamten Aufgabenspektrums beherrschen. Die für die Fließfertigung typische starre Arbeitsteilung ist aufzugeben.

In Betrieben der Bauwirtschaft und des Großanlagenbaus ist die **Baustellenfertigung** anzutreffen. Dabei müssen sämtliche Produktionsfaktoren (Betriebsmittel, Materialien und Arbeitskräfte) an den Ort gebracht werden, an dem das Produkt (Wohn- oder Geschäftsgebäude, Brücken, Fabrikhallen, Kraftwerke usw.) seine spätere Verwendung finden soll. Um sowohl die Baukosten als auch die Erstellungszeiten zu senken, wird häufig mit vorgefertigten Bauteilen gearbeitet, die nach einem Baukastensystem zusammengeführt werden.

6.2 Produktionstypen der Fertigung (Fertigungstypen)

Unter dem Gesichtspunkt der **Wiederholung** gleicher oder ähnlicher Erzeugnisse wird zwischen Einzel-, Serien-, Sorten- und Chargen- und Massenfertigung unterschieden.

> Bei der **Einzelfertigung** wird ein einzelnes Erzeugnis gefertigt.

Produktionstypen der Fertigung

Charakteristisches Merkmal	Einzelfertigung	Serienfertigung	Sortenfertigung	Chargenfertigung	Massenfertigung
	– Erstellung eines einzelnen Produkts – direkte Ausrichtung auf Kundenwünsche	– Produktion einer begrenzten Zahl identischer Erzeugnisse – Problem der Umrüstung	– Produktion mehrerer Varianten eines Grundprodukts – Spezialfall der Massenproduktion	– Produktion mehrerer Chargen (Charge = Füllmenge eines Produktionsvorganges)	– Produktion von Standardprodukten – Produktionsprozess nach festgelegtem Standardablauf
Typischer Anwendungsbereich	– Anlagenbau – Werkzeugmaschinenbau	– Elektrogeräte – Automobile	– Bekleidungsindustrie – Bier	– Getränkeindustrie – Stahlindustrie – chemische Industrie	– Lebensmittelindustrie – Schrauben

> Bei der **Serienfertigung** werden mehrere Varianten eines Grundtyps in unterschiedlichen Mengen gefertigt. Die Varianten unterscheiden sich z. B. hinsichtlich der Art des verwendeten Rohstoffs und/oder des Fertigungsablaufs deutlich.

Die Serienfertigung ist der am weitesten verbreitete Produktionstyp. Bei der Umstellung von einer Variante auf eine andere muss der Fertigungsprozess unterbrochen werden, um die Betriebsmittel umzurüsten. Die Fertigung der verschiedenen Modellvarianten bei der Fly Bike Werke GmbH ist hierfür ein gutes Beispiel.

> Bei der **Sortenfertigung** werden aus dem gleichen Rohstoff verschiedene Ausprägungen (Sorten) des gleichen Produkts gefertigt (z. B. Stahlprofile, Biersorten).

Bei der Sortenfertigung sind die Erzeugnisse eng miteinander verwandt und unterscheiden sich nur in Merkmalen wie z. B. Größe, Farbe und Design. Die verschiedenen Sorten werden in der gleichen Fertigungsfolge und auf denselben Maschinen hergestellt, sodass nur geringe Umrüstungen erforderlich sind.

> Bei der **Chargenfertigung** – wie z. B. in Stahlwerken, Spinnereien oder bei Tapetenproduzenten – treten regelmäßig ungewollte Qualitätsunterschiede zwischen den verschiedenen Produktionsmengen (Chargen) gleicher Produkte auf.

Verantwortlich für diese Abweichungen sind nicht zu vermeidende Qualitätsunterschiede der zumeist natürlichen Rohstoffe (Eisenerz, Rohkaffee usw.), zum anderen lassen sich die Produktionsprozesse oft nicht vollständig kontrollieren. Absolut gleiche Produktqualitäten können daher immer nur für die Produkte einer Charge garantiert werden, sodass diese Produkte stets mit einer Chargennummer zu versehen sind. Weiterhin ist bei der Herstellung und Lagerung auf eine sorgfältige Trennung der Chargen und eine Vermeidung von dann unverkäuflichen Restposten zu achten.

Rohfertigung: vollautomatisierte Rohrschneideanlage

Rohfertigung: Rahmen schweißen (Schweißroboter)

Rahmenrohbau

Richterei: Nachbearbeitung des Rahmenrohbaus (fräsen)

Klarlackiererei (vollautomatisierte Lackieranlage)

Rahmen und Schutzbleche in der Abdunstzone

6 Fertigungsverfahren

Rahmen dekorieren

Anordnung der Rahmen für die Montage

Vormontage: Steuerkopfschalen eindrücken

Vormontage: Sättel montieren

Endmontage: Kettengarnitur montieren

Kettentransportsystem mit verpackten Fahrrädern

> In **Massenfertigung** werden Erzeugnisse ein und derselben Art in hoher Stückzahl (z. B. Güter der Energieversorgung) in der Regel für einen anonymen Markt gefertigt.

Organisations- und Produktionstypen sind **miteinander gekoppelt**. Eine Massenfertigung nach dem Fließprinzip sollte z.B. so gestaltet werden, dass für ein Grunderzeugnis mit wenigen Varianten möglichst eine Fließfertigung eingerichtet wird. Kurze Durchlauf- und Umrüstzeiten sind die Folge. Das Material kann maschinell transportiert werden und die Steuerung bezieht sich nur noch auf die Reihenfolge.

Zu beachten ist, dass die Fertigungsanlagen nach dem Fließprinzip nicht zu lang werden, weil sonst die Gefahr des Ausfalls der gesamten Fertigungsanlage zunimmt, wenn nur ein Arbeitssystem ausfällt. Eine solche Kettenreaktion ist unerwünscht und kann durch gesteuerte Puffer vermieden werden.

6.3 Flexibilisierung der Fertigungsstrukturen

Die Wettbewerbssituation hat sich in den letzten Jahren für viele Unternehmen drastisch verschärft. Die Kunden verlangen zunehmend, dass sie zwischen „individuellen" Ausstattungsvarianten eines Produktes wählen können. Das Produktsortiment muss in immer kürzeren Abständen aktualisiert und an die veränderten Kundenwünsche angepasst werden. Die zunehmende **Variantenvielfalt** hat zur Folge, dass

- sich auch die **Teilevielfalt** erhöht und damit sowohl Materialdisposition als auch Lagerhaltung komplexer werden,
- die auszuführenden **Arbeitsgänge** zahlreicher und die Steuerung der Fertigung komplexer werden,
- immer geringere **Losgrößen** produziert werden müssen.

Losgröße, vgl. Kap. 6.4

Variantenvielfalt und Fertigungsstrukturen

Kundenwunsch nach individuellen Ausstattungsvarianten → Aktualisierung des Produktsortiments in immer kürzeren Abständen →
- sinkende Losgrößen
- erhöhte Teilevielfalt
- erhöhte Zahl von Arbeitsgängen
- komplexere Fertigungsstrukturen

Die **Flexibilisierung** der Fertigungsstrukturen soll eine Umstellung der Produktionsanlagen zu möglichst geringen Kosten bewirken. Die Flexibilität ist abhängig von der Wahl des Organisationstyps. Bei einer **objektorientierten** Fertigungsorganisation ermöglicht die starre Produktionsstruktur nur einen Weg im Ablauf des Materialflusses. Bei der **verrichtungsorientierten** Fertigungsorganisation hingegen bieten sich unterschiedliche Wege für die einzelnen Produktvarianten an.

Objekt- und Verrichtungsorientierung, vgl. Kap. 6.1

> **!** **Flexibilität der Fertigungsstruktur** ist die Fähigkeit eines Unternehmens, sich mit seiner Fertigungsstruktur an Veränderungen des Absatzmarktes anzupassen.

Bei der Entwicklung und Vermarktung neuer Erzeugnisse ist es empfehlenswert, sich nicht nur an den bestehenden Fertigungseinrichtungen zu orientieren, sondern auch über **neue Strukturen und Technologien** in der Fertigung nachzudenken. Am besten tut man das, wenn man zusammen mit der Produktentwicklung die Weichen für neue Erzeugnisse stellt.

Am weitesten vorangeschritten erscheint der Wunsch nach maximaler Flexibilisierung bei der Einrichtung von **flexiblen Fertigungssystemen** (FFS). Dies sind hochkomplexe Maschinensysteme, die zunächst aus einer Reihe sich ergänzender oder ggf. auch ersetzender NC-Maschinen gebildet werden. Ergänzt werden diese um ein sämtliche Arbeitsstationen verbindendes, gleichfalls automatisiertes Transportsystem. Den Werkzeugwechsel übernehmen Roboter, die die notwendigen Werkzeuge den aufgabenspezifisch bestückten Werkzeugmagazinen an den Bearbeitungsstationen entnehmen. Datenbankbasierte Informationssysteme koordinieren sämtliche Operationen und überwachen den Fertigungsablauf. Die besondere Stärke flexibler Fertigungssysteme liegt in der Vielfalt von Aufgaben, die sie in stetigem Wechsel parallel oder nacheinander wahrnehmen können. So lassen sich auch kleinste Serien zu minimalen Kosten realisieren.

Ansätze zur stärkeren Flexibilisierung und Kostenersparnis in der Fertigung:
- Die Probleme, die bei der Einzelfertigung z. B. im Hinblick auf relativ geringe Rationalisierungsmöglichkeiten auftreten, können durch den Einsatz flexibler Fertigungssysteme gemildert werden. Wenn die Automatisierung so weit geht, dass auch der Materialfluss zwischen den Maschinen rechnergesteuert abläuft (über sogenannte CNC-Maschinen), kann man im System Puffer auf- und abbauen und beim Ausfall einer Maschine eine Ersatzmaschine einsetzen.

Rationalisierung, vgl. Kap. 8

> **CNC-Maschinen** sind programmierbare bzw. von Rechnern gesteuerte Maschinen (CNC = computerized numerical control).

- Um der Komplexität der Produktion entgegenzuwirken, wird in vielen Unternehmen versucht, bereits in der Produktentwicklung die **Verwendung von Standard-/Gleichteilen** einzuplanen und die Konstruktion zu vereinfachen. Darüber hinaus setzt die Variantenbildung erst auf einer sehr späten Produktionsstufe ein und die Zahl der Varianten wird begrenzt. Einheitliche Produktionsprozesse (z. B. **Fließ- und Fließbandfertigung**) werden entkoppelt und unterschiedliche Organisationsformen der Fertigung neben- bzw. nacheinander eingesetzt.
- Bei der **Fertigungstiefenoptimierung** löst der beste Lieferant für Einzelteile oder Aggregate die Eigenfertigung ab. Dies führt zur Konzentration der Fertigung auf die Kernteile, die die Funktionalität und die Akzeptanz des Produktes ausmachen.

Industrie 4.0

Das Konzept „Industrie 4.0" beschreibt die vierte Stufe der industriellen Revolution: Stärker denn je werden Informations- und Kommunikationstechnologien mit Automatisierungs- und Produktionstechnologien verknüpft. Das Ergebnis sind sogenannte Cyber Physical Systems (CPS), in denen Maschinen, Lagersysteme, Werkstücke, Produkte und der Mensch als zentrales Element sowohl unternehmensintern als auch firmenübergreifend vernetzt werden und in Echtzeit miteinander kommunizieren können. Dies bedeutet im Einzelnen:
- Starre Produktionsstrukturen werden zu aktiven, autonomen und sich selbst organisierenden Produktionseinheiten entwickelt.
- Die zentrale Produktionsplanung und -steuerung wird durch dezentrale, ereignisgesteuerte Selbstregelung abgelöst.
- Intelligente Produkte sind eindeutig identifizierbar, jederzeit lokalisierbar und finden alternative und an Ereignisse angepasste Wege zu ihrem Zielzustand.
- Starre Wertschöpfungsketten werden zu agilen Wertschöpfungsnetzwerken, in denen jeder Partner hoch flexibel reagieren kann.
- Die digitale Vernetzung über die gesamte Wertschöpfungskette ermöglicht eine flexible, kundenindividuelle und effiziente Abwicklung.

Durch Industrie 4.0 sollen zwei zentrale Ziele verwirklicht werden:
- Kleine Losgrößen und maßgeschneiderte Produkte können zu Herstellkosten angeboten werden, die die Herstellkosten der Serienproduktion nicht wesentlich übersteigen.
- Eine flexible und schnelle, an den individuellen Kundenwünschen ausgerichtete Marktversorgung bei gleichzeitiger Ressourcenschonung wird möglich.

Vgl. die Umsetzungsempfehlung des Bundesministeriums für Forschung und Entwicklung (BMBF) – Zukunftsprojekt Industrie 4.0 (http://www.bmbf.de/de/19955.php; abgerufen am 19.06.2015)

6.4 Optimale Losgröße

Die mit der Vielfalt der Kundenwünsche zunehmende Variantenvielfalt führt unter fertigungstechnischen Aspekten zu sinkenden Losgrößen.

> **!** Die **Losgröße** ist die Anzahl eines einheitlichen Produktes, die ohne Unterbrechung auf einer Produktionsanlage hergestellt werden kann.

Die Produktionsanlage muss deshalb beim Wechsel von einer Variante auf eine andere Variante des Produktionsprogramms umgestellt (umgerüstet) werden. Dadurch entstehen sogenannte **Rüstkosten**, z. B. in Form von Lohnkosten für den Mitarbeiter, der diesen Umrüstvorgang vornimmt, und in Form von Stillstandskosten, da mit der Maschine während des Rüstvorgangs nicht produziert werden kann. Diese Kosten treten je Fertigungslos einmal auf, sie sind unabhängig davon, wie viele Stück pro Los gefertigt werden (Auflagenhöhe). Man bezeichnet sie deshalb auch als auflagenfixe Kosten.

> **!** **Auflagenfixe Kosten** sind von der Losgröße unabhängige Kosten.

Damit diese Kosten möglichst gering gehalten werden, ist es sinnvoll, die Umstellung der Produktionsanlage nicht zu häufig vorzunehmen und die Zahl der Fertigungslose möglichst gering zu halten bzw. die Auflagenhöhe möglichst groß zu planen.

Können die halb fertigen Erzeugnisse nicht direkt weiterbearbeitet oder die fertigen Produkte nicht sofort abgesetzt werden, müssen sie zunächst gelagert werden. Die auf diese Weise anfallenden Kosten der Lagerhaltung (z. B. Kosten für das Lagerpersonal oder Raumkosten) und die Zinskosten für das in den Vorräten gebundene Kapital müssen neben den Rüstkosten berücksichtigt werden. Die Lagerkosten sind auflagenvariabel, sie sind also von der Losgröße abhängig.

> **!** **Auflagenvariable Kosten** sind von der Losgröße abhängige Kosten.

Rüstkosten und Lagerkosten verlaufen in Abhängigkeit von der Zahl der Lose entgegengerichtet, d. h., eine große Anzahl von Losen führt zu hohen Rüstkosten, aber zu geringen Lagerkosten.

Beispiel: In der Fly Bike Werke GmbH werden Stahlrahmen robotergeschweißt, aber auch teilweise im Handschweißverfahren hergestellt. Das Produktionsprogramm des Unternehmens umfasst zwölf verschiedene Fahrradmodelle. Für jedes Modell und für jede Modellvariante werden unterschiedliche Rahmen benötigt, die alle mithilfe derselben Roboter gefertigt werden. Wird die Fertigung von einem Modell auf ein anderes umgestellt, muss auch die Fertigungsanlage umgerüstet werden.

Für das Modell Trekking *Light* soll die optimale Losgröße ermittelt werden. Aus der Primärbedarfsplanung ist bekannt, dass 3 600 Stück dieses Modells im Jahr 20X2 abgesetzt wurden. Wir gehen davon aus, dass diese Menge im Jahr 20X2 auch tatsächlich produziert worden ist. Die Herstellkosten für den Rahmen betragen 50,00 €.

Von der Controlling-Abteilung ist ermittelt worden, dass Rüstkosten in Höhe von 250,00 € zu berücksichtigen sind. Von dieser Abteilung wird außerdem ein Lagerkostensatz in Höhe von 20 % vorgegeben (Lagerhaltungskostensatz = 12 %, Zinskosten = 8 %). Damit stehen alle Daten zur Verfügung, um die optimale Losgröße zu ermitteln.

6 Fertigungsverfahren

1	2	3	4	5	6	7	8
Lose	Losgröße = Auflagenhöhe in Stück	Rüstkosten in €	Durchschnittlicher Lagerbestand in Stück	Durchschnittlicher Lagerbestandswert in €	Lagerkosten in €	Gesamtkosten in €	Kosten/Stück in € (aufgerundet)
	3 600/ Spalte 1	250 · Spalte 1	Spalte 2/2	Spalte 4 · 50,00 €	20 % von Spalte 5	Spalte 3 + Spalte 6	Spalte 7/ 3.600
1	3 600	250,00	1 800	90.000,00	18.000,00	18.250,00	5,07
2	1 800	500,00	900	45.000,00	9.000,00	9.500,00	2,64
3	1 200	750,00	600	30.000,00	6.000,00	6.750,00	1,88
4	900	1.000,00	450	22.500,00	4.500,00	5.500,00	1,53
5	720	1.250,00	360	18.000,00	3.600,00	4.850,00	1,35
6	600	1.500,00	300	15.000,00	3.000,00	4.500,00	1,25
7	514	1.750,00	257	12.857,14	2.571,43	4.321,43	1,20
8	450	2.000,00	225	11.250,00	2.250,00	4.250,00	1,18
9	400	2.250,00	200	10.000,00	2.000,00	4.250,00	1,18
10	360	2.500,00	180	9.000,00	1.800,00	4.300,00	1,19
11	327	2.750,00	164	8.181,82	1.500,00	4.386,36	1,22

In *Spalte 1* wird die Zahl der alternativ zu wählenden Lose eingegeben. Dividiert man die Jahresproduktionsmenge von 3 600 Stück durch die Losanzahl, so ergibt sich in *Spalte 2* die jeweilige **Auflagenhöhe**.

Die **Rüstkosten** in *Spalte 3* werden ermittelt, indem die auflagenfixen Kosten in Höhe von 250,00 € mit der jeweiligen Loszahl multipliziert werden.

Der **durchschnittliche Lagerbestand** in *Spalte 4* wird als einfacher Durchschnittswert zwischen Lageranfangsbestand und Lagerendbestand berechnet. Es wird davon ausgegangen, dass der Lagerbestand auf null sinkt, bevor aus der Fertigung eine Auffüllung des Lagers stattfindet (in der Höhe abhängig von der jeweiligen Losgröße).

Dividiert man die jeweilige Losgröße durch 2, so ergibt sich der durchschnittliche Lagerbestand. Multipliziert man den jeweiligen durchschnittlichen Lagerbestand mit den Herstellkosten für einen Rahmen in Höhe von 50,00 €, so ergeben sich die **durchschnittlichen Lagerbestandswerte** (*Spalte 5*).

Für die **Lagerkosten** wird ein Lagerkostensatz von 20 %, bezogen auf die jeweiligen durchschnittlichen Lagerbestandswerte, in Ansatz gebracht (*Spalte 6*).

Die **Gesamtkosten** in Spalte 7 errechnen sich aus der Summe der Werte aus den Spalten 3 und 6. Werden die jeweiligen Gesamtkosten durch die Jahresproduktionsmenge von 3 600 Stück geteilt, so erhält man die **Gesamtkosten je Stück** (*Spalte 8*).

Ergebnis: Das Minimum der Gesamtkosten je Stück liegt zwischen einer Losgröße von 450 und 400 Stück bzw. einer Losanzahl zwischen 8 und 9.

Das tabellarische Ergebnis kann mithilfe der **Andler'schen Losgrößenformel** genauer bestimmt werden:

$$\text{Optimale Losgröße} = \sqrt{\frac{200 \cdot \text{auflagenfixe Kosten} \cdot \text{Jahresproduktionsmenge}}{\text{Herstellkosten/Stück} \cdot \text{Lagerkostensatz}}}$$

$$= \sqrt{\frac{200 \cdot 250 \cdot 3.600}{50,00 \cdot 20}} = 424,26$$

Wird die Jahresproduktionsmenge durch die optimale Losgröße dividiert, so erhält man die Anzahl der Lose, die zu fertigen ist, um die Gesamtkosten pro Stück zu minimieren:

$$\text{Losanzahl} = \frac{3\,600}{424,26} = 8,49 \text{ Lose}$$

In der betrieblichen Praxis wird auf die Fertigung der optimalen Losgröße häufig verzichtet. Dies hat verschiedene Ursachen:
- Der Jahresbedarf an Fertigerzeugnissen beruht auf mit Unsicherheiten behafteten Prognosen.
- Der Marktzins unterliegt im zeitlichen Ablauf eines Jahres Schwankungen, sodass der Lagerkostensatz verändert werden müsste.
- Die Lagerkapazitäten sind durch die Festlegung eines Höchstbestandes häufig begrenzt, sodass es bei Fertigung der optimalen Losgröße zu Engpässen bei der Lagerhaltung kommen könnte.

ÜBERSICHT: Fertigungsverfahren

Fertigungsverfahren

Organisationstypen
- Werkstattfertigung
- Gruppenfertigung
- Fließfertigung

Produktionstypen
- Einzelfertigung
- Sortenfertigung
- Massenfertigung
- Chargenfertigung
- Serienfertigung

Aufgaben

1 Fertigungsverfahren

a Die industrielle Produktion verläuft in der Realität äußerst vielseitig. Der Produktionsprozess lässt sich planerisch nach zwei Gesichtspunkten differenzieren. Nennen Sie die beiden Aspekte zur Differenzierung der Produktionsprozessgestaltung.

b Differenzieren Sie die Produktionstypen Serien- und Sortenfertigung. Führen Sie jeweils ein Beispiel an.

c Erläutern Sie den Unterschied zwischen Werkstatt- und Fließfertigung. Beurteilen Sie beide Organisationstypen.

d Stellen Sie für die folgenden Beispiele fest, welcher Produktions- und welcher Organisationstyp vorliegt:

da In einem Elektrizitätswerk wird stets das gleiche Produkt in unbegrenzter Menge hergestellt. *Massenfertigung*

db In einer Maßschneiderei fertigt man Anzüge nach Kundenwunsch. *Einzelfertigung = Werkstattfließfertig.*

dc In einem Automobilwerk werden unterschiedliche Autos (Klein- und Mittelklassewagen, Bullis) am Band mit fester Zeitvorgabe montiert. *Serienfertigung = Fließfertigung*

dd In einem Blechwalzwerk stellt man verschieden starke Bleche auf einer Walzstraße her. Aufgrund hoher Qualitätsvorgaben besteht kein Zeitzwang. *Sortenfertigung = Fließfertigung*

de In einer Maschinenfabrik werden verschiedene Werkzeugmaschinen auf einer Produktionsstraße mit Stauräumen hergestellt. Aufgrund der Stauräume besteht kein Zeitzwang. *Einzelfertigung = Gruppenfertigung*

2 Sie arbeiten in der Rotkohl AG, einem rheinischen Hersteller hochwertiger Konserven. Die Verpackungsabteilung ist mit mehreren Universalaggregaten ausgestattet, da bei einem Sortenwechsel (z. B. zwischen dem Verpacken von Kohl bzw. Rüben) eine Umrüstung erforderlich ist. Der Jahresbedarf an zu verpackenden Rotkohlkonserven beträgt 25 000 Dosen. Für einen Rüstvorgang entstehen Kosten in Höhe von 16.800,00 €. Für die Lagerung von 1 000 Dosen entstehen dem Unternehmen jährlich 3.000,00 € Lager- und Zinskosten.

Anzahl der Lose	Losgröße in Stück	Rüstkosten in €	Lager-/Zinsk. in €	Gesamtkosten
1	25000	16800,-	75000	91800,-
2	12500	33600,-	37500	71100,-
3	8334	50400,-	25002	75400,-
4	6250	67200,-	18750	85950,-
5	5000	84000,-	15000	99000,-

(16800,- / je 1000 Stück 3000 €)
Muster! Bitte übertragen

a Ermitteln Sie auf der Basis der oben stehenden Tabelle die optimale Losgröße.

b Stellen Sie die Ergebnisse aus a) in Form einer Grafik dar; die X-Achse enthält die Anzahl der Lose, die Y-Achse die angefallenen Kosten.

c Berechnen Sie die optimale Losgröße mithilfe der Andler'schen Losgrößenformel (Herstellkosten/Stück = 0,7168 €).

d Von welchen Annahmen geht die klassische Losgrößenformel aus?

e Nennen und erläutern Sie drei mögliche Gründe, die die Rotkohl AG veranlassen könnten, von der optimalen Losgröße abzuweichen.

$0{,}7168 = x$
$3{,}- = 100$

7 Kosten und betriebliche Leistungserstellung

AB → Lernsituation 44

Bei der betrieblichen Leistungserstellung entstehen durch den Verbrauch von Produktionsfaktoren Kosten. Aufgabe der **Kosten- und Leistungsrechnung** ist es, diese präzise zu ermitteln. Auf dem mengenmäßigen Faktoreinsatz baut die Ermittlung der entstandenen Kosten auf. Aus dem Produkt von Menge und Preis der eingesetzten Produktionsfaktoren ergibt sich der kostenorientierte Wert eines Produktes. So können z. B. Material- und Fertigungskosten ermittelt werden.

Kosten- und Leistungsrechnung, vgl. LF 4

> **Kosten** sind sachzielbezogene und bewertete Güterverbräuche eines Unternehmens in einer Rechnungsperiode.

Leistung = Umsatzerlöse + Lagerleistungen

Den Kosten wird die Leistung gegenübergestellt. Die Leistung umfasst die Menge der in einer Abrechnungsperiode hergestellten Produkte bzw. Dienstleistungen, die ebenfalls mit entsprechenden Preisen bewertet werden. Die in einer Abrechnungsperiode verkauften Leistungen sind die sogenannten **Umsatzerlöse**. Der nicht verkaufte Teil geht ins Lager für Fertigerzeugnisse (Lagerleistungen). Auch diese Mengen müssen mit entsprechenden Preisen bewertet werden.

> **Leistungen** sind sachzielbezogene und bewertete Gütererstellungen eines Unternehmens in einer Rechnungsperiode.

Durch Gegenüberstellung von Kosten und Leistungen einer Abrechnungsperiode kann das sogenannte Betriebsergebnis ermittelt werden.

> Das **Betriebsergebnis** wird durch Gegenüberstellung von Kosten und Leistungen ermittelt. Es ist das Ergebnis der betrieblichen Leistungserstellung.

x = Stück
p = Verkaufspreis
k = Stückkosten

Betriebsergebnis = Leistungen − Kosten
Betriebsergebnis = $x \cdot p - x \cdot k$

Beispiel: Für das Modell Trekking *Light* setzt sich im Jahr 20XX das Betriebsergebnis aus folgenden Zahlen zusammen:

	Leistungen (Umsatzerlöse)	631.647,00 €
−	Kosten	741.590,00 €
=	Betriebsergebnis	− 109.943,00 €

Lagerleistungen für das Modell Trekking *Light* wurden 20XX nicht erbracht. Per Saldo liegt eine Bestandsminderung an fertigen und unfertigen Erzeugnissen dieses Modells in Höhe von 46.656 € vor, die in den Kosten berücksichtigt wurde.

Für das Modell Trekking *Light* ist im Jahr 20XX ein negatives Betriebsergebnis erwirtschaftet worden. Im Rahmen einer Analyse von Kosten und Leistungen für dieses Modell müsste festgestellt werden, wo detailliert die Gründe für dieses Ergebnis zu suchen sind.

Erwerbswirtschaftlich ausgerichtete Betriebe wie die Fly Bike Werke GmbH orientieren sich am Prinzip der **Gewinnmaximierung**. Dazu müssen sie wirtschaftlich handeln, indem sie für die Herstellung einer bestimmten Produktmenge versuchen, die kostenminimale Kombination an Produktionsfaktoren (Faktorkombination) zu wählen (**Minimalprinzip**). Dies erfolgt nicht nur für ein Produkt des Unternehmens, sondern für die gesamte Produktpalette. Im Rahmen der Kostenträgerzeitrechnung wird dem Mengengerüst (Faktoreinsätze) ein Wertgerüst (Faktorpreise) angegliedert und damit die Voraussetzung geschaffen, sich am Prinzip der **Wirtschaftlichkeit** zu orientieren.

Minimal- und Maximalprinzip, vgl. **Kap. 8**

Kostenträgerzeitrechnung, vgl. **LF 4, Kap. 3.3**

$$\text{Wirtschaftlichkeit} = \frac{\text{Leistungen}}{\text{Kosten}}$$

 Beispiel: Bezogen auf die vorliegenden Zahlen, ergibt sich für das Modell Trekking *Light* folgende Kosten-Wirtschaftlichkeit:

$$\text{Wirtschaftlichkeit} = \frac{631.647{,}00\ \text{€}}{741.590{,}00\ \text{€}} \approx 0{,}85$$

> **!** Bei einem positiven Betriebsergebnis liegt die Kosten-Wirtschaftlichkeit über 1 (> 1). Bei einem negativen Betriebsergebnis liegt die Kosten-Wirtschaftlichkeit unter 1 (< 1).

Die sogenannten **Kosteneinflussgrößen** wirken sowohl auf die Faktormengen als auch auf die Faktorpreise. Auch die Menge der hergestellten Produkte zählt zu den Kosteneinflussgrößen.

Die Geschäftsführung eines Industrieunternehmens interessiert sich für bestimmte **Kostenverläufe**, z. B. der Gesamtkosten, der Stückkosten, der variablen und der fixen Kosten. Von Bedeutung ist insbesondere die Abhängigkeit der Kosten vom sogenannten Beschäftigungsgrad.

> **!** $$\frac{\text{Beschäftigungsgrad}}{\text{(Kapazitätsauslastung)}} = \frac{\text{tatsächlich genutzte Kapazität} \cdot 100}{\text{vorhandene Kapazität (optimale Kapazität)}}$$

Es lassen sich nachfolgend verschiedene Kapazitätsarten unterscheiden:
- Die **Maximalkapazität** bezeichnet die technisch gesehen höchstmögliche Leistung; wird auch technische Kapazität genannt.
- Die **Optimalkapazität** liegt i. d. R. unter der Maximalkapazität und bezeichnet die Inanspruchnahme, bei der der Wirkungsgrad der Leistung am wirtschaftlichsten ist; sie wird auch wirtschaftliche oder optimale Kapazität genannt.

In Abhängigkeit vom Beschäftigungsgrad unterscheidet man variable und fixe Kosten.

> **!** **Variable Kosten** sind beschäftigungsgradabhängige Kosten.

> **!** **Fixe Kosten** sind beschäftigungsgradunabhängige Kosten.

Gesamt- und Stückkostenverläufe

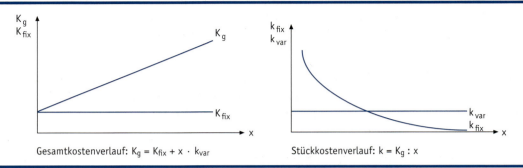

Gesamtkostenverlauf: $K_g = K_{fix} + x \cdot k_{var}$

Stückkostenverlauf: $k = K_g : x$

Deckungsbeitrag,
vgl. **LF 4, Kap. 4.1**

Der **Deckungsbeitrag**/Stück (db) ergibt sich aus folgender Rechnung:

Zielverkaufspreis	175,46 €
− variable Selbstkosten	160,11 €
Deckungsbeitrag/Stück (db)	15,35 €

Preis- und Konditionenpolitik,
vgl. **LF 10, Band 3**

Das Modell Trekking *Light* trägt bei jedem verkauften Fahrrad mit 15,35 € zur Deckung der fixen Kosten bei. Das reicht offensichtlich aus, das Modell weiterhin im Produktions- und Absatzprogramm zu halten, obwohl es ein negatives Betriebsergebnis erwirtschaftet.

Der **Gesamtdeckungsbeitrag** (DB) des Modells ergibt sich aus dem Produkt des Deckungsbeitrags/Stück (db) und dem Absatz in der zu betrachtenden Periode. Im Jahr 20XX wurde das Modell Trekking *Light* 3 600-mal verkauft.

Der Gesamtdeckungsbeitrag (DB) beträgt 3 600 · 15,35 € = 55.260,00 €.

Die Entwicklung der Fixkosten in Abhängigkeit vom Beschäftigungsgrad kann auch durch die Verwendung der Begriffe **Nutz- und Leerkosten** dargestellt werden.

> ❗ **Nutzkosten** stellen die Kosten der genutzten Kapazität dar. **Leerkosten** stellen die Kosten der nicht genutzten Kapazität dar.

Nutz- und Leerkosten

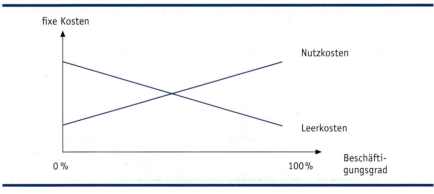

7 Kosten und betriebliche Leistungserstellung

Ein hoher Anteil variabler Kosten an den gesamten Selbstkosten macht es Betrieben aus Kostengesichtspunkten relativ einfach, sich an Beschäftigungsschwankungen anzupassen. Der sogenannte **Degressionseffekt** der fixen Kosten wirkt sich dann nicht sehr stark auf die Veränderung der Kosten pro Stück aus.

> Von **Auflagendegression** spricht man, wenn im Rahmen der Serienfertigung eine Produktionsanlage von einem Produkt auf ein anderes umgestellt wird. Es entstehen auflagenfixe Kosten.

auflagenfixe Kosten, vgl. **Kap. 6.4**

Auflagendegression

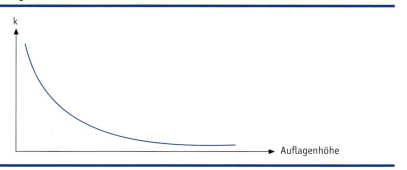

Stückkostenverlauf: $k = K/x$

Der Betrieb hat eine Vielzahl von Möglichkeiten, sich Beschäftigungsschwankungen anzupassen:
1. **zeitliche Anpassung:** Feierschichten oder Kurzarbeit
2. **intensitätsmäßige Anpassung:** z. B. durch höhere oder geringere Leistungsabgabe (z. B. bei Elektrizitätswerken)
3. **quantitative Anpassung:** z. B. durch Stilllegung von Betriebsanlagen, Entlassung von Arbeitskräften

Neben der Beschäftigung gibt es weitere Kosteneinflussgrößen, z. B. die Betriebsgröße, das Fertigungsprogramm oder die Organisation des Fertigungsablaufs. Alle Kosteneinflussgrößen lassen sich letztlich auf die drei wesentlichen **Hauptbestimmungsfaktoren** Faktorpreise, Faktorqualität und Faktorproportionen (Mengenverhältnis der Faktoren zueinander) zurückführen.

Aufgaben

1 Die Frischluft AG hat sich auf die Herstellung von Klimageräten spezialisiert. Mit den Geräten hat sie bisher vor allem Arztpraxen, medizinische Massagepraxen und Rechtsanwaltskanzleien ausgestattet. Zunehmend werden die Geräte auch von Privathaushalten abgenommen. Dem Unternehmen ist eine Fortentwicklung seines bisher produzierten Klimagerätes gelungen, das ihm Marktvorteile verschafft.

Die Geschäftsleitung ruft die Abteilungsleiter zu einer Lagebesprechung zusammen. Auf die günstige Situation soll mit Investitionen in den Bau einer neuen Produktionsanlage reagiert werden, auf der ausschließlich das neu entwickelte Produkt hergestellt werden soll. Drei Produktionsverfahren mit einer jeweiligen Kapazität von 10 000 Geräten pro Jahr stehen zur Auswahl:

Verfahren 1: Die fixen Kosten betragen 0,75 Mio. € (jährlich), die variablen Kosten je Stück 1.750,00 €.

Verfahren 2: Fixe Kosten fallen in Höhe von 2 Mio. € (jährlich) an, die variablen Kosten je Stück betragen 1.500,00 €.

Verfahren 3: Mit diesem Verfahren würde die Fertigung automatisiert. Die fixen Kosten betragen 4,95 Mio. € (jährlich), die variablen Kosten je Stück nur noch 1.100,00 €.

a Stellen Sie rechnerisch fest, ab welcher Produktionsmenge mit Verfahren 3 kostengünstiger als mit Verfahren 2 gearbeitet werden kann.

b Erstellen Sie eine Grafik, in der der Gesamtkostenverlauf der drei Verfahren dargestellt wird.

c Der Verkaufsleiter berichtet, dass er aufgrund von Markterkundungen in den nächsten fünf Jahren mit der folgenden Absatzentwicklung für das neu entwickelte Gerät rechnet (Zahlen in Tausend):

X1	X2	X3	X4	X5
5	7	9	10	10

Voraussetzung für diese Entwicklung ist, dass der technische Vorsprung gehalten werden kann. Der Marktpreis für ein Klimagerät soll 2.500,00 € betragen. Ermitteln Sie das Betriebsergebnis in den einzelnen Jahren unter Einsatz von Produktionsverfahren 3.

2 Im Januar stellt die Zentgraf GmbH 500 Kugelhähne her. Die Kalkulation für einen Kugelhahn ergibt die folgenden Werte:
- Herstellkosten: 200,00 €
- Selbstkosten: 240,00 €
- Verkaufspreis: 350,00 €.

Von den 500 im Januar hergestellten Kugelhähnen werden 400 Stück verkauft. Die restlichen 100 Stück gehen ins Lager für Fertigerzeugnisse. Berechnen Sie das Betriebsergebnis.

7 Kosten und betriebliche Leistungserstellung

3 Kostenarten

a Aus der Buchhaltung der WEMA GmbH sind folgende Kostenarten zu entnehmen: Gehälter, Materialkosten, Energiegrundgebühren, Telefongesprächsgebühren, Versicherungen, Miete. Prüfen Sie, ob es sich bei den genannten Kostenarten um fixe oder variable Kosten handelt.

b Die betriebswirtschaftliche Auswertung für die abgelaufenen zwei Monate ergeben bei der WEMA GmbH folgende Daten:

	Monat 1	Monat 2
Kapazität (Tische/Monat)	11 200	11 200
Preis (€/Tisch)	180,00 €	180,00 €
Beschäftigungsgrad (%)	85 %	72 %
Gesamtkosten €	752.160,00 €	667.712,00 €

Bereiten Sie die Entscheidungsfindung der Geschäftsleitung vor, indem Sie die nachfolgenden Größen ermitteln:

ba die Anzahl der tatsächlich hergestellten Tische in den beiden Monaten,
bb die Erlöse (E) der beiden Monate; dabei ist zu unterstellen, dass die gemäß Beschäftigungsgrad produzierten Mengen auch verkauft wurden,
bc die jeweiligen Monatsgewinne,
bd die gesamten Stückkosten für jeden Monat (k),
be die variablen Stückkosten (k_{var}),
bf die Fixkostenanteile (K_{fix}) an den Gesamtkosten pro Monat.

c Unterscheiden Sie zwischen Stückkosten und Gesamtkosten.

4 Die Krause GmbH, ein Zulieferbetrieb der Automobilindustrie, fertigt verschiedene Kunststoffteile und Baugruppen aus Kunststoff. Die Kunststoffteile werden einheitlich in Fließfertigung hergestellt, die komplexen Baugruppen werden gemäß den Kundenvorgaben in Gruppenfertigung zusammengebaut.

a Erläutern Sie die wichtigsten organisatorischen Merkmale, nach denen der Fertigungsablauf der Kunststoffteile und der Baugruppen gestaltet ist.
b Erläutern Sie je einen Vorteil für die beteiligten Arbeitnehmer und für die Krause GmbH, der mit dem Einsatz der Gruppenfertigung verbunden ist.
c Auf einer Spritzgussmaschine können in einer Stunde maximal 1 500 Stück gefertigt werden. Zurzeit werden im Durchschnitt 1 300 Stück produziert. Die Maschine läuft 300 Stunden im Monat. Die fixen Kosten der Maschine betragen 20.000,00 € im Monat. Der Materialverbrauch verursacht 0,10 € pro Stück, der Arbeitslohn pro Stück 0,02 €. Das Stück wird zu 0,19 € verkauft.
ca Wie viel % beträgt der Beschäftigungsgrad?
cb Wie viel € betragen die Kosten pro Stück, wie viel € die Gesamtkosten an diesem Arbeitsplatz pro Monat?
cc Wie viel € betragen die Gesamtkosten pro Stück an diesem Arbeitsplatz bei einem Beschäftigungsgrad von 70 %?
cd Erläutern Sie an diesem Beispiel die Fixkostendegression.

8 Rationalisierung

> **Beispiel:** Da die Fly Bike Werke GmbH ihre Marktanteile ausbauen will, müssen beträchtliche Anstrengungen unternommen werden, um sich gegen die Konkurrenz behaupten zu können. Dies zwingt den Produktionsleiter, Herrn Rother, zur Ausschöpfung aller Rationalisierungsmöglichkeiten. Dadurch sollen insbesondere die hohen Lohnkosten in der Fertigung aufgefangen werden. Die Fertigungskosten stellen den zweithöchsten Kostenanteil an den Selbstkosten zur Herstellung eines Fahrrades dar.

Rational handeln im ursprünglichen Sinne bedeutet vernünftig handeln. Im Wesentlichen ist damit das ökonomische Prinzip angesprochen. Es existiert in zwei Ausprägungen, dem **Minimal-** und dem **Maximalprinzip**.

> **Beispiel:** Die Fly Bike Werke GmbH möchte 1 000 Fahrräder des Modells City *Glide* mit einem möglichst geringen Material-, Personal- und Finanzaufwand produzieren. Hier wird nach dem **Minimalprinzip** verfahren, d. h., ein gegebener Output (hier: Fahrräder) ist mit einem möglichst geringen Input (hier: Material-, Personal- und Finanzaufwand) zu erreichen. Wenn mit einem gegebenen Input ein möglichst hoher Output erreicht werden soll, liegt das **Maximalprinzip** vor. Häufig hört man folgende Aussage: Erreiche einen möglichst hohen Output mit einem möglichst niedrigen Input. Schön wär's, aber wenn Sie diese Aussage durchdenken, müsste es möglich sein, die Weltbevölkerung mithilfe der Ernte aus einem Blumentopf zu versorgen. Fazit: Eine der Größen Input bzw. Output muss gegeben sein, die jeweils andere Größe wird gesucht.

Minimalprinzip
Der Mitteleinsatz soll zur Erreichung eines Ziels möglichst klein sein.

Maximalprinzip
Mit einem bestimmten Mitteleinsatz soll das maximale Ziel erreicht werden.

> ! **Rationalisierung** umfasst alle technischen und organisatorischen Maßnahmen in einem Betrieb, die dazu beitragen, die betriebliche Leistung mengenmäßig zu steigern, qualitativ zu verbessern, die Kosten zu senken und humanere Arbeitsbedingungen zu schaffen.

Ziele der Rationalisierung

Erhöhung der Produktivität und Wirtschaftlichkeit	Betriebsmittel, Werkstoffe und menschliche Arbeitskraft sollen möglichst ergiebig eingesetzt werden. Aufgrund der Käufermärkte (und der Steuerung des Unternehmens über die Absatzzahlen!) herrscht im Produktionsbereich vor allem das Minimalprinzip vor.
Verbesserung der Qualität der Erzeugnisse	Diese Zielsetzung lässt sich ebenfalls aus der Situation der Käufermärkte ableiten. Produkte (ebenso wie Dienstleistungen) werden nur dann vom Kunden (aus dem Konsumgüter- ebenso wie aus dem Investitionsgüterbereich) erworben, wenn sie fehlerfrei funktionieren, den gesetzlichen Vorschriften entsprechen und zugleich einen Nutzen stiften.
Humanisierung der Arbeitsbedingungen	Hierunter versteht man die bestmögliche, menschengerechte und menschenwürdige Gestaltung der Arbeitsbedingungen. Diese Zielsetzung gewinnt gerade in Zeiten des Facharbeitermangels an Bedeutung.

8 Rationalisierung

8.1 Ansatzpunkte für Rationalisierungsmaßnahmen

Alle Rationalisierungsmaßnahmen gehen von folgender Grundüberlegung aus: Ein einzelner Arbeitnehmer ist nicht mehr in der Lage, alle anfallenden Aufgaben zu erledigen. Zum einen nehmen die qualitativen Anforderungen zu, zum anderen sind die zu produzierenden Erzeugnisse innerhalb eines engen Zeitfensters herzustellen. Dadurch ist es erforderlich, die auszuführenden Arbeiten in Form von Arbeitsteilung zu erledigen.

> Allgemein umschreibt **Arbeitsteilung** eine bestimmte Form der Spezialisierung von Wirtschaftseinheiten (Produzenten, Produktionsstätten, Regionen) auf begrenzte Teilaufgaben innerhalb des gesamtwirtschaftlichen Leistungsprozesses.

Bei der Arbeitsteilung lassen sich zwei Grundformen unterscheiden:

Arbeitsteilung als **Mengenteilung** liegt vor, wenn der Umfang einer Aufgabe so groß wird, dass sie von den bisher dafür eingesetzten Arbeitskräften nicht oder nicht mehr rechtzeitig erledigt werden kann. Dies erfordert den Einsatz zusätzlicher Arbeitskräfte.

Arbeitsteilung als **Artteilung** liegt vor, wenn eine Arbeitsaufgabe in Teilaufgaben zerlegt wird. Dadurch sinken die Einarbeitungszeiten bei Neueinstellungen und die Umstellung auf ständig neue Arbeitsgänge entfällt.

Die Ansatzpunkte für Rationalisierungsmaßnahmen umfassen sowohl Einzelmaßnahmen als auch ganzheitliche und organisatorische Maßnahmen.

8.2 Einzelmaßnahmen

Einzelmaßnahmen knüpfen an die Erzeugnisse bzw. die Fertigungsverfahren an. Hierzu zählen Normung, Typung, das Baukastensystem, Spezialisierung und Rationalisierungsinvestitionen.

> Unter **Normung** versteht man die Vereinheitlichung von Einzelteilen, Fertigungsmaterial, Werkzeugen oder einfachen Erzeugnissen.

Die Festlegung von Normen erfolgt national durch das Deutsche Institut für Normung (**DIN**) in Zusammenarbeit mit den jeweiligen Fachnormenausschüssen (FNA) und international durch die International Organization for Standardization (**ISO**). Alle Normteile erhalten ein DIN-Zeichen und eine DIN-Nummer. Bezüglich ihres Inhalts unterscheidet man zwischen

- **Sicherheitsnormen** (zur Abwendung von Gefahren, z. B. das CE-Zeichen),
- **Qualitätsnormen** (Festlegung wesentlicher Produkteigenschaften, z. B. Härtegrad von Werkzeugen),
- **Maßnormen** (um den Austausch bzw. die Kombination von Teilen zu gewährleisten, z. B. Steckergrößen bei Elektroteilen) und
- **Verständigungsnormen** (sie ermöglichen die eindeutige und schnelle Verständigung).

Normen des DIN und der ISO
www.din.de
www.iso.org

> Die Vereinheitlichung von Enderzeugnissen bezeichnet man als **Typung**.

Erst durch die Typung lassen sich (Stück-)kostensenkende Effekte der Serien- und Massenfertigung nutzen. Gründe dafür sind z. B., dass die Vereinheitlichung hinsichtlich Art, Größe und Ausführung den Einsatz von Spezialmaschinen ermöglicht und die Umstellzeiten beim Wechsel der Produktion von einem Gut zum anderen verringert.

> Die Kombination von Normung und Typung bei mehrteiligen, komplexen Baugruppen (z. B. Industrieschränken, Motoren) bezeichnet man als **Baukastensystem**.

Durch das Baukastensystem wird der Fertigungsbetrieb in die Lage versetzt, individuelle Kundenwünsche zu befriedigen, ohne die Produktionsverfahren aufwendig umstellen zu müssen.

Spezialisierung bedeutet die Beschränkung auf die Herstellung nur eines oder nur weniger Produkte.

*Beschaffungsmarktforschung, vgl. **LF 6**, Band 2*

*Werbung, vgl. **LF 10**, Band 3*

*Lagerhaltung, vgl. **LF 6**, Band 2*

> **Beispiel:** Welche Einzelmaßnahmen finden wir bei der Fly Bike Werke GmbH vor? Im Bereich der Konstruktion und Entwicklung werden u. a. genormte Schrauben und Muttern verwendet. Dies bedeutet für den Konstrukteur im Endeffekt, dass er auf die Ergebnisse anderer Konstrukteure zurückgreifen kann und sich seine Entwicklungsarbeit dadurch beschleunigt. In der Montage werden vereinheitlichte Werkzeuge verwendet, z. B. Vierkantschlüssel und Sechskantschrauben. Zugekaufte Artikel, wie Fahrradbekleidung, genügen hohen Qualitätsanforderungen, die durch Prüfsiegel dokumentiert sind. Da die Qualitätsmerkmale bei Schrauben, Muttern und Spezialwerkzeugen bekannt sind, kann auf eine aufwendige Beschaffungsmarktforschung verzichtet werden. Ein Wechsel von einem Lieferanten zu einem anderen wird erleichtert, wenn beide die gleichen Normteile verwenden. Durch die Vereinheitlichung von Endprodukten sinken die Produktions- und Lagerkosten, was zu einer Verringerung des Lagerrisikos führt. Die Kalkulation wird genauer. Die Werbung wird effektiver, da diese die Qualität der gefertigten und bezogenen Markenartikel betont.

*Produktionsprogrammbreite, vgl. **Kap. 3.1***

> **Spezialisierung** auf eines oder nur wenige Produkte erfolgt im Rahmen der Festlegung der Produktionsprogrammbreite.

Bei **Rationalisierungsinvestitionen** geht es letztlich um die Frage, ab welcher Produktionsmenge welche Maschinen eingesetzt werden.

> **Beispiel:** In einem Unternehmen stellt sich die Frage, welche der beiden folgenden Anlagen zur Herstellung eines Spezialwerkzeuges eingesetzt werden soll. Als Entscheidungsgrundlage liegen folgende Daten vor:
>
> | Produktionsanlage | 1 | 2 |
> | --- | --- | --- |
> | Fixkosten pro Jahr | 80.000,00 € | 120.000,00 € |
> | variable Stückkosten | 5,00 € | 1,00 € |

8 Rationalisierung

Pro Geschäftsjahr lassen sich 20 000 Einheiten absetzen. Bei welcher Produktionsmenge x sind beide Produktionsverfahren gleich teuer?

Die Lösung ergibt sich durch Gleichsetzung der beiden Kostenfunktionen (Produktionsanlage 1: 80.000 + 5x = 120.000 + x) und Auflösung der Gleichung nach x. Als Ergebnis erhalten wir 10 000 Einheiten. Damit ist die Produktionskapazität zu 50 % ausgelastet (10 000 : 20 000 = 0,5 = 50 %).

Liegt die Produktion unter 10 000 Einheiten, ist Produktionsanlage 1 kostengünstiger, liegt sie über 10 000 Einheiten, ist Produktionsanlage 2 kostengünstiger.

8.3 Ganzheitliche Rationalisierungsmaßnahmen

Ganzheitliche Rationalisierungskonzepte beziehen sich auf die Produktionsverfahren und deren Abbildung durch rechnergestützte Modelle. Zu den wichtigsten Ansätzen zählen das Computer Integrated Manufacturing (CIM) sowie das Just-in-time-Konzept (JIT) in Verbindung mit dezentraler Produktionsplanung und -steuerung wie beim KANBAN-System.

8.3.1 Computer Integrated Manufacturing (CIM)

Das Computer-Integrated-Manufacturing-Konzept setzt sich aus den Basiskomponenten Grunddatenverwaltung, Produktionsplanung und -steuerung (PPS) sowie den verschiedenen Computer-Aided-Techniken (CA-Techniken) zusammen.

> **!** Das **CIM-Konzept** ist ein unternehmensweiter EDV-Ansatz für alle Prozesse im gesamten Beschaffungs-, Produktions- und Absatzbereich und steht für computerintegrierte Produktion.

- Im Rahmen der **Grunddatenverwaltung** geht es primär um die Erfassung von Stammdaten. Dazu zählen u.a. die verschiedenen Formen der Stücklisten, Arbeitspläne, Konstruktions- und Geometriedaten, Betriebsmittel, Werkzeuge, Lieferantenverzeichnisse usw. Die zentrale Verwaltung und Speicherung der Stammdaten ermöglicht die weitgehend redundanzfreie Speicherung dieser Informationen, den Ausschluss von Fehleingaben bei der Pflege dieser Daten usw.
- **PPS-Systeme** sind EDV-Systeme, die durch geeignete Informationssammlung sowie -aufbereitung und -bereitstellung den Produktionsplanungs- und -steuerungsprozess unterstützen und damit eine mengen-, termin- und kapazitätsgerechte Fertigungsorganisation gewährleisten sollen. PPS-Systeme decken dabei die betriebswirtschaftliche Seite der Produktionsautomatisierung ab.
- Durch die **CA-Techniken** wird die technische Seite der Produktionsautomatisierung abgedeckt. Sie steuern den Betrieb von numerisch gesteuerten Maschinen und Transporteinrichtungen für Wareneingang, Lager, Fertigung und Versand. **CAD**-Systeme (Computer Aided Design) bieten EDV-Unterstützung im Konstruktions- und Entwurfsbereich, beispielsweise durch computerunterstütztes technisches Zeichnen, Normteilbibliotheken, Zeichnungsverwaltung und automatische Stücklistengenerierung. Mithilfe von CAE (Computer Aided Engineering) werden Computersimulationen ermöglicht. Die Planung von Arbeitsabläufen und -terminen erfolgt im Rahmen des CAP (Computer Aided Planning).

Stücklisten, vgl. **Kap. 4.2**

Arbeitsplan, vgl. **Kap. 5.4.1**

CAD
computerunterstütztes Zeichnen

CAE
Computersimulation

CAP
computerunterstützte Arbeitsplanung

CAM (Computer Aided Manufacturing) steuert und überwacht den Einsatz der im Fertigungsprozess eingesetzten Betriebsmittel. **CAQ-Systeme** (Computer Aided Quality Assurance) schließlich unterstützen die Qualitätskontrolle beispielsweise durch Stichprobenauswahl, Entwicklung von Prüfverfahren und Messdatenauswertung.

CAM
computerunterstützte Fertigung

> **Beispiel:** Im Rahmen des CAP werden u. a. Programme für numerisch gesteuerte Werkzeugmaschinen (CNC-Maschinen) erstellt. Die Programmierung setzt dabei zunächst verbale Formulierungen in Entscheidungstabellen um. In diesen werden Bedingungen und Maßnahmen als Wenn-dann-Beziehung verknüpft.
>
> Auf der Maschine 7612 soll ein Werkstück gefertigt werden. Folgende Werte sind dabei zu beachten: „Fertige ein Werkstück auf der Maschine 7612, wenn die Höhe kleiner als 3, die Breite kleiner als 20 und die Länge kleiner als 50 ist. In diesem Fall ist das Ausgangsmaterial A zu verwenden." Diese Formulierung wird anschließend von dem zuständigen Meister der Arbeitsplanung in eine Entscheidungstabelle umgesetzt.
>
> | | | Regel 1 | Regel 2 | Regel 3 | Regel 4 |
> |---|---|---|---|---|---|
> | | Höhe | <3 | <6 | ≥3 | Breite |
> | | Breite | <20 | ≥20 | | |
> | ≥50 | Länge | <50 | <50 | <50 | ≥50 |
> | | Ausgangsmaterial | A | B | C | D |
> | | Werkzeugmaschine | 7612 | 7613 | 7614 | 7615 |
>
> Nun liegen alle notwendigen Angaben vor, um die CNC-Werkzeugmaschinen zu programmieren. Ein CNC-Programm enthält alle technologischen und geometrischen Informationen, um das Werkzeug herstellen zu können. Die Programmierung kann per Hand oder durch spezielle Programmiersprachen erfolgen.

Werden die genannten Systeme (Grunddatenverwaltung, PPS, CA-Techniken) rechnergestützt integriert und mit weiteren Systemen gekoppelt, z. B. der Außendienststeuerung (z. B. Tourenplanung von Vertretern), der Unternehmensplanung (z. B. Management-Informationssysteme) oder dem Rechnungswesen (z. B. Finanzbuchhaltungssysteme), so entsteht daraus ein **unternehmensweites CIM-System**.

Ziel eines solchen Systems ist die durchgängige DV-Unterstützung aller betrieblichen Abläufe, beginnend bei der Konstruktion und Produktentwicklung über die Materialwirtschaft, Logistik, Arbeitsvorbereitung, Produktion bis zum Marketing und Vertrieb. Diese Funktionen sind eingebettet in die unternehmensweite strategische Planung, in die Finanzplanung und in das Rechnungswesen.

Das Y-CIM-Modell

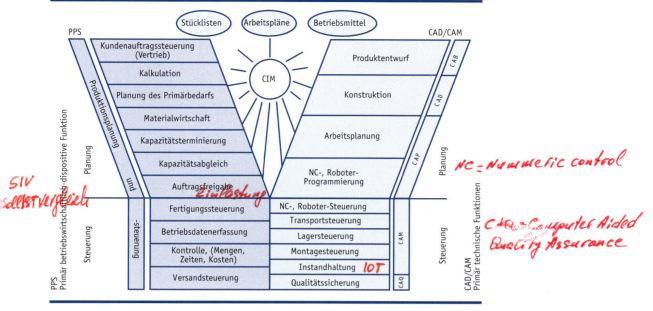

Nach: Scheer, August-Wilhelm; Sander, Jörg: PPS-Trainer, Berlin 1997

8.3.2 Produktionslogistik als selbststeuernder Regelkreis (KANBAN-System)

Beispiel: In der zentral organisierten Produktionsplanung und -steuerung der Fly Bike Werke GmbH werden alle planerischen und steuernden Aufgaben durch zentrale Stellen übernommen. Die ausführenden Stellen haben keine Möglichkeit zur eigenverantwortlichen Ausführung ihrer Tätigkeiten, da sie diese nicht selbstständig planen und steuern können.

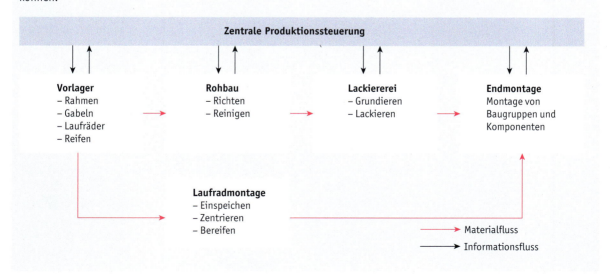

Mit einer **zentralen Produktionsplanung und -steuerung** ist das **Push-Prinzip** (Bring-Prinzip) verbunden. Ein Auftrag wird zentral in Teilaufträge zerlegt, um diese anschließend durch den Produktentstehungsprozess zu „schieben". Die Aufnahme einzelner Tätigkeiten erfolgt von den auszuführenden Stellen nicht selbstständig durch Erkennen eines Bedarfes in einer nachfolgenden Produktionsstufe, sondern durch die Vorgabe einer Produktionsplanung von außen.

Push-Prinzip

→ Push-Prinzip (Bring-Prinzip)

Input → Materialien in der Fertigung → Output

Bei der **dezentralen Produktionsplanung und -steuerung** wird der Zulieferant oder der vorgelagerte Arbeitsplatz aufgefordert, neues Material anzuliefern, wenn Material benötigt wird (z. B. weil ein Mindestbestand unterschritten wird).

> ! Das **KANBAN-System** ist eine Form der dezentralen Produktionsplanung und -steuerung. Material wird nicht mehr von vorgelagerten an nachgelagerte Arbeitsplätze weitergeleitet, sondern in umgekehrter Richtung: nachgelagerte Arbeitsplätze entnehmen von vorgelagerten nur das gerade benötigte Material in der Menge und zu dem Zeitpunkt (Just-in-time-Prinzip), zu dem es gerade benötigt wird.

Just in time (in der Beschaffung), vgl. LF 6, Band 2

Just in time (JIT) steht für „Produzieren auf Abruf". Zu jeder Zeit und auf allen Fertigungs- oder Logistikstufen wird gerade nur so viel beschafft, hergestellt und geliefert, wie aktuell notwendig ist.

Im KANBAN-System wird die Aufforderung, neues Material anzuliefen, durch einen KANBAN (jap. Karte, Zettel) erteilt, der grundsätzlich mit der Ware bei jedem Los transportiert wird und z. B. bei Anbruch des Loses zur neuen Anlieferung zurückgegeben wird. Es gelten strenge Regeln für die Fertigung, besonders der Grundsatz, dass nur gefertigt werden darf, wenn ein KANBAN zur Fertigung vorliegt, und dass nur einwandfreie Teile angeliefert werden dürfen. Damit wird die terminorientierte, zentrale Steuerung herkömmlicher Methoden durch die bedarfsorientierte, dezentrale Steuerung ersetzt.

Wenn KANBAN nutzbringend angewandt wird, bewirkt es Veränderungen in den Abläufen und im Verhalten der Menschen. Der Informationsfluss ändert sich radikal:
- Der Lieferant entscheidet nicht mehr darüber, wann er bereit und in der Lage ist, das Vorprodukt bereitzustellen, sondern Liefermenge und Lieferzeit werden davon bestimmt, wann der Abnehmer Materialien benötigt.
- Die auszuführenden Stellen erkennen selbstständig ihren Bedarf und fordern benötigte Materialien an (**Pull-Prinzip** bzw. Hol-Prinzip).
- Damit wird auch das Bewusstsein geschärft, dass alle Aktivitäten auf den Kunden ausgerichtet sind.

Pull-Prinzip

Vorteile des KANBAN-Systems:
- Reduzierung der Durchlaufzeiten
- Bestandssenkung bei der Vor-, Zwischen- und Nachlagerung und dadurch Reduzierung von Lagerkosten
- Verminderung von Ausschuss und Abfällen
- Vereinfachung der Arbeitsablauforganisation
- Steigerung der Flexibilität der Produktion im Hinblick auf wechselnde Kundenanforderungen

Ablauforganisation, vgl. **LF 2, Kap. 6.6**

Nachteile des KANBAN-Systems:
- Reduzierung der Lagerkosten und Just-in-time-Beschaffung können Preissenkungsspielräume in der Beschaffung mindern.
- Zahl der Transporte nimmt zu; Risiko des „Verkehrsinfarkts" auf der Straße steigt, sofern nicht der Verkehrsweg Schiene genutzt wird.

Besonders geeignet ist das KANBAN-System für eine Serienfertigung, auch wenn kleine Lose gefertigt werden. Darüber hinaus sind Absprachen intern zwischen den einzelnen Fertigungsstufen und extern mit Zulieferanten nützlich, z. B. darüber, dass die angeforderten Materialien innerhalb einer bestimmten Frist in genau der bestellten Menge und einwandfreier Qualität auf einen definierten Platz zu stellen sind. Weitere **Voraussetzungen** für den Einsatz eines KANBAN-Systems sind:

Serienfertigung, vgl. **Kap. 6.2**

- flexible Produktionsmittel
- kurze Rüstzeiten
- fehlerfreie Produktion
- Akzeptanz von Leerlauf bei Mitarbeitern und Anlagen
- Ursachenanalyse bei Störungen, danach schnelle Beseitigung der Störungen

8.4 Moderne Organisationsformen

8.4.1 Lean Management

Als Unternehmensphilosophie hat Lean Management wesentlichen Einfluss auf den Erfolg eines Unternehmens. Ausgangspunkt der Lean-Management-Bewegung war eine Untersuchung des US-amerikanischen Massachusetts Institute of Technology (MIT), das Anfang der 1990er-Jahre Unternehmen der Automobilindustrie in 14 Ländern miteinander verglich.

Die japanischen (und koreanischen) Autoproduzenten unterschieden sich in folgenden Punkten von entsprechenden europäischen und amerikanischen Unternehmen: höhere Produktqualität, höherer Anteil von Gruppenarbeit, niedrigere Lagerbestände, kürzere Lieferzyklen, niedrigere Fertigungskosten, flexibleres Eingehen auf Kundenwünsche und flachere Hierarchien.

> **Lean Management** („schlankes" Management) wird von einem Unternehmen dann praktiziert, wenn die Anzahl der Hierarchieebenen und die Anzahl der administrativen Stellen möglichst gering sind.

Als Grundprinzipien des Lean Managements kristallisierten sich drei Gesichtspunkte heraus:
- das **Kaizen-Prinzip**, das in allen Unternehmensbereichen, d. h., nicht nur in der Fertigung, permanente Veränderungen in kleinen Schritten anstrebt (Kai = Wandel, zen = das Gute),
- das Prinzip des **Total Quality Managements**, das eine absolute Fehlerfreiheit bei der Durchführung aller Unternehmensprozesse, verbunden mit einer weitgehenden Mitarbeiterqualifizierung, fordert.,
- das **Just-in-time-Prinzip**, das auf einer produktionssynchronen und kostengünstigeren Materialbeschaffung sowie einem schnellen Fertigungsfluss basiert.

Just in time, vgl. Kap. 8.3.2 und LF 6, Band 2

AB → Lernsituation 45

8.4.2 Total Quality Management (TQM)

Marktforschung, vgl. LF 10, Band 3

> **Beispiel:** In den letzten Jahren drängen immer mehr asiatische Fahrradproduzenten mit Billigprodukten auf den deutschen Fahrradmarkt. Diese sind im Vergleich zu den Produkten der Fly Bike Werke GmbH erheblich preiswerter. Die Geschäftsführung des Unternehmens macht sich Gedanken darüber, wie der eigene Marktanteil gehalten und eventuell ausgebaut werden kann. Um zuverlässige Daten zu erhalten, wird ein Marktforschungsinstitut mit der Durchführung einer Kundenbefragung beauftragt.
>
> Wesentliches Ergebnis dieser Studie ist, dass die Produkte der Fly Bike Werke GmbH qualitativ bedeutend hochwertiger sind als die ausländischen Fahrräder. Die Kundenzufriedenheit sinkt sowohl bei einem „Zuwenig" an Qualität als auch indirekt (über den Preis) bei einem „Zuviel" an Qualität. Es wird beschlossen, den Qualitätsgesichtspunkt in zukünftigen Werbekampagnen verstärkt in den Vordergrund zu stellen. Leitmotto: „Qualität hat ihren angemessenen Preis!"

In Zeiten zunehmender Globalisierung müssen sich nationale Produkte in ihrer Qualität in immer stärkerem Maße mit internationalen Produkten messen lassen. Ursprünglich wurde der **Qualitätsbegriff** vor allem mit dem der Qualitätskontrolle gleichgestellt, d. h. der Qualitätsprüfung nach Abschluss der Produktfertigung.

Produktlebenszyklus, vgl. LF 10, Band 3

Nach modernem Verständnis durchzieht die Qualitätsforderung alle Funktionen eines Unternehmens und umfasst somit sämtliche Stationen im Lebenszyklus eines Produktes. Die Qualität eines Gutes hängt sowohl von der technischen Beschaffenheit als auch von den Anforderungen bzw. Ansprüchen an die Nutzung ab. Beide Kriterien führen dazu, dass Qualität zu einem **subjektiven Begriff** wird.

Qualität orientiert sich an den Wünschen und Vorstellungen der **Kunden**, nicht etwa der Produzenten. Für diese umfassende kundenbezogene Sicht der Qualitätssicherung hat sich der Begriff Total Quality Management (TQM) herausgebildet.

> **Total Quality Management (TQM)** ist ein umfassendes Qualitätsmanagement, das sich durch alle Bereiche eines Unternehmens zieht und ein Mitwirken aller Mitarbeiter verlangt. Beim TQM stehen die Qualität und Kundenzufriedenheit im Mittelpunkt.

TQM beinhaltet drei Dimensionen, die sich in der folgenden Reihenfolge herausgebildet haben:

- **Ergebniskontrolle:** Mess- und Prüfvorgänge sollen herausfinden, ob das bezogene bzw. hergestellte Produkt den technischen und funktionalen Vorgaben und Wünschen des Kunden entspricht. Ist dies nicht der Fall, so muss nachgearbeitet bzw. über Garantieleistungen Ersatz beschafft werden. Beides führt zu einer Erhöhung der Kosten, d. h. zu einem verringerten Gewinn.
- **Total Quality Control (TQC):** Qualität muss nicht nur laufend nachträglich festgestellt, sondern „proaktiv" von vornherein und fertigungssynchron „hineinproduziert" werden. Dieses Konzept der Fehlervermeidung bezeichnet man als „Null-Fehler-Strategie". Diese soll prozessbegleitend erfolgen durch Wareneingangskontrollen in der Beschaffung, Kontrolle der einzelnen Arbeitsschritte (durch spezielle Qualitätsbeauftragte ebenso wie durch jeden Mitarbeiter) in der Produktion und im Absatz.
- **Total Quality Management (TQM):** Neben TQC soll ein umfassendes Qualitätsbewusstsein aller Mitarbeiter auf allen Unternehmensebenen erreicht werden, im Rechnungswesen beispielsweise gemessen an der Anzahl der Fehlbuchungen, im Vertrieb an der Anzahl der Kundenreklamationen. Im Idealfall ist jeder Mitarbeiter für die Ergebnisse seiner Arbeit verantwortlich und muss Abweichungen zwischen der geforderten und der erreichten Qualität vertreten und letztlich auch abstellen können.

Konsequenzen des TQM

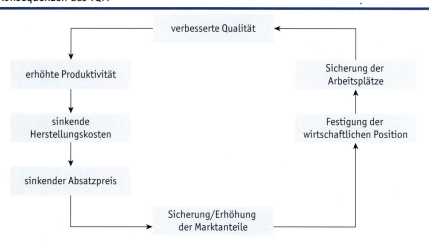

www.tqm.com
www.quality.de

TQM geht von der Überlegung aus, dass der (interne und externe) Kunde die Messlatte für die zu erbringende Leistung setzt. 1987 veröffentlichte die International Organization for Standardization (ISO) die **Normenreihe ISO 9000–9004**, die unverändert vom Deutschen Institut für Normung (DIN) übernommen wurde. Sie umfasst weitgehend branchenneutral und sehr allgemein Regeln für den Aufbau von Qualitätssicherungssystemen, die den Prinzipien von TQC und TQM entsprechen. Aufbau, Anwendung und Dokumentation eines Qualitätssicherungssystems werden durch

Normung nach DIN und ISO, vgl. **Kap. 8.2**

ein entsprechendes Zertifikat nachgewiesen; dieses eignet sich sehr gut als Verkaufsargument für Werbezwecke und Öffentlichkeitsarbeit.

DIN ISO 9000er-Serie

Kernnorm	Inhalt
DIN EN ISO 9000	allgemeine Zielsetzungen und Begriffe für Qualitätsmanagementsysteme sowie Anleitungen zu deren Darstellung
DIN EN ISO 9001	Der Umfang der Qualitätssicherung und deren Nachweis beziehen sich auf **alle Leistungsprozesse:** Entwicklung, Konstruktion, Teilefertigung, Montage, Instandhaltung und Service.
DIN EN ISO 9002	Diese Normen werden seit dem Jahr 2003 nicht mehr angewendet. (Ausnahme: DIN EN ISO 9003 wird in der Medizintechnik noch gelegentlich verwendet.)
DIN EN ISO 9003	
DIN EN ISO 9004	weitergehende unverbindliche Empfehlungen zur Einrichtung eines Qualitätssicherungssystems

8.5 Sonstige Ansätze

Weitere Rationalisierungsmöglichkeiten ergeben sich durch die Nutzung moderner Informations- und Kommunikationstechniken. Von Bedeutung sind u. a. die Robotik und das Rapid Prototyping.

Industrieroboter sollen Mitarbeiter von Arbeiten entlasten, die monoton sind, in einer belastenden Arbeitsumgebung durchgeführt werden müssen oder aufgrund ihrer Schwere zu gesundheitlichen Schäden führen. Sie übernehmen z. B. Montage- oder Lackierarbeiten. Industrieroboter erfordern eine komplexe Steuerung, die sich nur durch leistungsfähige Prozessoren realisieren lässt. Ihr Anteil hat vor allem in den Industrieländern stark zugenommen, fast die Hälfte aller Roboter wird in Japan eingesetzt.

Beim **Rapid Prototyping** (schnelle Vormusterherstellung) werden Modellwerkstücke aus 3D-CAD-Modellen hergestellt. Im Unterschied zu der Herstellung von Werkstücken, die auf der Basis von CNC-Maschinen gefertigt werden, bestehen die Modelle aus sehr vielen dünnen Schichten. Rapid Prototyping setzt man bei folgenden Modellen ein: Designmodelle, Ergonomiemodelle, Funktionsmodelle, Gussmodelle, Musterwerkstücke.

8.6 Nachteilige Auswirkungen der Rationalisierung

Rationalisierungsmaßnahmen führen zweifelsohne zu einer kostengünstigeren Produktion und tragen damit zu einer Erhöhung der Wirtschaftlichkeit und Rentabilität bei. Trotzdem wird die Rationalisierung nicht nur als vorteilhaft betrachtet.

Personalabbau
Moderne Fertigungsverfahren führen zu einem **Personalabbau** vor allem gering qualifizierter Hilfskräfte.

Daraus folgt, dass alle Arbeitskräfte im Fertigungsbereich ständig **fortgebildet werden müssen**, um mit neuen technologischen Anforderungen Schritt halten zu können. Dies setzt eine hohe Lernbereitschaft und ein steigendes Maß an Flexibilität, verbunden mit der Fähigkeit, in Teams zu arbeiten, voraus. Dieser Trend setzt sich auch in der Büroarbeit durch, wo die dort Beschäftigten vor allem beim Einsatz von DV-Systemen zusätzliche Kenntnisse benötigen.

Allerdings können sogenannte **Rationalisierungsschutzabkommen** die negativen Folgen von Rationalisierungsmaßnahmen für die Arbeitnehmer abmildern. Dies sind Vereinbarungen, die zwischen Arbeitgebern und Gewerkschaften – meist in der Form von Tarifverträgen – geschlossen werden. Sie können z. B. enthalten:

- Informationsverpflichtungen gegenüber Betriebs- und Personalrat
- Regelungen zur (vorübergehenden) Sicherung des sozialen Besitzstands (z. B. Bereitstellung zumutbarer neuer Arbeitsplätze bei Umgruppierungen)
- Bestimmungen über die Erschwerung der Kündigung

Gefahr wirtschaftlicher Konzentration

Rationalisierungsmaßnahmen verlangen einen hohen Kapitaleinsatz, den nicht jedes Unternehmen verkraftet. Dadurch wächst die **Gefahr wirtschaftlicher Konzentration**, da nur so die enormen Investitionen aufgebracht werden können. Die Konzentration kann den wirtschaftlichen Wettbewerb einschränken, wenn nicht entsprechende rechtliche Beschränkungen ergriffen werden.

Manipulation der Verbraucher

Hohe Produktionszahlen setzen voraus, dass die gefertigten Erzeugnisse auch abgesetzt werden, was nur durch den verstärkten Einsatz von Werbemaßnahmen erreicht werden kann. Verbraucherschützer fürchten hier eine **Manipulation der Verbraucher**, da Bedürfnisse künstlich erzeugt werden.

8.7 Produktionscontrolling

Beispiel: Der Controller eines Industriebetriebs gibt dem Produktionsleiter ein Budget in Höhe von 5 Mio. € für das laufende Quartal vor (Planung). Am Ende dieses Zeitraums stellt er fest, dass insgesamt 5,5 Mio. € angefallen sind (Kontrolle). Diese Soll-Ist-Abweichung ist u. a. auf den ungeplanten Anfall von Überstunden sowie die Verteuerung von Zulieferteilen zurückzuführen. Für das nächste Quartal wird das Budget auf 5,3 Mio. € erhöht, in diesem Betrag ist die Verteuerung der Zulieferteile in Höhe von 0,3 Mio. € bereits einkalkuliert. Das Produktionsmanagement hat zusätzliche fertigungssynchrone Qualitätssicherungsmaßnahmen beschlossen, um Überstunden weitestgehend zu vermeiden.

Während der Controller der „Lotse" eines Schiffes ist, hat das Management dieses als „Kapitän" zu lenken.

> **Produktionscontrolling** umfasst die Planung, Steuerung und Kontrolle von Produktionsprozessen.

Controllingmaßnahmen im Fertigungsbereich lassen sich z.B. mithilfe einer Reihe von **Kennzahlen** durchführen.

Fragestellung	Kennzahlen (Auswahl)
Welche produktionstechnischen Anforderungen müssen berücksichtigt werden?	– Durchlaufzeit (insgesamt) – Zusammensetzung der Durchlaufzeit (Arbeit, Transport, Lagerung usw.) – Anzahl der herzustellenden Varianten – Anzahl der Auftragseingänge pro Zeiteinheit – Kapazität der Betriebsmittel (insgesamt/pro Zeiteinheit)
Wurden die Arbeitskräfte und das Material produktiv eingesetzt?	– Arbeitsproduktivität – Materialproduktivität – Betriebsmittelproduktivität
Wie hoch ist die Rentabilität des gebundenen Kapitals?	– Lagerkapazitätsauslastung – Höhe der Nutz- bzw. Leerkosten – Verbrauchs- und Beschäftigungsabweichung
Welche Ausschusskosten sind entstanden?	– Höhe der Ausschusskosten (insgesamt) – Ausschusskosten für Material-, Arbeits-, Konstruktionsfehler usw. – Verhältnis der Ausschusskosten zu den gesamten Produktionskosten
Welche Kosten entstanden für Qualitätssicherungsmaßnahmen?	– Fehlerverhütungskosten – Prüfkosten – Fehlerkosten – Verhältnis der Kosten für Qualitätssicherungsmaßnahmen zu den gesamten Produktionskosten
Sind Kosten für Betriebsunterbrechungen und -störungen entstanden?	– Stillstandskosten (laufend, einmalig) – Wiederanlaufkosten – Stillsetzungskosten – Verhältnis der Summe der Kosten für Betriebsunterbrechungen und -störungen zu den gesamten Produktionskosten

Im Rahmen von Management-Informationssystemen (MIS) werden einzelne Kennzahlen zu Kennzahlenpyramiden verknüpft. Dies hat den Vorteil, dass Veränderungen einer Kennzahl in ihrer Auswirkung auf andere Kennzahlen in einen sachlogischen Zusammenhang gebracht werden können.

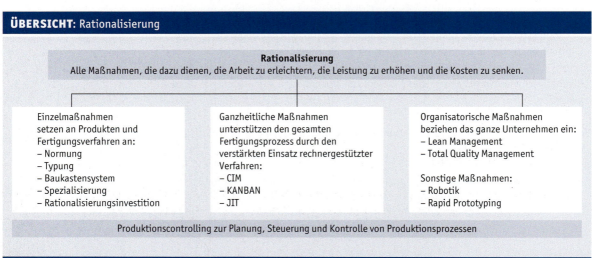

ÜBERSICHT: Rationalisierung

Rationalisierung
Alle Maßnahmen, die dazu dienen, die Arbeit zu erleichtern, die Leistung zu erhöhen und die Kosten zu senken.

Einzelmaßnahmen setzen an Produkten und Fertigungsverfahren an:
– Normung
– Typung
– Baukastensystem
– Spezialisierung
– Rationalisierungsinvestition

Ganzheitliche Maßnahmen unterstützen den gesamten Fertigungsprozess durch den verstärkten Einsatz rechnergestützter Verfahren:
– CIM
– KANBAN
– JIT

Organisatorische Maßnahmen beziehen das ganze Unternehmen ein:
– Lean Management
– Total Quality Management

Sonstige Maßnahmen:
– Robotik
– Rapid Prototyping

Produktionscontrolling zur Planung, Steuerung und Kontrolle von Produktionsprozessen

Aufgaben

1 Um welche Form der Rationalisierung handelt es sich?
   a In einem Automobilunternehmen werden für alle Modelle nur sechs verschiedene Automotoren verwendet.
   b Die International Organization for Standardization erarbeitet Richtlinien für die Abmessung von Schrauben, Nägeln und Muttern.
   c Eine Möbelfabrik montiert Küchenschränke aus vorgefertigten Elementen für Schubladen, Türen usw.
   d Alle in der Fertigung benötigten Werkstoffe, Stücklisten und Arbeitsverfahren usw. werden rechnergestützt verwaltet.

2 Die Meyer AG, Berlin, fertigt Transformatoren. Die monatlichen Fixkosten belaufen sich auf 2 Mio. €., die variablen Kosten auf 25.000,00 € je Fertigungseinheit. Eine Unternehmensberatung empfiehlt, das gegenwärtige Produktionsverfahren durch ein moderneres zu ersetzen. Die fixen Kosten des neuen liegen um 25% über denen des gegenwärtigen Verfahrens, während sich die variablen Kosten des moderneren auf nur noch 80% des veralteten Verfahrens belaufen.
   a Welche Gründe sprechen für den Ersatz der alten Anlage durch eine modernere Variante?
   b Lohnt sich rechnerisch der Ersatz der alten durch die neue Anlage bei einer monatlichen Produktions- und Absatzmenge von
   ba 80 Stück,
   bb 120 Stück?
   c Ermitteln Sie die Produktions- und Absatzmenge, bei der beide Verfahren gleich teuer sind.

3 Die Schultz GmbH, Rostock, weist in den letzten beiden Geschäftsjahren folgende Zahlen aus:

	Vorjahr	Berichtsjahr
Ertrag	22.570.760 €	23.625.870 €
Aufwand	19.890.630 €	21.350.820 €
Eigenkapital	16.345.900 €	17.125.690 €
Fremdkapitalzinsen	1.320.100 €	9.332.400 €
Gesamtkapital	40.000.000 €	120.000.000 €
Produktions- und Absatzmenge	50 000 Stück	80 000 Stück
geleistete Arbeitsstunden	1 100 Std.	1 200 Std.
Maschinenlaufstunden	2 000 Std.	2 000 Std.
Umsatz	75.220.000 €	81.111.360 €

   a Ermitteln Sie folgende Kennzahlen:
   aa Arbeitsproduktivität
   ab Betriebsmittelproduktivität
   ac Wirtschaftlichkeit
   ad Eigenkapitalrentabilität
   ae Gesamtkapitalrentabilität
   af Umsatzrentabilität
   b Berechnen Sie für die oben genannten Kennzahlen die prozentualen Veränderungen gegenüber dem Vorjahr.
   c Welche Gründe könnten für die Abweichungen zwischen Berichts- und Vorjahr verantwortlich sein?

1 Dreisatz (Schlussrechnung) 452
2 Durchschnittsrechnen 457
3 Prozentrechnung 460
4 Verteilungsrechnen 468
5 Währungsrechnen 475
6 Zinsrechnen 481

Kaufmännisches Rechnen

Kaufmännisches Rechnen

1 Dreisatz (Schlussrechnung)

Die Dreisatzrechnung ist grundlegend für andere Rechenverfahren, z. B. Prozent-, Verteilungs-, Zinsrechnen, Preiskalkulationen. Beim Dreisatz wird von einem bekannten Verhältnis über den Schluss auf eine Einheit auf ein neues Verhältnis geschlossen.

Der Dreisatz wird daher auch Schlussrechnung genannt.

1.1 Einfacher Dreisatz mit proportionalem Verhältnis

Dreisatz in Tabellenform:

Kg	€
5	45,00
14	?

 Beispiel: 5 kg Ware kosten 45,00 €. Wie viel € kosten 14 kg dieser Ware?

Zunächst sollte man ein logisches Ergebnis schätzen, um eventuelle Eingabefehler am Taschenrechner oder Fehler bei der Multiplikation oder Division feststellen zu können: Ein Mehr an Ware (kg) bedeutet auch ein Mehr an Wert (€). Dies ist logisch, denn wer mehr einkauft, muss dafür auch mehr bezahlen: 14 kg sind ca. das Dreifache von 5 kg, daher muss als Ergebnis auch ca. der dreifache Preis herauskommen.

Hier liegt ein einfacher Dreisatz mit proportionalem (geradem) Verhältnis vor, d. h. eine Vermehrung der ersten Größe (z. B. Menge) bewirkt eine Vermehrung der zweiten Größe (z. B. Preis) und eine Verminderung der ersten Größe (z. B. Menge) eine Verminderung der zweiten Größe (z. B. Preis).

Das ? steht für die gesuchte vierte Größe („wie viel?").

 Proportionales Verhältnis:
Je mehr, desto mehr und je weniger, desto weniger.

Ausführliche Lösung in drei Schritten (Dreisatz)

Bedingungssatz (→ gegebenes Verhältnis):	5 kg kosten 45,00 €.
Fragesatz (→ gesuchte Größe):	14 kg kosten ? € ?
Dreisatz:	1. Gegeben ist: 5 kg → 45,00 € 2. Schluss auf die Einheit (1 kg = 5. Teil von 5 kg) → $\frac{45{,}00\ €}{5\ kg}$ = 9 €/kg 3. Schluss auf das Mehrfache (14 kg) → 9,00 €/kg · 14 kg = 126,00 €
Ergebnis:	14 kg der Ware kosten 126,00 €.

Lösung in verkürzter Darstellung

Bedingungssatz:	5 kg → 45,00 €.
Fragesatz:	14 kg →? €
Bruchsatz:	? € = $\frac{45{,}00\ € \cdot 14\ kg}{5\ kg}$ = 126,00 €
Ergebnis:	14 kg der Ware kosten 126,00 €.

! Beim einfachen Dreisatz mit proportionalem Verhältnis wird zuerst dividiert (Schluss auf eine Einheit), dann multipliziert (Schluss auf das Mehrfache).

1 Dreisatz (Schlussrechnung)

Aufgaben

1 Wenn 7,5 kg einer Ware 247,50 € kosten, wie viel kosten dann 2,5 kg?

2 Die Versandabteilung benötigt für das erste Quartal in insgesamt 64 Arbeitstagen 4 000 m² Verpackungsfolie. Wie viel m² Verpackungsfolie werden in den drei nachfolgenden Quartalen mit 192 Arbeitstagen benötigt, wenn das Verpackungsvolumen je Quartal gleich bleibt?

3 Ermitteln Sie das Gewicht für folgende Ware: A4-Blätter (29,7 cm · 21 cm; 16 Blätter = 1 m²), 80 g/m² im Wellpappkarton mit 5 000 Blatt.

4 Bei einem Brand entsteht ein Schaden von 500.000,00 €. Das Lager war versichert mit 7.500.000,00 €. Zur Zeit des Brandes hatte der Lagerbestand einen Wert von 10.000.000,00 €; das Lager war also unterversichert. Welchen Betrag zahlt die Versicherung?

5 1000 Blatt Kopierpapier kosten im Einkauf 7,20 €. Wie viel € kostet eine Palette mit 40 Kartons, wenn jeder Karton 5 Pakete zu je 1 000 Blatt enthält?

6 In einer Preisliste werden Overheadfolien zum Preis von 24,70 € je 100 Folien angeboten. Wie viel € muss ein Kunde bezahlen, wenn er 2 500 Folien bestellt?

7 Ein neuer Drucker für die Verkaufsabteilung kann 8 Rechnungen in der Minute erstellen. Wie viele Rechnungen können an einem späten Nachmittag eines Arbeitstages noch erstellt werden, wenn bis zum Arbeitsende noch 1,5 Stunden verbleiben?

8 Die Vorgabezeit für das manuelle Buchen von 12 Zahlungseingängen beträgt 30 Minuten.
   a Ermitteln Sie die Vorgabezeit für das manuelle Buchen von 280 Zahlungseingängen.
   b Nach dem Einsatz eines Computers mit einem Finanzbuchhaltungsprogramm wird die Vorgabezeit auf 8 Minuten für 12 Zahlungseingänge reduziert. Errechnen Sie die eingesparte Vorgabezeit bei 360 Zahlungseingängen.

1.2 Einfacher Dreisatz mit umgekehrt proportionalem Verhältnis

Beispiel: 6 Lagerarbeiter benötigen für die Inventur im Fremdbauteilelager 12 Tage. Durch Krankheit fallen 2 Arbeiter aus. Wie viele Tage werden nun für die Inventurarbeiten benötigt?

Inventur, vgl. **LF 3, Kap. 2.1**

Zunächst wird wiederum auf ein logisches Ergebnis geschlossen: Ein Weniger an Lagerarbeitern bedeutet ein Mehr an Zeit (Tagen). Dies ist logisch, denn wenn weniger Arbeiter (4) das gleiche Arbeitsvolumen wie 6 Arbeiter schaffen sollen, dann benötigen sie mehr Zeit.

Hier liegt ein einfacher Dreisatz mit umgekehrt proportionalem (ungeradem) Verhältnis vor, d. h., eine Verminderung der ersten Größe (z. B. Arbeiter) bewirkt eine Vermehrung der zweiten Größe (z. B. Zeit) und eine Vermehrung der ersten Größe (z. B. Arbeiter) eine Verminderung der zweiten Größe (z. B. Zeit).

Kaufmännisches Rechnen

Dreisatz in Tabellenform:

Aushilfskräfte	Tage
6	12
4	?

! Umgekehrt proportionales Verhältnis:
Je mehr, desto weniger und je weniger, desto mehr.

Ausführliche Lösung in drei Schritten (Dreisatz)

Bedingungssatz (→ gegebenes Verhältnis):	6 Arbeiter benötigen 12 Tage.
Fragesatz (→ gesuchte Größe):	4 Arbeiter benötigen ? Tage?
Dreisatz:	1. Gegeben ist: 6 Arbeiter → 12 Tage 2. Schluss auf die Einheit (1 Arbeiter; 6fache Zeit) → 6 · 12 Tage = 72 Tage 3. Schluss auf das Mehrfache (4 Arbeiter, 4. Teil der Zeit, die ein Arbeiter benötigen würde) → $\frac{72 \text{ Tage}}{4}$ = 18 Tage
Ergebnis:	4 Arbeiter benötigen für die Inventur 18 Tage.

Lösung in verkürzter Darstellung

Bedingungssatz:	6 Arbeiter → 12 Tage
Fragesatz:	4 Arbeiter → ? Tage
Bruchsatz:	? Tage = $\frac{6 \cdot 12 \text{ Tage}}{4}$ = 18 Tage
Ergebnis:	4 Arbeiter benötigen für die Inventur 18 Tage.

! Beim einfachen Dreisatz mit umgekehrt propotionalem Verhältnis wird zuerst multipliziert (Schluss auf eine Einheit), dann dividiert (Schluss auf das Mehrfache).

Aufgaben

1 125 Unternehmen betreiben Gemeinschaftswerbung, der Kostenbeitrag für jeden Partner beträgt 4.000,00 €. 5 Unternehmen scheiden aus dem Markt aus.
   a Wie hoch ist der Kostenbeitrag für die verbliebenen Unternehmen?
   b Um wie viel € erhöht sich der Kostenbeitrag je Unternehmen?

2 Für Verpackungsarbeiten sind 45 Arbeitskräfte eingesetzt, die täglich 6 Stunden arbeiten. 9 Arbeitskräfte kündigen. Wie lautet der Bruchsatz zur Ermittlung der Stunden, die die übrigen Arbeitskräfte jetzt länger arbeiten müssen?

3 Bei einem Heizölvorrat kommt ein Betrieb bei einem täglichen Verbrauch von 600 l 120 Tage aus. Durch sparsames Heizen wird der Verbrauch um 100 l täglich gesenkt. Wie viele Tage reicht der Vorrat jetzt?

4 18 Arbeitskräfte reinigen ein Verwaltungsgebäude in 6 Stunden. Die Arbeit soll jedoch in 4 Stunden erledigt sein. Wie viele Arbeitskräfte müssen dazu beschäftigt werden?

5 18 Angestellte benötigen für eine Abschlussarbeit 45 Stunden, für den nächsten Abschluss werden 3 Angestellte zusätzlich abgestellt. Wie viele Stunden werden jetzt benötigt?

1.3 Zusammengesetzter Dreisatz

Der zusammengesetzte Dreisatz setzt sich aus mehreren einfachen Dreisätzen mit proportionalem und/oder umgekehrt proportionalem Verhältnis zusammen, die in einem Arbeitsgang (mit einem Bruchsatz) gelöst werden sollen.

Beispiel: Die Inventur im Fremdbauteilelager der Fly Bike Werke GmbH hat zum Geschäftsjahresende 20X1 mit 12 Arbeitskräften, die insgesamt 23 600 Komponentensets gezählt und bewertet haben, 6 Arbeitstage gedauert. Vor Beginn der Inventurarbeiten zum Geschäftsjahresende 20X2 erkranken 2 Arbeitskräfte. Wie lange werden die Inventurarbeiten im Fremdbauteilelager dauern, wenn 10 Mitarbeiter gemäß den Beständen der Artikelkartei insgesamt 32 800 Komponentensets zählen und bewerten müssen?

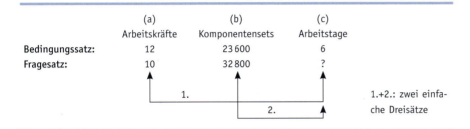

Alle Paare, die ein Verhältnis darstellen (a = Arbeitskräfte, b = Komponentensets), müssen zu der gesuchten Größe (c = Arbeitstage) in Beziehung gesetzt werden. Dabei muss jeweils geprüft werden, ob ein proportionales oder ein umgekehrt proportionales Verhältnis vorliegt.

1. Dreisatz: Verhältnis Arbeitskräfte (a) zu Arbeitstagen (c)

Bedingungssatz:	12 Arbeitskräfte → 6 Arbeitstage
Fragesatz:	10 Arbeitskräfte → ? Arbeitstage
1. Bruchsatz:	? Arbeitstage = $\dfrac{6 \text{ Tage} \cdot 12 \text{ Arbeitskräfte}}{10 \text{ Arbeitskräfte}}$ = 7,2 Tage

Arbeitskräfte	Arbeitstage
12	6
10	?

Im 1. Dreisatz liegt ein umgekehrt proportionales Verhältnis vor: Weniger Arbeitskräfte benötigen mehr Arbeitstage.

2. Dreisatz: Verhältnis Komponentensets (b) zu Arbeitstagen (c)

Bedingungssatz:	23 600 Komponentensets → 6 Arbeitstage
Fragesatz:	32 800 Komponentensets → ? Arbeitstage
2. Bruchsatz:	? Arbeitstage = $\dfrac{6 \text{ Tage} \cdot 32\,800 \text{ Sets}}{23\,600 \text{ Sets}}$ = 8,34 Tage

Sets	Arbeitstage
23 600	6
32 800	?

Im 2. Dreisatz liegt ein proportionales Verhältnis vor: Mehr Komponentensets sind in mehr Arbeitstagen zu erfassen.

Im zusammengesetzten Dreisatz werden die jeweiligen einfachen Dreisätze zu einem Bruchsatz zusammengefasst, wobei der erste Dreisatz nur um das Verhältnis der weiteren Paare ergänzt wird. Der Wert der gemeinsamen Größe aus dem Bedingungssatz (hier: 6 Tage) darf nur einmal im Bruchsatz erscheinen.

1. Bruchsatz:	? Arbeitstage = $\dfrac{6 \cdot 12}{10}$
2. Bruchsatz:	? Arbeitstage = $\dfrac{6 \cdot 32\,800}{23\,600}$
Zusammengesetzter Bruchsatz:	? Arbeitstage = $\dfrac{6 \cdot 12 \cdot 32\,800}{10 \cdot 23\,600}$ = 10,00678
Ergebnis:	10 Arbeitskräfte können die Inventurarbeiten für 32 800 Komponentensets in ca. 10 Tagen erledigen.

Aufgaben

1 In der Wareneingangsstelle einer Druckerei werden 240 t Zeitungspapier erwartet. Für das Abladen und Einlagern mit Gabelstaplern rechnet man, dass 3 Stapler 30 t in 20 Minuten bewältigen. Für die erwartete Zeitungspapierlieferung stehen 5 Stapler zur Verfügung. In wie vielen Minuten ist diese Sendung eingelagert?

2 Für den Druck von 600 Frühjahrspreislisten zu je 4 Seiten hat ein Drucker mit einer Leistung von 20 Seiten pro Minute insgesamt 2 Stunden benötigt. Wie viele Stunden dauert die Erstellung der neuen Herbstpreisliste in einer Auflage von 800 Stück mit je 6 Seiten, wenn ein neuer Drucker 40 Seiten pro Minute ausdruckt?

3 Eine Druckerei erhält den Auftrag, 300 Kataloge zu erstellen. Bei Einsatz von 3 Druckmaschinen und je 4 Stunden Druckzeit je Tag werden insgesamt 6 Arbeitstage benötigt. Um den Auftrag in 2 Arbeitstagen erfüllen zu können, setzt die Druckerei 4 Druckmaschinen ein. Wie viele Stunden je Tag müssen diese Maschinen im Einsatz sein?

4 Für die Herstellung von 100 000 Stücken des Bauteils „eu34" benötigen 4 Mitarbeiter bei 8 Stunden täglicher Arbeitszeit insgesamt 2 Arbeitstage. Die Zahl der Arbeitnehmer in dieser Produktionsstätte wird um einen Mitarbeiter erhöht. Durch die zusätzliche Übernahme der Produktion des Bauteils „eu38" verbleiben für die Produktion des Bauteils „eu34" nur noch 6 Stunden täglich, obwohl die Anzahl der benötigten Bauteile „eu34" auf 120 000 Stück gestiegen ist. In wie vielen Arbeitstagen ist die notwendige Produktionsmenge des Bauteils „eu34" herzustellen.

2 Durchschnittsrechnen

2.1 Einfacher Durchschnitt

Durchschnittswerte, z. B. durchschnittliche Umsätze, durchschnittliche Lagerbestände, Umsätze je Reisender, werden zur Beurteilung der Wirtschaftlichkeit herangezogen. Beim Durchschnittsrechnen wird aus der Summe mehrerer Werte ein **Mittelwert** errechnet. Die einzelnen Werte müssen immer die gleiche Benennung haben.

Der **Mittelwert** wird oft auch als arithmetisches Mittel bezeichnet.

Beispiel: Ein Industrieunternehmen hat am Jahresanfang einen Erzeugnisbestand im Wert von 48.000,00 €. Am Jahresende beträgt der Wert des Erzeugnisbestandes 52.000,00 €. Wie hoch ist der durchschnittliche Wert des Erzeugnisbestands (durchschnittlicher Lagerbestand) des Geschäftsjahres?

Werte/Anzahl	Werte	Anzahl der Werte
Anfangsbestand	48.000,00 €	1
Endbestand	+ 52.000,00 €	+ 1
Summe	= 100.000,00 €	= 2

! einfacher Durchschnitt = $\frac{\text{Summe der Werte}}{\text{Anzahl der Werte}}$ = $\frac{100.000,00\ €}{2}$ = 50.000,00 €

Ergebnis: Der durchschnittliche Wert des Erzeugnisbestands des Geschäftsjahres beträgt 50.000,00 €.

Aufgaben

1 Eine Papierfabrik ermittelt für die Erzeugnisgruppe Kopierpapier jeden Monat den aktuellen Bestand. Ermitteln Sie den durchschnittlichen Bestand für Kopierpapier für die folgenden Geschäftsjahre.

	1. Jahr (in €)	2. Jahr (in €)	3. Jahr (in €)
Anfangsbestand am 01.01.	40.000,00	49.000,00	35.000,00
Endbestand Januar	45.000,00	34.000,00	25.000,00
Endbestand Februar	22.000,00	22.000,00	17.000,00
Endbestand März	18.000,00	15.000,00	13.000,00
Endbestand April	18.000,00	15.000,00	14.000,00
Endbestand Mai	25.000,00	18.000,00	16.000,00
Endbestand Juni	17.000,00	12.000,00	12.000,00
Endbestand Juli	25.000,00	20.000,00	18.000,00
Endbestand August	28.000,00	21.000,00	20.000,00
Endbestand September	35.000,00	29.000,00	23.000,00
Endbestand Oktober	32.000,00	25.000,00	22.000,00
Endbestand November	36.000,00	30.000,00	21.000,00
Endbestand Dezember	49.000,00	35.000,00	24.000,00

2 Zwei Industrieunternehmen ermitteln für 20XX folgende Warenbestände:

Werte in €	Industrieunternehmen A	Industrieunternehmen B
Anfangsbestand	85.000,00 €	124.000,00 €
Endbestand 1. Quartal	120.000,00 €	95.000,00 €
Endbestand 2. Quartal	125.000,00 €	90.000,00 €
Endbestand 3. Quartal	112.000,00 €	110.000,00 €
Endbestand 4. Quartal	82.000,00 €	105.000,00 €

Berechnen Sie den durchschnittlichen Warenbestand für beide Unternehmen im Geschäftsjahr 20XX.

2.2 Gewogener Durchschnitt

Der gewogene Durchschnitt ist immer dann zu berechnen, wenn ein Mittelwert aus den Ergebnissen mehrerer Multiplikationen von zwei verschiedenen Größen gesucht wird. Das ist z. B. immer der Fall, wenn unterschiedliche Mengen mit verschiedenen Preisen bewertet werden müssen. Der gewogene Durchschnitt ist hier die Summe aller Einzelwerte (Menge · Preis), geteilt durch die Gesamtmenge.

Beispiel: Der Inventurbestand für Schrauben besteht aus mehreren Lieferungen zu unterschiedlichen Preisen.

Lieferungsdatum	Anzahl der Pakete	Preis je Paket in €
18.11.20XX	48	24,00
02.12.20XX	64	25,00
14.12.20XX	320	25,40

Wie hoch ist der durchschnittliche Einstandspreis für 1 Paket Schrauben?

Der gewogene Durchschnitt wird oft am besten mithilfe einer Tabelle berechnet:

[1] Multiplikation der Pakete mit dem jeweiligen Preis pro Paket
[2]+[3] Summenbildung
[4] Division: Gesamteinkaufswert : Summe der Pakete

(a) Anzahl der Pakete	(b) Preis je Paket in €	(c) Wert der Lieferung in €[1]
48	24,00	48 · 24,00 € = 1.152,00 €
64	25,00	64 · 25,00 € = 1.600,00 €
320	25,40	320 · 25,40 € = 8.128,00 €
Gesamtanzahl der Werte: 432 Pakete[2]		Summe der Werte: 10.880,00 €[3]

durchschnittlicher Einstandspreis pro Paket: $\dfrac{10.880,00\ €}{432\ \text{Pakete}} = 25{,}19\ €/\text{Paket}$[4]

Ergebnis: Der durchschnittliche Einstandspreis der am Inventurtag vorhandenen Pakete mit Schrauben beträgt 25,19 €.

! gewogener Durchschnitt = $\dfrac{\text{Summe der gewichteten Werte}}{\text{Anzahl der Werte}}$

Aufgaben

1 Der Inventurbestand für Kopierpapier in Standardqualität besteht aus Restbeständen mehrerer Lieferungen zu unterschiedlichen Preisen. Wie hoch ist der durchschnittliche Einstandspreis für ein Paket Kopierpapier?

Lieferungsdatum	Anzahl der Pakete	Preis je Paket in €	Wert der Lieferung in €
20.11.20XX	24	3,60	?
08.12.20XX	280	3,90	?
19.12.20XX	5 200	4,05	?

2 Folgende Warenbestände wurden zum Geschäftsjahresende im Rahmen der Stichtagsinventur aufgenommen:

Art der Ware	Kopierpapier		Overheadfolien		Faxrpapierrollen	
Mengen je Einheit Preise je Einheit	Menge	Preis €	Menge	Preis €	Menge	Preis €
Bestände aus verschiedenen Lieferungen	500	4,30	300	24,00	260	12,10
	230	4,10	780	25,10	680	11,30
	920	4,50	640	25,50	890	12,50

a Berechnen Sie den durchschnittlichen Einstandspreis je Einheit eingekaufter Waren für jeden Warenbestand.
b Berechnen Sie den Gesamtwert aller Waren.

3 Die Reisekosten aller Außendienstmitarbeiter eines Industrieunternehmens betragen im Monat Januar 19.555,70 €, im Monat Februar 23.800,60 € und im Monat März 20.382,60 €. Um die Kosten für das restliche Geschäftsjahr schätzen zu können, möchte der zuständige Sachbearbeiter im Rechnungswesen (Controller) die durchschnittlichen Reisekosten je Monat ermitteln.
a Berechnen Sie die durchschnittlichen Reisekosten je Monat im 1. Quartal.
b Wie hoch wird die Reisekostenschätzung für das Jahr 20XX, wenn von einer gleich bleibenden Reisetätigkeit ausgegangen werden muss?

4 Der Umsatz (in €) in der Kantine eines Industrieunternehmens betrug in der 48. Kalenderwoche:

Montag	Dienstag	Mittwoch	Donnerstag	Freitag
3.200,00	4.600,00	2.200,00	4.900,00	1.200,00

Ermitteln Sie den durchschnittlichen Umsatz je Tag.

5 Ein Papierhersteller hat folgende Kopierpapierlieferungen an verschiedene Kunden zu unterschiedlichen Preisen in Rechnung gestellt:

Kunde	Anzahl der Pakete	Preis je Paket
Copy Shop	2 500	5,10 €
Klammer & Co.	8 200	4,80 €
Alldruck GmbH	1 000	6,00 €
Heinrich Kleist	1 000	4,10 €

Berechnen Sie den Durchschnittsverkaufspreis für diese Kopierpapierlieferungen.

3 Prozentrechnung

3.1 Grundbegriffe der Prozentrechnung

Die Prozentrechnung wird u.a. zur Berechnung von Preisnachlässen, Sozialabgaben, zur Kalkulation von Preisen und zur Bilanzauswertung angewendet. Mit ihrer Hilfe werden absolute Zahlen vergleichbar gemacht (bei der Auswertung der Bilanz sind diese absoluten Werte €-Beträge). Dies geschieht, indem man die absoluten Zahlen in Relation zur Basis 100 Prozent setzt. Üblicherweise benutzt man für **Prozent** abgekürzt „v.H." (von Hundert) oder das Zeichen „%".

Prozent
lat. pro centum (für das Hundert) = von Hundert (v.H.) = %

> ! In der Prozentrechnung unterscheidet man die folgenden Größen:
> Prozentsatz = p   Prozentwert = w   Grundwert = G

Von diesen Größen sind jeweils zwei bekannt. Die dritte, gesuchte Größe wird mithilfe des Dreisatzes berechnet. Grundwert und Prozentwert haben immer die gleiche Benennung (hier: €).

3.2 Prozentsatz

Beispiel: Die deutschen mittelständischen Industrie- und Handelsunternehmen verfügen über eine Eigenkapitalquote von durchschnittlich 15,1 % der Bilanzsumme. Ein mittelständisches Industrieunternehmen möchte wissen, ob seine Eigenkapitalquote (Grad der Eigenfinanzierung) über dem Durchschnitt liegt. Es ermittelt auf Basis der Bilanz folgende Werte:

	Aktiva	Bilanzwerte in €	Passiva	
Gesamt-vermögen	Anlagevermögen	300.000,00	Eigenkapital 630.000,00	Gesamt-kapital
	Umlaufvermögen	600.000,00	Fremdkapital 270.000,00	
	Summe Aktiva	900.000,00	Summe Passiva 900.000,00	

Die Eigenkapitalquote ist der Anteil des Eigenkapitals in % am Gesamtkapital des Unternehmens. Das Gesamtkapital entspricht also dem Grundwert und damit 100 %.

Lösungsweg (mit Dreisatz)

Gegeben sind:	**G**rundwert (Gesamtkapital in €): 900.000,00 € **P**rozentwert (Eigenkapital in €): 630.000,00 €
gesuchte Größe:	**P**rozentsatz (Eigenkapital in % des Gesamtkapitals)
Dreisatz:	1. Gegeben ist: 900.000,00 € = 100 % 2. Schluss auf die Einheit (1,00 €) → $\dfrac{100\%}{900.000,00\ €}$ 3. Schluss auf das Mehrfache → $\dfrac{100\% \cdot 630.000,00\ €}{900.000,00\ €} = 0{,}70 = 70\%$
Ergebnis:	Die Eigenkapitalquote des Industrieunternehmens liegt bei 70 % und damit deutlich über dem ermittelten Durchschnittswert.

3 Prozentrechnung

Lösungsweg in verkürzter Darstellung

Grundwert (G): 900.000,00 €	Prozentwert (w): 630.000,00 €	Prozentsatz (p): ? €
Bedingungssatz:	900.000,00 € → 100 %	
Fragesatz:	630.000,00 € → ? %	
Bruchsatz:	$?\% = \dfrac{630.000{,}00\ € \cdot 100\ \%}{900.000{,}00\ €} = 0{,}70 = 70\ \%$	
Ergebnis:	Die Eigenkapitalquote des Industrieunternehmens liegt bei 70 %.	

In den nachfolgenden Kapiteln wird der Lösungsweg in dieser verkürzten Darstellung gezeigt.

€	%
900.000,00	100
630.000,00	?

Formel zur Berechnung des Prozentsatzes:

$$\text{Prozentsatz} = \frac{\text{Prozentwert} \cdot 100\ \%}{\text{Grundwert}} = \frac{\text{Prozentwert} \cdot 1}{\text{Grundwert}} = \frac{\text{Prozentwert}}{\text{Grundwert}} \rightarrow p = \frac{w}{G} \qquad 100\ \% = \frac{100}{100} = 1$$

Aufgaben

1 Die Bilanzwerte dreier Industrieunternehmen sind zu vergleichen:

Werte in €	Industrieunternehmen 1	Industrieunternehmen 2	Industrieunternehmen 3
Anlagevermögen	48.000,00	370.000,00	890.000,00
Umlaufvermögen	52.000,00	630.000,00	1.910.000,00
Eigenkapital	60.000,00	800.000,00	800.000,00
Fremdkapital	40.000,00	200.000,00	2.000.000,00

Ermitteln Sie für jedes Industrieunternehmen
  a das Gesamtkapital,
  b die Eigenkapitalquote in Prozent des Gesamtkapitals,
  c die Fremdkapitalquote in Prozent des Gesamtkapitals,
  d das Gesamtvermögen,
  e den Anteil des Anlagevermögens am Gesamtvermögen in Prozent,
  f en Anteil des Umlaufvermögens am Gesamtvermögen in Prozent.

2 Das Umlaufvermögen eines Industrieunternehmens in Höhe von 1.000.000,00 € setzt sich wie folgt zusammen:
  I.   Vorräte   600.000,00 €
  II. Forderungen   250.000,00 €
  III. Flüssige Mittel   ? €

Berechnen Sie
  a den Wert der flüssigen Mittel in €,
  b den Anteil der Vorräte am Umlaufvermögen in Prozent,
  c den Anteil der flüssigen Mittel am Gesamtvermögen des Industrieunternehmens, wenn das Anlagevermögen des Unternehmens 200.000,00 € beträgt,
  d die Eigenkapitalquote in Prozent, wenn das Eigenkapital des Unternehmens 400.000,00 € beträgt.

3 Das Eigenkapital eines Unternehmens ist in einem Geschäftsjahr um 60.000,00 € gestiegen. Berechnen Sie die Eigenkapitalerhöhung in Prozent, wenn das Eigenkapital am Jahresanfang 250.000,00 € betrug.

4 Das Sachanlagevermögen eines Unternehmens hat sich wie folgt entwickelt:

	Wert 20X1	Wert 20X2
1. Maschinen	120.000,00 €	160.000,00 €
2. BGA	68.000,00 €	72.000,00 €
3. Fuhrpark	36.000,00 €	12.000,00 €

Berechnen Sie a die Werteveränderung in Prozent für jede Vermögensart,
              b die Werteveränderung in Prozent für das gesamte Sachanlagevermögen.

3.3 Prozentwert

Beispiel: In einer Strukturbilanz werden alle Werte in Prozent angegeben:

Aktiva		Bilanzwerte	Passiva	
Anlagevermögen	30 %		Eigenkapital	40 %
Umlaufvermögen	70 %		Fremdkapital	60 %
Summe Aktiva	100 %		Summe Passiva	100 %

Wie viel € beträgt das Anlagevermögen dieses Unternehmens, wenn die Summe des Gesamtvermögens (Summe Aktiva) 450.000,00 € beträgt?

%	€
100	450.000,00
30	?

Grundwert (G): 450.000,00 €	Prozentsatz (p): 30 % = 0,30	Prozentwert (W): ? €
Bedingungssatz:	100 % → 450.000,00 €	
Fragesatz:	30 % → ? €	
Bruchsatz:	? € = $\frac{450.000,00 \text{ €} \cdot 30\%}{100\%}$ = 135.000,00 €	
Ergebnis:	Das Anlagevermögen beträgt 135.000,00 €.	

! Berechnung des Prozentwertes:
  Prozentwert = Grundwert · Prozentsatz → G · p

Aufgaben

1 Die kurzfristigen Verbindlichkeiten eines Unternehmens betragen 85 % des gesamten Fremdkapitals. Berechnen Sie
   a die kurzfristigen Verbindlichkeiten in €, wenn das gesamte Fremdkapital 440.000,00 € beträgt,
   b das Eigenkapital des Unternehmens in € bei einer Fremdkapitalquote von 40 %.

2 Wie hoch ist das Umlaufvermögen in €, wenn das Gesamtvermögen 765.000,00 € beträgt? Der Anteil des Anlagevermögens am Gesamtvermögen wird mit 38 % angegeben.

3 **Das Gesamtvermögen eines Industrieunternehmens beträgt 250.000,00 €. Der Anteil des Eigenkapitals am Gesamtkapital wird mit 40 % angegeben. Wie hoch sind das Eigenkapital und das Fremdkapital in €?**

4 **Folgende Angaben aus verschiedenen Unternehmensbilanzen liegen vor:**

Bilanzwerte	Industrieunternehmen 1	Industrieunternehmen 2	Industrieunternehmen 3
Anlagevermögen	24,5 %	23,0 %	42,0 %
Umlaufvermögen	?	?	?
Gesamtvermögen	800.000,00 €	420.000,00 €	2.650.000,00 €

Ermitteln Sie für jedes Industrieunternehmen a das Anlagevermögen in €,
 b das Umlaufvermögen in €.

3.4 Grundwert

Beispiel: Von einem Industrieunternehmen ist bekannt, dass das Anlagevermögen nur 15 % Anteil am Gesamtvermögen des Unternehmens hat. Der Wert dieses Anlagevermögens beträgt 45.000,00 €. Wie hoch ist der Wert des Gesamtvermögens des Unternehmens?

Prozentwert (w): 45.000,00 €	Prozentsatz (p): 15 %	Grundwert (W): ? €
Bedingungssatz:	15 % → 45.000,00 €	
Fragesatz:	100 % → ? €	
Bruchsatz:	? € = $\dfrac{45.000,00\ € \cdot 100\ \%}{15\ \%}$ = 300.000,00 €	
Ergebnis:	Das Gesamtvermögen beträgt 300.000,00 €.	

%	€
15	45.000,00
100	?

! Berechnung des Grundwertes: Grundwert = $\dfrac{\text{Prozentwert}}{\text{Prozentsatz}}$ → $G = \dfrac{w}{p}$

Aufgaben

1 **Folgende Angaben aus verschiedenen Unternehmensbilanzen liegen vor:**

Bilanzwerte	Industrieunternehmen 1	Industrieunternehmen 2	Industrieunternehmen 3
Umlaufvermögen	125.000,00 €	90.000,00 €	62.000,00 €
Umlaufvermögen	82,5 %	60,0 %	80,0 %

Berechnen Sie a das Gesamtvermögen in €,
 b den Wert des Anlagevermögens in Prozent und in €.

2 **Das Eigenkapital betrug 20X1 insgesamt 420.000,00 €. Im Jahr 20X2 ist es um 10 % gestiegen. Am Ende des Jahres 20X2 betrug die Eigenkapitalquote 38 %. Wie hoch ist 20X2 die Bilanzsumme?**

3 Das Umlaufvermögen eines Unternehmens setzt sich wie folgt zusammen:
   I. Vorräte   400.000,00 €
   II. Forderungen   150.000,00 €
   III. Wertpapiere   50.000,00 €
   IV. Flüssige Mittel   ? €

   Berechnen Sie
   a den Wert der flüssigen Mittel, wenn die Vorräte 64 % des Umlaufvermögens ausmachen,
   b den Wert des Gesamtvermögens, wenn der Anteil der flüssigen Mittel 2,5 % beträgt.

4 Die Fremdkapitalquote eines Unternehmens sank in den letzten Jahren stetig:

Jahre	1	2	3	4	5
Fremdkapitalquote	82,0 %	80,0 %	76,5 %	75,0 %	72,5 %

Ermitteln Sie
   a für Jahr 1 die Eigenkapitalquote in Prozent,
   b für Jahr 2 das Gesamtkapital in €, wenn das Eigenkapital 16.400,00 € betrug,
   c für Jahr 3 das Gesamtkapital in €, wenn das Fremdkapital 64.000,00 € betrug,
   d für Jahr 4 die Steigerung des Gesamtkapitals in Prozent, wenn das Gesamtkapital Ende Jahr 4 92.000,00 € betrug,
   e für Jahr 5 das Fremdkapital in €, wenn das Gesamtkapital um 5 % seit Jahr 4 gestiegen ist.

5 Die Steigerungsraten für das Eigenkapital eines Unternehmens betrugen
   – in Jahr 4 5,0 %,
   – in Jahr 5 8,5 % und
   – in Jahr 6 6,0 %.
   Wie hoch ist das Eigenkapital am Ende des Jahres 6, wenn am Anfang des Jahres 4 62.000,00 € Eigenkapital zur Verfügung standen?

6 Das Gesamtvermögen beträgt 82.000,00 €, die Eigenkapitalquote 24 %. Ermitteln Sie den Wert des Anlagevermögens in €, wenn es zu 80 % mit Eigenkapital finanziert wird.

7 Neben einem Eigenkapital in Höhe von 86.000,00 € finanziert ein Industrieunternehmen sein Vermögen mit einem Darlehen in Höhe von 14.000,00 € und kurzfristigen Verbindlichkeiten in Höhe von 20.000,00 €. Der Anteil des Umlaufvermögens am Gesamtvermögen beträgt 65 %. Ermitteln Sie
   a das Gesamtkapital,
   b das Gesamtvermögen,
   c das Anlagevermögen,
   d das Umlaufvermögen.

8 Nach Abzug von 25 % Rabatt überweist ein Unternehmen an seinen Lieferanten 20.625,00 €. Errechnen Sie den Preis des Lieferanten ohne Rabattgewährung.

3.5 Vermehrter Grundwert

Beispiel: Auf einer Quittung wird der Gesamtbetrag für den Einkauf von Büromaterial mit 59,50 € angegeben. Die in den 59,50 € enthaltene Umsatzsteuer in Höhe von 19 % soll gesondert auf der Quittung ausgewiesen werden.

Die 19 % Umsatzsteuer wurden vom Warenwert ermittelt. Im Preis von 59,50 € ist die Umsatzsteuer aber bereits enthalten. Für das Ausstellen der Quittung muss also
a) der Warenwert in € und
b) der Umsatzsteueranteil in € berechnet werden.

	Warenwert (? €)	≙	100 %	Grundwert (G)
+	Umsatzsteuer (? €)	≙	19 % (= 0,19)	Prozentsatz (p)
=	Gesamtpreis (59,50 €)	≙	119 % (= 1,19)	vermehrter Grundwert ($G_{vermehrt}$)

Lösungsweg

	a) Berechnung des Warenwertes	b) Berechnung des Umsatzsteueranteils	
Bedingungssatz:	119 % → 59,50 €	Bedingungssatz:	119 % → 59,50 €
Fragesatz:	100 % → ? €	Fragesatz:	19 % → ? €
Bruchsatz:	? € = $\frac{59{,}50\ € \cdot 100\,\%}{119\,\%}$ = 50,00 €	Bruchsatz:	? € = $\frac{59{,}50\ € \cdot 19\,\%}{119\,\%}$ = 9,50 €
Ergebnis:	Der Warenwert beträgt 50,00 €.	Ergebnis:	Der Umsatzsteueranteil beträgt 9,50 €.

$\frac{100\,\%}{119\,\%} = \frac{100}{119}$

$\frac{19\,\%}{119\,\%} = \frac{19}{119}$

! **Berechnung bei vermehrtem Grundwert:**

$$\text{Grundwert} = \frac{\text{vermehrter Grundwert (€)}}{(100\,\% + \text{Prozentsatz})} \rightarrow G = \frac{G_{vermehrt}}{(100\,\% + \text{Prozentsatz})}$$

$$\text{Prozentwert} = \frac{\text{vermehrter Grundwert (€)} \cdot \text{Prozentsatz}}{(100\,\% + \text{Prozentsatz})} \rightarrow w = \frac{G_{vermehrt} \cdot p}{(100\,\% + \text{Prozentsatz})}$$

Aufgaben

1 In einer Verkaufspreisliste (ohne Umsatzsteuer) wird eine Papiersorte mit 10,50 € je 100 Blatt angeboten. Der Preis ist in dieser Liste um 5 % angehoben worden. Berechnen Sie
   a den Verkaufspreis vor der Preiserhöhung in € und
   b die Preiserhöhung in €.

2 In einer Ausgangsrechnung wird der Bruttorechnungsbetrag einschließlich 19 % Umsatzsteuer mit 3.570,00 € angegeben. Vor zwei Wochen ist diese Ware im Preis um 10 % erhöht worden. Berechnen Sie
   a den Nettorechnungsbetrag in €,
   b die Umsatzsteuer in €,
   c den Warenwert vor der Preiserhöhung.

3 Berechnen Sie jeweils den Warenwert und die Umsatzsteuer in €.

	Bruttorechnungsbeträge	Umsatzsteuersatz
A	7.140,00 €	19 %
B	15.232,00 €	19 %
C	3.852,00 €	7 %
D	462,24 €	7 %

3.6 Verminderter Grundwert

Beispiel: Ein Lieferant gewährt der Fly Bike Werke GmbH aufgrund einer Mängelrüge einen Preisnachlass von 10 %. Nach Abzug der Gutschrift beträgt die Verbindlichkeit der Fly Bike Werke GmbH an den Lieferer noch 360,00 €. Wie hoch war der ursprüngliche Preis?

Die 10 % Preisnachlass wurden von dem alten Preis abgezogen. Der herabgesetzte neue Preis in Höhe von 360,00 € entspricht also nur 90 % des ursprünglichen Preises.

ursprünglicher Preis (? €)	≙	100 %	Grundwert (G)
− Preisnachlass (? €)	≙	10 % (= 0,10)	Prozentsatz (p)
= reduzierter Preis (360,00 €)	≙	90 % (= 0,90)	verminderter Grundwert ($G_{vermindert}$)

Lösungsweg	
Bedingungssatz:	90 % → 360,00 €
Fragesatz:	100 % → ? €
Bruchsatz:	? € = $\frac{360,00 \, € \cdot 100 \,\%}{90 \,\%}$ = 400,00 €
Ergebnis:	Der ursprüngliche Preis betrug 400,00 €.

! Berechnung bei vermindertem Grundwert:

$$\text{Grundwert} = \frac{\text{verminderter Grundwert (€)}}{(100\,\% - \text{Prozentsatz})} \rightarrow G = \frac{G_{vermindert}}{(100\,\% - \text{Prozentsatz})}$$

Aufgaben

1 Berechnen Sie die Listenverkaufspreise für folgende Waren:

Ware	Barverkaufspreis in €	Skonto in %	Rabatt in %
1	85,75	2,0	12,5
2	116,40	3,0	20,0
3	204,75	2,5	25,0
4	25,92	4,0	10,0

3 Prozentrechnung

2 Ein Industrieunternehmen hat seinen Barverkaufspreis in Höhe von 661,50 € um 5% erhöht. Das Kundenskonto (2%) und der Kundenrabatt (25%) bleiben unverändert.

Ermitteln Sie
a die Preiserhöhung in €,
b den neuen Barverkaufspreis,
c den Listenverkaufspreis vor der Preiserhöhung,
d den Listenverkaufspreis nach der Preiserhöhung.

3 Ein Kunde zahlt für eine Lieferung einschließlich 19% Umsatzsteuer innerhalb der Skontofrist 3.778,49 €. Der Kunde erhielt 2% Skonto und 10% Rabatt.

Ermitteln Sie
a den Rabatt und das Skonto in €,
b den Listenverkaufspreis in €,
c den gesamten Preisnachlass in Prozent des Listenverkaufspreises.

4 Ein Angestellter erhält nach einer Gehaltserhöhung um 3% ein Gehalt von 3.347,50 €.
a Wie hoch war sein Gehalt vor der Gehaltserhöhung?
b Wie viel € beträgt die Gehaltserhöhung?

5 Nach zwei Preiserhöhungen kostet eine Ware 133,56 €. Die erste Preiserhöhung betrug 5%, die zweite 6%.
a Wie hoch war der ursprüngliche Preis vor den Preiserhöhungen?
b Wie viel € beträgt die zweite Preiserhöhung?

6 Der Zieleinkaufspreis für 100 Blatt Kopierpapier beträgt 12,00 €. Der Lieferer gewährt 25% Rabatt. Wie hoch ist der Listeneinkaufspreis?

7 Der Einstandspreis einer Ware soll 206,00 € betragen; die Bezugskosten werden mit 10,00 € angegeben. Wie viel € darf der Listeneinkaufspreis betragen, wenn 2% Skonto und 20% Rabatt gewährt werden?

8 Der Gewinn eines Industrieunternehmens ist um 4,5% gesunken und beträgt nur noch 382.000,00 €. Wie hoch war der Gewinn im Vorjahr?

9 Der Umsatz eines Reisenden lag im letzten Geschäftsjahr um 3% unter dem Umsatz des Vorjahres.
a Wie hoch war sein Umsatz im Vorjahr, wenn er dieses Geschäftsjahr insgesamt 873.000,00 € Umsatz erzielte?
b Wie hoch ist seine Provision in beiden Geschäftsjahren, wenn diese 2% vom Umsatz beträgt?

10 Ein Einzelunternehmer hat im Vorjahr 12% seines Eigenkapitals vom Geschäftsjahresbeginn privat entnommen. Der Gewinn des Geschäftsjahres beträgt 48.000,00 €. Dies entspricht einer Eigenkapitalverzinsung von 8%, bezogen auf das Eigenkapital vom Geschäftsjahresbeginn.

Ermitteln Sie
a das Eigenkapital am Geschäftsjahresbeginn,
b die Höhe der Privatentnahmen in €.

11 Ein Kunde überweist nach Abzug von 3% Skonto 6.925,80 € auf das Bankkonto des Lieferers. Wie viel € betrug der Rechnungsbetrag?

Kaufmännisches Rechnen

4 Verteilungsrechnen

Die Anwendung der Verteilungsrechnung ist immer dann notwendig, wenn Gesamtmengen (Stück, Gewichte usw.) oder Gesamtwerte (Gewinne, Einnahmen, Provisionen usw.) nach bestimmbaren Verteilungskriterien (Anteilen) aufzuteilen sind. Dazu werden z. B. mithilfe der Prozentrechnung Verhältniszahlen gebildet. Das Ergebnis wird üblicherweise in einer Tabelle festgehalten.

4.1 Verteilung ohne Vorleistung

Beispiel: An der Marwik GmbH, einem Lieferanten der FBW GmbH, sind drei Gesellschafter beteiligt. Der im Geschäftsjahr 20XX erwirtschaftete Gewinn in Höhe von 250.000,00 € soll gemäß Gesellschaftervertrag im Verhältnis der Kapitalanteile an die Gesellschafter verteilt werden.

Gewinnempfänger: Gesellschafter	Verteilungsschlüssel: Kapitalanteile in €	Verhältniszahlen: Gewinnanteile in %	Verteilungsergebnis: Gewinn in €
Klaus Vollmer	200.000,00	?	?
Werner Kreiner	120.000,00	?	?
Ute Kreiner	80.000,00	?	?
Summen	400.000,00	100 %	250.000,00

Wie kann der Gewinn nach Kapitalanteilen gerecht verteilt werden?

Lösungsweg: Die Lösung erfolgt mithilfe der Prozentrechnung:

1. Schritt: Ermittlung der Kapitalanteile in % des Gesamtkapitals

Gegeben sind:	**G**rundwert (Gesamtkapital in €): 400.000,00 € Prozentwert (Kapitalanteile in €): Klaus Vollmer → w_1 = 200.000,00 € Werner Kreiner → w_2 = 120.000,00 € Ute Kreiner → w_3 = 80.000,00 €	
gesuchte Größe:	**P**rozentsätze (p_1, p_2, p_3) → Kapitalanteile in % des Gesamtkapitals = Gewinnanteile in % des Gesamtgewinns	
Ermittlung der Prozentsätze $p = \dfrac{w}{G}$	Klaus Vollmer: $p_1 = \dfrac{200.000{,}00\ € \cdot 100\ \%}{400.000{,}00\ €} = 0{,}50 = 50\ \%$ Werner Kreiner: $p_2 = \dfrac{120.000{,}00\ € \cdot 100\ \%}{400.000{,}00\ €} = 0{,}30 = 30\ \%$ Werner Kreiner: $p_3 = \dfrac{80.000{,}00\ € \cdot 100\ \%}{400.000{,}00\ €} = 0{,}20 = 20\ \%$	

4 Verteilungsrechnen

2. Schritt: Ermittlung der Gewinnanteile in € entsprechend den Kapitalanteilen

Gegeben sind:	Grundwert (Gewinn in €) → G = 250.000,00 € Prozentsätze (Kapitalanteile in % = Gewinnanteile in %): Klaus Vollmer: → p_1 = 50 % Werner Kreiner: → p_2 = 30 % Werner Kreiner: → p_3 = 20 %	
gesuchte Größe:	Prozentwerte (w_1, w_2, w_3) → Gewinnanteile in € entsprechend den Kapitalanteilen	
Ermittlung der Gewinnanteile in € entsprechend den Kapitalanteilen	Klaus Vollmer: w_1 = 250.000,00 € · 50 % = 125.000,00 € Klaus Vollmer: w_2 = 250.000,00 € · 30 % = 75.000,00 € Klaus Vollmer: w_3 = 250.000,00 € · 20 % = 50.000,00 €	$w = G \cdot p$
Ergebnis:	Klaus Vollmer erhält 125.000,00 € vom Gewinn. Werner Kreiner erhält 75.000,00 € vom Gewinn. Ute Kreiner erhält 50.000,00 € vom Gewinn.	

Aufgaben

1 Berechnen Sie die Gewinnverteilung einer GmbH nach Kapitalanteilen gemäß nachfolgender Tabelle, wenn der Gesamtgewinn 120.000,00 € beträgt.

Gewinnempfänger: Gesellschafter	Verteilungsschlüssel: Kapitalanteile in €	Verhältniszahlen: Gewinnanteile in %	Verteilungsergebnis: Gewinn in €
Ralf Wolter	120.000,00	?	?
Günter Krauser	180.000,00	?	?
Ruth Kaiser	60.000,00	?	?
Summen der Werte	360.000,00	?	= 120.000,00

2 Die Vertriebsprovisionen für das 4. Quartal 20XX eines Industrieunternehmens in Höhe von 63.000,00 € sollen im Verhältnis der Umsätze je Vertreter(in) verteilt werden. Die Vertreter(innen) erzielten folgende Umsätze: Herr Kreiner 600.000,00 €, Herr Wolfert 450.000,00 €, Frau Reinartz 500.000,00 €, Frau Diesterweg 550.000,00 €.
   a Stellen Sie eine Verteilungstabelle auf.
   b Ermitteln Sie den Provisionssatz der Vertreter(innen).

3 Vier Industrieunternehmen mieten gemeinsam ein Lagerhaus. Die monatliche Miete, die nach m² verteilt wird, beträgt insgesamt 54.000,00 €, sie ist quartalsweise im Voraus zu bezahlen. Wie viel € Miete sind zu Beginn eines Quartals zu überweisen, wenn folgende Nutzungsvereinbarung eingehalten wird: Allgrund GmbH = 1800 m², Bernd Bucher e. K. = 1200 m², Carl Carlson OHG = 2100 m² und Dieter Door & Co. KG = 2400 m².

4 Die Gesamtkosten für Büromaterial in Höhe von 2.430,00 € sollen zwecks gerechter Aufwandsverteilung auf alle Abteilungen eines Industrieunternehmens im Verhältnis der Mitarbeiter je Abteilung aufgeteilt werden: Abteilung Verkauf 12 Mitarbeiter, Abteilung Einkauf 6 Mitarbeiter, Abteilung Lager 3 Mitarbeiter, Abteilung Rechnungswesen 3 Mitarbeiter, Abteilung Allgemeine Verwaltung 2 Mitarbeiter und Personalabteilung 1 Mitarbeiter. Berechnen Sie die Büromaterialausgaben je Mitarbeiter und je Abteilung.

4.2 Verteilung mit Vorleistung

Bei der Gewinnverteilung von Offenen Handelsgesellschaften (OHG) und Kommanditgesellschaften (KG) sind häufig Vorleistungen (Vorabgewinnanteile) nach gesetzlichen oder vertraglichen Vorschriften zu berücksichtigen, bevor die Verteilung des Restgewinnes nach Verteilungsschlüsseln vorgenommen werden kann.

Beispiel: An einer Kommanditgesellschaft sind zwei Gesellschafter beteiligt:

- Gesellschafter Albertz erhält vom Gesamtgewinn in Höhe von 15.000,00 € vorab 4.000,00 € für seine Tätigkeiten im Unternehmen.
- Als weitere Vorleistungen erhalten Herr Albertz und Frau Bertram jeweils 4 % ihrer Kapitalanteile als Kapitalverzinsung.
- Der restliche Gewinn wird im Verhältnis der Kapitalanteile verteilt.

Gewinnverteilungstabelle einer KG:

Gewinnempfänger: Gesellschafter	Verteilungsschlüssel für den Restgewinn: Kapitalanteile	Vorleistungen:		Restgewinn:		Gesamtgewinn	EK-Rentabilität (ER):
		Arbeitsentgelte	4 % Verzinsung	Anteile am Restgewinn	Restgewinn		
Albertz	60.000,00 €	4.000,00 €	2.400,00 €	75 %	5.850,00 €	12.250,00 €	20,42 %
Bertram	20.000,00 €	0,00 €	800,00 €	25 %	1.950,00 €	2.750,00 €	13,75 %
Summen	80.000,00 €	4.000,00 €	3.200,00 €	100 %	7.800,00 €	15.000,00 €	18,75 %

Lösungsweg:

1. Ermittlung der Vorleistungen
   a) Das Arbeitsentgelt in Höhe von **4.000,00 €** wird dem Gesellschafter Albertz in der Gewinnverteilungstabelle zugeordnet.
   b) Ermittlung der Kapitalverzinsung in Höhe von 4 % der Kapitalanteile mithilfe der Prozentrechnung (Prozentwertformel):

$w = G \cdot p$

Gesellschafter Albertz: w_1 = 60.000,00 € · 4 % = **2.400,00 €**
Gesellschafterin Bertram: w_2 = 20.000,00 € · 4 % =   **800,00 €**

2. Ermittlung des Restgewinns

Gesamtgewinn:	15.000,00 €
– Vorleistungen Herr Albertz:	– 6.400,00 € (4.000,00 € + 2.400,00 €)
– Vorleistungen Frau Bertram:	– 800,00 €
= Restgewinn	= 7.800,00 €

3. Der Restgewinn wird im Verhältnis der Kapitalanteile verteilt.
   a) Ermittlung der Kapitalanteile in % des Gesamtkapitals (= Gewinnanteile in % des Gesamtgewinns):

Herr Albertz: $p_1 = \dfrac{60.000,00\ € \cdot 100\,\%}{80.000,00\ €} = 0{,}75 = 75\,\%$

Frau Bertram: $p_2 = \dfrac{20.000,00\ € \cdot 100\,\%}{80.000,00\ €} = 0{,}25 = 25\,\%$

$p = \dfrac{w}{G}$

   b) Ermittlung der Restgewinnanteile in € entsprechend den Kapitalanteilen:

Herr Albertz: $w_1 = 7.800,00\ € \cdot 75\,\% =$ **5.850,00 €**
Frau Bertram: $w_2 = 7.800,00\ € \cdot 25\,\% =$ **1.950,00 €**

$w = G \cdot p$

4. Der Gesamtgewinn pro Person ergibt sich aus der Summe der Vorleistungen und des Restgewinns:
   a) Herr Albertz: 4.000,00 € + 2.400,00 € + 5.850,00 € = **12.250,00 €**
   b) Frau Bertram: 800,00 € + 1.950,00 € = **2.750,00 €**

5. Jeder Unternehmer will wissen, ob sich der Einsatz des eigenen Kapitals und evtl. seiner Arbeitskraft auch gelohnt hat. Die Überprüfung erfolgt mithilfe der Kennzahl Eigenkapitalrentabilität (ER), auch Unternehmerrentabilität genannt.

Eigenkapitalrentabilität (ER) = $\dfrac{\text{Gewinn} \cdot 100\,\%}{\text{Eigenkapital am Anfang des Geschäftsjahres bzw. durchschnittliches Eigenkapital}}$

$p = \dfrac{w \cdot 100\,\%}{G} = \dfrac{w}{G}$

Herr Albertz: $\dfrac{12.250,00 \cdot 100\,\%}{60.000,00} = 0{,}2042 =$ **20,42 %**

Frau Bertram: $\dfrac{2.750,00 \cdot 100\,\%}{20.000,00} = 0{,}1375 =$ **13,75 %**

Bei der Beurteilung des Ergebnisses sollten folgende Kriterien berücksichtigt werden:
- Verzinsung des Eigenkapitals
- Unternehmerwagnis
- Substanzerhaltung
- Unternehmerlohn

Aufgaben

1 An einer OHG sind die Gesellschafter
   – Adam mit 450.000,00 €,
   – Bunse mit 375.000,00 € und
   – Colmar mit 675.000,00 € beteiligt.

Ein Gewinn in Höhe von 435.000,00 € ist zu verteilen:
   – Jeder Gesellschafter erhält vorab eine Kapitalverzinsung in Höhe von 4 %.
   – Der Restgewinn ist nach Köpfen zu verteilen.

Ermitteln Sie den Gesamtgewinn und die Eigenkapitalrentabilität der einzelnen Gesellschafter.

2 Gewinnverteilungstabelle einer KG:

Gesell-schafter	Kapitalan-teile in €	Arbeitsent-gelte in €	? % Verzinsung	Anteile am Restgewinn	Restgewinn in €	Gesamtge-winn in €	ER
Aser	400.000,00	?	?	40 %	?	?	?
Boller	320.000,00	?	?	20 %	?	?	?
Cürten	520.000,00	–	–	20 %	?	?	?
Doll	360.000,00	–	–	20 %	?	?	?
Summen	?	?	?	100 %	?	?	?

a Übernehmen Sie die Gewinnverteilungstabelle in Ihr Heft und berechnen Sie die Gewinnverteilung unter Berücksichtigung der folgenden Angaben:
- Arbeitsentgelte: Vollhafter Aser: 100.000,00 €
  Vollhafter Boller: 80.000,00 €
- Verzinsung der Kapitalanteile 7,5 %
- Gesamtgewinn 640.000,00 €
- Anteile am Restgewinn gemäß Gesellschaftsvertrag (siehe Tabelle).

b Ermitteln Sie die Eigenkapitalrentabilität der einzelnen Gesellschafter.

3 Drei Gesellschafter sind an einer KG wie folgt beteiligt:
- Komplementär Greuner mit 250.000,00 €,
- Kommanditist Zöllner mit 500.000,00 € und
- Kommanditist Krummer mit 750.000,00 €.

Weitere Angaben:
- Greuner erhält eine Arbeitsvergütung in Höhe von 80.000,00 €.
- Die Kapitalverzinsung beträgt 10 %.
- Ein Drittel des Gesamtgewinns in Höhe von 450.000,00 € wird nach Köpfen verteilt.
- Der Restgewinn wird im Verhältnis 4 : 3 : 3 verteilt.

a Ermitteln Sie den Gesamtgewinn und die Eigenkapitalrentabilität der einzelnen Gesellschafter.

b Beurteilen Sie insbesondere die Eigenkapitalrentabilität des Vollhafters.

4 Eine OHG erzielt einen Gewinn in Höhe von 160.000,00 €. Davon erhält jeder Gesellschafter eine Kapitalverzinsung in Höhe von 4 %, der Rest wird nach Köpfen verteilt.

Berechnen Sie die Gewinnanteile der Gesellschafter, wenn diese mit
- 100.000,00 € (Gesellschafter Asser),
- 250.000,00 € (Gesellschafterin Kussert) und
- 50.000,00 € (Gesellschafterin Wollermann) an der OHG beteiligt sind.

Ermitteln Sie die EK-Rentabilität der einzelnen Gesellschafter und der OHG und beurteilen Sie diese.

4.3 Verteilung von Wert- und Gewichtsspesen

Beispiel: Die Fly Bike Werke GmbH bekommt gleichzeitig zwei verschiedene Warenposten geliefert. Die Bezugskosten (hier: Eilzustellung per Kurierdienst mit Versicherung) werden dabei nur in einer Summe angegeben. Um den genauen Preis jedes einzelnen Warenpostens einschließlich der darauf entfallenden Bezugskosten ermitteln zu können, müssen diese in drei Schritten aufgeteilt werden.

	Ware I	Ware II	Ware I + Ware II
Einkaufspreis	10.000,00 €	5.000,00 €	15.000,00 €
Nettogewicht der Ware	5,00 kg	10,00 kg	15,00 kg
Gewicht der Verpackung (Tara)	0,50 kg	1,00 kg	1,50 kg
Eilzustellung Kurierdienst			90,00 €
Versicherung			15,00 €

Wie können in diesem Fall die Bezugskosten nach Gewicht (Gewichtsspesen = Eilzustellung Kurierdienst) sowie nach Wert (Wertspesen = Versicherung) auf beide Warensorten aufgeteilt werden?

Lösungsweg

Die Lösung erfolgt mithilfe des Dreisatzes. Dabei geht man zunächst von der Gesamtmenge (Bruttogewicht) bzw. vom Gesamtwert (Summe der Einkaufspreise) aus und berechnet die Anteile der einzelnen Warenposten an der jeweiligen Gesamtheit (Menge bzw. Wert).

Schritt 1: Verteilung der Gewichtsspesen

Bruttogewicht = Nettogewicht + Verpackungsgewicht (Tara)
Bruttogewicht Ware I =   5,00 kg + 0,50 kg = **5,50 kg**
Bruttogewicht Ware II =   10,00 kg + 1,00 kg = **11,00 kg**
Bruttogewicht Ware I + Ware II =   5,50 kg + 11,00 kg = **16,50 kg**

Gewichtsspesen	Ware I	Ware II
Bedingungssatz:	16,50 kg → 100 %	16,50 kg → 100 %
Fragesatz:	5,50 kg → ? %	11,00 kg → ? %
Bruchsatz:	$? \% = \dfrac{5{,}50 \text{ kg} \cdot 100\%}{16{,}50 \text{ kg}}$	$? \% = \dfrac{11{,}00 \text{ kg} \cdot 100\%}{16{,}50 \text{ kg}}$
Ergebnis:	Auf Ware I entfallen 33,33 % der Gewichtsspesen.	Auf Ware II entfallen 66,66 % der Gewichtsspesen.
	33,33 % von 90,00 € = 90,00 € · 0,33 = 30,00 €	66,66 % von 90,00 € = 90,00 € · 0,66 = 60,00 €
	Die Gewichtsspesen für Ware I betragen **30,00 €**.	Die Gewichtsspesen für Ware II betragen **60,00 €**.

Schritt 2: Berechnung der Wertspesen
Gesamtwert = Einkaufspreis Ware I + Einkaufspreis Ware II = 15.000,00 €

Wertspesen	Ware I	Ware II
Bedingungssatz:	15.000,00 € → 100 %	15.000,00 € → 100 %
Fragesatz:	10.000,00 € → ? %	5.000,00 € → ? %
Bruchsatz:	$? \% = \dfrac{10.000,00\ € \cdot 100\ \%}{15.000,00\ €}$	$? \% = \dfrac{5.000,00\ € \cdot 100\ \%}{15.000,00\ €}$
Ergebnis:	Auf Ware I entfallen 66,66 % der Wertspesen. 66,66 % von 15,00 € = 15,00 € · 0,66 = 10,00 € Die Wertspesen für Ware I betragen **10,00 €**.	Auf Ware II entfallen 33,33 % der Wertspesen. 33,33 % von 15,00 € = 15,00 € · 0,33 = 5,00 € Die Wertspesen für Ware II betragen **5,00 €**.

Schritt 3: Berechnung der Gesamtspesen (Bezugskosten)
Gesamtspesen = Gewichtsspesen + Wertspesen
Gesamtspesen Ware I: 30,00 € + 10,00 € = **40,00 €**
Gesamtspesen Ware II: 60,00 € + 5,00 € = **65,00 €**

Aufgaben

1 Verteilen Sie die Wert- und Gewichtsspesen gemäß folgender Tabelle:

	Bruttogewicht (kg)	Verhältniszahlen	Gewichtsspesen (GS)	Einkaufspreis	Verhältniszahlen	Wertspesen (WS)	Bezugskosten (GS + WS)
Ware I	110 kg	?	?	500,00 €	?	?	?
Ware II	220 kg	?	?	2.000,00 €	?	?	?
Summen	?	?	390,00 €	?	?	150,00 €	?

Die Tara beträgt bei — Ware I 10 kg,
— bei Ware II 20 kg.

Berechnen Sie für Ware I und II   **a** den Einkaufspreis je kg Ware in €,
b den Bezugspreis je kg Ware in €.

2 In einer Importlieferung sind verschiedene Sorten enthalten:

Sorten	Bruttogewicht	Tara	Preis je kg Nettogewicht
Sorte 1	2 500 kg	200 kg	12,00 €
Sorte 2	500 kg	20 kg	50,00 €
Sorte 3	1 200 kg	150 kg	6,00 €

Die Bezugskosten betragen: — Fracht und Ladekosten = 5.040,00 €
— Zoll und Versicherung = 2.895,00 €

Ermitteln Sie in einer Tabelle die Bezugskosten für alle drei Sorten und den Bezugspreis je kg für jede Sorte.

5 Währungsrechnen

5.1 Währungsrechnen außerhalb der EWU

EWU
Europäische Währungsunion

Beispiel: Die Fly Bike Werke GmbH bezieht Farben und Lacke bei dem Schweizer Lieferanten Basel Farben AG zum Preis von 5.000,00 CHF (Schweizer Franken). Zahlungsziel: 30 Tage. Die Basel Farben AG will den Rechnungsbetrag natürlich in Schweizer Franken erhalten. Zur Lösung dieses Problems des internationalen Zahlungsverkehrs benötigt man den Kurs für diese Währung.

Das Währungsrechnen ist eine Anwendung des **Dreisatzes mit proportionalem Verhältnis** (vgl. Kap. 1.1).

! Der **Wechselkurs** ist der Preis für ausländische Währungseinheiten.

Der Wechselkurs kann in zwei Varianten notiert werden:

! Bei der **Preisnotierung** ist der Wechselkurs der Preis für eine ausländische Währungseinheit. Bei der **Mengennotierung** ist der Wechselkurs der Preis für eine inländische Währungseinheit (in Deutschland Euro).

In der Regel wird in Europa und in den USA die Mengennotierung verwendet.

Mengennotierung	Preisnotierung
1,00 € = 1,2511 CHF	1,00 CHF = 0,7993 €
Für 1 € erhält man 1,2511 CHF.	1 Schweizer Franken kostet 0,7993 €.

Die Preisnotierung ist der Kehrwert der Mengennotierung:
$$\frac{1}{1{,}2511} = 0{,}7993$$

Je nachdem, ob bargeldlos oder mit Bargeld bezahlt wird, unterscheidet man:

Devisenkurs	für bargeldlose Zahlung mit Devisen:	**Devisen:** an ausländischen Plätzen fällige Zahlungsanweisungen (z. B. Schecks, Wechsel, Überweisungen, Kreditkartenzahlung), die in der dort geltenden Währung ausgezahlt werden
Sortenkurs	für Barzahlung in Sorten:	**Sorten:** ausländische Zahlungsmittel in Form von Münzen und Banknoten (Bargeld, z. B. für eine Geschäftsreise)

Devisen- und Sortenkurs werden jeweils **aus der Sicht der inländischen Bank** in Verkaufspreis **(Briefkurs)** und Ankaufspreis **(Geldkurs)** unterteilt. Bei der Mengennotierung ist der Euro die gehandelte Währung: Beim Ankauf einer ausländischen Währung **verkauft eine Bank in Deutschland Euro** (zum **Briefkurs**) und beim Verkauf einer ausländischen Währung **kauft die Bank Euro an** (**Geldkurs**).

Geld- und Briefkurs für Schweizer Devisen bei einer deutschen Bank:

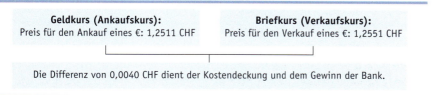

Geldkurs (Ankaufskurs): Preis für den Ankauf eines €: 1,2511 CHF
Briefkurs (Verkaufskurs): Preis für den Verkauf eines €: 1,2551 CHF

Die Differenz von 0,0040 CHF dient der Kostendeckung und dem Gewinn der Bank.

Kaufmännisches Rechnen

Wegen der großen Geldbeträge, die im internationalen Geschäftsverkehr gehandelt werden, sind die Preise für Devisen und Sorten üblicherweise mit bis zu sechs Stellen hinter dem Komma angegeben.

Mengennotierung: Devisenkurse für 1 €		Land	Währung	WKZ	Mengennotierung: Sortenkurse für 1 €	
Geld (Ankauf)	Brief (Verkauf)				Geld (Ankauf)	Brief (Verkauf)
7,4354	7,4754	Dänemark	Krone	DKK	7,0303	7,8814
0,8704	0,8744	Großbritannien	Pfund	GBP	0,8397	0,9254
113,7400	114,2200	Japan	Yen	JPY	109,6925	121,8119
1,3720	1,3840	Kanada	Dollar	CAD	1,3094	1,4534
7,8432	7,8912	Norwegen	Krone	NOK	7,4431	8,2585
8,9888	9,0368	Schweden	Krone	SEK	8,5039	9,4960
1,2511	1,2551	Schweiz	Franken	CHF	1,2117	1,3333
1,4079	1,4139	USA	Dollar ($)	USD	1,3664	1,5074
3,8826	3,9826	Polen	Zloty	PLN	3,6477	4,2679

Kurstabelle
Stand: 16.05.2011

Für den Umtausch von Fremdwährungen berechnen die Banken in der Regel eine zusätzliche Gebühr. Diese kann einen bestimmten Prozentsatz (z. B. 3 %) vom Gegenwert betragen. Bei geringen Beträgen verlangen die Banken eine pauschale Mindestgebühr, z. B. 2,00 €.

5.2 Währungsrechnen beim Einkauf

Beispiel: Da der Rechnungsbetrag für Farben und Lacke in Schweizer Franken (CHF) an die Basel Farben AG überwiesen werden soll, **kauft die Bank** von der FBW GmbH in Deutschland **Euro an** und bezahlt mit CHF. Für 1 € erhält die FBW GmbH 1,2511 CHF (Mengennotierung Devisen-Geldkurs für Überweisungen). Wie viel € muss die FBW GmbH (ohne Gebühren) bezahlen, um den Rechnungsbetrag von 5.000,00 CHF zu begleichen?

CHF	€
1,2511	1
5.000,00	?

Lösungsweg

Bedingungssatz:	1,2511 CHF → 1,00 €
Fragesatz:	5.000,00 CHF → ? €
Bruchsatz:	$? \, € = \dfrac{5.000,00 \text{ CHF} \cdot 1,00 \, €}{1,2511 \text{ CHF}} = 3.996,48 \, €$
Ergebnis:	Die BPK GmbH schuldet der Basel Farben AG bei Rechnungseingang 3.996,48 €.

Die meisten Währungen werden am Devisenmarkt frei gehandelt. Die Preise für Währungen schwanken daher ständig und sind kaum kalkulierbar. Die BPK muss sich deshalb fragen, wie sich der Wechselkurs für Schweizer Franken nach Ablauf des Zahlungsziels von 30 Tagen entwickelt hat.

> Die Rechnung wird erst nach Ablauf des Zahlungsziels überwiesen. Der Geldkurs (Devisen) des Schweizer Franken (CHF) lautet jetzt 1,2455 CHF für 1 €.

Lösungsweg

Bedingungssatz:	1,2455 CHF → 1,00 €
Fragesatz:	5.000,00 CHF → ? €
Bruchsatz:	? € = $\dfrac{5.000,00 \text{ CHF} \cdot 1,00 \text{ €}}{1,2455 \text{ CHF}}$ = 4.014,45 €
Ergebnis	Die FBW GmbH schuldet der Basel Farben AG bei Ablauf des Zahlungsziels 4.014,45 €, also 17,97 € mehr als bei Rechnungseingang.

CHF	€
1,2455	1
5.000,00	?

5.3 Währungsrechnen beim Verkauf

Beispiel: Die Bestbike Ltd. in Großbritannien muss für eine Fahrradlieferung 4.000,00 Pfund (GBP) an die Fly Bike Werke GmbH zahlen (laut Ausgangsrechnung der FGW GmbH). Wie viel € erhält die FBW GmbH für den Rechnungsbetrag von der Bank?

Hier erhält die deutsche Bank von der BPK GmbH Britische Pfund und **verkauft** ihr dafür **Euro.** Die Bank zahlt den schlechteren **Briefkurs**, d.h., die FBW GmbH muss für einen € mehr Britische Pfund an ihre Bank abgeben, als sie beim Geldkurs für ein Pfund erhalten würde.

Bedingungssatz:	0,8744 GBP → 1,00 €
Fragesatz:	4.000,00 GBP → ? €
Bruchsatz:	? € = $\dfrac{4.000,00 \text{ CHF} \cdot 1,00 \text{ €}}{0,8744 \text{ GBP}}$ = 4.574,57 €
Ergebnis	Die FBW GmbH erhält für ihre Ausgangsrechnung 4.574,57 €.

GBP	€
0,8744	1
4.000,00	?

5.4 Kauf bzw. Verkauf von Sorten (Mengennotierung)

Benötigt man ausländisches Bargeld (z.B. für Geschäftsreise oder Urlaub), so handelt man nicht mehr mit Devisen, sondern mit Sorten; entsprechend gilt der jeweilige Sortenkurs. Die Differenz zwischen dem Geldkurs (Ankaufskurs) und dem Briefkurs (Verkaufskurs) ist bei den Sortenkursen größer als bei den Devisenkursen, weil die Bank das ausländische Bargeld lagern muss.

Beispiel: Hans Peters, der Geschäftsführer der Fly Bike Werke GmbH, benötigt für ein Treffen mit einem amerikanischen Lieferanten in den USA 800,00 US-amerikanische Dollar (USD) als Handgeld. Seine Assistentin Evelyn Fee tauscht bei der Bank Euro gegen US-Dollar ein, d.h., die Bank **kauft Euro an** (zum **Geldkurs**) und bezahlt mit USD. Wie viel € muss Frau Fee für die 800,00 USD bezahlen?

USD	€
1,3664	1
800,00	?

Bedingungssatz:	1,3664 USD → 1,00 €
Fragesatz:	800,00 USD → ? €
Bruchsatz:	$? \text{ €} = \dfrac{800{,}00 \text{ USD} \cdot 1{,}00 \text{ €}}{1{,}3664 \text{ USD}} = 585{,}48 \text{ €}$
Ergebnis	Frau Fee muss für die 800 USD 585,48 € bezahlen.

Beispiel: Der amerikanische Lieferant sagt das Treffen mit Herrn Peters kurzfristig ab. Frau Fee tauscht bei der Bank die 800,00 US-Dollar USD wieder in Euro um, d. h., die Bank **verkauft Euro** (zum **Briefkurs**) und erhält dafür die 800,00 USD.

USD	€
1,5074	1
800,00	?

Bedingungssatz:	1,5074 USD → 1,00 €
Fragesatz:	800,00 USD → ? €
Bruchsatz:	$? \text{ €} = \dfrac{800{,}00 \text{ USD} \cdot 1{,}00 \text{ €}}{1{,}5074 \text{ USD}} = 530{,}72 \text{ €}$
Ergebnis	Frau Fee erhält für 800 USD nur 530,72 € zurück (also 54,76 € weniger als beim Kauf der US-Dollar).

5.5 Umrechnen ausländischer Währungseinheiten im Ausland

Beispiel: Zwei Monate später vereinbaren Herr Peters, der Geschäftsführer der Fly Bike Werke GmbH, und der US-amerikanische Lieferant kurzfristig einen neuen Termin. Da seine Assistentin Frau Fee in Urlaub ist und er selbst vor der Reise nicht zur Bank gehen kann, beschließt Herr Peters, sich die 800,00 € Handgeld für seine Reise in den USA am Geldautomaten zu besorgen.

Sortenkurse am Umtauschtag in Mengennotierung in den USA:

	Geldkurs (Ankaufskurs)	Briefkurs (Verkaufskurs)
Preis eines US-Dollars in €	1 USD = 0,6414 €	1 USD = 0,7099 €

Wiederum aus Sicht der inländischen Bank (hier US-Bank):
Verkaufskurs = Briefkurs
Ankaufskurs = Geldkurs

In diesem Fall nimmt die US-amerikanische Bank in den USA (also die inländische Bank) ausländische Währungseinheiten (Euro) an und **verkauft** dafür **inländische Währung** (US-Dollar) an Herrn Peters. Aus Sicht der US-Bank ist also der **Briefkurs** (Verkaufskurs) maßgeblich.

USD	€
1	0,7099
800	? €

Bedingungssatz:	1 USD → 0,7099 €
Fragesatz:	800,00 USD → ? €
Bruchsatz:	$? \text{ €} = \dfrac{800{,}00 \text{ USD} \cdot 0{,}7099 \text{ €}}{1{,}00 \text{ USD}} = 567{,}92 \text{ €}$
Ergebnis	Herr Peters muss am amerikanischen Geldautomaten für die 800,00 USD 567,92 € bezahlen.

Aufgaben

Hinweis: Benutzen Sie bei den folgenden Aufgaben die Kurstabelle auf Seite 476.

1 Für den Ausgleich verschiedener Liefererrechnungen in Auslandswährungen benötigt die Fly Bike Werke GmbH unterschiedliche Devisen, die sie in Deutschland erwerben und an die Lieferer überweisen.
   a Errechnen Sie den Preis in € für den Kauf der Devisen je Eingangsrechnung.
   b Ermitteln Sie den Gesamtbetrag in € für diese Materialeinkäufe.

	Rechnungsbeträge in Auslandswährungen
1	23.000,00 USD
2	12.450,00 CHF
3	2.720.000,00 JPY
4	7.900,00 GBP
5	12.580,00 CAD

2 Verschiedene Ausgangsrechnungen an Kunden im Ausland werden per Überweisung in ausländischen Währungseinheiten (Devisen) ausgeglichen. Die Devisen werden an die Sparkasse Oldenburg verkauft und in € dem Konto der Fly Bike Werke GmbH gutgeschrieben.
   a Berechnen Sie den Erlös in € nach dem Verkauf der Devisen an die Sparkasse Oldenburg.
   b Ermitteln Sie den Gesamtbetrag der Gutschrift in € für diese Verkäufe eigener Erzeugnisse.

	Rechnungsbeträge in Auslandswährungen
1	12.300,00 USD
2	25.500,00 CHF
3	113.400,00 NOK
4	5.900,00 GBP
5	62.520,00 SEK

3 Zum Ausgleich verschiedener Ausgangsrechnungen hat die Fly Bike Werke GmbH unterschiedliche Sorten erhalten. Auf dem Konto bei der Sparkasse Oldenburg wurden die folgenden Euro-Beträge gutgeschrieben. Berechnen Sie die Rechnungsbeträge in ausländischen Währungseinheiten (Sorten).

	Euro-Beträge für die Umrechnung in Sorten	Land
1	3.500,00 €	Schweden
2	1.250,00 €	Polen
3	2.400,00 €	Norwegen
4	4.250,00 €	Dänemark

4 Für eine Geschäftsreise nach London benötigt der Leiter der Einkaufsabteilung 1.500,00 Britische Pfund. Berechnen Sie den Wert in €.

5 Ein Unternehmen hat folgende USD-Beträge gekauft (als Devisen):

	Beträge in €	Briefkurs	Geldkurs
1	10.000,00 €	1,3679	1,3739
2	30.000,00 €	1,4036	1,4096
3	60.000,00 €	1,3756	1,3716

a Ermitteln Sie den Durchschnittskurs in USD.
b Berechnen Sie den Gesamtwert in €.

6 Einem deutschen Unternehmen liegen folgende Warenangebote frei Lager vor:

1	Angebot aus Bremen	1 000 kg	4.500,00 €
2	Angebot aus London	10 160 kg	30.560,00 GBP
3	Angebot aus Stockholm	1 t	39.900,00 SEK

Ermitteln Sie die Euro-Beträge für 50 kg und entscheiden Sie sich für das günstigste Angebot.

7 Ein deutsches Unternehmen hat in der Schweiz für 250.000,00 CHF Waren gekauft. Es kann die Zahlung entweder durch seine Bank in Köln oder in Zürich leisten (Kurse in Deutschland siehe Kurstabelle; Kurs in Zürich: 0,8001 € für 1 CHF). Wie viel € spart das Unternehmen gegenüber dem ungünstigeren Kurs, wenn es den günstigeren Kurs in Anspruch nimmt?

8 Einkauf von Verpackungsmaterial in Norwegen. Der Listenpreis beträgt 48.000,00 NOK. Der Lieferant gewährt 20 % Rabatt und 3 % Skonto. Er liefert frei Lager. Berechnen Sie den Bezugspreis in €, wenn der Rechnungsbetrag innerhalb der Skontofrist überwiesen wird.

9 Ein Unternehmen importiert zwei Maschinen. Zahlungsziel: 30 Tage.

	Wert der Maschinen	Land
1	250.000,00 CHF	Schweiz
2	200.000,00 SEK	Schweden

a Berechnen Sie den Maschinenwert in € beim Eintreffen der Eingangsrechnung und erklären Sie, warum der Zahlungszeitpunkt bedeutsam sein kann.
b Angenommen, die Kurse hätten sich gegenüber den Kursen laut Kurstabelle (Seite 476) bis zum Zahlungszeitpunkt wie folgt verändert: CHF = 1,2445; SEK = 9,0412. Welche Auswirkung hätte dies für die Bezahlung der Maschinen? Ermitteln Sie den Unterschiedsbetrag.

10 Ein Urlauber hat zum Kauf von 2.000,00 CHF 1.408,45 € benötigt. Nach seiner Rückkehr besitzt er noch 300,00 CHF, die er in € wechselt (Kurs für den Rückkauf siehe Kurstabelle auf Seite 476).
a Wie hoch war der Kurs vor Antritt der Urlaubsreise?
b Welchen Verlust in € erleidet der Urlauber durch die unterschiedlichen Kurse bei seiner Rückkehr?

6 Zinsrechnen

Fremdkapitalgeber lassen sich das von ihnen geliehene Kapital durch Zinsen „bezahlen". Die Zinsrechnung ist ein notwendiges Instrument, um Finanzierungsentscheidungen treffen und die entstehenden Kosten kalkulieren zu können.

6.1 Vergleich von Prozent- und Zinsrechnung

Beispiel: Die Sparkasse Oldenburg unterbreitet der Fly Bike Werke GmbH ein Kreditangebot zur Anschaffung eines neuen Fahrzeuges. Wie hoch sind die Zinsen und die Bearbeitungsgebühr für diesen Kredit?

Fälligkeitsdarlehen, vgl. LF11, Band 3

Sparkasse Oldenburg

Kreditangebot vom 23.06.20XX

Kreditsumme	45.000,00 €
Kreditzinsen	7,5 % pro Jahr
Kreditlaufzeit	4 Jahre
Zinszahlungen	jährlich, rückwirkend
Kapitalrückzahlungen	nach 4 Jahren in einer Summe (Fälligkeitsdarlehen)
einmalige Bearbeitungsgebühr	1,0 % der Kreditsumme

Für die Überlassung von Kapital verlangt der Kapitalgeber eine Vergütung (**Zinsen**) in Abhängigkeit von der Höhe und der Überlassungsdauer des Kapitals. Der Preis (**Zinssatz**) wird immer pro Jahr (per annum = p.a.) angegeben. Er ist abhängig von den jeweils gültigen Kapitalmarktzinssätzen, die im Wesentlichen von der Europäischen Zentralbank beeinflusst werden. Neben den laufenden Zinszahlungen während der Kreditlaufzeit wird für die Auszahlung der Kreditsumme häufig eine einmalige **Bearbeitungsgebühr** verlangt. Diese soll die Aufwendungen des Kreditgebers für die Bearbeitung des Vorgangs (z.B. Kreditwürdigkeitsprüfung, Einrichtung eines Kreditkontos) decken.

Europäische Zentralbank, vgl. LF 9, Band 3

Prozentrechnung, vgl. Kap. 3

Zinssatz:
z.B. 7,5% = 0,075

Zinsfuß:
z.B. 7,5

$$\text{Zinssatz} = \frac{\text{Zinsfuß}}{100}$$

Für die Berechnung der Bearbeitungsgebühr ist die **Prozentrechnung** anzuwenden. Erweitert man die Prozentrechnung um die Größe Zeit, spricht man von der **Zinsrechnung**.

Allgemeiner Vergleich		Vergleich FBW-Beispiel	
Prozentrechnung	Zinsrechnung	Prozentrechnung	Zinsrechnung
Grundwert	Kapital	Kreditsumme 45.000,00 €	Kreditsumme 45.000,00 €
Prozentsatz	Zinssatz / Zinsfuß	Bearbeitungsgebühr 1%	Zinssatz 7,5% / Zinsfuß 7,5
Prozentwert	Zinsen	? = gesuchter Wert	? = gesuchter Wert
–	Zeit	Zeit ohne Bedeutung	Laufzeit 4 Jahre

Berechnung der Bearbeitungsgebühr mithilfe der Prozentrechnung, vgl. Kap. 3

! **Berechnung des Prozentwertes:** Prozentwert = Grundwert · Prozentsatz

Grundwert: 45.000,00 €	Prozentsatz: 1 %	Prozentwert: ? €
Kreditsumme in € · Bearbeitungsgebühr in % = Bearbeitungsgebühr in €		
$45.000,00 \cdot 1\% = 45.000,00 \cdot \frac{1}{100} = 450,00\,€$		
Ergebnis:	Die Kreditbearbeitungsgebühr beträgt 450,00 €.	

6.2 Die allgemeine Zinsformel

In der Zinsrechnung werden üblicherweise folgende Abkürzungen verwendet:

Kapital	Zinsfuß	Zinssatz	Zinsen	Zeit
K	p	i $i = \frac{p}{100}$	Z	j = Jahre m = Monate t = Tage

6.2.1 Jahreszinsen

 Beispiel: Das Kreditangebot der Sparkasse Oldenburg sieht Kreditzinsen in Höhe von 7,5 % pro Jahr vor. Wie viel € betragen die Zinsen für die Laufzeit von 4 Jahren?

Die Berechnung der Jahreszinsen erfolgt mithilfe eines zusammengesetzten Dreisatzes (vgl. Kap. 1.3).

Zunächst wird die Höhe der Zinsen für ein Jahr ermittelt und das Ergebnis mit 4 multipliziert.

K = 45.000,00	p = 7,5; i = 7,5 %	Z = ? €	j = 4
Bedingungssatz:	100 % → 45.000,00 €		
Fragesatz:	7,5 % → ? €		
Bruchsatz:	$? \,€ = \frac{45.000,00\,€ \cdot 7,5\%}{100\%} = 3.375,00\,€$		
Ergebnis (1 Jahr):	Die Zinsen für 1 Jahr betragen 3.375,00 €.		
Ergebnis (4 Jahre):	Die Zinsen für 4 Jahre betragen 3.375,00 € · 4 = 13.500,00 €.		

! **Berechnung der Jahreszinsen:** Kapital · Zinssatz · Zeit in Jahren → $Z = K \cdot i \cdot j$

oder alternativ: $\frac{\text{Kapital} \cdot \text{Zinsfuß} \cdot \text{Zeit in Jahren}}{100} \rightarrow Z = \frac{K \cdot p \cdot j}{100}$

Die Gesamtkosten für das Kreditangebot der Sparkasse Oldenburg betragen 13.950,00 €. Diese Summe setzt sich zusammen aus den Kreditzinsen in Höhe von 13.500,00 € für 4 Jahre Laufzeit und der einmaligen Bearbeitungsgebühr in Höhe von 450,00 €. Da es sich um ein Fälligkeitsdarlehen handelt, ist am Ende der Kreditlaufzeit auch die Kreditsumme in Höhe von 45.000,00 € in einer Summe zurückzuzahlen.

Aufgaben

1 Berechnen Sie Bearbeitungsgebühren, Zinsen und Gesamtkosten für die folgenden Kreditangebote:

Kreditsumme in €	Bearbeitungsgebühr in %	Zinssatz in %	Kreditlaufzeit in Jahren
a 50.000,00	0,50	12,00	5,0
b 240.000,00	0,25	8,50	8,0
c 320.000,00	0,75	7,25	15,0
d 15.000,00	1,25	6,25	7,5

2. Berechnen Sie die Zinsen für folgende Kredite:

a	24.000,00 €	zu	6,0 %	für	3,0 Jahre
b	3.500,00 €	zu	9,2 %	für	8,0 Jahre
c	92.540,00 €	zu	6,5 %	für	12,5 Jahre
d	22.375,20 €	zu	14,1 %	für	3,25 Jahre

3 Der Industriekaufmann Werner Wolf kauft als Handlungsbevollmächtigter seines Unternehmens eine Maschine im Wert von 36.900,00 € ein. Zwei Drittel dieses Preises müssen als Fremdkapital für 3 Jahre aufgenommen werden. Der Zinssatz beträgt 9 %. Die Bearbeitungsgebühr beträgt 1,25 %. Berechnen Sie

  a die Bearbeitungsgebühr in €,
  b die Zinsen für ein und für drei Jahre,
  c die Gesamtkosten für den Kredit.

6.2.2 Monatszinsen

Beispiel: Ein guter Kunde der Fly Bike Werke GmbH verlangt ein Zahlungsziel von 9 Monaten für einen Rechnungsbetrag von 24.000,00 €. Die Fly Bike Werde GmbH verlangt im Kaufvertrag einen Zinssatz von 6 %. Wie viel Zinsen muss der Käufer der Ware bezahlen?

Zunächst werden wieder die Zinsen für ein Jahr berechnet. Die Jahreszinsen werden dann in Monate umgerechnet, indem das Ergebnis mit $\frac{m}{12}$ multipliziert wird.

K = 24.000,00	p = 6,0; i = 6,0 %	Z = ? €	m = 9
Bedingungssatz:	100 % → 24.000,00 €		
Fragesatz:	6,0 % → ? €		
Bruchsatz:	? € = $\frac{24.000,00 \,€ \cdot 6,0\,\%}{100\,\%}$		
Ergebnis (1 Jahr):	Die Zinsen für 1 Jahr betragen 1.440,00 €.		
Ergebnis (9 Monate)	Die Zinsen für 9 Monate betragen: $\frac{1.440,00\,€ \cdot 9}{12} = 1.080,00\,€$		

! Berechnung der Monatszinsen: $\frac{\text{Kapital} \cdot \text{Zinssatz} \cdot \text{Zeit in Monaten}}{12} \rightarrow Z = \frac{K \cdot i \cdot m}{12}$

Oder alternativ: $\frac{\text{Kapital} \cdot \text{Zinsfuß} \cdot \text{Zeit in Monaten}}{100 \cdot 12} \rightarrow Z = \frac{K \cdot p \cdot m}{100 \cdot 12}$

Aufgaben

1 Berechnen Sie die Zinsen für die folgenden Kreditangebote:

Kreditsumme in €	Zinssatz in %	Kreditlaufzeit in Monaten
a 60.000,00	10,00	6,0
b 200.000,00	8,50	2,0
c 380.000,00	7,50	14,0
d 5.000,00	6,75	7,5

2 Berechnen Sie die Zinsen für folgende Kredite:

a	12.000,00 € zu	6,0 % für	3,0 Monate
b	3.200,00 € zu	9,8 % für	7,0 Monate
c	92.000,00 € zu	6,5 % für	12,5 Monate

3 Saisonal bedingte Zahlungsschwierigkeiten zwingen ein Unternehmen zur Aufnahme eines kurzfristigen Darlehens in Höhe von 63.000,00 €. Wie viel Zinsen sind für das Darlehen in 5 Monaten bei einem Zinssatz von 10,8 % zu zahlen?

4 Ein Kaufmann muss nach Ablauf der Kreditlaufzeit von 9 Monaten die Kreditsumme einschließlich Zinsen zurückzahlen.
   a Welchen Betrag muss er überweisen, wenn die Kreditsumme 45.000,00 € und der Zinssatz 8 % betrug?
   b Wie viel € muss er überweisen, wenn er in Höhe der Kreditsumme zuzüglich Zinsen einen neuen Kredit für 3 Monate zu 12 % Zinsen aufnimmt?

6.2.3 Tageszinsen

Beispiel: Ein Kunde der Fly Bike Werke GmbH hat trotz mehrerer Mahnungen das im Kaufvertrag vereinbarte Zahlungsziel erheblich überschritten. Gemäß Kaufvertrag sind für diese Überschreitung von 48 Tagen 12 % Verzugszinsen zu zahlen. Der Kaufpreis beträgt 9.000,00 €. Wie viel € Verzugszinsen muss der säumige Käufer bezahlen?

Bei der kaufmännischen Zinsrechnung wird ein 360-Tage-Jahr zugrunde gelegt (vgl. Übersicht zur Ermittlung der Zinstage, S. 485). Die Tageszinsen werden ermittelt, indem die Zinsen pro Jahr mit $\frac{t}{360}$ multipliziert werden.

kaufmännische Zinsformel	K = 9.000,00 €	p = 12,0; i = 12,0 %	Z = ? €	t = 48
	Bedingungssatz:	100 % → 9.000,00 €		
	Fragesatz:	12,0 % → ? €		
	Bruchsatz:	? € = $\frac{9.000,00 \text{ €} \cdot 12,0\%}{100\%}$ = 1.080,00 €		
	Ergebnis (1 Jahr):	Die Verzugszinsen für 1 Jahr betragen 1.080,00 €.		
	Ergebnis (48 Tage)	Die Verzugszinsen für 48 Tage betragen $\frac{1.080,00 \text{ €} \cdot 48}{360}$ = 144,00 €.		

6 Zinsrechnen

! Berechnung der Tageszinsen: $\dfrac{\text{Kapital} \cdot \text{Zinssatz} \cdot \text{Zeit in Tagen}}{360} \rightarrow Z = \dfrac{K \cdot i \cdot t}{360}$ kaufmännische Zinsformel

oder alternativ: $\dfrac{\text{Kapital} \cdot \text{Zinsfuß}}{100} \cdot \dfrac{\text{Zeit in Tagen}}{360} \rightarrow Z = \dfrac{K \cdot p \cdot t}{100 \cdot 360}$

Übersicht zur Ermittlung der Zinstage

- ein Zinsjahr = 360 Zinstage
- ein Zinsmonat (auch der Monat Februar) = 30 Zinstage
- Bei Zinslaufzeiten bis Ende Februar (28. oder 29. Februar) müssen 28 oder 29 Tage berechnet werden.
- Der erste Tag eines Zinszeitraumes (z. B. Auszahlungstag) wird nicht mitgezählt.
- Der letzte Tag eines Zinszeitraumes (z. B. Rückzahlungstag) wird mitgezählt.

Regeln zur Ermittlung von Zinstagen/deutsche kaufmännische Zinsrechnung (angewendet z. B. bei Girokonten und Kreditgewährung)

Beispiel: Ermittlung der Zinstage für den Zeitraum 25. April bis 16. August:

25. April – 30. April:	5 Tage
01. Mai – 30. Juli: 3 · 30 =	90 Tage
01. August – 16. August:	15 Tage
	110 Tage

Aufgaben

1 Ermitteln Sie die Zinstage für folgende Zinszeiträume:
- **a** 20.06.–31.10.
- **b** 31.05.–01.12.
- **c** 20.09.–10.05. (Folgejahr)
- **d** 26.02.–31.07.
- **e** 30.08.–28.02. (Folgejahr)
- **f** 25.07.–30.12.
- **g** 06.04.–01.12.
- **h** 01.10.–31.03. (Folgejahr)

2 Berechnen Sie die Zinsen für die folgenden Kreditangebote:

Kreditsumme in €	Zinssatz in %	Kreditlaufzeit in Tagen
a 65.000,00	10,00	122
b 280.000,00	8,50	233
c 380.000,00	9,75	14
d 5.000,00	6,5	462

3 Eine Papierfabrik stundet einem Großkunden eine Rechnung vom 10.04. mit 60 Tagen Ziel bis zum 20.11. Sie berechnet dafür 12,5 % Zinsen. Berechnen Sie bei einem Rechnungsbetrag von 33.120,00 €
- **a** den Zinsertrag der Papierfabrik und
- **b** den Überweisungsbetrag zum 20.11.

4 Berechnen Sie die Zinsen für die folgenden Kreditangebote:

Kreditsumme in €	Zinssatz in %	Kreditlaufzeit von – bis
a 25.000,00	12,00	24.08.–31.12.
b 80.000,00	7,50	31.01.–14.09.
c 12.000,00	3,75	16.03.–17.06.
d 9.000,00	8,50	28.03.–29.11.

Kaufmännisches Rechnen

5 Wie viel € muss ein Kunde am 10.09. bezahlen, wenn er eine Rechnung in Höhe von 5.800,00 €, fällig am 14.08., zuzüglich 8 % Verzugszinsen ausgleichen will?

6 Ein Fremdwährungsdarlehen in Höhe von 30.000,00 Britischen Pfund mit einem Zinssatz von 9 % muss nach 90 Tagen zurückgezahlt werden.
Wie viel € benötigt der Schuldner zur Zahlung von Zins und Tilgung, wenn zum Rückzahlungstermin (= Zinszahlungstermin) der Kurs für die englische Währung bei 1 € = 0,7084 Pfund angegeben wird?

7 Ein Kunde bittet um Ratenzahlung für eine Rechnung in Höhe von 120.000,00 €, fällig am 14.02.
Zahlungstermine: 20.04. = 40.000,00 €,
                   20.06. = 60.000,00 €,
                   10.08. = Restbetrag einschließlich aller Zinsen.
Wie viel € muss der Kunde am 10.08. bezahlen, wenn 6 % Verzugszinsen auf den jeweils ausstehenden Betrag zu entrichten sind?

8 Auf einem Sparbuch befinden sich am 01.01. 4.800,00 €. Der Zinssatz beträgt bis zum 31.05. 2,50 % und wird dann auf 2,75 % erhöht. Wie viel € Zinsen sind am Jahresende gutzuschreiben, wenn am 24.08. 500,00 € abgehoben wurden?

6.2.4 Zinszahl und Zinsteiler

summarische Zinsrechnung, vgl. Kap. 6.2.5

Tageszinsen können auch mithilfe von Zinszahl und Zinsteiler ermittelt werden. Zinszahl und Zinsteiler sind Hilfsmittel, die den Rechenaufwand z. B. bei der summarischen Zinsrechnung verringern. Sie lassen sich aus der kaufmännischen Zinsformel herleiten.

Herleitung von Zinszahl und Zinsteiler aus der kaufmännischen Zinsformel

Tageszinsen:	$\dfrac{\text{Kapital} \cdot \text{Zinsfuß} \cdot \text{Zeit in Tagen}}{100 \cdot 360}$	allgemeine Tageszinsformel
Tageszinsen:	$\dfrac{\text{Kapital} \cdot \text{Zeit in Tagen} \cdot \text{Zinsfuß}}{100 \cdot 360}$	Umstellung der Zähler
Tageszinsen:	$\dfrac{\text{Kapital} \cdot \text{Zeit in Tagen}}{100} \cdot \dfrac{\text{Zinsfuß}}{360}$	Zerlegung des Bruches
Tageszinsen:	$\dfrac{\text{Kapital} \cdot \text{Zeit in Tagen}}{100} : \dfrac{360}{\text{Zinsfuß}}$	Umstellung: Multiplikation = Division durch den Kehrwert
Zinszahl:	$\dfrac{\text{Kapital} \cdot \text{Zeit in Tagen}}{100}$	Zerlegung in zwei Formeln
Zinsteiler:	$\dfrac{360}{\text{Zinsfuß}}$	
Tageszinsen:	$\dfrac{\text{Zinszahl}}{\text{Zinsteiler}}$	neue Formel für Tageszinsen

Bei der Berechnung der Zinszahlen bleiben Centbeträge bei den Kapitalbeträgen unberücksichtigt. Es erfolgt **keine Rundung**.

K = 3.450,99 € → 3.450,00 €.

Zinszahlen haben keine Nachkommastellen, d. h., es sind immer **ganze Zahlen**. Dabei werden die Zinszahlen kaufmännisch gerundet.

Zinszahl = 4.567,49 → 4.567 | 4.567,50 → 4.568

Im Folgenden werden die Verzugszinsen für das Beispiel aus dem Abschnitt 6.2.3 noch einmal mithilfe von Zinszahl und Zinsteiler ermittelt. Beide Rechenwege fuhren zu demselben Ergebnis.

K = 9.000,00	p = 12,0; i = 12,0 %	Z = ? €	t = 48
Berechnung der Zinszahl:	$\dfrac{\text{Kapital} \cdot \text{Zeit in Tagen}}{100} = \dfrac{9.000,00 \cdot 48}{100} = 4.320$			
Berechnung des Zinsteilers:	$\dfrac{360}{\text{Zinsfuß}} = \dfrac{360}{12} = 30$			
Berechnung der Tageszinsen:	$\dfrac{\text{Zinszahl}}{\text{Zinsteiler}} = \dfrac{4.320}{30} = 144,00\ €$			
Ergebnis (1 Jahr):	Die Verzugszinsen für 48 Tage betragen **144,00 €**.			

Berechnung der Tageszinsen mit Zinszahl und Zinsteiler

Aufgaben

1 Berechnen Sie die Zinszahlen:
   a 4.200,00 € für 26 Tage
   b 4.566,20 € für 139 Tage
   c 984,49 € für 99 Tage
   d 2.311,50 € für 84 Tage

2 Berechnen Sie die Zinsteiler für folgende Zinssätze:
   a 12,0 %   e 4,5 %
   b 9,0 %   f 2,5 %
   c 6,0 %   g $3\tfrac{1}{3}$ %
   d 8,0 %   h $3\tfrac{4}{5}$ %

3 Berechnen Sie die Zinsen bei einer Zinszahl von 14.500 bei:
   a 6 % Zinsen
   b 12 % Zinsen
   c 16 % Zinsen

4 Berechnen Sie mit der kaufmännischen Zinsformel die Zinsen für die folgenden Kapitalbeträge:

	Kapital in €	Zinssatz	Zinstage
a	8.050,00	9 %	60
b	2.300,00	12 %	45
c	6.900,00	6 %	120
d	3.047,50	8 %	412
e	2.660,80	9 %	160
f	2.910,40	12 %	215
g	6.940,20	6 %	122

5 Berechnen Sie mit der kaufmännischen Zinsformel die Zinsen:
   a Kapital 14.200,00 €, 9 % Zinssatz, Zinszeit vom 14.06. bis 23.09.
   b Kapital 6.900,00 €, 12 % Zinssatz, Zinszeit vom 12.01. bis 31.07.

6.2.5 Summarische Zinsrechnung

Beispiel: Ein Kunde der Fly Bike Werke GmbH ist mit der Zahlung mehrerer Rechnungen in Verzug. In allen Kaufverträgen sind 9 % Verzugszinsen vereinbart worden. Für den Kunden soll eine Aufstellung seiner Verbindlichkeiten gegenüber der Fly Bike Werke GmbH zum Jahresende (31.12.) einschließlich Verzugszinsen erstellt werden. Wie kann die für diese Aufstellung notwendige Rechenarbeit vereinfacht werden?

Werden mehrere Beträge zum gleichen Zinssatz, aber mit unterschiedlichen Laufzeiten verzinst, ist es sinnvoll, die Zinsen mithilfe von Zinszahl und Zinsteiler summarisch zu ermitteln.

Ausgangsrechnungen der Fly Bike Werke GmbH		Fälligkeit Datum	Zinstage bis 31.12.	Zinszahl = $\dfrac{\text{Kapital} \cdot \text{Zinstage}}{100}$
Nr.	Beträge in €			
433	2.320,00	16.08.	134	$\dfrac{2.320{,}00 \cdot 134}{100} = 3.108$
467	11.600,00	14.09.	106	$\dfrac{11.600{,}00 \cdot 106}{100} = 12.296$
472	6.960,00	20.10.	70	$\dfrac{6.960{,}00 \cdot 70}{100} = 4.872$
481	4.640,00	15.11.	45	$\dfrac{4.640{,}00 \cdot 45}{100} = 2.088$
Summe Kapital = 25.520,00			Summe Zinszahlen = 22.364	

Zur Bestimmung der Verzugszinsen für die offenen Rechnungen wird zunächst der Zinsteiler ermittelt. Die Verzugszinsen (Tageszinsen) ergeben sich durch Division der Summe der Zinszahlen durch den Zinsteiler. Die so ermittelten Zinsen werden der Kapitalsumme (Summe der Rechnungsbeträge) hinzuaddiert. Im Ergebnis steht die Gesamtforderung der Fly Bike Werke GmbH an den säumigen Kunden zum 31.12.20XX.

Zinsteiler:	$\dfrac{360}{9} = 40$
Tageszinsen (summarisch):	$\dfrac{\text{Zinszahl}}{\text{Zinsteiler}} = \dfrac{22.364}{40} = 559{,}10\ €$
Gesamtforderung:	Summe der Rechnungsbeträge + Tageszinsen 25.520,00 € + 559,10 € = 26.079,10 €
Ergebnis:	Die Gesamtforderung zum 31.12.XX beträgt 26.079,10 € einschließlich Verzugszinsen.

Berechnung der Gesamtforderung mithilfe der summarischen Zinsrechnung

! Tageszinsen (summarisch): $\dfrac{\text{Summe der Zinszahlen}}{\text{Zinsteiler}}$

Aufgaben

1 Ein Unternehmen legt überschüssige Guthaben auf einem Tagesgeldkonto an. Die Bank gewährt einen Guthabenzins in Höhe von 2,5 %.

Kontoeröffnung: 5. Feb.
Einzahlung: 5. Feb.   2.000,00 €
             12. Feb. 1.200,00 €
             3. März   6.500,00 €
             9. März 16.500,00 €
             12. März 4.200,00 €

a Ermitteln Sie die Zinsgutschrift der Bank zum Quartalsende (31. März).
b Wie hoch wäre die Zinsgutschrift zum 31. März ausgefallen, wenn der Zinssatz zum 1. März auf 3 % angehoben worden wäre?
c Wie viel Zinsen hätte das Unternehmen erhalten, wenn es das Tagesgeldkonto bei einer anderen Bank mit dem Zinssatz von 3,6 % eröffnet hätte?

6.3 Berechnung von Zinsfuß und Zinssatz

Beispiel: Die Fly Bike Werke GmbH hat einen kurzfristigen Liquiditätsüberschuss in Höhe von 80.000,00 €. Die Sparkasse Oldenburg bietet bei diesem Anlagebetrag für 60 Tage 800,00 € Zinsen. Wie hoch ist der Zinssatz für diese Kapitalanlage?

Die Formel zur Berechnung des Zinsfußes p wird durch Umstellung der kaufmännischen Zinsformel hergeleitet.

1	$Z = \dfrac{K \cdot p \cdot t}{100 \cdot 360}$		kaufmännische Zinsformel
2	$Z \cdot 100 \cdot 360 = p \cdot K \cdot t$	$\mid \cdot 100; \cdot 360$ ← 1. Umstellung $\mid : (K \cdot t)$ ← 2. Umstellung	
3	$\dfrac{Z \cdot 100 \cdot 360}{K \cdot t} = p$		Formel zur Berechnung des Zinsfußes

Berechnung des Zinsfußes durch Umstellen der Tageszinsformel

Für das Ausgangsbeispiel ergibt sich:

Zinsfuß:	$\dfrac{800,00\ € \cdot 100 \cdot 360}{80.000,00\ € \cdot 60} = 6$
Zinssatz:	$\dfrac{6}{100} = 0,06 = \mathbf{6\,\%}$
Ergebnis:	Der Zinssatz für die Kapitalanlage beträgt 6 %.

! Berechnung des Zinsfußes: $\dfrac{\text{Zinsen} \cdot 100 \cdot 360}{\text{Kapital} \cdot \text{Zeit in Tagen}} \rightarrow p = \dfrac{Z \cdot 100 \cdot 360}{K \cdot t}$

Aufgaben

1 Berechnen Sie die Zinssätze für folgende Kapitalanlagen (jeweils auf zwei Nachkommastellen runden):

	Anlagebetrag	Anlagezeitraum	Zinsertrag
a	120.000,00 €	14.08.–22.03. (Folgejahr)	5.813,33 €
b	30.000,00 €	23.02.–17.04.	303,75 €
c	58.000,00 €	84 Tage	1.647,68 €
d	9.000,00 €	12,5 Monate	375,00 €
e	1.500,00 €	4 Jahre, 3 Monate	1.041,25 €
f	320.000,00 €	7 Monate, 12 Tage	21.706,67 €

2 Wie viel Prozent Zinsen verlangt ein Kreditinstitut für einen Kreditbetrag von 25.000,00 €, wenn der Kredit am 24.06. gewährt wurde und am 31.09. einschließlich Zinsen mit 25.800,00 € zurückgezahlt wurde?

3 Eine Unternehmensbeteiligung in Höhe von 300.000,00 € erbrachte in 5 Jahren insgesamt 90.000,00 € Gewinn. Mit welchem Jahreszinssatz hat sich das eingesetzte Kapital durchschnittlich verzinst?

4 Ein OHG-Gesellschafter hat am Ende eines Geschäftsjahres 2.000,00 € Privatentnahmen getätigt. Vom Jahresgewinn der Gesellschaft erhält er unter Berücksichtigung der Barentnahme am Jahresende noch 5.500,00 € auf sein Eigenkapitalkonto gutgeschrieben. Am Anfang des Geschäftsjahres betrug seine Einlage 50.000,00 €. Wie hoch ist die Verzinsung seiner Einlage in diesem Geschäftsjahr?

6.4 Berechnung der Zeit

Beispiel: Ein Gläubiger der Fly Bike Werke GmbH verlangt für einen verspäteten Rechnungsausgleich 87,00 € Verzugszinsen. Der Rechnungsbetrag lautete über 6.960,00 €; der im Kaufvertrag vereinbarte Verzugszinssatz betrug 6 %. Wie viele Zinstage hat der Gläubiger für seine Berechnung berücksichtigt?

Berechnung der Zeit durch Umstellen der Tageszinsformel

1	$Z = \dfrac{K \cdot p \cdot t}{100 \cdot 360}$		kaufmännische Zinsformel
2	$Z \cdot 100 \cdot 360 = p \cdot K \cdot t$	$\mid \cdot 100; \cdot 360$ $\mid : (K \cdot p)$	1. Umstellung 2. Umstellung
3	$\dfrac{Z \cdot 100 \cdot 360}{K \cdot p} = t$		Formel zur Berechnung der Zeit in Tagen

$$t = \frac{87{,}00\ \text{€} \cdot 100 \cdot 360}{6.960{,}00\ \text{€} \cdot 6} = 75$$

Ergebnis: Der Gläubiger hat bei seiner Berechnung 75 Zinstage zugrunde gelegt.

! Berechnung der Zeit in Tagen: $\dfrac{\text{Zinsen} \cdot 100 \cdot 360}{\text{Kapital} \cdot \text{Zinsfuß}} \rightarrow t = \dfrac{Z \cdot 100 \cdot 360}{K \cdot p}$

Aufgaben

1 Wie viele Tage wurden die folgenden Beträge zinswirksam angelegt?

	angelegtes Kapital in €	Zinssatz in %	Zinsen in €
a	45.000,00	6,00	1.125,00
b	500,00	2,50	18,75
c	412.000,00	12,75	2.188,75
d	22.560,00	3,25	152,75

2 Ein Kapital in Höhe von 6.480,00 € erbrachte 72,09 € Zinsen. Wie viele Zinstage war das Kapital angelegt, wenn die Verzinsung 4,5 Prozent betrug?

3 Ein Kapital in Höhe von 50.000,00 € erbrachte bei einer Verzinsung von 6 % Zinsen in Höhe von 750,00 €.
Berechnen Sie   **a** die Anzahl der Zinstage und
                    b das Datum der Kapitalanlage, wenn die Zinszahlung am 14.09. erfolgte.

4 Ein Industrieunternehmen gewährt seinen Kunden 30 Tage Ziel ab Rechnungsdatum. Für eine zu spät bezahlte Ausgangsrechnung in Höhe von 5.000,00 € vom 12.03. berechnet es 50,00 € Verzugszinsen bei einem vertragsgemäßen Zinssatz von 6 %. Zu welchem Datum erfolgte der Rechnungsausgleich?

5 Ein Anlageberater verspricht bei einer Kapitalanlage in Höhe von 50.000,00 € die Rückzahlung von 60.000,00 €. Nach wie vielen Zinstagen muss die Rückzahlung erfolgen, wenn ein Zinssatz von 15 % erreicht werden soll?

6 Bei der Erstanlage einer Sparsumme von 25.000,00 € werden in 180 Zinstagen 750,00 € Zinsen erwirtschaftet. Bei einer erneuten Anlage dieser 25.000,00 € werden nur noch 4 % Zinsen gezahlt.
Berechnen Sie   **a** den Zinssatz der Erstanlage und
                    b die notwendigen Zinstage, wenn bei der erneuten Anlage ebenfalls 750,00 € Zinsen erzielt werden sollen.

6.5 Berechnung des Kapitals

Beispiel: Ein säumiger Schuldner der Fly Bike Werke GmbH überwies für die Zeit vom 25.06.20XX bis zum 23.11.20XX (= 148 Zinstage) 24,67 € Verzugszinsen. Im Kaufvertrag war ein sehr günstiger Verzugszinssatz von 4 % vereinbart worden. Wie hoch war der geschuldete Rechnungsbetrag?

1	$Z = \dfrac{K \cdot p \cdot t}{100 \cdot 360}$		kaufmännische Zinsformel	Berechnung des Kapitals durch Umstellen der Tageszinsformel
2	$Z \cdot 100 \cdot 360 = K \cdot p \cdot t$	$\| \cdot 100; \cdot 360$ 1. Umstellung $\| : (K \cdot p)$ 2. Umstellung		
3	$\dfrac{Z \cdot 100 \cdot 360}{p \cdot t} = K$		Formel zur Berechnung des Kapitals	

$$K = \frac{24{,}67\ € \cdot 100 \cdot 360}{4 \cdot 148} = 1.500{,}20\ €$$

Ergebnis: Der geschuldete Rechnungsbetrag lautete auf 1.500,20 €.

! Berechnung des Kapitals: $\dfrac{\text{Zinsen} \cdot 100 \cdot 360}{\text{Zinsfuß} \cdot \text{Zeit in Tagen}} \rightarrow K = \dfrac{Z \cdot 100 \cdot 360}{p \cdot t}$

Aufgaben

1 Berechnen Sie jeweils das eingesetzte Kapital.

	Zinsen in €	Zinssatz in %	Zinszeitraum von bis
a	880,00	8,00	24.06. – 22.09.
b	314,17	7,25	31.01. – 12.12.
c	65,00	4,00	14.02. – 19.04.
d	170,14	3,50	50 Tage

2 Ein Sparer erzielt für ein am 31. Juli eingezahltes Kapital, das mit 4,5 % verzinst wurde, am 31. August desselben Jahres 7,50 € Zinsen. Wie hoch war sein eingezahltes Kapital?

3 Ein Kapital wurde für die Zeit vom 10.02. bis zum 22.04. desselben Jahres ausgeliehen. Bei einer Verzinsung von 10 % wurden in diesem Zeitraum 52,00 € Zinsen erwirtschaftet. Berechnen Sie das eingesetzte Kapital.

4 Ein Unternehmer will eine nicht mehr benötigte Lagerhalle verkaufen und den Erlös in festverzinslichen Wertpapieren anlegen. Wie hoch muss der Verkaufserlös sein, wenn er vierteljährlich 5.000,00 € Zinsen bei einem Zinssatz von 10 % erzielen möchte?

5 Ein Industrieunternehmen bezahlt monatlich 980,00 € Zinsen für zwei Kredite:
– Der erste Kredit in Höhe von 48.000,00 € wird mit 12 % verzinst.
– Der zweite Kredit hat einen Zinssatz von 15 %.

Berechnen Sie
a die Zinsen für den ersten Kredit und
b die Kreditsumme für den zweiten Kredit.

6 Für einen Großkredit sind jährlich 1 % Tilgung und 8 % Zinsen zu bezahlen. Am Ende des ersten Jahres werden insgesamt 18.000,00 € überwiesen. Wie hoch ist die Kreditsumme?

7 Am 31.12. schreibt eine Sparkasse 50,00 € Zinsen gut. Der Sparer hat sein Konto am 30.05. mit einer Einmalzahlung eröffnet und erhält 2,5 % Zinsen. Wie hoch war die Einmalzahlung?

8 Ein Anlageberater verspricht vierteljährliche Gewinnausschüttungen in Höhe von 10.000,00 € bei einem Zinssatz von 10 %. Wie hoch muss bei dieser Anlageform das angelegte Kapital sein?

6.6 Die effektive Verzinsung

6.6.1 Die effektive Verzinsung von Krediten

Beispiel: Die Fly Bike Werke GmbH benötigt für die Modernisierung ihres Lagers ein Bankdarlehen in Höhe von 300.000,00 €. Die Sparkasse Oldenburg bietet nach einer Kreditwürdigkeitsprüfung mit positivem Ergebnis ein Darlehen zu den unten stehenden Bedingungen an. Darüber hinaus liegt der BPK GmbH ein Konkurrenzangebot einer ortsansässigen Bank vor. Welches Angebot ist für die BPK GmbH kostengünstiger?

p. a.
lat. pro anno = pro Jahr

	Kreditangebot 1 Stadtsparkasse Oldenburg	Kreditangebot 2 Konkurrenzbank
Kreditsumme:	300.000,00 €	300.000,00 €
Kreditzinsen:	9,0 % p. a.	9,4 % p. a.
Kreditlaufzeit:	4 Jahre	4 Jahre
einmalige Bearbeitungsgebühr:	1,0 % der Kreditsumme	keine
Kapitalrückzahlung:	nach 4 Jahren in einer Summe	nach 4 Jahren in einer Summe

Das kostengünstigste Angebot ist bei Krediten mit gleicher Laufzeit das mit der **niedrigsten effektiven Verzinsung**. Will man für Kredite die effektive Verzinsung ermitteln, müssen alle Kreditkosten, also auch die Bearbeitungsgebühren und alle sonstigen bei der Kreditvergabe anfallenden Gebühren (z. B. Spesen), in den Jahreszinssatz eingerechnet werden. Nur durch einen Vergleich der effektiven Verzinsung kann der günstigste Kredit ermittelt werden.

Zinsen für 4 Jahre:	$Z = \dfrac{K \cdot p \cdot j}{100} \rightarrow Z = \dfrac{300.000,00 \, € \cdot 9 \cdot 4}{100} = 108.000,00 \, €$
Bearbeitungsgebühr:	Kreditsumme in € · Bearbeitungsgebühr in % 300.000,00 € · 1 % = 3.000,00 €
Kreditkosten:	Zinsen + Bearbeitungsgebühr 108.000,00 € + 3.000,00 € = 111.000,00 €

p = Zinsfuß

Ermittlung der Kreditkosten für ein Darlehen (Angebot 1)

Auszahlungsbetrag: Kreditsumme abzüglich Bearbeitungsgebühren

Die effektive Verzinsung berechnet sich nach der folgenden Formel (hier abgeleitet aus der Jahreszinsformel):

$$\text{effektive Verzinsung (p)} = \frac{\text{Kreditkosten} \cdot 100}{\text{Auszahlungsbetrag} \cdot \text{Jahre}} = \frac{111.000,00 \cdot 100}{297.000,00 \cdot 4} = 9,34$$

Der effektive Zinssatz für das Angebot der Sparkasse Oldenburg beträgt (gerundet) etwa 9,34 %. Da beim Konkurrenzangebot keine Gebühren erhoben werden, entspricht dort der angegebene Zinssatz dem effektiven Zinssatz in Höhe von 9,4 %. Das Angebot der Sparkasse Oldenburg ist also günstiger.

Grundsätzlich gilt: Je höher die Gebühren und Spesen und je kürzer die Kreditlaufzeit, desto stärker steigt die effektive Verzinsung im Vergleich zur Nominalverzinsung.

6.6.2 Die effektive Verzinsung von Kapitalanlagen

Beispiel: Ein Industrieunternehmen will die effektive Verzinsung des Eigenkapitals ermitteln. Bei einem Eigenkapital von 588.000,00 € wurden in einem Geschäftsjahr 8.500.000,00 € Erträge und 8.350.000,00 € Aufwendungen in der GuV-Rechnung festgestellt. Wie hoch ist die effektive Verzinsung des eingesetzten Kapitals?

Will man den Einsatz von Kapital in einem Unternehmen mit alternativen Investitionen, z. B. Kauf von Aktien, Wertpapieren, Kauf von Immobilien usw., vergleichen, ist auch hier der effektive Jahreszinssatz die entscheidende Vergleichsgröße für die Beurteilung der Vorteilhaftigkeit der Kapitalanlage. Hierbei ist jedoch zusätzlich das unterschiedliche Risiko der Kapitalanlage, wie z. B. die Wahrscheinlichkeit und die Höhe des Gewinns (oder Verlustes) und die Wertentwicklung der Kapitalanlage in der Zukunft, zu berücksichtigen.

Im Nachhinein kann die effektive Verzinsung durch die Höhe des Reingewinns im Verhältnis zum eingesetzten Kapital als Jahreszinssatz ermittelt werden.

Die effektive Verzinsung des Eigenkapitals des im obigen Beispiel genannten Industrieunternehmens für das vergangene Geschäftsjahr berechnet sich wie folgt:

Ermittlung des Reingewinns:

Erträge – Aufwendungen	8.500.000,00 € – 8.350.0000,00 €
(gemäß GuV-Rechnung)	= 150.000,00 €

p = Zinsfuß

effektive Verzinsung (p): $\dfrac{\text{Reingewinn} \cdot 100}{\text{Eigenkapital} \cdot \text{Jahre}} = \dfrac{150.000{,}00 \cdot 100}{588.000{,}00 \cdot 1} = 25{,}51$

Der effektive Zinssatz des Eigenkapitals betrug damit im vergangenen Geschäftsjahr (gerundet) etwa 25,51 %. Zum Vergleich: Hätte der Unternehmer sein Kapital bei einer Bank angelegt, statt in sein Unternehmen zu investieren, hätte er eine Verzinsung in Höhe von 25,51 % aushandeln müssen, um dieselbe Rendite zu erwirtschaften, wie er sie durch die Investition in sein Unternehmen erreicht hat. Hätte er sein Eigenkapital z. B. zu einer Verzinsung von 5 % bei der Bank angelegt, hätte er nach einem Jahr nur 29.400,00 € Zinsen erhalten.

Natürlich ist bei der Entscheidungsfindung auch das Risiko zu berücksichtigen, das bei der Investition ins eigene Unternehmen höher ausgeprägt ist als z. B. bei einer Festanlage bei der Bank. Hierzu berücksichtigt man die so genannte **Risikoprämie**, die von der effektiven Verzinsung abgezogen wird. Unter der Annahme, dass die Risikoprämie im Beispiel oben 3 % beträgt, ist es also auch unter Berücksichtigung des Risikos noch günstiger, das Geld in das eigene Unternehmen zu investieren.

Beim Vergleich der effektiven Verzinsung unterschiedlicher Kapitalanlagen muss auch die möglicherweise bestehende **unterschiedliche Steuerbelastung** des Reingewinns berücksichtigt werden. Erst die effektive Verzinsung nach Abzug sämtlicher Steuern ist dann das Entscheidungskriterium.

Aufgaben

1 Folgende Kreditangebote sind zu vergleichen:

Kreditsumme in €	Kreditlaufzeit	Nominalzins	Gebühren
1) 200.000,00	12 Jahre	10,0 %	0,75 % der Kreditsumme
2) 220.000,00	10 Jahre	9,5 %	2.750,00 €

a Berechnen Sie die effektive Verzinsung beider Kreditangebote.
b Welche weiteren Überlegungen muss der Kreditnehmer vor der Angebotsannahme machen?

2 Vergleichen Sie die effektive Verzinsung zweier konkurrierender Unternehmen:

Vergleichswerte	Unternehmen A	Unternehmen B
Eigenkapital	500.000,00 €	750.000,00 €
Erträge	2.550.000,00 €	4.250.000,00 €
Aufwendungen	2.450.000,00 €	4.190.000,00 €

ÜBERSICHT: Wichtige Formeln in der Zinsrechnung

Abkürzungen:

Kapital	Zinsfuß	Zinssatz	Zinsen	Zeit
K	p	i = p : 100	Z	j = Jahre, m = Monate, t = Tage

Ausgangsformel zur Zinsberechnung: Zinsen in € (Z)

$$Z = \frac{K \cdot p \cdot j}{100} \qquad Z = \frac{K \cdot p \cdot m}{100 \cdot 12} \qquad Z = \frac{K \cdot p \cdot t}{100 \cdot 360}$$

Jahreszinsen — Monatszinsen — Tageszinsen

Abgeleitete Formeln auf Basis der Tageszinsformel:

$$p = \frac{Z \cdot 100 \cdot 360}{K \cdot t} \qquad t = \frac{Z \cdot 100 \cdot 360}{K \cdot p} \qquad K = \frac{Z \cdot 100 \cdot 360}{p \cdot t}$$

Zinsfuß (p) — Zeit in Tagen (t) — Kapital in € (K)

Summarische Zinsrechnung (Zinszahl und Zinsteiler):

$$Z = \frac{\text{Zinszahl (\#)}}{\text{Zinsteiler (Zt)}} \qquad \# = \frac{K \cdot t}{100} \qquad Zt = \frac{360}{p}$$

Tageszinsen (Z) — Zinszahl — Zinsteiler

Effektive Verzinsung (Beispiele): Zinsfuß (p)

$$p = \frac{\text{Kreditkosten} \cdot 100}{\text{Auszahlungsbetrag} \cdot \text{Jahre}} \qquad p = \frac{\text{Reingewinn} \cdot 100}{\text{Eigenkapital} \cdot \text{Jahre}} \qquad p = \frac{\text{Nettoskontobetrag} \cdot 100 \cdot 360}{\text{Überweisungsbetrag} \cdot \text{Lieferkreditfrist in Tagen}}$$

bei Krediten — bei Kapitaleinsätzen — beim Skontoabzug

1	Grundsätzliches zum Thema „Lernen"	498
2	Informationen gewinnen und auswerten	503
3	Lese- und Schreibtechniken	506
4	Lern- und Merktechniken	508
5	Kreativitätstechniken	510
6	Vortrags- und Präsentationstechniken	511
7	Sozialformen	515
8	Teamarbeit	520

Methoden

1 Grundsätzliches zum Thema „Lernen"

Sie leben in einer Zeit, in der Wissen so schnell wächst und veraltet, dass Sie Ihr ganzes Leben lang immer wieder neu lernen müssen. Es reicht nicht aus, sich einmal das nötige Wissen anzueignen, Sie müssen in der Lage sein, sich selbstständig und effektiv Wissen zu beschaffen, es anzuwenden und immer wieder auf Aktualität zu überprüfen. Dazu ist es nützlich zu verstehen, wie das Lernen funktioniert und welche Hilfsmittel man einsetzen kann, um es so effektiv wie möglich zu gestalten.

1.1 Gedächtnisarten

Alles, was Sie lernen, muss Ihr Gedächtnis erst vom **Ultrakurzzeitgedächtnis** über das Kurzzeitgedächtnis ins Langzeitgedächtnis transportieren. Das Ultrakurzzeitgedächtnis nimmt die Informationen auf, seine Speicherdauer ist sehr kurz. Es verankert nur die Informationen, denen eine gezielte Aufmerksamkeit bzw. Emotion zugewandt wird.

Das **Kurzzeitgedächtnis** speichert einen Teil des bereits bearbeiteten Informationsmaterials für einige Minuten ab. Dabei nimmt es vor allem visuelle und akustische Informationen auf. Um das Wissen nicht wieder zu verlieren, muss es durch wiederholtes Abrufen und das aktive Bearbeiten und Einbinden in bestehende Zusammenhänge verankert werden. Werden zu schnell neue Informationen aufgenommen, werden ältere, nicht verankerte Informationen ersetzt.

Fest gespeichertes Wissen befindet sich im **Langzeitgedächtnis**. Informationen werden erst dann abrufbar, wenn sie durch ähnliche Inhalte „angestoßen" werden. Lernprozesse, die sich auf vorhandenes Wissen beziehen, erfolgen schneller als bei völlig neuen Kontexten und Inhalten.

1.2 Lerntypen

Lerntypen in Anlehnung an Frederic Vester

Der Lernstoff gelangt über die Sinnesorgane in unser Gedächtnis. Da die einzelnen Sinnesorgane bei jedem Menschen unterschiedlich stark ausgeprägt sind, tragen sie auch in unterschiedlichem Maße zum Lernen bei. Je nachdem, welche Sinnesorgane das Lernen am meisten fördern, unterscheidet man **auditive** (hören), **visuelle** (sehen), **motorische** (handeln) und **kommunikative** (diskutieren) Lerntypen.

Weitere Hinweise zu Lernkanälen und Konzentration, vgl. Kap. 1.4.

Hat der Lernende ermittelt, zu welchem Lerntypus er tendiert, kann er beim Lernen Techniken anwenden, die der eigenen sinnlichen Wahrnehmung am meisten entsprechen. Diese Lerntechniken ermöglichen die effektive Aufnahme und Verarbeitung von Informationen, indem sie im Gedächtnis so verankert werden, dass sie behalten und verstanden werden.

Im Internet können Sie testen, welcher Lerntyp Sie sind, z. B. unter http://www.philognosie.net/index.php/tests/testsview/150/

Welchem Lerntyp man sich auch zurechnet: Zahlreiche wissenschaftliche Untersuchungen kommen zu dem Schluss, dass Lernende den Lernstoff nachhaltiger begreifen und im Gedächtnis behalten, wenn sie das Lernen zusätzlich mit **unterschiedlichen Lernaktivitäten** verbinden. Nachschlagen unbekannter Begriffe, Strukturieren des Lernstoffs oder das experimentelle Arbeiten an einem Thema sind geeignete Maßnahmen, das Lernen zu unterstützen.

1.3 Lernstrategien

Lernstrategien sind Verhaltensweisen, die dazu dienen, Lernaufgaben besser zu bewältigen.

Lernstrategien zur Organisation und Durchführung des Lernens

- Legen Sie Lernzeiten und Pausen fest und halten Sie diese Vorgaben ein. *(Zeitplanung, vgl. Kap. 1.5)*
- Gestalten Sie Ihren Arbeitsplatz in der Weise, dass Sie sich ungestört auf die Arbeitsaufgaben konzentrieren können (z. B. Vermeidung von Lärm). *(Konzentration, vgl. Kap. 1.4)*
- Hilfsmittel, die dem Lernen dienen, z. B. Taschenrechner oder Bücher, sollten gut erreichbar sein.
- Die Nutzung zusätzlicher Informationsquellen, z. B. von Internet und Lexika, sollte möglich sein. *(Informationen gewinnen und auswerten, vgl. Kap. 2)*
- Bildung von Lerngruppen, Diskussionsforen usw. Das empfiehlt sich immer dann, wenn komplexere Sachverhalte zu klären sowie Erörterungs-, Beurteilungs- oder Problemlösungsaufgaben zu bearbeiten sind. Laut wissenschaftlicher Literatur sind Gruppenarbeitsergebnisse deshalb besser und nachvollziehbarer als Einzelarbeitsergebnisse, weil in Lernteams unterschiedliche Sichtweisen und Meinungen geäußert werden können. *(Gruppenarbeit, vgl. Kap. 7.4)*
- Während des Lernens sollten Sie wichtige von unwichtigen Inhalten trennen, damit Sie sich nicht überfordern. Halten Sie sich dazu stets die genauen Lernaufgaben vor Augen und gehen Sie zielorientiert vor. Klammern Sie z. B. im Vorhinein anhand des Literaturverzeichnisses solche Inhalte aus, die mit der Fragestellung nichts zu tun haben.

Kontrolle des Lernfortschritts

Durch verschiedene Maßnahmen lässt sich der Lernerfolg auch über einen längeren Zeitpunkt sichern und kontrollieren:

- Die Wiederholung des Gelernten in bestimmten vorher geplanten Zeitabständen ist sinnvoll. Legen Sie hierfür eine Reihenfolge fest (z. B. anhand selbst geschriebener Karteikarten). Dabei kann es sinnvoll sein, von eher einfachen Inhalten zu schwierigerem Stoff fortzuschreiten. *(Lernkartei, vgl. Kap. 4.1)*
- Kontrollieren Sie Ihren Lernerfolg durch die Bearbeitung von Beispielaufgaben.
- Festigen Sie das Erlernte dadurch, dass Sie anderen (auch Fachfremden) die Lerninhalte erklären.

1.4 Konzentration

Konzentration
die willentliche Ausrichtung und Einengung der Aufmerksamkeit auf einen bestimmten Gegenstand oder eine eng umgrenzte „Tätigkeit"
Quelle: Microsoft Encarta

Für die Informationsaufnahme ist die Konzentrationsfähigkeit entscheidend. Sie wird beeinflusst von Interesse, Bereitschaft und Notwendigkeit zu lernen, Stimmungslage und Gefühlen, gesundheitlichem Befinden und Lernumgebung mit ihren evtl. ablenkenden Reizen.

Getrennte Orte zur Freizeitgestaltung auf der einen Seite und zum Arbeiten auf der anderen Seite fördern die Konzentrationsfähigkeit. Der **Arbeitsplatz** sollte übersichtlich organisiert sein und das Lernmaterial sollte sich in Zugriffsnähe befinden. **Lärm** wirkt eher ablenkend, ausreichender Schlaf und frische Luft sowie eine ausgewogene und regelmäßige Ernährung sind der Konzentrationsfähigkeit zuträglich.

Konzentrationsfähigkeit kann **geübt** werden. Nicht immer ist es leicht, alle Nebengedanken und Störfaktoren auszublenden und sich ganz und gar auf eine Sache zu konzentrieren. Da gilt es, für die Erarbeitung einer Lernaufgabe eine vergleichbare Spannung zu entwickeln wie bei der Lösung eines Falles in einem Krimi. Eine **positive Haltung** zum Lernprozess und zur eigenen Leistungsfähigkeit sowie die weitestmögliche Befreiung von Zeitdruck sind wichtige Helfer.

Ein **klares Lernziel** vor Augen hilft, die Aufgabenstellung und den Weg, es zu erreichen, zu erfassen. Dabei sollte das Lernziel nicht zu weit gesteckt sein, das wirkt eher frustrierend. Realistische Lernziele motivieren da schon eher. Daher hilft eine Einteilung der angestrebten Hauptziele in **Teilziele**. Gerade das Lernen von trockenem Stoff wird dadurch erleichtert. Die Aufteilung des Lernstoffes in **überschaubare Etappen** verringert den Druck und ist daher effektiver als massives Lernen. Dabei sollte man allerdings **zeitliche Lerngrenzen** beachten: Wenn über die eigene Lerngrenze (oft bei ca. 60–90 Minuten) hinaus gelernt wird, kann ein Teil des zuvor aufgenommenen Wissens wieder verloren gehen.

Ein heller, aufgeräumter und möglichst lärmarmer Arbeitsplatz unterstützt die Konzentrationsfähigkeit.

Auch das **Abwechseln der Lernkanäle** wirkt sich positiv auf unsere Konzentrationsfähigkeit aus. Lernkanäle sind als Zuflüsse zu unserem Gehirn zu verstehen, durch die Informationen in unser Gedächtnis gelangen. Man geht davon aus, dass verschiedene Lernkanäle unterschiedlich stark geeignet sind, Wissen zu speichern:
- Über den Lernkanal „Hören" behalten wir ca. 10 % des dargebotenen Lernstoffs,
- über den Lernkanal „Lesen" ca. 20 %,
- über den Lernkanal „Sehen" ca. 30 %,
- über die Kombination der Lernkanäle „Sehen und Hören" ca. 50 %,
- über den Lernkanal „Selbersagen" ca. 80 % und
- über den Lernkanal „Handeln" (selber etwas tun) ca. 90 %.

Für die Aufrechterhaltung oder Steigerung der Konzentration ist es sinnvoll, unter mehreren Lernkanälen abzuwechseln.

1.5 Zeitplanung

Am leichtesten gelingt die Zeitplanung mit Hilfe eines **Lernplans** (siehe Abbildung unten). Dort werden zunächst die Ausbildungszeiten (Theorie und Praxis) sowie weitere fixe Wochentermine (z. B. Sporttraining) eingetragen. In den Freiräumen werden dann die geplanten Lernzeiten farbig notiert.

Beim Planen der Lernzeiten ist es sinnvoll, sie gleich nach **Themen** zu strukturieren. Dabei sollten Sie beachten, sich nicht zu große Lernmengen auf einmal vorzunehmen und vom Einfachen zum Schwierigen überzugehen. Auch bietet es sich an, zwischen Themen abzuwechseln, um so Ermüdung bzw. „Themenüberdruss" zu vermeiden.

Wichtig bei der Lernzeitenplanung ist die Berücksichtigung von **Pausen**. 10 % bis 30 % der Lernzeit sollten Sie für Pausen reservieren. Folgende Pausen lassen sich unterscheiden:
- Minipausen: Wenn die Gedanken in die Ferne schweifen, erholt sich das Gehirn für einen Moment und speichert die neuen Informationen ab.
- kleine Pausen von 3 bis 5 Minuten nach ca. 30 Minuten
- Entspannungspausen möglichst außerhalb des Arbeitszimmers von 15 bis 20 Minuten nach 90 Minuten
- ausführliche Erholungspausen mit einer völlig anderen Tätigkeit im Zeitrahmen von 1 bis 3 Stunden nach ca. 4 Stunden Lernarbeit

	Montag	Dienstag	Mittwoch	Donnerstag	Freitag	Samstag	Sonntag
8:00 – 10:00							
10:00 – 12:00							
12:00 – 14:00							
14:00 – 16:00							
16:00 – 18:00							
20:00 – 22:00							
18:00 – 20:00							
∑ möglicher Lernzeiten							

Zeitplan zur Erfassung möglicher Lernzeiten (bei genauerer Konzeption einstündig anzulegen); Inhalte: feste Termine (wie Unterricht, Arbeitszeit), bevorzugte Pausenzeiten, Freizeitbeschäftigung usw.

Um z. B. während der Prüfungszeit den anfallenden Lernaufwand effektiv zu planen, hat sich die **ALPEN-Methode** bewährt:

A – Aufgaben notieren
L – Länge des Zeitbedarfs für die einzelnen Schritte und die Gesamtvorbereitung abschätzen
P – Pausen und Pufferzeiten für Unvorhergesehenes einplanen
E – Entscheidungen über Prioritäten treffen
N – Nachkontrolle, ob alle geplanten Aufgaben erledigt wurden; ggf. neue Planung für Unerledigtes

1.6 Arbeits- und Organisationsmittel

Wenn Sie Ihre Arbeit gut planen und Informationen übersichtlich strukturieren, wird das Ihren Schulalltag enorm vereinfachen. Einfache, aber viel Zeit sparende Hilfsmittel hierzu sind das Lerntagebuch und ein gut durchdachtes Ordnersystem.

Lerntagebuch

Das Lerntagebuch kann zu einem treuen Ausbildungsbegleiter werden. In ihm wird der Lernstand möglichst täglich, mindestens aber wöchentlich aufgezeichnet. Halten Sie den gelernten Stoff sowie offenstehende Fragen und Unklarheiten fest; die Einträge können kurz sein und aufs Wesentliche beschränkt werden. Ein Zeitrahmen von fünf bis zehn Minuten reicht meist für die Eintragungen aus. Ein Heft oder ein fester Ordner garantieren, dass Sie die Notizen wiederfinden. Wie das Tagebuch formal angelegt wird, entscheiden Sie nach Ihren eigenen Bedürfnissen und Ideen. Fragen wie die folgenden werden als Mittel der Strukturierung genutzt:
- „Was habe ich heute getan und was habe ich dabei gelernt?"
- „Was werde ich wie weiterhin umsetzen?"
- „Welche Fragen stehen noch offen, was muss ich nachschlagen?"

Ordner

Im Laufe Ihrer Zeit in der Berufsausbildung erstellen und sammeln Sie eine Vielzahl an Informationsmaterialien. Wichtig für das schnelle Auffinden der Informationen ist der Einsatz eines Ordnersystems. Sie benötigen dazu:
- 1 Aktenordner, 8 cm breit
- 20 Trennblätter zum Selbstausschneiden von Registertasten, evtl. in verschiedenen Farben
- 10 Prospekthüllen/Klarsichthüllen
- 1 A–Z-Register.

Und so wird's gemacht
- Register schneiden: Hängen Sie alle 20 Blätter in den Ordner ein. Es wird vom letzten Blatt nach vorn gearbeitet. Blatt 20 bleibt unberührt. Von Blatt 19 wird das unterste Zwanzigstel abgeschnitten, von Blatt 18 zwei Zwanzigstel und immer so weiter. Am Deckblatt muss oben ein Zwanzigstel stehen bleiben.
- Struktur überlegen und Register beschriften: Machen Sie sich klar, wie Sie Ihren Ordner gerne strukturieren möchten. Im ersten Jahr böte es sich z.B. an, den Lernfeldern 1 bis 5 jeweils ein eigenes Trennblatt zuzuordnen. Danach folgt das A–Z-Register, dort hängen Sie zusätzliche Informationen, wie z.B. allgemeine Informationen zu Ausbildungsbetrieb und Berufsschule, ein.
- Inhaltsverzeichnis anlegen: Kleben Sie ein Inhaltsverzeichnis auf die vordere Innenseite des Ordners. Die Prospekthüllen sind für Unterlagen vorgesehen, die nicht gelocht werden dürfen.

2 Informationen gewinnen und auswerten

Als Auszubildende müssen Sie in der Lage sein, sich im Rahmen der schulischen Ausbildung und der beruflichen Anforderungen im Betrieb eine Vielzahl von Informationen zu beschaffen.

2.1 Betriebsexterne Informationsquellen

2.1.1 Internetrecherche

Die Recherche im Internet bietet folgende Vorteile:
- Das Internet präsentiert eine unermesslich große Zahl von Informationen zu fast jedem beliebigen Thema,
- auf die rund um die Uhr leicht und bequem zugegriffen werden kann.
- Informationen aus dem Netz sind häufig schneller erreichbar als über andere Informationsquellen;
- manche stehen nur im Internet zur Verfügung.
- Informationen können gespeichert und weiterverarbeitet werden, da sie in digitaler Form vorliegen.

Suchmethoden

Die erste Möglichkeit, Informationen auf Internetseiten zu suchen, besteht darin, eine **bekannte Adresse** in das Adressenfeld des Browsers einzugeben. Weil die Internetadressen aber immer die gleiche Struktur haben, können auch Adressen **ausprobiert** werden. Beispielsweise lassen sich geschützte Markennamen, Städte, Institutionen usw. häufig nach der bekannten Struktur bilden (z. B. www.bundesregierung.de). Die zweite Suchmethode baut prinzipiell auf der ersten auf. Ausgehend von einem geeigneten Anfangsdokument können **Hyperlinks** angeklickt werden, um auf andere Webseiten zu gelangen.

Mit Hilfe von **Suchmaschinen** kann das gesamte Internet nach Dokumenten durchgesehen werden. Nach der Eingabe von selbst definierten Begriffen werden in einer Datenbank alle Webseiten durchsucht. Wenn der eingegebene Suchbegriff zu allgemein formuliert wird, kann es sehr schnell passieren, dass die Recherche unübersichtlich wird. In der Regel bieten daher alle Suchmaschinen Kriterien an, um das Suchen einzuschränken. Jede Suchmaschine bietet mindestens logische Verknüpfungen wie ODER oder UND an. Weil es aber keine einheitlichen Regeln gibt, sollten die jeweiligen Hilfefunktionen der Suchmaschinen aufgerufen werden.

Häufig genutzte Suchmaschinen:
www.altavista.de
www.lycos.de
www.yahoo.de
www.google.de
www.fireball.de

Hyperlinks = Querverweise zu anderen Webseiten

Vorgehen bei einer Internetrecherche

1. Erste Recherche: Vorauswahl gefundener Materialien, indem nicht jedem Link, sondern nur interessanten Adressen nachgegangen wird. Erste Selektierung der Dokumente.
2. Auswertung: Überprüfung der vorselektierten Dokumente. Wenn die gesichteten Materialien nicht ausreichen, den Rechercheauftrag zu erfüllen, muss eine weitere Recherche erfolgen.
3. Weitere Recherche: Vertiefung und Spezialisierung der vorangegangenen Internetrecherche.
4. Aufbereitung: kritische Beurteilung aller gefundenen Informationen hinsichtlich des Rechercheauftrags. Trennen von wichtigen und unwichtigen Informationen. Vorbereitung der Präsentation der gefundenen Ergebnisse.
5. Präsentation: Vorstellung der Ergebnisse und des Recherchewegs bezogen auf den Rechercheauftrag. Kritische Diskussion über die gefundenen Informationen.

Beurteilung von Internetartikeln

Im Internet finden sich Milliarden von Texten. Diese sind von sehr unterschiedlicher Qualität. Es gibt keine Kontrollinstanz, die die Qualität von Dokumenten automatisch überprüft. Experten gehen davon aus, dass ca. 90 % der Informationen im Internet als Datenmüll bezeichnet werden können. Deshalb reicht ein oberflächliches Surfen nicht aus. Um zu verhindern, dass Dinge gelernt werden, die falsch oder veraltet sind, gilt es, zuverlässige Daten zu finden. Durch die richtigen Suchbegriffe und deren Verknüpfung kann die Menge an Treffern bereits gesteuert und reduziert werden. Doch um die gefundenen Dateien verwenden zu können, müssen sie kritisch beurteilt werden. Dieser Prozess kann deutlich länger dauern als die Suche selbst, ist jedoch in jedem Falle notwendig und kann trainiert werden.

2.1.2 Bibliotheksrecherche

Möchte man Beiträge zu bestimmten Themen finden, steht in Bibliotheken eine Vielzahl von Publikationsformen zur Verfügung, z. B. Bücher (Lexika, Enzyklopädien, Fachbücher, Monografien), Zeitschriftenartikel und DVDs. Möchte man regelmäßig die Dienste einer Bibliothek nutzen, empfiehlt sich die Teilnahme an einer Bibliotheksführung, um wirklich alle Ressourcen ausschöpfen zu können.

2.2 Betriebsinterne Informationsquellen

Für bestimmte Fragestellungen ist es notwendig, auf betriebsinterne Informationsquellen zurückzugreifen.

Rechnungswesen und Kosten- und Leistungsrechnung

Das Rechnungswesen liefert Informationen über Umsatz und Absatz der Produkte und Produktgruppen des Unternehmens, aber auch über Kunden. Im Rahmen der **Kosten- und Leistungsrechnung** werden u. a. Preise der Produkte, Kalkulationsgrundlagen und Gewinn oder Verlust deutlich.

Außendienstberichte und Statistiken

Außendienstberichte wiederum stellen Daten über getätigte Vertragsabschlüsse oder Reklamationen der Kunden zur Verfügung. Ergänzende **Statistiken** dienen vor allem dazu, Entwicklungen spezifischer Daten (z. B. des Umsatzes in einer bestimmten Region) über die Jahre hinweg zu dokumentieren.

Kunden- und Lieferantendateien

Kundendateien bieten neben allgemeinen Angaben wie Anschrift, Telefonnummer, E-Mail-Adresse und Ansprechpartner einen Überblick über Umsätze, bevorzugte Produkte bzw. Produktgruppen und die Zahlungsmoral. Diese Informationen sind wichtige Entscheidungshilfen z. B. für die Frage, ob und in welcher Höhe Rabatte, Boni oder Skonti im Rahmen von Zahlungsbedingungen eingeräumt werden können. Durch Erfassung des einzelnen Kunden in der Kundendatei gelingt es darüber hinaus, die möglichen Lieferungsbedingungen für diese spezifische Geschäftsverbindung (Beispiel: Lieferzeit, Transportkosten, Garantie) zu vereinbaren.

Lieferantendateien geben Auskunft über den bestehenden Lieferanten- bzw. Kundenstamm. Neben Anschrift, Telefonnummer, E-Mail-Adresse und Ansprechpartner kann man der Lieferantendatei auch einen Überblick über das Produktsortiment sowie die Lieferungs- und Zahlungsbedingungen der Lieferanten entnehmen. In der Lieferantendatei lassen sich zudem Daten über die Zuverlässigkeit des Lieferanten bei der Abwicklung der Lieferung hinsichtlich Pünktlichkeit oder vertragsgemäße Qualität sammeln.

Produktdateien

In der Produktdatei findet sich das gesamte Produktsortiment des Industrieunternehmens, üblicherweise unterteilt in Produktgruppen. Sie gibt Auskunft über Lieferanten, Bestellnummer und Listeneinkaufspreis des jeweiligen Produktes. Die Produktdatei informiert ebenso über zusätzlich bestellbare Produkte, die in funktioneller Verbindung zueinander stehen.

Betriebsinterne Informationen sind in Unternehmen häufig über das **Intranet** zugänglich. Das Intranet ist – wie das Internet – ein Rechnernetz. Allerdings ist es in der Regel mittels Passwortschutz nur für Mitarbeiter eines Unternehmens zugänglich. Auch viele Berufsschulen unterhalten eigene Intranets für ihre Schüler und Lehrer.

Intranet

3 Lese- und Schreibtechniken

Lesen und Schreiben sind grundlegende Fertigkeiten, die zum Alltag dazugehören. Doch darüber hinaus ist es möglich, durch den Einsatz der hier vorgestellten Techniken die Effizienz beim Lesen und Schreiben wesentlich zu steigern.

3.1 Fünf-Schritt-Lese- und Erarbeitungstechnik

Wenn Sie einen Text ohne Vorüberlegung lesen, ist es wahrscheinlich, dass Sie bis zu 90 % des Textes sofort wieder vergessen. Wenn Sie die Fünf-Schritt-Lese- und Erarbeitungstechnik anwenden, können Sie die Behaltensquote erheblich steigern.

Vorgehensweise/Regeln

1. Überblick verschaffen: Der Text wird zur Orientierung mit Blick auf Kapitelüberschriften, Untertitel, Zusammenfassungen oder Hervorhebungen im Fließtext überflogen.

2. Fragen stellen: Formulieren Sie Fragen, die Ihnen der Text beantworten kann. Schreiben Sie Ihre Fragen auf einen separaten Zettel.

3. Text mit Zielsetzung lesen: Jetzt setzen Sie mit Stift und Markern Markierungen. Beantworten Sie auch die in Punkt 2 gestellten Fragen. Notieren Sie sich Kernaussagen und schlagen Sie unbekannte Wörter in einem Fachbuch nach.

4. Text zusammenfassen: Fassen Sie den gelesenen Textabschnitt in eigenen Worten zusammen und reduzieren Sie die Informationen auf das Wesentlichste.

5. Text wiederholen: Wiederholen Sie die wichtigsten Aussagen und Informationen. Hierbei berücksichtigen Sie die anfangs formulierten Fragen und Markierungen, die Sie während der Textbearbeitung vorgenommen haben. Fragen Sie sich z. B.: „Was habe ich Neues erarbeitet?"

3.2 Mitschriften und Protokolle

Mitschriften

Mitschriften im Unterricht oder bei einer Gruppenarbeit halten wesentliche Inhalte fest. Sie sind ein erster Schritt der Informationsverarbeitung. Daher ist es sinnvoll, dass sie nach bestimmten Kriterien erfolgen. Ziel ist es nicht, jedes Wort der Sicherheit halber zu Papier zu bringen, sondern aktiv zu entscheiden, welche Informationen relevant und von Dauer sind. So wird das Gedächtnis entlastet, die Konzentration erhöht und das Verständnis erleichtert. Je übersichtlicher und strukturierter eine Mitschrift ist, desto hilfreicher ist sie. Mitgeschrieben werden Informationen,
- die evtl. nur an dieser Stelle in dieser Form vermittelt werden,
- auf die die Vortragenden ihre Betonung legen und
- die für den eigenen Lernprozess oder Themengebiete, mit denen man sich auseinandersetzt, relevant sind.

Außerdem werden festgehalten:
- Grundaussagen, Schwerpunkte, Fachbegriffe und Definitionen
- wesentliche Argumente, die die Sprechenden zu ihrer Sicht auf die dargestellten Dinge veranlassten
- Daten, die das Dargestellte unterstreichen und untermauern

Es müssen keine vollständigen Sätze formuliert werden, Stichworte reichen oft aus. Häufig auftretende Begriffe können abgekürzt werden. Um sich nicht verwirren zu lassen, ist es sinnvoll, von Anfang an die in der Fachsprache gängigen Abkürzungen zu nutzen und keine eigenen zu entwickeln.

Der besseren Übersicht dient die stringente Beschriftung von Mitschriften und ausgeteilten Kopien mit Datum, Themenbereich und/oder Lerneinheit, Thema und Namen des Lehrers. Ein erster Schritt zum Lernerfolg ist die Aufarbeitung der Mitschrift zu Hause.

Protokolle

Protokolle fixieren Ergebnisse einer Sitzung oder einer Gruppenarbeit und stehen im Gegensatz zur Mitschrift der „Öffentlichkeit" (i.d.R. den Teilnehmenden) zur Verfügung. Schon aus diesem Grund müssen sie einer gewissen Form folgen. In Protokollen wird neben den Namen der Anwesenden und den wesentlichen Inhalten (Tagesordnungspunkte = TOPs) festgehalten, wer in der Sitzung/Gruppenarbeit welche Aufgaben übernommen hat und bis wann diese zu erledigen sind. Außerdem werden Beschlüsse notiert. Ein **Ergebnisprotokoll** enthält nicht jeden einzelnen Schritt der Sitzung, sondern die wesentlichen Beiträge, Erkenntnisse und Pläne in Stichpunkten oder Sätzen. Die Inhalte müssen im Gegensatz zum Verlaufsprotokoll nicht streng chronologisch angeordnet sein. Das Protokoll wird häufig als Einstieg in die nächste Sitzung gemeinsam besprochen. Dabei aufgedeckte Fehler oder Missverständnisse werden umgehend verbessert.

Notebooks ermöglichen heute, Mitschriften und Protokolle bereits während des Unterrichts direkt in eine Datei einzugeben. Dies sollte jedoch nur dann erfolgen, wenn der Nutzer sicher im Umgang mit der Technik und idealerweise sehr schnell im Tippen ist, um sich nicht von wesentlichen Inhalten ablenken zu lassen.

4 Lern- und Merktechniken

Lerntechniken können Ihnen dabei helfen, sich die vielen Informationen, die Sie in der Berufsschule und im Ausbildungsbetrieb aufnehmen, besser zu merken.

4.1 Lernkartei

Dass Vokabelhefte beim Erlernen neuer Begriffe hilfreich sein können, dürfte den meisten Leserinnen noch aus ihrer Schulzeit bekannt sein. Vom Prinzip her ähnlich, aber in der Umsetzung differenzierter, ist das Lernen mit Karteikarten. Und das kann so funktionieren:

Vorgehensweise/Regeln

- Man kauft sich DIN-A6-Karten sowie einen Karteikasten (alternativ lassen sich auch Geschenk- oder Fotoboxen nutzen).
- Man nimmt die Karten wie ein Vokabelheft in den Unterricht mit.
- Taucht ein unbekannter/neuer Begriff auf, notiert man ihn, erfragt seine Bedeutung und schreibt sie auf die Karteikarte.
- Zu Hause vervollständigt man dann die Karteikarte, indem man eine Kopfzeile anlegt und Verweise zur Fachliteratur einträgt. Dies geschieht ähnlich wie bei Spielquizkarten: Die Vorderseite versieht man mit einem Stichwort, auf der Rückseite hält man die Übersetzung, Zusammenhänge und Zusatzinformationen fest.

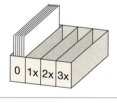	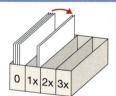	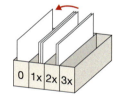	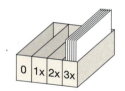
Alle Karten mit neuen Informationen werden in das hinterste Fach (Fach 0) gesteckt.	Sobald der Inhalt der Karteikarte gewusst wird, kommt sie in das dahinter liegende Fach.	Wenn die Inhalte aus dem 2. Fach wiederholt werden, wandern diejenigen Karteikarten, deren Inhalt gewusst wurde, ein Fach weiter. Diejenigen Inhalte, die nicht gewusst wurden, kommen zurück in das Fach 0.	Dieser Vorgang wird so lange wiederholt, bis alle Karten im letzten Fach sind.

- Möchte man nun gezielt mit den Karteikarten lernen, steckt man die Karten mit neuen Informationen jeweils in das hinterste von vier Fächern (Fach 0). Hat man den Inhalt einer Karte gut verinnerlicht, kommt die Karte in das davor liegende Fach (Fach 1). Diejenigen, die nicht gewusst wurden, gehen zurück in das hinterste Fach. Bei einer weiteren Wiederholung kommen die gewussten Karten wieder ein Fach nach vorn (Fach 2) und die noch zu lernenden ein Fach zurück. Der Prozess ist mit Erfolg abgeschlossen, wenn alle Karten im vordersten Fach sind.

4.2 Mindmap

Eine **Mindmap** soll komplexe Zusammenhänge visualisieren. Sie kann ständig geändert und erweitert werden. Eine Mindmap verknüpft Gedanken, Gefühle und Ideen mit Hilfe von Zeichnungen und kurzen Sätzen. Diese Visualisierungsform verbindet sprachliches und bildhaftes Denken, wodurch die gesamte Kapazität der beiden Gehirnhälften genutzt wird. Mindmaps können vielfältig eingesetzt werden:
- Informationen ordnen, gliedern und auswerten
- Zusammenfassung von Vorträgen
- Vorbereitung für Fachberichte
- Vorbereitung auf Klassenarbeiten, Prüfungen
- Planen von Projekten

Mindmap
(engl.) gedankliche Landkarte

linke Gehirnhälfte (analytisches Denken): zuständig für Logik, Ordnung, Zahlen, Sprache

rechte Gehirnhälfte (bildliche Vorstellungskraft): zuständig für Farben, Fantasie, Musik, Bilder

Vorgehensweise/Regeln

- Verwenden Sie ein unliniertes Blatt Papier.
- Nutzen Sie das Blatt im Querformat.
- Breiten Sie die Mindmap von der Blattmitte über das gesamte Blatt aus.
- Schreiben Sie in den Mittelpunkt das Thema.
- Notieren Sie Ihre Ideen in knappen, schlagwortartigen Formulierungen.
- Schreiben Sie diese Ideen (= dem Hauptthema untergeordnete Schlüsselbegriffe) auf Linien (= Zweige).
- Diesen Linien können Sie weitere Verästelungen hinzufügen.
- Ideen, Schlüsselbegriffe schreiben Sie als Druckbuchstaben.
- Geben Sie Ihrer Mindmap Ausdruck durch Einfügen von Symbolen, kleinen Grafiken u. Ä.

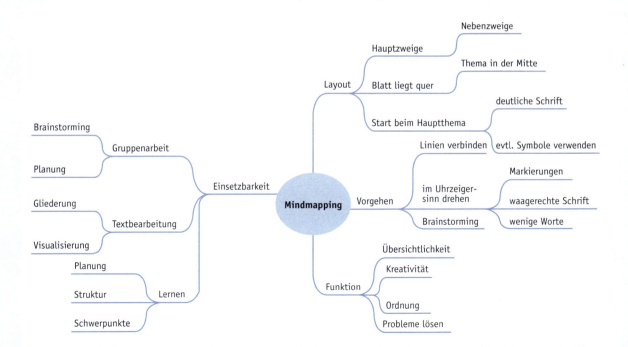

Methoden

4.3 Geschichtentechnik und Reimtechnik

Unterstützend können die Geschichten- und die Reimtechnik eingesetzt werden.

Geschichtentechnik: Bei der Geschichtentechnik werden die zu lernenden Begriffe ähnlich wie die Glieder einer Kette in der richtigen Reihenfolge aneinandergehängt und mit einer möglichst lustigen und ausgefallenen Geschichte verknüpft, die dann gedanklich zu einem Film verarbeitet wird. Derartige Merktechniken funktionieren auch mit Zahlen, wenn einzelne Zahlen vorher mit bildlichen Bedeutungen versehen wurden, z. B. die Null mit einem „Donut".

Reimtechnik: Mit Hilfe selbst verfasster oder traditioneller Reime können Inhalte zum leichteren Merken miteinander verknüpft werden.

5 Kreativitätstechniken

5.1 Brainstorming

Mit Hilfe eines Brainstormings (= „Gedankensturm") sollen innerhalb kurzer Zeit möglichst viele Lösungsvorschläge, Ideen usw. zu einem vorgegebenen Thema gesammelt werden.

Vorgehensweise/Regeln

- Verwenden Sie ein Blatt Papier, die Tafel, ein Flipchart o. Ä.
- Schreiben Sie das Thema auf.
- Sammeln Sie alle Gedanken, die Sie haben, und halten Sie diese schriftlich fest.
- Jede Idee von anderen wird unkommentiert aufgenommen.
- Kommentare, kritische Äußerungen sind verboten (keine Killerphrasen).
- Nach Beendigung der Ideensammlung (ca. 5 –10 Min.) machen Sie eine Auswertung.
- Auswertungsmethoden: z. B. Diskussion, Beurteilung von Ideen in Kleingruppen

Beispiele für Killerphrasen:
– *„Bleiben Sie mal bei der Sache!"*
– *„Das gibt es ja gar nicht!"*

5.2 Brainwriting (Methode 635)

Brainwriting ist eine **schriftliche Variante des Brainstormings**. Jeder Teilnehmer kann in Ruhe seine Ideen aufschreiben. Das Brainwriting wird auch Methode 635 genannt:
- 6 Teilnehmer halten auf einem Notizblatt
- 3 Ideen/Lösungsvorschläge fest und reichen ihr Notizblatt nach
- 5 Minuten an den nächsten Teilnehmer weiter.

Die Teilnehmerzahl ist allerdings nicht auf 6 begrenzt, sondern kann variiert werden.

Vorgehensweise/Regeln

- Die Problemstellung wird auf einem Formular festgehalten.
- Jeder Teilnehmer trägt in die Ideenzeile drei Ideen ein.
- Jeder Teilnehmer reicht sein Formular an den nächsten Teilnehmer weiter.
- In die zweite Ideenzeile trägt jeder Teilnehmer drei Ideen ein. Die Idee kann z. B. an die Vorgängeridee anknüpfen oder eine völlig neue sein.
- Die Ideenfindung ist beendet, wenn jeder Teilnehmer sein Formular mit mindestens 18 Vorschlägen zurückerhält.
- Ein Vorschlag wird gemeinsam ausgewählt und in der Gruppe diskutiert.

Name	Problemstellung		
1	Idee 1	Idee 2	Idee 3
2	Idee 4	Idee 5	Idee 6
3	Idee 7	Idee 8	Idee 9
4	Idee 10	Idee 11	Idee 12
5	Idee 13	Idee 14	Idee 15
6	Idee 16	Idee 17	Idee 18

Brainwriting-Formular

6 Vortrags- und Präsentationstechniken

6.1 Merkmale und Ziele

Ein Referat ist ein (i. d. R. mündlicher) Vortrag über ein Thema. Wird dieses Thema zusätzlich visualisiert, spricht man von einer Präsentation. Präsentationen bieten die Möglichkeit, das eigene Wissen mit anderen zu teilen und zur Diskussion zu stellen. Eine gelungene Präsentation fördert den Lern- und Kommunikationsprozess und regt zum Weiterdenken an. Auch aus diesem Grund sollte eine Präsentation einen Zeitumfang von 15–20 Minuten nicht überschreiten und ausreichend Zeit zum Diskutieren des Themas lassen. Eine Präsentation hat zum Ziel, das Interesse der Zuhörenden zu wecken und zu halten.

Dabei kann die **AIDA**-Formel hilfreich sein:
1. **A**ttention (Aufmerksamkeit) – Aufmerksamkeit der Zuhörenden anregen
2. **I**nterest (Interesse) – Interesse der Zuhörenden wecken
3. **D**esire (Verlangen) – Wunsch nach kritischer Auseinandersetzung mit dem Thema forcieren
4. **A**ction (Handeln) – Zuhörende in die Diskussion aktiv mit einbeziehen

6.2 Planung

Die Planung der Präsentation erfolgt, sobald Inhalt und Zuordnung des Themas sowie der Termin und evtl. Mitreferenten feststehen. Die folgende Tabelle kann die Planung unterstützen:

Thema Stoffsammlung	– Was sind Hauptaussage und Ziel der Präsentation? (Information, Überzeugung, Anleitung, Selbstpräsentation usw.) – Wie können Bezüge zum Unterricht und zu anderen Präsentationen hergestellt werden? – Welcher Schwierigkeitsgrad ist angemessen? – Wie können die Inhalte am besten dargestellt werden? – Was ist mir/uns besonders wichtig? – Wie viel Zeit steht für die Präsentation zur Verfügung?
Zuhöreranalyse Zielgruppe	– Welches Vorwissen haben die Zuhörenden? – Welche Erwartungen haben sie an den Vortrag, welche Interessen? – Welche Haltung haben sie zu dem Thema und wie können wir das konstruktiv aufnehmen? – Mit welchen Fragen und Meinungen ist zu rechnen? – Wie kann das Publikum mit einbezogen werden?

Untergliederung	– Hervorheben der Schwerpunkte und/oder Argumente
	– Bei Gruppenreferaten:
	  – Wie werden die Aufgaben geteilt?
	  – Wie wird zwischen den Vortragenden übergeleitet?

Medieneinsatz/ Handout	– Welche Hilfsmittel eignen sich besonders für die Darstellung? – Wie wird das Informationsmaterial übersichtlich gestaltet? – Was sollen die Zuhörenden mitschreiben und was bekommen sie ausgehändigt? – Wann werden Informationsmaterialien ausgehändigt? – Sind alle mit der eingesetzten Technik vertraut?

6.3 Gestaltung und Einsatz unterstützender Medien

Die Visualisierung von Präsentationen erfolgt durch Einsatz eines oder mehrerer der folgenden Medien (Auswahl):
- Folien für den Overheadprojektor (OHP, auch Polylux genannt)
- Flipchartbögen
- Tafelbilder
- Plakate
- PowerPoint-Dateien.

Unabhängig vom Medium ist es wichtig, dass das Dargebotene **übersichtlich** und **ansprechend** gestaltet ist. Die vortragende Person sollte sich im Vorfeld Gedanken machen, ob das Medium lediglich den Vortrag gliedert oder als direktes Anschauungsobjekt dient. Direkte Anschauungsobjekte (i. d. R. Bilder oder Grafiken) müssen für alle gut erkennbar sein. Manchmal ist eine eigene Zeichnung übersichtlicher als ein dreimal kopiertes und eingescanntes Bild. Ein an der Tafel während des Vortrags Stück für Stück entwickeltes Schema kann hilfreicher sein als ein aufwändig im Grafikprogramm erstelltes dreidimensionales Gebilde.

Entscheidet man sich für den Einsatz mehrerer Folien, erleichtert eine **einheitliche Gestaltung und Struktur** die Orientierung. Dabei sollte man sich von folgenden Prinzipien leiten lassen:
- Folie klar gliedern und mit einer Überschrift versehen
- Stichworte Sätzen vorziehen
- Farben im Sinne der Konzentration und der Lesbarkeit zurückhaltend einsetzen:
  - Helle Schriftfarben eignen sich für dunkle Hintergründe, dunkle Farben für helle Hintergründe.
  - Angenehme Farben fördern die Wahrnehmung; Blau und Rot sind in Kombination schwer zu erkennen.
- von Weitem lesbare Schriftgröße wählen, nicht mehr als drei Schriftgrößen auf einer Folie (Schriftgröße 14–16 für OHP-Folien, mindestens 18 für PowerPoint-Präsentationen, Überschriften größer)
- Folien nicht überladen – „weniger ist mehr":
  - nicht mehr als 10 Zeilen pro Seite
  - ausreichenden Abstand zwischen den Zeilen lassen
- Großbuchstaben sind schwer lesbar: zurückhaltend einsetzen!
- Technische Spielereien lenken vom Wesentlichen ab.
- Zu viele Folien überfordern – als Faustregel gilt: nicht mehr als maximal eine Folie pro Minute.
- bei Zitaten und Bildern die Quellen benennen

Für den **Einsatz** der Medien gelten folgende Prinzipien:
- Allen Teilnehmenden ist eine freie Sicht auf das Medium zu ermöglichen, sodass die Inhalte gut lesbar sind.
- Die Teilnehmenden brauchen Zeit, um die Inhalte zu erfassen. Der Referent achtet bewusst darauf, „Gedankenpausen" einzubauen.
- In den ergänzenden Erklärungen stellt der Referent immer wieder einen Bezug zu den visualisierten Inhalten her und weist durch Zeigestock/Laserpointer/Finger darauf hin.
- Auch während des Medieneinsatzes wird der Blickkontakt zum Publikum aufrechterhalten. So wird nicht zur Wand oder Tafel gesprochen, sondern zum Publikum hin.
- Der Raum, die Materialien und ggf. die Sitzordnung werden frühzeitig vorbereitet.
- Folien werden nummeriert, Stifte gezielt ausgewählt und überprüft.
- Medien werden gezielt eingesetzt. Eine Medienschlacht wird so vermieden. Wenn ein Medium nicht mehr genutzt wird, wird es abgeschaltet bzw. abgedeckt.

Das **Thesenpapier** (engl. „Handout") unterstützt den Vortrag, indem es die wesentlichen Inhalte des Vortrags kurz und bündig zu Papier bringt. Als Faustregel gilt, dass es nicht länger als ein bis zwei Seiten sein sollte und ausreichend Platz für Notizen der Teilnehmenden bietet. Es kann entweder in derselben Form wie der Vortrag gegliedert sein oder als „echtes" Thesenpapier nur die zentralen Aussagen festhalten. Zusätzlich wird im Thesenpapier i. d. R. die dem Vortrag zu Grunde liegende Literatur genannt.

Arbeitet man mit PowerPoint-Folien, kann der „Handzettel"-Druckmodus genutzt werden. So stehen den Zuhörenden die eingesetzten Folien, mit zusätzlichen Schreibzeilen versehen, zur Verfügung.

6.4 Vortragstechnik

Körpersprache und Aussprache der vortragenden Person bestimmen maßgeblich die Wirkung einer Präsentation.

Körper/ Körpersprache	Stimme und Sprechtechnik	Inhalt
55 %	38 %	7 %
Mimik	Betonung	inhaltliche Sicherheit
Gestik	Stimm-Modulation	klare Struktur
Haltung	Sprechtempo	angemessene Wortwahl
Blickkontakt	Atmung	klarer Ausdruck
Stand	Pausen	
Kleidung		

Die Beachtung folgender Aspekte kann dabei hilfreich sein:
- Blick zum Publikum (nicht auf eine Person fixiert)
- positive Mimik, bei Rückfragen beispielsweise das aufmerksame Zuhören auch nonverbal signalisieren
- offene, nicht zu ausladende Gestik
- stehend, nicht zu steif und nicht zu lässig
- variierende Betonung
- der Situation angemessene Kleidung

Eine lebendige Präsentation wird frei vorgetragen – wesentliche Inhalte können auf Kärtchen notiert werden und dienen als Gedankenstütze. Es ist wichtig, das Vorgetragene selbst verinnerlicht zu haben. Bereits bei der Vorbereitung sollte daher der systematischen Erarbeitung des Stoffes Vorrang vor der Formulierung fertiger Sätze gegeben werden.

Um die Inhalte der Präsentation verständlich zu vermitteln, muss der **Einsatz der Sprache** wohlüberlegt sein. Folgende Punkte dienen der Verständlichkeit des Themas:

1. Einfachheit
   - kurze, einfache Sätze
   - einfache bzw. vertraute Wörter
   - ggf. Fachwörter und Fremdwörter erklären
   - aufs Wesentliche beschränken
2. Ordnung (Gliederung)
   - Einleitung nutzen, um einen Überblick zu geben
   - sinnvolles Verknüpfen von Informationen und Abläufen
   - Zusammenfassung
3. Zusätzliche Anregungen / Anschaulichkeit
   - Beispiele
   - Vergleiche
   - Bilder, Grafiken
   - Rollenspiele

7 Sozialformen

Sie benötigen bestimmte Arbeitsmethoden, um sachgerecht, situationsbezogen und zielgerichtet auf neue berufliche Situationen reagieren zu können. Im Folgenden werden Ihnen einige der wichtigsten vorgestellt.

7.1 Rollenspiel

Das Rollenspiel ist eine gute Methode, um z. B. den Umgang mit Kunden oder Lieferanten zu üben. Dadurch erhalten Sie die Chance, kommunikative Fähigkeiten zu entwickeln und gegebenenfalls zu verändern. In einem Rollenspiel kann ein Telefon- oder auch ein persönliches Gespräch simuliert werden.

Vorbereitung

- Formulieren Sie kurze, verständliche Rollenanweisungen.
- Die Rollen werden verteilt.
- Die Nichtspieler (Beobachter) beobachten das Gespielte mithilfe eines Beobachtungsbogens.
- Die Rollenspieler befassen sich kurz mit ihrer Rolle (ca. fünf Minuten) und signalisieren den Nichtspielern den Beginn des Gesprächs.

Durchführung

- Die Rollenspieler nehmen eine solche Position ein, dass sie von den Nichtspielern gut beobachtet werden können.
- Das Rollenspiel kann mithilfe einer Videokamera aufgenommen werden.

Reflexion/Auswertung

- Die Spielsituation wird analysiert und besprochen.
- Geben Sie ein Feedback.

Beispiel: Einüben eines Kundengesprächs

Rollenkarte Kunde

Sie sind Einzelhändler und handeln mit Fahrrädern der Fly Bike Werke GmbH. Sie hatten zu Beginn der Saison 10 Trekkingräder einer Sonderedition mit pinkem Rahmen und Blumenaufdruck bestellt, die sich inzwischen als unverkäuflich herausgestellt haben.

Rollenkarte Verkaufsmitarbeiter

Sie arbeiten im Verkauf der Fly Bike Werke GmbH. Sie nehmen die Beschwerde des Kunden entgegen.

Methoden

7.2 Pro-und-Kontra-Diskussion

Die Pro-und-Kontra-Diskussion verfolgt das Ziel, gegensätzliche Meinungen klarer herauszuarbeiten. Wenn man die gegensätzlichen Argumente besser versteht, gelingt die Einigung auf einen tragfähigen Kompromiss eher.

Vorbereitung

- Formulierung einer strittigen Aussage: Sie muss mit „Ja" oder „Nein" zu beantworten sein.
- Auswahl der Spieler: Die Zuordnung zur Pro-, Kontra- oder Beobachtergruppe sollte möglichst freiwillig sein.

Abstimmung über den formalen Ablauf

- Ort und Dauer der Gruppenarbeit festlegen
- Die Pro- und Kontra-Gruppen erarbeiten ihre Standpunkte.
- Wahl von jeweils drei Spielern, die die Debatte durchführen (Pro- und Kontra-Gruppe)
- Verteilung von Beobachtungsaufgaben (Beobachtergruppe) vornehmen
- Szenenaufbau für die Debatte und Zeitrahmen (ungefähr 15 Minuten) bestimmen

Beobachtungsaufgaben

- Sprechen die Gruppen alle wichtigen Argumente an? Welche fehlen?
- Welche der Gruppen erscheint stärker?
- Welche Argumente sind schwer zu widerlegen?
- Sind die Spieler innerhalb einer Gruppe kooperativ?
- Gibt es abwertende oder verletzende Argumente?

Durchführung

Eine Klasse während der Pro-und-Kontra-Diskussion

Auswertung

Zuerst äußern sich die Pro- und Kontra-Spieler darüber, wie sie sich gefühlt haben und ob sie mit sich zufrieden sind. Danach sprechen die Beobachter in der Ich-Form und ohne Bewertung über ihre Beobachtungen. Alle beteiligen sich daran, ein Ergebnis zu formulieren und die Streitfrage zu beantworten. Danach kann ein Kompromiss erarbeitet werden.

7.3 Kartenabfrage

Alle Teilnehmer schreiben ihre Ideen und Problemlösungsvorschläge zu einem bestimmten Thema auf Karten. Danach werden die Ideen, z. B. an der Tafel, geordnet.

Vorgehensweise/Regeln

- An der Tafel oder auf einem Flipchart wird eine Frage oder ein Thema notiert.
- Jeder Teilnehmer erhält 3–5 Karten und einen Filzschreiber.
- Die Teilnehmer schreiben je eine Idee (Druckbuchstaben) auf eine einzelne Karte.
- Für weitere Antworten/Ideen werden weitere Karten verwendet.
- Die Karten werden unsortiert neben dem Thema befestigt.
- Danach werden die Karten von den Teilnehmern nach Schwerpunkten (Oberbegriffen) geordnet.
- Die Oberbegriffe werden auf farbige Karten geschrieben.
- Den Oberbegriffen werden Unterpunkte zugeordnet.
- Jeder Teilnehmer erhält 3–5 Klebepunkte.
- Die Teilnehmer bestimmen mit ihren Klebepunkten die Wertigkeit (Reihenfolge) der Problemfelder.
- Die daraus resultierende Reihenfolge der Themen wird in Kleingruppen diskutiert und erarbeitet.

7.4 Gruppenarbeit

Bei der Gruppenarbeit arbeiten mehrere Personen an der Lösung eines Problems oder einer Aufgabe zusammen. Der Arbeitsauftrag wird vom Moderator (z. B. Lehrer) schriftlich formuliert und jeder Gruppe zur Verfügung gestellt.

Planung

- Die ideale Gruppengröße besteht erfahrungsgemäß aus 3–6 Teilnehmern.
- Möglichkeit der Gruppenbildung:
  - Zufallsprinzip durch Abzählen, durch Losen (z. B. Farben, Zahlen) usw.
  - Themenzuordnung
  - Sympathie
- Die Teilnehmer in jeder Gruppe nehmen bestimmte Rollen ein:
  - Gruppensprecher: verantwortlich für den gesamten Arbeitsablauf und Arbeitsplan
  - Zeitmanager: verantwortlich für das Einhalten der vorgegebenen Zeit
  - Protokollant: verantwortlich für das Festhalten von Ergebnissen
  - Mitarbeiter
- Die Gruppe sorgt für eine angemessene Arbeitsatmosphäre (Raum, Sitzordnung, Arbeitsmaterialien usw.).

Für das Gesamtergebnis einer Gruppenarbeit ist die Arbeit aller Mitglieder entscheidend. Deshalb sind die abgesprochenen Arbeitsaufträge zuverlässig zu erledigen. Sie werden der Gruppe vorgestellt, um dann gemeinsam zu entscheiden, welche Aspekte in welcher Form in die Präsentation einbezogen werden. Es ist sinnvoll, immer wieder Rücksprache mit den Lehrenden zu halten, um den eigenen Lernstandpunkt reflektieren zu können.

Eine Gruppenarbeit kann wie folgt geplant werden:
1. **Vorbereitung:** Was ist konkret zu tun?
   - Ankommen (z. B. Sitzordnung mit Blickkontakt)
   - Lesen der Arbeitsaufgabe, des Fallbeispiels o. Ä.
   - Klärung möglicher Fragen oder Verständnisschwierigkeiten
2. **Wie soll vorgegangen werden? Was ist das Ziel?**
   - Erarbeitung der Fragestellungen und Zielsetzungen
3. **Durchführung:** Wie werden welche Aspekte in welcher Aufgabenverteilung bearbeitet?
   - Wissensinput (z. B. Sammlung von Texten, Informationen)
   - Systematisierung und Auswahl der gesammelten Beiträge
   - Sichtung der Beiträge bzgl. der Fragestellungen
   - Konkretisierung und eventuelle Neubewertung der Fragen und Ziele
   - Erarbeitung der Lernziele
   - Vorstellung und Diskussion der Arbeitsergebnisse
4. **Abschluss:** Wie soll das Ergebnis aussehen und präsentiert werden?
   - Zusammenstellung und Verdichtung des Arbeitsergebnisses
   - Vorbereitung und endgültige Absprache der Präsentation
5. **Evaluation/Feedback:** Reflexion des Gesamtablaufes und des Gruppenprozesses

Rollen- und Aufgabenverteilung

Zu Beginn der Gruppenarbeit sind folgende Rollen und Aufgaben zu verteilen:
- **Moderator:** Er gliedert den Sitzungsverlauf und achtet darauf, dass alle Gruppenmitglieder gleichberechtigt zu Wort kommen und beim Thema bleiben. Auch achtet er auf Pausen.
- **Protokollant:** Er sichert die Arbeitsergebnisse und gibt sie für die anderen Mitglieder frei.
- **Zeitwächter:** Er achtet darauf, dass die Arbeitsaufgaben in der zur Verfügung stehenden Zeit fertiggestellt werden.
- **Präsentierender:** Er stellt das Arbeitsergebnis vor. Eine wichtige Basis für eine erfolgreiche Gruppenarbeit ist eine klare Zielsetzung, Gleichberechtigung in der Gruppe und eine Rotation in der Rollenverteilung (so kann jedes Gruppenmitglied alle Rollen einüben). Ziel ist nicht, eine Rolle am Ende der Ausbildung bis ins Kleinste ausfüllen zu können, sondern die persönliche Flexibilität und Entwicklung der notwendigen Kompetenzen.

Gruppenarbeit kann auch mal im Grünen stattfinden.

Rahmenbedingungen

Um ein gleichberechtigtes und zielgerichtetes soziales Lernen zu ermöglichen, sind bestimmte Rahmenbedingungen und Umgangsformen für die Gruppenarbeit notwendig.
- Alle bringen ihr Wissen ein und akzeptieren Wissenslücken bzw. helfen, sie zu reduzieren.
- Gruppen stören einander nicht, sondern unterstützen sich.
- Abgesprochene Zeiten werden eingehalten, damit die Gruppen nicht aufeinander warten müssen.
- Abgesprochene Abläufe und Zeiten für Präsentationen werden eingehalten, damit alle die gleiche Chance haben.

- Probleme und Fragen werden offen und frühzeitig angesprochen, damit sie geklärt werden können und so die Arbeitsprozesse nicht stören.
- Sitzungen und Ergebnisse werden reflektiert und die Ergebnisse zur Weiterentwicklung genutzt.

Gruppenarbeit mit Hilfe des „Web 2.0" (Social Media)

Mit „Web 2.0" bzw. Social Media (soziale Medien) werden unterschiedliche Medien und Internet-Technologien bezeichnet, die es den Internetnutzern ermöglichen, sich untereinander auszutauschen und zusammen mediale Inhalte zu gestalten, ohne sich physisch begegnen zu müssen. Bekannte und beliebte Beispiele sind die sogenannten sozialen Netzwerke, z. B. Facebook. Solche sozialen Medien können auch zum gemeinsamen Lernen und zur Zusammenarbeit in virtuellen Teams genutzt werden.

Mit „Web 2.0" können z. B. gemeinsam Materialien zur Entscheidungsfindung, Termine oder ToDo-Listen erstellt werden. Auch für internationale Teambildungen in Zeiten der Globalisierung scheint „Web 2.0" besonders geeignet.

7.5 Feedback

Ein Feedback gibt man auf sprachliche Äußerungen oder auf Verhaltensweisen eines Kommunikationspartners. Es ist wichtig für eine gute Gruppen- oder Teamarbeit, weil es die Möglichkeit für konstruktive und sachliche Kritik bietet. Der Feedback-Empfänger erhält die Chance, Verhaltensweisen zu verbessern und zu verändern. Wenn sich alle Teilnehmer einer Feedback-Runde an die unten aufgeführten Feedback-Regeln halten, kann sich dadurch eine positive Kritikkultur entwickeln.

Vorgehensweise/Regeln

Wenn Sie jemandem ein Feedback geben, sollte es ... sein!
- **fair:** Geben Sie Ihrem Feedback-Empfänger die Möglichkeit, sich als Erstes kurz zu seiner Aktivität zu äußern.
- **ehrlich:** Was Sie sagen, muss der Wahrheit entsprechen.
- **verantwortlich und persönlich („Ich-Botschaften"):** Sie sprechen in der „Ich-Form" und vertreten nur Ihre persönliche Meinung.
- **sachlich:** Sie beschreiben sehr genau, was Sie in der Situation beobachtet haben.
- **positiv verstärkend:** Sie nennen die Stärken des Feedback-Empfängers.
- **aufbauend:** Sie formulieren Verbesserungsvorschläge.

Wenn Sie ein Feedback erhalten, können Sie ...
- **bestimmen:** Sie können entscheiden, ob Sie ein Feedback erhalten möchten!
- **aktiv zuhören:** Sie überprüfen, ob Sie das Feedback richtig verstanden haben, und fragen eventuell noch mal nach. Wiederholen Sie das Gehörte!
- **geduldig sein:** Rechtfertigen Sie sich nicht. Nehmen Sie sich Zeit, die Informationen des Feedback-Gebers zu reflektieren.
- **Rückmeldung geben:** Sagen Sie Ihrem Feedback-Geber, ob für Sie die Informationen hilfreich waren!

8 Teamarbeit

Das Team im Unternehmen unterscheidet sich kaum von der Gruppe in der Gruppenarbeit. Dennoch ist die Teamarbeit eine spezielle Form der Zusammenarbeit.

8.1 Merkmale

Teamarbeit ist dadurch gekennzeichnet, dass die einzelnen Teammitglieder sehr intensiv miteinander in Beziehung treten. Die Zusammenarbeit ist vergleichsweise zeitaufwändig und dauerhaft. Ein echtes Team verträgt nicht zu viele Personalwechsel, sondern braucht zumindest einen stabilen Kern von Mitgliedern. Weitere Merkmale sind Partnerschaftlichkeit und Vertrauen. Die Zusammenarbeit wird von gegenseitiger Wertschätzung und Akzeptanz getragen. Bezüglich der Leistungsbewertung herrscht das Äquivalenzprinzip, d. h., dass die Beiträge eines jeden Teammitgliedes gleich viel wert sind. Voraussetzung für Teamarbeit ist also eine Arbeitsatmosphäre, in der Gleichberechtigung herrscht.

Gerade in modernen Unternehmen ist Teamarbeit eine wichtige Kompetenz der Mitarbeiter. Das Team bildet im Unternehmen eine Arbeitseinheit, das eine gemeinsame Aufgabe bzw. ein gemeinsames Ziel hat. Die Teammitglieder unterstützen sich dabei gegenseitig.

Mit Hilfe von Teamarbeit kann beispielsweise
- Kreativität freigesetzt werden,
- vorhandenes Wissen besser genutzt werden,
- der Informationsfluss verbessert werden,
- die Identifikation mit einem Unternehmen gestärkt werden,
- die gegenseitige Unterstützung der Mitarbeiter wachsen,
- die Qualität der Arbeit verbessert werden und
- die Arbeitszufriedenheit zunehmen.

8.2 Konfliktlösung

Sie können durch Ihr Verhalten dazu beitragen, einen Konflikt zu verschärfen oder ihn zu lösen.

Konflikte sind Bestandteile des menschlichen Lebens und treten auch im Rahmen der Teamarbeit immer wieder auf. Sie entstehen, wenn der Wunsch nach etwas nicht umsetzbar ist. Man spricht immer dann von einem Konflikt, wenn zwei Parteien zur selben Zeit gegensätzlich oder unvereinbar sind. Konflikte sind also gegensätzliche oder unvereinbare Interessen. Exakt definiert entstehen Konflikte immer dann, wenn zwei Parteien unterschiedliche Interessen oder Standpunkte gleichzeitig durchsetzen wollen und eng miteinander verbunden sind. Menschen nutzen unterschiedliche Mechanismen und Strategien, um bewusst oder unbewusst auf Konflikte zu reagieren. Einige Menschen denken lösungsorientiert, während andere mit Abwehr, Aggression oder Resignation auf konfliktbeladene Situationen reagieren. Es lassen sich konfliktverschärfende Verhaltensmuster von konstruktiven Konfliktlösungsstrategien unterscheiden.

Konfliktverschärfende Verhaltensmuster

Folgende Verhaltensmuster, Strategien und/oder Persönlichkeitsmerkmale können dazu führen, dass Frust aufgestaut und Konflikte verschärft werden:
- Bei der Idealisierung der eigenen Person hat der Betroffene stets Recht und kann alles.
- Bei der Verallgemeinerung und Projektion versucht der Betroffene, anderen die Schuld zuzuweisen oder eigene Fehler auf andere zu projizieren.
- Mit Hilfe der Ersatzbefriedigung werden unbefriedigte Bedürfnisse umgewandelt und durch Ersatzhandlungen ausgetauscht.
- Abhängig von der Persönlichkeit können manche Menschen auch mit Resignation auf Konflikte reagieren. Hierbei richten die Betroffenen die aufgestaute Energie nicht nach außen (z. B. durch aggressives Verhalten), sondern gegen sich selbst. Dieses Verhalten zeigen besonders häufig Menschen mit einem geringen Selbstwertgefühl. Die Betroffenen setzen sich in Konfliktsituationen nicht zur Wehr, sondern ertragen die Frustration.
- Die Verwendung von Killerphrasen gehört auch zu den konfliktverschärfenden Verhaltensmustern. Hierunter versteht man Aussagen, die der gegnerischen Konfliktpartei signalisieren: „SO GEHT ES NICHT!" Killerphrasen blockieren jede Form von Kompromissen oder kreativem Denken. Sie wirken demotivierend und verschlechtern häufig das Betriebsklima. Gebräuchliche Killerphrasen sind z. B. „Sie denken wohl, Sie haben die Weisheit mit Löffeln gefressen?" oder „Das funktioniert eh nicht!"

Konstruktive Konfliktlösungsstrategien

Im Gegensatz zu den konfliktverschärfenden Verhaltensmustern stehen konstruktive Formen der Konfliktbearbeitung. Hierbei folgen auf die empfundene Frustration
- das Erkennen des Konflikts,
- die Suche nach einer Aussprache und
- die Aussprache selbst, die zu einem möglichen Kompromiss oder Konsens führt.

Gezielte **Konfliktgespräche** im Team gehören zu den konstruktiven Strategien. Ziel eines solchen Gesprächs ist die gemeinsame Verarbeitung eines Konfliktes sowie eine Kompromisslösung oder Konsensfindung. Voraussetzung ist hierbei, dass
- der Konflikt erkannt ist,
- die Beteiligten zu einem Gespräch bereit sind,
- die Beteiligten Einfluss auf die Problemlösung haben und
- eine eventuelle Mittlerperson von allen Beteiligten akzeptiert wird.

Man unterscheidet bei Konfliktgesprächen im Team umgangssprachlich „4-Augen-Gespräche" und „6-Augen-Gespräche". Während das „4-Augen-Gespräch" von den beiden beteiligten Personen alleine geführt wird, ist beim „6-Augen-Gespräch" eine weitere (neutrale) Person anwesend, die eine Mittlerrolle einnimmt. Eine solche Mittlerperson hat folgende Aufgaben:
- Sie soll die eigenen Wahrnehmungen schildern, ohne Partei zu ergreifen, z. B.: „Ich stelle fest, dass dieser Aspekt für Partei A von großer Bedeutung ist."
- Sie soll methodische Hilfestellungen geben, z. B.: „Welche Reaktion hätten Sie von Ihrem Gegenüber erwartet?"
- Sie darf und soll den Konflikt der beteiligten Parteien nicht lösen. Die Konfliktparteien müssen selber einen Lösungsweg finden.

Stichwortverzeichnis

A

ABC-Analyse 349
Abgabenordnung (AO) 172
Abgrenzungsrechnung 281 ff.
Ablauforganisation 152, 163, 166 f.
Absatzplan 120 f.
Absatzprogramm 370
Absatzprogrammplanung 386
Absatzprozesse 251
Abschlussbuchungen 206
Abschlussfreiheit 73
Abschreibung 259, 261, 285 f., 307
Abschreibungsmethoden 261
Absetzung für Abnutzung (AfA) 262
Abteilungen 153, 155 ff., 165 ff.
Abweichungsanalyse 347, 350, 352
Änderungsmanagement 376 f., 383
Äquivalenzziffernkalkulation 324
Aktiengesellschaft 54, 100, 108
Aktiva 184
Aktivierung 239
Aktivität 145 f., 149
Aktiv-Passiv-Mehrung 190
Aktiv-Passiv-Minderung 190
Aktivtausch 189
allgemeine Zinsformel 482
Amtsgericht 83
Anderskosten 284, 286, 288 f.
Anfangsbestände 176, 191, 200
Anfechtung 76, 78
Angebotskalkulation 319
Anlagenbuchhaltung 199
Anlagevermögen (AV) 180 f., 183
Anschaffungskosten (AK) 244, 259, 286
Anschaffungsnebenkosten 246, 260
Anschaffungspreisminderungen 247
Arbeitsablaufdiagramm 164 f.
Arbeitsgericht 85, 89
Arbeitsplan 397 f., 418
Arbeitsplanung 369
Arbeitsschein 409, 412
Arbeitsschutz 28, 32
Arbeitsteilung 15, 367, 437
Arbeitszeitgesetz (ArbZG) 27, 29
arglistige Täuschung 77
Artteilung 437
Aufbauorganisation 152 ff., 166 f., 345
Aufbewahrungsfristen 174
Aufgabenanalyse 152 f., 167
Aufgabensynthese 152 f., 167

Auflagendegression 433
auflagenfixe Kosten 426 ff., 433
auflagenvariable Kosten 426
Aufsichtspflicht 66
Aufsichtsrat 45, 103
Auftragsfreigabe 396, 408, 412
auftragsorientierte Fertigung 372 f.
Auftragssteuerung 369
Aufwand, Aufwendung 203 ff., 284, 292
Aufwandskonten 205, 291
aufwandsorientierte Buchungstechnik 215, 245 ff.
aufwandsorientierte Verbrauchsermittlung 212
Ausbildende 22
Ausbilder-Eignungsverordnung 26
Ausbildungsberater 49
Ausbildungsberuf 18 f.
Ausbildungsberufsbild 18 f.
Ausbildungsbetrieb 14, 20
Ausbildungsdauer 18
Ausbildungsordnung 18
Ausbildungsvertrag 22, 81
ausführende Stellen 155
Ausgabenplan 120 f.
Ausgangsrechnungen 252
außerordentliche Aufwendungen 282, 295 f.
außerordentliche Erträge 284, 295 f.
Automatisierung 362, 366 f., 425

B

Balanced Scorecard 130
Balkendiagramm 398, 410
Baugruppenmontage 369
Baukastenstückliste 379
Baukastensystem 420, 437 f., 448
Baustellenfertigung 420
Bedarfsplanung 369
Beglaubigung 73
Belastungsübersicht 406 ff., 412
Beleg 197
Berichtswesen 349
Berufsbildungsgesetz (BBiG) 18, 22
Berufsgenossenschaft 28, 32
Berufsschule 18, 21, 27
Berufung 85
Beschaffungsprozesse 244
Beschaffungszeit 391 ff.
Beschäftigung 280, 330
Beschäftigungsabweichung 353 f.

Beschäftigungsgrad 331, 333, 350, 431 ff.
Beschäftigungsstruktur 366
Beschlussverfahren 86
Besitz 69
Besitzer 70
Bestandsfortschreibung 211
Bestandskonten 191, 226
Bestandsmehrung 213, 334
Bestandsminderung 213
bestandsorientierte Buchungstechnik 214, 245 ff.
bestandsorientierte Verbrauchsermittlung 209
Bestandsveränderungen 217
Bestandsvergleich 209
Bestandsverzeichnis 181
Bestellpunkt 391 ff.
Bestellpunktverfahren 391 ff., 395, 412
Bestellrhythmusverfahren 393 ff., 412
Betriebsabrechnungsbogen (BAB) 305 ff., 312 f., 318, 356
Betriebsbuchhaltung 276, 283 f.
Betriebsdatenerfassung (BDE) 411 f.
Betriebsergebnis 276 f., 291, 298, 334, 430 ff.
betriebsfremde Aufwendungen 284, 294 f.
betriebsfremde Erträge 282, 294 f.
Betriebsgewinn 276, 298, 330
Betriebskalender 400
Betriebsmittel 114 ff.
betriebsnotwendiges Kapital 287
Betriebsrat 32, 37, 40, 44
Betriebsratsmitglieder 40
Betriebstypen 114
Betriebsvereinbarung 41
Betriebsverfassungsgesetz 39 ff.
Betriebsvergleich 349
Betriebsverlust 276, 330, 334
Betriebsversammlung 39
Bewertungsmaßstäbe 259
Bezugskosten 246
Bezugspreis 177, 339
Bibliotheksrecherche 504
Bilanz 184
Bilanzidentität 200
bilanzielle Abschreibungen 265
Bilanzpolitik 265
Bilanzrechtsmodernisierungsgesetz 261

Boden 116 f.
Bonus 249, 255, 260
Brainstorming 510
Brainwriting 510
Branchenvergleich 349
Break-even-Point 331
Bring-Prinzip 135, 442
Buchführung 173
Buchführungspflicht 172
Buchhalternase 184, 193
Buchungsregeln 192
Buchungssatz 195 f.
Buchwert 263
Budget 349, 351
Bundesarbeitsgericht 83, 88 f.
Bundesgerichtshof 83, 89
Bundesverfassungsgericht 84
Bürgerliches Gesetzbuch (BGB) 58 ff.

C

CA-Techniken 439 f.
Chargenfertigung 421 f.
CNC-Maschinen 411, 425, 440
Computer Integrated Manufacturing (CIM) 369, 439 ff., 448, 469
computerunterstützte Arbeitsplanung 439
Controlling 128 ff., 175, 303, 345 ff.
Controllinginstrument 349 f.
Corporate Governance 125
Corporate Identity 125
Cost Driver 357

D

Debitoren 229 f.
Debitorenbuchhaltung 199, 251
Deckungsbeitrag 330, 333, 341, 432 f.
Deckungsbeitragsrechnung 330, 333
Degressionseffekt 433
degressive Abschreibung 262 f.
Deliktsfähigkeit 65 f.
Deutsches Institut für Normung (DIN) 380, 437, 445 f.
Dienstleistung 19, 365 f., 368
Dienstleistungsmarketing 366
Dienstleistungsprogramm 370
Direktionsrecht 38
Disposition 152, 387, 395
dispositive Arbeit 115 ff.
Distributionslogistik 134
Divisionskalkulation 322 f., 325
Dokumentation 171
doppelte Buchführung 191
Dreisatz 452

Drittelbeteiligungsgesetz 45
Drittelparität 45
duales System 18
Durchführungszeit 396
Durchlaufzeit 396 ff.
Durchschnittsrechnen 457

E

echte Gemeinkosten 279
EDV-Buchführung 225, 229
effektive Verzinsung 493
Effektivität 364
Effizienz 364
Eigenfertigung 339
Eigenkapital 183, 203
Eigenkapitalmehrung 204
Eigenkapitalminderung 204
Eigenkapitalrentabilität 298
Eigenschaftsirrtum 76, 78
Eigentum 68
Eingangsrechnungen 245
Einkaufspreis 177
Einliniensystem 159, 167
Einnahmen-/Überschussrechnung 172
Einnahmenplan 120 f.
Einzelfertigung 421, 425, 428
Einzelkosten 279, 306, 312 f., 333
Einzelteilfertigung 369
Einzelunternehmen 95 f., 108
Elterngeld 35
Elternzeit 35
Emanzipation 373
Endbestand 192, 200
Endkostenstellen 304
Endmontage 369
Engpasssituationen 340
Enterprise Resource Planning (ERP) 135 f., 139
Entgelt 234
Entsorgungslogistik 134
Entwicklung 375
ereignisgesteuerte Prozessketten (EPK) 147 ff.
Erfolgskonten 204, 227, 291
Erfolgsvorgänge 203
Ergebnisplan 120 f.
Ergebnistabelle 281
Erklärungsirrtum 76, 78
Erlösberichtigungen 254, 256
Eröffnungsbilanz 191
Eröffnungsbilanzkonto 200
Eröffnungsbuchungen 206
Erträge 203, 227, 282 f., 292, 295
Ertragskonten 205, 291

erwerbswirtschaftliches Prinzip 371
erzeugnisgruppenfixe Kosten 338
Erzeugnisstruktur 371, 378 ff.
EU 53, 238
Europa-AG 54
Europäische Betriebsräte 53
externe Logistik 141
externe Wertschöpfung 141
externe Zeit 392

F

Fachkompetenz 20
Fachnormenausschüsse (FNA) 437
Facility Management 140
Feedback 519
Fertigungsauftrag 399, 406, 408, 412
Fertigungskosten 309, 312, 336
Fertigungstiefe 371
Fertigungstypen 421
Fertigungsverfahren 416
Fertigungswirtschaft 364
Finanzanlagen 181
Finanzbuchhaltung 174, 226, 276, 283
Finanzgericht 84, 89
Finanzierung 266
Finanzplan 120 f.
Firma 91 f.
Firmenausschließlichkeit 92
Firmenbeständigkeit 93
Firmeneinheit 93
Firmenklarheit 92
Firmenöffentlichkeit 92
Firmenwahrheit 92
fixe Kosten 280, 330 ff., 350, 431 f.
Flexibilität der Fertigungsstruktur 424
flexible Fertigungssysteme (FFS) 425
Fließfertigung 417 ff., 424, 428
flüssige Mittel 181
Forderungen 181
Formalziele 127
formelles Recht 61
Formfreiheit 73
Formkaufmann 91
Forschung 369, 371, 377, 383
freier Puffer 403
Fremdbezug 339
Fristenplan 398 f.
Fünf-Schritt-Lese- und Erarbeitungstechnik 506
Funktionalorganisation 156, 161
Funktionsprinzip 156, 161

G

Gebrauchsmuster 380f., 383
Gedächtnisarten 498
Gegenbuchung 195, 231
geheimer Vorbehalt 75, 78
Gemeinkosten 279, 303ff., 315ff., 333
Gemeinkosten-Zuschlagssätze 303ff.
Gerichtsbarkeit 83, 89
geringwertige Wirtschaftsgüter (GWG) 270
Gesamtabweichung 316f., 353
Gesamtaufwand 216
Gesamtdeckungsbeitrag 432
Gesamtergebnis 276, 282, 291f., 298
Gesamtkosten 281, 332
Gesamtleistung 216
Gesamtpuffer 402f.
Gesamtvermögen 181
Geschäftsbuchhaltung 291
Geschäftsfähigkeit 63, 67
Geschäftsgang 193
Geschäftsprozesse 170, 189, 357
Geschäftsvorfälle 175, 189
Geschäftunfähigkeit 63, 78
Geschichtentechnik 510
Geschmacksmuster 381
Gesellschaft bürgerlichen Rechts (GbR) 97
Gesellschaft mit beschränkter Haftung (GmbH) 105, 108
Gesellschaftsvertrag 81, 97ff.
Gesetz der Massenproduktion 418
Gewerbeaufsicht 25, 28, 32
Gewerbeordnung (GewO) 25, 27, 58
gewerbliche Nutzungsrechte 380
Gewerkschaft 51
Gewinn 206
Gewinn- und Verlustkonto (GuV) 206
Gewinnmaximierung 431
Gewinnplan 120f.
Gewinnschwelle 331f.
Gewinnzuschlag 320ff., 334, 336
gewogener Durchschnitt 458
Gewohnheitsrecht 60
GmbH & Co. KG 99
Grundbuch 199
Grunddatenverwaltung 439f.
Grundkosten 284
Grundlagenforschung 377, 383
Grundsätze ordnungsmäßiger Buchführung (GoB) 173, 261
Grundstoffindustrie 15
Gruppenarbeit 517
Gruppenfertigung 417, 420, 428
Günstigkeitsprinzip 27
Gütezeichen 380f., 383
gutgläubiger Erwerb 69
Gutschrift 246

H

Haben 191
Habenbuchung 196
Haftung 107f.
Handelsfirma 91
Handelsgeschäft 72
Handelsgesetzbuch (HGB) 58, 90ff.
Handelsrecht 261
Handelsregister 92ff.
Handelswaren 214
Handlungskompetenz 17, 20
Handlungsvollmacht 110
Handwerk 15
Hauptbuch 199
Hauptkostenstellen 30
Hauptprozess 145f.
Hauptversammlung 103
Herstellkosten 307, 320, 336, 339
Herstellungskosten (HK) 270
Hilfskostenstellen 304
Hol-Prinzip 135, 442f.
Humanisierung 367, 436

I

ig-Erwerb 234
immaterielle Vermögensgegenstände 181
Improvisation 152
Industrie- und Handelskammer (IHK) 49, 52
Industriebetrieb 15f.
Industriekontenrahmen (IKR) 225
industrielle Leistungserstellung 132ff.
Industrieunternehmen 15f.
Informationsfluss 132, 134f.
Informationsfunktion 347
Inhaltsfreiheit 73
Inhaltsirrtum 76
innergemeinschaftliche Lieferung 238
innergemeinschaftlicher Erwerb 238
Input 115ff.
Instanzen 155, 158ff., 167
interne Logistik 141
interne Wertschöpfung 141
interne Zeit 392
Internetrecherche 503f.
Inventar 181
Inventur 176
Inventurdifferenzen 178, 219
Inventurmethode 209
Inventurvereinfachungsverfahren 178
Investitionen 266
Investitionsgüterindustrie 15
Investitionsplan 120f.
Irrtum 77f.
ISO 380, 437, 445f.
Istbestand 176
Istkaufmann 90
Istkostenrechnung 278
Istwerte 193, 219

J

Jahresabschluss 174
Jahresbonus 255
Journal 199
Jugend- und Auszubildendenvertretung 43
Jugendarbeitsschutzgesetz 26f.
juristische Person 62, 67, 100
Just in time (JIT) 439, 442ff.

K

Kalkulation 266, 312, 314ff.
kalkulatorische Abschreibungen 265, 285f., 307
kalkulatorische Kosten 277, 284
kalkulatorische Miete 289
kalkulatorische Wagnisse 288f.
kalkulatorische Zinsen 287f.
kalkulatorischer Unternehmerlohn 286
KANBAN-System 439, 441ff., 448
Kannkaufmann 90
Kapazität 406
Kapazitätsarten 431
Kapazitätsauslastung 431
Kapazitätsgrenze 340
Kapazitätsplanung 369, 385, 406, 412
Kapital 116f.
Kapitalgesellschaft 95, 100, 107, 286
Kartenabfrage 517
Kaufmann kraft Eintragung 90
Kaufvertrag 81
Kennzahlen 349, 433
Kernprozess 144ff., 170, 368, 385
Key-Account-Management (KAM) 162f.
Kindergeld 35
Kommanditgesellschaft (KG) 99, 108
Konfliktlösung 520

Konsumgüterindustrie 15
Kontenklasse 225
Kontenplan 228
Kontenrahmen 225
Kontierung 198
Kontoform 184
Kontokorrentbuchhaltung 230
Kontonummer 225
Kontrahierungszwang 73
Kontrollfunktion 347
Konzentration 500
Kosten 276, 280, 284, 430
Kosten- und Leistungs-
  rechnung 276 f.
Kostenarten 277, 279
Kostenartenrechnung 277, 351
Kosteneinflussgrößen 356, 431, 433
Kostenplan 120 f.
Kostenstellen 277, 303 f.
Kostenstellenrechnung 277, 303, 351
Kostenträger 278, 302, 312 ff.
Kostenträgerrechnung 277 f., 351
Kostenträgerstückrechnung 312, 356
Kostenträgerzeitrechnung 312, 333
Kostenverläufe 431
Kostenverteilung 306
Krankenversicherung 23
Kreativitätstechniken 510
Kreditoren 229 f.
Kreditorenbuchhaltung 199, 244
kritische Menge 339
kritischer Weg 403
kundenorientierte Organisation 157
Kündigung 22, 33, 41, 71
Kündigungsschutz 33, 36, 58, 85

L

Lagerbuchführung 179
Lagerdatei 179
Lagerfertigung 373
Lagerplan 120 f.
Landesarbeitsgericht 83, 86, 89
Landgericht 83, 89
Lean Management 443 f., 448
Leerkosten 432, 448
Leistungen 276, 283, 295, 430
Leistungsabschreibung 262, 264
Leistungsarten 282
Leistungsartenrechnung 277
Leistungsbündel 116 f.
Leistungserstellung 362 ff., 430 ff.
Leistungsstellenrechnung 277
Leistungsträgerrechnung 277
Leitungstiefe 158

Lernkartei 508
Lernstrategien 499
Lerntagebuch 502
Lerntypen 498
lineare Abschreibung 262 f.
Liquidität 183
Logistik 134, 141
Losgröße 399, 410, 424, 426
Losgrößenformel 428

M

Machbarkeitsprüfung 375 ff., 383
make or buy 340
Managementprozesse 144, 150
Mängelrügen 248, 254
Markengesetz 380
Markenzeichen 380 f.
marktorientierte Fertigung 372 f.
Maschinenauslastung 410, 412
Maschinenbelegungsplanung 410, 412
Maschinenstundensatzrechnung 317
Massenfertigung 421, 424, 428
Massenproduktion 362, 421
Maßnormen 437
Materialbeschaffungsplan 120 f.
Materialeinsatz 277, 323
Materialentnahmeschein 211, 409, 411
Materialfluss 132 ff.
Materialkosten 279, 309, 312, 336
Materialverbrauch 208
materielles Recht 61
Matrixorganisation 159, 161
Maximalkapazität 431
Mechanisierung 362, 367
Mehrliniensystem 159 f., 167
Mehrmengen 221
Mehrwert 236
Mehrwertsteuer 234
Meldebestand 391 ff.
Mengensteuerung 391
Mengenteilung 437
Methode 635 510
Methodenkompetenz 20
Minderjährige 63, 76
Mindermengen 220
Mindmap 509
Minimalprinzip 431, 436
Mischkosten 280
Mitbestimmungsgesetz 45 f.
Mitbestimmungsrecht 32, 37, 41, 44
Mitschriften 507
Mitwirkungspflicht 32
Mitwirkungsrecht 39, 41, 44

Montan-Mitbestimmungsgesetz 45, 47
Motivirrtum 77
Mutterschaftsgeld 33, 35
Mutterschutzgesetz 33, 36

N

Nachkalkulation 320 f.
natürliche Person 62, 67
Nebenbücher 199, 230
Netzplan 401 f., 405, 412
Netzwerkstrukturen 166
Neuentwicklung 377, 383
neutrale Erträge 282 f.
neutraler Aufwand 284
neutrales Ergebnis 291, 298
nichtige Geschäfte 63, 73 f., 78
Niederstwertprinzip 180
Normal-Ist-Vergleich 279
Normalkostenrechnung 278, 315
Normung 437 f., 445, 448
notarielle Beurkundung 73
Nutzkosten 432
Nutzungsdauer 261, 285 f.

O

Oberlandesgericht 83, 89
objektbezogene Arbeit 115 ff.
objektives Recht 61
Objektprinzip 156, 161, 417
öffentliche Beglaubigung 73
öffentliches Recht 57, 59
ökologische Kompetenz 20
ökologische Ziele 126 f., 130
ökonomische Ziele 126 f., 130
ökonomisches Prinzip 436
Offene Handelsgesellschaft (OHG) 97
Offene-Posten-Listen 231
operative Planung 121
operative Ziele 127
optimale Bestellmenge 349
Optimalkapazität 431
Ordner 502
Organigramm 155
Organisation 152
Organisation der Buchführung 225
Organisationstypen 417, 420
Output 115 ff., 383

P

Passiva 184
Passivierung 239
Passivtausch 189
Patent 380 f., 383

periodenfremde Aufwendungen 284, 296
periodenfremde Erträge 282, 296
Personalplan 120 f.
Personengesellschaft 95 ff., 107, 287
Personenkonten 229
Plankosten 350 ff.
Plankostenfunktion 353
Plankostenrechnung 278, 350 ff.
Plankostenverrechnungssatz 352
Planungsfunktion 346
Präsentationstechniken 511 ff.
Preisabweichung 353 f.
Preisgestaltung 334 ff.
Preisnachlässe 244, 248, 254, 260
Preispolitk 336
Preisuntergrenzen 335 f.
Primärbedarfsplanung 385, 412
primärer Sektor 15
Privatrecht 58 f., 95
Produktentstehung 368, 375 f.
Produktentwicklung 375 ff., 386, 425
Produktion 115 ff., 340 f., 363 f.
Produktionscontrolling 447 f.
Produktionsfaktoren 115 ff.
produktionsintegrierter Umweltschutz (PIUS) 382
Produktionslogistik 134, 441
Produktionsmodell 115
Produktionsplan 120
Produktionsplanung und -steuerung (PPS) 368, 439 f.
Produktionsprogramm 370 ff., 386 f.
Produktionsprogrammbreite 371, 438
Produktionsprogrammplanung 340, 368 ff., 386
Produktionsprogrammtiefe 371
Produktionssteuerung 385
Produktionstypen 421, 424, 428
Produktplanung 369, 375, 377, 383
Prognoserechnung 387, 395
Programmfertigung 373
programmorientierte Disposition 387, 412
Programmplanung 368 f.
Prokura 109, 111
Protokolle 507
Pro-und-Kontra-Diskussion 516
Prozentrechnung 235, 460, 468, 481
Prozesskosten 356 f.
Prozesskostenrechnung 356 f.
Prozessmodellierung 147 ff.
Prozessorganisation 166 f.
prozessorientierte Organisation 157
Prozessorientierung 146, 166

Prozessprinzip 156
Prüfungen 18, 24, 27
Pull-Prinzip 442 f.
Push-Prinzip 442

Q
Qualitätsnormen 437
Qualitätssicherung 376 f., 383, 444
Quality Engineering 376 f.

R
Rabatte 244 f., 252, 260, 320 f., 336
Rahmenlehrplan 18 ff.
Rapid Prototyping 446, 448
Rationalisierung 436 f., 446 ff.
Rationalisierungsschutzabkommen 447
Rechnungskreis 226 f., 281
Rechnungswesen 170
Rechte 57, 60, 68
Rechtsfähigkeit 62, 67
Rechtsform 95, 108
Rechtsformzusatz 92
Rechtsgeschäft 71 ff., 78, 80
Rechtsobjekte 68
Rechtsordnung 57
Rechtsquellen 60
Rechtsschutz 380 f., 383
Rechtssubjekte 62, 68, 71
Recycling 382 f.
Regelkreis 128, 346
Regionalorganisation 157
Reihenfertigung 419
Reimtechnik 510
Reingewinn 214
Reinverlust 214
Revision 85 f., 89
Robotik 446
Rohgewinn 214
Rohverlust 214
Rollenspiel 515
Rückmeldung 411 f.
Rücksendungen 245, 254
Rückwärtskalkulation 321
Rückwärtsterminierung 400 f., 412
Rüstkosten 426 f.

S
Sachanlagen 181, 259
Sachen 68, 70
Sachenrecht 61, 68, 70
Sachleistungen 15 f.
Sachziele 127
Saldo 200
Schadensersatzpflicht 65
Scheingeschäfte 75, 78

Scherzerklärung 75, 78
Schlussbilanz 193
Schlussbilanzkonto 200
Schulden 176, 183
Schuldrecht 61, 68, 70
schwebend unwirksame Rechtsgeschäfte 63, 67
Sekundärbedarfsermittlung 385, 412
sekundärer Sektor 15
Selbstkosten 312 ff., 323, 336
Serienfertigung 421, 428, 433, 443
Shareholder-Value 125 f.
Sicherheitsnormen 437
Skonto 250, 256, 316, 320, 336, 339
Skontrationsmethode 211
social dumping 53
Soll 191
Sollbestand 176
Sollbuchung 196
Soll-Ist-Vergleich 279, 347
Sollkostenfunktion 353
Sollwerte 193, 219
Sonderabschreibungsmöglichkeiten 261
Sondereinzelkosten 279, 313, 333
Sondergerichtsbarkeit 85
Sortenfertigung 421, 428
Sortimentsgestaltung 337
soziale Ziele 126, 130
Sozialgericht 84, 89
Sozialgesetzbuch 30, 58
Sozialkompetenz 20
Sozialpartner 51
Sparten 161
Spartenorganisation 156, 158
Spezialisierung 437 f., 448
Splitting 399
sprungfixe Kosten 280
Stäbe 160
Stabliniensystem 159 f., 167
Stabsstelle(n) 155, 167, 345
Stakeholder-Value 125
Statistik 175
Stellenbeschreibung 154, 167
Stellenbildung 156, 167
Steuerlast 234
steuerliche Identifikationsnummer 23
Steuern 295
Steuerrecht 261
Steuerungsfunktion 347
Stornobuchungen 219
strategische Geschäftsfelder (SGF) 157, 167
strategische Planung 121

strategische Ziele 127
Stückkosten 280
Stücklisten 378 f.
subjektives Recht 61
Subprozess 145
summarische Zinsrechnung 488
Supply Chain 138 f.
Supply-Chain-Management (SCM) 139
Synchronisation 373

T

taktische Planung 121
taktische Ziele 127
Tarifautonomie 51
Tarifbindung 51
Tariffähigkeit 86
Tarifverhandlung 37
Tarifvertrag 51
Teamarbeit 520
Teilebedarfsplanung 385, 412
Teilefertigung 369
Teileverwendungsnachweis 390
Teilkostenrechnung 330
Teilprozesse 145, 357 f.
Terminplanung 385, 396, 401 ff., 412
Terminsteuerung 393
tertiärer Sektor 15
Total Quality Control (TQC) 445
Total Quality Management (TQM) 444 ff.
Transformation 363 f., 367
Transportkosten 247, 253
Typung 437 f., 448

U

Übergangszeit 396
Umlaufvermögen (UV) 180 f., 183
Umsatzerlöse 277, 334, 430
Umsatzplan 120 f.
Umsatzrentabilität 298
Umsatzsteuer 234, 254
Umsatzsteuer-Identifikationsnummer 238
Umsatzsteuerschuld 236
Umweltmanagement 382 f.
unechte Gemeinkosten 279
Unfallverhütung 28 ff.
Unfallversicherung 30 ff.
Unternehmenserfolg 282

Unternehmensform 92
Unternehmenskultur 123 f., 130
Unternehmensleitbild 123 ff., 130
Unternehmensphilosophie 123
Unternehmergesellschaft (haftungsbeschränkt) 107
Unterprozess 145
Unterstützungsprozesse 144
Urlaub 26 f.
Urteilsverfahren 86
USt-Id.-Nr. 238

V

variable Kosten 280, 330 ff., 350
Variator 333
Verbrauchsabweichung 353 f.
Verbrauchsermittlung 209, 211
verbrauchsgesteuerte Disposition 390 f., 395, 412
Verfügungsgeschäft 72
Verkaufspreis 312, 320, 334 ff., 350
Verkaufspreiskalkulation 265
Verlust 206
vermehrter Grundwert 465
verminderter Grundwert 466
Vermögenswerte 176
Verpackungskosten 241, 253, 260
Verpflichtungsgeschäft 72, 80
Verrechnungspreise 297
Verrichtungsprinzip 417
Verständigungsnormen 437
Verstöße gegen die guten Sitten 75
Verteilungsrechnen 468
Verteilungsschlüssel 305 ff., 309
Vertragsarten 80
Vertragsfreiheit 72, 74
Vertriebskosten 253
Verwaltungsgericht 83, 89
Vier-Augen-Prinzip 178
Vollkosten 336
Vollkostenrechnung 291, 301 ff., 325
Vollmachten 109
Vorauszahlung 237
Vorgangsknoten 403
Vorgangsliste 404
Vorkalkulation 320, 351
Vorkostenstellen 304
Vorräte 181
Vorstand 104

Vorsteuer 236, 246
Vorsteuerüberhang 237
Vorwärtskalkulation 321
Vorwärtsterminierung 400, 402, 412

W

Wagnisse 288 f.
Währungsrechnen 475
Wareneinsatz 214
Wechselkurs 479
Weisungssystem 159 f., 167
Werkstattfertigung 417 ff., 428
Wertaufholungsgebot 269
Werteflüsse 132 f.
Werteströme 120, 175
Werteverzehr 203, 266, 284
Wertezufluss 203
Wertfortschreibung 179
Wertminderungen 221
Wertrückrechnung 179
Wertschöpfung 137 f., 141, 236, 364
Wertsteigerungen 221
Wertverlust 259
widerrechtliche Drohung 77, 78
Wiederbeschaffungskosten 286
Wiederbeschaffungszeit 396
Wiederverkäuferrabatt 251
Willenserklärung 63, 71, 80
Wirtschaftlichkeit 278, 298, 316, 431, 433
Wirtschaftsausschuss 41

Y

Y-CIM-Modell 441

Z

Zahllast 237
Zeitplanung 501
Zeitvergleich 349
Zielbeziehungen 127
Ziele 346 f., 367
Zielkonflikte 346
Zinsrechnen 481
Zollwert 234
Zulieferindustrie 15
zusammengesetzter Dreisatz 455
Zusatzkosten 284, 288 f.
Zuschlagskalkulation 312 ff., 325
Zuschlagssätze 307 f.
Zwangslauffertigung 419

Bildquellenverzeichnis

Titelbild: Fotolia/pressmaster

Adpic S. 118/1/R. Rebmann
Cornelsen Verlagsarchiv S. 515/Gertha Maly
Derby Cycle Werke GmbH S. 422/423 (Fotos: Anima Berten)
F1online S. 268/Maskot
Fotofinder S.163/2/Zick, Jochen / Keystone
Fotolia S. 510/ momanuma
Gottwald, Joachim, Berlin S. 193, S. 197, S. 203, S. 214, S. 237, S. 240, S. 247, S. 285, S. 506, S. 511
Hürlimann/CCC,www.c5.net S. 118/2
iStockphoto S. 274/275/ssuni, S. 496/497/Nikada
Kia Motors Deutschland GmbH, Frankfurt am Main S. 115
Krüper S. 504, S. 518
News1 ©Page Overtures Vol. 2 S. 168/169
Picture-alliance S. 103/dpa, S. 234/1/dpa-Infografik GmbH, S. 362/1/dpa, S. 366/1/dpa-Infografik GmbH, S. 419/1/dpa, S. 419/2/Sven Simon, S. 420/dpa/dpaweb, S. 503/dpa
Pitopia S. 362/2/Ralf Pickenhahn
Project photos S. 520
Rausch, Bernhard, Mannheim S. 514
Shutterstock S. 12/13/Gary Blakeley, S. 112/113/yurok, S. 132/EDHAR, S. 140/Rainer Plendl, S. 163/1/Kurhan, S. 360/361/Semjonow Juri, S. 365/StockLite, S. 450/451/ Julien Bastide
Stock4B, München S. 499
TÜV Süd S. 29/4
VDE Verband der Elektrotechnik Elektronik Informationsgesellschaft e.V. S. 29/1
Willemsen, Thomas, Stadtlohn S. 502
Wirtz, Peter, Dormagen S. 500, S. 516
www.looserholding.com S. 158 (Grafik)